D1822837

शिकंजे का दर्द

शिकंजे का दर्द

सुशीला टाकभौरे

वाणी प्रकाशन

वाणी प्रकाशन
4695, 21-ए, दरियागंज, नयी दिल्ली 110 002

फ़ोन : +91 11 23273167 फ़ैक्स : +91 11 23275710

शाखाएँ

अशोक राजपथ, पटना 800 004, बिहार

कॉफ़ी हाउस कैम्पस, महात्मा गांधी मार्ग, इलाहाबाद 211 001, उत्तर प्रदेश

महात्मा गांधी अन्तरराष्ट्रीय हिन्दी विश्वविद्यालय, वर्धा 442 001, महाराष्ट्र

सुल्तानिया रोड, मोतिया पार्क, भोपाल 462 001, मध्य प्रदेश

www.vaniprakashan.com
marketing@vaniprakashan.in
sales@vaniprakashan.in

SHIKANJE KA DARD
by Sushila Takbhaure

ISBN : 978-93-5000-719-8
Autobiography

© सुशीला टाकभौरे

संस्करण 2011, 2014
आवृत्ति 2020

मूल्य : ₹ 495

इस पुस्तक के किसी भी अंश को किसी भी माध्यम में प्रयोग
करने के लिए प्रकाशक से लिखित अनुमति लेना अनिवार्य है।

यश प्रिंटोग्राफ़िक्स, नोएडा-201 301 (उ.प्र.) में मुद्रित

वाणी प्रकाशन का लोगो मक़बूल फ़िदा हुसेन की कूची से

समर्पण

माँ, पिताजी और नानी माँ को

ऋण-अनुभूति के साथ

मनोगत

मैंने आत्मकथा का नाम 'शिकंजे का दर्द' क्यों रखा? अपनी कथा लिखते समय मैं वेदना-संवेदना की कटु-अनुभूतियों से बाहर नहीं निकल सकी। शिकंजे की बात कहना अधूरा लगा, 'शिकंजे का दर्द' याद आता रहा।

शिकंजा यानी पंजा, जिसकी जकड़न में रहकर कुछ कर पाना कठिन हो। शिकंजा यानी कठघरा जिसमें कैद होकर उसके बाहर जाना कठिन हो। शब्दकोश में दिए अर्थ के अनुसार शिकंजे का अर्थ दबाने, कसने का यंत्र है। शिकंजे का अर्थ एक प्रकार का प्राचीन यंत्र है जिसमें अपराधी की टाँग कस दी जाती है। शिकंजा वह यंत्र है जिसमें धुनकने के पहले रुई को कसा जाता है। शिकंजे का अर्थ कोल्हू भी है।

बचपन से युवावस्था तक मेरे जीवन के दिन अनेक प्रकार के शिकंजों में जकड़े हुए थे। इस जकड़न के कारण मेरे जीवन और व्यक्तित्व का विकास अवरुद्ध होता रहा। कठिन श्रम, कष्ट, अभाव और जातिभेद की पीड़ा से जकड़े जीवन का बचपन कुछ और याद नहीं कर पाता। किशोरावस्था के विषय में सोचती हूँ तो लगता है वे दिन जल्दी ही बीत गये थे। जब मैंने अपनी युवावस्था की कथा लिखनी चाही, शिकंजे में कसे जीवन के दिनों में युवावस्था मिली ही नहीं, जैसे लगातार कैद में रहने से मन समय के पहले बूढ़ा हो गया हो। बी.ए. प्रथम वर्ष में मैंने माँ से जो कहा था, वह अपने अर्थों में कड़वा सच था—"मैं क्यों ऐसा करूँगी? मैं तो बूढ़ी ही जन्मी हूँ।" क्या सोलह-सत्रह वर्ष की उम्र में कोई लड़की अपने लिए सहज ही ऐसा कह सकती है? इसके बाद भी हर कदम पर शिकंजे का एहसास होता रहा। जीवन के प्रत्येक सोपान शिकंजे के दर्द में डूबे रहे। क्यों ऐसा हुआ मेरे साथ...!

जिस तरह किसी ताकतवर को शिकंजे में जकड़कर उसकी पूरी ताकत को नगण्य बना दिया जाता है, उसी तरह मुझे भी सामाजिक जीवन की मनुवादी विषमता ने, वर्णवादी-जातिवादी समाज व्यवस्था ने शिकंजे में जकड़कर रखा, जिसका परिणाम पीड़ा-दर्द, छटपटाहट के सिवा कुछ नहीं है।

एक समय था जब अछूतों के पास अपनी कोई ताकत नहीं थी। वे अंधे-बहरे मूक प्राणी की तरह जी रहे थे, सदियों पुरानी परिपाटी के कारण अन्याय-अत्याचार सह रहे थे, तब विरोध-विद्रोह के परिणाम भी उनके लिए बहुत घातक थे। फिर वह समय आया, भारतीय इतिहास के राजनीतिक, सामाजिक, धार्मिक, शैक्षणिक, आर्थिक, नैतिक सभी क्षेत्रों में परिवर्तन की लहर चलने लगी। समय-चक्र के साथ, परिवर्तन का चक्र घूमता रहा। बाबासाहब डॉ. भीमराव अम्बेडकर ने अपने शोषित, पीड़ित, दलित वर्ग को जगाया, उन्हें देखना, सुनना, बोलना सिखाया। स्वतंत्र भारत के संविधान में समता, स्वतंत्रता और सम्मान का अधिकार देकर उन्हें अधिकारों के लिए लड़ना सिखाया।

सदियों के मूक मानव अब बोलने लगे हैं, अपने अधिकारों की लड़ाई लड़ने लगे हैं, प्रगति के मार्ग पर आगे बढ़ते हुए अपनी व्यथा-कथा लिखने लगे हैं। फिर भी, क्या प्रत्येक दलित पीड़ित को उसके मानवाधिकार मिल सके? अभी भी दलित शोषण की घटनाएँ क्या नहीं घटती हैं? विषमतावादी भारतीय समाज में जातिभेद, ऊँच-नीच की भावनाएँ क्या अब नहीं हैं?

आत्मकथा लिखने का मेरा उद्देश्य समाज को उसकी सच्चाई बताना है। लोग इस सच्चाई को स्वीकार करें, इन तथ्यों को समझें, मंथन करें और भविष्य के समतावादी, मानवतावादी भारतीय समाज के निर्माण के लिए कदम उठाएँ।

अक्सर सवर्ण लोग दलित आत्मकथा पढ़कर दलितों के प्रति दया और सहानुभूति का भाव बताते हैं। यह उनकी समझ का फेर है। असल में उन्हें मनुवादी–वर्णवादी, जातिवादी अन्याय-शोषण की दुष्ट नीतियों पर लज्जित होना चाहिए। अपने पूर्वजों के कुचक्रों और छल-कपट पर शर्म करनी चाहिए। दलित आत्मकथाएँ मनुवादियों की कलंकित नीतियों को बताने वाली सच्ची कथाएँ हैं।

मेरी आत्मकथा में दलित-अछूत जीवन की घनीभूत पीड़ा के अनेक चित्र हैं, अनेक प्रसंग हैं जो अपने समय के समाज की मानसिकता का साक्षात्कार कराते हैं। अभी भी समाज में यह मानसिकता है जो नासूर बन चुकी है। नासूर का इलाज कैसे किया जाता है, सभी जानते हैं।

दलित होने के साथ स्त्री होने की पीड़ा भी मैंने भोगी है। एक स्त्री की आत्मकथा मनुवाद द्वारा निर्मित पुरुषसत्ता प्रधान समाज में स्त्री शोषण को उजागर करती है। जैसे स्त्री धरती है, वह सहन करती है फिर भी धीरज रखती है और अपनी धुरी पर घूमती रहती है। लेकिन कब तक? आदर्शों के नाम पर स्त्री-शोषण किया जाता है। अपने घर परिवार के शोषण, अत्याचार की बात बताने वाली स्त्री को समाज अच्छा नहीं कहता। अपने अधिकारों की बात करने वाली स्त्रियों को भी समाज अच्छा

नहीं मानता। समाज की यह मान्यता रही है–'स्त्री देवी है या कुलच्छनी।' उसे जीवित इन्सान कभी माना ही नहीं गया। जैसे वह हाड़, मांस की मानव नहीं, आदर्शों की पुतली है जो आदर्शों के लिए जीती है और आदर्शों के लिए मर जाती है। वह समाज से अपने सुख-दुख का हिसाब कैसे माँगेगी भला?

मैंने अपने जीवन में अनेक समस्याओं का सामना किया है। पुरुष की अपेक्षा नारी अपने जीवन में अधिक समस्याओं का सामना करती है। इन समस्याओं से डरकर यदि वह प्रगति-पथ से पीछे हटेगी तो सफलता प्राप्त नहीं कर सकेगी। जीवन को संघर्ष मानकर अपने लक्ष्य की ओर बढ़ना ही जीवन में विजयी होना है। नारी किसी भी जाति, धर्म की हो, वह कष्टों से घिरी होती है। संघर्ष से ही वह जीवन में सुख और सम्मान पाती है। इसके लिए मेरा जीवन भी एक उदाहरण हो सकता है, यह नारी मुक्ति और नारी उत्थान के लिए प्रेरणा बन सकता है।

'शिकंजे का दर्द' में संताप है दलित होने का, स्त्री होने का। इसमें शोषित, पीड़ित, अपमानित, अभावग्रस्त दलित जीवन की व्यथा है। स्त्री होना ही जैसे व्यथा की बात है। चाहे हमारा देश हो या विश्व के अन्य देश, हर जगह शोषण उत्पीड़न का शिकार स्त्री ही रही है। जिस देश में वर्णभेद, जातिभेद की कलुषित परम्पराएँ हैं वहाँ दलित स्त्री शोषण की व्यथा और भी गहरी हो जाती है। सदियों से तिरस्कृत और अभावग्रस्त परिस्थितियों में रहने के लिए मजबूर किये गये दलित जीवन की व्यथा-कथा का दर्द 'शिकंजे के दर्द' में समाहित है। 'शिकंजे का दर्द' लिखने का उद्देश्य दर्द देने वाले शिकंजे को तोड़ने का प्रयास है।

अपने जीवन की कथा लिखते समय मैं उन बातों में, उन घटनाओं में इतनी विस्मृत होती रही कि उनकी वेदना-संवेदना से उबरना कठिन हो गया। आत्मकथा लेखन का कथ्य पक्ष प्रधान रहा, अपनी शोषित-पीड़ित भावनाओं में डूबकर कुछ और देखना कठिन हो गया।

मेरे लेखन की सफलता कलात्मकता बताने में नहीं बल्कि मानवीय भावना-संवेदना को जगाने में है ताकि समाज की ऐसी परिस्थितियों का अवलोकन करके, चिन्तन-मनन के साथ उनका खंडन किया जाए और समतावादी, मानवतावादी स्थितियों का नित्य-नवनिर्माण किया जाए।

'शिकंजे का दर्द' की पांडुलिपि मेरी बेटियों ने पढ़ी। टाकभौरे जी ने भी पढ़ी। पारिवारिक जीवन की घटनाओं पर चर्चा होती रही। कभी वे नाराज होते रहे, कभी मैं नाराज होती रही। अनेक शुभचिन्तकों ने मुझे कहा, पारिवारिक बातों को अधिक न लिखूँ मगर मैंने लिखा। मैं पूर्ण सच्चाई बताना चाहती हूँ। मेरी आत्मकथा दलित आत्मकथा होने के साथ एक स्त्री की आत्मकथा भी है। दलित स्त्री को दोहरे सन्ताप

से मुक्ति चाहिए। हर प्रकार के शोषण से मुक्ति पाना दलित साहित्य और दलित आन्दोलन का उद्देश्य है।

जीवन में जब ये घटनाएँ घट रही थीं, तब पता नहीं था कि एक दिन मैं आत्मकथा लिखूँगी। तब सब बातें केवल मुझ तक सीमित नहीं रहेंगी। भूली बिसरी बातें याद आती रहीं, मैं उन अनुभूतियों में घंटों डूबी रही। मर्म को छूने वाली बातों ने कई बार मुझे रुलाया, कई बार स्थितप्रज्ञ जैसी मैं शून्य में निहारती रही—क्या यही मेरा जीवन है? मैंने अपने इस जीवन को सबके सामने उजागर कर दिया है।

गुण-दुर्गुण सभी इनसान में होते हैं। दुर्गुण मुझमें भी हैं मगर मैंने उन्हें अपनी दृष्टि से देखा है। टाकभौरे जी की दृष्टि से मुझमें बहुत दुर्गुण हैं। पति के व्यवहार को गलत कहना या उनकी बातें इस तरह बताना यह भी मेरा बहुत बड़ा दुर्गुण कहा जा सकता है क्योंकि एक आदर्श पत्नी ऐसा कभी नहीं करती। मैं इन बातों का निर्णय पाठकों पर ही छोड़ना चाहती हूँ।

दलित महिला उत्पीड़न चाहे घर में अपनों के द्वारा हो या बाहर सवर्ण गैर पुरुषों द्वारा, महिला उत्पीड़न की बातों को पुरुष भी छिपाते हैं, महिलाएँ भी छिपाती हैं, परिवार-समाज में सभी छिपाते हैं। ये बातें अधिकतर उजागर नहीं हो पाने के कारण महिलाएँ अधिक कष्ट और उत्पीड़न का जीवन जीती हैं। दलित उत्पीड़न के रूप में भी दलित पुरुषों की अपेक्षा दलित नारी वर्णभेद, जातिभेद के अपमान-तिरस्कार के साथ अन्याय, शोषण और हिंसा अधिक सहती है। मेरा जीवन भी इसी दोहरे-तिहरे सन्ताप से पीड़ित रहा।

नानी द्वारा जीया जीवन मेरा भी जीवन बन सकता था। मैंने उसकी पीड़ा हर दिन, हर क्षण अपने हृदय पर झेली है, मन-मस्तिष्क से उतनी ही वेदना सही है। मेरा दर्द उस शिक्षित, सम्मानित दलित महिला का दर्द है जो पीएच.डी. प्राप्त, कॉलेज की प्राध्यापिका होने के बाद भी जाति के रोजगार के नाम से जानी जाती है। मेरी आत्मकथा मेरी वेदना का दस्तावेज है। इस वेदना-पीड़ा से छुटकारा तभी मिलेगा जब समाज की मानसिकता बदलेगी, जब पूरी समाज व्यवस्था बदलेगी।

दलित उत्पीड़न से मुक्ति की लड़ाई खुली लड़ाई है जो सबको दिखाई दे रही है। इसी तरह नारी मुक्ति की भी लड़ाई हो जिसे सब देखें, जानें और समझें। समाज में नारी के प्रति 'अबला' की मानसिकता को बदलकर नारी को सबल रूप में स्थापित करना नारी मुक्ति का उद्देश्य है। नारी शोषण की स्थितियों को बदलकर उसे सभी अधिकारों से सम्पन्न बनाना सामाजिक प्रगति और परिवर्तन का लक्ष्य है। सम्पूर्ण दलित समाज और नारी वर्ग को शोषण-अपमान से मुक्ति का अधिकार मिलना चाहिए।

जनवरी 2006 में दिल्ली में रमणिका गुप्ता जी और पत्रकार मजीद अहमद ने विशेष आग्रह के साथ कहा था, मैं आत्मकथा जल्दी लिखूँ। मैंने पहले से अपने यादों के दस्तावेज इकट्ठे करने शुरू कर दिए थे। लेखन, प्रकाशन के लिए प्रेरणा, प्रोत्साहन का अभाव, घर परिवार, नौकरी के साथ व्यस्त नारी जीवन में समय का अभाव, साथ ही विरोध-अवरोध की खींचतान के बीच आत्मकथा के ताने-बाने जोड़ती रही। शिकंजे का दर्द उभारता रहा, मैं उसे उकेरती रही, जीवन की खट्टी-मीठी यादों में खोयी रही। कभी दुख के क्षणों को पुनः जीकर चुपचाप रोती रही, कभी आक्रोश के साथ अन्याय-अत्याचार करने वालों को कड़ा दंड देने का विचार करती रही। रात में देर तक जागकर अपने निश्चय और इच्छाशक्ति के साथ आत्मकथा की पांडुलिपि पूरा करने का प्रयत्न किया। अपने आप में डूबना, अपने अव्यक्त को व्यक्त करना, बरसों की चुप्पी को तोड़ना सहज काम नहीं है, यह भी एक संघर्ष है जो मुझे हमेशा याद रहेगा।

'शिकंजे का दर्द' पर दलित साहित्यकारों और दलित-सरोकार से जुड़े विद्वानों के सुझाव और सद्भावना के लिए मैं कृतज्ञ हूँ। बलबीर माधोपुरी, डॉ. सुरेश मुले, डॉ. बजरंग तिवारी, डॉ. रमेशचन्द्र मीणा, डॉ. व्ही. रत्नाकर, डॉ. रामचन्द्र, डॉ. विमल थोरात, डॉ. धर्मपाल पीहल, ओमप्रकाश वाल्मीकि, सूरजपाल चौहान, जयप्रकाश वाल्मीकि, द्वारका भारती, उमरावसिंह जाटव, डॉ. सुमित्र मेहरोल, प्रा. पूर्णिमा श्रीवास्तव, प्रा. प्रकाश पोहेकर, मजीद अहमद, रमणिका गुप्ताजी की मैं हृदय से आभारी हूँ। आदरणीय भाई डॉ. सुरेश मुले का वैचारिक सहयोग हमेशा याद रहेगा।

'द पब्लिक एजेंडा' पत्रिका के साहित्य सम्पादक मदन कश्यपजी ने 'शिकंजे का दर्द' अपनी पत्रिका में धारावाहिक रूप में छापकर पूरे देश में पहुँचाया है। उनके सहयोग के प्रति मैं आभारी हूँ।

वाणी प्रकाशन ने 'शिकंजे का दर्द' को पुस्तक रूप में प्रकाशित करना स्वीकार किया, इसके लिए मैं माननीय अरुण माहेश्वरी जी की अत्यधिक आभारी हूँ।

'शिकंजे का दर्द' आत्मकथा सबके सामने प्रस्तुत है। पाठकों की प्रतिक्रिया की प्रतीक्षा है लेकिन इसके साथ समाज परिवर्तन की प्रतीक्षा सर्वोपरि है।

नागपुर

सुशीला टाकभौरे

बहुत दिनों से अपनी कथा लिखना चाहती थी। अपने जीवन के अनुभव और अनुभूतियों की कथा सबको बताना चाहती थी। जीवन की अनेक भूली-बिसरी यादें इकट्ठी होने लगी थीं, लेकिन समझ नहीं पा रही थी, अपनी कथा कैसे शुरू करूँ?

भारत के हृदय-स्थल मध्यप्रदेश के बानापुरा गाँव में मेरा जन्म हुआ। बानापुरा का पुराना नाम बरहानपुरा था। होशंगाबाद जिले के सिवनी मालवा का यह रेलवे स्टेशन है। होशंगाबाद-सिवनी रोड पर होने से यहाँ बस स्टैण्ड है। तहसील सिवनी मालवा कस्बा जैसे छोटे शहर से जुड़ा यह गाँव थोड़ा उन्नत था फिर भी दूसरे गाँवों जैसा ही था। रेलवे स्टेशन के एक तरफ ऊँचा बाजार और नीचा बाजार में सवर्ण सम्पन्न लोगों के मकान और दुकानें थीं। रेलवे स्टेशन के दूसरी तरफ 'फेल' में मजदूर वर्ग के पिछड़े लोगों की बस्तियाँ थीं। हम लोग पिछड़ों से भी पिछड़े थे। ऊँच-नीच, जातिभेद की भावना सब तरफ व्याप्त थी। तब गाँव में बहुत छुआछूत थी। अछूत भंगी हरिजनों के घर गाँव के बाहर रहते थे, हिन्दू महाजनों की बस्ती से दूर, कच्चे खपरैल घर।

नानी बताती थी जब उसका विवाह हुआ था, तब वह सात साल की थी। नाना पिट्टूलाल राठौर 10-12 साल के थे। तब भारत गाँवों में बसता था। गाँवों में वर्णभेद-जातिभेद की सारी बुराइयाँ बसती थीं। अछूत माने गये जाति-समुदाय के लोग समाज व्यवस्था के नियम से गाँव के बाहर बसाये जाते थे। नानी का घर भी गाँव से दूर दक्षिण-पश्चिम दिशा में, जंगल के किनारे था, जिधर से रेलवे लाइन गई है।

नाना और नानी मिलकर गाँव का काम सँभालते थे। गाँव से मिली जूठन, रोटी, अनाज और उतरन के कपड़ों से उनका जीवन चलता था। नानी दुख और कष्ट उठाते हुए पहले निजी रूप में गाँव का काम करती थी। बाद में नगर परिषद की सफाई कर्मचारी के रूप में नौकरी करने लगी। नानी के सात-आठ सन्तानें हुईं मगर पन्ना और तुलसा दो बेटियाँ ही बचीं। पन्नाबाई का विवाह मध्यप्रदेश के पूर्वी निमाड़ जिले के नेमावर गाँव के रामप्रसाद घांवरी के साथ हुआ था।

नाना के गुजरने के बाद नानी का आग्रह था, बेटी जवांई उसके पास ही रहें। बानापुरा में रेलवे में पिताजी की नौकरी लगने के बाद वे नानी के घर के बगल में

अलग घर बनाकर रहने लगे थे। इस तरह हम सब बहन-भाई नानी की ममता की छाया में पले-बढ़े। माँ की सुरक्षा नानी करती थी और हमारी सुरक्षा माँ, पिताजी और नानी मिलकर करते थे।

गरीबी और अभाव में बच्चों की अकाल मृत्यु आम बात थी। मुझसे पहले जुड़वाँ बहनें पैदा हुई थीं जो अपनी कमजोरी और माँ को दूध न आने के कारण नहीं बच सकीं। उनके पहले मँझली बहन थी—गोरी सुन्दर, गोलमटोल इमरती। नानी उसे प्यार से गुड्डो कहती थी। बहन-भाई तुतलाकर गुड्डो को डोडो कहते थे। आज भी उसे घर में इसी नाम से पुकारा जाता है। उससे बड़े दो भाई हैं कल्लू और शंकर। सबसे बड़ी रज्जो बहन है।

माँ बताती है, मेरा जन्म अषाढ़ की नवमी के दिन शाम सात बजे के आसपास हुआ। इस दिन विवाह तिथि होने के कारण, नानी और पिताजी शादियों में गये थे। घर में माँ अकेली थी। खबर भेजकर नानी और पिताजी को बुलवाया गया था। यह बात 9 जुलाई 1954 की है। माँ को मेरी जन्म तारीख के बदले तिथि ही याद रही क्योंकि उन दिनों हमारे अधिकतर लोग हिंदू पंचांग के अनुसार पूछकर और चंद्रमा की कलाओं को देखकर तिथि याद रखते थे। अंग्रेजी कैलेण्डर की तारीख और महीनों की अपेक्षा हिन्दू तिथि और महीने याद रखे जाते थे।

घर में मेरा जन्म हुआ, कुछ देर के बाद नानी ने कमरे से बाहर लाकर मुझे सबको दिखाया। नानी के हाथों में रोती हुई बच्ची को देखकर सब हँसे थे। जरूर दूसरों से कुछ अलग बात थी, कुछ साँवली, कुछ बदसूरत। मुझे देखकर माँ, पिताजी, नानी और बहन-भाई खुश हुए या नहीं, पता नहीं, मगर रोती देखकर सब हँसे थे। माँ ने तब अतिरिक्त प्यार के साथ मुझे स्वीकार किया होगा। माँ के प्यार को दया नहीं कह सकते। उन्हें मेरे उज्ज्वल भविष्य के प्रति विश्वास होगा या उन्हें खुद पर विश्वास होगा कि वे मेरे भविष्य को जरूर सँवार देंगी।

बच्चा होने पर गाँव के पंडितों से बच्चे का नाम पूछने की परम्परा थी। जन्म समय के आधार पर गाँव के एक पंडित ने मेरा नाम गोदावरी बताया था, दूसरे पंडित ने रेणुका बताया। मगर मेरे पिता को मेरे लिए सुशीला नाम पसंद था, उन्होंने नगर परिषद के जन्म पंजीयन रजिस्टर में 'सुशीला' नाम लिखवाया। घर में सब शीला कहते रहे। नानी प्यार से सिलिया कहती, माँ सिल्लो रानी कहकर पुकारती, तब मन में उनके प्यार-दुलार का स्पर्श होता था।

किसी गरीब-अछूत के बच्चे का पालन-पोषण जैसा होता है, उसी तरह मेरा पालन हुआ। मैं सुख-वैभव के पालने में नहीं झूली। अधिकतर नानी ही हमें सँभालती थी। अभाव थे मगर प्रेम और अपनापन भी था। पहली बार घुटना चलने पर, पहली

बार पाँव चलने पर, पहली बार बोलने पर मेरे लिए भी घर-परिवार में खुशी हुई थी। दो साल के बाद छोटा भाई मोहन आ गया था तब से मैं नानी के पास ही अधिक रही। मोहन के बाद कैलाश हुआ लेकिन वह अधिक दिन जीवित नहीं रहा। उसके बाद कमल हुआ। जब हम भूख से रोते, माँ, नानी हमें काली चाय के साथ रोटी खिला देती थीं। कभी प्यार से, कभी गुस्से से थपककर सुला देती थीं। इसी तरह खाते, खेलते, रोते हम बड़े होते रहे।

लड़कियाँ बचपन में गुड्डा-गुड़ियों का खेल खेलती हैं। मुझे दुकान के महँगे खिलौने, गुड्डा-गुड़िया नहीं मिल सके। कभी माँ, कभी नानी पुरानी चिन्दियों या दर्जी की कतरनों के रंगीन कपड़े, बाँस की बारीक सीकों पर लपेटकर गुड्डा, गुड़िया बनाकर देती थीं। मैं उन्हें झूले में झुलाती थी, कंधे से लगाकर प्यार-दुलार करती, फिर किसी दिन उनकी शादी का आयोजन किया जाता। छोटे-छोटे बहन-भाई मिलकर वर-वधू पक्ष के लोग बनते। मेरी गुड़िया रहती, भाइयों का गुड्डा। विवाह के भोज में हम झाड़ के पत्तों पर मिट्टी के छोटे-छोटे ढेले और कंकर-पत्थर का भोजन परोसते। खेल-खेल में खाने का दिखावा करते। मैं अपनी गुड़िया को विदा करते समय ऊँ-ऊँ करके रोती। टीन के डिब्बे को लकड़ी के डंके से ठोंककर बैण्ड-बाजा बजाते हुए गुड्डे वाले मेरी गुड़िया को ले जाते। ऐसे समय खेल खेल में भी गुड़िया के ब्याह के बाद खालीपन का एहसास होता था। बचपन से देखे सामाजिक व्यवहार संस्कार के रूप में हमारे व्यवहार में रहते थे।

पिताजी माँ को बुलाने के लिए नाम न लेकर उन्हें कमल की माँ और कल्लू की माँ कहकर बुलाते थे। माँ भी उन्हें नाम से न पुकार कर कल्लू के बाप या कमल के बप्पा कहती थी। इसे सामाजिक मर्यादा के रूप में निभाया जाता था। मैं अक्सर सोचती थी, वे शीला की माँ और शीला के बप्पा क्यों नहीं कहते? क्या मैं उनके लिए परायी थी?

घर में प्यार-दुलार मिलता था, बेटा-बेटी के बीच भेदभाव या प्यार और जिम्मेदारी में अन्तर हमारे घर में नहीं था फिर भी समाज में यह सामान्य भाव था कि बेटे ही हमेशा साथ रहते हैं, बेटियाँ तो पराया धन हैं, उन्हें ससुराल जाकर अपना घर बसाना है। 'बेटी को पाल-पोस कर बड़ा करो फिर शादी कर दो–' सामान्यतः माता-पिता की यह जिम्मेदारी मानी जाती थी, लेकिन माँ, नानी और पिताजी शिक्षा के प्रति जागरूक थे। उन्होंने यथाशक्ति, यथाप्रयत्न हम सब बहन भाइयों को पढ़ाया।

पिता रामप्रसाद घांवरी, अपने 'पैतृक गाँव' नेमावर के सरकारी स्कूल में सवर्ण बच्चों से अलग बैठकर दूसरी कक्षा तक ही पढ़ सके थे। हम सब बहन भाइयों को

अक्षर ज्ञान और गिनती, जोड़ने-घटाने का ज्ञान पिताजी ने ही कराया था। माँ पन्नाबाई स्कूल नहीं जा सकी थी। "लड़की जात, पढ़कर का करेगी?" यह भावना और छुआछूत की पराकाष्ठा के कारण स्कूल के दरवाजे उनके लिए बन्द ही रहे। नानी के समय में शिक्षा पाने की बात सोचना भी सम्भव नहीं था। नानी चाहकर भी अपनी बेटी को स्कूल नहीं भेज पाई थी। शिक्षा के प्रति ललक, उत्सुकता और आदर होने के बाद भी वे शिक्षा से वंचित रहे। मनुस्मृति में अछूतों को शिक्षा से दूर रखने के निर्देश दिये गये हैं। समाज में इन निर्देशों का पालन श्रद्धा और निष्ठा के साथ किया जाता था। गाँव में जाति व्यवस्था की जड़ें ज्यादा गहरी थीं।

पहले हमारे गाँव में स्कूल की इमारत नहीं थी। गाँव के सेठ साहूकारों के घरों के किसी अतिरिक्त कमरे में या दालान में प्रायमरी स्कूल की कक्षाएँ लगती थीं। मास्टर भी सवर्ण जाति के रहते थे। सवर्णों के घरों में लगने वाली ऐसी कक्षाओं में किसी अछूत के बच्चे का पढ़ने जाना असम्भव बात थी, तब अछूतों की शिक्षा प्राप्ति की कोई गुंजाइश नहीं थी। अछूतों को शिक्षा पाने का संवैधानिक अधिकार मिलने के बाद वे शिक्षा पा सके, स्कूल की इमारत बनने के बाद वे स्कूल जा सके थे।

बड़ी बहन रज्जो दीदी शारीरिक रूप से कुछ कमजोर थी, इसके साथ गाँव के जातिभेद और छुआछूत के कारण वह दूसरी कक्षा से आगे नहीं पढ़ सकी। बड़ी बहन की शादी के बाद घर के काम और बहन भाइयों को सँभालने की जिम्मेदारी मँझली बहन पर थी। स्कूल में उपेक्षा, अपमान और बात-बात में मिलने वाली सजा के कारण वह चौथी कक्षा से आगे नहीं पढ़ सकी। दोनों बड़े भाई, दोनों छोटे भाई और मैं किसी तरह पढ़ते रहे।

मेरी पढ़ाई के लिए माँ ने मुझे विशेष सहयोग दिया। उन्होंने मनोयोग से चाहा मैं विशेष योग्यता प्राप्त करूँ ताकि अच्छी नौकरी कर सकूँ। 1960 में माँ का इस तरह सोचना उनका प्रगति-परिवर्तनवादी दृष्टिकोण था। उन दिनों हमारे जाति समुदाय में बच्चों की शिक्षा के प्रति माता-पिता जाग्रत नहीं थे, न लड़कों के प्रति, न लड़कियों के प्रति। "बच्चों को पढ़ाकर का होयगो? अपनी जात तो वही रहेगी। काम, रोजगार तो अपनी जात के ही करनो पड़ेगो, फिर क्यों बच्चों को परेशान करें?"

अपने जाति समुदाय में सामान्य रूप में व्याप्त ऐसी भावना और वातावरण के बीच माँ ने दृढ़निश्चय के साथ पिता की सहमति से और असहमति के बाद भी हमें पढ़ाया। रुपयों के साथ हमारे लिए अपनी संपूर्ण भावना, इच्छाशक्ति और आशा, आकांक्षाओं को दाँव पर लगाया था। गाँव में लोग वर्णभेद, जातिभेद को पूर्ण कट्टरता से मानते थे। हमारी जाति का कार्यक्षेत्र और हर बात में सीमा रेखाएँ निश्चित थे, फिर भी माँ ने संघर्ष करते हुए प्रयत्नों के साथ हमें पढ़ाया।

मेरी पहचान माँ से है। उन्होंने मुझे प्यार, दुलार दिया, शिक्षा दी, हर दिन, हर पल मेरे व्यक्तित्व का निर्माण करती रही। जिस माँ ने जन्म दिया, पाला-पोसा उसका नाम समाज में बेटा-बेटी के नाम के साथ नहीं जुड़ता, पिता का नाम और सरनेम जुड़ता है। विवाह के बाद बेटियों के नाम के साथ पति का नाम और सरनेम जुड़ जाता है, पिता का नाम और पहचान छूट जाते हैं। इसीलिए बेटी परायी वस्तु मानी जाती है। सामाजिक रीति-रिवाज, परम्पराओं के कारण ही समाज में बेटियों के प्रति ऐसी मानसिकता व्याप्त रही है।

गाँव के बड़े बुजुर्ग अक्सर यही कहते थे–"लड़किएँ तो चिरैया हैं, समय आते ही उड़कर परदेस चली जायेंगी...।" "लड़किएँ उनकी ससुराल की अमानत हैं, पाल-पोस के उन्हें लौटा देंगे।" "लड़किएँ चूल्हे का लूगड़ा (जलती लकड़ी) हैं। जहाँ का लूगड़ा वहीं जले तो अच्छा है।" सामाजिक मानसिकता की यह भावना एक शिकंजा बनकर लड़कियों की प्रगति में अवरोधक रही है। इस शिकंजे की शिकार मैं भी थी। कहीं परोक्ष और कहीं प्रत्यक्ष रूप से इस शिकंजे ने आगे बढ़ने से रोका। उस समय का अवरोध आज दर्द बनकर मुझे सालता है।

कभी लगता, मैंने अपने जीवन को पूर्ण रूप में नहीं जीया। जिन्दगी की गहराई में गहरी पैठ तो लगाई है मगर मुझमें ऊँची छलाँग लगाने का मनोबल नहीं जागा, न ही मैंने ऐसा हौसला किया। इसका कारण है, बहुत ठोस और सबल कारण है। मध्यप्रदेश की वर्णभेद-जातिभेद की मानसिकता और सामाजिक व्यवहार के बीच जन्मी, पली-बढ़ी एक अछूत जाति की लड़की में कितना मनोबल हो सकता था? हर बात के लिए बन्धन, अपमान, अंकुश। अब इस शिकंजे का दर्द महसूस हो रहा है। यह शिकंजा क्या है? कब से है? क्यों है? मैं इस बात को गहराई से समझ रही हूँ और जीवन के उन क्षणों को याद कर रही हूँ जो कष्ट, अभाव और अपमान के बीच मैंने जीये हैं।

कहते हैं, जीवन में बचपन सबसे मधुर होता है, प्यारा-प्यारा और प्यार भरा। मगर मेरा बचपन इतना रूखा-सूखा क्यों रहा? मधुरता की बातें हम लोगों के लिए नहीं होतीं। सवर्ण-सम्पन्न, सुविधाओं और सम्मान से पूर्ण लोगों के बचपन मधुर होते है। मैं उन लोगों में से नहीं थी, अपने जैसो से भी अलग थी।

शिकंजा एक नहीं, कई थे। उन शिकंजों की जकड़न से जूझते हुए मैं किस तरह पढ़ सकी? किस तरह आगे बढ़ सकी? यह मेरी लंबी कथा है। शिकंजे तब भी थे, दर्द तब भी था। शिकंजे के दर्द की कथा चल रही है जिन्दगी के साथ-साथ!

गाँव में बामन बनियों का ही वर्चस्व था। हमारी जाति के लोग डरे सहमे शोषित पीड़ित जीवन जीते थे। हम उनके लिए अस्पृश्य-अछूत थे। हमारे घर गाँव

के बाहर हाशिए पर थे मगर घर से स्कूल नजदीक था। मैं रोज स्कूल के बच्चों को सुंदर पोशाक पहने, खेलते हुए और पढ़ाई करते हुए देखती। मेरा भी मन होता, मैं स्कूल जाऊँ। प्रायमरी स्कूल की कक्षा के बच्चे जोर-जोर से पढ़ते, मैं दूर खड़ी रहकर उनकी पढ़ाई सुनती, उनके खेलकूद देखती और माँ से जिद करके कहती—"मेरा भी नाम स्कूल में क्यों नहीं लिखवाते? मैं कब स्कूल जाऊँगी?" स्कूल के प्रति मेरी ललक देखकर माँ खुश होती। वह मुझे चिढ़ाने के लिए कहती थी—"हम नहीं लिखाएँ, स्कूल में तेरो नाम। तू घर का काम कर।"

माँ की बात को सच मानकर मैं बहुत रोती थी। माँ समझाती तब भी रोती थी, जिद करके कहती—"अभी लिखाओ मेरा नाम।"

माँ अक्सर प्यार से कहती थी—"शीला हमारी बेटी नहीं है। हम उसे नदी से पकड़कर लाये हैं।" माँ की चिढ़ाने वाली यह ठिठोली मुझे सच लगती। मेरे पिता और भाई नदी से मछली पकड़कर लाते थे। मैं सोचती थी—"क्या मैं भी नदी में मछली की तरह बह रही थी?" उन दिनों बहने और तैरने का अन्तर मुझे नहीं मालूम था। बड़ी बहन से मेरा कद लम्बा दिखने के कारण भाई बहन मुझे 'बोम्बल मछली' कहकर चिढ़ाते थे। लम्बी, पतली, सूखी 'बोम्बल मछली' नाम सुनकर मैं बहुत चिढ़ती और रोती थी। बचपन की वे बातें ही अलग थीं।

जुलाई 1960 में पिताजी ने प्रायमरी स्कूल 'गंज प्राथमिक शाला बानापुरा' की पहली कक्षा में मेरा नाम लिखवाया—'कुमारी सुशीला रामप्रसाद घांवरी।' दायें हाथ से, सिर के ऊपर से बायें कान को छूकर मेरी उम्र नापी गई थी। जन्मतिथि के हिसाब से मेरी जन्मतारीख 9 जुलाई 1954 थी मगर याद न रहने के कारण पिताजी ने 4 मार्च 1954 लिखवा दी। स्कूल में एडमिशन के बाद, मैं छोटी थैली में स्लेट पट्टी और लिखने की कलम लेकर स्कूल जाने लगी थी।

कक्षा में ब्राह्मण, बनियों के बच्चों को सबके आगे बैठाया जाता था। पिछड़ी जाति के बच्चों को पीछे बैठाया जाता। अछूत बच्चे सबसे पीछे अलग बैठते थे। कक्षा में यह श्रेणी वर्गीकरण जैसा था, इससे हमें अपने वर्ण और जाति का आभास हमेशा रहता था। मैं कक्षा में सबसे पीछे बैठती थी। स्कूल के सभी शिक्षक और सभी बच्चे मेरी जाति के विषय में जानते थे। सबके मन में मेरे लिए एक निश्चित दूरी थी। मैं नहाकर, साफ-सुथरे कपड़े पहनकर स्कूल जाती फिर भी स्कूल के बच्चों, अध्यापकों और चपरासी के लिए अछूत ही थी। मुझे छू जाने पर वे नहाकर शुद्ध होते हैं, यह बात मैं जानती थी। वे मुझसे दूर रहें, इसकी अपेक्षा मैं स्वयं उनसे दूर रहती थी ताकि मेरे कारण किसी को तकलीफ या परेशानी न हो। बचपन से सिखायी गई बातों से यह आदत बन गई थी। सबसे अलग रहना, सबके पीछे रहना ताकि

कोई मेरा अपमान न करे, मुझे बुरा न कहे, मुझे सजा न दे। मैं सिर झुकाए, अपनी स्लेट पर बार-बार लिखती और मिटाती रहती। गुरुजी दयाभाव से मेरे पास आते, मुझे देखते और अपनी कुरसी पर बैठ जाते थे। कक्षा में बच्चे हंसते, खेलते, धूम मचाते रहते, मैं चुपचाप सबको देखती थी।

मैं देखती थी, सवर्ण घरों में स्कूल से लौटे बच्चों पर घर के बाहर ही पानी छिड़क दिया जाता था और पहने हुए कपड़े उतरवाकर उन्हें दूसरे कपड़े पहनने के लिए दिये जाते थे। हमारे ही सामने वे नाक-भौं सिकोड़कर नफरत से कहते थे–"न जाने कौन-कौन सी जात के बच्चों के साथ बैठकर पढ़कर आते हैं। सबकी छुआछूत घर में लाते हैं।"

घर के पुरुषों द्वारा मना करने पर भी घर की महिलाएँ स्कूल से लौटे बच्चों को पिछवाड़े के दरवाजे से आने देतीं और उनपर पानी डालकर कपड़े बदलवाती थीं। मध्यप्रदेश में सवर्ण महिलाओं में छुआछूत की भावना शुरू से ज्यादा ही रही है। कक्षा में पढ़ने वाली सवर्ण लड़कियाँ औपचारिकतावश मेरे साथ बोलती थीं, वे बाद में मेरे लिए क्या कहती होंगी, पता नहीं। वैसे मैं स्वयं संकोच के साथ उनसे दूर रहकर उनकी रक्षा करती रहती थी। लगातार हर बात में पीछे रहने से कई बार मुझे बहुत दुख होता था। कभी-कभी मन में गुस्सा आता कि सबको धक्का देकर सबके आगे निकल जाऊँ, लेकिन बचपन से सिखाए गये दासता, भय से पूर्ण संस्कार और आदर्श मेरे पैरों की बेड़ियाँ बन जाते थे।

उन दिनों हमारे गाँव में सवर्ण सेठ-साहूकार अधिकतर हिन्दू साधु-सन्तों के प्रवचन करवाते थे, कभी गांधीवादी समाजसुधारक नेताओं के भाषण होते थे। वे अपने भाषणों-प्रवचनों में सवर्णों से हमारी जाति के लोगों के प्रति दया और सहानुभूति रखने की बातें कहते और हमको अपने कर्तव्य करते रहने का उपदेश देते थे। जातिभेद के नियम मानते हुए सेवाकार्य, आज्ञापालन करने पर ही दया, सहानुभूति मिल सकती थी। गलती करने पर कठोर दंड दिये जाते। हमारे लोग भयभीत रहते हुए उनकी आज्ञा का पालन करते थे।

छोटे भाई मोहन और कमल स्कूल जाने के समय बहुत परेशान करते थे। मोहन स्कूल जाना ही नहीं चाहता था। पता नहीं उसे कौन सताता और मारता था? पूछने पर वह कुछ नहीं बताता। माँ और नानी स्कूल के समय उसे खींचकर, घसीटते हुए स्कूल ले जाती थीं। हर दिन रोते हुए वह यही बहाने करता–

"अरी बाई, मेरा पेट दुख रहा है री...ओ माँ मेरा हाथ टूट गया रे...मैं आज स्कूल नहीं जाऊँगा, कल से जाऊँगा। आज मत जाने दो रे..."

हम सब बहन भाई अपनी माँ को बाई कहते थे और नानी को माँ। कक्षा में

गुरुजी से डरकर वह चुप हो जाता। चुपचाप अपना बस्ता लेकर अपनी जगह वह बैठ जाता। माँ खिड़की से झाँककर उसे स्लेटपट्टी पर लिखते हुए देखती और निश्चिन्त हो जाती। लेकिन दूसरे दिन वह फिर वही स्कूल न जाने का राग अलापता। जरूर मास्टरजी उसे डाँटते-मारते होंगे, कक्षा के लड़के उसे सताते होंगे। सबसे छोटे कमल ने भी इसी तरह कई दिनों तक सताया था, वह भी कई दिनों तक इसी तरह परेशान रहा।

मैंने ऐसी परेशानी से छुटकारा अलग तरीके से पाया था। पढ़ाई और पढ़ाई, यही मेरी मंजिल का रास्ता बन गया। पढ़ाई में ध्यान रहने से दूसरी बातों में ध्यान नहीं जाता था। इसका दोहरा लाभ मुझे मिलता रहा। मैं शिक्षकों और सहपाठियों की नाराजी से बचती रही, पढ़ाई करके पास होती रही। माँ आगे बढ़ने की प्रेरणा देती रही, फलस्वरूप, गरीबी और अभावों से पूर्ण घर का वातावरण भी मेरी पढ़ाई में बाधा नहीं बन सका। गाँव का छुआछूत का अपमान भरा व्यवहार भी मुझे आगे पढ़ने से नहीं रोक सका। पढ़ाई के प्रति मेरी लगन देखकर माँ-पिताजी मुझे सहयोग देते रहे।

हम बहन-भाई छोटे थे तब माँ हमको हफ्ते में दो बार गरम पानी से खूब अच्छे से नहलाती थी। उन दिनों हमें पानी मुश्किल से मिल पाता था, पानी हमेशा माँग कर लिया जाता था। मैं कभी रेलवे स्टेशन के नल से छोटी गागर में पानी भर लेती, तब लोग नल को मिट्टी से कभी पाँच बार, कभी सात बार माँजते-धोते थे और मुझे घृणा-उपेक्षा से देखते हुए डाँटते-फटकारते थे, तब ये सामान्य बातें मानी जाती थीं।

बचपन में माँ मेरी चार चोटी बनाती थी। कान के ऊपर की दो चोटी को नीचे दो चोटी के साथ गँथकर ऊपर रिबन के फुन्दे बाँध देती। तीन-चार दिन तक बाल ऐसे ही बँधे रहते। रोज-रोज चोटी गूँथने का माँ के पास वक्त ही नहीं रहता था। छोटे घुँघराले बाल मेरे माथे पर बिखरे रहते। मँझली बहन मेरी चोटी बनाते समय जरा भी हिलने पर धमाधम मारने लगती, फिर तो चोटी बनवाना एक तरफ रहता और मैं जमीन पर लोट लगाते हुए रोना शुरू कर देती। तब माँ हम दोनों को मारती थी। किसी भी गलती की सजा थी खाना नहीं देना। ज्यादा परेशान करने पर माँ रस्सी से हाथ-पैर बाँध देती, रोने पर ज्यादा मार पड़ती। हमारे कारण माँ परेशान रहती थी। असल में वह गरीबी और खर्च से परेशान थी।

बड़े भाई पढ़ाते समय छोटी सी गलती पर ज्यादा गुस्सा होते थे, वे फटाक से कसकर चाँटा मार देते। यह देखकर पिताजी भाइयों को डाँटते। मैं अपने पिता की लाड़ली थी। मगर पिता भी कभी-कभी जोर से डाँटते थे। घर में अधिक लाड़ प्यार का वातावरण नहीं था। सभी अपनी-अपनी चिन्ता और पीड़ा से परेशान थे।

कक्षा दूसरी से बाद के समय की बातें अच्छी तरह याद हैं। सन् 1962 में

दूसरी कक्षा में हम—'हिन्दी-चीनी भाई भाई' के नारे लगाते थे। हवाई जहाज की आवाज सुनकर और आसमान में हवाई जहाज उड़ते देखकर कक्षा के पूरे बच्चे चिल्लाते थे, 'हिन्दी-चीनी भाई भाई।' तब हमारे शिक्षक भी हमें नारे लगाने के लिए कहते थे। वे हँसते हुए कहते—"और जोर से बोलो, 'हिन्दी-चीनी भाई भाई, ..."

हमारी कक्षा गरमी और ठंड के दिनों में अधिकतर स्कूल के पास; आम के पेड़ों के नीचे लगती थी। बरसात के दिनों में प्रायमरी स्कूल के बड़े कमरे में दो या तीन कक्षाएँ एक साथ लगतीं। बच्चे एक साथ बैठकर, एक साथ चिल्ला-चिल्लाकर पढ़ते थे। एक ही शिक्षक पहली कक्षा को वर्णमाला के अक्षर, दूसरी कक्षा को गिनती और तीसरी कक्षा को पाठ जोर-जोर से पढ़ने के लिए कहते। कभी पहाड़े पढ़े जाते, कभी सवय्या, पौना, अद्धा, पौआ जोड़ा जाता। बच्चे ताकत लगाकर जोर-जोर से चिल्लाते हुए पढ़ते—"एक अद्धा अद्धा, दो अद्धा एक।" इसी तरह पहाड़ा पढ़ते थे—"दो एकम दो, दो दूनी चार, दो तिया छै, दो चौके आठ—"

मास्टर जी अपनी कुर्सी पर बैठकर ऊँघते रहते। जब कभी बच्चों में झगड़ा होता तब मास्टर जी एक सिरे से सब बच्चों को स्केल या छड़ी से मारते। लड़के मार खाने के लिए खुद अपनी हथेली सामने कर देते। शरारत और लड़ाई झगड़े से दूर, मैं सबको देखते हुए चुपचाप अपनी पढ़ाई करती रहती। मुझे ब्लेकबोर्ड पर लिखने के लिए कहा जाता। पढ़ाई—होमवर्क पूरा न करने पर डाँट, मार और गुरुजी के टेबल-कुर्सी के सामने घुटनों के बल खड़े रहने की सजा मिलती। लड़कों को मुर्गा बनकर खड़े रहने की सजा दी जाती थी।

शिक्षकों की उपेक्षा और अपमान से मेरा मन दुखी हो जाता था।

स्कूल के शिक्षक गाँव के सवर्ण हिन्दू महाजनों का बहुत सम्मान करते थे, उसी प्रकार उनके बच्चों को भी मान-सम्मान देते। अछूत बच्चे उपेक्षा के पात्र रहते। सवर्ण सम्पन्न घरों के बच्चों को सजा से छुटकारा तुरन्त मिल जाता था। गरीब, पिछड़े, अछूत वर्ग के बच्चे घंटों सजा भोगते, मानो गुरुजी उन्हें सजा देकर भूल गये हों। बच्चे रोने लगते तब जैसे गुरुजी को याद आता और वे कहते—"अच्छा, अच्छा... ठीक है, ठीक है... बैठ जाओ।" मेरी सजा ऐसी ही लम्बी होती थी।

गाँव में छुआछूत-जातिभेद की भावना बहुत थी, स्कूल में भी थी। प्रायमरी स्कूल में पहली से पाँचवीं तक बच्चे कक्षा में टाटपट्टी की लम्बी पट्टी बिछाकर बैठते थे। जब टाटपट्टी बिछाई जाती, मैं दूर खड़ी रहती थी। बच्चे तुरन्त अपनी जगह के लिए लड़ते-झगड़ते बैठ जाते। मैं पीछे फर्श पर बैठती थी। एक दिन न जाने क्या सोचकर मैं कक्षा में गुरुजी के टेबल के सामने तीसरे क्रमांक पर बैठ गई। उस दिन मुझे गुरुजी, ब्लेकबोर्ड और पूरी कक्षा अच्छी लग रही थी। रजनी, शुभलता मेरे पीछे

बैठी थी। पढ़ाते समय छगन गुरुजी ने मेरी तरफ देखकर गुस्से से कहा था—

"सुशीला, तुम आगे क्यों बैठी हो? तुम्हें सबसे पीछे बैठना चाहिए।" फिर उन्होंने पूरी कक्षा को डाँटकर कहा था—"जिसको जिस जगह पर बैठने के लिए कहा गया है वह अपनी जगह पर बैठेगा। कोई भी अपनी जगह नहीं बदलेगा।" गुरुजी के भय से काँपते हुए मैं अपना बस्ता लेकर पीछे बैठ गई थी। उम्र समान होने के बाद भी हिन्दू महाजन के नाजुक बच्चे छोटे दिखते थे। मैं उनके सामने बड़ी दिखती थी मगर सिर्फ यह बात नहीं थी, मेरे प्रति जातिभेद के कारण उपेक्षा का भाव था। वर्ण और जाति के अनुसार जैसे सबकी जगह निश्चित थी। हमारे साथ तिरस्कार का भाव था।

परीक्षा के समय गिनती, पहाड़े, जोड़, घटाना, वाचन मौखिक रूप में पूछते थे। लिखित रूप में गणित, शुद्धलेखन और प्रश्नों के उत्तर देखे जाते। मुझे परीक्षा में अच्छे नम्बर मिलते पर शिक्षकों के मन में सवर्ण बच्चों के लिए स्नेह, प्यार, अपनापन और सम्मान का भाव रहता था, जिसे वे कक्षा में और कक्षा के बाहर अपने व्यवहार से प्रसन्नता के साथ दिखाते थे। अपने प्रति उपेक्षा, अपमान को देखकर मन दुखी हो जाता था। अपनी जाति की जानकारी के साथ मन में हीनता की भावना महसूस होती थी। उस समय इस भावना से उबरना कठिन था। सवर्ण समाज का व्यवहार जात-पाँत, भेद-भाव के आधार पर हमें लगातार प्रताड़ित करता था। इसके साथ हमारे अपने लोगों का जीवन और व्यवहार भी हमें संकुचित और प्रताड़ित बनाये रखता था।

नानी अपने काम पर जाने के लिए मेरे स्कूल के पास से ही निकलती थी, यह देखकर मुझे नानी पर बहुत गुस्सा आता था, साथ ही अपने आप पर शर्म। कक्षा की लड़कियाँ जानबूझकर मुझे दिखाती थीं—"सुशीला देख, तेरी नानी...!" लौटते समय पेट के सामने बँधी उसकी झोली में कुछ न कुछ बँधा लटकता रहता। इस रूप में वह दूर से पहचानी जाती। मैं नानी से कहती—"मेरे स्कूल के पास से नहीं आना। सब देखते हैं। मुझे शर्म आती है।" फिर भी नानी वहीं से आती-जाती थी। ऐसे समय मैं संकोच और लज्जा से अपना सिर झुका लेती थी। 'कौन समझायेगा उसे? कब समझेगी वह?' सोचकर मन दुखी होता था।

अपनी जाति का आभास बचपन से था। हम अछूत हैं यह भी जानती थी। लोग हमसे घृणा करते हैं, हमसे दूर-दूर रहते हैं इस बात से अपमान महसूस होता था। वे क्यों हमारे साथ ऐसा करते हैं? इसका सही उत्तर नहीं मालूम था। तब लगता था नानी के कारण ही हमारे साथ ऐसा किया जाता है। नानी पर गुस्सा आता था—'नानी के कारण हमें लज्जित होना पड़ता है।' मैं नानी का लाड़, प्यार, मनुहार

और शुभचिन्ता-शुभआशीषों को भूलकर उससे झगड़ा करती थी, डाँटती थी, कपड़े पकड़कर खींचती थी, उसे झँझोड़ देती थी। नानी तब माँ से कहती थी–"अरी बाई, ये मोढ़ी को तो देख।" माँ और पिताजी मेरी इन बातों को सुनकर कभी हँसते थे, कभी मुझे डाँट देते थे।

मैं नानी को बहुत प्यार करती थी। नानी काम करके आती तब तुरन्त उसको पानी गरम करके देती, नहाने के समय उसकी पीठ साबुन और बूचे से घिस देती। नहाने के बाद उसके सन जैसे सफेद छोटे बालों में तेल लगाकर कंघी करके, चोटी बना देती। उसकी चोटी में अपना रिबन बाँध देती। नानी हँसती-मुस्कराती रहती। नानी को खाना परोस कर देती, दोपहर में कभी दाल-चावल, शाम को तरकारी रोटी। नानी मुझे आशीर्वाद देती थी–"खूब पढ़ लिखकर बड़ी अफीसर बन, खानदान का नाम रोशन करना।" तब मुझमें आत्मविश्वास भर जाता था।

नानी ने बड़े चाव से माँ का नाम पन्ना रखा था। पता नहीं, यह पन्ना नाम हीरा, पन्ना, जवाहरात की दृष्टि से रखा था या फिर भारतीय राजपूत इतिहास की देशभक्त 'पन्ना धाय' की कहानी के विषय में जानकर रखा? दोनों ही रूप में मेरी माँ अनमोल रतन थी। लेकिन गाँव के लोग पन्नाबाई नाम को बिगाड़कर पनियाबाई कहते थे। जैसे अच्छे नाम से पुकारे जाने का हमें अधिकार ही नहीं था।

जब मैं स्कूल में पढ़ती थी मैंने 'पन्ना धाय' की कहानी पढ़ी थी। पन्ना धाय राजस्थान प्रांत के उदयपुर के राजकुमार उदयसिंह की धाय थी। उसके त्याग, उत्सर्ग और बलिदान की कहानी पढ़कर मुझे अपनी माँ के प्रति गौरव और श्रद्धा का भाव महसूस हुआ था। मैं बचपन में कहती थी, "देश की रक्षा के लिए और समाज की भलाई के लिए मैं भी त्याग, बलिदान करूँगी।" तब माँ और नानी मुस्कराती थीं।

मैंने अपनी माँ की नानी यानी नानी की माँ को देखा है। वह बहुत गोरी और सुन्दर थी, रुखिया नाम था उसका। शायद सही नाम रुकमणि रहा होगा। मगर हमारे लोगों के अच्छे नाम सही रूप में कहाँ बोले जाते हैं? जैसे नानी का नाम छऊआ है। जरूर उसका नाम सावित्री रहा होगा। सावित्री से सऊआ और सऊआ से छऊआ हो गया था। नानी की सिवनी वाली छोटी बहन को बुल्लो नाम से पुकारते थे। क्या उसका नाम विमला नहीं रहा होगा? वह विमला नाम के अनुरूप ही सुन्दर थी।

नानी बताती थी, उनके पिता को हमारे जाति समुदाय के लोग 'बालस्टर' कहते थे। यह उनके नाम की छाप थी। वे गोरे, ऊँचे, समझदार और होशियार थे। नानी की माँ सौ वर्ष के लगभग उम्र तक जीवित रही थी। रूखिया नानी को हम सब बहन-भाई बूढ़ी नानी कहते थे। वह बहुत सफाई पसंद थी। घर की साफ-सफाई पर भी उसका पूरा ध्यान रहता था। घर-आँगन झाड़ना-पोंछना, लिपाई-पुताई करते

रहना, धुले-मँजे बर्तनों को बार-बार माँजना-धोना। थोड़ा-सा भी कहीं गंदा दिखने पर वह रगड़-रगड़ कर पोंछती थी। बुढ़ापे में उसका यह हाल था, तब अपनी उम्र में गाँव की सफ़ाई का काम क्या वह इसी तन्मयता से नहीं करती रही होगी?

मैंने होश सँभाला तब उसकी उम्र 80-90 के बीच थी। सिर के पूरे बाल चाँदी की तरह सफेद थे। कमर झुककर कमान हो गई थी। कहीं जाने के समय वह लहँगा, लुँगड़ा, पोलका की छोटी गठरिया अपनी पीठ पर रखकर, झुककर डंडा टेककर चलती थी। उस समय गाँव का काम छऊआ नानी करती थी। बूढ़ी नानी अधिकतर अपने बेटे के पास इटारसी में रहती थी। फिर बूढ़ी नानी नहीं रही। बूढ़ी नानी हमारे शोषित-पीड़ित इतिहास का पुराना अध्याय थी। मैं उसके विषय में अधिक नहीं जान सकी, लेकिन मैं जानती हूँ चुप रहकर जातिभेद, छुआछूत का अन्याय सहन करना ही उसका इतिहास था।

बूढ़ी नानी की चार बेटियाँ छऊआ, बुल्लो, बतूल और मठोल थीं। एक बेटा बब्बूलाल चावरिया था। वे कभी-कभी अपनी बहनों से मिलने बानापुरा और सिवनी आते थे। हम उन्हें नाना ही कहते थे। उनके दो बेटे हैं—प्यारेलाल चावरिया और लच्छीराम चावरिया। सिवनी वाली बुल्लो नानी के पति बंशीलाल राठौर। उनके तीन बेटे सुखलाल राठौर, बाबूलाल राठौर और हरिलाल राठौर। उनकी दो बहनें लीला और शांता। सभी मौसी, मामा और मामियाँ हम सब बहन-भाइयों को बहुत चाहते थे। नानी की बहन मठौल मध्यप्रदेश के हरदा शहर में रहती थी। उनका बेटा प्रभुदयाल चौहान हमारे परिवार के प्रति बहुत अपनापन और प्रेम रखते थे। बतूल बहन मध्यप्रदेश के 'बावरी' गाँव में थी। उसकी बेटी कलीबाई अपने पति गवारफली के साथ सिवनी में ही रहती थी। सफिया का विवाह धौलपुर में हुआ था।

नानी को गाँव का काम पैतृक दाय के रूप में मिला था। दिनभर कड़ी मेहनत करने के बाद रूखा, सूखा, जूठा पाना ही उसका प्राप्य था। नानी अपने काम से, अपनी स्थिति से और मजबूरी से दुखी थी। मगर न तो उसके पास जीवन-यापन का कोई दूसरा विकल्प था और न ही उसे कोई नई राह, नई दिशा की जानकारी देने वाला मिला जो उससे इस नरक सफाई के काम को छोड़ने की बात कहता। नानी का पूरा जीवन बहुत कष्टपूर्ण था। मैं नानी के दुख-दर्द से दुखी हो जाती हूँ। मेरी नानी! कितना दुख-संताप सहा था उसने!! जाति समुदाय के सभी लोगों का यही हाल था। मौसम कोई भी हो—ठंड, गरमी, बरसात, मौसम अच्छा हो या खराब, फिर भी वे काम पर जाते थे। धीरे-धीरे मौसम बदलते रहते मगर उनका काम नहीं बदलता।

ठंड के दिनों में ठंड दुश्मन बनी रहती। ठंड से बचने के पर्याप्त साधन हमारे

पास नहीं थे। नवम्बर-दिसम्बर की शीत लहर की कड़ाके की ठंड में दाँत बजने लगते। ठंडी हवा से शरीर काँपता रहता। प्रयासपूर्वक रोकने पर भी मुँह से हुनहुनाने की आवाज निकलने लगती। ठंड अपना असर तीव्रता के साथ बताती फिर भी हमारे लोग अपना काम करने समय पर जाते थे। यदि काम पर न जायें या जाने में देरी हो जाये तो गाँव से कई घरों के लोग बुलाने घर आते थे। वे आते ही खूब डाँटते-फटकारते थे और तुरन्त साथ चलकर काम करने के लिए कहते। नानी डरती-सहमती तुरन्त उनके पीछे चल देती। पूरा गाँव जैसे सुबह से उसी की राह देखता मगर उसके दुख-दर्द को कोई नहीं समझता। नानी के पास बरसों पुराना गरम, काले रंग के कपड़े का लम्बी बाँहों का सलूका था जो फटकर तार-तार हो गया था फिर भी वह उसे पहनती। कड़ाके की ठंडे में उससे राहत मिलती। ठंडी हवा में घूमने से ठिठुरन उसे जकड़ लेती, ठंड असहनीय हो जाती, तब वह तंबाकू चूना मिलाकर खा लेती, उसके शरीर में थोड़ी गरमाई आ जाती।

नानी की जिन्दगी के दिन बस ऐसे ही कष्ट में बीतते रहे। गालियों और अपमान के भय से डरते-डरते उसे आदत हो गई थी। अपनी इस आदत को उसने अपना कर्तव्य मान लिया था। जाति और कर्म के आधार पर बने इस घेरे को तोड़ना सम्भव नहीं था क्योंकि विरोध और विद्रोह से परिचय नहीं था। यह चिंगारी हृदय में कभी जागने नहीं दी गई। लेकिन वह हमसे अक्सर कहती थी–"जैसे कृष्ण ने कंस को मारो, जैसे नरसिंह ने हिरनाकश्यप का पेट फाड़ो, वैसे ही कोई जरूर पैदा होयगो जो जांत-पांत बनाने वालों को, ऊँच-नीच की बात बताने वालों को सबक सिखायेगो। वही हमें न्याय दिलायेगो, हमको भी उंचे आसन पर बैठायेगो, अपमान की जिन्दगी से निकालकर सम्मान दिलायेगो।"

नानी यह भी कहती थी–"आशा से ही आसमान टिको है। वरना कहाँ धरती, कहाँ चाँद, कहाँ सूरज, कैसे सब एक बंधन में बँधते?" नानी को उम्मीद थी वह दिन जरूर आयेगा जब उसकी आशा फलेगी, उसके जैसे लोगों के दुख दूर होंगे।

गरमी के मौसम में नानी का बुरा हाल रहता। अप्रैल-मई के दिनों में जब सूरज आसमान में ऊपर चढ़ जाता और हवा साँय-साँय करने लगती तब वह गरमी से घबराकर छाँह ढूँढ़ती फिरती। नल और कुओं पर वह जा नहीं सकती थी। किसी के भरे बर्तन का पानी अपने हाथों से नहीं ले सकती थी। वह अछूत जाति की सीमा से बँधी थी। इस सीमा को उलाँघते ही उस पर सब ओर से आक्रमण होता, उसकी इज्जत सरे-आम, सरे-बाजार मटियामेट की जाती, जूता-चप्पल फेंककर या डंडे-लकड़ी से कूचकर उसे मारा जाता, इस डर से वह प्यासी रह जाती। जाति की सीमा से बँधी वह प्यास से कांवरी-बावरी होकर काम करती रहती। ऐसे समय उसकी हालत उस

कुत्ते की तरह लगती जो गरमी से घबराकर, जीभ बाहर निकालकर, गहरी-गहरी साँस लेता रहता है, फिर भी वह कुत्ता लात, जूते और डंडे की परवाह किए बिना कहीं न कहीं मुँह डालकर पानी पी ही लेता है। मगर नानी ऐसी हिम्मत नहीं कर पाती थी।

उसके पैरों की रबर के ट्यूब और टायर के टुकड़ों से बनी चप्पल गरम धरती और गरम हवा के कारण आग उगलने लगती। उसके पैर होला-उम्मी की तरह भुंजने लगते। फिर तो वह घबराकर अच्छे-खराब कैसे भी पानी में पाँव भिगोती रहती। गाँव के राह चलते लोग उसकी यह हालत देखते तो कहते–"ऐसे में मर जाएगी डोकरी, घर जाकर छाँह में आराम कर। दुपहरी तप रही है, लपट चल रही है।" वह बिन पानी की मछली की तरह तड़प कर कहती–"अरे बेटा, काम छोड़कर कैसे जाऊँ? मेरी किस्मत में सुख कहाँ है? एक दिन ऐसे ही मर जाऊँगी।"

गरमी में भूखे रहने और खाली पेट पानी पीने से वह बीमार पड़ जाती। दो-तीन दिन लू-लपट के बुखार में पड़ी रहती। तबियत थोड़ी ठीक होते ही काम करने चली जाती। गाँव वालों के बुलाने पर बुखार में भी वह गाँव का काम करने जाती। थककर चूर-चूर हो जाती। किसी तरह घर पहुँचकर नहाती और लस्त-पस्त होकर पड़ी रहती। नानी इसे अपनी किस्मत का चक्कर मानती थी। काम से थककर नानी अक्सर मुझसे कहती थी–"अरे बेटा, मैं तो हार गई रे..." अपनी आठ-दस वर्ष की उम्र में नानी की ऐसी हालत देखकर और उसकी ऐसी बातें सुनकर मेरा मन दुखी हो जाता था।

ऐसे ही बरसात का मौसम और सफाई का काम याद करते ही मन किचबिचा जाता। काम तो करना ही पड़ता था। सड़कों पर और गलियों में कचरे का ढेर लग जाता। गीला, सड़ा, गिजगिजा, बदबूदार कचरा, गोबर, मैला देखकर ही मतली आती। गन्दी नालियों और डबरों का गंदा पानी सड़कों पर बहता रहता। ऐसे गंदे पानी के बीच से कचरा उठाना, टोकरे में भरना, गीले कचरे के भारी टोकरे को अपनी कमर पर, कभी सिरपर रखकर दूर फेंकने जाना बहुत कठिन हो जाता। इसी तरह नरक सफाई का काम किया जाता। बजबजाती गंदगी पर मुट्ठी भर राख डालकर वह अपनी किस्मत को कोसती थी। ऐसे समय उसे गाँव बस्ती के लोग शैतान नजर आते। कभी भगवान ही सबसे बड़ा शैतान नजर आता। नानी गुस्से से उसे कोसते हुए कहती थी–"यह सब तेरी ही करतूत है भगवान। मुँह पेट बनायो तो बनायो, जात-पात क्यों बनाई? हम ही क्यों करें नरक सफाई का काम? जिसने रीत बनाई है, कभी वे भी करके देखें, तब पता चलेगो।"

जिनके लिए भगवान के नाम से सब अच्छा है, वे भगवान की स्तुति ही करेंगे,

लेकिन जिनके लिए कुछ अच्छा नहीं, जिन्हें सुख-सुविधा, अवसर-अधिकार जैसी कोई चीज नहीं, वे भला भगवान को क्यों न कोसें? सोचने की बात है। ऐसे समय नानी कहती थी–"किसका भगवान? कौनसा भगवान? कैसा भगवान?" मैं नानी को आश्चर्य के साथ देखती थी। मैंने उसे कई बार अकेले गालियाँ देते सुना था। जिस पर गुस्सा आ जाये उसे जी भरकर गालियाँ देने से मन हल्का हो जाता है, यह मनोवैज्ञानिक बात है। जो कुछ नहीं कर सकते कम से कम गालियाँ तो दे सकते हैं। जिन्हें जितना दबाया जायेगा, वे उतनी ताकत से उभरकर अपना बदला लेंगे। बचपन में मैंने बानापुरा रेलवे स्टेशन के पास, चेतिया नाम की भिखारिन को चीख-चीखकर गालियाँ देते सुना था, न जाने किसको गालियाँ देती थी। जब उसी तरह नानी को गालियाँ देते सुना तो मैं समझ गई–'ये सताये हुए लोग अपने शोषकों को इसी तरह गालियाँ देते हैं।'

नानी ने बदला लेने की यह नीति अपनाई थी। कठोर परिश्रम से थककर, अपने कष्टों से घबराकर किलप-किलप कर गालियाँ देती हुई गुस्से से कहती–"तेरी ठठरी बँध जाये, तेरो बुरो हो जाये भगवान। अरे तेरो सिंहासन डोल जाये .....तेको सब भूल जायें ...।" नानी अपना आक्रोश इसी तरह निकालते हुए बड़बड़ाती थी, "हे भगवान, तेरे मुँह में कीड़े पड़ जायें। कोई तोहे पानी देने वालो न रहे। तू तड़फ-तड़फ कर मरे। कोई तेरी मौत मट्टी पर न रोये–" नानी के लिए यह भगवान शायद दुश्मन इन्सान ही होगा तभी तो शोषित पीड़ित वह इस तरह उसे खत्म करना चाहती थी, वरना सर्वशक्तिमान को कौन ऐसा बोल सकता है?

नानी का काम बहुत कष्ट पूर्ण था मगर गाँव के लोगों ने कभी उसकी परवाह नहीं की। आखरी दम तक वह कष्टों को सहती रही। सभी जगह हमारे लोगों की स्थिति ऐसी ही थी। घर आते-आते एक बज जाता फिर तीन बजे से उनकी बेगार शुरू होती। नगर परिषद के सभी सफाई कर्मचारियों को बुलाकर काम बताया जाता। दोपहर तीन बजे से शाम 6 बजे तक बेगार चलती। मोकद्दम या सेनेटरी इंस्पेक्टर अलग-अलग मैदानों, गलियों, नालियों की सफाई का काम करवाते। यह नौकरी के अतिरिक्त काम रहता। इसका कोई मेहनताना या तनख्वाह नहीं दी जाती। बेगार का काम करके नानी थककर चूर-चूर हो जाती थी। लतड़-फतड़ कदमों से घर आती। दिये गये गरम पानी से किसी तरह नहाती। थकावट के कारण खाना भी नहीं खा पाती, अपनी खटिया पर ढेर हो जाती। नानी की थकावट देखकर मुझे बेचैनी होती थी मगर सहानुभूति की बातें बोलना अच्छा नहीं लगता था।

नानी गाँव में दाई का काम भी करती थी। सिवनी की सरकारी बड़ी अस्पताल के बड़े डॉक्टर ने उसे 'दाई' का सर्टिफिकेट दिया था। हिन्दी और अंग्रेजी भाषा में

टाइप किया हुआ, फ्रेम में जड़ा, दीवार पर टँगा अपना यह सर्टिफिकेट वह सबको गर्व के साथ दिखाती थी। दिन में, रात में किसी भी समय गाँव के लोग उसे बुलाने आते, तब उसे जाना ही पड़ता था। वह घर में रेजर ब्लेड ढूँढ़ती और उनके पीछे-पीछे चल देती थी। बच्चे की नाल वह अपने रेजर ब्लेड से ही काटती थी। पहले लड़की होने पर दो रुपया मिलता था, लड़का होने पर तीन रुपया, साथ में ओली-झोली में थोड़ा गेहूँ या ज्वार। कभी फटे-पुराने कपड़े दे दिये जाते। इसके बदले सवा महीना तक नानी जच्चा और बच्चा की तेल मालिश करती, उनके गन्दे कपड़े धोती, जच्चा घर की सफाई करती। इतनी मेहनत का काम करके नानी थक जाती थी।

नानी के जीवन की व्यथा-कथा का लम्बा अध्याय है। आज भी मैं अभिन्न रूप से उससे जुड़ी हूँ। अपनी कथा के साथ मैं नानी की कहानी बताना जरूरी मानती हूँ क्योंकि मेरी जिन्दगी उसी से शुरू होती है। यदि वह न होती तो माँ नहीं होती। यदि माँ नहीं होती तो मैं नहीं होती। इन सपनों का सूत्रपात नानी से सम्भव हो सका। नानी ने अपनी बेटी को कष्ट से बचाया था। माँ ने हमें ऐसे कष्ट से बचाया। पढ़ा-लिखाकर इनसान बनाया।

हमारे क्षेत्र में गांधी जी के 'हरिजन उद्धार' का बहुत प्रचार-प्रसार था लेकिन हमारे लोगों की दशा में कोई परिवर्तन नहीं हुआ था, हमारे लोग यह बात समझ नहीं पाये थे। वे गांधीजी के प्रति श्रद्धा और आस्था रखते हुए कहते थे–"महात्मा गांधीजी अपना पाखाना खुद साफ करते थे। उनकी शिक्षा से गाँव के सेठ साहूकार भी घर के आसपास की गन्दगी या कचरा, मैला खुद उठाकर फेंक देते थे। जब इतने बड़े-बड़े लोग ऐसे काम करने में शरम नहीं करें तो अपन की का बात है? अपनो तो जनम ही इस जात में हुओ है। दुख हो चाहे तकलीफ, करनो तो पड़ेगो।"

यह एक प्रकार की साजिश थी, भ्रमित करने का जाल था जो हमारे भोले-भाले लोगों को कभी विरोध-विद्रोह की बात सोचने ही नहीं देता था। महात्मा गांधी के प्रपंचों में उलझकर ये अछूत हरिजन ही बने रहे। बाबासाहब डॉ. आंबेडकर की विचारधारा न तो इन तक पहुँच सकी, न ही ये उन विचारों को समझ सके, न ही उनपर कभी अमल कर सके। वे अपने काम से और अपमान भरी दीन-हीन जिन्दगी से दुखी थे मगर 'किस्मत का खेल' और 'जन्म-जन्मान्तर के पाप' की उलझाने वाली बातों से आगे नहीं सोच पाते थे।

हमारी जाति के लोग महात्मा गांधी को और उनकी काँग्रेस पार्टी को बहुत मानते थे। वे सोचते थे काँग्रेस पार्टी ने ही उनका उद्धार किया है। कई वर्षों तक

काँग्रेस पार्टी ही सत्ता में रही थी। एक बार जनता पार्टी चुनकर आई थी तब हमारे लोग बहुत चिन्तित हो गये थे कि अब हमारा क्या होगा? माँ, नानी और पिताजी इस विषय में चिन्तित होकर आपस में बातें करते थे। चुनाव के समय सभी पार्टी के उम्मीदवार वोट माँगने के लिए हमारे घर भी आते थे। माँ, नानी और पिताजी सबको यही विश्वास दिलाते, वे उन्हीं को वोट देंगे। मगर मतदान के समय वे काँग्रेस को ही अपना वोट देते थे। वोट के लिए कुछ पार्टी के लोग हमारे घर आकर मतदाता के हिसाब से 10-10 रुपये के नोट भी देकर जाते थे। हमें अनेक सुविधाओं के आश्वासन और प्रलोभन भी दिये जाते थे। मगर हमारे जाति समुदाय को कभी किसी ने लाभ नहीं पहुँचाया। हम दीन-हीन और अपमानित जीवन जीते रहे।

मैंने सुना था देश तरक्की कर रहा है, देश का तकनीकी विकास हो रहा है लेकिन इसका लाभ हमारे घर-परिवार को नहीं मिला। हमारे जाति-समुदाय के लोग गरीबी और भूख से जूझते हुए अपना पैतृक रोजगार करते रहे। उनके रोजगार में तकनीकी सुधार नहीं हुआ था। सिवनी में सरकारी अस्पताल होने के बाद भी जचकी के लिए लोग दाई को बुलाते थे। सिवनी में बसोर जाति की एक-दो महिलाएँ भी दाई का काम करती थीं मगर लोग नानी को ही बुलाते थे।

गाँव में हमारा जीवन कैसा था, तब हमारी छोटी सी दुनिया थी। हम अपनी दुनिया में तकलीफों में जीते थे। अत्यधिक कष्ट और अभाव हमें दुखी कर देते। मैं अपनी इस दुनिया के बाहर की बातें सोचती थी। अपनी सहेलियों के घर के सुख-वैभव की बातें सोचती तो मेरा मन व्यथित हो जाता था। अपनी परिस्थितियों को, जीवन से जुड़ी बातें मानकर मन में असन्तोष भर जाता। हर जगह, हर बात में अपमानित और लज्जित होने का दुख मन को कचोटता था। क्या-क्या छिपाऊँ? अपनी नानी को सबसे कैसे छिपाऊँ? उसके फटे पुराने कपड़ों को, सहेलियों से कैसे छिपाऊँ? अपने पिता की रेलवे की नीली वर्दी को कैसे छिपाऊँ? खान-पान, रहन-सहन, घर-परिवार को किस किससे छिपाऊँ? इस पीड़ा से दुख होता था।

पिताजी मध्यम कद काठी के थे, रंग उजला था। कानों में 'मुरकी' गले में काले धागे में ताबीज पहनते थे। सफेद धोती, सफेद कुर्ता, सफेद गांधी टोपी के साथ वे जवाहर बंडी भी पहनते थे। उस समय गाँव में यह अच्छी पोशाक मानी जाती थी। शादी ब्याह या किसी सामाजिक कार्यक्रम में जाने के समय उनके व्यक्तित्व में भव्यता और शालीनता झलकती थी। पिता का यह रूप देखकर गर्व होता था। सुबह और दोपहर में रेलवे की नौकरी पर जाते समय रेलवे कर्मचारी का यूनिफार्म नीला कुर्ता और नीला पैंट पहनने पर वे गरीब, निरीह, मजदूर जैसे दिखते तब मन में ग्लानि होती।

पिताजी की मित्र मंडली के लोग उन्हें 'अफसर' कहकर पुकारते थे। यह सुनकर वे फूले नहीं समाते और अपने पास का पूरा रुपया उन्हें शराब पिलाने में खर्च कर देते थे। उन्होंने बैण्डबाजा भी खरीदा था। हरदा में किसी बैण्ड पार्टी को बजाने के लिए किराये पर दिया था। पिताजी अपना रुपया दोस्तों पर खर्च कर देते, तब हमारा जीवन अधिक अभावपूर्ण-कष्टपूर्ण हो जाता था। इस बात पर माँ उनसे झगड़ा करती। माँ और नानी हमारे खर्च की बहुत चिन्ता करती थीं। माँ की जचकी होने पर नानी ही माँ को सँभालती थी। उसे जड़ी-बूटियों का हरीरा पकाकर देती थी। माँ सौरघर में रहती तब पिताजी हम बच्चों को खाना बनाकर खिलाते। नानी और बड़े बहन भाई घर का काम सँभालते थे। मेरे बाद माँ को क्रमशः तीन बेटे हुए थे।

जाति समुदाय की अन्य महिलाओं की तरह माँ और नानी रंगीन फूलदार छींट के घेरदार घाघरे को कछौटा लगाकर पहनती थीं। लम्बा ढीला ब्लाउज पहनती, लुगड़ा सिर ढँककर ओढ़ती। माँ बाद में घाघरे के बदले साड़ी पहनने लगी थी। अच्छे दिनों में उनके पैरों में चाँदी की कड़ी, हाथों में चूड़े, कानों में नीचे टाप्स, ऊपर दो-दो बालियाँ थीं। उन्होंने अपने ऊपर के दो-दो दाँतों में सोने की कील भी लगवाई थी। हँसते और बोलते समय दाँतों की सोने की कील झिलमिलाती थी। माँ चाँदी के चूड़े के साथ काँच की चूड़ियाँ पहनती थी। शादी-ब्याह या किसी समारोह में महिलाएँ हाथों में चाँदी के गहने बटाने, गजरा और बंगडी पहनतीं। गले में चाँदी की हँसुली और कोहनी के ऊपर बाँकड़े पहनतीं। माँ का रंग गेहुआँ-साँवला था मगर पहन-ओढ़कर वह सुन्दर दिखती थी। आर्थिक कठिनाई के दिनों में गहने गिरवी रखकर खर्च चलाते थे। कभी गहने बिक जाते थे। समय अपनी रफ्तार से आगे बढ़ता रहा। दैनिक और वार्षिक रूप में जीवन चलता रहा। मौसम बदलने पर समय बीतने का आभास होता था। कभी ठंड, कभी गरमी, कभी बरसात से लगता वर्ष बीत रहे हैं।

गाँव की बातें ही अलग होती हैं। जनमानस में व्याप्त अंधविश्वास अच्छे-भले समझदार लोगों को भी अंधविश्वासी बना देता है। हमारे लोग भी इससे प्रभावित थे। घर के ऊपर बैठा कौआ काँव-काँव करता तब लोगों को विश्वास हो जाता कि उनके घर मेहमान आने वाले हैं। रोटी बनाते समय तवे के ऊपर आग चमकती, तब महिलाएँ कहतीं—"तवा हँस रहा है, मेहमान आयेंगे।" ऐसे समय लोग नये खर्च की आशंका से परेशान भी हो जाते थे। सोमवार के दिन की सोमवती अमावस्या को बहुत महत्त्व दिया जाता था। माँ उस दिन बस से होशंगाबाद जाकर नर्मदा नदी के घाट पर नहाती थी। परिवार की खुशहाली और सुख-सम्पन्नता के लिए माँ गरमी, बरसात, ठंड—हर मौसम में नर्मदा नहाने जाती थी। यह हिन्दूधर्म का अंधविश्वास था।

गाँव के लोग खाली समय में कुछ न कुछ करने का बहाना ढूँढ़ लेते थे। कभी

धर्माडम्बर, कभी अंधविश्वास के नाम पर कुछ न कुछ चलता रहता। लोग उसी में व्यस्त रहते हुए अपने कष्ट और समस्याएँ भूले रहते थे। हमारे आंचलिक क्षेत्र में नर्मदा को बहुत श्रद्धा, सम्मान और महत्त्व प्राप्त है। नर्मदा से जुड़ी सुख समृद्धि प्राप्ति की अनेक कथाएँ कही जाती हैं। सभी नदी-पहाड़ों की अपनी-अपनी कथाएँ थीं। लोग उन पर विश्वास करते थे और उन बातों का अनुकरण करते थे। कभी-कभी चालाक लोग इन कथाओं को उद्देश्यपूर्ण ढंग से गढ़कर लोकजीवन में फैलाते थे। वे नियोजित ढंग से यह काम करते, हमारे लोग ऐसी बातों को श्रद्धाभाव से मानने लगते थे।

होशंगाबाद जिले में बुदनी के पास सलकनपुर में बहुत ऊँचे पहाड़ के ऊपर देवी का मंदिर है। मोहन बचपन में बहुत बीमार हो गया था तब माँ ने सलकनपुर वाली देवी की मन्नौती मानी थी—"माँ मेरे बेटे को अच्छा कर दें। मैं तेरे दरबार में आकर गुड़ की भेली से बेटे का तुलादान कराऊँगी।" देवी की मनौती के साथ डॉक्टर का इलाज भी चलता रहा, मगर विश्वास देवी की कृपा पर ही अधिक था।

मोहन की तबीयत इलाज से ठीक हो गई तब माँ पिताजी अपने आत्मीय रिश्तेदारों के साथ सलकनपुर के ऊँचे पहाड़ पर चढ़े थे। तब पहाड़ पर चढ़ने के लिए अच्छी सीढ़ियाँ नहीं थीं। 'कष्ट के साथ साधना करने से सिद्धि प्राप्त होती है'—यह अंधविश्वास उन्हें कष्ट सहने की प्रेरणा देता था। पूजा के बाद मोहन को बड़े तराजू में एक तरफ बैठाकर दूसरी तरफ गुड़ की भेली रखकर तोला गया। उसके वजन का गुड़ तौलकर सबको बाँटा गया। धार्मिक श्रद्धा, आस्था के साथ अंधविश्वास हमारे जीवन के कष्टों को बढ़ा देते थे, आर्थिक स्थिति अधिक खराब हो जाती थी, लोग इन बातों में उलझे रहते। यह बात मैंने अपने घर-परिवार में भी देखी थी।

बचपन में मुझे मोतीझिरा निकला था। अच्छी तरह याद है, मेरे 21 दिन के टायफाइड के बुखार में माँ ने कई बार मेरे लिए देवी-देवताओं से मनौतियाँ मानी थीं, बाद में उनकी पूजा में नारियल और शक्कर की चिरौंजी-शीरनी का प्रसाद चढ़ाया था। नदी, पहाड़, मंदिर और देवी-देवता को पूजने के समय माँ के मन में विश्वास रहता था, मगर सत्य यह था, माँ अपने आत्मविश्वास के बल पर ही अपने घर-परिवार को सँभालते हुए अपने ध्येय में सफल होती थी।

सावन भादों के महीने में बहुत बरसात होने के कारण, 10-15 दिन तक सूरज के दर्शन नहीं होते। थोड़ी देर वर्षा रुकती फिर पानी बरसने लगता। ऐसे समय में पिताजी और भाई आँगन में लोहे की गैंती, फावड़ा या सब्बल डाल देते थे। लोगों में यह मान्यता थी, अधिक वर्षा होने पर उसे रोकने के लिए लोहे के हथियार आँगन में फेंकने से वर्षा रुक जाती है। मैं देखती थी कभी-कभी इस तरह वर्षा रुक जाती

थी। इसका वैज्ञानिक कारण होगा, यह इनसान का प्रकृति पर नियंत्रण का उदाहरण जैसा लगता था। मगर गाँव के लोग कहते थे–वर्षा के देवता इन्द्र का क्रोध लोहे के हथियार डालने से शांत हो जाता है। वे ऐसा वैदिक कथाओं के आधार पर ही कहते थे।

बरसात के दिनों में माँ नानी सुखाये हुए महुआ भूनकर हमको खाने के लिए देती। कभी महुआ के साथ तिल मिलाकर खाते। कभी सूखे चने तवे पर भूनकर खाते। भीगे चने फूलने पर तेल नमक मिरची के साथ पकाते। यह खाकर हमें बरसात का होना सार्थक लगता। कड़की के दिनों में यह सब नहीं मिल पाता था, तब हम सब मुँह लटकाये बरसता पानी देखते रहते थे।

बरसते पानी में बाहर जाने के समय टाट के बोरे की घोंघची बनाकर ओढ़ते थे। महंगी बरसाती और छाते हम नहीं खरीद सकते थे। गरीबी और तंगहाली की स्थिति में, लगातार पानी बरसने पर खाना नहीं बनता था, पकाने के लिए कुछ रहता ही नहीं था। बरसात में गरीबों का जीवन कष्ट और समस्याओं से घिर जाता। ये हाथ कमाओ, वो हाथ खाओ जैसा जीवन था। गीली लकड़ी, ठंडा चूल्हा, भूख से किलबिलाते बच्चे, उदास माँ-बाप, मानो भोग रहे हों जीवन का अभिशाप! इसका जवाब किसी के पास नहीं था। सिर झुकाकर परिस्थितियों का सामना करना ही जैसे नियति थी। कभी स्थिति अधिक कष्टपूर्ण और कठिन हो जाती थी।

एक बार बरसात के दिनों में सिवनी की मस्जिद के पास सूअर घूमने की बात पर मुसलमानों ने बहुत झगड़ा किया था। वे सिवनी के हमारे मोहल्ले तक झगड़ा करने आये थे। गोटियापुरा मोहल्ले में हुए इस झगड़े में बल्लम-भाले निकले थे। बहुत दिनों तक इससे हमारे लोग आतंकित रहे। मुसलमानों का व्यवहार सवर्ण हिंदुओं के साथ अधिकतर विनम्र, सम्मानपूर्ण और सलीकेदार रहता था। सवर्ण उन्हें म्लेच्छ और निम्न मानते थे। हमारे यहाँ अछूत और मुसलमान प्रेमभाव के साथ रहते थे मगर जब धार्मिक भावना में टकराव होता तो वे आपस में लड़कर मर मिटने को तैयार हो जाते थे। सवर्ण अछूतों को अपना मोहरा बनाकर, प्रेम के साथ बहला-फुसलाकर और उकसाकर उन्हें आपस में लड़वाते थे।

भादों की डोल ग्यारस के दिन और मोहर्रम के दिन हम सिवनी जाते थे। कभी-कभी दोनों त्योहार एक ही दिन रहते तब पिताजी, माँ और नानी के दिल धड़कते थे–"कहीं हिन्दू-मुसलमान के बीच झगड़े न हो जायें।" ताजियों के सामने घंटी बजाने की मनाही थी, डोल के सामने मर्सिया गाने की मनाही। कभी दोनों गलती से आमने सामने आ जायें तो समझदार लोगों के मार्गदर्शन में, एक को रोककर या थोड़ा बाजू करके दूसरे को निकल जाने देते थे। एक बार अपने धर्म के नाम पर

दोनों तरफ के लोग अड़ गये थे। तब लाठियाँ चली थीं। लोगों में भगदड़ मची थी। तब से ऐसे समय में पुलिस का पक्का इन्तजाम रहता था। कौन कितने बजे कहाँ से निकलेंगे, यह निश्चित रहता था। ऐसे समय माँ हमें सिवनी ले जाने से डरती थी।

मुहर्रम के दिन सिवनी की सड़कों पर मुसलमान अपने इमाम और हुसैन के शहीद होने के गम में ताजिए लेकर, मातम मनाते हुए चलते–'या खुदा हम न हुए–' कहते हुए अपने हाथों से अपनी छाती पीट-पीट कर अपना दुख और अफसोस जाहिर करते। बाजार के मैदान में सड़क के किनारे हम घंटों खड़े रहकर उन्हें मर्सिया गाते हुए और मातम मनाते हुए देखते थे।

ताजिए बनाने वालों में ताजिए की ऊँचाई और सुन्दरता की स्पर्धा होती। लोग दूर-दूर से कारीगर बुलाकर थर्माकोल, रंगीन कागज और चमकदार पन्नियों को लकड़ी के ढाँचे पर लगाकर ताजिए कारीगरी के साथ बनवाते। उनकी सुन्दरता और कारीगरी को देखने दूर-दूर के गाँव और शहरों से लोग सिवनी आते थे, यह सिवनी मालवा की प्रसिद्ध बात मानी जाती थी।

इसी तरह डोलों की सुन्दरता और भव्यता के लिए भी सिवनी मालवा प्रसिद्ध था। हरदा, इटारसी, होशंगाबाद, नरसिंहपुर, जबलपुर जैसे दूर-दूर शहर और चतरखेड़ा, दमाड़िया, भमेड़ी जैसे कई गाँव के लोग अपनी खुशी से डोल देखने सिवनी आते थे। सिवनी में खूब चहल-पहल बढ़ जाती। साफ-सफाई और सुन्दरता सजावट बढ़ जाती, लोगों की भीड़ बढ़ जाती। ऐसे समय सिवनी के हमारे लोगों के चेहरे पर भी बहुत उत्साह रहता जैसे इसमें उनका भी सहयोग है। वे अपना सेवा सहयोग कर्तव्य मानकर करते थे, भले ही इसका कोई लाभ उन्हें न मिले।

सवर्ण-बहुजन जाति की औरतें अपने छोटे बच्चों को गोद में लेकर डोल के नीचे से निकलतीं। उन्हें विश्वास रहता कि ऐसा करने से उनके बच्चे अच्छे रहेंगे। चंदा इकट्ठा करके बनाये गये कृष्ण की पालकी रूपी डोलों को भक्तिभाव से लोग आगे बढ़कर कंधों पर उठाते। दो डोलों के बीच लोग घंटी, झांझ-मंजीरा बजाते, भजन-कीर्तन करते हुए चलते। लड़कियाँ और महिलाएँ गरबा-दांडी नृत्य करती हुई चलतीं। लोग डोलों को रोककर अगरबत्ती, नारियल और केले, मिठाई का प्रसाद चढ़ाते। सड़क के दोनों किनारे लोगों की भीड़ डोल देखने के लिए घंटों खड़ी रहती थी।

गाँव में धार्मिक आडम्बरों के प्रति लोगों की गहरी आस्था थी। लोग धर्म के नशे में डूबकर मदहोश हो जाते थे। धर्म कथाओं और साधु-सन्तों के प्रवचनों का लोगों पर गहरा प्रभाव था। माँ, नानी और बहन के साथ मैं भी घंटों सड़क के किनारे

अपनी जगह पर खड़ी रहती थी। हम डोलों में प्रसाद नहीं चढ़ाते थे क्योंकि लोग हमारे जाति को जानते थे। छुआछूत के कारण हम डोल दूर से देखकर अपने दिल को बहलाते। कई बार ऐसे समय पानी में भीगते रहे मगर डोल और ताजियों की सुन्दरता देखने का लोभ नहीं छोड़ सके। असल में उस समय कुछ और करने को था ही नहीं। न ही अपने समय की कीमत पहचानने का कोई जरिया था। एक तरह का यह भीड़तंत्र था जहाँ सब खड़े, वहाँ हम भी खड़े। न समझ थी न विचार, न तर्क, न विकल्प। इन त्योहारों का हम से कोई सम्बन्ध नहीं था फिर भी ऐसे त्योहार पर सबको खुश देखकर जैसे हमारा मन भी खुश हो जाता था।

राखी का त्योहार तो जैसे बहनों की खुशी का त्योहार माना जाता। राखी के एक दिन पहले माँ खूब मनुहार के साथ हम दोनों बहनों के हाथों और पैरों में मेहँदी लगाती। मेहँदी से रचे अपने हाथों और पैरों को देखकर हम बहुत खुश होते थे। इसके आगे की बात हम जानते ही नहीं थे। हमारी खुशियाँ जैसे इन्हीं बातों तक सीमित थी। रक्षाबन्धन के दिन मैं और बड़ी बहनें भाइयों को टीका लगाकर, राखी बाँधकर केले या बतासे खिलाते थे। यह न रहने पर गुड़ या शक्कर से भाइयों का मुँह मीठा करते। भाई माँ से लेकर हमारी थाली में एक रुपया रखते और हमारे चरण स्पर्श करते। हम खुश हो जातीं। माँ नानी भी खुश हो जातीं। सामाजिक-धार्मिक परम्परा का यह त्योहार मात्र अनुकरण के रूप में मनाया जाता था। इसके पीछे अनेक पौराणिक कथाएँ थीं जिनका हमसे सम्बन्ध नहीं था।

दूसरे दिन शाम को सिवनी में माँ तीनों मामा को राखी बाँधती। माँ सोगरा मामा को राखी बाँधने भीलपुरा उनके घर जाती थी। माँ के साथ मैं भी जाती। मामा राखी बँधवाकर एक या दो रुपया माँ की थाली में रख देते थे। उन दिनों शादी ब्याह में भी दो रुपये का टीका-विहार (व्यवहार) किया जाता था। अपने घर देर से लौटने पर पिताजी माँ पर नाराज होते थे।

गाँव में राखी के त्योहार को महत्त्व था। माँ कहती थी—“बहन अपने भाइयों को राखी बांधकर रक्षा का वचन लेती हैं। भाई दुख तकलीफ और संकट के समय बहनों की रक्षा करते हैं।” बहनें यदि सबल हों तो उन्हें किसी रक्षक की आवश्यकता नहीं रहती। मगर समाज में यही मान्यता थी कि पुरुष ही स्त्रियों की रक्षा करते हैं। मनुस्मृति में स्त्रियों को हमेशा पिता, भाई, पति और पुत्रों के संरक्षण में रहने के निर्देश दिये गये हैं। स्त्रियों को शारीरिक और मानसिक रूप से कमजोर बनाकर रखा जाता था। ‘रक्षा बन्धन’ भी ऐसा ही त्योहार है।

मैंने अपने गाँव में यह भी देखा था—‘गाँव के कुछ ब्राह्मण पुरुष सेठ साहूकारों के घर और दुकानों पर जाकर उन्हें राखी बाँधते थे। यह गाँव की परंपरा थी। हर

वर्ष ब्राह्मण पुरुष हाथ में राखी की थाली लेकर गाँव में घर-घर जाकर सम्पन्न वैश्य और क्षत्रिय सेठ साहूकारों, दुकानदारों को राखी बाँधते थे। इसके बदले में उन्हें रुपये भी मिलते थे। राखी बाँधने के बदले रुपये पैसे, कपड़े और भोजन मिलने तक तो ठीक है मगर राखी बाँधने का उद्देश्य तो कुछ और ही है। राखी को रक्षाबन्धन कहा गया है। यह बात तब मुझे समझ नहीं आती थी, एक पुरुष दूसरे पुरुषों को राखी बाँधकर किस तरह की रक्षा का वचन लेता है। वैसे धर्म के नाम पर क्षत्रिय, वैश्य और शूद्र ब्राह्मणों की उच्चता की रक्षा करते रहे हैं, तभी वे सर्वोच्च बने रह सके हैं। तब मैं ये बातें नहीं जानती थी। स्कूल की पाठ्य पुस्तकों की शिक्षा और हिन्दी फिल्मों का प्रभाव हमें हिन्दू धर्म के प्रति अधिक आस्थावान बनाते थे। इससे अलग लोग सोच ही नहीं पाते थे।

त्योहारों के समय सिवनी की 'कृष्णा' टाकीज में धार्मिक फिल्म लगी रहती। फिल्म का टिकिट पहले एक आना था। बाद में दो आना हो गया था। एक रुपया, दो रुपया बहुत बाद में हुआ था। फिल्म शुरू होने के पहले शाम छः बजे लाउडस्पीकर पर गीत बजने लगते। सबको पता था, पाँच गीत होते ही फिल्म शुरू हो जायेगी। नई फिल्म लगने पर लोग बाहर के और घर के काम निपटाकर जल्दी-जल्दी आकर, टॉकीज के टीन के शेड में और कंपाउंड के अंदर अपनी दरी अथवा टाट का बोरा बिछाकर बैठ जाते। पर्दे के एक तरफ महिलाएँ बैठतीं, दूसरी तरफ पुरुष बैठते थे। अक्सर पुरुष अपनी महिलाओं को देखने किसी भी काम के बहाने से आते थे।

पहला गीत हमेशा यही रहता था—'ओ गंगा मैया, तोहे, पिहरी चढ़ईवो... बलमा से कर दे मिलनवा हो हाय राम, बलमा से कर दे मिलनवा...' उन दिनों यह गीत सिवनी के हमारे मोहल्ले की सभी युवा लड़कियाँ मनोयोग के साथ गाती थीं। मैं भी यह गीत गुनगुनाती थी। गरीब, पिछड़े और अछूत वर्ग के लोग बहुत चाव के साथ फिल्म देखने जाते थे। फिल्म की रील कट जाने पर लोग दिल थामकर फिल्म शुरू होने का इन्तजार करते। लाइट चली जाती, तब बिजली की लाइन आने का इन्तजार करते। कभी बरसात होने पर टॉकीज के खुले मैदान में भीगते हुए फिल्म देखते। ऐसे समय पूरी फिल्म न देख पाने पर टिकिट के पैसे डूबने का दुख होता। पैसे वापस नहीं मिलने पर लोग अपना गुस्सा दिखाते, झगड़ा करते।

नई फिल्म लगने पर तांगे में फिल्म का पोस्टर लगाकर, फिल्मी गानों के बीच फिल्म का विज्ञापन दिया जाता था—"देखिए, देखिए ...देखना न भूलिए। बेहतरीन सामाजिक फिल्म...।" लोगों की उत्सुकता और इच्छा जगाई जाती। गाँव के लोगों का यह मनोरंजन का साधन था। हम लोग देखी हुई फिल्म की चर्चा कई दिनों तक करते थे। माँ, नानी ने हमको नागदेवता, नागकन्या, सती अनसुइया फिल्म बचपन

में दिखाई थी। ऐसी फिल्में धर्म के प्रति आस्था बढ़ातीं और महिलाओं को कष्ट, त्याग, बलिदान करना सिखाती थीं। इन फिल्मों के संस्कार जीवन में मेरे मन पर लम्बे समय तक रहे। इन संस्कारों ने आदर्श के नाम पर मुझे कमजोर बनाया और दुख सहने के लिए बाध्य किया था।

राखी के दूसरे दिन भुजलियों का त्योहार रहता। बानापुरा में हमारी जाति के सिर्फ दो घर थे माँ और नानी का। सिवनी में पूरा मोहल्ला था दस-बारह घर का। सभी लोग एक दूसरे के घर जाते, भुजलिएँ देकर गले मिलते। हमारे घर कभी भुजलिएँ उगाकर पूजा नहीं की गई। ये हिन्दू त्योहार हैं, हम हिन्दू नहीं थे मगर उनके त्योहारों और रिवाजों का अनुकरण करते थे। सिवनी की कुछ बहू बेटियाँ हिन्दू महाजन की बहू बेटियों को देखकर भुजलिएँ उगाकर पूजा करती थीं। हमारे समाज के अधिकतर लोग माँगकर लाई हुई भुजलिएँ एक दूसरे को देकर खुश होते थे। भुजलियों के दिन कभी झगड़े भी होते थे। ये सब बातें मुझे कभी अच्छी नहीं लगीं। जगनिक की 'आल्ह खण्ड' में वर्णित घटनाओं की तरह कभी-कभी गाँव के नदी, तालाब पर भुजलियों की लूट हो जाती। लड़कियों और बहुओं के हाथ की भुजलिएँ लड़के छीनकर ले भागते। इसके कारण कई बार लोग एक दूसरे के सिर फोड़ देते। किसी तरह समझा बुझाकर आपस के झगड़े खत्म किये जाते थे।

सावन के महीने में जब खूब पानी बरसता, माँ और नानी 'आल्हा ऊदल' के युद्ध की पुस्तक 'आल्ह खण्ड' पढ़वाती थीं। खाना खाने के बाद रात में घर के सब लोग शान्त भाव से सुनते। मैं लय और ताल के साथ गा-गा कर पढ़ती—"बड़े लढ़ैया महोबे वाले, उनकी खूब चली तलवार..." पद्य में लिखी इस पुस्तक का आनन्द लिया जाता। सफिया मौसी अक्सर सावन-भादों में हमारे घर आती थी। उसके पास ऐसी किताबें रहती थी। वह हमें अनेक किस्से-कहानी भी सुनाती। राजस्थान के धौलपुर रजवाड़े के राजा-रानियों की बातें बताती थी।

वीर रस की 'आल्ह-खण्ड' जैसी पुस्तकों को पढ़वाकर सुनने से हमारे लोगों के मन में उत्साह आ जाता। रात में सुनी आल्हा-ऊदल की बातें, दिनभर मन को उन घटनाओं की उधेड़-बुन में लगाये रखतीं। अन्य घरों में भी वीर रस की ये पुस्तकें पढ़ी जाती थीं मगर इन्हें सुनकर और समझकर कभी किसी के मन में यह उत्साह नहीं जागा कि वे अपनी गरीबी और दासता पर भी विजय प्राप्त कर लें, या अपमान की यह जिन्दगी छोड़कर, समता सम्मान और स्वतंत्रता की लड़ाई लड़कर अपने अधिकार प्राप्त करें। इन बातों की तरफ किसी का ध्यान ही नहीं जाता था। अपने दुखों के बीच हम सुख को खोजते थे।

राखी और भुजलियों के दिन माँ मेरी कोहनी से ऊपर, बाँह पर कलीरे बांधती

थी। मामी और माँ इन्हें 'करेला' कहती थीं। कलीरों के रेशमी धागों के फुन्दों के बीच रंगबिरंगी पन्नी के फूल झिलमिलाते थे। हाथ हिलाने पर कलीरे भी हिलते तो बड़ा अच्छा लगता। मैं गोल घूम-घूम कर कलीरे हिलाती रहती थी। उन दिनों मन इन्हीं बातों में उलझा रहता था। यदि यह सब न किया होता तो हम कुछ और करते, कुछ और सोच पाते मगर तब कोई दिशा-ज्ञान ही नहीं था। उन दिनों माँ हमें चूड़ियाँ पहनाती, मेटल और नकली मोती के हार, कर्णफूल और झुमके दिलाती थी। जैसे राखी का त्योहार हमारी खुशियों का और सजने सँवरने का त्योहार हो। हाथों में काँच की नई चूड़ियाँ न होने पर मामियाँ माँ को ताना मारती थीं–"हओ बाई, का इतनो भी अकाल पड़ गयो, मोढ़ियों को चूड़ी तक नहीं पहनाई?"

माँ मुझे दुकान पर चूड़ियाँ पहनाने ले जाती। चूड़ीवाला सुन्दर रंगीन चूड़ियाँ दिखाता, मगर मुझे एक भी पसंद नहीं आती। माँ परेशान हो जाती। माँ आग्रह करती–"ये पहन ले बेटी, वो भी अच्छी है, कोई सी भी पहन ले, मगर पसंद आये बगैर मैं नहीं पहनती, अपनी जिद पर अड़ी रहती। माँ गुस्से से मुझे डाँटती–"रईस की बेटी है?, शहजादी है?, सुरखाव के पर लगे हैं, चील का मूत मांगती है, नहीं मिलेगा तो क्या करेगी? फालतू परेशान करती है।" माँ महँगी चीजें नहीं दिला पाती थी। मैं जिद करती–'जो होना तो वही होना, जो चाहिए, वही चाहिए।' अपनी जिद पूरी न होने तक मैं मुंह फुलाये रखती, माँ से बात नहीं करती, गुस्सा होती रहती, चीजें फेंकती-पटकती और रो-रोकर कहती–मुझे दूसरा दिलाओ।

मेरे स्वभाव के कारण घर के लोग परेशान हो जाते थे। माँ अधिक खर्च नहीं कर सकती थी, फिर भी वह मेरी भावनाओं का ख्याल रखती। जब तक मुझे चैन न आये, उसे भी चैन नहीं रहता था। बड़ी बहन ऐसा नहीं करती थी। जो कुछ ला दो, उसी में खुश हो जाती। माँ मेरे कारण कई दिनों तक परेशान रहती थी, कभी गुस्से में डाँटती थी। बचपन का जिद्दी स्वभाव हमेशा मेरे साथ रहा। कभी वह दृढ़ संकल्प में बदला, कभी लगन और निष्ठा में। कभी कार्य-सफलता के लिए श्रम और साहस का प्रेरक बनता रहा कभी परेशान भी किया, मुझे नुकसान भी पहुँचाया है। बचपन से जैसा वातावरण मिला और जिस तरह मेरे स्वभाव का निर्माण हुआ, इसके साथ व्यक्तित्व निर्माण में मेरे विशेष गुणों का योगदान भी रहा है।

सावन के महीने में माँ, पिताजी और नानी हम बहनों के लिए झूले डलवाते थे। घर के पास नीम और आम के बड़े पेड़ पर चढ़कर भैया मोटी डाल पर लम्बी मोटी रस्सी का झूला बाँधते। मैं कभी अकेली और कभी बहन के साथ झूला झूलते हुए खूब ऊँची पेंगें भरती थी। झूलते हुए ऊँचाई पर जाना मन में उत्साह और उमंग भर देता था। ऐसा लगता था, झूलते हुए मैं हवा से बातें कर रही हूँ, झूलते हुए जैसे

आसमान में उड़ रही हूँ। झूला झूलते समय हम दोनों बहनें जोर-जोर से गाना गाती थीं—"कच्चे नीम की निंबोरी, सावन जल्दी अइयो रे..." सावन की बरसात में हवा से नीम की डालियाँ हिलने से पकी हुई निंबोरी टप-टप गिरती थीं।

पिताजी, माँ और नानी हमें परदेश की चिड़िया मानकर प्यार करते थे, हमें सुख-सुविधा और सुरक्षा देने की यथा सम्भव कोशिश करते थे। उन्हें हमेशा संशय रहता था—"एक दिन ये चिड़िया परदेश चली जायेगी। पता नहीं इसका आगे का जीवन कैसा होगा? ससुराल में सुख मिलेगा या दुख?" उनकी यह भावना देखकर मुझे महसूस होता था, वे हमें प्यार नहीं करते, हमारे लिए दया और सहानुभूति रखते हैं। हमें परायी चीज समझते हैं, अपना नहीं समझते हैं।

समाज में लड़कियों पर बहुत बंधन लगाए जाते थे। श्रम और संघर्ष करने के बाद भी उन्हें समता-स्वतंत्रता का अधिकार नहीं मिलता था। लड़कियों के प्रति समाज में ऐसी भावना हिन्दू धर्म ग्रंथों के आधार पर उन्हें अबला मानने के फलस्वरूप थी। अबला लड़कियों को सबला बनाने की भावना नहीं थी। धर्म और आदर्शों के त्याग, बलिदान की शिक्षा के साथ उन्हें शारीरिक और मानसिक रूप से हमेशा कमजोर बनाया गया। तर्क-वितर्क के अभाव में वे उचित-अनुचित भी समझ नहीं पाती थीं। खुद के लिए विचार करना और निर्णय लेना उनके लिए कठिन था। मेरा पालन-पोषण ऐसे ही वातावरण में, इसी भावना और ऐसे ही संस्कारों के साथ हुआ था।

समाज में बेटियों की अपेक्षा बेटों को अधिक सम्मान और महत्त्व दिया जाता था। जिन लड़कियों के भाई नहीं रहते थे, परिवार के लोग और रिश्तेदार उन्हें बुरा कहते थे। वे बहुत दुखी हो जाती थीं। जिस माँ को बेटा नहीं होता वह तो मानो अपने आपको दुनिया की सबसे दुखी, अभागी स्त्री मानती। बेटों को महत्त्व था। बेटे के लिए अनेक व्रत रखे जाते, पूजा की जाती, मन्नतें माँगी जातीं। चाहे जितनी बेटियाँ हो जायें, बेटा होना ही चाहिए। बेटा होने पर ही उनके मातृत्व को महत्त्व मिलता था। सामाजिक-धार्मिक धारणा थी—"बेटा नहीं होगा तो मरने पर मुँह में पानी कौन डालेगा? मरने पर अग्नि कौन देगा? पितरों को पानी कौन देगा? बेटा नहीं होगा तो मुक्ति कैसे मिलेगी?"

मँझली तारा मामी को पहले तीन बेटियाँ थीं, मालती, माया और मनोरमा। बड़े मामा मनोरमा से कहते थे—"मना, लड़कियों का आना मना। अब लड़के चाहिए—" मनोरमा को सब मना कहते। मना के बाद मामी को दो बेटे हुए। तब मामी और उनके घर परिवार को बहुत खुशी हुई थी। बेचारी बेटियाँ तो जैसे घर के काम करने के लिए पैदा होती हैं। अधिक बेटियाँ होने पर वे बोझ जैसी लगतीं। बेटियों की

स्वतंत्रता पर हमेशा बन्धन लगाये जाते। बेटियाँ मानो जीवित मनुष्य नहीं, मूक प्राणी हों। उनसे हमेशा आज्ञापालन और अनुकरण की अपेक्षा की जाती हैं। परिवार में पुरुषों के साथ स्त्रियाँ भी बेटों को महत्त्व देकर पुरुषसत्ता को महत्त्व देती हैं, उसे बढ़ावा देती हैं। समाज में पितृसत्ता है, इस कारण पुत्र ही पिता का वंशज और कुलदीपक कहलाता था। यह कैसी संस्कृति थी? किसने इसे पूरे समाज पर थोपा? कि बेटियाँ प्रिय रहकर भी प्रिय नहीं रह पाती थीं।

सुखलाल राठौर बड़े मामा की बेटी शम्मा मध्यप्रदेश के खण्डवा में ब्याही थी। उसे तीन बेटियाँ हुईं। उसकी सास उसे बहुत तकलीफ देती थी। बाद में उसे बेटा हुआ। मगर तब तक शम्मा बीमार रहने लगी थी। लगातार तकलीफें सहते हुए उसे टी. बी. हो गई थी। अपने लाड़ले बेटे और बेटियों को छोड़कर वह गुज़र गई। उसके पति ने जल्दी ही दूसरी शादी कर ली। कोई उसे मना नहीं कर सका। समाज में लड़कियों और बहुओं की यही स्थिति रहती। अधिकतर पुरुष मनमानी करते हैं। स्त्रियाँ परिवार की मान मर्यादा के लिए चुप रहकर सहती हैं। घर-परिवार के संस्कार उन्हें और कमजोर बना देते हैं।

सिवनी में सभी मामियाँ कुटुम्ब-परिवार, जाति-समाज और गाँव में सभी से घूँघट करती थीं। तारा मामी अपने घूँघट के कारण कई बार टकराकर गिरी थी। उसे कई बार गहरी चोट भी लगी थी। बड़े भैया हँसी-मजाक में कहते थे—“मामी तो गाँव के कुत्ता, बिल्ली से भी घूँघट लेती है, ढोर-डंगर से भी घूँघट करती है।” यह उनका घूँघट प्रथा पर व्यंग था। मोहल्ले की बहुएँ सबसे घूँघट लेती थीं। बेटियों को भी उनके भावी जीवन के लिए यही शिक्षा दी जाती थी।

सिवनी में गाडरी मोहल्ले से लगकर वाल्मीकि मोहल्ला है। दोनों तरफ के घरों के बीच से रास्ता जंगल की तरफ गया है। माँ ने इस मोहल्ले में किसी से मकान खरीदा था। इस घर में बुल्लो नानी और उनके तीनों बेटे अपने बीवी बच्चों के साथ रहते थे। हम बानापुरा में नानी के घर के पास अपने घर में रहते थे। बाद में माँ ने वह मकान बाबू मामा को कम दाम में बेच दिया। बायें तरफ के घरों के पीछे नदी है। बरसात में नदी का पानी बढ़ जाता तब घरों में पानी भर जाता था। मोहल्ले के लोग-लुगाई नदी पर नहाते, कपड़े धोते थे। पीने का पानी भी भरते थे। मैं देखती थी नदी का पानी गंदा रहता था। मोहल्ले में अधिकतर देशी कबेलू के टूटे टपरे जैसे मकान थे। घरों में गरीबी और बाहर गंदगी थी। घरों के सामने गंदा पानी बहता रहता, नाली में सूअर लोटते रहते। बच्चे फटेहाल रहते हुए, गंदगी में खेलते। कुछ घर लिपे-पुते साफ-सुथरे भी थे। मैं सिवनी जाती थी तब सिर्फ मामा मामी के घर अच्छे लगते थे।

जाति-समाज में लोग एक-दूसरे के सुख-दुख में शामिल होते थे। किसी के घर मौत-गमी हो जाने पर लोग भुजलियों के दिन उनके घर भुजलियाँ देने जाते होली के त्योहार के समय नजदीक के रिश्तेदार, दुख वाले घर जाकर घर के प्रमुख व्यक्तियों को गुलाल का टीका लगाकर रंग डालते थे। उस घर के लोग तब रो-रोकर अपना दुख प्रकट करते थे, ऐसे दुख-सुख बाँटते थे। बताने के लिए सबके पास दुख ही दुख थे। लोग एक दूसरे को धीरज बँधाते। माँ और पिताजी सुख-दुख में सबके घर जाते थे। प्रमिला भाभी की बेटी गुजर गयी थी तब सिवनी की रिश्तेदार महिलाएँ हमारे घर रंग, गुलाल के साथ शोक प्रगट करने आयी थीं, तब मैं नौवीं कक्षा में पढ़ती थी। सबको दुखी देखकर मैं भी रोई थी।

होली के दिन जंगल से टेसू के फूल लाकर उन्हें उबालकर केसरिया रंग बनाया जाता। सिवनी में कुछ लोग भांग और शराब पीकर होली खेलते। महिलाएँ घर-परिवार में और मोहल्ले में एक-दूसरे पर रंग, गुलाल डालकर होली खेलतीं। मैं होली की हुल्लड़ से हमेशा दूर रहती थी। मेरा स्वभाव देखकर मुझे कोई परेशान भी नहीं करता था। सिवनी के गाडरी मोहल्ले में ऐसा लगता था जैसे होली की हुल्लड़ में गरीब अछूत अपना दुख भूल जाते हैं। त्योहार के समय अधिकतर लोग ब्याज पर कर्ज लेकर खर्च करते थे। गिरवी रखा हुआ गहना वा बर्तन अधिकतर डूब जाता था। हमारे घर में ऐसा होने पर अफसोस किया जाता था।

होली से रंगपंचमी तक आदिवासी गोंड पुरुष और स्त्रियाँ हिन्दू महाजनों की दुकानों और घरों के सामने एक कतार में खड़े होकर अपना पारम्परिक नृत्य दिखाते थे। लोग उनपर रंग और पानी डालकर हंसी-मजाक करते। बाद में उन्हें फाग के ईनाम के रूप में कुछ रुपये, गुड़ और खजूर देते थे। उनका धीर-गंभीर नृत्य देखकर और गौडी भाषा का उनका गीत सुनकर मुझे बहुत अच्छा लगता था। महिलाएँ हाथ में मोर का पंख लेकर गाते हुए नाचतीं तब ऐसा लगता था मानो पानी पर लहरें चल रही हों। ये आदिवासी गाँव में मेहनत मजूरी का काम करते थे।

हम बच्चों के लिए त्योहार खुशी के दिन रहते थे, मगर माँ और पिताजी ऐसे दिन अधिक चिन्ता और दुविधा मैं रहते। धन और सुख-साधनों की कमी उन्हें बेचैन किए रहती थी। दिवाली के दिन हिन्दू महाजनों की बस्ती जगमग रहती मगर हमारे घर अँधेरे में रहते थे। हिन्दू बस्तियों में पकवान बनाये जाते, परन्तु हमारे लोगों के घरों में रूखा-सूखा ही बनता था। कोई विरोध नहीं करता था। लोगों को ऐसी परिस्थितियों में जीने की आदत थी। एक बार पिताजी दिवाली की लक्ष्मी पूजा के समय मछली लेकर आये थे। माँ ने बहुत समझाया "आज दिवाली है, मच्छी नहीं बनायेंगे।" पर वे नहीं माने। तब माँ ने मछली की तरकारी बनाकर दी थी। पिताजी

कहते थे—"ये त्योहार हमारे नहीं हैं। हमारे पास कहाँ लक्ष्मी है जो हम उसकी पूजा करें?" पिताजी पुरानी परम्पराओं को ढकोसला कहकर उनका विरोध करते थे।

सामाजिक और सांस्कृतिक जीवन की कई परम्पराएँ सिर्फ भावना पर आधारित थीं। हम उनका अनुकरण करते थे। सोलह श्राद्ध के श्राद्धपक्ष के समय सुखलाल मामा नानी के घर आकर पुरखों को बैठाते और पितृमोक्ष अमावस्या को पुरखे खिलाते थे। पूजा के बाद सभी पत्तों को सूपे में रखकर, एक-एक पत्ता घर के ऊपर फेंकते। पत्ते फेंकते समय मामा जोर-जोर से कहते थे—"आओ रे कागा भोजन खाओ—" सबको यह विश्वास था कौओं को भोजन खिलाने से पुरखों तक पहुँच जाता है। पत्ते फेंकने के बाद मामा पूजा के लोटे का पानी सूपे में डालकर घर के ऊपर पानी फेंकते थे, इस तरह वे पुरखों को पानी देते थे। हिन्दू धर्म में कौओं को खिलाकर मर चुके पूर्वजों तक भोजन पहुँचाने की बात है जो वैज्ञानिक युग में बेतुकी लगती है। फिर भी हिन्दू धर्मग्रन्थों में लिखी बातों के अनुसार लोग ऐसा करते हैं। नानी के बेटे जीवित नहीं थे। नाना और उनके पुरखों के लिए सिवनी के मामा आकर पूजा करके पुरखे उठाते थे। ये काम बेटों द्वारा ही किया जाता था, इसलिए समाज में बेटों को अधिक महत्त्व प्राप्त था। मरे हुए पुरखों को भोजन कराना अन्धविश्वास की बात थी। ऐसी बातों में अधिक खर्च करके हमारे लोग आर्थिक कठिनाइयाँ बढ़ा लेते हैं।

अपनी आर्थिक कठिनाइयों को कम करने के लिए माँ, नानी और पिताजी घर के पीछे बाड़े में गिलखी, तुरई, बल्हर (सेम) की बेल लगाते थे। घर की सब्जी होने से कुछ खर्च बच जाता। मौसम के अनुसार घर के ऊपर लौकी और कद्दू की बेल रहती। फलने पर कद्दू और लौकी घर के कबेलुओं के ऊपर रखे हुए दिखते, यह देखकर खुशी होती थीं, सब्जियाँ सुलभ हो जातीं। गाँव में जगह की सुविधा होने पर अधिकतर घरों में थोड़ी मात्रा में सब्जियाँ उगाते थे। माँ, पिताजी भी रुचि के साथ यह करते। घर की सब्जी अच्छी नहीं पकाने पर पिताजी नाराज होकर माँ से कहते थे—"जानवरों का रातब बना देती है।" माँ अभावग्रस्त परिस्थितियों का सामना करते हुए हर बात में अनुपात बैठाने का प्रयास करती थी खाने-पीने का सुख कभी-कभी मिल पाता था। अधिकतर जीवन के दिन कष्ट, अभाव, पीड़ा और भूख की व्यथा सहते हुए बीतते थे।

प्रायमरी स्कूल के हेडमास्टर गेंदालाल गुरुजी आदिवासी थे। मेरी जाति को जानते हुए वे मेरे प्रति सहानुभूति रखते थे, मुझे इस बात का आभास होता था। मुझे वे भी दुखी लगते थे। गुरुजी सुबह-शाम मंदिर में आकर घंटों हनुमान जी के सामने रो रोकर गाते हुए 'हनुमान चालीसा' पढ़ते। गुरुजी के पीठ के पीछे, मंदिर के बाहर

खड़ी रहकर मैं उनका रोना-गाना सुनती थी। पता नहीं उन्हें क्या दुख था? वे प्रतिदिन रो-रोकर पूजा करते और आरती गाते थे, फिर आँख नाक और मुँह अपनी धोती से पोंछते हुए घर जाते थे। ग्यारह बजे हमारा स्कूल लगता था। स्कूल में गेंदालाल गुरुजी को देखकर मैं उनके दुख के कारणों का पता लगाने की बात सोचती थी। वे गरीब आदिवासी थे, गाँव के सवर्णों के सामने हमेशा भयभीत और विनीत बने रहते थे। परिवार बड़ा होने के कारण आर्थिक कठिनाइयों से जूझते हुए दुखी रहते थे।

पाँचवीं बोर्ड परीक्षा में बच्चों का रिजल्ट अच्छा आये, इसके लिए स्कूल में हर साल पूजा हवन और 'रामचरित मानस' का अखण्ड पाठ किया जाता था। हफ्ते भर तक, रात-दिन सभी बच्चे और शिक्षक रामचरित मानस का पाठ करते। आखिरी दिन प्रसाद बाँटा जाता। बच्चों के आठ-दस दिन इस पूजापाठ में चले जाते। जन-मानस में यह अन्धविश्वास था, ईश्वर की मदद से ही काम सफल होते हैं। ईश्वर के भरोसे रहकर लोग अपना नुकसान करते थे फिर इसे वे अपनी किस्मत का दोष मान लेते थे। अखंड पाठ रात भर चलते, धीरे-धीरे सुबह हो जाती। इन्हीं दिनों मैंने पहली बार सूर्योदय के पहले का, उषाकाल का सौंदर्य देखा था। धीरे-धीरे अँधेरे का सिमटना, उजाले का फैलना, प्राची में सूर्योदय के पूर्व सूर्यकिरणों का बिखरना, आग के शीतल गोले के रूप में धीरे-धीरे बाल अरुण का स्वर्ण किरणों को सब तरफ फैलाते हुए उदित होना बहुत ही सौन्यदर्यपूर्ण था। पहली बार देखा प्रकृति सौन्दर्य मन पर अंकित हो गया था। यह मुझे हमेशा याद रहता है। घर में रहकर अभावग्रस्त जीवन की समस्याओं से जूझते हुए यह सब देखने का न समय था, न अवसर, न जरूरत, न ललक। प्रकृति सौन्दर्य के कितने बडे भंडार से वंचित थे हम!

गेंदालाल गुरुजी का बेटा नरेन्द्र मेरी कक्षा में था। उनकी बेटी कौशल्या मुझसे एक साल आगे थी। बाद में फेल होकर मेरे साथ आ गई थी। गुरुजी मेरे साथ तुलना करके उनसे कहते थे—"सुशीला को देखो, होशियार है। तुम क्यों पीछे हो?" मैं दिनभर अपनी स्लेटपट्टी पर लिख-लिखकर अभ्यास करती और पाठ पढ़ती रहती थी। घर में भी पढ़ाई करती थी। लिख-लिखकर मिटाने से स्लेटपट्टी गन्दी हो जाती। मैं उसे पानी से धोकर सुखाती, तब स्लेट हिलाते हुए कहती थी—"नदी का पानी नदी में जा, कुएँ का पानी कुएँ में जा, मेरी पट्टी सूख जा..." तब ऐसा भोला जीवन था मेरा!

बचपन की नासमझी के विषय में क्या कहा जाये? यह गरीबी और अभावग्रस्त जीवन के दुखद प्रभाव का प्रतिफल था। कभी गलतियाँ भी हुईं। एक बार ऐसा हुआ, ठंड के दिनों में हमारी कक्षा तीसरी अधिकतर स्कूल के पीछे, आम के पेड़ों के नीचे धूप में लगती थी। मैं अपनी किताब-कापी एक थैली में रखकर स्कूल जाती थी।

एक दिन खुले मैदान की अपनी कक्षा में मैं किताब-कॉपी निकालकर बस्ता झटक रही थी। तभी पतले कपड़े की एक थैली हवा से उड़कर लुढ़कती हुई मेरे पास आई। मैंने बिना सोचे समझे उसे उठाकर अपन बस्ते में रख लिया।

मैंने देखा, कक्षा का एक लड़का अपनी किताब और कॉपियाँ हाथ में लिए, रोते हुए कह रहा था—"गुरुजी, मेरा बस्ता नहीं दिख रहा है।" गुरुजी कह रहे थे—"सबके बस्तों की तलाशी लेकर बस्ता ढूँढ़ो।" उस लड़के के साथ और दो तीन लड़के मिलकर सबके बस्तों की तलाशी लेने लगे। मैं घबराई, मुझसे गलती हो गई थी। 'क्या करूँ? क्या खुद बस्ता निकालकर गुरुजी को दे दूँ? फिर भी सब मुझे चोर समझेंगे। कोई विश्वास नहीं करेगा कि मैंने जानबूझकर नहीं लिया है, तब क्या करूँ?'

जिसका बस्ता देखा जा रहा था, सारे बच्चे घेरा बनाकर उसका बस्ता देख रहे थे। मैंने जल्दी से उस थैली को आम के पेड़ के पीछे फेंक दिया और अपनी जगह पर अपने बस्ते के पास बैठ गई। मेरा बस्ता भी देखा गया। सबके बस्ते देखने के बाद बच्चे ढूँढ़ते हुए आम के पेड़ के पीछे गये। वहाँ उनको बस्ता मिल गया।

"बाप रे बाप, जान बची तो लाखों पाये।" क्या हालत हुई थी मेरी उस दिन? चुल्लू भर पानी में डूबकर मर जाने वाली बात थी। उस दिन से मैंने कान पकड़ लिये थे, कभी किसी की चीज को हाथ नहीं लगाऊँगी। माँ कहती थी—"किसी का कितना भी सोना चाँदी पड़ा रहे, कभी हाथ नहीं लगाना, इज्जत से बड़ी कोई चीज नहीं होती।"

एक बार ऐसी ही घटना घटी, मुझे चोर समझा गया। इस बात से बहुत दुख हुआ था। सेठों की बेटियाँ स्कूल में बीच की छुट्टी में कुछ खाने के लिए पैसे लाती थीं। कक्षा चौथी में, एक बार रजनी अग्रवाल सबके जेब देख रही थी। उसके पैसे गुम हो गये थे। वह मेरी जेब देखने आई। मैंने स्कर्ट का जेब कसकर पकड़ लिया और कहा—"मैं नहीं दिखाऊँगी अपनी जेब।"

उसे मुझ पर शक हुआ। वह मेरा जेब देखने की जिद करने लगी। उसने मेरा हाथ पकड़कर खींचा और जेब देखा। मैं बची हुई आधी बेर कुछ देर के बाद खाना चाहती थी। रजनी ने हँसते हुए कहा था—"गंदी कहीं की।" सबने मेरी जेब में जूठी बेर देखी, मुझे अपने आप पर बहुत संकोच हुआ था। मैं चोर नहीं थी फिर भी अभावग्रस्त परिस्थितियाँ हमें अपमानजनक स्थिति में ढकेल देती थीं। रजनी के पैसे बाद में उसी के बस्ते में मिल गये थे। उस दिन की आत्मग्लानि मुझे कई दिनों तक पीड़ित करती रही। अभावग्रस्त जीवन की वह असहनीय वेदना हृदय को अभी भी व्यथित करती है।

तीसरी कक्षा तक मेरे मन में शिक्षकों के प्रति बहुत श्रद्धाभाव था। मैं उन्हें दिव्य अलौकिक ईश्वर जैसा मानती थी। उन्हें कभी स्कूल के शौचालय या पेशाबघर में जाते देखती तो मुझे बहुत हैरत होती—क्या गुरुजी भी सामान्य लोगों की तरह एक नंबर, दो नंबर करते हैं? विश्वास नहीं होता था। क्योंकि ईश्वर के विषय में ऐसा नहीं सुना था। हमेशा हमें समझाया जाता था—"गुरु ईश्वर से बड़ा होता है, गुरु ज्ञानवान और महान होता है।" हर बार उदाहरण दिया जाता था—"गुरु गोविन्द दोनों खड़े, काके लागूँ पाय, बलिहारी गुरु आपकी, गोविन्द दियो बताय।"

ये बातें गुरु की महिमा और महानता बताती थी, लेकिन मैंने अपने जीवन में इसके विपरीत बातें भी देखी और सुनी थीं। दिवाली के बाद स्कूल में गैदरिंग के समय सांस्कृतिक कार्यक्रम होते थे। मैं तीसरी कक्षा में थी, रात आठ बजे स्टेज पर लड़कियों का डांस हो रहा था। मैं अपनी कक्षा की लड़कियों के साथ डांस देख रही थी। तभी हमें हेमलता और रामेश्वरी ने रहस्यमय ढंग से बताया—"कैलास बहनजी किसी आदमी के साथ स्कूल के अँधेरे कमरे में पता नहीं क्या कर रही है।" टीचर बहनजी के विषय में ऐसा सुनकर मुझे बहुत बुरा लगा। मैंने कहा—अपनी बहनजी के विषय में ऐसा नहीं कहना चाहिए।"

दोनों लड़कियाँ आँखें और हाथ मटकाकर बताने लगीं—"कहने को कुँआरी है, शादी नहीं की, मगर पता नहीं कितने खसम हैं उसके? सबके साथ क्या-क्या करती रहती है?" मेरे साथ पढ़ने वाली लड़कियों को, उस समय ऐसी समझ और खोजबीन करके ऐसी बातों का पता लगा लेने की बुद्धिमानी थी। उनके सामने मैं आदर्श के नाम पर बिलकुल बुद्धू थी। सुन्दर, हृष्टपुष्ट, ऊँची महाजन कैलाश बहनजी हमेशा कमर लचकाकर और आँचल लहराकर चलती थी। अक्सर सभी लोग उसे दूसरी कक्षा के शिक्षक छगन रघुवंशी गुरुजी के बहुत नजदीक बैठकर हँस-हँसकर बातें करते हुए देखते थे। यह बात उस समय मुझे अपनी नासमझ उम्र में भी गलत लगती थी।

एक बार मेरी कक्षा के एक निडर लड़के ने छगन गुरुजी और कैलाश बहनजी के नाम लिखकर गन्दी-गन्दी गालियाँ ब्लेकबोर्ड पर लिख दीं। गेंदालाल गुरुजी को यह बात मालूम हुई, वे चुप रहे। वे कई दिनों से उनको देखते हुए भी चुप थे। मगर छगन गुरुजी चुप नहीं रहे। स्कूल के ब्राह्मण बनिया लड़कों को छोड़कर छगन गुरुजी ने सब लड़कों को पीटा। उन्हें विश्वास था, ब्राह्मण बनियों के बच्चे इतनी हिम्मत नहीं कर सकते। उन्होंने दलित पिछड़े वर्ग के लड़कों को पीट-पीट कर पूछा। उनकी हैण्डराइटिंग देखने के लिए च-ल-ग-ह-क-छ जैसे वर्णमाला के अक्षर लिखवाए। छगन गुरुजी के सामने हेडमास्टरजी डरे हुए और चुप थे। उच्च जाति के अभिमान से छगन गुरुजी बहुत निडर और दबंग थे। मुझे उनकी आँखें देखकर दहशत होती

थी। उन दिनों स्कूल के सभी बच्चे बहुत डरे हुए थे। छगन गुरुजी उस लड़के का पता नहीं लगा सके थे, यदि पता लग जाता तो उस लड़के का पता नहीं क्या होता! अछूत वर्ग के बच्चों को कठोर दंड देना सामान्य बात थी।

स्कूल में साथ पढ़ने वाले सवर्ण बच्चे मुझसे दूर-दूर रहते थे। स्कूल के घड़े का पानी चपरासी दूर से पिलाता था। कभी चपरासी न रहने पर मैं अपनी कक्षा की रजनी अग्रवाल, शुभलता पटेल, मृदुला दुबे से पानी पिलाने के लिए कहती थी। ऐसे समय अपनी निर्बलता और बेबसी का अनुभव होता था। हेमलता ठाकुर और रामेश्वरी दुबे पास के छोटे गाँव बड़ाखड़ से बानापुरा के स्कूल पढ़ने आती थी। गाँव में जातिभेद और छुआछूत को वे ज्यादा जानती–मानती थी। अक्सर रजनी मजाक से हँसते हुए कहती–"हम क्यों तुझे पानी पिलाए? हम क्या तेरे नौकर हैं? तू खुद अपने हाथ से पानी पी ले।" तब हेमलता और रामेश्वरी दयाभाव से, समझदारी के साथ कहती थीं–"ऐ, वह घड़े से पानी कैसे लेकर पियेगी रे? चल, हम पिला देते हैं।"

यह दयाभाव उन्हें गांधीजी ने दिया था और हमें दयनीय बने रहने का आदर्श सिखाया था। कभी अकेले में या भूल से भी उन घड़ों को छूने का प्रयास नहीं किया। जो सीमा रेखा हमें बताई गई थी, मैं उसे कर्तव्य समझकर पालन करती थी। मेरे ऐसे स्वभाव के कारण मेरे शिक्षकों और सहपाठियों को मेरी समझदारी-कर्तव्यनिष्ठा पर पूरा विश्वास रहता था। मैं उनकी सहानुभूति की पात्रा थी। एक अछूत लड़की दया की पात्रा रहकर ही सद्भावना पा सकती थी। इसके विपरीत व्यवहार करने पर डाँट-फटकार, मारपीट और कड़ी सजा मिलना सामान्य बात थी। ऐसी घटनाओं से मुझे डर लगता था।

शांति बहनजी हमें पढ़ाई के साथ-साथ सिलाई, कढ़ाई, बुनाई भी सिखाती थीं। स्कूल गैदरिंग के समय नाच-गाना भी सिखाती थीं। उन्होंने हमारी चौथी कक्षा की उच्चवर्ण, सुन्दर सम्पन्न लड़कियों को छाँटकर उन्हें नृत्य के साथ गाना सिखाया– "वृन्दावन का कृष्ण कन्हैया, सबकी आँखों का तारा... मन ही मन क्यों जले राधिका, मोहन तो है सबका प्यारा..." लड़कियाँ पैरों की थाप देकर और हाथों से मुरली बजाते हुए, गाना गाती हुई नाचती थीं। मुझे इस ग्रुप में नहीं लिया गया था।

एक दिन प्रैक्टिस के समय मैं भी उस ग्रुप के साथ डांस करने लगी। यह देखकर शांति बहनजी ने गुस्से के साथ डाँटते हुए मुझे उन लड़कियों के बीच से निकाल दिया–"सुशीला, तुम यहाँ कैसे आ गई? तुम इनके साथ डांस नहीं करोगी।" तब मुझे बहुत अपमान महसूस हुआ था, मैं बहुत रोई थी। क्या गुनाह था मेरा? यही कि मैं अछूत जाति में पैदा हुई, इसलिए! सब लड़कियाँ सेठ साहूकारों की थीं, मैं

गरीब अछूत की बेटी थी, इसलिए...! किसी न किसी रूप में भेदभाव रहता ही था। शिक्षक स्कूल के सवर्ण बच्चों को मुझसे दूर रखते थे, जैसे यह उनकी जिम्मेदारी हो। ऐसा करके वे पालकों की कृपा और प्रशंसा के पात्र बनते थे।

शांति कश्यप बहनजी क्रिश्चियन आदिवासी थी, सबसे सीनियर थी, सिर्फ सातवीं कक्षा तक पढ़ी थी। बाकी शिक्षक और हैडमास्टर मैट्रिक थे। शिक्षक वर्ग बामन-बनिया और ठाकुर रघुवंशी के बच्चों से प्यार के साथ बातें करते। उन्हें मारते भी नहीं थे मगर मुझे, छोटीसी गलती होने पर हथेली पर स्केल की मार मिलती थी। मार पड़ने पर अपमान महसूस होता। मन में भय रहता। मैं हमेशा पढ़ाई का काम पूरा करके रखती और डरी, सहमी, आज्ञाकारी की तरह रहती। कक्षा में मार पड़ने पर आँखों में आँसू आ जाते। शांति बहनजी कभी खुश होने पर कहती थी–"सुशीला, तुम खूब पढ़ना और हमारी तरह टीचर बनना।" यह सुनकर अच्छा लगता था।

15 अगस्त और 26 जनवरी को झंडा-वन्दन के समय देशप्रेम के विचार मेरे मन में बहुत हिलोरें लेते। कक्षा में महापुरुषों की जीवनी पढ़ाये जाने पर स्वयं भी ऐसी ही महान बनने के विचार मन में आते। माँ घर में हमेशा अच्छी बातों की शिक्षा देती थी। मैं स्कूल की सभी बातें माँ को बताती थी। शिक्षक मेरी प्रशंसा करते थे फिर भी छुआछूत की भावना रहती थी।

किताब-कॉपी या पढ़ाई की कोई बात पूछने के लिए सहेली के घर जाने पर वे घर के बाहर आँगन में या सड़क पर खड़े रहकर बात करती थीं। अपने घर के लोगों के सामने सवर्ण लड़कियाँ मुझसे दूर रहकर बातें करतीं। तेज गरमी में यदि बहुत प्यास लग जाये तो सहेली दूर से मेरी हथेलियों पर पानी डाल देती। हथेलियों के ओक से पानी पीकर मैं उस सहेली का आभार मान लेती थी। भारतीय हिन्दू समाज परम्परा का यह कड़वा सत्य था। यह जातिभेद का सत्य था। तब मेरे लिए यह सहज बात थी मगर अब लगता है यह मेरे लिए अपमान की बात थी। मेरे लिए भी, मेरी जाति के लिए भी और सम्पूर्ण समाज व्यवस्था के लिए भी शर्म की बात थी।

सवर्ण और बहुजन जाति के लोग जाति भेद की इन बातों को, इन रीति परम्पराओं को गलत मानने के लिए तैयार नहीं होते। हमारे लोग भी इन्हें सहज, सामान्य बात मानते हुए इनका पालन करते थे। लेकिन बचपन की उस घटना ने मुझे बहुत व्यथित किया था। गरमी के दिनों में, बीच की रिसेस में मेरी कक्षा की लड़कियाँ हाथठेले की दुकान का रंगीन मीठा बर्फ खाने जाती थीं। बर्फवाला उन्हें रंगीन काँच के प्यालों में बर्फ देता था मगर मुझे कागज में देता था। एक बार रजनी अग्रवाल ने बर्फवाले से कहा–"इसको भी हमारे जैसे काँच के प्याले में बर्फ क्यों

नहीं देते? इसे भी प्याले में बर्फ दो...” रजनी बहुत ही दुबली, थोड़ी साँवली, बातूनी लड़की थी। लम्बे बालों की दो चोटियाँ हिलाते हुए हमेशा हँसती रहती थी। वह सम्पन्न गण्यमान्य अग्रवाल सेठ की बेटी थी। बर्फवाला मीठी मुस्कान के साथ हँसते हुए बोला था–“आपके प्यालों में इन लोगों को कैसे दे सकते हैं बेटा?”

उस दिन लड़कियों के सामने मैं बहुत लज्जित हुई थी। मुझे पता था, रेलवे स्टेशन पर कैंटीन में जहाँ मेरे पिता चाय पीते थे, वहाँ उनके कप अलग रहते थे। वे दूर से चाय लेकर, सबसे अलग बैठकर पीते थे। बाजार की होटलों में अन्दर जाने की या बाहर के बेंच पर बैठने की मनाही थी। हमारे लोग स्वयं अछूत की तरह सिकुड़े-सिमटे, अलग रखा अपना कप उठाकर, अपने हाथों से धोकर उसमें दूर से चाय लेकर पीते थे, फिर अपना कप धोकर अलग रख देते थे। खाने का कोई सामान माँगने या खरीदने पर दूर सें फेंककर दिया जाता था। ये सब अपमान की बातें थीं, फिर भी हमारे लोग बाजार में सबके सामने अपना अछूतपन दिखाते हुए डरे, सहमे दूर से चाय या नाश्ता लेते थे।

कागज में मुझे बर्फ दिया जाना मेरे लिए सामान्य बात थी मगर सहेलियों के सामने इस बात का स्पष्टीकरण किये जाने से अपमान का भाव स्पष्ट हो गया। उस दिन मुझे बर्फ वाले पर बहुत गुस्सा आया था और उन सब पर भी गुस्सा आया जो हमसे इस तरह भेदभाव करते थे। मन कड़वाहट से भर गया था। उस दिन से मैंने लड़कियों के साथ बर्फ खाना छोड़ दिया था।

उस समय कक्षा में अपनी जाति की सिर्फ मैं ही एक लड़की थी। मेरे बड़े भाई सिवनी मालवा के हाईस्कूल में पढ़ रहे थे। छोटा भाई मोहन एक साल पीछे था। स्कूल में ढीमर, पासी, खटिक, कंजर, चमार, बसोर, बलाई आदि अनुसूचित जाति के बच्चे पढ़ते थे मगर उन सबसे निम्न अछूत मुझे ही माना जाता था। ये एस.सी. बच्चे भी मुझे अपने से निम्न मानते थे मैं सबसे नीचे के पायदान पर थी।

मेरी कक्षा में एक सुशीला जैन थी। हाजिरी लेते समय मुझे सुशीला हरिजन पुकारा जाता तब मुझे अपनी जाति का आभास होता था। मन संकोच और पीड़ा से दुखी हो जाता था। उस समय यह शासकीय आदेश था, किसी अछूत बच्चे को उसकी जाति के नाम से न पुकारकर हरिजन कहा जाये। ‘हरिजन’ शब्द सुनकर ज्यादा शर्म आती थी। तब मैं शर्म और पीड़ा का अनुभव करने के अलावा कुछ नहीं कर सकती थी। मैं देखती थी, कक्षा में पासी, खटिक, बलाई जाति के लड़के कभी शिक्षकों से किसी बात की जिरह या बहस करते थे तब बुरी तरह पीटे जाते थे। शिक्षक उन्हें जाति के नाम से अपमानित करते हुए पीटते थे। यह देखकर मैं कक्षा में अधिक डरी सहमी रहती थी।

मैंने बचपन से यही देखा था, ब्राह्मण जाति का होना ही बड़प्पन की बात मानी जाती थी। भले ही उनमें दुर्गुण हो फिर भी वे बड़े, उच्च सम्मानित और गुणवान माने जाते थे। मेरी कक्षा की मृदुला दुबे का बड़ा भाई महेश दुबे शंकर भैया के साथ पढ़ता था। वह कभी हमारे घर आता, तब रसोई में आकर खाने पीने की चीजे ढूँढ़ता और कुछ मिलने पर खा लेता था। एक बार जालीदार छोटी अलमारी में भुनी मछली रखी थी, वह मछली निकालकर खाने लगा। हम सब कहते रहे—"भैया मछली मत खाओ, आप ब्राह्मण हो, मछली खाने से आपका धर्म भ्रष्ट हो जायेगा।" वह हँसता रहा, खाता रहा और बोलता रहा—"खाने की चीज से कुछ नहीं होता, कोई धर्म भ्रष्ट नहीं होता।"

उसे मछली खाना अच्छा लगा, फिर वह जब भी आता तब मछली माँगता था। किसी को पता चलेगा तो लोग कहेंगे हम ही बुलाकर उसे यह सब खिलाते हैं—इस डर से माँ भैया को डाँटती थी—"इसे अपने साथ नहीं लाना, अपने घर नहीं आने देना, किसी दिन इसके कारण हम मुसीबत में फँस जायेंगे।" मृदुला की माँ गरीब थी मगर पक्की ब्राह्मणी थी। खूब छुआछूत मानती थी, धार्मिक कर्मकाण्ड, पूजा-पाठ करती रहती थी। तब हम हँसते थे—"माँ को देखो और उसके बेटे को देखो?" महेश दुबे का चालचलन और व्यवहार देखकर कुछ लोग कहते थे—"ब्राह्मण के घर कैसी संतान पैदा हुई है? ऐसी संतान से तो न होना ही अच्छा है।"

किसी के घर संतान न हो तो वह कितना दुखी रहता है, यह बात मैंने बचपन से सुनी और समझी थी। हमारे गाँव के एक ब्राह्मण वैद्य जी निःसंतान थे। ब्राह्मण-ब्राह्मणी ने बड़े प्यार के साथ एक तोता पाल लिया था। वे उसे अपनी संतान जैसा प्यार करते थे। तोते की उम्र कम होती है, एक दिन सुबह तोता पिंजरे में उलटा लटका हुआ दिखा। दोनों पति-पत्नी धाड़ मारकर रोये थे। रोते हुए उन्होंने सन्तान की तरह तोते का मृत्यु संस्कार करके उसे पानी में बहाया। वे कई दिन तक रोते रहे।

माँ ने वैद्य जी और उनकी पत्नी के दुखी होने की बात बताई थी, यह सुनकर मुझे भी बहुत दुख हुआ था। मैंने कहा था—"तोता क्यों पाला? किसी गरीब इनसान का बच्चा लेकर पालना था। कितने बच्चे मजदूरी करते हैं, भीख माँगते हैं, किसी को भी ले लेना था।" तब माँ ने ब्राह्मण वैद्यजी और उनकी ब्राह्मण पत्नी पर गुस्सा बताते हुए कहा था—"वे इतनी छुआछूत करे हैं कि, हमारी छाँह से भी दूर रहे हैं। वे का किसी मजदूर, भिखारी का बच्चा गोद लेते? इतनी पूजा-पाठ करे हैं, मगर हमको कभी इनसान नही समझें। उनको देखके अपनो दिल पसीज जाये, मगर उनको दिल तो पत्थर को है, कभी नहीं पसीजे। ऐसे पापियों का मुँह देखने का धरम

नही है।" छुआछूत करने वालों पर माँ का गुस्सा देखकर मुझे भी उनपर गुस्सा आता था। लेकिन जो जातिभेद अधिक नहीं मानते थे उनसे अपनापन लगता था।

ऐसा ही एक किस्सा हमारे घर आने वाली तेलन का है। तेलन घानी का मूगफल्ली का तेल बेचने हमारे घर भी आती थी। वह तेल की बड़ी हांडी की टोकरी सिर से उतारकर आँगन में बैठती। सेर, पाव और पल्ली से नापकर तेल हमारे बर्तन में ऊपर से डालती थी। तब तेल सवा रुपया सेर था। देशी शुद्ध घी दो ढाई रुपया सेर था, उस समय सोना चाँदी भी बहुत सस्ते थे, मगर हम कुछ नहीं ले सकते थे। रुपया पैसा ही नहीं रहता था हम लोगों के पास!

हमारे आँगन में बैठकर तेलन बातें करती, यह बात उसकी महानता जैसी लगती। माँ कहती–"बेचारी बड़ी अच्छी है। दूसरे लोग तो छाँह नहीं दाबें, कितनी छिया-छीत करें हैं? सब हमसे कितनी दूरी रखें हैं?" तेल का डिब्बा लेकर मैं उसके नजदीक चली जाती तब तेलन हड़बड़ाकर कहती थी–"अरे, अरे.... छोरी, दिखे नहीं है का?" ऐसा करने पर माँ मुझे डाँटती थी। हम उससे दूर से तेल लेते थे। तब मुझे लगता था, छुआछूत तो यह भी मानती है फिर अपनापन क्यों दिखाती है?

मैं देखती थी, गाँव में बहुत छुआछूत थी। जातिभेद का अपमान हर जगह, हर बात में सहना पड़ता था। गाँव में फूलचन्द सेठ की अनाज और किराने की बड़ी दुकान पर माँ सेठजी को दूर से बताकर सामान लिखवाती। कभी बड़े भाई सामान की लिस्ट बना देते थे, तब वह सामान की लिस्ट का कागज दूर जमीन पर रख देती। नौकर पढ़कर बताते। सेठजी के कहने पर नौकर सामान की पुड़िया बनाकर दूर से टोकरे में फेंक देते थे। अनाज ऊपर से टोकरे में डाल देते। हिसाब होने पर माँ कागज के नोट नीचे जमीन पर रख देती। नौकर नोट गिनकर सेठजी को देते थे।

हम बहन भाई कभी माँ के साथ रहते, दुकान की कोई वस्तु, दरवाजा या दुकान के बाहर का लकड़ी का तख्ता या पायदान को हाथ लगाने की कोशिश करते तब सेठजी और नौकर नाराजी से चिल्लाते और डाँटते थे। ऐसे समय मुझे संकोच भी होता था और गुस्सा भी आता था। माँ इस बात के लिए हमेशा सतर्क रहती थी। ऐसे समय वह हमें डाँटकर वहाँ से जाने के लिए कहती, तब माँ पर गुस्सा आता था कि वह हमें दूसरों के सामने क्यों डाँटती है? वह इतना डरती क्यों है? तब मैं नहीं जानती थी, अपनी तरफ से गलती होने पर, गाँव के सवर्ण लोग अछूतों को डराते धमकाते हैं, उनको मारते-पीटते भी हैं, उनपर तरह-तरह के जुल्म करते हैं। माँ इन सब बातों से डरती थी।

इतना सब होने पर भी माँ और नानी गाँव के लोगों का बहुत एहसान मानती थीं कि वे उनके साथ अच्छे से रहते हैं। मैं अब इस बात पर विचार करती हूँ तो

लगता है, हम ही उनके साथ अच्छे से रहते थे। यदि हम उनकी छुआछूत की पाबन्दियों को नहीं मानते तो क्या वे हमारे साथ रियायत करते? हम पर दया करके हमें गाँव के किनारे, बस्ती से दूर, शांति से रहने देते? हम बच्चों को स्कूल में पढ़ने देते? मन छटपटा कर रह जाता है, सेठ और नौकर द्वारा कही बातें कानों में गूँजती हैं, माँ का डरते रहना याद आता है। ऐसे अनेक प्रसंग की कड़वी यादें मन की गहराई में उतरती हैं। सदियों से चली आई इन गलत परंपराओं को निभाना ही जैसे धर्म था। छुआछूत की पाबंदियों को मानना और उनके अनुसार चलना जरूरी था, अन्यथा इसके बुरे परिणाम होते थे, सवर्णों के आक्रोश का दंड भोगना पड़ता था, गाली-गलौज और मारपीट आम बात थी।

हिन्दू महाजनों के कुओं और नल से हम पानी नहीं भर सकते थे। स्कूल के पास खेड़ापति देवी के मंदिर के सामने बहुत बड़ा सार्वजनिक कुआँ था। वहाँ अन्य सभी जाति के स्त्री-पुरुष पानी भरते थे। कुछ लोग कुएँ की हौज के पास नहाते और कपड़े भी धोते थे, मगर हम कुएँ से पानी नहीं भर सकते थे। मेरे भाई और पिता दूर रेलवे के बड़े बम्बे से पानी भरकर लाते। उसी से हम खाना पकाना, पीना, नहाना और कपड़े धोने का काम करते थे। बड़े भाई बड़ी-बड़ी गुंडियाँ कंधों पर रखकर और बड़ी बाल्टियों से पानी भरते थे। कभी माँ और नानी मंदिर के सामने के कुएँ से किसी महिला या पुरुष से पानी माँगकर अपनी गुंडी या गागर में दूर से ले लेती थीं। कुएँ की हौज का पानी गाय, बैल और भैंस पीते थे। मैं उन्हें दूर से देखती थी, मगर हम कुएँ के पास नहीं जा सकते थे।

गांधीजी के 'हरिजन उद्धार' से समाज में छुआछूत कम हो गई है, ऐसा लोग मानते थे। हमारी जाति के लोगों को यह मालूम नहीं था कि देश की स्वतंत्रता के बाद क्या-क्या परिवर्तन हुए हैं? देश का संविधान बनने के बाद सरकारी कानून के रूप में कौन-कौन से नियम लागू हुए हैं। चतुर सवर्णों ने यह हमें कभी जानने ही नहीं दिया। हमारे लोग अपने दुश्मनों को ही महान समझते रहे और उन्हें पूजते रहे। यही बातें हम छोटे बच्चों को भी समझायी जाती थीं। बड़े भाई क्या करते थे, यह मुझे अधिक नहीं मालूम, मगर हम बहनें, माँ और नानी के विचारों पर चलते हुए उन्हीं का अनुकरण करती थीं। सच कहो तो हमें निश्चित साँचे मे ढाला जा रहा था।

कभी-कभी पिताजी शराब के नशे में गाँव के बामन बनियों को गालियाँ देते हुए कहते थे—"इन सालों ने ही हमको छोटा बनाकर रखा है, इन्होंने की हमको अछूत और लाचार बनाकर रखा है। ये साले हमको आगे नहीं बढ़ने देते हैं।" माँ, नानी उन्हें ऐसा कहने से मना करती थीं। तब मुझे भी लगता था—"बप्पा नशे में कुछ

भी कहते हैं।" मुझे अब लगता है, उस समय पिताजी सही बात को कितना अधिक समझते थे। इसके विरुद्ध उनका गुस्सा भी कितना उचित था।

मुझे वह दिन याद है, मैं छोटी थी, बरसात के दिनों में माँ की तबीयत बहुत खराब थी। बुखार अधिक बढ़ने से माँ कभी छत की कड़ियों को चुपचाप देखती, कभी बेहोशी में बड़बड़ाने लगती। अपनी बेटी का जीवन खतरे में देखकर नानी रोती हुई डॉक्टर के पास जाकर बोली थी—"डॉक्टर साब, मेरी बेटी को बचा लो।" बहुत मनुहार करने के बाद भी डॉक्टर हमारे घर नहीं आये थे। मरीज को बिना देखे ही उन्होंने कुछ गोलियाँ दे कर नानी को वापस घर भेज दिया था।

दूसरे दिन माँ की तबीयत अधिक खराब होने पर नानी डॉक्टर के सामने बहुत रोई और गिड़गिड़ाई थी, तब बड़ी मुश्किल से डॉक्टर हमारे घर आये। बरामदे में बिस्तर पर सोई माँ को दूर से देखकर ही उन्होंने गोली दवाई लिख दी थी। नानी रो-रोकर कहती रही—"डॉक्टर साब, मैंने जिन्दगी भर आपकी सेवा की है, मेरी बेटी को अच्छा कर दो।" माँ एक माह तक बीमार रही। नानी हमारी चिन्ता करते हुए रोती रहती थी मगर डॉक्टर को दया नहीं आई। उन दिनों जाति-भेद, ऊँच-नीच की बातें इतनी सहज भाव से मानी जाती थीं कि लोग इनसे प्रभावित बुरे व्यवहार को भी सहज और सामान्य रूप में मानते थे। ऐसे व्यवहार को गलत नहीं, बल्कि सामान्य माना जाता था।

हिन्दू धर्म में नदी, पहाड़, पेड़, पौधे, गाय, साँप, सभी को महत्त्व और सम्मान दिया जाता है लेकिन अछूत मनुष्यों को कोई स्थान नहीं, कोई सम्मान नहीं। उनके लिए कोई दया-संवेदना नहीं? हिन्दू धर्म के आडम्बर में मिट्टी से बने पुतलों को भी भगवान की तरह पूजा जाता है मगर इनसानों को इनसान नहीं मानते, यह हिन्दू धर्म की विडंबना है, हिन्दू संस्कृति का कलंक है। लोग इसे ही धर्म कहते हैं। हम ऐसी स्थिति में रहने के लिए मजबूर थे। गाँव में दशहरे का त्योहार मनाया जाता, नारी रूपी दुर्गा की मिट्टी की मूर्ति को सजावट के साथ लाया जाता, बाजार के बड़े चौक में मूर्ति की स्थापना होती। गाँव के लोग धार्मिक कर्म-काण्ड में व्यस्त हो जाते। बढ़-चढ़कर धार्मिक आडम्बर दिखाये जाते। देवी के शेर के रूप में पुरुष शेर की तरह रंगे जाते। वे बाजे के साथ पूरे गाँव में शेर की नकल करते हुए नाचते थे। मैं उन्हें भय के साथ नाचते हुए देखती थी। ऐसे अनेक धर्माडम्बर होते। हम भी इनसे जुड़े रहते थे मगर दूर रहकर ही।

लोग नौ दिन तक व्रत रखते, पूजा करते और कन्या-भोजन कराते। नौ वर्ष तक आयु की लड़कियों को देवी के मंडप के सामने भोजन कराया जाता। नानी मुझे भी वहाँ लेकर जाती और कन्या भोजन कराती थी। वह मुझे थोड़ा अलग बैठाकर मेरी

पत्तल में ज्यादा हलवा पूरी और दोने में बहुत सी खीर डलवाती मुझे अच्छे से खाने के लिए कहती। मेरी पत्तल का बचा प्रसाद वह घर ले आती और सबको थोड़ा-थोड़ा बाँट देती। स्वाद मिलने मात्र से सब खुश हो जाते। कन्या भोजन में सभी जाति की लड़कियों को खाना खिलाया जाता था।

कई बरसों तक, नवरात्र में नवमी के दिन माँ भी अपने घर में पाँच कन्या को भोजन कराती रही। मामा की छोटी बेटियों के और मेरे पैर धोकर चरणामृत पीती रही, जैसे हम छोटी लड़कियाँ देवी का पवित्र और पूजयनीय रूप हैं। हमें इतनी श्रद्धा और मान-सम्मान देने के बाद भी, बेटों का महत्त्व हमसे ज्यादा रहता था। हिन्दू धर्म में बेटों को पालनहार और तारनहार मानते हुए अधिक महत्त्व दिया गया है।

गाँव में ऐसे अनेक कार्यक्रम और आयोजन होते रहते थे जिनसे हिन्दू धर्म के प्रति लोगों की निष्ठा बढ़ती रहती। इनका उद्देश्य चाहे जो हो, लोग मनोरंजन के साथ धर्म और ईश्वर से जुड़े रहते थे। हर वर्ष ठंड के दिनों में हमारे गाँव में भजन मंडली और रामलीला मंडली आती। गाँव के खुले मैदान में कार्यक्रम के लिए स्टेज बनाया जाता। रात 7 बजे से 11-12 बजे तक कार्यक्रम चलते। सामान्य लोग जमीन पर बैठकर कार्यक्रम देखते-सुनते। प्रतिष्ठित हिन्दू महाजनों के लिए स्टेज के नजदीक कुर्सियाँ लगा दी जातीं।

माँ, नानी बहन और मैं रामलीला देखने, भजन और कव्वाली सुनने जाते थे। तीजनबाई पण्डवानी की शैली जैसी कथा शैली में रामलीला के पात्र अपने संवाद बोलते हुए अभिनय करते। कभी गद्य और कभी पद्य में संवाद बोले जाते, सुनकर बहुत अच्छा लगता था। संवाद के साथ संगीत भी बजता था। लय, संगीत मेरे मन को तल्लीनता में बाँधते थे। मैं जिद्द करके माँ, नानी के साथ ऐसे कार्यक्रम देखने, सुनने जाती थी। ओढ़ने और बिछाकर बैठने के लिए हम चादर ले जाते थे। वहाँ सबसे पीछे या साइड में, सबसे हटकर बैठते थे।

भीड़ बढ़ने पर हमको बीच से उठा दिया जाता, तब हम बाद में आये हुए लोगों के पीछे जाकर बैठते। गाँव में नानी को सब पहचानते थे। हमें दूसरे लोगों के नजदीक देखकर लोग डाँटकर कहते—"अरे, ठंड में रात के समय छूकर नहलवाओगे क्या? आये हो तो अलग हटकर दूर बैठो।" नानी को अपने गाँव से प्रेम था, गाँव वालों के प्रति ममता भाव था, मगर मैं देखती थी, गाँव वाले नानी को डाँटते और दुतकारते रहते थे।

"हओ भैयाजी, हओ बाईजी—" कहकर नानी सबके सामने विनीत बनी रहती थी। नानी के रहते न तो हमें कुछ कहने की जरूरत थी, न ही कुछ सोचने समझने की। परम्परा से जो चला आ रहा था, नानी हमें उसी लीक पर चलाती थी। लेकिन

वहाँ आये स्कूल के लड़के-लड़कियों के सामने इस तरह बीच से उठा देने पर और डाँटकर बातें सुनाने पर मुझे लज्जा आती। ऐसा लगता था—"मैं क्यों यहाँ आई?" तब मैंने वहाँ नहीं जाने का निश्चय किया था। मैं नानी से भी कहती थी—"किसी की डाँट फटकार नहीं सुनना।" लेकिन तब यह 'छोटा मुँह बड़ी बात' थी। उस समय इन सब बातों से निपटना आसान नहीं था। नानी दुनियादारी की बातें अपने दृष्टिकोण से देखती थी।

सिवनी के गाडरी मोहल्ले के हमारे लोग अपने काम में मदद के लिए बच्चों को साथ ले जाते थे। नानी हमें अपने काम पर कभी नहीं ले गई, कहती थी—"पढ़नेवाले बच्चा हैं, लोग देखेंगे तो बच्चों से एतराज करेंगे।" फिर भी लोग हमसे एतराज करते थे। नानी जानती थी, उनके रोजगार का काम अच्छा नहीं है। पढ़-लिखकर ही इन कामों से मुक्ति मिल सकती है। वह हमसे कहती थी—"हिन्दू महाजनों के बच्चों के साथ पढ़ने के लिए साफ-सुथरे, अच्छे ढंग से रहना भी जरूरी है। हमें पेट के लिए ये काम करनो पड़े है मगर तुम तो सुधरो।" इतनी समझदारी होने पर भी उन्हें दीन-हीन जीवन जीना पड़ता था। गाँव के ब्राह्मण, पंडित उन्हें दीन-हीन जीवन जीने के आदर्श और सदाचार का उपदेश देते रहते थे, उन्हें धार्मिक रीति-परम्पराओं के विषय में समझाते थे, अमावस्या-पूर्णिमा और ग्रहण की बात वे पंचांग देखकर बताते थे।

चंद्रग्रहण और सूर्यग्रहण लगने पर, ग्रहण छूटने के समय नानी और माँ गाँव के लोगों से ग्रहण का दान लेने जाती थी। उन्हें प्रत्येक घर से थोड़ा-थोड़ा अनाज दिया जाता। "देओ जी गिरेन का दान... गिरेन का दान दे दो..." माँ और नानी जोर से आवाज लगातीं। घर की महिला या पुरुष अपनी दोनों हथेली में भरकर अनाज हमारी टोकरी में दूर से डाल देते और नहाने चले जाते। ग्रहण छूटने के समय दान करना और ग्रहण छूटने के बाद स्नान करना धर्म की धारणा थी। वे दान करके अपने पापों से मुक्ति पाकर अपने ईश्वर को कष्ट से मुक्त करते थे। उनका दान लेकर, उनके पापों का संताप और कष्ट भोगने के लिए हम तैयार रहते थे। वे दान में चना, गेहूँ, ज्वार, बाजरा, मटर, मसूर, तुअर, तिवडा, चावल, कोदो, कुटकी कोई एक अनाज देते। वे क्या दे रहे हैं, बिना बताये जल्दी से फेंककर टोकरे के अनाज में डाल देते। सब मिलकर एक हो जाता।

कभी किसी के घर के अनाज में ताम्बे का सिक्का छदाम अथवा धेला रहता था। सेठ-साहूकारों के घर के अनाज में इकन्नी दुअन्नी या चौअन्नी रहती। वे अपने फटे पुराने कपड़े मुँह पर फेंक कर देते। अपमान के साथ मिला यह दान कई दिनों तक काम आता। ज्यादा फटे-पुराने कपड़ों की गुदड़ी, माँ और नानी मिलकर सी

लेती। दान का अनाज आर्थिक कठिनाई के जीवन में कुछ दिनों का सहारा बन जाता, हमारी भूख का आसरा हो जाता। हम कई दिनों तक इस मिश्रित अनाज के दाने अलग-अलग करते थे, कभी मिश्रित रूप में ही हाथचक्की में पीसकर उसकी रोटियाँ बनाई जातीं। ऐसे आटे से बनी रोटियों को बिर्रा या बिगरा की रोटी कहते थे।

माँ जब रोटी बनाती थी, मैं और छोटे भाई पहली रोटी लेने के लिए झगड़ते थे। माँ रोटी के टुकड़े करके हमें बाँट देती थी। फिर भी हम एक दूसरे को चिढ़ाने के लिए कहते थे–"पहला पीताम्बर, दूसरा राजा, तीसरा तेली, चौथा चाम, पगली घोड़ी, लगे लगाम। आ रे कुत्ता रोटी खा।" तब मुझे नहीं मालूम था, इस तरह हम ऊँच-नीच, छोटे-बड़े का भेद बताते हुए वर्ण व्यवस्था के चार वर्णो और वर्ण की जातियों की बात करते थे, जिसमें हमारी स्थिति कुत्ते से भी बदतर थी।

कभी-कभी माँ गेहूँ और चने को निश्चित अनुपात में मिलाकर आटा पीसकर रोटी बनाती थी। कभी गेहूँ और ज्वार को निश्चित अनुपात में मिलाकर आटा बनाया जाता। बप्पा ऐसे मिश्रित अनाज के आटे की रोटी देखकर बहुत चिढ़ते थे, गुस्सा करते थे। कभी भुनभुनाते हुए खा लेते, कभी नहीं खाते। कहते थे–"जानवरों का रातब बनाती है।" गरीबी और अभाव से माँ इस तरह निपटती थी, उन्हें बहुत दुखदायी लगता था। उन दिनों सूखा बासा, मोटा-झोटा खाना और फटा-पुराना पहनना ही हमारा जीवन था। सुख-सम्पत्ति, यश-वैभव हमारे हिस्से में नहीं थे।

1965 तक हमारे गाँव में आटे की चक्की की मशीन लग गई थी मगर चक्की वाले हमारे घर का अनाज पीसने में एतराज करते थे। नानी कहती थी–"अपने घर का अनाज कौन पीसेगो?" अधिक छुआछूत के कारण हमारा दीन-हीन जीवन अत्यधिक कष्टपूर्ण था। गाँव की आटाचक्की पर हम अपना अनाज नहीं पिसवा सकते थे। माँ और नानी अपने घर की हाथचक्की में गेहूँ, ज्वार, बाजरा, मक्का का आटा और चने का बेसन पीसतीं। मोटा पीसने पर छलनी और कपड़े से छानकर फिर से बारीक पीसतीं। अधिक मेहनत करके वे थक जाती थीं। गरमी के दिनों में माँ भुने हुए गेहूँ, चावल, दाल को मिलाकर, पीसकर सत्तू बनाती। ठंडे पानी में सत्तू और गुड़ घोलकर हमें खिलाती थी। घर के पास खाकरे (पलाश) के पेड़ थे। हम खाकरे के पत्तों के दोने बनाकर उसमें सत्तू लेकर खाते थे।

अनाज पीसने के लिए माँ और नानी आमने-सामने बैठतीं। बीच में रखी पत्थर की चक्की का लकड़ी का मुठिया एक दिशा में घुमाते हुए चक्की के मुँह में अनाज के दाने डालती जातीं। चक्की "घर्र घर्र...." की आवाज के साथ आटा पीसती रहती। चक्की चलाते हुए, माँ और नानी श्रम कष्ट भूलने के लिए, अक्सर अपने गीतों से खुद को बहलातीं। उनके गीत कभी सूरदास के भजन होते, कभी मीरा के भजन।

वे अक्सर गाती थी–"मीरा थारो कांई लागे गोपाल...।" कभी वे लोकथाओं पर आधारित लोकगीत भी गाती थी–"कां करू म्हारी लाडो बेटी, थारी माँ ने करेला खाये थे..." उनके गीत की यह पंक्ति मुझे अभी भी याद है। चक्की पीसते हुए गाते समय बड़े ही तन्मय भाव से वे एक दूसरे को बढ़ावा देती थी। चक्की हमेशा नानी के घर की औसारी (बरामदा) में रखी रहती। मैं खाली चक्की चलाकर देखती थी, चक्की चलाना बहुत भारी लगता था।

बरामदे के एक कोने में ऊखल गड़ाकर रखा था। पत्थर की कुण्डी के इस ऊखल में वजनदार मूसल से ज्वार और धान को माँ, नानी कूटती थी। हम सस्ता भुजिया चावल या तेलंगा लाल चावल कूटकर पकाते थे। तरकारी बनाने के लिए हल्दी, मिरची, धनिया पत्थर के सिलबट्टे पर पीसते। यह काम अधिकतर मुझे ही करना पड़ता था। छोटी उम्र से ही माँ डाँट-डाँट कर घर के काम करवाती थी। पूरे घर को छोटी झाड़ू से झाड़ने-बुहारने का काम, सुबह-शाम घर में सबके जूठे बर्तन मांजने-धोने का काम मैं करती थी। घर की लिपाई-पुताई करना, कपड़े धोना, आटा गूँथना, रोटी सेंकना भी करती थी। 10-11 वर्ष की उम्र में मुझे घर के बहुत से काम करने पड़ते थे। काम नहीं करने पर पिटाई होती थी। माँ कहती थी–"अभी से मेहनत करने की आदत नहीं बनेगी तो जिन्दगी कैसे निकालेगी।" माँ जानती थी, गरीबों का जीवन श्रम के बिना नहीं चलता। फिर मैं तो लड़की हूँ, लड़कियों के कष्टों की कोई सीमा नहीं होती। सवर्णों के छुआछूत, भेदभाव और छल कपट के बीच हम अपना सामान्य जीवन किसी तरह जी रहे थे।

हमारे लोग अधिकतर मुर्गा-मुर्गी, बकरी-बकरे, कुत्ता-बिल्ली पालते थे। शहरी जीवन की अपेक्षा हमारा गाँव का जीवन अलग था। सुबह मुर्गे की बांग से हमारी नींद खुलती। 10-12 मुर्गे-मुर्गियाँ माँ जतन से पालती थी। अंडे बेचकर आमदनी होती। माँ छोटी टोकरी में या लोहे की तगाड़ी में, घास-फूस बिछा कर, 15-20 अंडे सँभालकर रखती, उनपर कुड़क मुर्गी को सेवा बैठाती। बच्चे आये क्या? यह देखने के लिए मैं बार-बार मुर्गी को उठाकर देखती थी। माँ डाँटती–"अंडे गन्दे हो जायेंगे, बच्चे नहीं निकलेंगे। बार-बार नहीं देखना।" फिर भी मैं देखती। मुर्गी अपना शरीर फुलाकर, गर्दन दबाकर ऊँघती रहती। 20-21 दिन में अंडों में चूजे बन जाते। मैं हैरत के साथ देखती थी, मुर्गी अपनी चोंच से अंडे फोड़कर चूजे निकालती। हल्के पीले रंग के छोटे-छोटे चूजे बहुत प्यारे लगते। मैं उन्हें हथेली पर उठाती, माँ डाँटती थी–"बच्चे बीमार हो जायेंगे, हाथ नहीं लगाना।"

ज्वार के दाने डालने के समय उन्हें बुलाने के लिए हम पुकारते–"ती–ती–ती–ती।" यह सुनते ही मुर्गी-मुर्गे और बच्चे दौड़ते चले आते थे। दाने

डालने पर मुर्गी अपनी चोंच से दाना तोड़-तोड़कर छोटे बच्चों को खिलाती। मुर्गी की ऐसी ममता और समझदारी देखकर मेरा मन अपनी माँ के लिए कृतज्ञ हो जाता। इनसान हो या जानवर, माँ माँ होती है। मुर्गी अपने बच्चों की सुरक्षा के लिए हमेशा सतर्क रहती। जरा सा खटका होने पर "कें कें कें कें..." आवाज में पुकारने लगती, तब मैं मुर्गी की मदद करने दौड़ पड़ती थी। दो-तीन महीने में बच्चे बड़े हो जाते, उनकी संख्या बढ़ जाती। ग्राहक मुर्गा-मुर्गी खरीदने के लिए हमारे घर आकर नगद रूपये देते। आमदनी होती, तब घर में मटन, मछली पकाये जाते। मुर्गी पालन का लाभ हम सबको मिलता।

पहले नानी के घर बकरी-बकरे थे, फिर माँ ने भी अपने बकरी-बकरे खरीदकर पालना शुरू किया। बकरियाँ साल में एक बार में दो बच्चे देतीं। दो-तीन दिन बकरी के चीके के दूध के चीकबड़े बनाये जाते। वे छेने की मिठाई जैसे लगते थे। मिठाई खाने में बहुत अच्छी लगती थी मगर थोड़ी-थोड़ी ही मिलती थी। बाद में बकरी का दूध चाय बनाने के काम आता, इमरती दीदी और मैं दूध निकालती थी। बकरी अपने बच्चों के लिए दूध बचाने की कोशिश करती। बच्चे छोड़ने पर वे उछल कूदकर दूध पीते। मेमनों की उछलकूद, बकरी का उन्हें प्यार करना, चाट-चाट कर दूध पिलाना, साथ ही 'ऊ हं हं, में हं हं...' बोलते रहना मुझे अच्छा लगता था। मैं बच्चों की पीठ पर हाथ फेरती, उन्हें गले से लगाकर सहलाती थी। ये मेरे छोटे-छोटे सुख थे। इनमें मेरा मन रमता था। घर के बगल में बकरियों की लम्बी सार थी। शाम को यदि कोई बकरा-बकरी न लौटे तो हम उन्हें ढूँढ़कर लाते थे। बकरी के बच्चे बड़े होने पर माँ उन्हें बेचती। उनकी खान (खानदान) बढ़ाने के लिए माँ पाठी या बकरी नहीं बेचती थी। जब बकरियाँ दूध नहीं देती थीं, तब हम घर में काली चाय पीते थे। चाय के लिए दूध खरीदना भी सम्भव नहीं हो पाता था।

गरीबी और अशिक्षा पीढ़ी-दर-पीढ़ी चली आ रही थी। दोनों ही बातें प्रगति-उन्नति में बाधक हैं, फिर भी जीवन जीने के रास्ते बना लिए जाते थे। माँ को बीस तक गिनती आती थी। एक बीसी, दो बीसी—इस तरह जोड़ कर वह अपने बड़े-बड़े हिसाब कर लेती। कभी अपने गिने रुपयों को मुझसे गिनवाकर हिसाब पक्का कर लेती। अधिकतर माँ रुपये कागज में लपेटकर बरामदे के कबेलू में नीचे की तरफ रखती। मैं माँ को वहाँ रुपये रखते और निकालते देखती थी। यह माँ का गुप्त बैंक बेलेन्स रहता। घर में रुपये हैं यह जानकारी रहने पर पिता और भाई रुपये अपने खर्च के लिए ले लेते थे। माँ स्वाभिमान के साथ रहने में विश्वास रखती थी। हमारी पढ़ाई लिखाई और मेहमान आने पर वह इन्हें खर्च करती थी।

अभावग्रस्त कठिन जीवन को सरल-सुलभ बनाने के हर सम्भव प्रयत्न किये

जाते। कठिन श्रम और हिकमत के साथ साधन जुटाये जाते थे। नानी ने 3-4 सूअर खरीदकर छोड़ दिये थे। उनकी संख्या तेजी से बढ़ती थी। हमारे गाँव और आसपास के दूसरे गाँव के आदिवासी, कंजर जैसी एस.सी., एस.टी. और एन.टी. जाति वर्ग के लोग कभी पूजा के लिए और कभी दावत के लिए सूअर खरीदने आते थे। नानी उन्हें जानवर बेचती। बड़े जानवरों को ज्यादा कीमत में बेचा जाता, तब उसे पकड़कर बाँधने के लिए बड़ी धूम होती थी। लोग फन्दा लेकर उसके पीछे भागते। सूअर स्कूल के आसपास चक्कर लगाता और बहुत जोर-जोर से चीखता चिंघाड़ता। स्कूल के सब बच्चे और शिक्षक, शिक्षिकाएँ उनका तमाशा देखते। ऐसे समय कक्षा में मेरा सिर शर्म से झुक जाता था। मुझे गुस्सा आता था, क्यों हम ऐसे रहते हैं? क्यों ऐसे रहने के लिए मजबूर हैं?

बड़े सूअर के पीठ के बड़े बाल साल में एक बार या दो बार उखाड़े जाते, तब भी ऐसा ही तमाशा होता। स्कूल के बच्चे और रास्ता चलते लोग यह सब देखते, तब मैं लज्जा के कारण घर के अन्दर छिपी रहती थी। दो-चार ताकतवर आदमी जानवर को फन्दे से पकड़कर, गिराकर, उसके पैर बाँधकर रखते तब कहीं यह सम्भव हो पाता। गर्दन से पूँछ तक पीठ के लम्बे बाल उखाड़कर जानवर की पीठ पर राख मल देते और उसे छोड़ देते। जानवर भागता हुआ चला जाता। यह काम पिताजी सिवनी के अपने लोगों को बुलाकर करवाते थे। ऐसे समय जानवर का और लोगों का खूब हल्ला, शोरगुल होता था। ऐसे दिनों संकोच के कारण मैं स्कूल नहीं जाती थी।

सूअर के बाल महँगे दामों में बिकते, उससे कीमती ब्रश बनते हैं। बड़े व्यापारी के दलाल घर आकर बाल खरीदते थे। लम्बे बालों की कीमत ज्यादा मिलती, छोटे बालों की कम। फिर भी अच्छी रकम मिल जाती। जानवरों के बाल और जानवर एक साथ बिकते तब हमारे घर मानो दिवाली होती। माँ और नानी चाँदी के गहने बनवा लेती थीं। हमारे नये कपड़े बन जाते थे, तब ये सब हमारी रोजी-रोटी के साधन थे। यदि हमने पिगरी फार्म चलाया होता तो हम उतने बुरे नहीं कहलाते। अन्य जाति के लोग भी पिगरी फार्म चलाकर लाखों का व्यापार व्यवसाय करते हैं। वे उद्योगी और व्यापारी कहलाते हैं, मगर हम जाति के कारण घृणा के पात्र बने रहे।

हम सम्मानित समाज से अलग काटे-छाँटे हुए लोग थे। हमें लोग उपेक्षा, तिरस्कार और घृणा की नजर से देखते थे। हमारे लोग अपनी ही दुनिया में खुश रहते, जैसे उन्हें भी किसी की परवाह नहीं। अपने जीवन को पूर्वजों से विरासत में मिली जिंदगी मानकर वे जी रहे थे। यदि वे शिक्षा और सम्मान से जुड़ पाते तो अपना अपमान जरूर समझते। हमारे लोगों का जीने का तरीका अलग था। खान-पान,

जीवन-व्यवहार सब कुछ सवर्ण समाज से अलग थे। इसलिए वे हमें अलग दृष्टि से देखते थे। हमारे लोग अपने रीति-रिवाजों और अपनी बातों में ही खुश रहते थे, जैसे उनकी छोटी सी दुनिया ही अलग हो। पीढ़ी-दर-पीढ़ी शिक्षा से वंचित रहकर वे ऐसा जीवन जी रहे थे।

कभी मेहमानों की मेहमानी करने के लिए सूअर पकड़कर हींका जाता। घास-फूस की आग में भूनकर, धोकर काटा जाता। पिताजी और भाई यह सब करते थे। बाद में हमारे घर में इसे पकाना और खाना बन्द कर दिया था। 1969 में बड़े भैया के बेटे संजय के लिए ताजुद्दीन बाबा की मन्नत मानी थी, तबसे घर में सबने इसे खाना और छूना छोड़ दिया। मैंने कक्षा पाँचवीं में पढ़ने के समय से मांस, मछली, अंडा खाना छोड़ दिया था।

उन दिनों 'जय संतोषी माँ' फिल्म खूब चली थी। महिलाएँ सन्तोषी माता का व्रत रखकर गुड़ फुटाने का प्रसाद चढ़ाती थीं। उस दिन खटाई खाने पर देवी का प्रकोप माना जाता था। मैं भी संतोषी माता का उपवास श्रद्धाभाव से रखती थी, मांस मछली को छूती भी नहीं थी। धर्म प्रचार के नाम पर अन्धविश्वास फैलाने के कई प्रकार के षड्यंत्र चलते थे। लोग संतोषी माता की भक्ति और चमत्कार के विषय में लिखकर पोस्टकार्ड गरीब, अछूतों और बहुजनों के घर भेजते थे। वे व्रत पूजा की महिमा बताने के साथ यह भी लिखते थे कि तुम भी सोलह घरों में ऐसे पत्र भेजो नहीं तो देवी के क्रोध से तुम बर्बाद हो जाओगे। इसी तरह सोलह सोमवार के उपवास करने के लिए भी पत्र आते थे। धार्मिक फिल्मों द्वारा भी कई तरह से भयभीत करने के लिए झूठा धर्मप्रचार किया जाता था। महिलाएँ इसकी शिकार जल्दी बन जाती थीं। मैं सुनती थी, वे आपस में व्रतों की महिमा की बातें करतीं और एक दूसरे को व्रत उपवास करने के लाभ बताती थीं।

हमारे लोग ताजुद्दीन बाबा को मानते थे। दूर-दूर से लोग बाबा की दरगाह पर चादर चढ़ाने नागपुर जाते थे। हमारे लोगों का अपना कोई धर्म ही नहीं था। हम हिन्दू, मुस्लिम, सिख सभी धर्म के देवी-देवता, पीर-फकीर, गुरु और महापुरुषों को मानते थे। असल में यह मात्र अनुकरण था। हिन्दू कभी किसी दूसरे धर्म की बातों को नहीं मानते। हम मानते थे मतलब हम हिन्दू नहीं थे। हमें अपना धर्म पता ही नहीं था। भय और भ्रम के साथ हमें हिन्दू बना दिया गया था। हम हिन्दू धर्म मानते हुए अछूत होने के कष्टों का और अपमान का जीवन जी रहे थे।

सवर्णों से अलग हमें इन्हीं स्थितियों में रहने के निर्देश थे। हम इनसे बाहर न निकल सके, ऐसे प्रयत्न भी लगातार किये जाते थे। धर्मपंडित हमें समझाते थे, अगले जन्म में तुम्हें अच्छी जाति मिलेगी। इस तरह जन्मवाद और भाग्यवाद में हमें

उलझाया जाता था। हम कष्टों भरा जीवन अपना भाग्य मानकर जीते रहे, जीवन की समस्याओं में उलझे रहे, उन्हीं में अपनी खुशी ढूँढ़ते रहे।

मिट्टी का घर होने के कारण घर में चूहे बहुत रहते थे। वे अनाज खाते, कपड़े कुतर देते। उन्हें मारने के लिए माँ जहर मिलाकर आटे की गोलियाँ बनाकर रखती, तब पूरा घर गन्धाता। चूहों को पकड़ने के लिए घर में बिल्ली का बच्चा लाकर पालते थे। हम उसे 'मीनू-मीनू' कहकर बुलाते। वह 'म्याऊ... म्याऊ...' करती पूरे घर में घूमती। मैं बिल्ली को गोद में उठाये-उठाये घूमती। माँ गुस्सा करती—"बिल्ली के बाल मुँह में, पेट में चले जायेंगे, बिल्ली को हाथ मत लगाओ।"

हमारे बिल्ली और कुत्तों के बीच भी बहुत प्रेम था। वे आपस में 'छी बिलाई' खेलते, एक दूसरे को छेड़कर दौड़ते। बिल्ली घर के मुर्गा-मुर्गियों के साथ भी 'छी बिलाई' खेलती थी। उनके ऊपर दौड़ती-झपटती, मगर उन्हें पकड़ती नहीं थी। मुर्गा-मुर्गी डरकर एक साथ कें... कें... करते हुए कुटकुटाने लगते, खूब हल्ला मच जाता। इस तरह का जीवन बुरा नहीं लगा। शुरू से ऐसे ही जी रहे थे। जीवन में बदलाव की बात सोचते थे मगर इस दायरे से बाहर नहीं निकल सके। इसी में अपना सुख-दुख देखते थे।

तोता गंगाराम को माँ ने बोलना सिखाया था—"रोटी दे, शीला जीजी रोटी दे, मिट्ठू भूखा है।" मिट्ठू अपनी मीठी आवाज में दिनभर यही कहता रहता। उसकी मीठी आवाज में शीला जीजी सुनकर माँ भाइयों से कहती—"देखो मिट्ठू कितने प्यार से शीला जीजी कहता है, तुम नहीं कहते।" नानी अक्सर तोता को सिखाती थी—"चित्राकोटी, दूध रोटी, बोलो बेटा गंगाराम।"

मिट्ठू किसी नए व्यक्ति को देखता, तब बार-बार कहता था—"कौन है? कौन हैं? तू कौन है" उसको ऐसा कहते सुनकर हम सब हँसते थे। रोटी देने के बाद भी कहता—"शीला जीजी, रोटी दे, मिट्ठू भूखा है—"तब मुझे बहुत हँसी आती थी, बहुत आनन्द होता। ये जीवन के छोटे-छोटे साथी थे। अभाव का जीवन जीते हुए भी हम इनमें खुशी ढूँढ़ लेते थे। हमारे परिवार को पशु-पक्षियों से प्रेम था। पालतू जानवर घर के सदस्य जैसे लगते थे।

शंकर भैया को कुत्ते के पिल्ले लाकर पालने का शौक था। बचपन से पले कुत्ते स्वामी भक्ति के साथ दिन-रात घर की रखवाली करते थे। हमें बाहर से घर आते देखकर उछल-उछलकर, जमीन पर लोटकर अपनी खुशी और अपनापन जाहिर करते। शेरू काला था। सुल्तान का रंग भूरा बदामी था। "तू-तू-तू-तू" पुकारने पर

वे तुरंत पूँछ झटककर, कान खड़े करके, पास आकर, उत्सुकता से देखने लगते थे। दिन में कोई नए व्यक्ति या जानवर को घर की तरफ आते देखकर सब उसपर खूब भौंकते, उन्हें काटने के लिए लपकते। वे अपने मोरचे पर डटे रहते। इसी तरह रात में जरा-सा खटका होने पर भौंकते हुए लपकते। कुत्तों के रहने से हमें अँधेरी रात में भी चोर बदमाशों का भय नहीं रहता था।

हमारे शेरू की ईमानदारी की वह घटना मुझे याद है। किसी दूसरे के घर का कुत्ता हमारे घर की मुर्गी पकड़कर मुँह में दबाकर ले गया। शेरू ने देखा तो तुरन्त उसके पीछे लपककर दौड़ा। वह गुर्राते हुए दूसरे कुत्ते को डराकर उसके मुँह की मुर्गी छीनकर, खुद मुँह से पकड़कर हमारे घर ले आया। आँगन में आकर, हम सबके सामने उसने मुर्गी नीचे छोड़ दी। दो-तीन बार भौंका और गर्दन नीची करके वहीं बैठ गया, मानो अपना गुनाह कबूल कर रहा हो कि उसके रहते यह सब हुआ।

वह भौंक-भौंक कर कुछ बताता भी रहा। उसकी भाषा तो हम नहीं समझे मगर यह समझ गये कि अपने घर की मुर्गी वह दूसरे कुत्ते के मुँह से छीनकर ले लाया है। मुर्गी जिन्दा थी, फड़फड़ाकर लँगड़ाते हुए इधर-उधर छिपने लगी। तब मैं मुर्गी को नहीं अपने प्यारे शेरू को देख रही थी। उसकी बहादुरी और स्वामिभक्ति को देखकर हम दंग रह गये थे। कुत्ते इतने ईमानदार और अपनापन रखने वाले हो सकते हैं? कोई खुदगर्ज आदमी किसी के साथ छल-कपट, बेईमानी करता है तब मुझे उसकी तुलना में अपना शेरू बहुत याद आता है। जिनसे अपनापन और विश्वास मिला, उन्हीं में मन रमता रहा। सवर्णों से लगातार अपमान, तिरस्कार, डाँट-फटकार पाते हुए हम अपने ही दायरे में सिमटे हुए रहते थे। गाँव का मेरा जीवन सीमित घेरे में बँधा था, सवर्ण समुदाय से दूर प्रगति, परिवर्तन की बातों से दूर अपने तक सीमित था। इससे अलग कुछ करने का न अवसर मिला, न किसी का सहयोग। जो चल रहा था सो चल रहा था। नया चलाना कठिन था।

जब मैं छोटी थी, माँ पिताजी ने गाय पाली थी फिर उन्हें वह गाय बेचनी पड़ी। मैंने माँ से पूछा था–"अभी हम गाय क्यों नहीं पालते?" माँ ने बताया था–"अपनी जाति के लोगों को गाय नहीं पालने देते।" इसीलिए गाय बेचना पड़ा। सारे नियम, कायदे, कानून धर्मग्रन्थो में लिखे थे, हमें कुत्ते-सूअर जैसे जानवर ही पालने के निर्देश थे। ऐसा क्यों है? यह हमने नहीं सोचा। परिस्थितियों के साथ सामंजस्य बना लेना जैसे हम लोगों का स्वभाव हो गया था। इसके सिवाय जैसे और कोई विकल्प नहीं, उपाय नहीं। तब जीवन के उसी रूप को यथाशक्ति, यथाबुद्धि अच्छा बनाकर जीने का प्रयत्न करना ही समझदारी थी। हमारे लोग कभी इस तरह तुलना नहीं करते थे कि जो सवर्णों के पास है, वह हमारे पास क्यों नहीं है, या जो हमारे पास है वह सवर्णों

के पास क्यों नहीं है? जैसे सबके लिए अलग-अलग कानून थे। उनका पालन करना ही धर्म था। किसने बनाये थे धर्म के ऐसे नियम? यह हमारे लोगों ने कभी नहीं सोचा।

एक बार गाँव का एक आदमी पिताजी को बुलाने आया था—"गाय मर गई है, फेंक दो।" पिताजी सोच में पड़ गये। यह काम उनका नहीं था। गाँव में काम बँटे हुए थे। पिताजी मरे कुत्ता, बिल्ली उठाकर फेंकते थे मगर मरे ढोर (गाय, भैंस, बैल) को हाथ नहीं लगा सकते थे। यह काम चमार जाति का था। सबके काम बँटे थें। अपनी जाति के काम से अलग हटकर काम करने पर जाति से बन्द कर दिया जाता था। हम धार्मिक नियमों के साथ सामाजिक नियमों का भी पालन करते थे। पिताजी चुप रहे। मगर माँ ने चिल्लाकर उस आदमी से कहा था—"अरे भैया, ये काम हमरो नहीं है। हम नहीं कर सके ये काम। हमरी जात के लोग हमें जात से बन्द कर देंगे। तुम सोगरा भैया के घर चले जाओ। वे कुछ लोगों को भेजकर गाय उठवा देंगे।"

सोगरा मामा सिवनी के भीलपुरा में रहते थे। बानापुरा के रेलवे स्टेशन के बाहर वे जूता चप्पल मरम्मत की दुकान लगाते थे। शाम के समय अपने सामान की पेटी हमारे घर रख जाते, सुबह 10 बजे आकर पेटी ले जाते। माँ उन्हें भैया मानती थी। हम सब बहन भाई उन्हें सोगरा मामा कहते थे। भीलपुरा में चमारों की बस्ती थी। कभी-कभी दूसरों का काम करने पर लोग आपस में भी लड़ते थे और कहते थे—"हमारी रोजी-रोटी छीनकर हमारे पेट पर लात क्यों मार रहे हो?" मरे ढोर उठाने का काम हमारे गाँव में हमारी जाति के लोगों ने कभी नहीं किया।

सोगरा मामा की बेटी की शादी हुई थी, उसके लिए माँ और पिताजी चाँदी के बिछियाँ लेकर गये थे। पंगत के समय मामी ने माँ को दाल, आटा, गुड़ रसोई का सीधा सामान दिया था। जब कल्लू भैया की और इमरती दीदी की शादी हुई थी माँ ने हलवाई से सबके लिए रसोई बनवाई थी, सोगरा मामा के परिवार और उनके मोहल्ले के लोगों को पंगत में बैठाकर खाना खिलाया था। मैंने सुना था, माँ बार-बार सबसे कह रही थी—"हलवाई ने रसोई बनाई है, ढीमर के लड़कों ने पानी भरो है। कोई भूखो नहीं जायेगो। पेट भरके खईयो। सोगरा की बहन के घर आये हो।"

माँ की यह बात बार-बार सुनकर मुझे गुस्सा आया था, मामा हमारे घर का खाना क्यों नहीं खा सकते? कैसा रिश्ता था भाई-बहन का? प्रेम बहुत था मगर हाथ का छुआ खाना नहीं खा सकते थे, हाथ का छुआ पानी नहीं पी सकते। सब अपने-अपने दायरे में सिमटे थे। कैसी दरारें थीं? जाति पंचायत के सामाजिक बंधन, जातिभेद की सामाजिक दीवारे, जिन्हें न बहन लाँघ सकती थी, न उसका सोगरा

भैया। तब यह ज्यादा कठिन था। बाद में वे एक दूसरे के घर चाय-पानी पीने लगे थे। जीवनभर उन्होंने भाई-बहन का रिश्ता निभाया था।

चाहे जितने अच्छे से रहो, जातिभेद रहता ही था। हम भी इसके अभ्यस्त थे। सब कुछ देखते और सहते हुए हम अपने प्रतिदिन के काम सहज भाव से करते रहते। हमारा घर-आँगन हमेशा लिपा पुता,साफ-सुथरा रहता था। मैं टोकरी लेकर अड्डा बाजार की तरफ से ढूँढ़ ढूँढ़कर गाय-भैस का गोबर लाती थी, घर बरामदा आंगन लीपती थी। बचे हुए गोबर के कण्डे थापकर सूखने रखती। बड़े मनोयोग से और अपनी जिम्मेदारी समझकर मैं ये काम करती थी। खाना पकाने के लिए सूखी लकड़ियाँ चुनकर लाती थी।

एक कमरा और औसारी, कच्चा फर्श, कच्ची मिट्टी की दीवारें, छोटे देशी कबेलुओं की छत–बस यही था हमारा घर। शाम के समय बहन खाना पकाती, औसारी में रखा चूल्हा जलाया जाता। लकड़ी का धुआँ सब तरफ फैलता तो घर और बाहर की रंगत अलग ही दिखती। मुझे तो इसमें सौन्दर्य दिखता था मगर बहन खाना पकाते समय धुँधआती लकड़ियों को फुँकनी से फूँकते हुए परेशान होती थी। कभी माँ अपने हाथों से ज्वार के आटे की बड़ी-बड़ी रोटियाँ बनाती थी। तब बैंगन का भुर्ता या आलू बैंगन की रसेदार तरकारी बनाते थे। चावल महँगा था, दोपहर में दाल के साथ चावल की चुरी पकाते थे। कभी गेहूँ के मोटे दलिये की थुली पकाते थे। गरमी के दिनों में चूल्हे के पास बैठकर खाना बनाना कष्टदायी रहता। मैं इन कामों से बचती थी।

घर में सब एक साथ रहते तब घर भरा-भरा लगता। घर-परिवार में लड़कियो के लिए अनेक बंदिशें थीं। जवाब नहीं देना, ज्यादा नहीं बोलना, धीरे बोलना हर समय सिखाया जाता था। हम बहनें बड़े भाइयों से अधिक बातें नहीं करती थीं, केवल काम की बातें ही होतीं। खाना पकाने के लिए मोटी, बड़ी लकड़ी चीरने-फाड़ने का काम बताना हो तब उतना ही कहा जाता। घर में पानी न हो तब इतना ही कहते–"भैया पानी भरके ला दो।" भाई घर में रहने पर हमसे कहते–"खाना बन गया? खाना दे दो।" कभी डाँटकर कहते–"घर क्यों नहीं झाड़ा? घर गंदा क्यों दिख रहा है? सारा दिन तुम क्या करती हो? कपड़े क्यों नहीं धोये?" भाइयों की कही बातों को सुनकर मैं तुरंत उनके बताये काम करने लगती थी। उनका मान सम्मान करती थी। मैं बड़े भाइयों से डरती थी, पिता के बताये काम भी तुरन्त करती थी। भाई हमें डाँटते तब माँ, पिताजी उन्हें डाँटते थे। छोटे भाइयों से कभी झगड़ा होता था, कभी अच्छी बातें भी होती थीं। हम साथ खेलते थे, कभी एक दूसरे की शिकायत माँ पिताजी से करते। शिकायत के बाद भाइयों को मार पड़ती तब मुझे अच्छा नहीं

लगता था। कभी खाना नहीं मिलने पर वे गुस्सा भी करते, तब झगड़ा होता था। पिताजी का तबादला होने से वे कुछ वर्ष भुसावल और बडनेरा में रहे, वे महीने में एक दो बार ही आते थे। पिताजी घर में सबसे कम बात करते थे।

इमरती और मैं दोनों बहनें मिलकर रहती थीं, सभी बात एक दूसरे को बतातीं, साथ मिलकर घर के काम करतीं, अधिकतर एक थाली में साथ खाना खाती थीं। कभी खेलने में मन होने पर, मैं बहन के बताये काम नहीं करती, तब माँ डाँटती और घर के काम करने के लिए कहती। तब मुझे माँ और बहन दोनों ही खराब लगती थीं। बहन से झगड़ा होने पर मैं उसे चुड़ैल कहती। वह गुस्से से कहती–"ठहर, तुझे अभी बताती हूँ।" मैं उसे अँगूठा दिखाते हुए खेलने भाग जाती। घर वापस आने पर माँ मुझे डाँटती थी।

दूसरे बच्चों को खेलते देखती थी तब मेरा मन भी खेलने के लिए ललकता था। उन दिनों शाम के समय अधिकतर लड़के-लड़कियाँ मिलकर कबड्डी, खो-खो, गिल्ली डंडा, कंचे, गोली-गटेरन खेलते थे। स्कूल के मैदान में शाम के समय बच्चे खेलने आते। लड़कियाँ "कबड्डी....कबड्डी के बदले कहतीं–तवे पे रोटी, तेरी माँ मोटी... तवे पे रोटी।" कभी मैदान में एक लाइन में साथ खड़े होकर लम्बी दौड़ लगाते थे। कभी कपड़े की गेंद बनाकर सात टिपरी का खेल खेलते थे। गेंद मार कर टिपरी गिराई जाती। जो टिपरी जमाता उसे गेंद से मारते। गेंद लगने के पहले जो टिपरी जमा लेता वह जीत जाता। दूसरे बच्चों के खेल मैं दूर से देखती, कभी बहन और भाइयों के साथ मैं भी खेलती थी। हम 'सात क्लास' खेलते थे। जमीन पर लाइन खींचकर 7 बाक्स बनाते। उनमें एक पैर से लँगड़ाकर कूदकर चलते हुए टिपरी सरकाकर बाहर निकालते। लाइन छुए बिना डब्बों से निकलकर जीत जाते। कभी घर में बैठकर बहन के साथ मैं सात चपेटे खेलती। लाख के सुन्दर चपेटे न रहने पर छोटे-छोटे पत्थर के चपेटों से खेलती थी।

अनाज अड्डा बाजार के पास एक शीशम का पेड़ जमीन के साथ झुका हुआ था। उस पर चढ़कर 'अण्डा डावरी' खेलते। पेड़ के नीचे गोलाकार लकीर में एक लकड़ी या छोटा डंडा रख देते। लकड़ी को छूते समय पकड़ में आनेवाले बच्चे आउट हो जाते। मैं भी शीशम के पेड़ पर चढ़ती, लकड़ी छूने के लिए ऊपर से कूदती फिर दौड़कर झाड़ पर चढ़ जाती थी। तब उत्साह से फुर्ती अधिक बढ़ जाती थी। हम 'छी बिलाई' भी खेलते थे। जिस पर दाव रहता वह सबको दौड़-दौड़कर छूने की कोशिश करता। दाव देने वाला धोखा देकर किसी को पकड़ ही लेता। खेलते समय हँसी-मजाक, चीख-पुकार करते हुए मजा लेते थे।

अक्सर चार-पाँच लड़कियाँ गोलाकार घेरे में खड़ी होकर 'गोल-गोल रानी'

खेलतीं। 'गोल-गोल रानी, इत्ता इत्ता पानी' कहती हुई बीच की लड़की पहले पानी की स्थिति पैरों के पास बताती, फिर घुटनों के पास। कमर, छाती, गले के पास, फिर पानी सिर से ऊपर हो जाता और सब लड़कियाँ इधर-उधर भागने लगतीं। बीच की लड़की दौड़-दौड़कर उन्हें छूने का प्रयत्न करती। जो लड़की पकड़ में आ जाती वह गोलाकार लड़कियों के घेरे के बीच खड़ी रहकर पानी की स्थितीं बताती। "इत्ता इत्ता पानी..." सब लड़कियाँ कहतीं—"गोल गोल रानी..." ऐसे छोटे-छोटे अनेक खेल थे जो सिर्फ दौड़ने भागने के खेल थे, मैं खूब चाव से खेलती थी।

सवर्ण लड़कियों के खेल अलग थे। वे त्योहारों के समय किसी एक लड़की के घर इकट्ठी होकर संझा खेलती थीं। खेल-खेल में पकवान बनाकर सबको खिलातीं और पौराणिक, पारंपरिक गीत गाती थीं। उनके खेल में भव्यता और सम्पन्नता रहती थी। हमारे खेल दौड़ भाग के रहते। अनाज अड्डा बाजार के आसपास रहने वाले ढीमर, कोटवार पासी, जैसी पिछड़े वर्ग की जाति के बच्चे साथ खेलते थे। कभी आपस में जात-पात का झगड़ा भी हो जाता था। छठवीं कक्षा के बाद मेरे सब प्रकार के खेलों पर रोक लगा दी गई थी। 'घर के काम करो और पढ़ाई करो'—यही आदेश रहता था। तब मन खेलने को तरसता था। बहन की शादी के बाद घर के काम की जिम्मेदारी मुझपर थी। भाभियों के साथ मैं घर के सब काम करती थी। थोड़ी खुशी और ढेर सारे गम थे, दुख, दर्द, कष्ट, अपमान सब थे।

अड्डा बाजार के पास कमला ढीमर का घर था। वह स्कूल नहीं जाती थी, दिनभर अड्डा बाजार में धूल मिट्टी में मिले गेहूँ, चना, तुअर को छन्नी से छानती और सूप से फटकती रहती। कभी मजदूर औरतों के साथ मिलकर अड्डा बाजार का बड़ा मैदान गोबर से लीपती। उसके शरीर में कभी-कभी चुड़ैल आती, तब वह चिल्लाते हुए भागने लगती, बाल खोलकर सिर हिलाने लगती। उसे देखकर मुझे डर लगता था। वह हिन्दू महाजनों के घर बर्तन माँजने और पानी भरने का काम भी करती थी। गाँव के लोग उससे छुआछूत नहीं मानते थे। स्कूल के पास, खेड़ापति देवी के मंदिर के सामने बड़े कुएँ से वह रस्सी बाल्टी से पानी भरती। पानी ले जाते समय मुझे नजदीक देखकर वह गुस्से से कहती थी—"दूर हट जा, पानी बिटल जायगो।" मैं देखती थी, उसके बिखरे बाल गन्दे चीकट कपड़े, धूल मिट्टी, गोबर से सने हाथ-पैर रहने पर भी उसके छूने से पानी नहीं बिटलता, मैं साफ-सुथरा स्कूल ड्रेस पहने हुए, स्कूल पढ़ने वाली लड़की के नजदीक आने से पानी बिटल जाता है। मुझे कमला पर बहुत गुस्सा आता था। एक दिन मैं उसके सामने डटकर खड़ी रही और जोर से चिल्लाकर कहा—"कम्मा चुड़ैल।" तब वह डर गई थी और मुझे देखती रह गयी थी।

हमारे गाँव में गरमी के दिनों में, स्कूल के पीछे आम के पेड़ों के नीचे कंजर

जाति के दो-तीन डेरे वाले तम्बू बनाकर रहते थे। एक बार उनके साथ रामकली भी आई थी। वह भी स्कूल नहीं जाती थी। वह स्कूल के बच्चों को हैरत के साथ देखते हुए उनकी पढ़ाई सुनती थी। उसे देखकर मैं सोचती थी, वह स्कूल क्यों नहीं जाती? उसे भी स्कूल जाने की सुविधा और अवसर मिलना चाहिए। रामकली का स्कूल न जाने का एक कारण उन लोगों का घुमक्कड़, खानाबदोश जीवन था। गाँव के हिन्दू महाजन उन्हें घृणा की दृष्टि से देखते थे, मगर हम लोगों को उनकी अपेक्षा अधिक अछूत और घृणित माना जाता था। कोढ़ जैसी बीमारी से पीड़ित लोग भी हमें अछूत मानकर छुआछूत करते। चोर और भिखारी भी जैसे हमसे बड़े और उच्च थे। ऐसा मानने वालों से मुझे घृणा होती थी।

मैट्रिक के बाद बड़े भाई जागरूक, समझदार हो गये थे। उनमें स्वाभिमान और सम्मान-अपमान को समझने की भावना जाग्रत हो गई थी। वे हर बात में हिन्दू महाजनों के बच्चों के साथ अपनी बराबरी करना चाहने लगे थे। इस बात के लिए गाँव के लड़कों से कई बार उनका झगड़ा भी हुआ था। हम नानी को गाँव का काम करने और रोटी लाने से मना करते थे। गाँव के शादी ब्याह या किसी आयोजन के भोज की जूठन घर में लाने की सख्त मनाही थी। मुझे भाइयों की यह बात अच्छी लगती थी। कभी-कभी नानी उनसे छुपाकर लाती। जूठन अपनी बहन के परिवार के लिए सिवनी पहुँचा देती, अच्छा अपने लिए सुखाकर रखती थी। कभी नानी सुखाई हुई पूरियों और रोटियों में गुड़ डालकर पकाकर लप्सी बनाती, तब वह चुपके से छोटे भाइयों और मुझे बुलाकर खिलाती थी। खाने में तो अच्छा ही लगता था। मगर नानी ने क्या बनाया है और मैंने क्या खाया है यह बताने में शर्म आती थी। बड़े भैया मुझे डाँटकर कहते थे—"ऐसा खाने से विद्या नहीं आती है, बुद्धि नहीं आती है। पढ़ने वाले बच्चे ऐसी चीजें नहीं खाते हैं।"

पिताजी भी यह सब लाने, बनाने और खाने पर नाराज होते थे। तब नानी गुस्से में उन्हें कहती थी—"बड़ो रईश का जायो है, बड़ी बातें करे है। अरे, अपने गाँव गली की रोटी खाने में काय की शरम है? अपनी मेहनत के रोटी, टुकड़ा हैं, का इन्हें फेंक दें?" धर्म और आदर्श की बातों के अनुसार नानी इसे अपना कर्तव्य मानती थी। अक्सर इन बातों पर कभी नानी और पिताजी के बीच झगड़ा हो जाता। नानी उनको कसम देती—"तुम्हें कसम है, मेरे गाँव का पानी नहीं पीना, अपने बाल बच्चे लेकर मेरे गाँव से चले जाओ।" पिताजी का अपमान होते देखकर माँ भी उनके बीच बोलती तब नानी और माँ के बीच झगड़ा होने लगता। माँ कहती—"हम अपना कमा-खा रहे हैं। तेरे गाँव से हमें क्या लेना देना है।"

बात यहाँ तक आती, माँ गुस्से से कहती—"तुम मेरी माँ नहीं और मैं तुम्हारी

बेटी नहीं।" तब नानी दुखी होकर रोने लगती। वह आलाप के साथ विलाप करती हुई कहती—"अरे मेरे सब मर गये रे...एक बची थी वो भी मर गई...अब मेरो कोई नहीं है रे..." नानी का दुख देखकर मुझे बहुत दुख होता था। नानी बताती थी, उसकी, 7-8 सन्तानें हुई थीं मगर नहीं रहीं। एक ही बेटी बची। नानी अपनी बेटी को बहुत चाहती थी। नानी का प्यार दुलार और आशीर्वाद हमें मिलता रहा। इसके साथ अभाव के कष्ट और दुर्व्यवहार के दंश भी मिलते रहे। जीवन-संघर्ष चलता रहा।

शंकर भैया मॅट्रिक के बाद पहलवानी करने लगे थे। दूर गाँव से आये पिछड़े वर्ग के पहलवानों के साथ नियोजित जोड़ी में कुश्ती लड़ते थे। कभी जीतते थे, कभी हारते थे। मुझे अपने भाई पर बहुत गर्व होता था—"मेरा भाई ताकतवर पहलवान है।" मगर वे गाँव के सवर्णों के सामने हमेशा विनम्र रहते थे। विनम्रता ही जैसे उसका रक्षा-कवच था। विनम्र न होना अपराध बन जाता। माँ उसका ध्यान रखती थी। अधिक मेहनत मजूरी करके, पैसे जोड़कर उसके लिए घी खरीदकर लाती। दूध और अंडा छिपाकर उसे देती। घी लोहे की कोठी में ताला लगाकर रखती। कभी चाबी दिखने पर मैं चुपचाप घी निकालकर खाती थी। माँ पर गुस्सा आता, मुझे घी क्यों नहीं देती?

ठंड के दिनों में माँ मेथी के दवा के लड्डू बनाकर ताले में रखती। सुबह चाय के समय पिताजी को देती। "गरम दवाई है—" कहकर हमें नहीं देती। मैं चुपके से निकालकर खाती थी। तब चोरी का भाव नहीं रहता था, साहस का भाव रहता—"मैं अपना हिस्सा खा रही हूँ। हाथ से नहीं दोगे तो हम ऐसे लेकर खायेंगे।" पिता का और भाइयों का माँ अधिक खयाल रखती थी, इस बात पर मैं माँ से झगड़ा करती थी।

रुपये होने पर माँ सोमवार को सिवनी के बाजार जाती। मैं भी उसके साथ जाती थी। सिवनी में नगर परिषद और पुलिस थाने के सामने साप्ताहिक 'बड़ा बाजार' भरता था। आसपास के गाँव से लोग अनाज, मिर्च-मसाले, डलियाँ, झाड़ू, सूपा गुड़, तेल, घी बेचने आते थे। माँ उनसे भाव करके कम कीमत में सामान खरीदती थी। ताजी रोहू मछली भी लेती। बच्चों के लिए चने-फुटाने, मुरमुरे, गुड़पट्टी और गुड़ के मीठे सेव लेती थी। माँ को बाजार से आते देखकर सब बहन-भाई उसे घेर लेते थे, फिर वह हमको थोड़ा-थोड़ा यह सब बाँटती। हम उतने से ही बहुत खुश हो जाते थे। अभावपूर्ण जीवन के कष्ट और दुख उन स्थितियों में रहकर ही समझे जा सकते हैं। 'जिसके पैर न फटी बिवाई, वह क्या जाने पीर पराई"—अपना कष्ट हम ही जानते हैं और वे जानते हैं जिन्होंने ऐसे कष्टों को भोगा है।

भूखे रहकर, कड़ी मेहनत करके हम अपने खाने-दाने का इन्तजाम कर पाते

थे। फसल कटाई के समय माँ कहती थी–"चल शीला, आज अपन खेत में जाएँगे।" खेतों में गेहूँ की बाली चुनने मैं भी माँ के साथ जाती थी। माँ दूसरी औरतों के साथ दराँती से गेहूँ की पकी-सूखी फसल काट कर पूली बनाकर रखती थी। मैं और हमारे जैसे दूसरे लोग गेहूँ काटने वालों के पीछे पीछे, फसल काटते समय नीचे गिरी बालियों को उठाकर टोकरे में इकट्ठा करते थे। काटे गये गेहूँ की पूलियाँ बनाकर जिस जगह रखते थे उस जगह को 'सिला' कहा जाता था। पूलियाँ हटाने के बाद 'सिला' की जगह गिरी बालियाँ मैं जल्दी-जल्दी चुन लेती थी। शाम के समय काटी गई पूलियों के हिसाब से दिनभर के मेहनताने के रूप में दो या तीन पूली दी जाती। हमारी चुनी हुई बालियों के हिसाब से हमें बाली दी जाती। मैंने ज्यादा बाली चुनी है, यह देखकर माँ खुश हो जाती थी। हम बालियों को कूट-मसल कर, सूपे से फटककर भूसा अलग कर देते थे। माँ के साथ ये सब काम मैं भी करती थी।

खेत-खलिहान में काम मिलने पर माँ मुझे और दीदी को अपने साथ काम करने ले जाती थी। हम खलिहान में चने के सूखे पौधे कूटकर सूखी डालियों से चने अलग करते। पसीना बहता रहता चने की सूखी पत्तियों की खटाई से तब बहुत कष्ट होता था। हमारे इकट्ठे किये चने के हिसाब से हमें चने दिये जाते। दिनभर धूप में पसीना बहाने के बाद हमारी मेहनत की कमाई बहुत कम दी जाती। माँ कभी ज्यादा देने के लिए कहती तब मालिक कहते–"जो हिसाब है, उसी हिसाब से देंगे। आना है तो आओ, नहीं तो मत आओ।" खेत खलिहान में सूखे पौधों से मेरे हाथ छिल जाते थे, चमड़ी निकलने से खून बहने लगता। पौधों की जड़ें पैरों में गड़ जातीं। बहुत दर्द होता था फिर भी काम करना है यह सोचकर अपना दर्द भूलकर मैं काम में लगी रहती थी। हम तिल के सूखे पौधों से तिल निकालते। तिल के रूप में मेहनताना मिलता। माँ मालिकों से कम हिस्सा देने पर झंझट करती। मालिक बातें सुनाते–"गंगा बह रही हैं? उलीच के दे दें? हराम का माल है?" तब मुझे लगता था माँ क्यों इन लागों से हुज्जत करती है?, क्यों लोगों की बातें सुनती है? अब लगता है वह अपनी मेहनत का सही मूल्य पाने के लिए झगड़ती थी। माँ दुकान पर तिल बेच देती, कुछ रुपये मिल जाते थे।

आर्थिक कष्टों से जूझते हुए माँ हमारे कष्टों को अनदेखा करती थी। गरीब, जरूरतमन्द लोग ही खेतों में काम करने जाते थे। सवर्ण-वर्ग के लोग ऐसे काम को और ऐसे काम करने वालों को छोटा मानते थे। अछूतों को सबसे निम्न मानकर उन्हें दूर से ही डाँटा फटकारा जाता। बचपन से ऐसी स्थितियों का सामना होता रहा। सामाजिक व्यवहार की प्रताड़ना अधिक दीन-हीन बना देती थी। सामाजिक अपमान और आर्थिक अभावों के सामने सिर झुकाकर हम डरे सहमे रहते। ऐसे समय परिश्रम

का कष्ट नगण्य लगता, भूख का निदान जरूरी लगता, रोटी महत्त्वपूर्ण लगती। माँ के कष्टों को कम करने के लिए अपना सहयोग देना मुझे अधिक महत्त्वपूर्ण लगता था। भूख प्यास से त्रस्त रहते हुए, तेज धूप में पसीना बहाते हुए मैं खेत-खलिहानों में माँ के साथ काम करती थी।

अरहर (तुअर) के खलिहान में हम पत्थर पर या लकड़ी के पट्टों पर पटककर सूखी फलियाँ अलग करके खाड़ू अलग रखते। मोटी वजनदार खाड़ू से हाथ छिल जाते थे। खलिहान में आदमी औरतों की भीड़ रहती। लोग अधिक से अधिक काम करने की कोशिश करते। सुबह दस बजे से शाम छह बजे तक काम होता। दोपहर में हम साथ लाई हुई रोटी प्याज और चटनी खाकर, पानी माँगकर पीते। मालिक के नौकर दूर से हमारी हथेलियों पर और हमारी गागर में पानी डाल देते थे। झटपट खा-पीकर हम काम करते। मैं माँ को और अन्य महिलाओं, लड़कियों को देखकर ज्यादा काम करने की कोशिश करती। हथेलियाँ लाल हो जाती थीं। उँगलियाँ दुखने लगती थीं। शाम को हमारी तुअर नाप-तौल कर, हिसाब से हमें मेहनातने में तुअर मिलती। तुअर के साथ हम खाड़ू भी ले लेते। खाड़ू की लकड़ी का उपयोग कच्ची मिट्टी की दीवार में लगाने, छप्पर बनाने, खराटा, झाड़ू बनाने और बागुड़-बाउण्डरी बनाने के काम में करते। बरसात में चूल्हे में आग सुलगाने में इससे मदद मिलती। खाड़ी के गठ्ठे हम सिर पर रखकर लाते, घर में गठ्ठे सहेजकर रखते। माँ तुअर को हाथ चक्की में दलकर दाल बनाती और कनस्तर में भर देती। बहन दाल पकाते समय ऊखल में कूटकर पकाती। अपनी मेहनत से आई दाल खाने में बहुत अच्छी लगती। हम बाजार से महँगी दाल नहीं खरीद पाते थे।

मैं फसल के समय खेतों और खलिहानों में काम करने आई महिलाओं और लड़कियों को देखती और उनकी बातें सुनती थी। दिनभर कड़ी मेहनत करके और पसीना बहाकर भी लगता जैसे किसी उत्सव में भाग ले रही हूँ। खेतों में किसान-मजूरों का यह उत्सव ही होता था मगर पूरा फायदा मालिक को मिलता था। हमारे हिस्से सिर्फ मेहनत रहती थी। दिनभर की मेहनत के बाद बहुत कम मेहनताना मिलता। माँ उदास हो जाती। मैं अपने नफा-नुकसान का अंदाज तब नहीं लगा पाती थी। माँ हम बहनों को हमेशा अपनी आँखों के सामने रखती। कोई आदमी बुरी नजर से देखता तो हमको अपने पास बुला लेती। गाँव में नानी और माँ को सब जानते थे। माँ हमारी सुरक्षा के लिए हमेशा सतर्क रहती थी। हमें कहीं अकेली नहीं जाने देती थी। माँ, नानी के साथ हमेशा सुरक्षा की छत्रछाया में रहते हुए कुछ नया देखने, समझने का अवसर नहीं मिला। जिस दिन मैं खेत-खलिहान में जाती थी उस दिन कक्षा में गैरहाजिर रहती। कक्षा में सबको पता चल जाता, मैं क्यों नहीं आई। दूसरे

दिन शिक्षक और लड़कियाँ मुझे दयाभाव और सहानुभूति के साथ देखते थे, तब मैं चुपचाप अपनी पढ़ाई करती रहती थी। हमें माँ और नानी से ही अधिकतर जानकारियाँ मिलती थीं। अपने अनुभव और ज्ञान के आधार पर वे हर बात हमें समझाकर बतातीं। मैं उनकी बातों पर विश्वास करती थी। नानी कहती थी—"अंग्रेजों ने रेलगाड़ी चलायी है। जब पहली बार रेल चली थी तब पूरो गाँव देखन गयो थो।" माँ, नानी और पिताजी हमेशा कहते थे—"गोरे बड़े दयावान थे। सबको समानता की एक नजर से देखते थे। उन्होंने हमसे कभी भेदभाव नहीं किया। अपने देश के लोगों के मन में हमारे लिए कभी ऐसी भावना नहीं रही। अंग्रेजों के आने से ही हमारे बच्चों को पढ़ने-लिखने का मौका मिल सको है, नहीं तो हमारे देश के बामन-बनिया कभी उन्हें स्कूल में नहीं पढ़ने देते।"

रेलवे लाइन का 'सात मोरी का पुल' बनाया गया तब मैं छोटी थी। मैं हमेशा सुनती और देखती थी, लोग अपने छोटे बच्चों को घर में छिपाकर रखते थे; अकेले कहीं बाहर नहीं जाने देते थे। औरतें रहस्य बताने की तरह धीरे से कहतीं—"सात मोरी के पुल में जिन्दे बच्चों को डाल देते हैं, बच्चों की बलि देने के बाद ही पुल बनते हैं, नहीं तो बनते बनते टूट जाते हैं।" यदि किसी के घर में आदमी शाम तक नहीं लौटे या बच्चे देर तक दिखाई नहीं दें, तब लोगों को यही शक होता था, नर बलि के रूप में कहीं उन्हें सात मोरी के पुल की नींव में तो नहीं डाल दिया? पुरानी कथाओं में ऐसी नर बलि की बहुत कहानियाँ हैं। नर बलि गरीबों और अछूतों की दी जाती थीं। बेचारों के पास अपनी जान से बढ़कर और कुछ नहीं था। वे अपने लोगों के जी-जान की फिक्र करते थे।

दिन में आने-जाने वाली गाड़ी की आवाज सुनते ही मैं घर से बाहर खड़ी रहकर देर तक गाड़ी देखती, पेसेन्जर गाड़ी और लम्बी मालगाड़ियों के डिब्बे गिनती थी, डिब्बे गिनकर खुश होती थी। अँधेरी रात में घर के पास रेल की सीटी, इंजिन की चीख और पहियों की धड़धड़ सुनकर हमारे दिल धड़कने लगते थे।

बचपन में मैंने टंट्या भील की कहानी सुनी थी। लोग कहते थे अंग्रेजों के शासन काल में वह बेईमान धनवानों को लूटकर उनका धन गरीबों में बाँट देता था। पिछड़े अछूत और आदिवासी उसका एहसान मानते हुए उसे भगवान मानते थे। टंट्या भील ने गरीबों, आदिवासियों के लिए देश के शोषक अत्याचारियों से अधिकारों की लड़ाई लड़ी थी। खण्डवा बरहानपुर के बीच पुलिस मुठभेड़ में वह मारा गया था। वहाँ रेलवे लाइन के पास उसकी समाधि है। माँ और नानी बताती थीं, समाधि क्षेत्र के पास से जाने-आने वाली ट्रेन अपने आप रुक जाती थी, तब यह नियम बनाया गया था—ड्राइवर स्वयं ट्रेन रोककर समाधि के पास जाकर, वहाँ अपनी टोपी रखकर

नमस्कार करेगा। तब से हर ट्रेन का ड्राइवर वहाँ गाड़ी रोककर नमस्कार करने जाता था।

मैं सोचती हूँ इन बातों में जरूर सच्चाई होगी। दलित उत्पीड़ितों की लड़ाई लड़ने वाला टंट्या भील महान शक्ति-सामर्थ्यवान होगा, तभी उसके भय, आतंक से ट्रेन रुक जाती होगी। लोग उसकी कर्तव्यनिष्ठा, संघर्षनिष्ठा, क्रांतिकारी विद्रोह और बलिदान के सामने सिर झुकाते थे। समता, स्वतंत्रता पाने के लिए हमारे क्रांतिकारी वीरों ने अपनी जान की बाजी लगाई थी। यह प्रेरणा की बात थी, मगर हमारी जाति के लोग गुमराह थे और अंधविश्वास में भटक रहे थे। वे क्रांति और विद्रोह की बातें नहीं समझे। लोगों के बहकावे में आकर इन्हें चमत्कार और पूजा की बात मानते रहे।

घर के पीछे गुराड़ के पेड़ पर रात में घुग्गू बोलता तब माँ, नानी छोटे बच्चों को रोने और बोलने नहीं देती थीं। कहती थी, घुग्गू आवाज पकड़ लेता है। अपने कहे शब्दों को दोहराने लगता है, दोहराने से बोलने वाला मर जाता है। घुग्गू को तंत्र-मंत्र का ज्ञाता और अपशकुन मानकर लोग उससे डरते थे। अंधविश्वास अधिक होने के कारण लोग कही सुनी बातों पर पूरी तरह विश्वास करते हुए उनसे भयभीत रहते थे।

मैं गुराड़ के पीछे प्रकृति का अलग ही सौन्दर्य देखती थी। शाम के समय पश्चिम दिशा में छिपने के पहले सूरज कांसे की बड़ी थाली के बराबर दिखता, तब मुझे सूरज, आसमान और धरती सब सुंदर लगते थे। सब तरफ फैली सिन्दूरी आभा मन को मोह लेती थी। शुक्ल पक्ष की चाँदनी रात में चमकते चाँद और तारों को मैं देखती तब हृदय आनंद से भर जाता था। मैं दूर तक आकाश में फैले तारों को गिनती थी। हर चीज को जिज्ञासा से देखती, हर बात को ध्यान से सुनती, मन ही मन सोच-विचार भी करती थी। लेकिन यह सुख, सौन्दर्य का भाव मन में कुछ देर ही ठहर पाता था। यथार्थ जीवन बहुत कठिन और कठोर था।

हमारे अभावग्रस्त जीवन में भूख बहुत पीड़ादायक रही है। छोटे भाई और मैं कभी रोकर, कभी खेलकर इस पीड़ा को सहते थे, मगर बड़े भाई इससे निपटने का कुछ ना कुछ इन्तजाम कर ही लेते थे। घर के पीछे सरदारो के खेतों में मौसम की गन्ने की फसल लहलहाती थी। बगीचे के कलमी आम के छोटे पेड़ों पर खूब आम फलते थे। शंकर भैया चौकीदार की नजर बचाकर खेत से गन्ने उखाड़कर लाते। तब हम सब बहन-भाई गन्ने का रस चूसते। गरमी में आम तोड़कर ले आते, हम कच्चे पक्के कलमी आम खा लेते। कभी माँ शंकर को गालियाँ देती और ऐसा करने से मना करती थी—“ठठरी बँधे, कोई दिन बे-मौत मर जायेगो। सरदार देख लेंगे तो काट

के फेंक देंगे। खाने के पीछे कोई दिन हाथ पाँव तुड़वायेगो...।" कभी माँ चुप रह जाती थी।

भैया चिन्ता के साथ हमारे सुख-दुख और भूख-प्यास का खयाल करते थे। छिन्दोले के पेड़ से पीले पके छिन्दोले तोड़कर लाते थे। डॉक बंगले के पास जामुन के बड़े पेड़ से थैली भरकर पकी मीठी जामुन तोड़कर लाते, सामने की अमराई से आम तोड़कर लाते जिससे भूख से राहत मिलती। इस तरह जो मिल जाता, हम उसी में खुश हो जाते। रुपये खर्च करना और बाजार से खरीदकर खाना हमारे लिए मुश्किल था। कभी आम-जामुन के साथ झगड़े भी आते। लोग उलाहना देते हुए हमारे घर तक लड़ने आते थे। तब माँ पिताजी शंकर भैया को डाँटते और मारते थे। हम बहन भाई माँ-पिता का आदर करते हुए उनकी हर बात मानते थे। रोटी न रहने पर पानी पीकर पेट भर लेना सामान्य बात थी। भूख लगने पर मैं इमली के पेड़ के नीचे गिरी इमली चुनकर खाती थी। बहन समझाती थी-"इमली के पेड़ पर भूत रहते हैं, अकेली नहीं जाना।"

भूख से राहत पाने के लिए और रोटी का इन्तजाम करने के लिए हर सम्भव प्रयत्न किये जाते थे। पिता और भाइयों को मैं कड़ी मेहनत करते हुए देखती थी। 'गाँव में अनाज के बोरे ढोना है–' यह पता लगने पर पिता और दोनों बड़े भाई वहाँ जाते। एक आना या दो आना प्रति बोरे के हिसाब से वे अधिक से अधिक बोरे ढोने की कोशिश करते थे। बोरे पीठ पर लेकर दूर तक चलते, कभी स्टेशन से मालगोदाम तक, कभी माल गोदाम से सेठों की गोदाम तक, कभी अड्डा बाजार से आढ़तिया-दलाल की दुकान तक। चलते-चलते पाँव थक जाते, पीठ दुखने लगती, कभी पेट दुखता। उन्हें देखकर मेरा मन दुखी हो जाता था। ऐसा लगता था उनके सिर और पीठ पर लदा बोझ मैं भी ढो रही हूँ। उनकी थकान मुझे अपनी थकान लगती। दिन भर में शाम तक उन्हें दो-चार रुपये ही मिल पाते थे। उसी में उन्हें संतोष मिल जाता। उस दिन माँ मछली, मटन की तरकारी बनाकर पेटभर खाना खिलाती थी। मेहनत के रुपये खाने-पीने में ही खर्च हो जाते थे।

बानापुरा रेलवे स्टेशन पर मालगाड़ी से लम्बी, मोटी, गोल और चौकोर इमारती लकड़ी उतारी जाती। गाँव के सेठ और सरदार थोक भाव में लकड़ी खरीदकर चिल्लर महँगे दामों में बेचते थे। मालगाड़ी की वेगन से मोटी बल्लियाँ और बड़े लट्ठे उतारे जाते। मोटे लट्ठो के नीचे छोटी लकड़ियाँ लगाकर उठाया जाता। उन्हें कभी हाथठेलों पर, कभी ट्रक में चढ़ाया जाता। पिता और भाई मोटी बल्लियाँ कंधों पर लेकर चलते थे। वे एक दूसरे का ध्यान रखते। चलते समय पसीना बहता। लकड़ी कंधों पर लेकर दूर तक चलना पड़ता। अधिकतर सरदारों के खेत और बगीचे की तरफ मैदान में

लकड़ियों की थप्पी लगाई जाती। रोजनदारी के हिसाब से मजदूरी मिलती। कभी पूरी लकड़ियाँ उठाने का ठेका दे दिया जाता। दूसरे लोग भी काम करते थे। दिनभर की कड़ी मेहनत के बाद पिता और भाइयों को 2-4 रु. ही मिल पाते थे। हमारे लिए उन दिनों उतने रुपये बहुत होते थे।

एक बार दो आदमियों ने एक भारी बल्ली उठाई। सामने वाले ने लकड़ी का सिरा दायें कंधे पर रखा, पीछे वाले ने बायें कंधे पर। इसपर किसी का ध्यान नहीं गया। लकड़ी दायें तरफ नीचे गिराते समय पीछे वाले की कनपटी से टकराई। चोट लगते ही वह बेहोश होकर गिर गया। मैंने यह घटना अपनी आँखों से देखी थी। तब मैं बहुत डर गयी थी। गरीब की चिंता कोई नहीं करता, ठेकेदार और मालिक ने उसकी कोई चिन्ता नहीं की, बल्कि उसे गालियाँ दीं—"काम करना नहीं आता तो क्यों करते हो? मरना है तो कहीं और जाकर मरो, हमारे सिर पर क्यों मरते हो?"

दूसरे मजदूरों ने बेहोश मजदूर को सँभाला, पानी छिड़कते रहे। थोड़ी देर बाद उसे होश आया। सब अपने काम से लग गये, वह सिर थामे बैठा रहा, उसका सिर चकराता रहा। पता नहीं उसे उस दिन की मजदूरी मिली या नहीं। यह खबर सुनकर माँ और नानी बहुत चिन्तित हुई थीं। दुर्घटना कभी भी, किसी के भी साथ हो सकती है। बड़े भाई और पिताजी भारी लकड़ी ढोते थे, अनाज के भारी बोरे पीठ पर रखकर ढोते थे। हाथ और पैर में चोट लगती, कभी पेट और पीठ में दर्द होता। रुपये कमाने के लिए माँ उन्हें ऐसे काम पर भेजती थी। वह उनकी चिन्ता करती हुई कहती—"इन्हें कभी कोई तकलीफ न हो।" मैं भी अपने पिता और भाइयों की चिन्ता करती थी।

रोजी-रोटी कमाने के लिए मेहनत मजूरी का काम करने गरीब पिछड़े वर्ग के लोग भी आते थे परंतु वे जाति भेद के आधार पर स्वयं को बड़ा और ऊँचा मानते। पिता और भाइयों का छुआ वे कभी खाते-पीते नहीं थे। काम करते समय भी दूरी बनाये रखते थे। नजदीक आने पर झिड़ककर कहते थे—"कैसा काम कर रहे हो यार? तुम तो छाती पर चढ़े आ रहे हो..."

भाई भी उन्हें डाँट देते—"क्यों, इतनी छियाछीत लगती है तो क्यों आते हो हमारे साथ काम करने? बड़े बनकर घर में रहो...।" ऐसे समय पिताजी दोनों को समझा देते—"चल भाई, काम कर। दिनभर की मजूरी को क्यों खोटी करता है?" शाम को पिताजी घर आने पर उन्हें गालियाँ देते थे—"हगते-मूतते समय उन्हें खुद से छीत नहीं लगती, हमसे छीत लगती है। घर में भूंजी भांग नहीं, रईसी बताते हैं। मजूरी करेंगे, भीख माँगेंगे पर जात के बड़े होने का घमण्ड नहीं भूलते। पता नहीं किस बात में बड़े हैं?" पिता की बातें सुनकर मुझे भी उन लोगों पर गुस्सा आता था। ऐसी बातें

सुनते हुए और जातिभेद का अपमान सहते हुए हम काम करते थे।

डामर रोड बनाने के लिए डामर की भरी कोठियाँ ट्रकों में दूसरी जगह से हमारे गाँव आती। उपयोग होने के बाद खाली कोठियों को लुढ़काते हुए कभी सिवनी से बानापुरा, कभी बानापुरा से सिवनी ले जाते, कभी बानापुरा सिवनी के बीच के पेट्रोल पम्प पर इन्हें इकट्ठा करके रखा जाता। ऐसे काम के लिए गरीबों और अछूतों के बच्चों को बुलाया जाता था। डामर की एक कोठी पहुँचाने का दो पैसा, कभी चार पैसा दिया जाता। बच्चे कोठी हाथ और पैर से लुढ़काते हुए उसके पीछे भागते हुए चलते। काम सरल रहता मगर दो ढाई किलोमीटर जाना और आना पड़ता। दिन भर में कई चक्कर लगाते हम थक जाते थे। चलते दौड़ते पैरों की नसें अकड़ जातीं। मेरे भाई यह काम भी करते थे। मेहनत की कमाई के एक दो रुपये मिल जायें तो घर खर्च में काम आयें—इस भावना से हम अपने कष्ट की परवाह नहीं करते थे।

काम कोई भी हो, मेहनत तो लगती ही है। बिना पसीना बहाए पैसे नहीं मिलते थे। भाइयों ने मेहनत के किसी काम से इनकार नहीं किया। भाई कभी काम पर जाने से आना-कानी करते तब माँ उन्हें खूब बातें सुनाती थी—"खाने को नहीं रहेगा तो क्या हमारे हड्डे खाओगे? जाओ, अपना मुँह मत दिखाओ। मेहनत नहीं करोगे तो कौन खिलाएगा तुम्हें? भूखे रहोगे तब पता चलेगा, पेट के लिए क्या-क्या करना पड़ता है?"

हमारे दिन कठिन मेहनत करके ही गुजरते थे। माँ ने खुद मेहनत की, पिता और भाइयों से भी मेहनत करवाई तब कहीं हम खा-पहन सके। उस समय सब कुछ सस्ता था मगर पैसों के अभाव में हम खरीद नहीं पाते थे। मेहनत करके भी अभाव का जीवन जीते थे। रुपये न होने के कारण कष्ट उठाते थे। पिताजी को रेलवे की तनखाह मिलती थी, कुछ खाने-पीने में खर्च होती, कुछ उधारी के रुपये ब्याज सहित लौटाने में चली जाती। बोझा ढोने और मेहनत मजूरी के काम कभी-कभी ही मिलते थे। परिवार बड़ा था, खर्च अधिक थे। अधिकतर समय भूख, कष्ट, अभाव की वेदना सहते हुए बीतता। ये दुख हृदय को बहुत व्यथित कर देते थे।

कक्षा तीसरी में माँ ने मेरे लिए नई फ्राक सिलवाई थी। कपड़ा कम था, टेलर ने कम घेर की ऊँची फ्राक सिल दी। मैं वह फ्राक पहनकर स्कूल गई। लड़कियाँ मेरी फ्राक देखकर हँसीं। उनकी फ्राक मेरी फ्राक से अधिक ऊँची थीं मगर अधिक घेरदार होने के कारण उनकी फ्राक लहराती, बल खाती सी लगती थीं। उनके सामने मेरी फ्राक बाण्डी बूची-सी लग रही थी। मुझे तब अपने आप पर बहुत संकोच और दुख हुआ—"मैं भी उनकी फ्राक जैसी घेरदार, झालरदार फ्राक क्यों नहीं पहन सकती?" तब अपने अभावग्रस्त जीवन पर आँसू बहाने के सिवा और कोई चारा नहीं

था। गरीब होने की अपेक्षा गरीबी का अपमान सहना ज्यादा बुरा होता है। अपमान तब ज्यादा महसूस होता है, जब लोग हमें शुरू से अपमान के लायक ही मानकर चलें। ऐसी सामाजिक मानसिकता से मिला अपमान मेरे जीवन में ज्यादा पीड़ादायक रहा है।

बचपन में, घर में पहनने के कपड़े फटे पुराने ही रहते थे। स्कूल जाना हो, सिवनी या कहीं बाहर जाना हो तब थोड़े अच्छे कपड़े पहन लेते थे। एक बार देर होने के कारण, स्कूल जाने की जल्दी में, घर में पहनी पुरानी फ्राक पहने हुए मैं स्कूल चली गई। फ्राक में पैबन्द लगे थे। मेरी फ्राक देखकर लड़कियाँ हँस रही थीं। स्कूल में खराब कपड़े पहनकर आने पर सजा मिलती थी। उस दिन मुझे गुरुजी ने पूरी कक्षा के सामने, अपने टेबल के पास घुटनों पर खड़े रहने की सजा दी। तब मैं पाँचवीं कक्षा में पढ़ती थी। स्कूल के सवर्ण सम्पन्न बच्चे एक से बढ़कर एक सुन्दर और महँगे कपड़े पहनकर आते थे। उस दिन मुझे अपने कपड़ों पर और अपने आप पर बहुत लज्जा महसूस हुई बहुत दुख महसूस हुआ। आँखों से आँसू बहे थे, घुटनों के बल खड़े रहकर मैं आँसू पोंछती रही थी।

दुख के ऐसे दिन क्यों देखने पड़े? अपमान के ऐसे क्षण क्यों सहने पड़े? क्यों मेरा बचपन ऐसा बीता? हृदय की कोरी स्लेट पर लिखी इस इबारत का कुछ तो असर होगा? इन्हें याद करके मेरा हृदय आज भी दुखी होता है। ये बातें भुलाई नहीं जातीं। अभावपूर्ण जीवन में अपमान की पीड़ा और जातिभेद के दंश लगातार मिलते रहे। विरोध न कर पाने की अलग छटपटाहट होती थी।

1965 में कक्षा पाँचवी में रजनी अग्रवाल ने अपने खेत पर पिकनिक मनाने के लिए कक्षा की लड़कियों को आमंत्रित किया था। मुझे भी कसम देकर आने के लिए कहा था—"सुशीला तुझे विद्या की कसम है, जरूर आना।?" कसम देते समय लड़कियाँ अक्सर विद्या की अथवा माँ की कसम देती थीं। मैं लड़कियों के साथ बस में बैठकर होशंगाबाद रोड पर, रजनी के खेत गई। लड़कियाँ अपने टिफिन में तरह-तरह के पकवान लाई थीं। माँ ने मेरे टिफिन में दो पराँठे और आलू की सब्जी रख दी थी। में वहाँ गेहूँ के खेत में घूमी, बगीचे में घूमी। चौकीदार ने कच्चे, हरे गेहूं की उम्मी भूनकर, कूटकर शक्कर के साथ हमें खाने के लिए दी।

खाना खाते समय मैं अलग बैठकर अपने टिफिन का सब्जी पराठा खाने लगी, तब रजनी अग्रवाल ने हँसते हुए कहा—"ऐ सुशीला, ऐसा नहीं चलेगा। चल इधर आ, इधर खा।" उन सबने अपने डिब्बे के पकवान थोड़ा-थोड़ा मेरे टिफिन में रख दिये। मेरे टिफिन का सब्जी पराँठा उन्होंने किसी ने नहीं खाया, न लिया, न लेना चाहा! मेरे मन में संकोच हुआ।

मैं उनसे कैसे कहती कि तुम मुझे दे रही हो तो तुम भी मेरे डिब्बे से कुछ लो, मेरे घर की रोटी सब्जी खाओ। यह विवाद का विषय बन जाता। मेरे कहने पर भी वे नहीं लेतीं, मुझे पता था। तब मुझे अपमान का घूँट पीना पड़ता। उस समय गाँव के विषमतावादी, जातिवादी माहौल में यह भी सम्भव नहीं था। कुछ कहकर अपमान सहने के बदले, चुप रहकर अपमान सहना आदत थी। मन में पीड़ा का एहसास होता था। दबी कुचली मानसिकता के साथ, लगातार भयभीत रहते हुए, इसके विरुद्ध कुछ करना कठिन था। मगर खुद पर गुस्सा आता था कि हम इनका विरोध क्यों नहीं करते? जीवन शोषित पीड़ित ही रहा, स्कूल जाना हमारे लिए प्रगति के पथ पर आगे बढ़ना था। अभाव और अपमान के बीच मैं किसी तरह शिक्षा के पथ पर आगे बढ़ती रही।

स्कूल में हर साल 2 अक्टूबर को 'गांधी जयन्ती' और 14 नवम्बर को 'बाल दिवस' के रूप मे नेहरू जयंती मनाई जाती थी तब स्कूल के बच्चों की प्रभात फेरियाँ निकलतीं। गाँव के सेठ स्कूल के बच्चों को बूंदी के लड्डू या जलेबी बाँटते थे। मिठाई पाकर हम खुश हो जाते थे और हाथ उठाकर नेताओं की जयजयकार करते थे। तब यह हमारा बचपन था।

मई 1964 में पं. जवाहरलाल नेहरू का निधन हुआ था, तब सब तरफ राष्ट्रीय शोक छा गया था। गाँव में शोक सभाएँ हुई थीं। बाद में देश के प्रधानमंत्री लालबहादुर शास्त्री बने। उन दिनों गाँव-गाँव से ट्रक भर-भर कर लोग नारे लगाते हुए आते-जाते दिखाई देते थे। 'जय जवान—जय किसान' का नारा गूँजने लगा था। गाँव के लोग लालबहादुर शास्त्री को देश के गरीबों और किसानों का नेता कहते थे।

उस समय शासन में कांग्रेस का प्रभुत्व था। अछूत, पिछड़े और मुस्लिम समुदाय के लोग कांग्रेस पार्टी के प्रति विश्वास और निष्ठा रखते थे। 15 अगस्त और 26 जनवरी के समय स्कूल में आयोजित कार्यक्रमों में कांग्रेसी नेताओं के भाषण होते। तब मुझे देशप्रेम की अनुभूति होती थी। 'भारत माता की जय' कहते हुए और सुनते समय हृदय उत्साह से भर जाता था। पिताजी और भाई देशप्रेम और देशभक्ति की बातें हमें समझा कर बताते थे। स्कूल जाने के बाद मैं इन बातों को समझने लगी थी। फिर भी हमारी दुनिया अलग थी, जहाँ भूख, अभाव, अपमान और प्रतिदिन की अनेक समस्याएँ थीं। हम अपनी समस्याओं से जूझते रहते थे।

प्रायमरी स्कूल में गोकुलप्रसाद ठाकुर गुरुजी थे। टूर्नामेंट के समय हमारे खेलकूद की प्रॅक्टिस करवाकर तहसील सिवनी मालवा के स्कूल में प्रतियोगिता के लिए ले जाते थे। खेलकूद में मेरी बहुत रुचि थी। मैं हर साल खेलों में भाग लेती। 'लंबी दौड़', 'कुर्सी दौड़' में मैं हमेशा प्रथम आती। गुरुजी खो-खो टीम की कॅप्टन

मुझे ही बनाते थे। मेरे कारण हमारी टीम जीतती थी। गुरुजी मेरी प्रशंसा करते हुए कहते थे—"सुशीला के कारण हमारे स्कूल का नाम ऊँचा होता है। सिवनी मालवा तहसील के सभी स्कूलों से हम जीतकर आते हैं।" खेलों में जीतने पर मुझे पुरस्कार मिलते थे। गाँव में मेरी प्रशंसा होती, तब घर के लोग भी खुश होते थे।

कक्षा पाँचवीं में हमारी खो-खो टीम जीती। मैं अन्य खेलों में भी प्रथम आयी तब गुरुजी ने बहुत प्रशंसा की थी। शांति बहनजी हमारे साथ थीं। ठाकुर गुरुजी सिवनी में ही रहते थे। उन्होंने शाम के सबके भोजन के लिए दाल बाटी बनवाई। हम सबको साथ बैठाकर खाना खिलाया था। उस दिन मेरे हृदय में अपने गुरुजी के लिए श्रद्धाभाव जागा था। ठाकुर गुरुजी मेरे गुणों की कद्र करते थे। खेलकूद की प्रतिभा और कठिन श्रम, दौड़भाग करने की मेरी क्षमता को देखकर वे मुझे बढ़ावा देते थे। फिर भी मैं संकोच के कारण पीछे रहती थी। इसका कारण था लगातार उपेक्षा, अपमान। जातिभेद के कारण प्रताड़ित किये जाने का भय। इतनी छोटी उम्र में, बचपन से कोमल हृदय ने इतनी चोट सही थी कि सम्मान का भाव मिलने पर भी अविश्वसनीय लगता था। ऐसे कुछ लोग ही हमारे प्रति सद्‌भावना रखते थे। अधिकतर सभी के मन में हमारे प्रति घृणा और उपेक्षा का भाव रहता था।

प्रत्येक समय में जीवन के सभी पहलू साथ-साथ चलते रहे। सामाजिक, धार्मिक, शैक्षणिक, आर्थिक, नैतिक, राजनीतिक सभी बातें व्यक्ति और समाज को लगातार प्रभावित करती हैं। हमारा जीवन भी उनसे प्रभावित था। हम आश्चर्य के साथ उन बातों को सुनते थे। संशय और चिन्ता के साथ उन पर विचार करते थे। उस समय देश की राजनीतिक स्थिति में उथल-पुथल थी। युद्ध के बादल छाये थे। आकाश में लाल-हरे-पीले-सफेद लाइट चमकाते हुए हवाई जहाज उड़ते दिखाई देते, तब बड़े भाई हमें समझाकर बताते थे, लाइट से संदेश दिये जाते हैं। भारत-पाकिस्तान के बीच युद्ध चल रहा था। नेता कश्मीर पर अपने अधिकार की बात करते, देश के गौरव-गरिमा को बताते हुए भाषण देते। स्कूल में बच्चों को इकट्ठा करके देश के विषय में जानकारी दी जाती, देशभक्ति और देश की सुरक्षा के लिए त्याग-बलिदान की बातें कही जाती थीं।

देशप्रेम और देशभक्ति की बातें करने वाले लोगों के मन में भी हमारे प्रति जातिभेद और छुआछूत की भावना मौजूद थी। गाँव में लोगों की बातों को हम दूर खड़े रहकर सुनते थे। रेडियो पर लगातार समाचार आते थे। भाई अखबार पढ़कर युद्ध सम्बन्धी बातों की जानकारी देते। ताशकंद समझौते की बातें चली थीं। लोग आपस में कहते थे, देश के प्रधानमंत्री लालबहादुर शास्त्री समझौते के लिए ताशकंद गये थे, वहाँ उनकी मृत्यु 1966 में जहर से हुई, तब पूरा देश दुख में डूब गया था।

दो अक्टूबर को गांधी जयंती के साथ शास्त्री जयंती भी मनाई जाने लगी थी।

मैं परीक्षा के दिनों में रात-दिन पढ़-पढ़कर पूरी किताबें याद कर लेती थी। मेरे मन में पढ़ाई के प्रति बहुत रुचि और लगन थी। छठवीं कक्षा से यूनीफार्म सफेद शर्ट और आसमानी नीला स्कर्ट था। लड़के सफेद शर्ट और खाकी हाफ पैंट पहनते थे। सब लड़के और शिक्षक गांधी टोपी पहनते थे। उस समय गांधी टोपी पहनना जरूरी माना जाता था, गाँव में इसका चलन था। मैं अपने यूनीफार्म को बहुत जतन से रखती, साफ सुथरे कपड़े पहनकर स्कूल जाती थी। अक्सर बच्चे एक दूसरे की सफेद शर्ट पर स्याही छिड़क देते थे। मेरे साथ ऐसा होने पर मैं दुखी होती थी।

कक्षा में लकड़ी की डेक्स के एक कोने में स्याही के लिए छोटा गड्ढा रहता था। चपरासी प्रतिदिन कक्षा शुरू होने पर उसमें स्याही भर देता। हम निब-जीभ वाले पेन को स्याही में डुबाकर लिखते थे। मैंने स्याही भरने वाले पेन बाद में देखे थे। छठवीं, सातवीं, आठवीं कक्षा में गोयल जी हिन्दी, पाठक जी अंग्रेजी, पुरोहित जी गणित-विज्ञान, मक्खनलाल दुबे गुरुजी संस्कृत पढ़ाते थे। यही शिक्षक इतिहास, नागरिकता और भूगोल भी पढ़ाते थे। मक्खनलाल दुबे गुरुजी का पढ़ाने का और बातचीत का ढंग सबसे अलग था। वे उत्तरप्रदेश के ब्राह्मण थे, हर बच्चे को गौर से, बारीकी के साथ देखते और तीखे अन्दाज में उनकी आलोचना करते थे। मैं कक्षा में पीछे की बेंच पर बैठती थी। वे मुझे देखकर व्यंग और उपहास के साथ कहते थे–"तुम क्या पढ़ सकोगी।" आठवीं कक्षा की परीक्षा में गणित-विज्ञान के साथ मेरे कुल अंकों का योग सबसे ज्यादा था। संस्कृत में भी अच्छे अंक मिले थे, तब सभी शिक्षकों ने मेरी प्रशंसा की थी। लेकिन मुझे दुख था मैं अंग्रेजी की पढ़ाई नहीं कर सकी थी।

उन दिनों शिक्षा के क्षेत्र में एक अलग घटना घटी थी। 1967-68 में हमारे यहाँ 'अंग्रेजी हटाओ' आन्दोलन शुरू हो गया था। इसके फलस्वरूप आठवीं कक्षा में हमें अंग्रेजी नहीं पढ़ाई गई, न ही अंग्रेजी का पेपर हुआ था। सवर्ण सम्पन्न लोग अपने बच्चों को ट्यूशन लगाकर अंग्रेजी पढ़ा रहे थे। यह सुविधा हमारे लिए सुलभ नहीं थी, न ही सम्भव थी। ट्यूशन की फीस देना हमारे बस की बात नहीं थी। मैंने आगे की परीक्षाएँ अंग्रेजी के बिना पास कीं। कक्षा में अंग्रेजी न पढ़ाया जाना मेरे लिए दुखद रहा।

कक्षा आठवीं में पुरोहित गुरुजी मुझे सुशीला हरिजन के बदले 'सुशीला सरस्वती' कहते थे, हाजिरी के समय मुझे इसी नाम से पुकारते। वे कहते थे–"सुशीला को हरिजन क्यों कहते हो? वह तो कक्षा में ज्यादा होशियार है। उसे हरिजन नहीं सरस्वती कहा करो।" तब उनके प्रति मेरे मन में श्रद्धाभाव बढ़ जाता

था। मैंने विज्ञान और गणित में विशेष योग्यता के साथ कक्षा आठवीं पास की थी, तब वे बहुत खुश हुए थे। कक्षा नौवीं में श्रीवास्तव सर भूगोल पढ़ाते थे। वे कक्षा में हमेशा ऊँघते रहते। बच्चे ज्यादा शोर करते तब पढ़ाने लगते। उन्हें ऊँघते देखकर मुझे हँसी आती थी कक्षा नौवीं में थापकजी हिंदी पढ़ाते थे। कक्षा में प्रश्न पूछते समय उनकी नजर मुझे पर ही रहती कि उत्तर मुझे ही देना चाहिए। लड़कियाँ आपस में बातें करतीं तब वे मुझे ही डाँटते थे।

उन दिनों जुलाई 1969 में प्रधानमंत्री इंदिरा गांधी ने 14 प्रमुख बैंकों के राष्ट्रीयकरण की घोषणा की थी। बैंकों के राष्ट्रीयकरण की बात पर बहुत चर्चा होती थी। एक बार थापक जी ने चपरासी पर नाराज होते हुए कहा था—"बैंकों का राष्ट्रीयकरण हो रहा है, चपरासियों का भी राष्ट्रीयकरण कर देना चाहिए।" तब हम बहुत हँसे थे। कक्षा नौवीं में तिवारीजी गणित पढ़ाते थे। वे मुझसे कठिनाई पूछते रहते थे। उनके प्रति मेरे मन में हमेशा सम्मान और श्रद्धाभाव रहा। कक्षा दसवीं में दशमलव पद्धति का नया गणित था। गणित पढ़ाते समय कठिनाई होने पर तिवारी जी हमारे पास बैठकर गणित करते थे फिर पूरी कक्षा को समझाते थे। कक्षा में त्रिलोक मोदी, सुनील अग्रवाल और मैं होशियार माने जाते थे। ऐसे समय तिवारी जी मुझे बहुत सम्मान देते थे। शिक्षकों द्वारा अपनापन और सम्मान मिलने पर भी मैं डर और संकोच के कारण पीछे रहती थी। ऐसा महसूस होता था कि निरीह अछूत जानकर मुझे दया, सहानुभूति के साथ सहयोग दिया है।

दीक्षित सर नौवीं, दसवीं कक्षा को भौतिकशास्त्र पढ़ाते थे। वे मुझे हमेशा कामुक दृष्टि से देखते थे, वे लड़कियों से मीठी-मीठी बातें करते, मगर अछूत लड़कों की जमकर पिटाई करते थे। जरा-सी बात पर कुटिल मुस्कान के साथ उनके कान उमेठकर उन्हें रुई जैसे धुनकते थे। मैं उनसे डरती थी। लगातार डरते रहने से डरने की आदत बन गई थी। जातिवाद मानने वालों से अधिकतर उपेक्षा और अपमान के दंश ही मिलते रहे। उनके अत्याचार से हम भयभीत रहते थे।

यदि बचपन से मुझे निडरता सिखाई जाती, या हर बात में समतावादी व्यवहार पाने की आदत डाली जाती या भेदभाव-अपमान के बदले विरोध-विद्रोह करने की बात बताई जाती, तो यही मेरा आचरण बनता। मैं हर अपमान का बदला कदम-कदम पर लेती रहती। तब क्या होता? यह अलग बात है कि इससे मेरे परिवार को मुसीबतों का सामना करना पड़ता। तब हम अकेले थे, हमें किसी ताकत और सत्ता का सहयोग नहीं था। किसी का सही मार्गदर्शन भी नहीं था। पानी में रहकर

मगरमच्छों से बैर करने का अंजाम सर्वविदित है। तब यह होता—मेरी पढ़ाई बंद कर दी जाती। मुझे दुष्टता और कठोरता का सामना करना पड़ता, शायद दुर्घटनाओं का शिकार भी बनती।

यदि मैंने ऐसा कुछ किया होता और कठोर दंड पाया होता तो मैं गर्व के साथ उसका उल्लेख करती, मगर ऐसा नहीं हुआ। इसका मुझे अफसोस है। तब जीवन लिजलिजे केंचुए की तरह था। मिट्टी के कीड़ों जैसा, जो कभी भी पैरों तले रौंदे जा सकते हैं। वह कालखण्ड ही ऐसा था, देश में सवर्णों का विरोध करने की हिम्मत नहीं थी। स्वतंत्रता के बाद भी हमें अपने समता-सम्मान के अधिकार प्राप्त नहीं थे। उस समय पूरे भारत में यही माहौल था। अछूतों का जीवन झुका, दबा और अपमान-अन्याय सहने के लिए मजबूर था। उन दिनों उत्तर भारत और मध्य भारत में अछूतों पर अन्याय की घटनाएँ अधिक घटती रहती थीं जिससे अछूत वर्ग सिर उठाने की और विरोध-विद्रोह करने की हिम्मत ही नहीं कर पाते थे। बस्तियाँ जला देना, सामूहिक जनसंहार, बलात्कार जैसी घटनाएँ आम बात थीं। बच्चे, जवान, बूढ़े और महिलाएँ डरे सहमे रहते थे अछूत स्त्रियों पर तरह-तरह के अन्याय अत्याचार होते रहते थे। ऐसे समाचार सुनकर माँ, पिताजी अधिक डर जाते थे। वे हमें अधिक सुरक्षित घेरे में रखते थे।

महाराष्ट्र और मध्यप्रदेश इतने नजदीक रहने के बाद भी, बाबासाहब भीमराव अम्बेडकर की चेतना और ऊर्जा का संदेश—भंगी जाति समुदाय को नहीं मिल सका, जबकि पहले नागपुर मध्यप्रदेश और बरार अथार्त सेन्ट्रल प्राविन्स एण्ड बरार (सी. पी. एण्ड बरार) की राजधानी थी। स्वतंत्रता के पहले और स्वतंत्रता के बाद चलाये गये बाबासाहब के आन्दोलनों की जानकारी गांधीजी के षड्यंत्रों के कारण हमें नहीं मिल सकी थी। हम गांधीजी के हरिजन, गांधी के ही गुण गाते रहे और दया, सहानुभूति के साथ दिये गये टुकड़ों को पाकर ही धन्य होते रहे। ऐसा था हमारा उस समय का जीवन और दबी कुचली मानसिकता, जिससे स्वाभिमान और अभिमान की बात चाहकर भी हम सोच नहीं पाते थे।

मैं तब डरी-सहमी रहती थी। बाबू मामा और तारा मामी की बेटी मालती मुझसे डेढ़ साल छोटी होते हुए भी निडर और साहसी थी। कोई भी काम अपने मन से कर लेने की हिम्मत रखती थी। गाडरी मोहल्ले में बकरी वाली के कुएँ पर चढ़कर उनकी रस्सी बाल्टी से कुएँ का पानी खींच कर पी लेने की हिम्मत वह कर सकी थी। मगर अंजाम क्या हुआ? वह आठवीं से आगे नहीं पढ़ सकी। चाहे डाँट पड़ी या मार, मालती ने जातिभेद मानने वालों के मुँह पर लात मारी थी। लेकिन बाद में उस चिनगारी को खामोश कर दिया गया। उस छोटी सी चिनगारी को यदि सहयोग के साथ सँवारा

जाता तो वह बिना किसी के नेतृत्व के, स्वयं क्रांति की मशाल बनती। मगर तब वहाँ न ऐसा वातावरण था, न किसी का मार्गदर्शन था, न किसी का सहयोग था और न ही किसी का प्रोत्साहन। ज्ञान, शिक्षा और दूरदर्शिता के अभाव ने उभरते व्यक्तित्वों को झुकाकर, तोड़कर रख दिया। मालती की पढ़ाई छूटने पर मुझे उसके लिए बहुत दुख हुआ था।

उस समय हमारे दुख-सुख के कोई मायने नहीं होते थे। होता वही था जो वर्णवादी समाज व्यवस्था को चलाने वाले चाहते थे। वर्णवादी, जातिवादी लोगों ने कभी नहीं चाहा कि हम हिम्मत के साथ अपनी बात कह सकें। वे शोषक थे, हम शोषित थे। वे शासक थे, हम पीड़ित थे। वे इस परम्परा को बनाये रखना चाहते थे। जो विरोध-विद्रोह की हिम्मत करता था उसे इसका बुरा अंजाम उठाना पड़ता था।

शंकर भैया बचपन से बहुत उद्यमी थे। हिन्दू महाजनों के बच्चों के साथ मारपीट करके, भागकर छिप जाते थे। उसके कारण लोग हमारे घर उलाहने देने आते और झगड़ते थे। माँ, पिताजी और नानी को डाँट फटकार मिलती थी। गाँव के सवर्णों के डर से शंकर भैया को ही डराया धमकाया जाता था। पिताजी ने उसे कई बार बुरी तरह पीटा था। कबूतर पकड़ने के लिए मालगोदाम की छत पर चढ़ना, डॉक बंगले की सीलिंग तोड़कर छत से गिरना, आम के पेड़ों पर चढ़कर आम गिराना, जामुन के पेड़ों पर पत्थर मारकर कई लोगों से झगड़े मोल देना शंकर भैया की शोहरत के कारनामे थे। लड़कों से झगड़ा होने पर वे न्याय की बात करते थे–"उसने मुझे मारा, इसलिए मैंने उसे मारा।" माँ डरते हुए कहती थी–"अरे भैया, अपन उनकी बराबरी नहीं कर सकें हैं। वे अपन से बड़े हैं। वे कछू भी कर डालें, अपन उनको हाथ नहीं लगा सकें हैं।"

हमारे पूर्वजों का यह डर और संस्कार ही हमें पीढ़ी-दर-पीढ़ी पंगु बनाकर रखता रहा। नानी डरती थी इसलिए माँ डरती थी, इसलिए मुझे भी डराकर रखा गया। यह क्रम सदियों से चल रहा था। शंकर भैया नहीं डरते थे, इसका अंजाम उठाना पड़ा। मैट्रिक के बाद होशंगाबाद के 'नर्मदा महाविद्यालय' के विज्ञान विभाग में एडमिशन करवाया था। आठ दिन के अन्दर रैगिंग शुरू हुई। कॉलेज के लड़कों को पता चला, शंकर लाल घांवरी किस जाति का है? वे जानबूझ कर शंकर के खुट्टे खाने लगे। रैगिंग के बहाने उन्होंने शंकर को बहुत सताया। शंकर भैया बहुत परेशान हो गये, तब उन्होंने कॉलेज के कई लड़कों को बहुत पीटा। क्या गलत किया था उन्होंने? एक परम्परा को तोड़ा था। हमेशा हम ही मार क्यों खाते रहें? हम भी उन्हें मार सकते हैं, मगर यह अपराध माना गया।

इसके बाद वे कॉलेज में नहीं रह सके थे, अपने घर बानापुरा लौट आये। वे

कभी पछताते थे, कभी अपने भविष्य के लिए रोते थे। माँ, पिताजी और नानी उसके लिए कुछ नहीं कर सके थे, क्योंकि शंकर ने दुस्साहस के साथ परम्परा को तोड़कर सवर्ण लड़कों को पीटा था। कॉलेज के प्राध्यापक और प्राचार्य सभी उससे खफा थे। शंकर की शिक्षा, उसका भविष्य उससे छीन लिया गया। तब वे अकेले क्या करते? हताश होकर रोजगार की तलाश में भटकना पड़ा। अन्त में होशंगाबाद एस. पी. एम. (पेपर मिल) के क्वार्टर की पुताई का काम करनें लगे। अछूत परिवार में जन्मे, एक होनहार छात्र से उसका उज्ज्वल भविष्य छीनकर, उसे इस हालत में पहुँचा देना आम बात थी। प्रगति के अवसर छीनकर उच्च पद पर जाने की संभावनाओं को कुचलकर, उसे मात्र एक मजदूर बनने को विवश कर देना सवर्ण मानसिकता की विद्रूपता है, जो आज भी ज्यों की त्यों मौजूद है। यदि शंकर भैया के साथ अन्याय नहीं किया जाता तो वे भी सम्मानित बड़े अधिकारी बनते। इस बात का मुझे बहुत दुख होता है।

बड़े भैया गाँव के सवर्णों के सामने विनम्रता और सम्मान का भाव दिखाते थे। लोग उनकी प्रशंसा करते थे। बड़े भैया के उत्तम भविष्य के लिए माँ और पिताजी के बहुत सपने थे। भैया समझदार भी थे और होशियार भी। सिवनी के हाईस्कूल से मैट्रिक करने के बाद उन्होंने इटारसी के कामर्स कॉलेज में एडमिशन लिया था। भैया के किताब कॉपी फीस, रहने और खाने का पूरा खर्च माँ उठाती रही। लेकिन पता नहीं क्या हुआ? हताश होकर उन्हें कॉलेज छोड़ना पड़ा। भैया की पढ़ाई छूटने पर माँ बहुत रोयी, माँ को रोते देखकर मैं भी रोयी थी। पिताजी उदासी के साथ इधर-उधर भटकते रहे थे। भैया की गलती यह थी, उन्होंने अपना ध्येय छोड़ा और दूसरों को उनकी कूटनीति और रणनीति में सफल होने का अवसर दिया। हताश होकर बाद में वे भिलाई के एक कारखाने में साधारण गेट कीपर की नौकरी करने पर मजबूर हुए। एक बार वहाँ उन्हें किसी ने झंझट में फँसा दिया था। कोर्ट-कचहरी होने पर पिताजी रुपया लेकर उनका केश लड़ने जबलपुर जाते थे। उस केश में बहुत रुपये बर्बाद हुए थे। माँ के गहने बिक गये थे। भैया की पढ़ाई भी अधूरी रही थी। पढ़ाई छूटने पर उनके भविष्य की चिन्ता से माँ-पिताजी रोते थे। बाद में अच्छी नौकरी न मिलने से वे परेशान रहे।

यदि वे डिग्री ले पाते तो उनका भविष्य सँवर सकता था, मगर तब गरीब अछूतों का भविष्य इतनी आसानी से नहीं सँवरता था। यदि कोशिश भी करें तो लोग सफल नहीं होने देते। अपनी कूटनीति, प्रपंच और जालसाजी से भोले-भाले लोगों को बहकाकर उन्हें गर्त में ढकेलते रहते हैं, सामने अड़कर बाधा बन जाते हैं। वे निःसंकोच सबके सामने अपनी बेईमानी बताने में न डरते हैं न लज्जित होते हैं।

ऐसे लोगों को उनके पीठ-पीछे माँ और नानी बहुत गालियाँ देती थीं–"इनकी ठठरी बँध जाये, इनके मुँह में मट्टी पड़ जाये... इनका मुँह काला हो जाये, इनके कीड़े पड़ जायें, इनका घमण्ड चूर-चूर हो जाये, सत्यानाशियों का कभी भला न होय।" वे कभी गाँव के रामा पटेल और हजारीलाल रघुवंशी सेठ से उनकी शिकायत भी करती थीं। मगर लाभ कुछ नहीं मिल सका, लाभ के लिए सहानुभूति नहीं अधिकार चाहिए। अधिकारों की लड़ाई विरोध, विद्रोह और संघर्ष से ही सम्भव हो सकती है।

बेटों का भविष्य उज्ज्वल नहीं बन सका, माँ और पिताजी को इस बात का बहुत दुख था। वे अपने सपने बेटों की उन्नति-प्रगति, शिक्षा-डिग्री के रूप में देखना चाहते थे। उनके वे सपने तोड़ दिये गये। उन्हें जानबूझकर आगे बढ़ने से रोका गया। यह जानकर भी वे कुछ कह नहीं सकते थे, न ही कुछ कर सकते थे। ऐसे वातावरण में मैं दया और सहानुभूति की पात्रा बनकर ही आगे बढ़ सकी थी। गरीबी और अभावों के बीच रहकर अपमान, उपेक्षा और तिरस्कार सहते हुए मैं पढ़ सकी, इसका कारण विनम्रता और चुप रहकर सहन करने का संस्कार था जो माँ और नानी ने सिखाया था। तब हमारा जीवन बहुत दयनीय था। अपने जीवन पर कभी रोना आता था, कभी गुस्सा। कभी उन परिस्थितियों से सामंजस्य बनाते हुए हम आगे की राह खोज लेते थे।

हमारा जाति समुदाय सामाजिक, आर्थिक, शैक्षणिक दृष्टि से पिछड़ा था। सबके जीवन में अभाव ही अभाव थे। कभी किसी बात की सुविधा नहीं मिल पाई। कष्ट, परेशानी, समस्याएँ जीवन के अंग थे, जैसे उन्हें हमारे ही साथ रहना था और हमें उनके साथ। बरसात के दिनों में घर में कबेलुओं से पानी टपकता। बरसात के पहले ठीक करवाते मगर यह कष्ट उठाना ही पड़ता था। हमारे घर के पास आम के पेड़ों पर बन्दर चढ़ते, वे हमारे घरों पर भी चढ़कर कबेलू फोड़ देते थे। बार-बार कवेलू ठीक करने के लिए रुपये नहीं रहते थे। घर के ऊपर या नजदीक बन्दरों को देखकर मैं डरती थी। पिता और भाई उन्हें भगाते। कूदते-भागते बन्दर ज्यादा कबेलू तोड़ देते।

बारिश के समय टूटे कबेलुओं से गिरती एक-एक धार के नीचे हम गिलास, लोटा, थाल, थाली, हांडी, गागर रखते। बर्तन भर जाने पर मैं पानी फेंककर फिर से रखती। रातभर पानी बरसता तब पानी घर में बहता रहता। दीवारें और जमीन सब गीले हो जाते। सब तरफ गीला-गीला लगता। ओढ़ने-बिछाने के, पहनने के सब कपड़े गीले हो जाते। जलाने की लकड़ियाँ गीली हो जातीं। मिट्टी की दीवारें पानी में लगातार भीगने पर फसक कर टूटने लगतीं मकान गिरने का भय लगता।

आँगन और घर के आसपास की चिकनी काली मिट्टी पैरों में चिपकती। कई

बार हम चिकनी मिट्टी में फिसलकर गिर जाते थे। कीचड़-पानी में रहने से पैरों में कांजली-खुजली हो जाती। ऐसे कष्ट उठाते हुए हम बच्चों की तबियत खराब हो जाती, तब महीनों तक खाँसी-खोखला और सर्दी-जुकाम की तकलीफ चलती रहती। डॉक्टरी इलाज के लिए रुपये पैसे नहीं रहते थे। माँ घरेलू इलाज से हमारी तबियत ठीक करती। कभी हल्दी, लौंग खिलाती। कभी तुलसी के पत्तों का काढ़ा पिलाती थी।

बरसात खत्म होने के बाद ठंड शुरू हो जाती। सम्पन्न लोग मौसम का मजा लेते, हम कष्ट ही कष्ट उठाते थे। ठंड के दिनों में हमारे गाँव में खूब कड़ाके की ठंड पड़ती। हमारे पास गरम कपड़े नहीं रहते थे। मोटे सूती कपड़ों पर चादर ओढ़कर गुजारा करते थे। बच्चों के सिर और कान ढाँककर मोटे कपड़े की गाथी बांध दी जाती, जिससे गला, छाती, पीठ ईार हाथ ढके रहते। ज्यादा ठंड पड़ने पर घर में सिगड़ी जलाकर रखी जाती, चूल्हे में आग जलाकर रखते। घर के सब लोग सिगड़ी और चूल्हे की आग के पास बैठकर ठंड से बचते। ऐसे समय सब इकट्ठे होकर एक जगह बैठते, दुख-सुख की बातें होतीं। घरेलू समस्याओं के निदान की बातें होतीं, गाँव बस्ती में घटे प्रसंगों और घटनाओं पर बातें होतीं।

एक बार मैंने सुना था, गाँव के मिश्रीलाल सेठ की दुकान के पास रात में किसी ने किसी आदमी को कुल्हाड़ी से काट डाला था। खूब पुलिस आई थी, खूब थाना कचहरी हुए थे। ऐसी घटनाएँ होने पर माँ पिताजी बड़े भाइयों को दूसरे गाँव भेज देते थे। गाँव में ऐसी घटना होने पर सवर्ण गुण्डे, बदमाशों का दोष बेकसूर अछूतों के सिर मढ़ दिया जाता था। उन्हें मार-पीटकर जबरन उनसे कसूर कबूल करवा लिया जाता। हमारे लोग गाँव में हर समय डरे सहमे रहते थे।

गरमी के मौसम में मई-जून के महीने कष्टदायक रहते। उन दिनों लू-लपट चलती, गरम हवा से पूरे शरीर में घमोरियाँ आ जातीं, तब उनके चिनचिनाने और खुजाने से हम परेशान हो जाते थे। लू लगने पर तेज बुखार का कष्ट सहना पड़ता, तब माँ आम के छिलके, प्याज के छिलके और गेहूँ के डंठल की नाल पानी में भिगाकर उनका रस हाथ-पैरों पर लगाती थी। सूपे में पानी डालकर, तेजी से पानी छिड़कने से फुरफुरी आती और लू का बुखार उतर जाता। लू से बचाने के लिए माँ और नानी कच्चे आम को आग में पकाकर पन्हा बनाकर पिलाती थीं।

हर साल ऐसे कष्टों से सामना होता। मौसम आते-जाते रहते मगर हमारे लोगों का जीवन वैसा ही रहता। कहीं कोई बदलाव नहीं हो पाता, लगातार नये कष्टों का सामना करना पड़ता। हम भी जैसे उनसे निपटने के लिए तैयार रहते थे। उन दिनों बड़े भैया अक्सर कोई भी बात करते समय कहते थे–"नॉट फिकर।" किसी काम को जल्दी करने के लिए कहते "फौरन से पेस्तर।" तब मैं हँसती थी। साथ ही उनकी

ये बातें हमारे लिए प्रेरणा बन जाती थीं।

जाति समाज के काम या कार्यक्रमों में पिताजी और बड़े भाई ही जाते थे। कभी माँ के साथ मैं भी जाती। सिवनी में अक्सर जाति-समाज की पंचायतें होती थीं। किसी के परिवार के सदस्य से कोई गलती होने पर, उसकी शिकायत करने और दण्ड दिलवाने के लिए पंचायत बैठाई जाती। समाज के सम्मानित, समझदार चुने हुए पाँच लोगों को न्याय करने के लिए बुलाया जाता। उनमें फूलचन्द बग्गन, हरप्रसाद डागौर, गोरेलाल गौहर, प्रभुदयाल चौहान, मदन कछवा, घिस्सू चांवरिया रहते। जाति समाज के लोग भी बैठते। किसी के लड़के ने किसी लड़की को छेड़ा, तो उस पर दण्ड लगाया जाता। यदि कोई लड़का बिना शादी किये किसी लड़की को अपने साथ रख ले, तो उन्हें जाति से बाहर कर देते थे। तब उन्हें, पंचायत जो दण्ड निर्धारित करती, वह देना पड़ता और जाति के लोगों को भोज देना पड़ता था। जाति के बाहर शादी करने पर भी दण्ड के रुपये और भोज देते थे। समाज में जातिव्यवस्था बनी रहे, इसके लिए ही अंतरजातीय विवाहों का विरोध किया जाता था। जातिव्यवस्था से उच्च वर्ण अपने हितों की रक्षा करते थे। इसमें हमारा लाभ नहीं बल्कि हानि थी फिर भी हमारे लोग सवर्णों के निर्देशानुसार अंतरजातीय विवाहों का विरोध करते थे।

लोग एक-दूसरे को उकसाकर पंचायत करवाते थे। कभी-कभी जल्दी फैसला न होने के कारण कई दिनों तक पंचायतें चलती थीं। पंचायत का खर्च पंचायत बुलाने वाले उठाते। जाति से बाहर किये गये लोगों को कोई अपने घर नहीं बुलाता था, न ही कोई उनके घर जाता था। उनका जाति से हुक्का-पानी बंद कर दिया जाता। दंड देने के बाद मिलौना किया जाता। मैंने ऐसी पंचायतें और मिलौना कार्यक्रम कई बार देखे थे। सिवनी के कुछ लोगों को जात से बाहर करके पंचों ने हँसते-मुस्कुराते दण्ड निर्धारित किया था। लोग बडी कठिनाई से दंड के रुपये और भोज दे पाये थे।

आपस के लड़ाई झगड़ों को निपटाने के लिए भी पंचायत बुलाई जाती थी। दण्ड और भोज देकर लोगों की आर्थिक हालत और खराब हो जाती। अधिकतर लोग ब्याज पर उधार रुपये लेकर हमेशा कर्ज में रहते थे। वे अपनी कमाई का अधिकांश भाग ब्याज में देकर तंगी में दिन निकालते, फिर भी जरूरत पड़ने पर और कर्ज लेते, ब्याज भरते रहते। शादी, छठी, मुंडन या तेरहवीं, श्राद्ध के लिए कर्ज लिया जाता, जो जीवन भर चलता। सूदखोर ब्याज पर ब्याज लगाकर उन्हें हमेशा कंगाल बनाये रखते थे।

मैंने सिवनी के अपने लोगों के मोहल्ले में कई बार देखा था, अक्सर शादी ब्याह

या ऐसे ही किसी मौके पर ठीक खाना खाने के समय लोग पुरानी बातें निकालकर अपनी नाराजी बताते और खाना छोड़कर चल देते थे। उनको देख बाकी लोग भी खाने से उठ जाते थे। ऐसे में मेहमानों को मनाना बहुत मुश्किल होता और मेजबानों की फजीहत होती। यदि घर आये मेहमान बिना खाना खाये चले जाएँ तब यह मेजबानों का अपराध माना जाता था। घर का खाना खराब होता था सो अलग। कुछ लोग अक्सर अपनी पुरानी अदावत निकालने के लिए भी ऐसा करते थे। मुझे ऐसा करने वाले पर बहुत गुस्सा आता था। नये कायदे-कानून की जानकारी से दूर, हमारे लोग अपनी छोटी-सी दुनिया में न्याय-अन्याय और दण्ड की बातें करते थे। जाति भेद और छुआछूत से प्रताड़ित रहते हुए भी वे आपस में अपने सम्मान और अपमान के लिए मर मिटते थे। पंचों के कायदे-कानून से लोग डरते थे। उनके दिये आदेश को किसी न किसी रूप में जरूर पूरा किया जाता। पंचों और पंचायतों के डर से लोग अपने बच्चों को डरा-धमका कर रखते। सामाजिक रीति-रिवाजों का पालन किया जाता, इसी तरह वर्णव्यवस्था, जातिव्यवस्था के नियमों को भी माना जाता था।

गाँव के सवर्ण सफाई कर्मचारियों पर अत्याचार करते हुए, भय दिखाकर गंदगी समेटने का गन्दा-घिनौना काम जबरन करवाते थे। यदि कोई यह काम न करे या काम करने से इनकार करे तब गाँव के पटेल और सेठ साहूकारों के सामने उनको बुलाया जाता। उनसे तरह-तरह के प्रश्न पूछे जाते। उन्हें डराया-धमकाया जाता। गाँव के ठाकुर और रघुवंशी सीधे-सीधे शब्दों में माँ बहन की गाली देते हुए कहते थे—"गाँव में रहना है या नहीं? जिन्दगी प्यारी है या नहीं?" गाँव छोड़कर किसी दूसरी जगह जाने का सवाल ही नहीं था। हर जगह, हर गाँव में जाति का काम यही था। नई जगह पर जाने से नये लोगों के साथ घुलने-मिलने में भी कठिनाई होती थी।

काम नहीं करने पर डाँट-फटकार और गालियाँ मिलतीं। गाँव के हिन्दू महाजन ऐसी-ऐसी विषैली बातें सुनाते थे कि कान के कीड़े मर जायें—'तुमको चीर देंगे, फाड़ देंगे। तुम्हारी माँ-बहनों की ऐसी-तैसी कर देंगे'—इतनी कड़वी, इतनी सुलगती, इतनी तीखी बातें कही जातीं कि हमारे लोग बातों से ही भयभीत होकर काँपने लगते। गाँव में सवर्णों का राज था, उन्हीं की हुकुमशाही चलती थी। नगर परिषद बनने के बाद भी उनका यही रुतवा और व्यवहार था। हमारे लोगों की हालत खराब रहती थी। हमारे लोग अपनी बहन-बेटियों की इज्जत की फिकर करते थे।

नगर परिषद के सफाई कर्मचारियों ने एक बार हड़ताल कर दी थी। उनकी महीने की तनखाह पाँच रुपया थी, वह भी कभी समय पर नहीं मिलती थी। उनकी मांग थी—'तनखा बढ़ाओ, नहीं तो काम नहीं करेंगे।' तब विरोध करने वालों को थाने में बुलाकर थानेदार और सिपाहियों ने बहुत पीटा था। सिवनी के हरि राठौर, फूलचन्द

बग्गन, छोटेलाल बग्गन, गोरेलाल, दुलीचन्द राठौर हमारी जाति के दमदार लोग थे। हड़ताल के समय लोगों को थाने में बुलाकर कभी समझाते थे, कभी बुरी तरह मार-पीटकर सताते थे। कई लोगों के हाथ-पांव और सिर फूटे थे। औरतें रो-रोकर एक-दूसरे को अपने पति और बेटों की पीड़ा का हाल बताती थीं। अपने बच्चों के भविष्य की चिंता करके रोती थी। ऐसे समय भी जात पंचायत जुड़ी थी। अन्याय शोषण से बचने के उपायों पर विचार किया गया था।

हड़ताल के समय पुलिस वाले सिवनी के हमारे मोहल्ले में, घरों के आस-पास चक्कर लगाते थे। हमारे लोग डरकर, छिपकर रहते। आदमी नहीं दिखने पर औरतों को बुलाया जाता। उन्हें रोज बुलाकर दिनभर थाने में बैठाकर रखते, गाली-गलौज करते हुए उन्हें अपमानित करते, डराते-धमकाते, अपने आदमियों को समझाने के लिए कहते। डरी-सहमी औरतें रोती-कलपती मानो हथियार डाल देती थीं। वे हड़ताल तुड़वाने की बातें करतीं। मै उनकी बातें सुनतीं तब मुझे भी डर लगता था। कालीचरण भैया की पत्नी बुधिया भाभी बहुत दबंग थी। पुलिस वालों को देखकर वह जोर-जोर से गालियाँ देती–"इनकी ठठरी बँध जाये, हमरे आदमियों से जले हैं, हमरी माँ-बहनों को बुरी नजर से देखे हैं। क्या इनकी माँ-बहन नहीं हैं?"

गाँव के लोगों ने जबरदस्ती हड़ताल तुड़वाकर काम पर बुलवा लिया था। ऐसी हड़तालें सिवनी, हरदा, इटारसी, होशंगाबाद और कई जगह, कई बार हुईं, कई बार तुड़वाई गई।। हमारी जात पंचायतें जुड़ती थीं, बड़े बुजुर्ग समझौता करने की बात कहते थे, फिर वही काम रहता, वही तकलीफें रहती थीं। पीढ़ियाँ ऐसे ही गुजर रही थीं। जवान लड़के विद्रोह करते, बेगार का काम करने से मना करते तब उन्हें थाने में बुलाकर पीटा जाता। चोरी, डकैती का इल्जाम उन पर लगाया जाता। उनके सामने विकल्प रखा जाता, 'काम करो या जेल में सड़ो।' पुलिस के आतंक से हमारे लोग भयभीत रहते थे।

मध्यप्रदेश, राजस्थान और सम्पूर्ण उत्तर भारत के प्रान्तों में हमारे लोगों को डराने-धमकाने की अनेक घटनाएँ हुई थीं। जातिवादी सवर्णों के गुण्डे हमारे मोहल्लों में मारने पीटने आते। कई गाँव में वे हमारे लोगों की बस्तियो में आग लगा देते थे। आदमियों को बाँधकर मारा जाता। औरतों को सबके सामने अपमानित किया जाता। ऐसी खबर पिता और भाई घर में बताते तब माँ, नानी भयभीत हो जातीं, तब वे अक्सर कहती थीं–"हे परमेश्वर, हमरी रक्षा करियो।" फिर भी सवर्णों के अन्याय, अत्याचार होते रहते थे।

नगर परिषद सिवनी बानापुरा के सफाई कर्मचारियों ने 1968 में हड़ताल की थी, इसका कारण यही था–'गाँव वालों द्वारा किसी भी समय काम बताया जाना, काम

पर न जाने पर गाली-गलौज, मारपीट करना, काम अधिक करवाना और मेहनताना कम देना, समय पर नहीं देना'—इससे परेशान होकर हमारे लोगों ने अधिक काम के विरोध में और सुविधाएँ पाने के लिए बड़ी हड़ताल की थी, तब मैं आठवीं कक्षा में पढ़ती थी। हड़ताल करने के पहले पंचायत करके सबके एक मत होने का पक्का निर्णय लिया गया था। लोग मरने-मारने से नहीं डरे थे। सवर्णों की जबरदस्ती नहीं चल सकी। हड़ताल होने का ऐलान किया गया था—"आम जनता को सूचित किया जाता है कि नगरपरिषद के सफाई कर्मचारी अनिश्चित कालीन हड़ताल पर हैं..." हड़ताल हफ्ते भर तक चली। तब सिवनी बानापुरा में त्राहि-त्राहि मच गई थी। गाँव के लोग काम करने के लिए घर बुलाने आते थे। पुलिस थाने में बुलाकर डराया-धमकाया जाता था, मगर कोई भी काम करने नहीं गया। यह उनकी एकता और दृढ़ निश्चय का परिणाम था। सरकारी अधिकारियों से जो बात वे बरसों से नहीं मनवा सके थे, आनन-फानन में इन आठ दिनों में सभी माँगें मंजूर हो गयी थीं। हड़ताल खत्म होने का ऐलान किया गया, तब गाँव वालों की जान में जान आयी थी। इसके बाद वे हमारी जाति के लोगों से मान-सम्मान के साथ बातें करने लगे थे। हमारे लोग इतना कर सके मगर अपनी ताकत को पहचान नहीं सके। यदि वे इससे और आगे की बात समझ पाते तो अपने शोषण-अन्याय से मुक्ति अवश्य पा लेते। हड़ताल खत्म होने के बाद आठ दिन का काम उन्होंने बहुत कष्ट और मेहनत के साथ किया था।

दूसरी बड़ी हड़ताल कच्चे पाखानों के विरोध में हुई थी। कई दिनों तक उन्होंने अपना काम नहीं किया। हड़ताल की गंभीरता को देखते हुए सरकारी आदेश जारी किये गये थे। कच्चे पाखाने को बंद करके फ्लश लॅट्रीन बनवाई गयीं। यह हमारे लोगों की जीत थी, फिर भी कुछ कच्चे पाखानों की सफाई का काम होता ही रहा। कहीं ना समझी, कहीं भय और कहीं मजबूरी के कारण लोग नरक सफाई का काम करते थे।

हमारे लोग कई पीढ़ियों से शोषित-पीड़ित रहते हुए अपना जीवन जी रहे थे, फिर भी उनमें स्वाभिमान था। अपने लोगों के बीच, अपनी बात के लिए वे मर मिटने को तैयार रहते थे। आपस के झगड़ों के समय उन्हें गुस्सा बहुत आता था, फिर आपस में मिलकर रहने लगते थे। माँ बताती थी—"लकड़ी से पानी में मारो तो पानी अलग नहीं होता, वैसे ही जाति समाज के लोग लड़-झगड़कर भी आपस में मिलकर रहते हैं। वे एक दूसरे के सुख-दुख में साथ देते हैं। किसी एक पर आफत आने पर सब दौड़ पड़ते हैं। खुद भूखे रहकर दूसरों को खिला देते हैं।" हमारे रिश्तेदारों में आपस में ऐसा ही प्रेम रहता था।

उस समय 'कुटुंब नियोजन' न होने से बड़े परिवार रहते थे, बेटे-बेटियों की संख्या अधिक रहती। संयुक्त कुटुंब व्यवस्था में एक कुटुंब में बच्चे और बड़े लगभग 15-20 लोग रहते थे। माँ ससुराल गई थी तब 15 लोगों के लिए रोटियाँ बनाती थी। अधिकतर घर छोटे रहते, कुटुंब परिवार बड़ा रहता। घर में कभी सास-बहू के झगड़े होते, कभी ननद-भौजाई के। पति-पत्नी के झगड़े होने पर पति अपनी पत्नी को चाहे जितना पीट सकता था। हर घर में पत्नियाँ अपने पति की मार खाती थीं, फिर भी अपने घर में रहकर सबके लिए काम करती थीं। कभी-कभी हमारे घर भी ऐसे झगड़े होते। पिताजी नशे में देर तक गुस्सा करते और अक-बक बोलते थे। कभी बड़े भाइयों का भाभियों से झगड़ा होता। औरतों को मारपीट कर पुरुष मर्दानगी दिखाते। मैं भयभीत हो जाती थी, भविष्य में इस बात से डरती थी, मेरे जीवन में भी ऐसा हुआ तो? मेरा संवेदनशील हृदय कल्पना में अपने भावी वैवाहिक जीवन के अनेक चित्र देखता था, कभी प्रेमपूर्ण-शांतिपूर्ण जीवन के चित्र। कभी मारधाड़ के जीवन की कल्पना से घबराकर मैं विवाह न करने का निश्चय करती थी। मैं सोचती थी अपनी माँ के पास रहूँगी और जीवनभर पढ़ती रहूँगी। उस समय मेरा जीवन ही अलग था, भोला-भाला, डरा-सहमा जीवन! फिर भी जीवन की कठिन-कठोर स्थितियो पर और गलत सामाजिक व्यवहार पर मुझे गुस्सा आता था। मैं उन स्थितियो को बदल देने की बात सोचती थी। कई तरह के सोच-विचार हृदय को आलोड़ित करते थे। कल्पनाएँ, भावनाएँ और भय आपस में टकराते रहते थे।

मैं बचपन में नींद में डरती थी, तब हरि मामा ने मेरी नजर उतारी थी। मोटी रस्सी का एक फुट लम्बा टुकड़ा मूँगफली के तेल में एक तरफ से भिगोकर जला दिया। दूसरे सिरे को हाथ से पकड़कर मेरे सामने लटकाकर रखा। नीचे पानी से भरी पीतल की बड़ी थाली में जलती रस्सी से गरम तेल टपककर गिरता तब छन्न ...छन्न...आवाज आती। हरि मामा मुझे एकटक जलती रस्सी को देखने के लिए कहते। जलती आग के साथ छन्न की आवाज सुनाई देती। रस्सी ऊपर तक जलने लगी तब मामा ने उसे थाली के पानी में डाल दिया। छन्न की तेज आवाज के साथ धुआँ उठा। मामा ने बुरी बलाओं को कुलदेवताओं की सौगन्ध दी और कहा—"उतर गई नजर, अब नहीं डरेगी।" टोटके द्वारा मन का वहम निकलने की पद्धति बहुत पुरानी है। मन को एकाग्र करके किसी अन्य दिशा में मोड़ देना मानसिक उपचार था। मेरे मन का भय कम हो गया था,। लेकिन अक्सर होता यही था, लोग सही बात को छोड़कर गलत बातों के पीछे अंधविश्वास में भटकने लगते थे।

मँझली बहन इमरती दीदी की तबियत 1965 में ठीक नहीं रहती थी। नानी के बार-बार कहने पर माँ उसे लेकर पड़ोस के गाँव बड़ाखड़ के एक जानकार बाबा

के पास गई। साथ में मैं और हरदा वाले प्रभुदयाल मामा का बेटा प्रकाश भैया भी थे। अंधविश्वास की इस बात के साथ जातिभेद का प्रकरण भी जुड़ा है। हम जब उस गाँव के बीच से गुजरे तो चार साल का एक सुंदर लड़का खेलते हुए हमारे सामने आ गया। माँ, बहन और मैंने उसे हाथ नहीं लगाया। हम उसे नहीं छू सकते थे, मगर प्रकाश भैया ने उसके गाल को हाथ लगाकर उसे प्यार किया। बच्चे की माँ सामने के घर से देख रही थी। वह जोर से चिल्लाई—"अरे, अरे कौन हो? कौन जात के हो? लड़के को क्यों छी रहे हो...?" प्रकाश भैया सकपका गये। हम आगे बढ़ते गये। वह हमारे पीछे-पीछे आकर पूछती रही—"कौन हो? कहाँ से आये हो? कहाँ जा रहे हो? कौन जात के हो?" प्रकाश भैया ने जोर से कहा—"हम ठाकुर हैं... ठाकुर ..." तब वह चुप होकर लौटी। फिर भी, पता नहीं, उसने विश्वास किया या नहीं? उसने जरूर बच्चे को घर में घुसने के पहले पानी डालकर नहलाया होगा। बच्चा गोरा, सुन्दर था। ठाकुर, रघुवंशी या बामन, बनिया का होगा। ऊँच-नीच, जातिभेद, छुआछूत के रहते हम उसे नहीं छू सकते थे। उस दिन मुझे छुआछूत की इन बातों से बहुत सन्ताप हुआ था। बाबा के घर बैठक के समय हम बाहर ही बैठे थे। ऐसी बैठकों में बाबा यही बताते थे—"पाँच मंगलवार तक बैठक के लिए आओ, तबियत ठीक हो जायेगी।" "सवा महीना बाबा के नाम का दीपक जलाओ, तबियत ठीक हो जायेगी।" इतने दिनों में तो तबियत अपने आप भी सुधर जाती है, इसलिए वे ऐसा बताते थे। बाबा लोग भी होशियार रहते थे। हम अनजाने ही अन्धविश्वास के जाल में उलझे रहते। मैंने सवर्ण जाति के लोगों को इस तरह किसी बाबा की बैठक में जाते या देव-भूत की बात करते कभी नहीं देखा था। वे हमारी मूर्खता पर हँसते थे और हमें ज्यादा मूर्ख बनाने की कोशिश करते रहते थे।

एक बार मँझली बहन ने ऐसे ही बाबा की बैठक में पूछा था—"बाबा मेरे हाथ की बनी सब्जी तरकारी में स्वाद क्यों नहीं आता है?" बाबा ने बहुत सोच विचार कर उत्तर दिया था—"तुम्हारे घर के पुरखे और कुल देवता भूखे हैं। उनकी पूजा करो। उनकी आत्मा तृप्त होगी तब सब्जी तरकारी अच्छी बनेगी।" बहन पुरखों और कुलदेवता की पूजा कई दिनों तक करती रही थी। ये सब मन को उलझाने वाली बातें थीं। बचपन से मैंने ऐसी बातें सुनी थीं। इसी तरह जीवन चल रहा था। सच्चाई जानते हुए भी हम लोग इन बातों में उलझकर अन्य बातें नहीं सोच पाते थे।

बड़ी बहन रज्जो बाई की शादी नेपानगर के गेंदालाल गौहर जीजाजी से हुई थी, तब मैं बहुत छोटी थी। बहन और जीजाजी नेपानगर की पेपरमिल में नौकरी करते थे। उनका एक बेटा कामता प्रसाद और एक बेटी सेवन्तीबाई है। बड़ी दीदी हमारे घर आती थी तब मुझे बचपन की बातें बताती थी।

1965 के मई महीने में बड़े भैया की शादी जबलपुर वाली गीता भाभी के साथ हुई थी। शादी में माता पूजन के दिन माँ अपने सिर पर जलते अंगारों की मिट्टी की सिगड़ी रखकर और कच्चे सूत से हाथ बाँधकर खेड़ापति देवी के मंदिर गई थी। रिश्तेदार महिलाओं ने मिलकर देवी के जस गाये थे। धर्म के नाम पर अंधविश्वास को महत्त्व था। हमारे भोले लोग अनुकरण करते थे। धर्म और ईश्वर के नाम पर सवर्ण जाति के लोग ऐसा कभी नहीं करते थे मगर हमारे लोगों को ऐसा करने के निर्देश दिये जाते थे, भक्ति और सिद्धि के ऐसे उपाय बताए जाते थे।

कल्लू भैया की बारात में मैं जबलपुर गई थी। गीता भाभी के लिए मेरे मन में बहुत प्रेम और कौतूहल था कि वे अपने परिवार को छोड़कर हमारे साथ रहेंगी। मैं उनकी हर बात मानती थी। उनके बताये सभी काम ईमानदारी और तत्परता के साथ करती थी। शादी के बाद दूल्हादेव बाबा की गठजोड़े से पूजा नेमावर गाँव में दादा-दादी के घर की गई। भाभी की शादी की ओढ़नी के साथ भैया ने अपने कंधे के गमछे से गाँठ बाँधकर जोड़े से पूजा की थी। पूजा के मालपुए प्रसाद के रूप में घर के सब लोगों ने खाये थे। यह रीति-परंपराओं का मात्र अनुकरण था।

जनवरी 1966 में जब देश की प्रधानमंत्री इंदिरा गांधी बनी थीं तब स्त्रियों का सम्मान बढ़ा था। गाँव के लोगों की बातों से उनके विचार मालूम होते थे। स्त्रियाँ कहती थीं—"हमारा राज आ गया है।" पुरुष कहते थे—"औरत पैरों की जूती है, पैरों में ही रहेगी।" भाई भाभी को डाँटते हुए कहते थे—"एक औरत देश की प्रधानमंत्री बन गई, इसका मतलब यह नहीं है कि घर की औरत औरत जैसी नहीं रहेगी?" पुरुष प्रधान मानसिकता के साथ समाज में महिलाओं को पुरुषों से पीछे माना जाता था, फिर भी कुछ महिलाएँ अपने गुण, जिम्मेदारी, होशियारी और साहस के साथ पुरुषों से आगे बढ़कर अपना काम करती थीं।

स्वतंत्र भारत के संविधान के अनुसार अछूत-पिछड़े वर्ग और स्त्रियों के कल्याण के लिए अनेक कल्याणकारी योजनाएँ और कानून बनाये गये थे, मगर हम लोगों को इनकी जानकारी ही नहीं थी। इमरती दीदी की शादी के लिए पिताजी ने 1966 में रेलवे ऑफिस में लोन के लिए दरखास्त दी थी। लोन मंजूर नहीं हुआ था। पिताजी ने इमरती की उम्र 14 साल लिखी थी। उस समय 'शारदा एक्ट' के अनुसार 14 वर्ष की लड़की का विवाह करना गैरकानूनी बात थी। तब पिताजी ने दूसरी दरखास्त में 18 वर्ष की उम्र लिखकर कर्ज मंजूर करवाया था।

घर में कर्ज की और खर्च की चिन्तापूर्ण बातें होती थीं। मुझे लगता था, दीदी क्यों हुई? दीदी नहीं होना था। बहन के कारण माता-पिता को तकलीफ उठाना पड़ रहा है। ऐसा मैंने कई बार सोचा था। तब मेरे ध्यान में यह बात नहीं थी कि मैं

भी लड़की हूँ और मेरी शादी में भी माता-पिता को इसी तरह कर्ज उठाकर खर्च करना पड़ेगा। समाज में बेटों की शादी की अपेक्षा बेटियों की शादी अधिक जम्मेदारी की और अधिक खर्च की बात थी। इमरती दीदी की शादी हुई, तब मैं छठवी कक्षा में पढ़ती थी।

माँ ने अच्छा वर और घर देखकर बहन का विवाह किया, उसके सुखी जीवन की कामना माँ ने कठिन पूजा पद्धति के साथ की थी। गाँव में रीति-परम्पराओं का निर्वाह ज्यादा किया जाता है। गाँव के पंडित शास्त्रों का हवाला देकर कठिन और खर्चीली पूजा-पद्धति करने का निर्देश देते हैं। लोग पूजा करके कष्टों और समस्याओं से मुक्ति की कामना करते थे। इन बातों पर विश्वास करते हुए परंपराओं का निर्वाह अभी भी किया जाता है। गाँव के बाहर खेड़ापती देवी के मंदिर में अछूत-पिछड़े वर्ग के लोग पूजा करने आते थे। इमरती दीदी के पति गाडरवारा के भगवानदास झांझोट जीजाजी बहुत गोरे, सुंदर और अपनी माँ के इकलौते बेटे थे। बी. ए. करने के बाद बाबू की नौकरी कर रहे थे। बाद में तार आफिस में ए. जी. के पद पर कार्य करने लगे थे। माँ उन्हें दामाद रूप में पाकर बहुत खुश हुई थी। माँ को विश्वास था वह मेरे लिए भी ऐसा वर ढूँढ़ लेगी।

हमारे घर के हर काम माँ की मर्जी से होते थे। माँ अपनी हिम्मत, हिकमत से हर काम में आगे रहकर और खर्च का बोझ उठाकर काम करवा लेती थी। कभी पिताजी विरोध भी करते, माँ पिताजी का झगड़ा होता, माँ गुस्सा हो जाती, बात नहीं करती, खाना नहीं बनाती थी। बड़ी बहनों की शादी के बाद, ऐसे समय में पिताजी स्वयं चूल्हा जलाते और खिचड़ी बनाकर हमको खिलाते थे। फिर उनका झगड़ा पता नहीं कैसे खत्म होता। माँ गुस्सा छोड़कर घर का काम करने लगती मगर वह अपनी बात मनवाकर रहती थी।

उन दिनों मैंने लोगों से अकाल होने की बातें सुनी थीं। 1966-67 में अच्छा अनाज बहुत महँगा हो गया था। छोटे देहात और आसपास के गाँव के किसान बानापुरा की गल्ला मंडी-अड्डा बाजार में अनाज बेचने आते थे। आढ़तिया दलाल अनाज के भाव की बोली लगाकर अनाज खरीदते थे। माँ किसानों के पास बचे हुए अनाज का भाव करके कम दाम में अनाज खरीदती थी। तब गेहूँ, ज्वार पाई से नापते थे। आठ पाई का एक कुड़ा होता। सेर और मन के हिसाब से अनाज बड़ी तराजू में तौला जाता। किलोग्राम का हिसाब बाद में आया था। अनाज की कमी, महँगाई, बेरोजगारी लगातार बढ़ते जा रहे थे। माँ बहुत चिन्ता करती हुई अक्सर कहती थी—"का बतायें, कैसो होयगो ...? पता नहीं, आगे का होयगो...?" गरीब लोग राशन कार्ड पर, सरकारी दुकान से कंट्रोल का खराब किस्म का गेहूँ, ज्वार, चावल

और खांडसारी शक्कर का बुरादा कम कीमत में खरीदकर, उसी से काम चलाते थे।

समय पर मानसून आने पर अच्छी बरसात होती तब लोग खुश होकर कहते थे—"सोना बरस रहा है, मोती बरस रहे हैं, गेहूँ बरस रहे हैं।" लोगों के चेहरे पर खुशी चमकने लगती थी। किसान भाव विभोर होकर खुशियाँ मनाने लगते। इसका फायदा किसानों से अधिक व्यापारियों को मिलता था। हमारे हिस्से में कुछ भी नहीं था। हमारे पास न जमीन थी, न खेत थे। हम न व्यापारी थे, न व्यवसायी। सेवा कर्म ही हमारा धर्म था। देश में चाहे कितनी ही खुशहाली आये, हमारे लोगों का जीवन हमेशा कष्टपूर्ण और अभावग्रस्त ही रहता था। पूँजीवादी आर्थिक नीति के कारण जो धनवान थे, उनका धन बढ़ता जा रहा था, जो गरीब थे, वे अधिक गरीब और अभावग्रस्त होते जा रहे थे।

समाज के निम्न मध्यम वर्ग में असन्तोष बढ़ने लगा था। जन आन्दोलन के रूप में कभी प्रदर्शन, धरना, हड़ताल होते, कभी दंगे होते थे। सरकारी कर्मचारियों द्वारा अपनी माँगें मनवाने के लिए लगातार हड़ताल और आन्दोलन किये जाने लगे थे। हड़ताल होने पर गाँव के बाजार की दुकानें बन्द रहतीं, जिससे गरीब वर्ग को परेशानी होती थी। वे अपनी जरूरत का सामान पैसे मिलने पर समय पर ही खरीदते थे। ऐसे में आपस की लड़ाइयाँ और दंगे भी हुए थे। आन्दोलन करने वालों पर पुलिस लाठियाँ चलाती थी। हमारे घर में इसकी चर्चा होती—किसको चोट लगी, कौन थाने में गया, कौन जेल में है। हमारी जाति के नेता भी अपनी माँग मनवाने के लिए हड़ताल करते थे और जेल जाते थे, मगर इसका लाभ अधिक नहीं मिला, तब उनकी माँगें भी सीमित थीं।

हमारे लोग पूजा में बहुत विश्वास करते थे। विवाह या किसी शुभ कार्य के पहले देवी-देवता की पूजा करना जरूरी मानते। निश्चित दिनों में पूजा न करने पर उन्हें देवी-देवता के कोप का भय रहता। हमारे घर पीर बाबा की पूजा होती थी। घर के आँगन के सामने पीर बाबा का थान था। मिट्टी के चौकोर चबूतरे पर बीच में एक फुट के वर्ग में चार कोने पर चार पिंड और उनके बीच एक पिण्ड, यही था पीर बाबा का थान। इस थान को हमेशा सफेद चाक मिट्टी से लीप पोतकर रखा जाता था।

साल में एक बार और कभी विशेष अवसर पर, पीर बाबा को खुश करने के लिए उनकी पूजा में मुर्गा और मलीदा चढ़ाया जाता। पूजा का मलीदा बनाने के लिए माँ पाँच घर से जोगवा माँगकर लाती थी। जोगवा माँगकर प्रसाद बनाने की रीति किसने बताई, मालूम नहीं। इस तरह माँगने की प्रथा को बढ़ावा देने की बात ही समझ आती है। जोगवा के थोड़े आटे में घर का आटा मिलाकर बाटी बनाते। इसे

गाकड़ भी कहते हैं। गाकड़ को बारीक बुरबुरा करके घी, गुड़, शक्कर मिलाकर मलीदा बनाते। सिवनी से बुल्लो नानी, मामा-मामी और उनके बच्चे आते तब खूब चहल पहल बढ़ जाती थी।

पिताजी पूजा की जगह अगरबत्ती लगाते, अंगारे रखकर उस पर थोड़ा डालडा घी की होम छोड़ते। मुर्गे को हाथों में दबाकर, पूजा के स्थान पर तेज छुरी से उसकी गर्दन काट देते। सब तरफ रक्त फैल जाता। गर्दन कटने के बाद भी मुर्गा फड़फड़ाता रहता, हम बच्चे भय के साथ मुर्गे को फड़फड़ाते देखते थे। मुर्गे को छीलकर, भूनकर, काटकर तेल मसाले डालकर तरकारी बनाई जाती। पूजा में तरकारी और मलीदा का प्रसाद रखते। पूजा के बाद माँ और नानी सबको खाना परोसतीं। उस दिन हम बहुत खुश होते थे।

विजयसेन देवी के नाम से, घर के बच्चों के गले की बेल बनायी जाती थी। पीले, लाल कच्चे रंगीन सूती धागों को रस्सी की तरह बल देकर उसमें देवी के नाम से गाँठ लगाई जाती। लड़कों की बेल में सात गाँठ और लड़कियों की बेल में पाँच गाँठ रहतीं। हमें बेल रक्षक सूत्र की तरह पहनाया जाता। यह विश्वास रहता था बच्चों की और घर के सब लोगों की रक्षा होती रहेगी। सिवनी वाले मामा के घरों में भी बच्चों के लिए बेल बनाई जाती थी। हम बच्चे किसी बात में अपनी सच्चाई बताने के लिए अपने गले की बेल पकड़कर कसम खाते थे। यह आस्था और विश्वास हमें परम्पराओं से मिला था। बच्चों में देवी-देवता के प्रति विश्वास का संस्कार बचपन से डाला जाता था। शिक्षा और प्रगति-परिवर्तन से दूर हमारे लोग इन्हीं बातों में उलझे रहते थे।

गाँव के आसपास छोटे-बड़े मेले लगते थे। 'बानापुरा बस स्टैण्ड से करीब तीन-चार किलोमीटर दूर, होशंगाबाद रोड पर मुख्य सड़क से कुछ अन्दर भान बाबा' का मेला प्रसिद्ध है। लोग बाबा के नाम से मनौती मानकर बकरे की बलि चढ़ाने जाते हैं। बलि की जगह बहुत खून फैला दिखता था। पूजा के बाद बिना तवे की रोटी और पके मांस की तरकारी का प्रसाद चढ़ाकर खाया जाता। भान बाबा के थान से थोड़ी दूर भीलट बाबा का मेला अप्रैल महीने में 4-6 दिन तक रहता है। आसपास के और दूर-दूर के गाँव के लोग बैलगाड़ियों, जीप गाड़ियों और ट्रॅक्टर में बैठकर मेले में आते। गाँव के लोगों में मेलों का अपना ही महत्त्व है। हम कई दिन पहले से मेले में जाने के दिन का इन्तजार करते थे।

मेले में पहुँचकर पिताजी और बड़े भाई भीड़ से दूर, लोगों से हटकर अपनी दरी बिछा लेते। वहाँ के कुएँ से बड़े भैया एक गुंडी पानी माँगकर ले जाते। माँ और नानी ईंट पत्थर ढूँढ़कर चूल्हा बनाकर पूजा के लिए हलवा पूरी बनातीं। इसे वे

'कड़ाही करना' कहती थीं। मंदिर में खूब भीड़ रहती। हम पूजा बाहर ही करते थे। नारियल फोड़कर एक छोटा टुकड़ा बाबा के नाम से चढ़ाकर प्रसाद रख लेते। सिवनी के मामा मामी भी मेले में आते थे। उनकी बेटी मालती, शम्मा से मिलकर मैं खुश हो जाती। हम मेले में घूमते थे, टिकली, नाखून पालिश, चूड़ियाँ खरीदते थे।

मेले में सभी प्रकार के सामान की दुकानें लगती थीं। लोग यहाँ घर गृहस्थी की जरूरत का सामान दूर-दूर के गाँव से बेचने और खरीदने आते। अनाज, कपड़े, मिरची, मसाले, बर्तन, लोहे की बड़ी-बड़ी पेटियाँ, अनाज रखने की कोठियाँ लोग खरीदते। कुछ लोग सजावट और सुख-सुविधाओं की चीजें खरीदते थे। गाँव के मेले का मजा अलग ही रहता। चाय, शरबत की दुकानों पर भीड़ रहती। भजियाँ, कचौरी, समोसा की सुगंध महकती रहती। बच्चे कुलफी और आइसक्रीम खाने के लिए मचलते। उन्हें सस्ते फुटाने, मुरमुरे से बहलाने की कोशिश की जाती। मुझे मेला देखना अच्छा लगता था। मैं देखती थी मेले में भीड़ का फायदा उठाकर कुछ लोग दुकानों का सामान चुरा लेते थे। पकड़े जाने पर उन्हें मारा-पीटा जाता था। हमारे लोग ऐसा नहीं करते थे।

मेले में बहुत लोग मनौतियाँ मानते और पूजा करते थे। पूर्णिमा के दिन पुजारी के शरीर में भीलटदेव बाबा आते। लोग बाबा के सामने जाकर अपना दुख-दर्द और समस्याएँ बताते। बाबा उन्हें सब ठीक हो जाने का आश्वासन देते। ऐसे समय में कुछ लोगों के शरीर में देव-भूत भी खेलेने लगते थे। हमारे गाँव की युवती कमला ढीमर के शरीर में 'चुड़ैल' आती थी। बाबा की बैठक के समय वह जोर-जोर से चीखती, झूमती, अपने बाल बिखेरकर सिर हिलाती और तरह-तरह की आवाज निकालती थी। कभी उसे चिमटे से मारते, कभी रस्सियों से बाँध देते थे। बहुत देर के बाद चुड़ैल शांत होती। कमला के घर परिवार के लोग बाबा से चुड़ैल भगाने की मिन्नतें करते थे। भूत-पिशाच वाले लोग-लुगाई से बाबा ललकारकर प्रश्न पूछते। जवाब नहीं देने पर उन्हें डाँटते और सौगन्ध देते थे—"कौन है तू, बता, अपना नाम बता...। तुझे किसने भेजा है? तुझे भेजने वाले की कसम है, उसका नाम बता।"

गाँव के हमारे लोगों का जीवन इन्हीं बातों से घिरा रहता था। इन्हीं में सुख-दुख देखे जाते थे। इसी तरह दुखों का निवारण किया जाता था। मैं यह भी देखती थी, भूत, पिशाच, चुड़ैल और बाबा अछूत, शूद्र और बहुजन लोगों के शरीर में ही आते थे। मैंने उन्हें हिन्दू महाजन या बामन-बनिया स्त्री-पुरुषों के शरीर में आते कभी नहीं देखा। जो लोग अन्धश्रद्धा के साथ भूत और बाबा पर विश्वास करते थे, उन्हीं के साथ वे अपना खेल तमाशा बताते थे।

हमारे लोगों को देव-भूत पर बहुत विश्वास रहता था। उनकी अनेक लोककथाएँ प्रचलित थी। लोग उन कथाओं पर विश्वास करते थे। भीलटदेव बाबा की लोककथा प्रचलित थी–'बाबा इमली के पेड़ के पास नीर लेते हैं तब इमली का पेड़ थर-थर काँपता है।' कहते हैं बाबा के थान पर किसी आदमी ने मुराद माँगी–"मेरे पेट से बच्चा पैदा हो। यदि आप में सत है तो मेरी मुराद पूरी करो।" बाबा ने उसे समझाया–"आदमी के पेट में बच्चा कैसे रहेगा? कैसे पैदा होगा?" मगर वह आदमी अपनी बात पर अड़ गया। तब बाबा बोले–"ठीक है, तूने जो माँगा, मैंने दिया। आगे तेरी तू जान।" बाद में आदमी को अपनी गलती का एहसास हुआ। उसने बाबा से माफी माँगी। बाबा उस पर नाराज हुए फिर दया करके अपने स्थान के सामने इमली के बड़े पेड़ में उसे स्थान दिया। तब से बाबा के नीर लेने के समय इमली का पेड़ थर-थर काँपता है। नीर लेना यानी पानी की कुछ बूँदे छिड़कने के बाद बाबा शांत हो जाते। लोग बाबा की जयजयकार करते। पता नहीं पेड़ हवा से हिलता था या हिलता ही नहीं था फिर भी मेले में आये सब लोगों को विश्वास रहता, बाबा के नीर लेने के समय इमली का पेड़ थर-थर काँपता है।

ये लोक कथाएँ लोगों में अन्धविश्वास बढ़ाती थीं, कभी उसमें चमत्कार बताने वाली बातें रहती थीं, कभी सामाजिक सहज जीवन का संदेश देती हुई वे लोगों को भय के साथ सही मार्ग पर चलाती थीं। आंचलिक क्षेत्रों में लोककथाएँ सामाजिक जीवन का अंग बन जाती हैं। गाँव में ऐसी लोक कथाएँ और दंतकथाएँ अधिक रहती हैं।

नानी हमको एक लोक कथा सुनाती थी–"एक बार धरती पर अकाल पड़ो। लोग भूख से मरने लगे। सब तरफ त्राहि त्राहि मच गई। दुनिया का हाल देखकर भगवान जी भी दुखी हो गये और चिन्ता में पड़ गये। एक दिन भगवानजी अनाज की खोज में निकले। उन्होंने स्वर्ग से देखा, धरती पर कहीं अनाज नहीं था। देखते-देखते उनको मेहतर जात के एक घर की छत पर चावल की सूकड दिखी। पके हुए, जूठे बचे सुखाये चावल की सूकड़ देखकर भगवानजी उसके घर भीख माँगने गये। आशापूर्णा मेहतरानी ने सबके कल्याण के लिए, खुशी-खुशी भगवान को भीख में चावल की सूकड़ दे दी। भगवानजी ने उसे अन्नपूर्णा होने का आशीर्वाद दियो। इसके बाद अकाल खत्म हो गयो। सब तरफ धन-धान्य की खुशहाली छा गई।"

यह लोककथा बताने के बाद नानी निष्कर्ष रूप में कहती थी–"तो देखो, जरूरत पड़ी तो सब करनो पड़े है। भगवान ने हमें अन्नपूर्णा का आशीर्वाद दियो थो। हमने भगवान को भीख दई, तब कहीं अकाल खत्म हुओ।" नानी की इस लोक कथा जैसी कथाओं से हमें अपनी दीन-हीन स्थिति में ही खुश रहने और गौरव करने का

संदेश दिया जाता था। नानी प्रसन्नता और गौरव के साथ यह कथा बताती थी। दादा-दादी के गाँव नेमावर में भी अनेक लोक कथाएँ प्रचलित थीं।

मध्यप्रदेश के निमाड़ जिले में नर्मदा नदी के चौड़े पाट के एक तरफ हंडिया गाँव है, दूसरी तरफ नेमावर गाँव। हम बस में बैठकर बानापुरा से हरदा जाते थे। मध्यप्रदेश का हरसूद हरदा से आगे है। अब तो, हरसूद का कहीं नामोनिशान नहीं है। 'नर्मदा सागर बांध' के कारण हरसूद डूब में चला गया है और हरसूद गाँव के लोगों को 'छनेरा' नाम के गाँव में बसाया गया है।

हरसूद से आगे हंडिया। तब नर्मदा नदी पर पुल नहीं बना था। हम नाव में बैठकर हंडिया से नेमावर जाते थे। नाँव में बैठकर जाने का बहुत मजा आता। नाँव नर्मदा के बीच में पहुँचने पर, माँ इकन्नी-दुअन्नी पानी में डालकर नर्मदा मैया को प्रणाम करती अपनी गलतियों की क्षमा माँगती और पूरे परिवार पर कृपादृष्टि बनाये रखने का आशीर्वाद माँगती थी। श्रद्धा के साथ हाथ में पानी लेकर एक दो घूँट सब बच्चों को पिलाती थी। ऐसा विश्वास किया जाता था, नर्मदा सबका कल्याण करती है। मैं नर्मदा की विशाल जल राशि के सौन्दर्य को देखकर उसे प्रणाम करती थी। मल्लाह दोनों हाथों से पतवार चलाते। नाव लहरों पर झूलती, बत्तख की तरह तैरती हुई आगे बढ़ती। 'जय नर्मदा मैया की'—जयघोष सुनाई देता। माँ देर तक बुदबुदाती—"मैया रानी, मेरे बच्चों की रक्षा करना, हमको भरापूरा रखना।" माँ हर साल दशहरे के समय हमको दादा-दादी के गाँव ले जाती थी।

मेरे दादा पन्नालाल घांवरी गरीब अछूत होने के बाद भी अपने जाति-समाज के पटेल थे। पटेल को जात पंचायत में पगड़ी बाँधने का रिवाज था जो उनके सम्मान का सूचक था। पटेली का सम्मान हमें पीढ़ी-दर-पीढ़ी मिलता रहा। दादा की मृत्यु के बाद पिताजी और भाइयों को पगड़ी बाँधी गयी थी।

दादा पन्नालाल घांवरी और दादी जानकीबाई घांवरी की जीवित सन्तान चार बेटा और दो बेटियाँ थे। बेटों में मांगीलाल, मन्नूलाल, रामप्रसाद, श्यामलाल थे। बेटियाँ इद्दी, सिद्दी थीं। दादा-दादी, काका और सभी बड़े बाप (ताऊ) का कुटुम्ब परिवार नेमावर गाँव में रहता था। हम पिताजी के बड़े भाइयों और भाभियों को बड़े बाप, बड़ी माँ कहते थे। बड़े बाप मांगीलाल घांवरी के तीन बेटे, तीन बेटियाँ हैं—कालीचरण, रामदयाल, सजन, भागाबाई, कमलाबाई, राधाबाई। बड़े बाप मन्नूलाल घांवरी के तीन बेटा दो बेटी हैं—सुन्दर, अनोखीलाल, रमेश, शिप्रा, मथुरा। हमारे पिता रामप्रसाद घांवरी के चार बेटे तीन बेटियाँ हैं—कल्लूराम, रज्जोबाई, शंकरलाल,

इमरतीबाई, सुशीला, मोहन, कमल। श्यामलाल काका के चार बेटे दो बेटी हैं—गोविन्दप्रसाद, प्रेमलाल, छोटेलाल, दयाराम, सुशीला, इन्दरा।

हमारे दादा ने गेंदालाल काका को जात-पंचायत के सामने दत्तक बेटा बनाया था। बहुजन जाति के 8-9 साल के लावारिस बच्चे को गाँव के लोग यहाँ-वहाँ भटकता देखते थे। भूखा-प्यासा बच्चा भटकता हुआ रोता रहता। उसे किसी ने अपने पास नहीं रखा। मेरी दादी प्यार-ममता के साथ उसे बुलाकर गाँव से लाई हुई रोटियाँ खिलाती थी। गाँव के सवर्ण बहुजन जाति के लोग बच्चे को नहीं अपना रहे हैं।—यह देखकर दादा-दादी ने उसे दत्तक ले लिया था। यह हमारे कुटुम्ब की विशेष बात थी। जिन्हें निम्न जाति का कहा जाता था, उन्होंने मानवता का कर्तव्य निभाते हुए अनाथ बच्चे को सम्मान के साथ आश्रय दिया, पालकर उसे समाज के सामने सम्मान से अपना घांवरी गोत्र दिया था। गेंदालाल काका ने भी जीवन भर पुत्र होने का फर्ज निभाया। उनको एक बेटा और दो बेटियाँ हैं—रमेश, राधा और सुमन। काका अपने परिवार के साथ मध्यप्रदेश के बीड़ गाँव में रहते है और खेती-बाड़ी का काम करते हैं।

मेरी दादी जानकी बाई घांवरी मध्यम कद-काठी की थी, घाघरा, चोली और ओढ़नी पहनती थी। वह बहुत ही स्वाभिमानी थी। ऊँचे कद-काठी के दादा पन्नालाल घांवरी धोती कुर्ता पहनते, सिर पर पगड़ी या फेटा बाँधते तब उनका व्यक्तित्व भव्य लगता था। दादा खाना कांसे की थाली में ही खाते थे। दूसरी थाली में खाना परोसने पर नाराज होकर खाने की थाली फेंक देते थे। वे बात-बात में दादी को अपनी नाराजी बताते। दादी की दादा के साथ पटती नहीं थी। झगड़ा होने पर दादा डाँटते, गाली देते, अपमान करते तब दादी नाराज होकर अपनी रोटी अलग बनाने लगती। वह महीनों दादा से बात नहीं करती थी, तब दादा उसे बड़ी मुश्किल से मनाते थे।

दादा कभी-कभी एक दो महीने हमारे घर रहते थे। वे हमें कहानियाँ सुनाते, अधिकतर रिश्तेदारों की बातें बताया करते। बाद के दिनों में दादा डोडा उबालकर उसका रस पीने लगे थे, इसके बिना उन्हें नींद नहीं आती थी। यह एक प्रकार का नशा था। खसखस निकालने के बाद बचे हुए खोल के टुकड़े सस्ते दामों में मिलते थे। गाँव के लोगों में नशे की लत कुछ ज्यादा ही रहती थी। लोग गांजा, अफीम, ताड़ी, देशी ठर्रा के नशे में अपना श्रम और गम भूलने की कोशिश करते, बाद में यह लत उन्हें लीलने लगती थी। मांगीलाल, मन्नूलाल बड़े बाप और श्याम काका ऊँचे कद-काठी के थे। वे सभी खेती बाड़ी का और गाँव का काम करते थे। पिताजी और माँ नेमावर गाँव कभी-कभी जाते थे।

दशहरे के दिन दादी के शरीर में दाना बाबा आते थे। शाम को दादी के बाबा

की सवारी निकलती। दादी अपने हाथ में तलवार लेकर झूमते हुए अपने मुहल्ले की गलियों में घूमती। गली-मोहल्ले और घर'परिवार के लोग पीछे-पीछे जयजयकार करते हुए चलते। दादी बहुत उत्साह के साथ झूम-झूम कर घूमती। लौटते समय घर के सामने बकरा रखा जाता। भूरे बड़े कद्दू को बकरे की टाँग जैसी चार लकड़ी लगाकर बीच सड़क में खड़ा कर दिया जाता। दादी उसे बकरा मानकर तलवार से उसके टुकड़े-टुकड़े कर देती। सब बाबा की जयजयकार करते। दादी उत्साह के साथ झूम-झूम कर आगे पीछे झुकते हुए चलती, मानो बाबा प्रसन्न हो रहे हों। बाबा के थान पर पहुँचकर बाबा शांत होते। दादी बाबा की पूजा करके सबको प्रसाद देती। गाँव के लोग देव-भूत पर अंधविश्वास करते थे और उसी भ्रम में पड़े रहते थे। चालाक लोग उनकी अंधी श्रद्धा भक्ति और अज्ञानता का लाभ उठाने के लिए नये-नये प्रपंच रचते थे। मुझे बाबाओं की बात पर कभी विश्वास नहीं हुआ। ऐसा लगता था, सब ढोंग कर रहे हैं।

1967 के बैसाख महीने में माँ और मैं नेमावर गये थे। श्याम काका कहने लगे—"भाभी आई है तो किसन के यहाँ बाबा की बैठक करवा लेते हैं।" किसन मेरे दादा के भाई का पोता है। उसके पिता की मृत्यु के बाद उनके सिर के देवता किसन के सिर आने लगे थे। बैठक का मतलब था बाबा को किसन भैया के शरीर में बुलाकर उनके सामने अपनी समस्याएँ बताना और निवारण पूछना। यह अंधविश्वास था, हमारे लोग इन बातों में बहुत विश्वास करते थे। अज्ञानता के कारण वे इसी तरह अपनी समस्याओं का निवारण ढूँढ़ते थे।

बैठक के समय किसन भैया बाबा के नाम की गोदड़ी से अपने आपको पूरी तरह ढाँक कर बैठ गये। काका के साथ के लोग छोटी डफली का बाजा बजाते हुए ब।बा की जयजयकार करने लगे। धीरे-धीरे गोदड़ी हिलने लगी। गरमी के दिन थे, शाम होने पर भी गरमी थी। हिलते हुए किसन ने मुँह पर से गोदड़ी हटाई। चेहरा पसीने से तर और लाल दिखा। आँखें चढ़ी हुई थीं। हिलते हुए भारी आवाज में बाबा बोले—"बोलो कैसे याद किया? ... किसको क्या तकलीफ है?"

माँ हाथ जोड़कर बोली—"बाबा घर में बरकत नहीं है। कमाई कम है, खर्चा ज्यादा है। लड़कों की नौकरी नहीं है। हमारी नैया पार लगाओ, हम सब पर कृपा दृष्टि रखो।" दादी और काका काकी ने भी अपनी विपदा कही। किसन भैया ने सबको भारी आवाज में आश्वासन दिया—"सब ठीक हो जायेगा, चिन्ता मत करो, मेरे नाम से मुर्गे की भेंट चढ़ा देना।" उन्होने किसी को नारियल, किसी को हलवा पूरी की अठवाई चढ़ाने की बात कही। सबने हाथ जोड़कर बाबा की बात स्वीकार की और बाबा की जयजयकार की। थोड़ी देर बाद बाबा शांत हो गए। किसन भैया

ने गोदड़ी हटाई और मुस्कराते हुए अपने घुँघराले बाल ठीक करने लगे। उनके शरीर में देवता का आना मुझे स्वांग जैसा लगा, फिर भी सब लोग उन पर पूरा विश्वास कर रहे थे।

उसी रात दादी के घर पूजा करते समय दादी का शरीर भारी हो गया। उसके सिर दाना बाबा आ गये। यह भी एक अलग प्रकार की दुनिया थी। लोग अपने मनोभाव के अनुसार देवता की भावना को व्यक्त करते थे। दादी के बाबा कह रहे थे—"क्यों तुम इधर-उधर भटकते हो? घर के देवी-देवताओं पर विश्वास नहीं है? इसीलिए अपनी जन्म भूमि छोड़कर रोजी-रोटी के लिए भटकते फिर रहे हो।" माँ ने डरते हुए दादी के बाबा से माफी माँगी। उनके सामने हाथ जोड़कर जमीन पर माथा टेका। धीरे-धीरे दादी के बाबा शांत हुए तब घर के लोग भयमुक्त होकर हँसने बोलने लगे, सबने खाना खाया।

उस समय मैं सातवीं कक्षा में पढ़ती थी। दादी के बाबा भी मुझे सच नहीं लगे थे। बाबा के विरोध में कुछ कहने से घर के लोग नाराज होते थे। न जाने क्यों लोग वहम में रहकर इस तरह तसल्ली पाते थे और अपने अंधविश्वास की गफलत में रहकर कष्टों और समस्याओं का सामना करते रहते थे। जीवन के कई साल इन्हीं बातों में उलझे हुए बीत जाते और हमारे लोग दूसरी महत्त्वपूर्ण बातें सोच भी नहीं पाते थे।

देश को आजाद हुए बीस वर्ष हो चुके थे फिर भी हमारे लोग मानसिक रूप से गुलाम थे। समाज में प्रगति-परिवर्तन की लहर चलने के बाद भी, वैज्ञानिक प्रगति होने के बाद भी, विश्व के प्रगतिशील देशों से सम्बन्ध जुड़ने के बाद भी हमारे लोग अन्धविश्वास में भटक रहे थे। हमें प्रगतिशील बनाने के लिए न तो सवर्णों को जरूरत थी, न ही देश के शिक्षित समझदार कर्णधारों को और न ही देश की सत्ता के मालिक नेताओं को। वे हमें गुमराह करके ही हम पर शासन करना चाहते थे।

दादा, दादी और काका काकी गाँव में काम करते थे। गाँव में उनकी बारी बँधी थी। एक हफ्ता इनका परिवार काम करता, दूसरे हफ्ते मोहल्ले के दूसरे घर के लोग काम करते। इनकी बारी में गाँव में शादी ब्याह होते या कोई मौत हो जाती तब उसका फायदा खाना और कपड़ों के रूप में इन्हें मिलता। लोग अपने फायदे की दुआ करते। वे अमीरों के शव पर डाले गये शाल-दुशाले, कीमती कपड़े श्मशान घाट जाकर ले लेते थे। मृत व्यक्ति द्वारा उपयोग में लाये गये बर्तन, कपड़े, खाट-पलंग, बिस्तर आदि सामान भी इन्हें दे दिए जाते थे।

काका, काकी और दादा, दादी नर्मदा के किनारे रेत में तरबूज, खरबूज की बाड़ी भी लगाते थे। गरमी के दिनों में तरबूज खरबूज बेचने से रुपये मिलते, फिर

भी उन्हें बहुत गरीबी में गुजारा करना पड़ता था। वे बँटाई पद्धति से गाँव के किसानों के खेतों में मक्का, ज्वार, बाजरा की खेती करते थे। मौसम की फसल आने पर अनाज का निश्चित किया हिस्सा इन्हें मिलता। साल भर मेहनत करने के बाद भी इनके दिन भूख, अभाव और कष्टों में बीतते थे।

दादी के घर जाने पर सबके लिए मक्के की रोटी बनती। हम बच्चों के लिए गेहूँ की रोटी बनायी जाती। घर में गेहूँ का आटा नहीं रहता था। दादी पास पड़ोस के घर से गेहूँ का आटा माँगती। वहाँ भी नहीं मिलने पर वह हिंदू महाजनों के घर से आटा माँगकर लाती और हमारे लिए गेहूँ की रोटी बनाती। दादी का हमारे लिए गाँव से आटा माँगकर लाना मुझे अच्छा नहीं लगता था। मुझे मक्का की पीली, मीठी, सोंधी रोटी ही अच्छी लगती थी। दादी बेटे बहुओं से अलग रहती थी। वह मिट्टी की हांडी में दाल पकाती, मिट्टी के हांड़ी में ही सब्जी, तरकारी पकाती। मिट्टी के तवे पर रोटी बनाती, अभाव में भी सब कुछ सोंधा-सोंधा लगता। घर में पीतल, तांबा धातु के बर्तन नहीं थे। अधिकतर हमारे लोगों के घरों में जरमन धातु के बर्तन रहते थे, जिसे वे कषकुट और सिलवर के बर्तन भी कहते थे। दादी का घर कच्ची मिट्टी की दीवारों और देशी कबेलू की छत का था। बरामदे में चूल्हा-चौका, खाना-पीना, उठना-बैठना, सोना रहता। हम सब चूल्हे के पास, नीचे बैठकर रोटी खाते थे। माँ, दादी के साथ बातें करती। दादी उलाहने के साथ कहती–"दो-चार दिन के लिए तो आई है।"

दादी हमारे घर आती थी तो 8-10 दिन रहती थी। वह हम सब बहन-भाइयों के साथ बिलकुल तटस्थ रहती, जैसे हम उसके नहीं, नानी के बच्चे हों और उससे हमारा करीब का सम्बन्ध न हो। दादी सिर्फ माँ से बातें करती थी। जाने के समय माँ उसे आधा किलो शक्कर और एक पाव चायपत्ती का पैकेट खरीदकर देती। कभी दादी को नगद रुपये पैसे देती, कभी घाघरा ओढ़नी देती। दादी खुश हो जाती थी। रुपये के अभाव में दादी यह सब नहीं खरीद पाती थी। कुटुम्ब परिवार के सभी लोग गरीबी और कष्ट का जीवन जीते थे, इसके साथ मुसीबतों का सामना भी करते।

एक बार श्याम काका की पत्नी लूमा काकी को जंगल में लकड़ी चुनते समय अच्छी नई गोदड़ी दिखी। वह उन्हें उठा लाई, खूब धोकर घर में रख ली। उसने सबको बताया कि मैं मायके से लाई हूँ। एक दिन श्यामलाल काका आँगन में नई गोदड़ी खटिया पर बिछाकर बैठे। किसी ने देखकर तुरन्त खबर कर दी। कुछ दिन पहले गाँव में किसी सेठ साहूकार के घर चोरी हुई थी। चोर ने कीमती सामान के साथ गोदड़ी भी चुराकर जंगल में फेंक दी थी। पुलिस ने काका को गिरफ्तार कर लिया। पूरे घर वालों को खूब मारपीट कर सताया गया। बड़ी मुश्किल से काका, काकी इस

कष्ट और संकट से बचे थे। वे अभावों की पीड़ा का दोष किसको देते? गाँव में चोरी जैसी घटना होने पर अधिकतर गाँव के अछूतों को मारपीट कर सताया जाता था।

हमारे लोग सवर्णों के प्रकोप के साथ प्राकृतिक विपदाओं का सामना भी करते थे। नेमावर गाँव में नर्मदा की बाढ़ का प्रकोप हमेशा होता। हर दो-तीन साल में अधिक बरसात होने पर नर्मदा में बाढ़ आती। गाँव का निचला हिस्सा नर्मदा की बाढ़ में डूब जाता। यहाँ के गरीब अछूतों के कच्ची मिट्टी और देशी खपरे के घर मटियामेट हो जाते, जानवर पानी में बह जाते। घर का सामान पानी में तैरता हुआ बहकर दूर चला जाता। सब लोगों में त्राहि-त्राहि मच जाती। 10-15 दिन तक बाढ़ का पानी नहीं उतरता। हर बार लोग पूरी तरह बरबाद हो जाते। नर्मदा की बाढ़ से अपने लोगों की बरबादी मैंने कई बार देखी थी।

गाँव के ऊँचाई वाले हिस्से में हिन्दू महाजनों, सेठ-साहूकारों के पक्के मकान थे। स्कूल और धरमशाला भी ऊँचाई पर थे। बाढ़ के दिनों में दादा-दादी, काका-काकी परिवार सहित अपने थोड़े सामान के साथ स्कूल में शरण लेते। मोहल्ले के सभी लोग धर्मशाला और स्कूल में, भूख और परेशानी के कष्ट के साथ समय निकालते थे। गरीबी और बदहाली से बच्चे बीमार हो जाते, गाँव वालों की दया और सरकारी मदद पर्याप्त नहीं होती। वे भूखे-प्यासे, रोते-किलपते नर्मदा की बाढ़ उतरने की राह देखते। नर्मदा मैया को नारियल चिरौंजी का प्रसाद और पिहरी (पीली ओढ़नी) चढ़ाने की मनौती कबूल करते—"मैया रानी शांत हो जाओ, गुस्सा छोड़ दो। तुमको पिहरी चढ़ावेंगे।" वे नर्मदा नदी के किनारे पूजा करते।

बाढ़ का पानी उतरने पर वे अपने-अपने मकान और सामान ढूँढ़ते, कहीं नामोनिशान नहीं मिलता। अपनी-अपनी जगह के लिए वे आपस में झगड़ते। किसी तरह अन्दाज से अपनी जगह पर फिर से झोपड़ा बना लेते। जिन्दगी पहले की तरह चलने लगती। हमेशा खाने के, दाने-दाने के लाले रहते। अनाज रखने की लोहे की कोठियों में बाढ़ का पानी घुसने से अनाज फूल जाता। लोहे की मोटे पत्तर की कोठियाँ फट जातीं। सब अनाज खराब हो जाता। बाढ़ के बाद भूख से जूझना पड़ता। कई दिनों की कड़ी मेहनत के बाद जिन्दगी की गाड़ी पटरी पर आ पाती। जो कुछ कमाते-जोड़ते, घर गृहस्थी बनाते, नर्मदा मैया फिर लील लेती। इतना सब होने पर भी वहाँ के लोग अपना गाँव छोड़कर दूसरे गाँव नहीं जाते थे। फिर वहीं घर बना लेते, जो अगली बाढ़ में बह जाता। फिर भी उनकी आस्था अपने गाँव से जुड़ी रहती। वे कहते थे—"किस्मत में होगा तो यहीं मिल जायेगा और जो किस्मत में नहीं होगा तो दुनिया के किसी भी कोने में जाने से नहीं मिलेगा।"

हमारे लोग भाग्यवाद-देववाद पर विश्वास करते और बाढ़ का कहर उठाते

रहते। हमेशा की इन परेशानियों को देखकर ही पिताजी ने अपनी घर-गृहस्थी बानापुरा में बसाई थी। यहाँ रहने से हमारी शिक्षा-दीक्षा ठीक से हो सकी, नानी ने ममता और प्यार के साथ हमें सँभाला। दादा-दादी के घर, दो-चार दिन ही अच्छा लगता था। वैसे भी स्कूल की पढ़ाई के कारण मैं दादा के गाँव अधिक नहीं गई।

गरीबी के कष्टों के साथ इज्जत-आबरू की चिन्ता भी लगी रहती थी। 1965 की बात है, एक बार अँधेरी रात में घर के सब कुत्ते एक साथ भौंकने लगे। गरमी का मौसम था। पिताजी आँगन में खटिया पर सोये थे। कुत्तों की आवाज सुनकर वे उठकर बैठ गये। उन्होंने खटिया के नीचे रखा मोटा डंडा हाथ में ले लिया। तब हमारे घर डॉक बंगले के पीछे थे। आसपास कोई दूसरे घर नहीं थे। पीछे दूर तक सरदार जी का बगीचा और जंगल था। सामने दूर सोसायटी का ऑफिस बंद था। उसके आगे अड्डा बाजार के पास, खेड़ापति देवी का मंदिर अंधेरे में गुम था। सब तरफ सन्नाटा था। वातावरण की इस नीरवता को तोड़ते हुए कुत्ते भौंक रहे थे। उन दिनों बड़े भैया नौकरी के लिए भिलाई चले गये थे। शंकर भैया काम की तलाश में होशंगाबाद गये थे। माँ, नानी, बड़ी बहन, मैं और दोनों छोटे भाई बरामदे में नीचे सोये थे। कुत्ते भौंक रहे थे, नींद खुलने पर मैंने देखा, सफेद कुर्ता पायजामा पहने कोई आदमी आगे बढ़ा चला आ रहा था। पिताजी को चिन्ता हुई। उन्होंने खड़े होकर, डंडा खटिया के पाये पर फटकारा और गुस्से के साथ जोर से चिल्लाकर कहा—"कौन है साला बदमाश, तेरी ऐसी की तैसी—" पिताजी ने गुस्से के साथ उसे माँ बहन की गालियाँ देते हुए कहा—"रुक वहीं, कौन है तू? यहाँ क्यों आया है? तेरी...तो...यहाँ क्यों आया है? बता, नहीं तो अभी तेरा सिर फोड़ दूँगा...।"

पिताजी की दबंग आवाज सुनकर और गुस्से को देखकर वह रुक गया। कुत्ते लगातार भौंक रहे थे। पिताजी उसके सामने डंडा लेकर खड़े हो गये। उसने धीमी आवाज में अपना नाम बताया। पिताजी कठोरता के साथ, बनावटी नम्रता से ऊँची आवाज में बोले—"तो ऐसा बताओ न भैया जी। क्या काम है? इतनी रात में चोर की तरह क्यों आये हो? कोई काम है तो दूर से आवाज देना चाहिए या नहीं? चोरों की तरह चुपचाप इधर चले आ रहे हो? कुत्ते काट खाते या मेरा ही हाथ उठ जाता तो किसकी गलती कहलाती?" पिताजी की डाँट फटकार से डरकर वह बोला—"ऐसे ही इधर से जा रहा था।" वह धीरे-धीरे चला गया। माँ नानी भी जाग गई थीं, मगर उन्होंने रात में आपस में कोई बात नहीं की। सोचा होगा, बच्चे सुनकर डरेंगे।

दूसरे दिन पिताजी माँ से कह रहे थे—"उसको तो मैंने देखते ही पहचान लिया था, सरदारों का बदमाश लड़का था। बाप इतना सज्जन है और यह बदमाश, पागल की तरह घूमता रहता है, किसी दिन बुरी तरह पिट जायेगा।" पिताजी मन ही मन

डरे भी थे। यदि फिर कभी, कोई ऐसे इधर आया तो वे अकेले उसका क्या कर लेंगे? तब क्या होगा? उस दिन से माँ बहुत डर गयी थी। मुझे और बहन को घर में हिफाजत से सुलाती थी। पिताजी अधिक सावधानी से सोते, रात में डंडा और लोहे की राड पास में रखते थे। इस घटना से माँ पिताजी चिन्तित रहने लगे थे।

गाँव में ऐसी घटनाएँ होतीं, इसके परिणाम बुरे और भयंकर भी होते थे। बदमाश गुंडों को रोक पाना सरल-सहज बात नहीं थी। बानापुरा में गौरी पहलवान का छोटा भाई चन्दू एक नामी गुण्डा बदमाश था। सज्जन, भले लोग उससे बहुत डरते थे। एक बार उसने गाँव की एक पागल औरत को बीच बाजार में बहुत पीटा था। लोग वहाँ खड़े रहने में भी डर रहे थे। कोई उसे पागल औरत को मारने से नहीं रोक सका, तब पिताजी और माँ बहुत भयभीत हो गये थे। वे इमरती दीदी के लिए जल्दी से जल्दी वर ढूँढ़कर शादी कर देने की फिक्र करने लगे थे। वे ऐसे लोगों को दूर से देखकर ही उनके रास्ते से हट जाते थे। मैं गाँव या बाजार में कभी-कभी ही जाती थी। तब भी माँ या भैया साथ रहते थे। ऐसे माहौल में घर और स्कूल, बस यही बन गया था मेरा कार्यक्षेत्र और जीवनक्षेत्र। अपनी छोटी सी इस दुनिया में मेरे लिए पढ़ाई सबसे ज्यादा महत्त्वपूर्ण थी। हमारे जीवन और इज्जत की सुरक्षा माँ-पिताजी और नानी सुरक्षा-कवच बनकर करते थे।

इज्जत-आबरू के भय के साथ-साथ आर्थिक कठिनाइयों का सामना हमेशा होता। माँ और पिताजी अपनी बुद्धिमानी, हिकमत और मेहनत से जीवन का मार्ग बनाते चलते। इसके लिए उन्हें अपमानित भी होना पड़ता था और खतरों का सामना भी करना पड़ता, फिर भी भूखे रहने या माँगने की अपेक्षा वे स्वाभिमान के साथ जीने का रास्ता ढूँढ़ लेते। मजबूरी में उन्होंने कभी ऐसे कदम भी उठाये, सरदार अपने बगीचे के फाटक के पास इमारती लकड़ियों की थप्पी लगवाते थे। वे ठेके लेते और मालगाड़ी से लकड़ी मँगवाते। लकड़ियों की थप्पी कई महीनों तक लगी रहती थी। कभी सरदारजी को शक होता कि लकड़ियाँ कम हो गयी हैं, वे हमारे घरों के अंदर आकर लकड़ियाँ ढूँढ़ते, पूरे घर की तलाशी लेते। उस समय हम लोग घर के बाहर खड़े रहते। उन्हें हमारे घर में बल्लियाँ, बड़ी लकड़ियाँ नहीं मिलती थीं।

आर्थिक कठिनाई के दिनों में माँ के बार-बार कहने पर रात के अँधेरे में पिताजी और भाई एक दो हलकी लकड़ी उठा लाते थे। सुबह होने के पहले कुल्हाड़ी से चीर फाड़कर बल्ली के छोटे-छोटे टुकड़े करके छिपाकर रख देते। खाना बनाने के लिए जलावन की महँगी लकड़ी खरीदना कठिन होता था। मजबूरी में सागवान की कीमती लकड़ी चुपके-चुपके चूल्हे में जला देते। कभी इस तरह का थोड़ा जुगत-जुगाड़ कर लिया जाता। माँ के बार-बार कहने पर पिताजी कहते थे—“जेल भिजवायेगी

हमको? हथकड़ी लगवायेगी? हमारी जिंदगी में धूल डलवायेगी?"

माँ कहती थी—"उनका तो लाखों का व्यापार है। एक दो लकड़ियों से उन्हें का नुकसान होयगो? अपने घर चूल्हा नहीं जलेगो तो कैसो होयगो? का मैं अपने हाथ पाँव चूल्हे में जलाऊँ?" अभावों की पीड़ा और भूख की आग के संताप की मजबूरी थी। पिताजी मजबूरी को समझकर चुप रहते। माँ भी मजबूरी में ही ऐसा कदम उठाने के लिए कहती थी। शोषित, पीड़ित, अपमानित, अभावग्रस्त जीवन की बातें मन को बहुत व्यथित करती हैं। मैंने माँ-पिताजी की पीड़ा को समझा है, किस तरह वे हमें भूख की पीड़ा से बचाने के लिए मजबूरी में ऐसा कदम उठाते थे।

गरीबी-अभाव का ऐसा कष्ट उठाने के साथ-साथ जातिभेद के अपमान की व्यथा भी मिलती रही। स्कूल में पढ़ते समय कोई लड़की मेरी पक्की सहेली नहीं बनी। लड़कियों से पढ़ाई सम्बन्धी बातें करने और किताब, कापी लेने-देने का ही वास्ता रहा। जातिं भेद की दूरी ने कभी किसी को दिल के नजदीक नहीं आने दिया। कक्षा पाँचवीं में मेरे साथ कमला पासी और पार्वती पारधी पढ़ती थीं। वे स्कूल में मेरे नजदीक रहकर बातें करती थीं, उनके घर जाने पर दूर से बात करतीं। मैं उनके घर के अन्दर नहीं जा सकती थी। वे भी एस.सी. थी मगर मेरी जाति उनसे भी निम्न थी। ऊँच-नीच के भेदभाव के कारण मैत्रीभाव का पनपना मुश्किल था।

मैत्रीभाव और सम्मान कभी इस तरह मिल सका था, स्कूल में खो खो या कबड्डी खेलते समय लड़कियाँ मुझे अपने पक्ष में रहने का अनुरोध करती थीं। ऐसे समय मुझे लड़कियों की कही बातें अच्छी लगतीं—"ऐ सुशीला, तू हमारे पक्ष में रहना, हाँ। तू हमारे साथ रहकर खेलना, तू हमारी गोईं बनकर रहना।" अपने पक्ष की जीत के लिए उनकी ऐसी बातें सुनकर मुझे स्वयं पर गर्व होता था।

परीक्षा में मुझे उनसे अधिक अंक मिलते थे, इस कारण ईर्ष्या भाव से वे मुझे पाठ्य पुस्तकों की गाइड या प्रश्नोत्तर की सहायक पुस्तकें नहीं देती थीं। उन्हें सब सुविधाएँ थीं। सम्पन्न, शिक्षित माता-पिता, भाई और रिश्तेदार उन्हें सब प्रकार से सहयोग और मार्गदर्शन देते थे। मुझे ऐसा कुछ भी नहीं मिल पाता था, सिर्फ पढ़ाई करके ही मैं आगे थी।

छुआछूत का अपमान और अभाव मेरे जीवन के अंग थे। इनकी कष्टपूर्ण कथा ने बहुत व्यथित किया है। वे बातें अभी भी दिल को कचोटती हैं। घर के पीछे के जंगल के फॉरेस्ट अधिकारी की बेटी विमला भट मेरी सहपाठी थी। पढ़ाई के काम से मैं कभी उसके घर जाती तब आँगन के बाहर रहकर ही बातें करती थी। दूर खड़ी रहकर बातें करने में मुझे अपमान का अनुभव होता। अपमान होने पर भी मैं पढ़ाई सम्बन्धी काम से उसके घर जाती थी। जातिभेद के अपमान के साथ गरीबी की पीड़ा

के दंश हृदय पर चोट करते थे। उन बातों से आज भी मेरा हृदय दुःखी होता है।

कक्षा आठवीं में माँ ने मेरे लिए स्कूल यूनिफार्म का नीला स्कर्ट लम्बा सिलवाया था। एक बार विमला के घर जाने के समय जंगल के गोखरू काँटों से बचने के लिए मैं वही नया लम्बा स्कर्ट पहन कर गई। छोटा भाई मोहन मेरे साथ था क्योंकि हमारे घर में लड़की को कहीं भी अकेले जाने की अनुमति नहीं थी। जाने और आने में गोखरू काटों से हमारी पिंडलियाँ छिल गयीं। माँ ने जब यह देखा तो मुझे बहुत मारा। माँ मारते हुए कह रही थी—नया स्कार्ट पहन कर क्यों गई? अगर काँटों में उलझकर फट जाता तो, स्कूल में क्या पहनती?

मुझे माँ पर बहुत गुस्सा आया था। मैंने सोचा—माँ को नये स्कर्ट की चिन्ता है, मेरी नहीं? पुरानी छोटी फ्राक पहनकर जाती तो मेरे पाँव घुटने तक गोखरू काँटों से कितने छिल जाते? माँ ने यह क्यो नहीं सोचा? माँ से नाराज होकर मैं कई दिनों तक उससे नहीं बोली थी। तब माँ की पीड़ा को मैं नहीं जानती थी। माँ अभावों का सामना किस तरह करती थी, फिर भी हमारे स्कूल और पढ़ाई के विषय में कितना सोचती थी? हम सब बहन-भाइयों की पढ़ाई की चिन्ता माँ ही करती थी। वह खर्च के रुपये छिपा कर रखती। जरूरत पड़ने पर कॉपी, किताब, पेन-पेन्सिल खरीदने के लिए तुरन्त देती थी। बाद में मुझे समझ आया था, वह वर्तमान से अधिक हमारे भविष्य की चिंता करती थी।

अच्छा खाना और अच्छा पहनना यह बात हमारे लिए नहीं थी। कभी हमारी भी गलती रहती थी। रुपये हों तो उन्हें जरूरत से ज्यादा खर्च कर देना और फिर अभावों का कष्ट उठाना—ऐसा भी होता था। मेहमान आने पर उनकी खातिरदारी के लिए कभी अधिक खर्च कर दिया जाता, फिर बाद में घर के रोजमर्रा के खर्च में खूब कटौती की जाती, जिसका कष्ट हम सबको उठाना पड़ता था। विशेषकर स्कूल यूनिफार्म न होने या एक जोड़ी ही होने पर मुझे परेशानी का सामना करना पड़ा था।

मैं नौवीं कक्षा में पढ़ती थी, पिता ने मेरे लिए साटन सिल्क का सफेद सलवार और सफेद फूलों के प्रिंट की नीली कुर्ती सिलवाई थी। वह अपनी नौकरी के काम से बाम्बे गये थे, तब वह मेरे लिए जालीदार सफेद ओढ़नी लाये थे। मेरे पास यह एकमात्र ड्रेस था। मैं यह ड्रेस पहनकर रोज स्कूल जाती थी। मिडिल स्कूल में यूनिफार्म सफेद शर्ट, नीला स्कर्ट था और हाईस्कूल में नीला कुर्ता-सफेद सलवार, सफेद ओढ़नी। जो लड़की सलवार कुर्ती न पहन सके वह नीली साड़ी और सफेद ब्लाउज पहनकर स्कूल आये, यह नियम था। बिना यूनिफार्म स्कूल नहीं जा सकते थे, तब हर दिन वही एक ड्रेस पहनने पर मुझे शर्म आती थी। नौवीं और दसवीं में मेरा एक जैसा हाल था।

कक्षा दसवीं में पढ़ते समय मेरे पास स्कूल यूनिफार्म की नीली साड़ी एक ही थी। सोमवार से शनिवार तक हर दिन स्कूल में वही साड़ी पहनती। रविवार को धोकर फिर अगले हफ्ते पहनती थी। पूरे वर्ष तक माँ मुझे दूसरी साड़ी खरीदकर नहीं दे सकी क्योंकि रुपये पैसे रहते ही नहीं थे। कहाँ से खरीदते? कैसे खरीदते? एक ही साड़ी हर दिन पहनकर जाने से मुझे अच्छा नहीं लगता था। शर्म के कारण कभी दो दिन स्कूल नहीं जाती थी, फिर दो दिन जाती, फिर अगले दो दिन स्कूल नहीं जाती। माँ के सामने रोती, चिल्ला-चिल्लाकर कहती—"रोज स्कूल में एक ही साड़ी पहनकर जाने से मुझे शर्म आती है, दूसरी साड़ी क्यों नहीं दिलाते...?"

ऐसे समय माँ चुप रह जाती, अपने काम में लग जाती। मैं रोती रहती, दूसरे दिन स्कूल नहीं जाती। उस दिन की पढ़ाई का काम दूसरी लड़कियों की कॉपी लेकर पूरा करती। यह काफी लम्बे समय तक चलता रहा। इस बीच बड़ी बहन रज्जोबाई अपनी ससुराल नेपानगर से हमारे घर आई। उसके पास प्लेन नीली साड़ी थी। उसने वह साड़ी मुझे स्कूल यूनिफार्म के लिए दी, तब आगे मैं स्कूल रेग्यूलर जा सकी थी। उन दिनों की यादें मुझे आज भी पीड़ा देती हैं। मैं जब भी कोई महँगी साड़ी या एक से अधिक साड़ी खरीदती हूँ तब उन दिनों के अभावों की पीड़ा मेरे हृदय को व्यथित कर देती है।

अवसर और सुविधाओं का न मिलना भी दुखद रहा। मैंने गणित साइंस विषय लिया था। नौवीं-दसवीं के बाद ग्यारहवीं कक्षा का साइंस सेक्शन नहीं बन सका। मेरे साथ जिन सवर्ण छात्रा-छात्राओं ने गणित साइंस लिया था वे खण्डवा, भोपाल, इटारसी, हरदा पढ़ने के लिए भेजे गये। कुछ छात्र सिवनी भी जाते थे, मगर मुझे कहीं भी नहीं भेजा गया। तब मैंने साइंस विषय छोड़कर आर्ट्स के विषय लेकर ग्यारहवीं हायर सेकंडरी की परीक्षा दी और आगे की पढ़ाई की थी। अगर मुझे अवसर मिलते तो मैं भी साइंस लेकर विशेष योग्यता हासिल करती परन्तु अछूत, अभावग्रस्त होने के कारण मैं वह अवसर नहीं पा सकी।

उस समय मैं अपने गाँव बानापुरा, तहसील सिवनी मालवा और होशंगाबाद जिले में अपनी जाति की पहली लड़की थी जिसने दसवीं हाईस्कूल और ग्यारहवीं हायर सेकंडरी स्कूल पास किया था। उस समय हमारी जाति में लड़कियों को पढ़ाने में माता-पिता की रुचि अधिक नहीं थी। जो लड़कियाँ स्कूल जाती थीं, वे चौथी या छठवीं-आठवीं से आगे नहीं पढ़ सकी थीं। मैं पढ़ रही थी, लगातार पास हो रही थी, इस बात का अभिमान मेरे माता-पिता को था।

सिवनी के हमारी बस्ती के लोग अक्सर यही कहते थे—"कब तक लड़की को पढ़ाओगे? क्या ऐसे ही बूढ़ी कर लोगे? शादी ब्याह की फिकर करो। शादी हो जाती

तो अब तक लड़की एक-दो बच्चों की माँ बन गई होती।" ऐसी मानसिकता वाले वातावरण को नकारते हुए माँ कहती थी—"शादी भी कर देंगे। अच्छा पढ़ा-लिखा, अच्छी नौकरी वाला लड़का मिलेगा तभी शादी करेंगे। तब तक पढ़ती है तो पढ़ने दो, पढ़ाई करके आगे चलकर वह भी अच्छी नौकरी करेगी।"

माँ बहुत आशावादी थी। पिताजी प्रगतिवादी और परिवर्तनवादी थे। वे माँ की बात मानते हुए उन्हें सहयोग देते थे। रिश्तेदारों ने मेरी पढ़ाई का विरोध किया था। उनके तरफ से मेरे स्वागत सम्मान की तो बात ही नहीं थी कि मैं अपनी जाति की एक लड़की यहाँ तक पढ़ सकी। गाँव के किसी समाज-उद्धारक, समाजसेवी संस्था ने भी यह विचार नहीं किया। गाँव के किसी गांधीवादी नेता ने भी यह नहीं सोचा। किसी बामन-बनिया ने भी यह विचार नहीं रखा कि अछूत जाति की एकमात्र मॅट्रिक लड़की का सम्मान किया जाये। हमारे शिक्षकों ने भी यह विचार नहीं किया। उस समय हमारे गाँव में यह बात विचार करने की नहीं थी। विचार करने की यह बात थी कि उस वातावरण में रहकर मैं कैसे मॅट्रिक कर सकी? आगे की पढ़ाई कैसे कर सकी? गरीब के धन की तरह माँ इस बात को गाँव के बुरे लोगों की बुरी नजरों से बचाकर रखती थी। वह गौरव और गर्व की बातें नहीं करती थी, हमें भी विनम्र रहने की शिक्षा देती थी।

हमारी जरूरतों और पढ़ाई के खर्च की अहमियत को समझते हुए, माँ डॉक बंगले में झाड़ने-बुहारने की प्रायवेट नौकरी करने लगी थी। घर खर्च और पढ़ाई के खर्च की जिम्मेदारी माँ उठाती थी। बड़े भाइयों की पढ़ाई में भी अधिक खर्च होता था। किताब-कॉपी, पेन-पेन्सिल का खर्च बड़ा खर्च था, तब माँ क्या करती? बड़े भैया की पढ़ाई और नौकरी के लिए माँ ने अपने गहने भी बेच दिये थे। पिताजी घर परिवार का खर्च और जिम्मेदारी उठाने के लिए यथाशक्ति सहयोग देते थे। जरूरत होने पर भी वे अपने लिए कोई वस्तु या कपड़ा कई महीने तक नहीं खरीद पाते थे। एक बार माँ ने पिताजी की फटी बनियान फैलाकर देखते हुए कहा था—"अब तो पहनने लायक ही नहीं रही। पता नहीं कब नई बनियान लेनो होयगो।" उस दिन मैंने माँ के दर्द और पिताजी के कष्टों को बहुत गहराई के साथ महसूस किया था। कितने कष्ट सहे थे हमने!

हम घर में चूल्हे की जली हुई लकड़ी के कोयले को पीसकर अथवा चूल्हे की राख से सुबह दाँत साफ करते थे। कभी कोयला अच्छा न होने पर मुँह में छाले आ जाते मगर मजबूरी रहती, दूसरा विकल्प नहीं रहता। कभी-कभी मैं मंजन नहीं करती थी। आज मुझे उन दिनों की अपनी मजबूरी और नासमझी का दुख होता है। अभाव और कुपोषण से गरीबों के दाँत क्यों जल्दी खराब हो जाते हैं, उनका दर्द मैं जानती हूँ।

हमारी भूख का इन्तजाम भी कुछ ऐसा ही रहता था। रात की बासी रोटी, एक या आधा टुकड़ा काली चाय के साथ सुबह खाना ही हमारा नाश्ता था। यह खाकर हम सब बहन भाई स्कूल जाते थे। दोपहर के बाद रोटियाँ बनाई जातीं, साथ में हरी मिर्ची। दाल तरकारी महँगी होने के कारण दोपहर में नहीं बनाई जाती थी। हरी या सूखी लाल मिरची तवे पर थोड़े तेल में तल लेते। दो-दो मिरची के साथ रोटी खाकर, परिवार के सभी लोग पानी से पेट भर लेते थे।

सालो-साल यही चलता रहा। कभी जानने की कोशिश नहीं की—'ऐसा क्यों है?' जैसे रूखा, सूखा, बासा खाना ही हमारी किस्मत थी। कभी विद्रोह नहीं किया। बड़े भाई कभी लड़-झगड़कर, चिल्लाकर, गुस्सा करके अपने खाने के लिए अच्छा कुछ बनवा लेते। मगर हम बहनें रूखा सूखा खाकर ही रहतीं, माँ और नानी की मजबूरी को समझकर चुप रह जातीं। कभी मैं झगड़ा भी करती थी, अपने हिस्से के लिए, अपने हक और अधिकार के लिए झगड़ती थी। गुस्से में घर के सामान की तोड़-फोड़ करती। मुझे डराने-धमकाने की कोशिश की जाती मगर मेरे जिद्दी स्वभाव और दृढ़ निश्चय के सामने उन्हें मेरी बात मानना पड़ती थी। माँ उधार रुपये लाती , झिड़कियों के साथ मिले रुपयों की बात जानकर मेरा मन दुखी हो जाता था। बढ़ती महँगाई से हमारा जीवन अधिक कष्टों से भर गया था।

देश में अकाल पड़ा था तब अच्छा अनाज महँगा होकर दुर्लभ हो गया था। 1967 के आसपास हमारे घर लेवी का लाल गेहूँ और लाल ज्वार लाते थे। 'कण्ट्रोल' की राशन दुकान में अच्छा अनाज नहीं दिया जाता था। मैंने सुना था अमेरिका में ऐसा अनाज जानवरों को खिलाया जाता है। लाल गेहूँ के आटे की रोटी बनाते समय गूँधा हुआ आटा रबर की तरह लगता। आटे की लोई को ताकत लगाकर बेलते, जो हाथ हटाते ही सिकुड़ जाती थी। बहन और मैं बहुत तकलीफ के साथ रोटी बनाते थे। विदेशी सहायता के रूप में विदेश का घटिया अनाज आता था जिसे हम जैसे गरीब लोग खरीद कर खाते थे। कभी यह भी नहीं मिल पाता था।

हमें भूखे रहने के अनुभव बहुत मिले हैं। घर में गेहूँ नहीं, आटा नहीं। दाल-सब्जी नहीं, चावल का दाना नहीं। रुपये नहीं, पैसे नहीं—तब सभी सुबह से शाम तक भूखे रहते थे। विनती और खुशामद करके माँ, नानी किसी से अनाज या रुपये उधार लेकर आतीं, अथवा घर की पीतल की गुण्डी या गागर गिरवी रखकर रुपयों का इन्तजाम किया जाता, तब कहीं शाम के समय चूल्हा जल पाता। दिनभर भूखे रहने का कष्ट सहकर जब रात में खाना खाते तब बहुत राहत मिलती। जीवन के इन उतार-चढ़ाव को हम सहज ही मानकर सहन करते रहे। माँ और नानी हमें यही सिखाती थीं—"दुख के बाद सुख भी मिलता है इसलिए सन्तोष रखो।"

सन्तोष रखने का उपदेश जैसे ऋषि-मुनियों ने हम जैसे धनहीन, अवसरहीन, अधिकारहीन लोगों के लिए ही दिया था। स्कूल की हमारी पाठ्य पुस्तकों में ऐसे निबंध, कहानी, कविता, एकांकी, नाटक और लेख संग्रहित रहते थे जो गरीब आम जनता और दलित पिछड़े वर्ग को धर्म, आदर्श, त्याग और बलिदान की शिक्षा देते थे। ब्राह्मण और ब्राह्मणवादी साहित्यकारों द्वारा लिखे ऐसे साहित्य को पढ़कर हमारी मानसिकता इन आदर्शों के प्रति निष्ठावान रहती थी। हमें ईश्वरवाद, भाग्यवाद, जन्मवाद, कर्मवाद की शिक्षा दी जाती, इस कारण हम इसके विरुद्ध सोच नहीं पाते थे।

मैं देखती थी, धन सम्पन्न लोगों के पास सब कुछ होने के बाद भी उन्हें सन्तोष नहीं था। शोषण, अन्याय और भ्रष्टाचार से उनका काला धन बढ़ता रहता। हम अछूत गरीब ईमानदारी के साथ मेहनत करके भी दाने-दाने को तरसते थे। ऐसे कष्ट से बचने के लिए खर्च में हमेशा काट-कसर की जाती। खाना कम बनता, तब कम खाकर ही गुजारा करना पड़ता। खाने के लिए भाई-बहनों में झगड़े होते। माँ, पिताजी से शिकायतें की जातीं, तब भोजन के बदले प्यार और दिलासा देकर चुप और सन्तुष्ट कर दिया जाता। ऐसे समय माँ अपने दिल का हाल खुद जानती होगी मगर मुझे यह खुशी होती, ज्यादा खाने वाले की अपेक्षा माँ मुझको ज्यादा प्यार करती है। बाद में माँ मुझे ही सब कुछ देगी। ऐसे समय माँ के दिल से हमारे लिए आशीर्वाद जरूर निकलते होंगे। मुझे माँ के ऐसे आशीर्वाद बहुत मिले हैं। भाई बड़े हों या छोटे, वे बड़े ही रहते हैं, बेटे पुरुष सत्ता के अधिकारी होते हैं। बेटियाँ दया और सहानुभूति की पात्र बनकर रह जाती हैं। न चाहते हुए भी माँ "पुरुष प्रधान सत्ता" के समक्ष सिर झुकाकर अपना अतिरिक्त प्रेम और ममता मेरी झोली में डाल देती थी, तब यही मेरे लिए संतोष बन जाता।

अपनी दृष्टि से, अपने पैमाने से मैंने माता-पिता के घर में सब प्रकार की सुख-सुविधाएँ देखीं। जबकि यथार्थ यह था, घर में नहाने का साबुन भी नहीं रहता था। घर के सभी लोग कपड़े धोने के 'धोबी छाप' साबुन से नहाते थे। कभी-कभी कपड़े धोने का साबुन भी नहीं रहता। माँ कास्टिक सोडे के सफेद पाउडर को ठंडे पानी में डालकर ठंडा करती फिर उससे हमारे बाल धोती थी। उसी सोडे के पानी से हमारे हाथ-पैर साफ कर देती थी। अभी जब मेरी बेटियाँ नहाने के लिए नये-नये, महँगे सुगन्धित साबुन की माँग करती हैं और विज्ञापन देखकर नये-नये शैम्पू मँगवाती हैं तब मुझे मेरी माँ याद आती है, और माँ का नहलाना याद आता है। उस

समय मेरे लिए सुगन्धित तेल, स्नो, पाउडर, दुर्लभ चीजें थीं। स्कूल जाने के समय नारियल का तेल न होने पर मैं खाने का मूँगफली का तेल बाल में लगा लेती फिर उसी तेल के हाथ चेहरे पर पोंछकर स्कूल जाती थी। स्कूल में मेरी सहेलियों ने कई बार मुझसे पूछा था—"सुशीला, तेरा चेहरा इतना क्यों चमकता है?" यह सुनकर मुझे खुशी होती। आज वे बातें याद करती हूँ तो मुझे खुद पर हँसी आती है।

बचपन से ऐसी अनेक बातें देखीं और सुनी थीं जिनका घर में विश्वास और अनुकरण किया जाता था, मगर मैं उनका सही तथ्य नहीं जानती थी। हमारे घर में कभी गाय-भैस का मांस नहीं पकाया गया। यह खाना अधर्म माना जाता था। पंडितों द्वारा बताई बातों पर ही अधिक विश्वास किया जाता था। वे गाय को 'माता' के समान मानते थे। हमारे लोग दूर-दूर गाँव जाकर नदियों और तालाबों से मछली पकड़कर लाते थे। एक बार शंकर भैया गोह पकड़कर लाये थे। माँ ने उसे अधिक देर तक पकाकर बनाया था। शंकर भैया कबूतर, तीतर और गलगल भी लाते थे। इनके मांस की शोरबेदार तरकारी बनाई जाती। मैं यह सब नहीं खाती थी क्योंकि बचपन से व्रत उपवास करती थी। दूसरों को देखकर सप्ताह में दो-तीन दिन अपनी खुशी से भगवान के नाम पर भूखे रहकर उपवास करती। यह भी मात्र अनुकरण ही था। बचपन की उस उम्र में इन बातों का प्रभाव अधिक था। माँ मना करते हुए कहती थी—"जो है, खा पीकर पढ़ाई करो।" व्रत-उपवास की धार्मिक वृत्ति ओढ़कर मैंने मांस मछली खाना छोड़ दिया था। घी, दूध-दही मिलता नहीं था। मेरे कुपोषण के अनेक कारण थे, फिर भी मैं मेहनती थी, लगन की पक्की, ईमानदार और दृढ़निश्चयी।

मैं हर बात पर विचार करती थी। मुझे अकेली चुप बैठी देखकर माँ-पिताजी कहते थे—"शीला, अकेली क्यों बैठी है? चल, इधर आ। बेटी, क्या सोच रही है? चलो, पढ़ाई करो, घर का काम करो।" माँ, पिताजी, नानी ऐसा समझते थे, अकेले बैठकर सोचने से दिमाग खराब हो जाता है। फिर लोग सीधी-सरल जिन्दगी यानी परम्परा के रूप में चलने वाली बातों को छोड़कर, परम्पराओं को तोड़कर विद्रोही रूप में जीते हैं। ऐसे जीने वाले लोग सामान्य नहीं हो सकते।

मेरे माता-पिता ऐसे असामान्य लोगों के जीवन और उनके अनूठे कार्यों का महत्त्व नहीं जानते थे, अथवा उनका महत्त्व जानकर भी वे डरते थे क्योंकि ऐसे लोगों को कष्ट सहने के साथ अपने जीवन की कीमत भी चुकानी पड़ती है। सुकरात को जहर पीना पड़ा था—यह बात वे नहीं जानते थे। ईसा को सूली पर क्यों चढ़ाया गया? यह बात भी वे नहीं जानते थे। मगर वे जानते थे, परम्परा से हटकर चलने वालों को कड़वे अनुभवों का जहर पीना पड़ता है, कभी उन्हें मौत की सूली पर भी चढ़ा

दिया जाता है।

पहले हमारा घर गाँव से दूर था। बाद में सिवनी रोड की तरफ प्रायमरी स्कूल बना, मिडिल स्कूल और हाईस्कूल बने। गाँव का विस्तार होता गया। हमारे घर के पास अनाज गोदाम और सोसायटी का ऑफिस बना। सोसायटी का विस्तार होने पर हमारे घर वहाँ से हटाने का आदेश आया। 1965 में डाक बंगले के पीछे घर के लिए जगह बताई गई थी, तब से हमारे घर वहीं हैं। रात में वहाँ घुप्प अँधेरा रहता था, बिजली की सुविधा नहीं थी। बेटी के प्रति माता-पिता की चिन्ता स्वाभाविक थी। पाबन्दियों का सिलसिला कहीं सुरक्षा के नाम पर था, तो कहीं परम्परा के रूप में ढालने के लिए। मुझे एक आदर्श लड़की के रूप में ढालने का उनका साँचा सदियों पुराना था। मैं लड़की हूँ इसलिए मुझ पर अनेक बन्दिशें लगायीं गयीं—'हँसो मत, गाओ मत, बोलो मत', हर बात की मनाही थी। किसी बात का उल्टा जवाब, नकारात्मक या विरोधी जवाब नहीं देना, नये अनजान लोगों से अकेले नहीं मिलना, अकेले में कभी भी किसी अनजान लड़के या पुरुष से बातें नहीं करना, अपनी नजरें हमेशा नीची रखना, झुककर चलना, तर्क-वितर्क नहीं करना—ऐसी अनेक बातें थीं जो प्रतिदिन के आदेश और आज्ञा पालन के रूप में आदत बन गई थी।

मैं लड़की हूँ इस कारण मेरे माता-पिता मेरी सुरक्षा के लिए अधिक चिन्तित रहते थे। समाज में स्त्री के प्रति पुरुषों की मानसिकता अधिकतर कामुक रही है। गरीब की बेटी की इज्जत को लोग सस्ती मानते हैं। गरीब—अछूत की बेटी की इज्जत सरेआम कभी भी लूटी जा सकती है, अनुभवी और दूरदर्शी माता-पिता यह जानते थे। अक्सर गाँवों में ऐसी घटनाएँ होती रहतीं, इसलिए इन बातों से वे डरते थे। नानी और माँ ने खुद के लिए भी और अपनी बेटियों के लिए भी हमेशा सुरक्षा का घेरा बनाये रखा था। उसी सुरक्षा के घेरे के शिकंजे में मेरा बचपन बीता, किशोर अवस्था बीती और युवावस्था का आरम्भ भी इसी शिकंजे के बीच हुआ।

उम्र के चरण गहरी अनुभूतियों के संग आगे बढ़ते रहे। हमेशा मेरे आसपास पाबन्दियों का कठघरा बनाकर रखा गया। मुझे कहीं किसी अलग अनुभव से न गुजरना पड़े, किसी अनजान बुरे व्यक्ति की बुरी नीयत की शिकार न बन जाऊँ, मैं अकेली किसी मुसीबत में न फँस जाऊँ, कहीं किसी सोच विचार की गहराई में पहुँचकर कुछ उल्टी बातें (विरोध और विद्रोह की बातें) न सोचने लगूँ—इस तरह हर बात का ध्यान रखा जाता था। सुरक्षा की नजर पूरी चौकसी के साथ मेरे आसपास मौजूद रहती थी। घर में भरापूरा परिवार था। नानी, माँ, पिताजी, बड़ी बहनें, बड़े भाई, छोटे भाई—सभी शुभचिन्तकों ने मुझे चिन्ता नहीं करने दी, न ही कभी चिन्तन करने दिया।

मेरा स्वभाव और व्यवहार देखकर माँ चिन्ता के साथ समझाती थी—"बेटी, दुनियाँ बहुत खराब है, अकेली कहीं नहीं जाना। जहाँ जाना हो, हमको बताओ, हम साथ चलेंगे।" मैं अकेली कभी किसी के घर नहीं गई। मेरे माता-पिता ने मुझे किसी रिश्तेदार के घर कभी अकेला नहीं छोड़ा। इस कारण घर-परिवार के लोगों के बिना असुरक्षा का भाव लगता, मैं अकेली रहने से डरती थी। गाँव में बुरे लोग भी बहुत थे। दूसरों की जवान बहू-बेटियों को वे बुरी नजर से देखते थे। इस बात से माँ-पिताजी डरते थे। एक बार सिवनी में किसी बदमाश सवर्ण ने बाजार में गुली बाई का हाथ पकड़ लिया था। तब सबने गुलीबाई की थू-थू की थी। पता नहीं गुली ने उस गुंडे को सबक सिखाया था या नहीं? हमारे लोग अपनी इज्जत के लिए अपनी ही बहू-बेटियों को डाँटकर रखते थे। वे उस सवर्ण गुंडे का कुछ नहीं बिगाड़ सके।

सिवनी की रिश्तेदार महिलाएँ एक दूसरे को अपने अनुभव और घटनाएँ बताती थीं—"गाँव के बदमाश ठठरी बँधे आदमी हमें काम पर आती देख जानबूझ के बातों में उलझाये हैं। हमें देखकर उनकी नियत बिगड़न लगे है।" फिर वे अपने चरित्र को दावे के साथ अच्छा सिद्ध करने की बातें करती थीं—"का हमरी इज्जत नहीं है?"

बचपन में ऐसी बातें सुनकर भय लगता था। गाँव में हमारी जाति की बहुएँ सवर्ण-पुरुषों को देख मुँह ढँक कर पर्दा करती थीं। बड़ी बूढ़ियाँ भी सवर्णों को सम्मान देने के लिए सिर ढँक कर रखतीं। वे हमेशा डरी-सहमी और विनम्र रहकर उनके आक्रोश से बचती थीं। लेकिन कली मौसी बड़ी हिम्मतवाली थी। एक बार किसी महाजन ने किसी और के धोखे में कली मौसी का हाथ पकड़ लिया। कली मौसी ने गुस्से में उस आदमी को अपनी चप्पल से मारा था, तब इस बात की गाँव में बहुत चर्चा हुई थी। गाँव के लोग नाराज हुए थे। सबने उस महाजन को भी धिक्कारा था। कली मौसी, सफिया मौसी दोनों बहनें बहुत दबंग थीं। सिवनी में यह एक अलग घटना हुई थी। मैं दूसरे गाँव की घटनाएँ सुनती थी, सवर्ण गुण्डे साहसी दलित स्त्रियों को बहुत अपमानित और पीड़ित करते थे। उनके पूरे परिवार और जाति समुदाय को भी पीड़ित करते थे। हम युक्ति और साहस के साथ ऐसी घटनाओं से बच सके थे।

नगर परिषद की नौकरी से सेवामुक्ति की उम्र की जाँच करने के लिए कर्मचारियों की डाक्टरी जाँच की जाती थी। अनपढ़ लोगों के पास जन्म तारीख का प्रमाणपत्र न होने से ऐसा किया जाता था। मैंने माँ से पूछा था—"डॉक्टर जाँच करके उम्र का पता कैसे लगाते हैं?" माँ पहले टालती रही। बहुत आग्रह करने पर माँ ने धीरे से बताया था, शरीर के छिपे-ढके भाग के बाल कितने सफेद हुए हैं, यह देखकर

बताते हैं। नानी के नौकरी से सेवामुक्त होने के बाद नानी की जगह माँ का नाम लिखवा दिया गया। काम नानी ही करती रही। पिताजी उनकी मदद करते थे। मैंने बचपन से माँ को घर में रहकर घर के काम करते देखा था।

उन दिनों हमारे घर गरम पानी में कास्टिक सोडा डालकर, पहनने के और ओढ़ने बिछाने के कपड़े भिगाकर धोये जाते थे। माँ नदी पर कपड़ों को मोगरी से कूट-कूट कर धोती। ज्यादा कपड़े रहने पर माँ की मदद के लिए मैं भी नदी पर कपड़े धोने जाती। कपड़े धोकर, नहाकर, कपड़े सुखाकर ही हम घर लौटते थे। नदी रेलवे लाइन के उस पार, आधा किलोमीटर की दूरी पर थी।

अप्रैल 1970 में, एक रविवार को माँ और बहन के साथ मैं कपड़े धोने के लिए नदी पर गई। उस दिन नदी पर कपड़े धोने के बाद, नहाने के लिए मैं कमर से उपर तक पानी में चली गई। मेरे पैर हिलने लगे, मैं डगमगाने लगी। पैर के नीचे की रेत खिसकने लगी, अब गिरी, तब गिरी जैसा लगने लगा। मुझे तैरना नहीं आता था। मैं डरकर चिल्लाई। माँ और मँझली बहन नदी के किनारे बैठी कपड़े सुखा रही थी। मुझे देखकर बहन चिल्लाई—"सामने आ...किनारे की तरफ आ...आगे बढ़..."

मैं तब हाथ आगे बढ़ाकर खिसकती रेत में अपने पैर जमाते हुए किनारे की तरफ बढ़ी थी। वह दिन मुझे हमेशा याद रहता है, कैसा अनुभव था जिन्दगी के डगमगाने का और अपने आपको बचा लेने का। कभी सोचती हूँ, यदि मैं उस दिन नदी में डूब गई होती तो आज नहीं होती। माँ और बहन को भी तैरना नहीं आता था। दोपहर का समय था, नदी पर कोई दूसरे लोग नहीं थे। सब तरफ सुनसान था, तब क्या होता? यह घटना याद आने पर अभी भी मुझे सिहरन होती है। उस दिन पैरों के नीचे की रेत किस तरह खिसक रही थी, यह भी याद आता है।

हमारे दुख भरे जीवन में कष्टों की कोई सीमा नहीं थी। कच्चे घर की लिपाई-पुताई का काम भी मैं करती थी, कमरा, बरामदा और आँगन लीपती। घर की दीवारों की पुताई सफेद चाक मिट्टी के घोल से करती, कभी हम बहनें सस्ता कच्चा चूना पानी में घोलकर, उससे दीवारों की पुताई करतीं, तब उँगलियों और हथेलियों में छाले पड़ जाते थे, चमड़ी निकल जाती थी, हाथों में घाव हो जाते थे। कई हफ्ते तक हाथों में जलन होती थी। ऐसे कष्ट को हथेली और उँगलियों पर पट्टी बाँधकर मैंने सहा है। ऐसे कष्ट में तरकारी बनाने के लिए मिरची मसाला पीसने का काम भी मैं करती, तब तो पीड़ा के साथ आँखों से आँसुओं की धाराएँ बहने लगती थीं।

सहने से सहनशक्ति बढ़ती है—इस फार्मूले के अनुसार कितना भी बड़ा कष्ट हो, उसे छोटा बताकर सहने की हिदायतें दी जातीं, विशेषकर लड़कियों से कहा जाता—"अभी नखरे बता रही है, बाद में पराये घर (ससुराल) जायेगी तब कैसे

करेगी?" मानो लड़कियों को कष्ट और दुख की भट्टी में पका-पकाकर कष्ट सहने के लिए तैयार किया जाता हो। थोड़ी देर रोकर, चिल्लाकर मैं खुद ही चुप हो जाती थी। बड़ी बहन अधिक मेहनती और सहनशील थी। उसकी तुलना में मैं कमजोर और कच्ची थी। मुझे भी लगता—"क्या मैं इतनी कमजोर हूँ? जो इतना भी सहन नहीं कर सकती?" तब मानो आत्मशक्ति जाग्रत हो जाती, मैं कष्ट को कष्ट न मानकर सहज बात मान लेती। अब मैं सोचती हूँ, उन दिनों का जीवन कैसा था? कष्टों और अभावों के बीच जीवन कितना सहज मानकर जीया था, मानो इसका कोई दूसरा विकल्प ही नहीं हो सकता?

अभावों में रहते हुए दुख का भान होता था। आज नहीं है तो कल या बाद में मिलेगा, यह उम्मीद रहती थी। कभी मन को समझाने के लिए यह भी सोचती—इसके बिना भी काम चल सकता है। इससे मन को अधिक दुख नहीं होता था। असल में यह एक प्रकार का संस्कार था जो बचपन से मन-मस्तिष्क में डाला गया था—"हम गरीब हैं और हमेशा गरीब ही रहेंगे। हमें गरीबी में जीने की आदत होना चाहिए।" माँ और नानी ने हिन्दू महाजनों की बताई हुई बातों से यही समझा और सीखा था—'दुखों में भी दुखी नहीं होना चाहिए—' यही बात वे संस्कार के रूप में हम बच्चों को सिखाती थीं। इस शिक्षा ने हमें सही बात नहीं समझने दी, हमारे हृदय में आक्रोश और विद्रोह को नहीं आने दिया जिससे हमारे साथ भेदभाव और अन्याय होता रहा।

माँ और नानी का पहनावा गाँव की औरतों से अलग था। माँ बताती थी उन्हें हिन्दू महाजनों की औरतों की तरह गोटा किनारी वाले रेशमी या अच्छे कपड़े पहनने की मनाही थी। वे साधारण मोटे सूती कपड़े ही पहनती थीं। हिन्दू धर्म के प्रवचनों में हमेशा यह बताया जाता था—'तुम शूद्र हो और तुम्हारा काम तीनों वर्णों (सभी उच्च वर्ण) की सेवा करना है।' इसके विपरीत कोई बात सोची ही नहीं जाती थी। हमारे लोगों के तर्क, बुद्धि, विवेक पर धर्मग्रन्थों की शिक्षा और साधु सन्तों के प्रवचनों ने ताले जड़ दिये थे। जन्म-जन्मांतर और कर्मफल के चक्कर में हमें कभी सही दिशा में सोचने नहीं दिया गया।

सवर्णों की धार्मिक प्रेरणा से अक्सर गाँव में और कभी-कभी स्कूल में तुलसीदास की 'रामचरित मानस' के अखंड पाठ होते थे। भागवत गीता के अठारह अध्याय एक के बाद एक पढ़े जाते। ये हिन्दू धर्मग्रन्थ वर्णाश्रम धर्म और जातिवादी समाज व्यवस्था की शिक्षा देते हैं, फिर भी ये धर्मग्रन्थ हैं। ये हमारे शोषण के आधार ग्रन्थ हैं। उस समय इनसे उबरना या इनसे ऊपर उठकर सोचना कठिन था, क्योंकि तब वह दृष्टि और वह दृष्टिकोण नहीं था कि इन्हें विश्लेषण के साथ देखें, पढ़ें और

तर्क के साथ समझें। स्कूल कॉलेज के पाठ्यक्रमों की पुस्तकें भी धर्म और आदर्श के प्रति निष्ठा बढ़ाने का काम करती थीं, तब इनके विरुद्ध विचार बनकर भी आगे नहीं बढ़ पाते थे।

मैट्रिक में पढ़ते समय से ही मेरा स्वभाव अन्तर्मुखी और चिन्तनशील हो गया था। तब मैं अपने आसपास का सामाजिक वातावरण बारीकी से देखने लगी थी, जीवन में घटी छोटी-बड़ी घटनाओं पर बारीकी से विचार करने लगी थी। उन घटनाओं का पुनरावलोकन करने पर मुझे समझ आने लगा था—'हम कौन हैं? हमारे घर गाँव के बाहर क्यों हैं? लोग हमसे छुआछूत क्यों मानते हैं? हमारे जाति समुदाय के लोग इस तरह रहने के लिए और अपने काम रोजगार करने के लिए क्यों मजबूर हैं? क्यों हमारे लोग गरीबी और अभावों में रहते हैं? क्यों हमारे लोग शिक्षा और धन से वंचित रखे गये?'—मैं इन सब बातों पर विचार करने लगी थी।

1970 में भोपाल के एक समाजसेवी सवर्ण नेता द्वारा 'अछूत कन्या से विवाह' के विज्ञापन की बात सुनकर मेरे मन में उथल-पुथल मची थी—"क्या सवर्ण समाज के लोग हमारी जाति की लड़की के साथ विवाह कर सकते हैं? उच्च कहे जाने वाले वे अपने समाज में हमें साथ कैसे रख सकेंगे? क्या यह सचमुच उनके हृदय की विशालता है या मात्र दिखावे की समाजसेवा का ढोंग?" मैंने भी दृढ़ निश्चय किया था, मैं यह विवाह नहीं करूँगी। 'सिलिया' कहानी उसी समय मेरे मानस पटल पर लिख गई थी। जैसा मैंने सिलिया कहानी में लिखा है, माँ ने अपनी प्रतिक्रिया उन्हीं शब्दों में, उसी रूप में व्यक्त की थी। मुझे तब वे सब बातें याद आयी थीं, जिनके छुआछूत के दंश ने मेरे अन्तर्मुखी भोले हृदय को छलनी किया था। तब उन दिनों मैं यह सोचने लगी थी—"मैं जीवन भर विवाह नहीं करूँगी। मुझे बहुत आगे तक पढ़ना है। मैं समाजसेवा करूँगी, अपने जाति समुदाय की स्थिति को बदलूँगी।" उस समय मैंने 'सिलिया' कहानी को यही अन्तिम रूप दिया था—'माँ मन ही मन मुस्कुराकर सोच रही थी—मैं अपनी सिल्लो रानी को खूब पढ़ाऊँगी।' माँ ने मुझे बहुत अरमान के साथ पढ़ाया। मैं भी बहुत लगन और निष्ठा के साथ पढ़ती रही।

'नेहरू स्मारक उच्चतर माध्यमिक शाला, बानापुरा' स्कूल से 11 वीं हायर सेकेण्डरी की परीक्षा पास करने के बाद मेरी आगे की पढ़ाई रोक दी गई थी। अप्रिय घटनाओं के डर से पिता और बड़े भाई मुझे कॉलेज भेजने के पक्ष में नहीं थे, तब मैंने दृढ़ निश्चय के साथ कॉलेज में एडमिशन करवाया था। कॉलेज जाना मेरा बहुत बड़ा सपना था, जिंदगी भर पढ़ते रहना मेरा अरमान था।

मेरा कॉलेज 'कुसुम महाविद्यालय' बानापुरा से सिवनी के रास्ते पर आधी दूरी पर था। कॉलेज का भवन गाँव के हरि अग्रवाल सेठ का बंगला बहुत सुंदर जगह

पर था। बड़ी सड़क से थोड़ा अंदर सेठजी के बड़े-बड़े खेत, खेतों में गन्ने की लहलहाती फसल, कुएँ पर चलती रहट। बिजली के पंप से पानी निकाला जाता। दूर-दूर तक हरे भरे खेत देखकर बहुत अच्छा लगता था। कॉलेज के आसपास बड़ा बगीचा था। बगीचे में मौसम के अनुसार मोगरा, गेंदा, गुलाब, सेवन्ती के फूल महकते रहते। बंगले के बड़े कमरों में हमारी क्लास लगती थी।

सिवनी, बानापुरा और आसपास के गाँव के लड़के-लड़कियाँ कॉलेज में पढ़ने आते थे। ऐसा ही एक लड़का, किसी दूसरे गाँव के पटेल का बेटा लखराज सिंह मेरे साथ बी.ए. प्रथम वर्ष में पढ़ता था। वह पता नहीं कैसी नजरों से मुझे देखता था, उसे अपनी ओर देखते हुए देखकर मैं बहुत डर जाती थी। उसके डर से मैं हमेशा अपनी कक्षा की लड़कियों के साथ रहती। हमारे पाठ्यक्रम में 'जयशंकर प्रसाद' की 'गुण्डा' कहानी थी, वह मुझे कहानी का 'गुण्डा' पात्र जैसा लगता था, चरित्रहीन नहीं, विशेष चरित्र वाला।

कॉलेज में लड़कियों पर विशेष पाबंदी थी। लड़कियों के लिए अलग गर्ल्स रूम था। अपने खाली समय में लड़कियाँ गर्ल्स रूम में रहतीं। खेतों की ओर या कुएँ पर या बगीचे में इधर-उधर दिखने पर पाबन्दी थी। गाँव का मामला था, किसी लड़की को कोई लड़का कुछ कह देगा तो आपस में बड़े-बड़े झगड़े हो जायेंगे, बिलकुल राजपूतों के युद्ध की तरह झगड़े। कॉलेज बंद कर दिया जायेगा। इस मामले में कॉलेज का टीचिंग और नॉन टीचिंग—पूरा स्टाफ हमेशा सतर्क रहता था। इतनी बंदिशें रहने पर भी प्रेमलता का प्रेम प्रकरण परवान चढ़ गया। मैं प्रथम वर्ष की छात्रा थी तब कॉलेज में और गाँव में इस बात की बहुत चर्चा थी, प्रेमलता का प्रेम प्रकरण दूसरे गाँव के पटेल के बेटे के साथ चल रहा था। दोनों बी.ए. द्वितीय वर्ष में पढ़ रहे थे। उनके प्रेम की खबर सबको थी, तब माँ बहुत डर गयी थी। एक दिन मुझे समझाने की दृष्टि से माँ ने इस विषय में पूछा। मैं उनके विषय में ज्यादा नहीं जानती थी। मुझे लीक से हटकर कुछ देखने की आदत नहीं थी। पढ़ाई करना और परीक्षा देना—कॉलेज जाने का मेरा वही उद्देश्य था। किसी अन्य बात पर कभी ध्यान ही नहीं दिया। मैंने माँ को विश्वास दिलाते हुए कहा—"इस बारे में मुझे कुछ नहीं मालूम।"

माँ ने समझाते हुए कहा था—"बेटा, तुम कभी ऐसा नहीं करना। अपनी इज्जत का सवाल है।" तब मैंने माँ से सहज ही कह दिया था—"मैं ऐसा क्यों करूँगी? मैं तो बूढ़ी ही जनमी हूँ।" माँ मेरा मुँह देखती रह गयी थी। मेरी बात सुनकर माँ ने क्या सोचा होगा, यह मुझे नहीं पता, मगर मैंने ऐसा क्यों कहा, यह भी मुझे पता नहीं था। छोटी उम्र में सिर के कुछ बाल सफेद हो जाना कोई अचम्भे की बात

नहीं थी। मैं अपने कथन के कारण की खोज स्वयं कई दिनों तक करती रही थी। उन दिनों मैं बहुत गंभीर रहती थी, शायद इसलिए ऐसा कहा हो। सच यह था–कब आया यौवन, जान न पाया मन! शिकंजे में जकड़ा जीवन कभी मुक्त भाव का अनुभव ही नहीं कर पाया। जिन्दगी एक निश्चित की गई लीक पर चलती रही। वह उमंग कभी मिली ही नहीं जो यौवन का एहसास कराती। उम्र के साथ कटु अनुभूतियों के दंश महसूस होते रहे। पीड़ा से छटपटाता मन मुक्ति का ध्येय लेकर आगे बढ़ता रहा, तब मुक्ति का मार्ग मैंने शिक्षा प्राप्ति को ही माना था। उसी में तन मन के साथ डूबी रही।

1970 के दशक में साहित्य में सामाजिक-सांस्कृतिक विद्रोह की रचनाएँ लिखी जा रही थीं, लेकिन तब मुझे इन बातों की जानकारी नहीं थी। मैं सिर्फ पाठ्यक्रम की पुस्तकें ही पढ़ती थी। इसके अलावा साहित्य पढ़ने की सुविधा नहीं मिल सकी। प्रा. डोंगरे बी.ए. में पद्य पढ़ाते थे। सर ब्राह्मण थे, गोरे और सुन्दर थे। वे अक्सर हमें अपनी कविता सुनाते। वे सामाजिक, राजनीतिक, आर्थिक और सांस्कृतिक क्षेत्र की विद्रूपता पर व्यंगात्मक कविताएँ लिखते थे। उनकी एक कविता की पंक्तियाँ याद हैं–"लोग भूख से मरते रहे/हम बुद्धिजीवी क्या करते/भूख की परिभाषा करते रहे।"

उनकी व्यंग्योक्ति की कविताएँ और कविता सुनाने का ढंग बहुत अच्छा लगता था। ऐसे समय सर को मैं एकटक देखती थी। एक बार सर ने कहा था–"पागल कहीं की।" तब मुझे अपनी गलती का एहसास हुआ था, साथ ही अपनी जाति के अपमान का एहसास कटुता के साथ हुआ था। ब्राह्मण और अछूत के अंतर की पीड़ा कई दिनों तक मैं महसूस करती रही थी। इसके साथ मन में यह भाव भी जागा था–'मैं भी किसी से कम नहीं हूँ।' तब अपनी अस्मिता के प्रति निष्ठा का भाव आक्रोश के साथ जागा था। सवर्णों का व्यवहार हर बात में हमें हमारी जाति की निम्नता का बोध कराता था। हम भी इस बात को जानते-मानते हुए चुप रहते थे। कभी इस बात से बहुत दुख होता था, कभी गुस्सा आता था।

कॉलेज जाने के लिए मैं डाक बंगले के सामने, सड़क के किनारे खड़ी रहती थी। रेलवे स्टेशन की या गाँव की सवारियाँ लेकर तांगे बानापुरा से सिवनी जाना आना करते। छोटे गाँव में सभी एक दूसरे को जानते-पहचानते थे। विशेषकर जाति के मामले में वे अधिक सतर्क रहते। पहली मुलाकात में ही, किसी भी अनजान से उसकी जाति पूछने में कभी नहीं झिझकते। जब तक सामने वाले की जाति का पता न चले, तब तक मानो उन्हें परिचय ही नहीं मिलता। येन-केन-प्रकारेण जाति का पता लगाकर ही रहते। गाँव के लोगों को और सभी तांगे वालों को मेरी जाति मालूम

थी। कोई यदि धोखे से भूल जाये तो पहले ही तुरन्त पूछ लेते–“किसकी मोढ़ी है? कहाँ रहो हो?” सबको पता था, डाक बंगले के पीछे अछूतों के घर हैं। सवारी लेकर जब कोई भरा तांगा निकलता और तांगेवाला नहीं रोकता तब मैं समझ जाती, तांगे में जरूर हिन्दू महाजन बैठे होंगे। कभी-कभी सिर्फ एक सवारी लेकर तांगा निकलता, वह भी नहीं रुकता।

ताँगेवाले मुसलमान भाई जानते थे, ये हिन्दू महाजन मुसलमानों के ताँगे में बैठ सकते हैं, मगर अपने साथ किसी हिन्दू अछूत को कभी नहीं बैठने देंगे। वे क्रिश्चियन के साथ बैठ सकते है, भले ही वह क्रिश्चियन धर्म बदलने के पहले कभी अछूत रहा होगा। हिन्दू धर्म की छुआछूत, हिन्दू धर्म की सीमा के अन्दर ही थी। गाँव के मुसलमानों ने हमसे जाति भेद नहीं माना। उनके घर जाने पर वे अपने बर्तनों में ही चाय-पानी पिलाते थे और बहुत ही अपनेपन, भाईचारे के साथ मिलते थे। ताँगेवाले मुझे देखते हुए निकल जाते, तब ताँगेवालों पर नहीं, ताँगे में बैठी सवारियों पर गुस्सा आता था।

परीक्षा के दिनों में इस तरह देरी होने पर ऐसा गुस्सा आता कि उन सवारियों को पत्थर उठाकर मारूँ। मगर बस सोचकर ही रह जाती थी। सरेआम सड़क पर पत्थर चलाऊँगी तो लोग मुझे क्या कहेंगे? यह सोचकर, मन में धीरज धरकर अगले ताँगे का इंतजार करती थी। उस समय सिवनी बानापुरा के बीच सिर्फ ताँगे ही चलते थे। आटो रिक्शे नौवें दशक में शुरू हुए। ट्रेन से उतरी अनजान सवारी के साथ ताँगेवाले मुझे भी ताँगे में बैठा लेते थे। उन सवारियों में कोई मेरी जाति को जानता तो, वह मुझे ताँगे में बैठता देख तुरन्त उतरने लगता, साथ ही गुस्से से कहता–“अरे भाई, क्या अंधेर कर रहे हो? किसको हमारे साथ बैठा रहे हो? जरा सोच समझकर, सवारी देखकर बैठाओ। नहीं तो, कहो तो हम उतर जाते हैं।”

लोगों की ऐसी बातें सुनकर मैं छटपटा क्र रह जाती, जातिभेद का अपमान हृदय में शूल की तरह चुभता, आँखों में गुस्सा उतर आता। वर्णवादी तिलकधारी, चुटियाधारी, श्वेतवस्त्रधारी सवर्ण मुझे घटिया मनोवृत्ति के निकृष्ट, दुष्ट लोग लगते थे। उन्हें उपेक्षा से देखते हुए मैं पीछे हट जाती। ताँगेवाले उन्हें ही बैठाये खिसियाते हुए आगे बढ़ जाते। आखिर उनकी भी रोजी-रोटी का सवाल रहता। एक दिन सबके सामने हमें बैठा लेंगे तो दूसरे दिन उसके ताँगे में कौन बैठेगा? वर्षों तक यही चलता रहा। सिवनी हम पैदल ही जाते थे। मैं अधिकतर पैदल ही कॉलेज जाती थी।

उस समय 'कुसुम महाविद्यालय' के प्राचार्य चतुर्वेदी थे। वे अक्सर मुझसे कहते थे–“सुशीला, तुम पढ़ाई में होशियार हो, मार्गदर्शन के लिए मेरे घर आया करो। मैं तुम्हें कलेक्टर बनवा दूँगा।” मैंने सर की यह बात अपनी सहेली को बताई।

नर्मदा कोरी ने मुझे बताया था—"सुशीला, सर की बातों में नहीं आना। वे लड़कियों के प्रति बुरी नजर रखते हैं।" शायद उसको ऐसा कोई अनुभव मिला होगा। वह बहुत ही गोरी, सुन्दर लड़की थी। तब चतुर्वेदी सर से मार्गदर्शन लेने के विषय में मैंने सोचा भी नहीं।

बी. ए. द्वितीय वर्ष में सम्पन्न जैसवाल परिवार की एक सुन्दर, सुकुमार नई लड़की आई। प्राचार्य उसे बार-बार अपने घर बुलाते थे। एक दिन वह लड़की कॉलेज में बहुत उदास थी। लड़कियों के पूछने पर उसने गुस्से के साथ बताया—"मैं तो सर को अपने दादा जी जैसा मानती थी। सर ने मुझे अकेले अपने घर बुलाया और मेरा हाथ पकड़ लिया। मैं तो बहुत डर गई थी।" उसने डरकर तुरन्त अपनी नाजुक हथेलियों से चेहरा छिपा लिया था। लड़कियाँ चुप रहीं। मैं यह नहीं समझ पाई, यह लड़की सर के घर अकेली गई ही क्यों? सर ने मुझे कलेक्टर बनवा देने की बात कही थी, तब लगा था मैं होशियार हूँ। बाद में समझ आया था कि मैं लड़की हूँ। झाँसा देकर, लालच देकर जाल में फँसाने के प्रयत्न ऐसे ही किये जाते हैं।

माँ हमेशा कहती थी—"बड़े लोगों की बातें भी बड़ी रहती हैं। चाहे जितनी बड़ी बात हो जाये, कोई मुँह नहीं खोलता। लोग उनकी बात करने से डरते हैं। मगर किसी गरीब की ऐसी कोई बात हो जाये तो लोग मुँह पर भी और पीठ पीछे भी थू-थू करते हैं। गरीब की सम्पत्ति उसकी इज्जत है, खासकर बेटियों की इज्जत।"

उन दिनों हमारे यहाँ बेलबाटम पहनने का फैशन था। कॉलेज की धनाढ्य लड़कियाँ सलेक्स भी पहनती थीं। नर्मदा कोरी स्कर्ट और शर्ट पहनती थी। कभी लुंगी कुर्ता पहनकर आती थी। शुभलता बिना सलेक्स के, घुटने तक सिर्फ कुर्ती पहनती थी। उसके गोरे पैर खुले दिखते थे। अधिकतर लड़कियाँ सलवार सूट पहनती थीं। मैं साड़ी पहनती थी, फैशन करना या नजाकत दिखाना मेरे हित में नहीं था। मैं सादगी के साथ रहते हुए पढ़ाई करती रही।

कॉलेज में मुझे स्कॉलरशिप मिलती थी। माँ उन रुपयों से हमारी किताब-कॉपी और कपड़े खरीद देती थी। भाइयों को मिली स्कॉलरशिप से भी पढ़ाई का खर्च उठाने में माँ को सहारा मिलता था। स्कॉलरशिप आने पर हमें सूचना दी जाती, तब ऑफिस से स्कॉलरशिप लेते समय अपनी जाति का बोध होता था। मुझे इस बात का संकोच होता था कि सब मुझे देख रहे हैं, मेरी जाति को समझ रहे हैं, मगर इसके सिवा कोई दूसरा चारा नहीं था। हमें पहले से इतना कमजोर बना दिया गया था कि बिना सहारे हम चल ही नहीं सकते थे।

गरीब अछूत होने के साथ लड़की होना दोहरे सन्ताप की बात है। अछूत की बेटियाँ दुर्घटनाओं का सामना करती रही हैं। दलित स्त्रियाँ जीवन का सन्ताप सदियों

से भोग रही हैं। समाज के ऐसे व्यवहार को देखते हुए माँ मेरी चिन्ता करती थी और इन बातों से डरती थी, मुझे हमेशा सावधान रहने के लिए समझाती थी, फिर भी मेरे साथ यह घटना घटी थी। कॉलेज जाने का एक रास्ता सीधा था, जो डॉक बंगले से पेट्रोल पम्प होता हुआ, दो पीपल वाले बाबा की मढ़ैया के पास से मुड़कर, तहसील ऑफिस होता हुआ सिवनी जाता है। दूसरा कच्चा रास्ता थोड़ा छोटा था। पेट्रोल पम्प के बाद, कच्चा रास्ता खेतों के बीच से होता हुआ अमराई पार करते हुए तहसील ऑफिस के कुछ पहले मुख्य सड़क से मिलता था। तांगे न मिलने पर, कॉलेज जल्दी पहुँचने के लिए कई बार मैं अकेली कच्चे रास्तें से जाती थी। लौटते समय पाँच बजे के बाद शाम होने पर, इस रास्ते से न आकर बड़ी सड़क के लम्बे रास्ते से लौटती थी। माँ कच्चे सूने रास्ते से कॉलेज जाने-आने पर सख्त मना करती थी। मुझे भी उस रास्ते पर पेड़ों और जमीन पर बैठे काले मुँह वाले बन्दरों से बहुत डर लगता था।

जब मैं बी. ए. द्वितीय वर्ष में थी, एक बार कॉलेज की छुट्टी होने पर शाम को पक्के रास्ते से घर जाने के लिए अकेली चली। साड़ी ब्लाउज पहनी थी, बालों की दो चोटियाँ थीं, हाथ में तीन चार किताब कापियाँ थीं। अपनी धुन में कुछ सोचते हुए, नीचे देखते हुए सड़क के बायें तरफ किनारे-किनारे आगे बढ़ती जा रही थी। तभी कच्चे रास्ते के मुहाने के कुछ पहले चार पाँच लड़के अपनी-अपनी साइकिल लेकर तेजी से आये और मेरे आगे पीछे चलने लगे। मैं चुपचाप चलती रही। कच्चे रास्ते के मुहाने पर सबने मेरे चारों तरफ गोलाकार में साइकिल खड़ी कर दी और सब मेरी तरफ देखने लगे।

उन दिनों सोमवार बाजार का दिन छोड़कर बाकी दिन शाम के समय सड़क अक्सर सूनी रहती थी। कभी-कभी आधा घंटा कोई आता-जाता नहीं दिखता था। मैं समझ नहीं पाई इन लड़कों ने मेरा रास्ता क्यों रोक दिया? ये रुक क्यों गये? मैं सहज भाव से यह जानने के लिए उनके एक-एक के चेहरे देखने लगी। मुझे डर नहीं लगा। सभी लड़के 18-20 वर्ष के बीच की उम्र के थे। उन्हें देखकर मैंने महसूस किया—'इनसे बड़े तो मेरे छोटे भाई दिखते हैं, इनसे क्या डरना। मुझे डरने जैसी कोई बात नहीं लगी। मैं न डरी, न भागी, न चिल्लाई, न रोई, न काँपी, न घबराई। बस तटस्थ भाव से उनको, एक-एक को देखती रही। मुझे समझ नहीं आ रहा था, ये लगभग एक जैसे, एक बराबर के लड़के कौन हैं, यहाँ कहाँ से आ गये? कॉलेज के हैं या सिवनी के? पता नहीं, मेरा रास्ता क्यों रोक रहे हैं? उलझन के साथ मैंने उनको गौर से देखा। पता नहीं क्या सोचकर उन्होंने एक दूसरे को इशारा किया और धड़ाधड़ अपनी साइकिल सीधी करके कच्चे रास्ते पर निकल गये। उनके जाने के बाद भी

मैं दो मिनिट वहीं खड़ी रही, फिर जल्दी आगे बढ़ गई। तब मुझे यह घटना छोटी लगी थी मगर अब सोचती हूँ, इस घटना का परिणाम भयंकर भी हो सकता था, जिसका संताप मुझे जीवन भर भोगना पड़ता।

मैंने यह बात माँ को नहीं बताई थी, किसी को भी नहीं बताई। उस समय मुझे लगा था—छोटे-छोटे लड़के हैं, शायद उनका बचपना होगा। उनकी बात बताने से मेरा कॉलेज जाना बन्द कर दिया जायेगा। मुझे वह बात याद थी, पिता और भाइयों ने ऐसी घटनाओं के डर से ही, मॅट्रिक के बाद, मेरी आगे की पढ़ाई के लिए कॉलेज जाना रोका था। दुर्घटनाएँ होती रहती हैं, कभी भी, किसी के साथ हो सकती हैं, फिर बेटी और बहन की इज्जत दो आँखों के बीच, मुँह के ऊपर नाक है। क्या कोई पिता और भाई जानबूझ कर अपनी नाक कटवाना चाहेंगे? कभी नहीं। जानते बूझते मक्खी खाई जा सकती है मगर नाक नहीं कटाई जाती। अपनी लड़की को चुपचाप घर में बैठा देना कठिन काम नहीं है, अपनी नाक बचाना कठिन काम है। इसी कारण उन्होंने यह निर्णय लिया था—"शीला कॉलेज नहीं जायेगी—" मैं आश्चर्यचकित रह गई थी—"क्यों नहीं जा सकती कॉलेज? कारण बताओ? मेरी गलती क्या है?" "गलती कुछ नहीं है, जमाना गलत है, लोग गलत हैं। इसलिए कॉलेज नहीं जायेगी।" बस यही जवाब मिलता रहा। माँ ने डरते हुए भाइयों और पिताजी से कहा था—"पढ़ती है तो पढ़ने दो, शादी का रिश्ता पक्का होते ही शादी कर देंगे। मुन्ना (मोहन) कॉलेज तक साथ चला जाया करेगा।"

तब माँ को खूब बातें सुनाई गईं। बड़े भाइयों और पिताजी ने माँ को बहुत डाँटा। माँ को मेरा पक्ष लेने से मना किया—"कौन लेगा सब जिम्मेदारी? कौन जायेगा रोज साथ? अगर कोई दुर्घटना हुई तो? नाक कटेगी तो हमारी। चार लोगों में हमको उठना-बैठना पड़ता है, नाक तो हमारी कटेगी। बहुत शौक आया है लड़की को कॉलेज भेजने का? गाँव का मामला है, जरा में इज्जत धूल में मिल जायेगी। मालूम नहीं है क्या?"

मैं समझ नहीं पाती थी, मेरे कॉलेज जाने से ऐसा क्या हो जायेगा कि मेरे बप्पा और भाइयों की इज्जत धूल में मिल जायेगी? मेरे कॉलेज जाने से उनकी नाक कैसे कट जायेगी? मैंने माँ से पूछा था—"ऐसा क्यों कर रहे हैं? मुझे कॉलेज जाने से क्यों रोक रहे हैं?" माँ ने समझाया था—"बेटी, गाँव में कई गुण्डे बदमाश हैं। रस्ता चलती लड़कियों का रस्ता रोक लेते हैं। कभी कोई बदमाश धक्का दे दे या हाथ पकड़ ले तो इज्जत चली जाती है।" मैंने तब विश्वास के साथ कहा था—"मेरे साथ ऐसा कुछ नहीं होगा। मैं कॉलेज जाऊँगी। कॉलेज नहीं भेजोगे तो मर जाऊँगी, खाना नहीं खाऊँगी, पानी नहीं पियूँगी, कुछ काम नहीं करूँगी, घर का सब सामान तोड़-फोड़

डालूँगी।" माँ और नानी की इच्छा थी मैं कॉलेज जाऊँ, आगे और पढ़ूँ मगर पिता और भाइयों के सामने उनकी एक नहीं चल रही थी।

मैंने खाना छोड़ दिया। पानी को भी हाथ नहीं लगाया। पानी न पीने से घबराहट लगी तब पानी पिया मगर खाना नहीं खाया। मुझे उल्टियाँ होने लगीं। घर के सब लोग खाना खाने के लिए मनाते रहे। मैंने दृढ़ निश्चय के साथ कहा था—"मैं खाना नहीं खाऊँगी। पहले कॉलेज में मेरा एडमिशन कराओ तब कुछ खाऊँगी।"

माँ पिता और भाइयों के हाथ जोड़ती रही, पैर पड़ती रही—"लड़की मर जायेगी, कॉलेज में नाम लिखवा दो। कुछ गलत नहीं होगा।" पिताजी सहमत थे मगर चुप थे। भाइयों को कुछ नहीं कह सके। मेरी हालत देखकर शंकर भैया का दिल पसीजा। बड़े भैया ने भी जिद छोड़ दी। तब माँ ने मुस्कराते हुए एडमिशन फीस के रुपये शंकर भैया को दिये थे। भैया ने कॉलेज में मेरा एडमिशन करवा दिया। यह बात मेरे जीवन में बहुत स्मरणीय है। ग्यारहवीं मैट्रिक के बाद मेरी आगे की पढ़ाई पूर्ण रूप से रोक दी गई थी। मैंने इस तरह कॉलेज में एडमिशन करवाया था। यदि मेरी तरह इमरती दीदी ने, मालती ने, रिश्तेदारों की और जाति समुदाय की सभी लड़कियों ने दृढ़ निश्चय के साथ अपनी पढ़ाई जारी रखी होती, तो वे भी शिक्षा और प्रगति की मंजिल जरूर पातीं। सुविधा, अवसर और सहयोग के अभाव में वे ऐसा नहीं कर सकीं।

मेरे बी.ए. के समय बड़े भैया की नौकरी भिलाई में थी, शंकर भैया होशंगाबाद की पेपर मिल (एस.पी.एम.) में नौकरी करने लगे थे। पिताजी का ट्रांसफर बानापुरा से महाराष्ट्र के बडनेरा रेलवे स्टेशन हो गया था। वे महीने में एक-दो दिन के लिए ही बानापुरा आते थे। मँझली बहन की शादी 1966 में हो गई थी। मैं 70-71 के सत्र में बी. ए. प्रथम वर्ष में थी। तब छोटा भाई कमल आठवीं कक्षा में और मोहन 11 वीं कक्षा में पढ़ रहे थे। मेरे लिए माँ और नानी मन ही मन बहुत डरती थीं—कहीं कोई अप्रिय घटना न हो जाये। छुट्टियों में पिताजी घर आते तब माँ उन्हें मेरे रिश्ते के लिए घर और वर देखने दूर-दूर के शहर भेजती थी। रिश्ता पसंद न आने पर शादी की बात टल जाती। इस तरह मैं आगे पढ़ती रही। माँ, पिताजी और नानी की कामना थी, हम सब बहन भाई खूब आगे तक पढ़ें, डिग्रियाँ हासिल करें। उन्हें यह आभास था, पढ़-लिखकर, अच्छी नौकरी करने से सम्मान मिलता है, तब जातिभेद का अपमान अधिक नहीं सहना पड़ेगा। जाति से जुड़े रोजगार से मुक्ति मिलने पर सम्मान तो बढ़ेगा ही। कठिन परिश्रम करके मनोयोग के साथ उन्होंने हमें पढ़ाया था।

मैं बी. ए. द्वितीय वर्ष में पढ़ रही थी, तृतीय वर्ष की रजनी मोदी ने कहा

था–"सुशीला का चेहरा हम सबसे ज्यादा चमकता है।" तब सचमुच यह चमक अभावों में रहते हुए आत्मविश्वास की थी, पढ़ाई में हमेशा आगे रहने के विश्वास की थी, सादा जीवन उच्च विचार की थी और माँ, नानी के सरल-तरल ममत्व की छाया में विकसित जीवन तत्त्व की थी। 1973-74 में हमारी आर्थिक स्थिति अच्छी थी। दोनों भाई नौकरी करने लगे थे। शंकर भैया ने अपने गले की सोने की चेन यह कहते हुए मुझे पहना दी–"तू भी सोने की चेन पहनकर कॉलेज जाया कर। हिन्दू महाजन की लड़कियों के साथ पड़ती है। वे पहनती होंगी। हम भी किसी से कम नहीं हैं।" मुझे अपने भाइयों पर बहुत गर्व होता था।

माँ हमेशा कहती थी–खूब अच्छे से मत रहो। हिन्दू महाजन देखेंगे तो एतराज करेंगे। गाँव के लोग बोल कर सुनाये हैं–पन्ना बाई, तेरे छोरा-छोरी तो पहचान में ही नहीं आयें। माँ हर बात से डरती थी, कहीं कोई हम पर आँख न रख ले, कहीं कोई अदावत न निकाले, कहीं कोई हमारे पीछे गुण्डे न लगा दे। हमारी रक्षा के लिए रात-दिन प्रार्थना करती थी, हमें आशीर्वाद देती थी–"खूब पढ़ो, आगे बढ़ो, नाम कमाओ।" ये उसके बोध वाक्य थे। ऐसे समय नानी मन्द-मन्द मुस्काती थी जैसे यह उसके ही मन की बातें हों। जब मैंने बी. ए. फाइनल की परीक्षा दी थी, माँ को बहुत खुशी हुई थी। माँ ने गद्‌गद होकर कहा था–"कोई तो पढ़ सका, कोई तो आगे बढ़ सका। हमारो न सही, खुद का नाम रोशन कर लेगी।" पिताजी हमारी सफलता से खुश होते थे और गर्व के साथ हमारी बातें अपने लोगों को बताते थे।

हम पिताजी को बप्पा कहते थे। हमारे यहाँ माँ को बाई कहना भी एक अलग प्रकरण है। नानी की दो बेटियाँ थीं, पन्ना और तुलसा। तुलसा मौसी नानी को माँ कहती थी, माँ को बाई और पिताजी को बहनोई कहती थी। उनका सुनकर बड़ी बहन और दोनों बड़े भाई नानी को माँ, माँ को बाई और पिताजी को बहनोई कहने लगे थे। बाद में तुलसा मौसी की शादी हो गई। शादी के एक साल के भीतर गर्भावस्था में उसे चेचक निकली, तेज बुखार और कुछ गलत दवाइयों के कारण उसकी मृत्यु हो गई थी। इस तरह तुलसा मौसी भी नहीं रही। हम बहन-भाई अपनी नानी को माँ और माँ को बाई कहते रहे। मध्यप्रदेश में महिलाओं को बाई बहुत सम्मान के साथ कहा जाता है। हमारे रिश्तेदारों में अधिकतर घरों में माँ को बाई ही कहते हैं। मध्यप्रदेश के हमारे क्षेत्र में बोली-भाषा और रीति-रिवाजों में राजस्थानी प्रभाव अधिक है।

हमारी जाति के कई घरों में वंशावली बताने वाले भाट जाति के लोग आते थे। वे राजस्थान के निम्न कहलाने वाले वर्ग के लोग थे। 1969 में कल्लू भैया का बेटा संजय हुआ था, तब मैंने वंशावली बताने वाले उन लोगों को देखा और सुना

था। वे मारवाड़ियों के बही खाते जैसे लंबे रजिस्टर में वंशावली लिखित रूप में रखते थे और संबंधित घरों में जाकर वंशावली गा-गाकर बखानते थे। दादा के दादा के दादा का नाम लेते हुए क्रमशः वंशजों का नाम बताते थे। उनकी बताई हुई वंशावली मुझे बस इतनी ही याद है—"श्री. पन्नालाल के रामप्रसाद भये, रामप्रसाद जी के कल्लूराम। कल्लूराम के भये संजयलाल।"––

उस समय संजय छह महीने का था। खानदान की वंशावली में उसका नाम भी जोड़ा गया था। राजपूतों की वंशावली बखांनने वाली यह प्रथा-पद्धति हमारे घर में क्यों और कैसे थी? इसकी खोज इतिहास के पृष्ठों को उजागार कर सकती है। हमारी जाति में गोत्र या सरनेम राठौर, परमार, सिसोदिया, सोलंकी, हाड़ोती, टांक अधिकतर राजपूतों के गोत्र के समान हैं। इस कारण हमारे लोग स्वयं को पहले के राजपूत कहते हैं। वे राजपूत से भंगी कैसे बन गये? इसका इतिहास नहीं जानते। शिक्षा और जानकारी के अभाव में अपना सच्चा इतिहास कैसे जान पायेंगे? वे बातों से दिल को बहलाते हैं, इसकी अपेक्षा अपने सच्चे इतिहास की खोज के विषय में सोचना चाहिए।

शंकर भैया मैट्रिक करने के बाद होशंगाबाद की पेपर मिल में नौकरी करने लगे थे। तब मैं नौवीं कक्षा में पढ़ती थी। 1969 में शंकर भैया की शादी जलगाँव की प्रमिला बाई के साथ हुई थी। प्रमिला भाभी इकलौती बेटी थी। वह अधिकतर मायके में ही रहना चाहती थी। शंकर भैया घरजवांई बनकर रहना नहीं चाहते थे। यह बात हमारे परिवार में किसी को पसंद नहीं थी क्योंकि जाति समाज में घरजवांई बनकर रहना सम्मानपूर्ण नहीं माना जाता था। दो साल बाद भाभी और भैया के बीच तलाक हुआ था। उस दिन हमारे घर में सभी उदास थे। भाभी के साथ बीते दिन मुझे बहुत याद आये थे। शंकर भैया प्रमिला भाभी को हमेशा याद करते रहे। परिवार में हुए इस हादसे का ज़ख़्म हम सभी को दुखी करता रहा। शंकर भैया घर खर्च में माँ की मदद करते थे। मोहन और कमल छोटे थे, कल्लू भैया भिलाई में थे। मेरे लिए वर ढूँढ़ने में और शादी की तैयारी करने में शंकर भैया ने बहुत सहयोग दिया था। 1979 में शंकर भैया की दूसरी शादी मध्यप्रदेश के 'आमला' की केसर बाई के साथ हुई। भैया भाभी होशंगाबाद में रहने लगे थे।

इमरती बहन को शादी के 6 साल होने तक बच्चे नहीं हुए। ससुराल में सब उसे ताना देते थे और जीजाजी से दूसरा विवाह करने के लिए कहते थे। बच्चा न होने पर ससुराल में बहुओं को जली कटी बातें सुनाई जाती थीं, कई घरों में उन्हें बाँझ कहकर बहुत तकलीफ दी जाती थी। बहन का दुख देखकर मुझे भी दुख होता था। जीजाजी ने सबको साफ-साफ कह दिया था—"हमें नहीं करनी दूसरी शादी।

बच्चें हों या न हों, हम तो ऐसई सुखी रह लेंगे।" जीजाजी का स्वभाव-व्यवहार बहुत अच्छा था। बहन ने कभी कोई नौकरी नहीं की। जीजाजी ही अपने घर परिवार का खर्च उठाते थे और सारी व्यवस्था देखते थे। वे अधिकतर हँसी-मजाक की बातें करते थे। मैं जीजाजी से बहुत शर्माती थी, उनके सामने नहीं जाती थी। जीजाजी ने इमरती नाम बदलकर इन्दु रखा था, तब बहन हम सबसे कहती थी–"मुझे इन्दु कहा करो। इमरती का नाम अच्छा नहीं लगता है।" बहन की यह बात सुनकर मुझे अच्छा लगता था।

गाँव की छुआछूत-भेदभाव के कारण, साथ ही घर के काम और छोटे बहन-भाईयों को सँभालने के कारण दीदी चौथी से आगे पढ़ नहीं पाई थी। उसने शादी के बाद प्रायवेट परीक्षा का फार्म भरकर पाँचवीं और दसवों की परीक्षाएँ पास की थीं। वह भी बड़ी जीवट की जिद्दी और दृढ़ निश्चय वाली है। यदि उसे अवसर मिल पाते तो अपने जीवन में वह भी बहुत कुछ जरूर करती।

विवाह अपनी जाति में ही किये जाते थे। माँ मेरे लिए भी सुन्दर, शिक्षित और अच्छी नौकरी करने वाला वर ढूँढ़ना चाहती थी। इसके लिए माँ ने बहुत प्रयत्न किया था। पिताजी और माँ ने कई शहर जाकर मेरे लिए अच्छे वर और घर की तलाश की थी। मनपसंद रिश्ता न मिलने से शादी की बात टलती रही और मैं पढ़ती रही।

15 अगस्त 1972 के समय भारत की आजादी के पच्चीस साल होने पर आजादी की रजत जयन्ती मनाई गई, तब बहुत खुशियाँ मनाई गई थीं। हमारे गाँव में खूब सजावट की गई। रात में रोशनी करने का ऐलान किया गया था। सुखलाल राठौर बड़े मामा की पत्नी शकुन्तला मामी हमारे घर आई थी, तब हँसी-मजाक के रूप में हमसे कह रही थी–"अरे भैया, अपने-अपने घर की लालटेन घर के सामने रख दईयो। सरकारी ऐलान है। अपन और कैसी रोशनी करें? का हमरे घर मुदको (बहुत) तेल है? कि मुदकी दिया-बाती है?" उस दिन बानापुरा, सिवनी की सवर्ण बस्तियाँ ही नहीं, पूरे देश में सजावट के साथ बहुत रोशनी की गई, मगर गाँव से दूर हमारे घर अँधेरे में ही रहे थे।

उस समय पूँजीवाद के विरोध में और समाजवाद के पक्ष में बातें होती थीं। सरकारी नीतियों से भी समाजवाद को बढ़ावा दिया जाने लगा था। हिन्दी साहित्य में समाजवादी और प्रगतिवादी कविताओं पर काव्य गोष्ठी और कवि सम्मेलन होते थे। 1973 में सिवनी में सवर्ण-शिक्षित साहित्यप्रेमी लोगों ने बहुत बड़ा कवि सम्मेलन का आयोजन किया, जिसमें कवि भवानीप्रसाद मिश्र को सम्मानित किया गया था। हमारे घर के लोग ऐसे कार्यक्रमों में नहीं जाते थे, न ही कभी मुझे जाने के अवसर मिले। यह कार्यक्रम होने के बहुत बाद में मुझे इसकी जानकारी मिली थी।

लोग सामाजिक एकता और प्रगतिवादी विचारधारा की बातें करते थे, मगर सवर्ण समाज के समक्ष हमारी स्थिति पहले जैसी ही थी। परिवर्तन की बातें होती थीं लेकिन परम्पराओं को तोड़ने की हिम्मत नहीं थी। ऐसे माहौल में लोग अधिकतर जो पहले से चल रहा है, उसी को मानते हुए चलते थे। ऐसे ही दिन बीतते रहे। मैं कॉलेज में पढ़ती रही, इसके साथ माँ मेरी शादी की चिन्ता भी करती रही।

मेरी शादी के रिश्ते की कुछ बातें अभी भी याद हैं। इन बातचीत में लड़के ने स्वयं अपनी इच्छा के साथ अपने रिश्तेदारों को हमारे घर भेजकर, रिश्ते की बात करवानी चाही थी। मैं कक्षा आठवीं में थी तब मेरे साथ शादी के रिश्ते के लिए किसी का बहुत अनुरोध था। उसकी माँ, बहन और अन्य रिश्तेदारों ने इस बात के लिए कई बार मेरी माँ से अनुरोध किया था। तब मैं 14 वर्ष की थी, मैं यह नहीं जानती थी कि कोई मुझसे शादी करना चाहता है। मैंने यह बात बहुत बाद में जानी थी। बीस-इक्कीस साल का वह लड़का मैट्रिक था, अच्छी नौकरी करता था। कद ऊँचा, रंग काला साँवला था। तब माँ का कथन था–"पुलिस वाले कसाई होते हैं। मैं तो नहीं दूँगी अपनी बेटी।" इस तरह यह बात नहीं हो सकी थी।

मैं मैट्रिक में पढ़ रही थी, तब मेरी शादी के रिश्ते के लिए भोपाल से मेहमान आये थे। लड़के के पिताजी गोरे, ऊँचे, सुन्दर–भोपाली नवाब जैसे दिख रहे थे। मैंने सुना था वे बहुत रईस हैं। उनकी अपेक्षा हमारा परिवार बहुत गरीब था। मैंने इस रिश्ते का विरोध किया। लड़के के पिता लड़की देखने आये थे मगर मैं उनके सामने ही नहीं गई। इस तरह यह बात भी नहीं हो सकी थी। बाद में मुझे पता चला था, बीस-इक्कीस साल की उम्र का बी.ए. लड़का अपनी पसंद से मेरे साथ शादी करना चाहता था मगर मैं यह नहीं जानती थी। मैं बस इतना जानती थी, मुझे बहुत पढ़ाई करना है और स्वाभिमान के साथ रहना है। माँ मेरे लिए अच्छा वर तलाश रही थी। मैं भी मन ही मन कल्पनाओं में, सबसे अलग अनूठे, सबसे अच्छे और दिल से प्यार करने वाले जीवन-साथी के सपने देखती थी।

बी.ए. द्वितीय वर्ष में पढ़ते समय मेरी उम्र 18 वर्ष थी। गाँव में तब हमारी जाति में 14-15 वर्ष की उम्र में ही लड़कियों की शादी कर दी जाती थी। मेरी शादी करने के लिए माँ बहुत चिन्तित रहती थी। माँ पिताजी से मेरे लिए योग्य वर खोजने की बातें करती। पिताजी इंदौर, भोपाल जैसे बड़े शहर और कई छोटे शहरों में मेरे लिए अच्छा घर और वर देखने गये थे। लौटने के बाद वे सब बातें माँ को बताते, तब मेरे मन में भी भविष्य के सपने सजने लगते, होने वाले जीवन-साथी की कल्पनाएँ पंख पसारने लगतीं।

पुरानी हिन्दी फिल्मों से, आदर्श कथा-कहानियों से और माँ-नानी की शिक्षा

से यही सीखा था, माता-पिता जिसके साथ मेरा विवाह करेंगे, उसी से प्यार करना है और उसी का प्यार पाना है। अपने मन से किसी अनजान लड़के से प्रेम करना पाप है। प्रेम शादी के बाद पति से ही किया जाता है, यह संस्कार बचपन से मिला था। प्रेम के आदान-प्रदान की और मन की कोमल भावनाओं के फलने-फूलने की सम्पूर्ण अपेक्षा शादी के बाद पति से ही थी। मैं प्यार के सपने देखती थी–'मेरे सपनों का शहजादा जरूर आयेगा, वही मुझे प्यार देगा।' सामाजिक मानसिकता के अनुसार मेरे संस्कार ढाले गए थे। मैं यह भी सोचती थी–'कोई बड़ा नेकदिल इनसान होगा जो मुझसे विवाह करेगा।'

जिन्दगी दो-चार दिन की बात नहीं है। साल, महीने, दिन, घंटे और क्षणों में बँटी जिन्दगी अपने स्मृतिकोश में यादों को सुरक्षित रखती है। कुछ स्मृतियाँ धूमिल हो जाती हैं, कुछ सुप्त होकर खो जाती हैं मगर यादों की आँधी यदि फिर से उन्हें झकझोर दे या सहलाकर जाग्रत कर दे तब वे जीवनभर भुलाई नहीं जातीं। 'क्या भूलूँ क्या याद करूँ' के बदले 'याद करो...' की ध्वनि मुझे सुनाई देती है और अपनी कथा बताने के लिए प्रेरित करती है। अतीत के पन्ने पलटकर, अपने वर्तमान को समझने के लिए, अपने जीवन को अपनी नजर से देखने के लिए मैं अपनी कथा दोहरा रही हूँ।

क्या मेरे सपने पूरे हुए? मैंने क्या पाया, क्या खोया? जीवन के इस मोड़ ने मुझे जिन्दगी का नया रूप दिया था। पहले का जीवन मेरा अपना था। आगे का जीवन कैसा था? शिकंजे के बीच मैंने उसे कैसे जिया? शिकंजे के दर्द की यह मेरी आगे की कहानी है! विवाह के बाद ससुराल के जीवन का एक अलग शिकंजा शुरू हुआ। यहाँ पारिवारिक और सामाजिक जीवन के अनुभव अलग मिले। यहाँ भी जातिभेद की कथा साथ-साथ चलती रही। जिन्दगी की कहानी बहुत लम्बी है। अनेक बातें याद आती हैं।

1972 में हमारे घर नागपुर के मेहमान भैयालाल फातोड़े के साथ सुन्दरलाल टाकभौरे, उनकी माँ सोनाबाई टाकभौरे और बहन मीराबाई आये थे। भैयालाल फातोड़े, अपनी बुआ के बेटे सुन्दरलाल टाकभौरे के साथ मेरे लिए शादी का रिश्ता लेकर आये थे। मेहमानों के आने के पहले खूब तैयारियाँ की गई थीं। मैंने स्वयं घर बरामदे की लिपाई पुताई करके घर को सुन्दर बनाया था। नागपुर जैसे बड़े शहर के लोग आ रहे हैं, हाईस्कूल का शिक्षक सम्मानित वर और उसका परिवार आ रहा है, इस बात के लिए सबके मन में खुशी और उत्कण्ठा थी। माँ बार-बार दुआ माँग रही

थी—"भगवान, मेरी बेटी की नैया पार लगाना। उसको अच्छा घर, अच्छा वर मिले। नागपुर की बात पक्की हो जाये।"

विवाह की बात से गाँव की लड़कियाँ सकुचाई-शरमाई सी रहती हैं। मेरे मन में उस समय अनेक प्रकार के भावों की उथल-पुथल हुई थी। ऊहापोह, आशा-निराशा का भाव था। शर्म-संकोच ने मुझे छुई-मुई गुड़िया जैसा बना दिया था। अपने लिए खुद निर्णय लेने का तो सवाल ही नहीं था। जिनके संरक्षण में पली-बढ़ी थी, वे ही मेरे शुभचिन्तक मेरे भविष्य की चिन्ता करेंगे, यह विश्वास था।

नागपुर से आये मेहमानों को हमने हैरत के साथ देखा। टाकभौरे जी की माँ ने 16 हाथ लम्बी महाराष्ट्रियन साड़ी पहनी थी। बहन खूब मोटी तगड़ी और काली थी। दुबले-पतले, मध्यम कद और गेहुआँ रंग के टाकभौरेजी के सिर पर सामने बाल नहीं थे। उन्होंने सिर के पीछे के बाल घुमाकर सामने किये थे। उनकी उम्र अधिक दिख रही थी।

भैयालाल फातोड़े बार-बार टाकभौरे जी की और उनके पिता की बड़ाई कर रहे थे। पिता चुन्नीलाल टाकभौरे पन्द्रह वर्ष पहले गुजर गये थे। जाति-समाज में उनकी मान-प्रतिष्ठा थी। बहन अपने भाई की तारीफ करते हुए कह रही थी—"मेरा भाई हाईस्कूल का हेडमास्टर है, समाज का बड़ा नेता है, बड़ा विद्वान है।" तब मैंने सोचा था हेडमास्टर तो बड़ी उम्र में बनते हैं, समाज का नेता और विद्वान भी बड़ी उम्र में बनते हैं, तब इनकी कितनी उम्र है?

माँ, पिताजी निर्णय नहीं कर पा रहे थे—क्या करें? हमारे परिवार के सीधे सादे लोग बड़े शहर के इन लोगों से कुछ पूछने में भी संकोच कर रहे थे, कैसे पूछे? क्या पूछे? चाय-शर्बत, खाना-पीना हुआ। किसी तरह संकोच के साथ पिताजी और बड़े भैया ने टाकभौरे जी से पूछा—"गुरुजी आपकी उमर क्या है? आपकी जन्म तारीख क्या है?"

वे भोलेपन के साथ बोले थे—"मैंने अभी-अभी बी.ए. किया है। इसी साल बी. ए. फाइनल की परीक्षा दी है।" तब माँ, पिताजी और मामा ने आपस में कहा था, देखने में शीला की उमर से बहुत अन्तर दिखता है। हो सकता है महाराष्ट्र के शहर के लोग ऐसे ही दिखते होंगे। फिर भी अपना संशय मिटाने के लिए हरि राठौर मामा, सुखलाल राठौर मामा और पिताजी ने बार-बार पूछा था—"मास्टर जी, आपकी उमर कितनी है?" उन्होंने हर बार सहजता और सरलता के साथ यही कहा--"मैंने इसी साल बी.ए. की परीक्षा दी है।" फातोड़े जी ने भी इस सम्बन्ध में स्पष्ट जानकारी नहीं दी थी।

उनकी कही बात गलत नहीं थी, बात सीधे तरह से न बताकर ऐसा कहा था।

यह नहीं बताया था, उनका जन्म फरवरी 1936 का है, 1960 में मॅट्रिक किया और 1962 में प्राइमरी स्कूल टीचर ट्रेनिंग एस.टी.सी. करके मिडिल स्कूल में पढ़ाने लगे। धीरे-धीरे 1972 में बी.ए. किया था। सिर के बाल कम उम्र में सफेद होना वैसे आम बात है मगर दाढ़ी के बाल? मैंने सुना था चालीस साल की उम्र के बाद कुछ आदमी गंजे होते हैं, तब इन्हें देखकर मुझे भी संशय हुआ था, इनकी उम्र कितनी है?

हमारी जाति में बी.ए. पढ़ा वर मिलना मुश्किल बात थी। नागपुर के मेहमानों को भी अपनी जाति में बी.ए. पढ़ी हुई लड़की मिलना कठिन था, इसलिए उनका भी आग्रह अधिक था। दुविधा की स्थिति में, माँ पिताजी आपस में विचार विमर्श करके, शादी की बात पक्की करने के लिए सहमत हो गये थे। माँ ने पहली नजर में टाकभौरे जी में ये गुण देखे थे—पढ़ा-लिखा समझदार मास्टर आदमी है, बेटी को सुख से रखेंगे। भैयालाल फातोड़े ने माँ को टाकभौरे जी की कुछ बातें अच्छी बताई थीं, वे शराब नहीं पीते, बीड़ी-सिगरेट नहीं पीते, पान नहीं खाते, दूसरों की तरह गाली-गलौच नहीं करते, दूसरों से झगड़ा लड़ाई नहीं करते, जुआँ, सट्टा जैसी बुरी आदत नहीं। इसलिए वे माँ को अच्छे लगे थे। तभी मालूम हुआ था उनकी बहन ससुराल नहीं जाती है, भाई और माँ के साथ मायके में ही रहती है, तब दूरदर्शी माँ ने सोचकर कहा था—"बहन कितने दिन मायके में रहेगी? अपने बाल बच्चे होने पर भाई खुद ही उसे ससुराल भेज देगा।"

शादी की बात पक्की हो गई तब टाकभौरे जी ने अपनी इच्छा जाहिर की, वे सगाई के पहले एक बार मुझसे बात करना चाहते हैं। माँ ने सहर्ष सहमति दे दी। मीराबाई मुझे लेकर इनके पास छोड़कर चली गई। मैं नीची नजर करके खड़ी थी। उन्होंने पूछा—"आपको शादी की यह बात पसंद है न? बाद में नहीं कहना कि पसंद नहीं है।" मैं क्या कहती? चुप रही। इनसे बात करते समय ऐसा लग रहा था, मैं हाईस्कूल के किसी शिक्षक से बात कर रही हूँ। उन्होंने पूछा—"आगे क्या करना चाहती हो?"

मैंने कहा—"मैं आगे और पढ़ना चाहती हूँ।" तब उन्होंने कहा था—"ठीक है, आगे और पढ़ना।" मैं खुश हो गई, जैसे पढ़ाई करना ही मेरी जिन्दगी का एकमात्र सपना था। इसके बाद मैंने और कुछ नहीं देखा। मैं आगे पढ़ाई कर सकूँगी, इसके बाद मैंने ज्यादा कुछ नहीं सोचा। सच पूछा जाये तो मुझे यह ज्ञान ही नहीं था, शादी कितनी उम्र वाले से की जाती है। समाज में 5-10 साल छोटी पत्नी रहना आम बात मानी जाती थी। जैसी श्रद्धा मैं अपने शिक्षकों के प्रति रखती थी, वैसे ही श्रद्धाभाव से मैंने टाकभौरे जी को देखा था।

इटारसी वाले मामा के आग्रह पर माँ पिताजी टाकभौरे जी के साथ मेरी सगाई

के लिए सहमत हो गये। ननद ने मुझे हल्दी कुमकुम का टीका लगाकर एक रुपया नारियल और साड़ी-ब्लाउज दिया था। माँ, पिताजी ने भी टाकभौरे जी को रुपया नारियल के साथ पैंट शर्ट का कपड़ा दिया। भाइयों और रिश्तेदारों ने भी उन्हें टीका लगाया। हमारे घर के लोग उन्हें गुरुजी और मास्टर जी कहते थे।

माँ की इच्छा थी, मैं बी.ए. फाइनल की परीक्षा बानापुरा में रहकर दूँ। विवाह तिपि ठीक से न मिलने के कारण विवाह आगे बढ़ता गया, तब तक मैंने बी.ए. फाइनल की परीक्षा दे दी थी। माँ का सपना पूरा हुआ, मैं बी.ए. की परीक्षा दे सकी। माँ का यह सपना भी पूरा हुआ, उन्होंने मेरे लिए नागपुर जैसे बड़े शहर में ससुराल ढूँढ़ी, उन्हें शिक्षित दामाद मिला। उस समय हमारे जाति समुदाय में शिक्षक दामाद पा लेना बड़ी बात थी, तब मैं भी शिक्षित परिवार के उत्तम वातावरण के विषय में कल्पना करने लगी थी। नागपुर की सन्तरा नगरी की कल्पना मेरे मन में मीठे रस की फुहारें बरसाती। मैं आशा और विश्वास के साथ अपने भविष्य के सपने सँजोने लगी थी।

विवाह के पहले इस बीच सिर्फ एक बार टाकभौरे जी अपनी माँ और बहन के साथ राखी के त्योहार पर रस्म निभाने के लिए बानापुरा आये थे, तब भी मैंने यही सोचा था—"मुझे क्या देखना है? जो देखना है मेरे माता-पिता और भाई-भाभी देखेंगे। जब मेरी चिन्ता करने वाले हैं तब मैं क्यों अपनी चिन्ता करूँ?" शर्म, संकोच के लिहाज से जैसे अपनी आँखों से कुछ देखना ही गलत था। बचपन से सिखाये आदर्श और संस्कारों से बनी अपाहिज मानसिकता के कारण मैं अपने जीवन के विषय में कुछ सोच ही नहीं पाती थी। समाज में अधिकतर लड़कियों की ऐसी ही स्थिति रहती है। बी.ए. फाइनल की परीक्षा के बाद, रिजल्ट आने के पहले मेरे जीवन में नया मोड़ आया, 6 मार्च 1974 मेरी शादी की तारीख तय हुई। माँ ने गाँव के साहूकारों से रुपये उधार लेकर शादी की तैयारी की, बाद में कर्ज का रुपया ब्याज के साथ कई वर्ष तक भरा था।

विवाह शुरू होने के पहले माँ माता पूजन के लिए खेड़ापति देवी के मंदिर अपने सिर पर गरम सिगड़ी रखकर और कच्चे सूत के धागे से हाथ बाँधकर बिना चप्पल के गई थी। क्यों किया था माँ ने यह सब अन्धानुकरण, अन्धविश्वास? सवासन बहन के हाथ में पूजा की थाली और पानी का लोटा था। काकी, मामी, भाभी और सभी रिश्तेदार महिलाएँ गीत गाती हुई साथ-साथ गई थीं। सब ऊँचे स्वर में गा रही थीं—

"खोलो किबाड़ी मैया, देखूँ तेरी बाड़ी... दर्शन की बलिहारी..." शादी के लोकगीत और हल्दी-चिकसे के गीत गाये गये थे। माँ ने मंदिर के सामने जमीन पर

लोट लगाकर देवी माँ से मेरी खुशियों और सुखी भविष्य की भीख माँगी थी। देवी की पत्थर की मूर्ति को तेल, हल्दी चढ़ाने के बाद मुझे हल्दी लगाई गई। ये रीति-रिवाज और सोच-विचार परम्पराओं के रूप में कई पीढ़ियों से चल रहे थे। परम्पराओं का अनुकरण ही जैसे धर्म था, अन्धानुकरण ही धर्म था, अन्धविश्वास ही धर्म था।

माँ के दिल में अपने बच्चों की खुशियों और उनके सुखद भविष्य का बहुत अरमान था। जीवन भर परिश्रम से और श्रद्धा से वह हमारे सुख-सम्मान का निर्माण करती रही। हमारे विद्यार्थी जीवन के साथ वैवाहिक जीवन के निर्माण में माँ का योगदान अधिक रहा। वह हर काम निष्ठा के साथ अपनी देखरेख में करवाती रही। आम और जामुन के हरे पत्तों के मंडप के नीचे, मायखम्ब के पास, सात सुहागनों ने मुझे तेल चढ़ाकर हल्दी लगाई। पलाश की लकड़ी के छोटे खंब को मायखम्ब कहना, यह माँ के आश्रय का प्रतीक है। यह मातृसत्ता के युग का प्रतीक है। यह मूलनिवासी परंपरा का संकेत हैं। इसके साथ पितृसत्ता युग की रीति-परंपराएँ भी जुड़ती रही।

बेटी का नया घर संसार बनने की खुशी थी, साथ ही बेटी के बिछड़ने के दुख से माँ रोयी थी। सबने बन्नी के गीत गाये थे, इमरती बहन ढोलक बजाकर नाची, गाई थी–"बन्नी तेरी हल्दी, लाखों की...।" यह फिल्मी गीत भी कई बार गाया गया–"बाबुल की दुआएँ लेती जा, जा तुझको सुखी संसार मिले...। मैके की कभी न याद आये, ससुराल में इतना प्यार मिले।" यह गीत सुनकर मुझे बहुत रोना आता था, अपने मैके के लोगों के प्रति प्यार मन में हिलोरें लेने लगता था। शाम सात-आठ बजे के बीच बारात मंडप के सामने आई। बारात की अगवानी की गई, मैं भी प्रतीक्षा में थी, मेरे सपनों का राजकुमार घोड़े पर बैठकर बारात लेकर आयेगा, मुझे डोली में बैठाकर सपनों के संसार में ले जायेगा। मेरी शादी के समय इस फिल्मी गीत का बहुत बोलबाला था–'ले जायेंगे, ले जायेंगे, दिल वाले दुल्हनियाँ ले जायेंगे।' तब यह गीत मुझे भी अच्छा लगता था।

दूल्हे को मंडप मारने के लिए कहा गया। टाकभौरे जी ने अपने हाथ का बांस की पट्टी का छोटा पंखा मंडप के ऊपर फेंका, मैं चादर की ओट में खड़ी थी, मैंने उनके ऊपर हल्दी चावल फेंके थे। यह लड़की के तरफ से किये गये विरोध की रस्म का प्रदर्शन था। राजपूत काल में इसी तरह आक्रमण करके लड़कियों को ब्याह कर ले जाते थे। हारी हुई लड़कियाँ रोती-कलपती ससुराल जाती थीं।

मैंने भाइयों की शादी में देखा था, बारात जाते समय माँ दूल्हा बेटे को छाती से लगाती थी मानो दूध पिलाकर ससुराल भेज रही हो। माँ कहती थी–"बेटा जीतकर

आना, बहू लेकर आना।" राजपूतों में अधिकतर शादी ब्याह युद्ध से ही होते थे। गाँव में हमारे रीति-रिवाज अधिकतर राजस्थानी पद्धति के थे।

बारात लगने के बाद मुझे मायखम्ब के पास रखे नये कोरे घड़े के ठंडे पानी से नहलाया गया था। सहनशीलता बढ़ाने का यह कठिन पाठ था। ठंड से मेरे दाँत बजने लगे थे। नहलाने के बाद ससुराल से आये कपड़े पहनाये गये, शृंगार किया गया। मंडप में गोबर से बनाई गणेश की मूर्ति की पूजा की गई। विवाह भोज में सबको आलू-बैंगन की सब्जी, पूड़ी, नमकीन, सेव और बूँदी खिलाये थे। नागपुर के लोग पूछ रहे थे—"चावल क्यों नहीं पकाया?" माँ इसका सही जवाब नहीं दे सकी थी।

बेटी जवांई के पैर पूजने के समय माँ ने हम दोनों की हथेली के बीच आटे की बड़ी लोई का हथलोया रखा था ताकि हम दोनों को सदा साथ रहने की भावना याद रहे। हाथ में हाथ रखकर हम पैर पूजने वाले रिश्तेदारों को दूसरे हाथ से टीका लगाते रहे। पैर पूजते समय रिश्तेदार कोई गहना वस्तु या नगद रुपये मुझे कन्यादान में देकर, हम दोनों के पैर दूध से धोकर चरणामृत पीते थे और हमारे पैरों पर सिर झुकाते थे। विवाह में कन्या को कुछ देना और चरण छूना बड़ा धर्म माना जाता था। मेरे प्रति रिश्तेदारों का स्नेह, शुभ आशीष और सम्मान का भाव देखकर हृदय में रुदन की हिलोरें उठी थीं।

मेरा विवाह हिन्दू पद्धति से हुआ था। हम हिन्दू कहलाते थे मगर सवर्ण हिन्दू समाज हमें अछूत मानकर दूर रखते थे, फिर भी हम उनका अनुकरण करते थे। विवाह में भाँवर के समय चार फेरों में टाकभौरे जी आगे रहे, मैं पीछे थी। बाद के तीन फेरों में मैं आगे थी टाकभौरे जी पीछे थे। समाज में स्त्री-पुरुष के समान महत्त्व और सम्मान के बीच सन्तुलन बनाये रखने के सांकेतिक प्रयास की दृष्टि से ऐसा किया जाता होगा। टाकभौरेजी ने चाँदी के छल्ले से मेरी माँग में सिन्दूर भरा।

भाँवर फेरे के बाद दूधाभाती के समय हमने सबके सामने एक दूसरे को अपने हाथों से मीठा चावल खिलाया। ऐसी रस्में समाज में नवदम्पति के प्रेम को मंजूरी देने के लिए और उनके आपसी प्रेम को बढ़ाने के लिए ही की जाती हैं। काकी, मामी, और भाभियों के सहयोग से हमने सिंघाडे मुट्ठी में छिपाकर 'इक्की कि दुक्की' का खेल भी खेला था। दोनों को समान रूप से जीतने का अवसर दिया गया था। सभी रस्म निभाते हुए सुन्दरलाल टाकभौरे जी के साथ मुझे विवाह बन्धन में बाँध दिया।

विवाह के समय टाकभौरे जी को पहली बार अपने नजदीक बैठे देखा था तब मुझे बहुत अजीब लगा था—'इतने प्रौढ़ व्यक्ति से मेरी शादी हो रही है?' तब भय

की झुरझुरी सी आई थी। मन में अनेक शंका और प्रश्न उठे थे–मेरा जीवन कैसा होगा? मेरा भविष्य कैसा होगा? ससुराल के लोग मेरे साथ कैसा व्यवहार करेंगे?

बिदाई के समय माँ ने घर के सूपा, कलछी, चाकू, मूसल, अरई, सब्बल आदि एक-एक सामान से दुल्हन और दूल्हे को परछा था। वह अपने आँचल के पल्लू को सामान से जोड़कर हमारे माथे, कंधे, हाथ और पाँव को छुआती थी मानो घर के ये सभी सामान भी घर की बेटी को बिदा कर रहे हों और परछते समय दामाद को छूकर उनसे अपना परिचय कर रहे हों। मैं बिदाई के समय माँ, नानी, बहन और सब रिश्तेदारों के गले मिलकर रोई थी। माँ ने अच्छी तरह से समझाया था–"बेटी, किसी बात की जिद नहीं करना। जैसा बोलें वैसा करना। सबकी बात सुनना। किसी को किसी बात का जवाब नहीं देना। सबकी सेवा करना, सबका सम्मान करना। हमारे नाम की बदनामी नहीं कराना।"

माँ की ऐसी सभी शिक्षा अपने दामन में बाँधकर मैं नागपुर के लिए चली थी। गाँव की परम्परा और सामाजिक रीति के अनुसार लड़कियाँ जैसे अपने आप को भूलकर, पूर्ण समर्पण-भाव से ससुराल जाती हैं, वैसे ही मैंने अपने भावी जीवन में कदम रखा था। जन्म से लेकर विवाह तक 'कुमारी सुशीला रामप्रसाद घांवरी' कहलाने वाली लड़की, विवाह के बाद बन गई थी–'श्रीमती सुशीला सुन्दरलाल टाकभौरे।'

शादी के बाद बानापुरा से नागपुर आने के लिए इटारसी में ट्रेन बदलना था। मैं और सब बाराती इटारसी स्टेशन के पाँच नम्बर प्लेटफॉर्म पर बैठे थे। मेरे देवर अर्जुनसिंह टाकभौरे के ससुर, देवरानी सरोज के पिता मेरे पास आये और ऊँची आवाज में सबको सुनाकर बोले–"बेटी, अब तेरे पिता वो नहीं, जो गाँव (बानापुरा) में हैं। अब मैं तेरा पिता हूँ। अगर तुम्हें कोई दुख-तकलीफ हो तो मुझे बताना। मैं सबको देख लूँगा।"

उनकी ये बातें सुनकर मुझे बहुत रोना आया था। ऐसी बात मेरे माता-पिता और भाई किसी ने भी नहीं कही। सबने यही कहा–"सबकी सुनना और सहन करना। हमको शिकायत का मौका नहीं देना।" मैंने सबसे घूँघट किया था। मैं उस धर्मपिता का चेहरा भी ठीक से नहीं देख पाई। सास-ननद और पति के साथ मेरे जीवन का सफर शुरू हुआ।

7 मार्च 1974 को पहली बार नागपुर रेलवे स्टेशन पर जब मैं उतरी, तब मेरा घूँघट एक हाथ लम्बा था। जीना उतरते समय टाकभौरे जी ने मुझे डाँटकर कहा था–"क्या तमाशा है?" मैंने अपना घूँघट थोड़ा कम कर लिया था। रूखेपन के साथ कही इस बात से मन को चोट भी लगी थी। गाँव में दुल्हन के साथ उसका घूंघट

अभिन्न बात मानी जाती है। बचपन से देखे, सीखे और सिखाये गये संस्कार स्वयं ही अपना काम करते हैं। मैंने क्यों इतना घूँघट लिया था, मुझे खुद पता नहीं था।

मैं पहली बार टाकभौरे जी के साथ उनके घर आई तब मोहल्ले के लोगों ने दाँतों तले उँगली दबाई थी। लोग दबी जुबान से हमारी उम्र के अन्तर की बात करते थे। तब मेरी उम्र बीस वर्ष भी नहीं थी, 9 जुलाई को बीस वर्ष पूरे होना था। ससुराल में पहले दिन नहाने के बाद मैं साड़ी पहन रही थी, तभी मेरी चचेरी ननद कमलाबाई की बेटी बब्बी, जो उस समय 14-15 साल की थी, एकदम जोर से चिल्लाकर बोली—"अरे, मामी को देखो...कितनी छोटी लड़की दिख रही है। मामी कितनी छोटी उमर की लड़की है।" उसका मतलब था, बड़ी उम्र के मामा के लिए इतनी छोटी उम्र की मामी लाये हैं। उस समय घर में कुटुम्ब की चार-पाँच जेठानी-देवरानी और सास-ननद थीं। सबने मुझे देखा। मेरी सास ने तुरन्त बब्बी को डाँटते हुए कहा—"चुप, चुप हो...। क्यों चिल्ला रही है? चुप रह..."

मैं चुपचाप साड़ी पहनती रही। मैं यह महसूस कर रही थी, बड़ी उम्र के पति की पत्नी बनकर आई हूँ, लेकिन तब मैं यह नहीं समझ पाई थी कि यह मेरे अपमान की बात है या मेरे प्रति सहानुभूति की बात है? दुखद जीवन की बात है? या असन्तुलित जीवन व्यवहार की बात है? मुझे इस बात की शर्म आती थी कि लोग हमें एक साथ अचम्भे से देखते हैं। ऐसे समय मैं सबकी निगाहों को अनदेखा करती थी और इस सम्बन्ध में लोगों की कही बातों को अनसुना करती, जैसे मैं उनके मायने-मतलब नहीं जानती। हिन्दी धार्मिक फिल्मों से और धार्मिक कथाओं से मैंने यही सीखा था—'पति बूढ़ा, बीमार, कोढ़ी, कलंकी, वेश्यागामी—कैसा भी हो, पूजनीय पति होता है।'

यही भावना समाज में थी। वैवाहिक रिश्तों को ईश्वर द्वारा बनाये गये बन्धन माना जाता था। अक्सर इसे किस्मत या भाग्य से जोड़ा जाता। 'भाग्य का लिखा कौन टाल सकता है', यह भी कहा जाता। ये सब बातें लोगों को सोचने-समझने या तर्क करने से रोकती थीं। अधिक सोच विचार में न पड़कर, इन्हें चुपचाप स्वीकार कर लिया जाता, भले ही इसका परिणाम जीवन भर का दुख हो। हिन्दू धर्मग्रन्थ मनुस्मृति में निर्देश है, लड़की की उम्र से तीन गुना बड़ी उम्र के वर से विवाह किया जा सकता है। यदि लड़की दस साल की हो तो तीस साल के वर से विवाह हो सकता है। हिन्दू धर्म इसे अनमेल विवाह नहीं कहता, बल्कि इसे प्रोत्साहन देता है। लोग धर्म के नाम पर अक्सर चुप रह जाते हैं। स्त्रियाँ यह सन्ताप चुपचाप भोगती हैं। बचपन से निर्बल-अबला के सांचे में ढाली गई कमजोर मानसिकता के कारण वे इस अन्याय का विरोध नहीं कर पातीं। मैं भी इसी तरह कमजोर थी।

विवाह के बाद मेरी सुरक्षा की जिम्मेदारी जैसे मेरे पति की थी, ऐसा मैं मानती थी। उनके साथ न होने पर मैं स्वयं को कमजोर और असुरक्षित मानती थी। जैसे पहले माँ के आँचल की छाँह में रही, वैसे ही विवाह के बाद भी सुरक्षा की छाँह ढूँढ़ती रही। अबला नारी का रूप इससे अलग क्या हो सकता है? मानसिक निर्बलता ने मुझे दुख सहने के लिए अधिक बाध्य किया। अपने साथ हुए अन्याय को मैंने चुप रहकर सहा।

घर में आते ही सबसे पहले मैंने टाकभौरे जी को उल्टियाँ करते हुए देखा। मैं बहुत डर गई थी। सास, ननद ने कहा था—"कुछ नहीं है... बस ऐसे ही खाने पीने से उल्टियाँ हुई हैं।" बाद में पता चला था इन्हें कई बरसों से एसीडिटी की तकलीफ है और पिछले कई बरसों से इसी तरह उल्टियाँ करते हैं। पिछले दो-तीन साल से लगातार तबियत ज्यादा खराब रही थी, काफी कमजोर हो गये थे, तभी इनके विवाह का विचार किया गया था। भैयालाल फातोड़े की पहल से यह विवाह हो सका था।

हमारी जाति में शिक्षित और अच्छी नौकरी वाले लड़के नहीं मिलते थे। बड़े परिवारों में घर का पूरा काम बहू से करवाना, छोटे गाँवों में जीवन की सुविधाएँ ही नहीं मिलना, पानी दूर से भरकर लाना, जलावन की लकड़ी जंगल से लाना, दिशा मैदान के लिए दूर जंगल में जाना, सास, ननद, देवरानी, जेठानी के झगड़े—इसके साथ घूँघट और रीति परम्पराओं की बातें भी गाँवों में बहुत रहती हैं। यह सब सोचकर ही माँ ने मुझे बड़े शहर में भेजने का निर्णय लिया होगा। यहाँ परिवार भी छोटा था। शायद मेरी शादी के बाद माँ अपने निर्णय पर पछताई भी होगी, या इसे मेरी किस्मत मानकर तटस्थ रही होगी।

मैं भी ससुराल के लोगों की बातों को तटस्थ भाव से सुनती थी। टाकभौरे जी 'आदर्श ज्ञान प्रकाश हाईस्कूल', गांधीबाग में मिडिल स्कूल के शिक्षक थे। गंभीर स्वभाव के साथ, न मेरे पास बैठते, न मुझसे बातें करते, न कोई हँसी-मजाक की ही बात करते। जब बहन उनके पास बैठती, वे खूब हँस-हँस कर बातें करते, बहन के बच्चे को लाड़-प्यार करते रहते। उनकी माँ भी उनके साथ बैठकर खुश होती। मैं चूल्हे के पास बैठी, चुपचाप सबको देखती रहती।

ननद का विवाह नागपुर के नानूसिंग ऐदवान के साथ 1971 में हुआ था। उसका एक बेटा दो साल का था। दूसरा बच्चा होने वाला था। ननद की उम्र 33-34 साल थी। सास ने बताया था वह अपने भाई से 7 साल छोटी है। रिश्तेदारों ने बताया था वह अपने मायके में ही रहती है और हमेशा यहीं रहेगी। सास के पाँच-छह बच्चों में से ये दो ही बचे थे। सास अपनी बेटी को बहुत चाहती थी। टाकभौरे जी भी अपनी

बहन और उसके बच्चे पर जान छिड़कते थे। मैं अजीब-सा खालीपन महसूस करती थी, मैं यहाँ क्यों आई? कुछ समझ ही नहीं आता था। ननद मुझे भाभी नहीं, शीला कहती, वह मुझे नगण्य मानती थी।

एक कमरे के घर में सब एक साथ रहते। मैं टाकभौरे जी को खाते-पीते, बैठते-उठते, सोते-जागते देखती। वे बिल्कुल तटस्थ दिखते जैसे उन्होंने मुझसे विवाह अपने लिए नहीं बल्कि अपनी बहन और माँ की सेवा करने के लिए किया हो। मुझे उनका ऐसा तटस्थ व्यवहार अजीब लगता था। मैंने गाँव में नई नवेलियों के साथ उनके पति का हँसना-बोलना, हँसी-मजाक और प्रेमपूर्ण व्यवहार देखा था। भाभी के साथ ननद और देवर का भी प्रेमपूर्ण व्यवहार देखा था। मैं स्वयं अपनी भाभियों के साथ प्रेम और अपनेपन के साथ रहती थी। मगर नागपुर के इस घर का व्यवहार मेरी समझ के बाहर था। ननद ने साफ शब्दों में कहा था—"शीला को हमारी सेवा करने के लिए लाए हैं।" यह सुनकर मेरे मन पर एक गहरी चोट लगी थी, साथ ही बहुत अजीब लगा था, क्या सिर्फ सास-ननद की सेवा करने के लिए शादी होती है?

मैं ससुराल आई, तब ननद-ननदोई और कुछ रिश्तेदार मुझे मैट्रिक भी मानने को तैयार नहीं थे जबकि मैं ग्रेजुएट थी। उनका ऐसा मानने का कारण था—मेरी विनम्रता, सहजता, सरलता और दूसरों को अधिक सम्मान देने का स्वभाव। न गर्व, न घमण्ड, न ठसक, न नखरा, न फैशन, न बड़प्पन मुझसें यह कुछ भी नहीं था। तब कोई कैसे माने कि मैं कॉलेज की उच्च शिक्षा लेकर आई हूँ, तब मुझे हँसी आती थी और अफसोस भी होता था। मीराबाई सिर्फ चौथी कक्षा तक पढ़ी थी मगर खुद को दुनिया की सबसे बड़ी अकलमंद मानती थी।

शादी के बाद मैं पहली बार नागपुर आई थी तब पाँचवें दिन माँ, पिताजी, हरदा वाले प्रभुदयाल चौहान मामा और कमला मामी मुझे लेने आये थे। मेरी सास, ननद का अलग व्यवहार देखकर मामी आश्चर्यचकित थी। हम रात की ट्रेन से इटारसी आकर बानापुरा आ गये थे। रास्ते में मामी ने माँ से व्यंग के साथ कहा था—"खूब अच्छी ससुराल ढूँढ़ी है तुमने मोढ़ी के लिए?" मामी ने मेरी चिन्ता करते हुए यह भी कहा था—"कैसी रहेगी मोढ़ी अपनी ससुराल में?" मैं भी यहाँ आकर भयभीत थी।

एक माह के बाद टाकभौरे जी अकेले मुझे लेने आये। मैं उन्हें बार-बार खूब गौर से देख रही थी जैसे पहचानने की कोशिश कर रही थी। तब उन्होंने मुझसे कहा था—"ऐसे क्यों देख रही हो? जैसे मैं कोई अजनबी हूँ? अजनबी की तरह क्यों देख रही हो?" सचमुच वे मुझे अजनबी ही लगे थे। जिनके साथ डेढ़ साल पहले सगाई हुई थी, जिनके साथ सात भाँवर लेकर शादी हुई थी, जिनके साथ बानापुरा से नागपुर तक का सफर किया था, जिनके घर में पाँच दिन रही थी, फिर भी वे मुझे अजनबी

लगे थे।

वे मुझे साथ ले जाने की खुशी के बदले स्कूल सर्टिफिकेट, कास्ट सर्टिफिकेट, मैट्रिक की मार्कलिस्ट और अन्य सर्टिफिकेट निकलवाने की चिन्ता अधिक कर रहे थे। यह देखकर मुझे आभास हुआ था–"क्या मुझसे शादी सिर्फ नौकरी करवाने के लिए की गई है?" एक अजनबी के साथ अकेले बिदा होते समय मैं माँ और पिताजी के गले लगकर बहुत रोई थी। तब पिताजी ने चिन्ता के साथ कहा था–"क्या बात है? लड़की इतना क्यों रो रही है?" माँ ने पिताजी को समझाया था–"ऐसे ही रो रही है। ससुराल जाते समय लड़कियाँ रोती हैं।"

अपनी हैसियत के अनुसार माँ ने मुझे नई साड़ी और ब्लाउज खरीदकर दिया था। टाकभौरे जी को फुलपेंट और सर्ट का कपड़ा खरीदकर दिया था, 20 रु. हाथ में दिये थे। उस समय माँ के पास अधिक रुपये नहीं थे। रास्ते भर टाकभौरे जी ने कोई बात नहीं की, मगर घर आते ही अपनी माँ और बहन के सामने उन्होंने पेंट और सर्ट का कपड़ा मेरे ऊपर फेंक दिया। गुस्से के साथ 20 रु. भी मेरे ऊपर फेंक कर कहा–"इन्हें तू ही रख ले, तेरी माँ ने यही दिया है। वह क्या मुझे इसी लायक समझती है?" मैं टाकभौरे जी का यह रूप आश्चर्य के साथ देखती रह गई, तब सास, ननद के सामने मुझे बहुत अपमान महसूस हुआ। मैंने किसी अन्य दलित पुरुष को ऐसा करते नहीं देखा था।

मैं अपने घर-परिवार की ये सब बातें क्यों बताने लगी? क्योंकि इन बातों से उस समय मेरे दिल को बहुत ठेस पहुँची थी। मैं अपने वैवाहिक जीवन के सपने कई बरसों से सजा रही थी। उनपर अचानक इस तरह घात-प्रतिघात होना मेरे लिए असह्य था। मैं चुपचाप हर बात का आघात अपने हृदय पर महसूस करती थी। प्रतिकार न कर पाने के कारण वह सब तीव्रता के साथ और गहराई के साथ मेरे मन-मस्तिष्क पर अंकित होता रहा। मैं अपने जीवन की उन सभी बातों को कभी नहीं भूल पाती हूँ। जब भी कोई ऐसी बात होती है, मुझे वे सब बातें बार-बार याद आने लगती हैं।

टाकभौरे जी नागपुर के सरकारी मेडिकल कॉलेज हॉस्पिटल के टी.बी. वार्ड के, एक कमरा एक किचन के सर्वेंट क्वार्टर में किराये से रहते थे। इस एक कमरे के घर में उनकी बहन के साथ बहनोई भी घरजवांई की तरह हमारे साथ रहते थे। बहन के परिवार का खर्च टाकभौरे जी और उनकी माँ उठाते थे। माँ नागपुर महानगरपालिका में नौकरी करती थी। मेरे विवाह के 6 माह बाद उन्हें नौकरी से सेवानिवृत्ति मिली। कमाई (आवक) कम और खर्च ज्यादा होने से घर में तनाव बढ़ गया था। बात-बात में झगड़े होते। सासू माँ गुमसुम उदास रहती थी। बेटी और जवांई हर समय

जली-कटी बातें सुनाते रहते। अपना गुस्सा सब मेरे ऊपर निकालते। मैं डरी-सहमी रहती थी।

मेरे आने से एक कमरे के घर में दो परिवारों का रहना मुश्किल हो रहा था। ननद ससुराल जाना नहीं चाहती थी, न ही माँ और भाई उसे भेजना चाहते थे। खर्च उठाने की सुविधा के लिए टाकभौरे जी मेरी नौकरी की चिन्ता करने लगे थे।

मेरा बी.ए. का रिजल्ट आया तब मैं ससुराल में थी। "हमारी बहू बी.ए. पास हो गई है–" यह बताते हुए सासू माँ ने मोहल्ले में पेढ़े बाँटे थे। शिक्षिका की नौकरी के लिए प्रशिक्षण हेतु बी.एड. करना जरूरी था। नागपुर के बानखेड़े बी.एड. कॉलेज में मेरा फार्म भरा गया। पुनः एक बार बानापुरा जाकर मेरे बी.ए. की मार्कलिस्ट, टी. सी. और लिव्हिंग सर्टिफिकेट निकलवाया गया। बी.ए. की डिग्री बाद में आई थी।

बी.एड. में पहली बार में ही हिन्दी सेक्शन में मेरा नम्बर लग गया। एडमिशन के पहले बी.एड. कॉलेज में साक्षात्कार के रूप में मौखिक परीक्षा ली गई। मैं उसमें भी उत्तीर्ण हुई। इस तरह मैं ससुराल में रहते हुए बी.एड. कॉलेज जाने लगी थी। मेरे जेठ की बेटी विद्या फातोड़े ने बाद में पाँच-छह बार, हर साल बी.एड. के लिए फार्म भरा था मगर उसका नम्बर नहीं लगा। विद्या हमेशा कहती थी–"काकी होशियार है, काकी भाग्यवान है। पहली बार में ही बी.एड. में नम्बर लग गया।"

मैं बी.ए. थी, बी.एड. कर रही थी फिर भी घर के लोग मुझे महत्त्व नहीं देते थे। गाँव के हमारे भोले-भाले लोगों की अपेक्षा नागपुर के लोग होशियार और चालाक लगते थे। उनकी तेज तर्रार बातों के सामने मैं निरी बुद्धू लगती। सबसे पहले तो मेरी ननद ने मुझे महा-बेवकूफ साबित कर दिया था। उसके सामने मेरी बी.ए. की डिग्री कुछ भी नहीं थी। मेरा बी.एड. करना भी कुछ नहीं था। उसे विश्वास था, घर में उसी का राज रहेगा, उसी की हुकूमत चलती रहेगी। उसके साथ रहते हुए मैं हमेशा भयभीत रहती थी।

मैंने बचपन से अभाव-अपमान और छुआछूत-भेदभाव की पीड़ा सही थी। चुप रहकर सहन करने की आदत थी। यदि मुझे पीड़ित करने की अपेक्षा आपसी प्रेम, साहचर्य और एकता से शक्ति को बढ़ाया जाता तो समझदारी होती, घर से बाहर अपनी शक्ति और सत्ता को मनवाना समझदारी होती, मगर ऐसा नहीं हुआ। घर के वातावरण ने मुझे और कमजोर बना दिया था। डरी, सहमी जब मैं बी.एड. कॉलेज जाती तब कॉलेज की तेज-तर्रार, मुक्त स्वच्छन्द भाव से हँसी-मजाक करने वाली लड़कियाँ मेरा मजाक उड़ाकर हँसतीं। कॉलेज जाने के आठ दिन बाद ही बंगाली लड़की मिस दत्ता ने मेरी कलाई पकड़ी और ध्यान से नब्ज देखी, फिर सब लड़कियों को बताया–"अरे सुनो, यह तो प्रिगनेण्ट है–" यह सुनकर सब लड़कियाँ हँसने

लगीं। तब मुझे ऐसी बातों पर बहुत शर्म आती थी।

गैदरिंग के समय खेलकूद प्रतियोगिता में मैंने दौड़ में भाग लिया। स्पर्धा में दौड़ने के समय लड़कियों ने मुझे दौड़ने ही नहीं दिया। वे सब एक साथ चिलाईं–"अरे रुक तू गिर जायेगी... तू मत दौड़..." प्राध्यापकों के सामने लड़कियाँ हँसी-मजाक से परेशान करके जिसे हराना हो हरा रही थीं, जिसे जिताना हो जिता रही थीं। मेरे लिए यह सब नया था।

बी.एड. कॉलेज की स्मारिका पत्रिका में मेरी कविता 'मृगतृष्णा' छपी तब कुछ लड़कियों ने कहा–"किसकी चुराकर छपवाई है?" मुझे यह सुनकर बहुत आश्चर्य हुआ। क्या दूसरों की कविताएँ भी कभी अपने नाम से छपवाई जाती हैं? मुझे दुख हुआ, ऐसा मुझसे क्यों कहा गया। लेकिन कुछ लोगों ने मेरी तारीफ भी की। 'मृगतृष्णा' कविता उन्हीं दिनों लिखी थी–'सजल प्यासी निगाहें /ढूँढ़ती हैं /न जाने किस ठौर को।' नागपुर आने के बाद पारिवारिक प्रेम और अपनेपन के अभाव में मेरा मन दुखी रहता था। मैं ससुराल के नये वातावरण में, नये लोगों के बीच अपनेपन का विश्वास और सहयोग ढूँढ़ती थी। उन दिनों घर में अक्सर ऐसी बातें होती थीं जिनसे मेरे हृदय को चोट पहुँचती। मैं पीड़ा से छटपटा कर रह जाती।

एक बार मेरे काम में मीन-मेख, गलती निकालकर सासू माँ और ननद मुझे डाँट रही थीं और टाकभौरे जी से मेरी शिकायत कर रही थीं। टाकभौरे जी ने कहा–"इसको ज्यादा मत बोला करो। इसकी बुद्धि सिर्फ 10-12 साल की उम्र की लड़की की बुद्धि के बराबर है।" सासू माँ बोली–"क्या इसकी बुद्धि कम है?"

टाकभौरे जी बोले–"बुद्धि कम नहीं है। बुद्धि का विकास नहीं हुआ है।" तब सासू माँ चिन्ता के साथ ठोड़ी पर हाथ रखकर कहने लगी–"अब कैसे होगा? कैसे करेंगे?" टाकभौरे ही हँसने लगे। सासू माँ ने याद करते हुए कहा–"इसका 'आई कू टेस्ट' कराना पड़ेगा?" माँ ने बेटे से कभी 'आई क्यू टेस्ट' की बात सुनी होगी। माँ की बात सुनकर बहन, भाई खूब हँसे। माँ भी हँसने लगी। तब मैं बी.एड. कॉलेज में पढ़ रही थी। बी.एड. के पाठ्यक्रम में 'आई क्यू टेस्ट' का अध्याय था। मुझे उनकी बातों और उनके हँसने से बहुत अपमान महसूस हुआ था।

हो सकता है टाकभौरे जी ने अपनी बात सामान्य रूप में कही होगी, लेकिन बातों के गूढ़ अर्थ ने मुझे दुखी कर दिया था। क्या मैं मंद बुद्धि हूँ? या एबनार्मल हूँ? अच्छे भले लोगों को इसी तरह पागल साबित किया जाता होगा। तब मुझे बहुत गुस्सा आया था। मगर मैं अपना गुस्सा नहीं बता सकती थी। उसका परिणाम होता मारपीट और उसका दर्द मुझे ही सहना पड़ता। तब खामोश समुन्दर की तरह अपने दिल में मैंने अपने सभी कड़वे अनुभवों को इकट्ठा किया था। मुझे पता था, एक दिन

तूफान जरूर आयेगा, तब मेरे ये अनुभव और अपमान के घूँट खुद अपना हिसाब माँग लेंगे।

मैं अपमान और पीड़ा का सन्ताप भोगती रही, कभी खुद पर अफसोस करती, कभी अपनी कमजोरियों को महसूस करती थी। ऐसे ही दशहरे के समय की बात है, नागपुर में बड़ी-बड़ी प्रदर्शनियाँ लगती थीं। टाकभौरे जी मुझे दुर्गा प्रदर्शनी घुमाने ले गये। लोग हमें देख रहे थे, हम लोगों को देख रहे थे। मैं उस समय शादी की साड़ी में बिलकुल नई दुल्हन जैसी दिख रही थी। साड़ी के पल्लू से सिर ढका था। टाकभौरे जी ने कहा—"चलो बिजली के बड़े झूले पर झूलेंगे।"

मैंने अपने गाँव में ऐसा झूला नहीं देखा था। न ही मुझे यह पता था कि इसमें झूलने पर कैसा लगता है। टाकभौरे जी के साथ मैं एक डोली में बैठ गई। डोली नीचे से ऊपर गयी तब उतना डर नहीं लगा, लेकिन स्पीड बढ़ने के बाद जब डोली तेजी के साथ ऊपर से नीचे आई तब मुझे डर लगा। दूसरे चक्कर में मैं चीखने लगी। तीसरे चक्कर तक इतनी चीखी कि झूलेवाले को झूला रोकना पड़ा। झूला रुकने पर मैं जल्दी से उतर गई। टाकभौरे जी हँस रहे थे। सब लोग हमें देखकर हँस रहे थे। मैं भय के कारण थर-थर काँप रही थी। वह दिन मुझे हमेशा याद आता है। मैंने सोचा था, दुनिया बहुत बड़ी है और मैं एक कमजोर लड़की, कैसे बढ़ पाऊँगी आगे? कैसे छू सकूँगी जीवन की ऊँचाइयों को? मैंने अपनी इस भावना को 'दुनिया बहुत बड़ी है', कविता रूप में लिखा है।

मैं टाकभौरे जी के सहयोग से आगे बढ़ना चाहती थी, इसके लिए बहुत कुछ सहना पड़ा। नागपुर में एक दिन टाकभौरे जी मुझे बंगाली मित्र प्रो. बसु साहब के घर लेकर गये। इधर-उधर की सामान्य बातों के बाद बसु साहब ने मुझसे पूछा था—"आपने रवीन्द्रनाथ टैगोर और शरत्चन्द्र के उपन्यास पढ़े हैं?" मैंने भोलेपन के साथ उत्तर दिया था—"नहीं, ये सब हमारे कोर्स (पाठ्यक्रम) में नहीं थे।" प्रोफेसर साहब ने मेरा उत्तर सुनकर क्या सोचा, पता नहीं। मगर टाकभौरे जी को बहुत शर्म आई। उन्हें अपनी नई नवेली पत्नी पर बहुत गुस्सा आया कि मैंने ऐसा क्यों कहा। उस दिन की उनकी डाँट-फटकार की बातें मुझे बहुत दिनों तक व्यथित करती रही थीं।

जो सच था, मैंने सहज ही कह दिया था। गाँव के स्कूल और कॉलेज में पढ़ते हुए यह सुविधा नहीं मिली कि पाठ्य-पुस्तकों के अलावा भी कुछ पढ़ा जाये। न खुद को कोई जानकारी थी, न किसी का मार्गदर्शन था, न किसी की प्रेरणा थी, न किसी का प्रोत्साहन था। पुस्तकें खरीदकर पढ़ना तो बहुत दूर की बात थी। उन दिनों मेरे भाई चक्रम, विक्रम के जासूसी उपन्यास और 'गुलशन नंदा' के सामाजिक उपन्यास

पढ़ते थे। वे कभी घर में 'मनोहर कहानियाँ', 'फिल्मी दुनिया', 'सत्य कथाएँ' जैसी पत्रिकाएँ भी लाते थे। मैं उन उपन्यासों और पत्रिकाओं को पढ़ती थी। जो साहित्य पढ़ने को नहीं मिल सका, उसके लिए मैं क्या कर सकती थी?

उस दिन मेरे दिल में भी बहुत छटपटाहट हुई थी, मुझे यह सब पढ़ने के अवसर क्यों नहीं मिल सके? टाकभौरे जी मुझे लायब्रेरी ले जाते थे। मैं आग्रह करके उनके साथ लायब्रेरी जाती, कभी उन्हीं से लायब्रेरी की पुस्तकें मँगवाती थी। मोरभवन लायब्रेरी और राजाराम लायब्रेरी से पुस्तकें लेकर मैंने पढ़ना शुरू कर दिया था। टाकभौरे जी के साथ लायब्रेरी जाना, शिक्षित सवर्ण परिचितों के घर जाना और नागपुर के दर्शनीय स्थानों पर घूमना अच्छा लगता था। गाँव में ऐसा कभी सम्भव नहीं हो सका था। टाकभौरे जी मुझे सामाजिक जागृति के कार्यक्रमों में भी ले जाते थे। महाराष्ट्र के नागपुर शहर में आने के बाद नया परिचय क्षेत्र बन रहा था। यहाँ के सामाजिक विचार और वातावरण प्रगतिशील थे। घर की अपेक्षा बाहर की दुनिया सुखद थी। शिक्षा और प्रगति के अवसर सुलभ थे। टाकभौरे जी कभी नर्म तरीके से मेरा आत्मविश्वास बढ़ाते थे, कभी गर्म तरीके से मेरे पूरे वजूद को झकझोर कर रख देते थे, तब मुझे उनपर गुस्सा आता था।

एक बार हम घूमने के बाद लौटते समय सीताबर्डी की 'जगत' होटल गये। इन्होंने दोसा का आर्डर दिया। इसके पहले मैंने दोसा नहीं देखा था, न ही खाया था। चम्मच कांटे से कैसे खाना, मालूम नहीं था। टाकभौरे जी ने बताया—"ऐसे खाओ।" मुझसे चम्मच कांटे से काटकर खाना नहीं हो सका। मैं निःसंकोच दोसे को तोड़कर आलू की सब्जी से रोटी की तरह खाने लगी। टाकभौरे जी को बहुत बुरा लगा, उन्हें यह मेरा गँवारपन लग रहा था। वे मेरा अपमान करते हुए मुझे बेवकूफ कहते रहे। नई-नई शादी के बाद इस तरह पति का डाँटना, नाराज होना मुझे अच्छा नहीं लगा था। किसी छोटी सी बात को बढ़ाकर देखना और खींचते जाना इनकी आदत थी। इस तरह की बातों से मानसिक वेदना होती थी।

यद्यपि टाकभौरे जी ने मुझे बहुत सहयोग दिया था, इसके बिना नागपुर जैसे बड़े शहर में अकेले कुछ कर पाना मेरे लिए कठिन था। मैं बी.एड. कॉलेज जाने के लिए मेडिकल बस स्टॉप से रविनगर, बस से जाती थी। मुझे नागपुर के रास्ते नहीं मालूम थे। चार दिन तक टाकभौरे जी मेरे साथ बस में जाते-आते रहे और रास्ते-चौराहे की जानकारी देते रहे, फिर उन्होंने मुझे अकेले बस से आने-जाने के लिए कहा। मैं डरती थी, कहीं रास्ता न भटक जाऊँ। मुझे पता नहीं था, कुछ दिन तक टाकभौरे जी मुझसे छिपकर मेरी बस में रहकर देखते थे। उन दिनों सीताबर्डी में इतना ट्रैफिक नहीं रहता था, फिर भी मोरभवन से व्हेरायटी चौक जाना और सड़क

पार करना मुझे बहुत कठिन लगता था। मैं छोटे गाँव से आई थी, नागपुर शहर की बड़ी सड़कों पर भीड़ और तेज रफ्तार से भागते वाहनों को देखकर डरती थी। सड़क पार करने के लिए कई बार मैं काफी समय तक खड़ी रहती थी।

गाँव में जाति भेद-भाव अधिक होने के कारण हमेशा पीछे रहने की आदत थी। इज्जत लुटने जैसी दुर्घटनाओं के भय से पिता और भाइयों ने कभी अकेले कहीं जाने नहीं दिया था। प्रगति परिवर्तन की बातें तब वहाँ नहीं थीं। सिर्फ मेरा बी.ए. कर लेना ही सम्भव हो सका था जो मेरी प्रगति का प्रथम सोपान बना। नागपुर शहर में आने के बाद धीरे-धीरे मैंने अपना आत्मविश्वास बढ़ाया था।

जीवन में खट्टे-मीठे अनुभव मिलते रहे। घर-परिवार के वातावरण में खटास ही अधिक रही। उन दिनों ससुराल में रहते हुए मैं इतनी भयभीत थी कि दाल में कितना नमक डालना यह भी भूल गई थी। हर काम पूछ कर करती, फिर भी बातें सुनाई जातीं। हर समय डाँट-फटकार और तरह-तरह की उल्टी-सीधी बातें सुनकर दिमाग पर असर होता। मैं रातभर नींद में डरते हुए बड़बड़ाती—"दाल गिर रही है, ढक्कन खुला है... नल बन्द हो जायेगा, पानी भरना है, अभी चाय बनाती हूँ।" दूसरे दिन हँस-हँस कर मेरी इन बातों का मजाक उड़ाया जाता, तब मेरा मन दुखी हो जाता था।

एक कमरे के घर में रेडियो चलता रहता। कभी सब लोग आपस में जोर-जोर से बातें करते, कभी झगड़ते। बी.एड. की मेरी पढ़ाई घर में नहीं हो पाती। मैं कॉलेज से लौटते समय, बर्डी मोरभवन की बन्द लायब्रेरी के बरामदे में अकेली बैठकर एक-दो घंटा अपनी पढ़ाई करती फिर बस से घर आती। बी.एड. की किताबें लाकर रात में किचन में बैठकर पढ़ती थी। इस तरह बी.एड. की पढ़ाई करके परीक्षा दी। बचपन से पढ़ाई के प्रति जो लगन थी, उसी के साथ कठिन श्रम करके विवाह के बाद भी मैं पढ़ सकी थी। अक्सर लड़कियाँ विवाह के बाद पढ़ना छोड़ देती हैं या सुविधाएँ न होने पर पढ़ने में रुचि नहीं लेती हैं। मैंने ऐसा नहीं किया, तभी मैं प्रगति के मार्ग पर आगे बढ़ सकी।

बी.एड. कॉलेज जाने के दिनों कॉलेज में पहनने के लायक साड़ी मेरे पास नहीं थी। टाकभौरे जी ने बहन से अपनी पुरानी साड़ी मुझे देने के लिए कहा था, उसने हल्के जामुनी रंग की सूती पुरानी एक साड़ी दी थी। मैं जब वह साड़ी पहनकर कॉलेज जाती तब वह बहुत बड़बड़ करती थी। कॉलेज से लौटने के बाद पूरी साड़ी की जाँच करती—कहीं स्याही तो नहीं लगी, कही मिट्टी तो नहीं लगी, कही फाड़ तो नहीं दिया? मुझे उसकी साड़ी पहनना अच्छा नहीं लगता था। तब ये मेरे लिए दो साड़ियाँ लाये थे। छोटी-छोटी बातें मन को पीड़ित करती थीं। कष्ट और अभाव पहले भी थे मगर

पहले स्थिति अलग थी। नागपुर आने के बाद अपनी स्थिति पर दुख होता था, गुस्सा भी आता था।

भावुक, अन्तर्मुखी, चिंतनशील स्वभाव के कारण मैं हर बात पर विचार करती थी। अनपेक्षित बातें होने पर बहुत दुख होता था। विवाह के बाद ऐसी अनेक बातों का सामना करना पड़ा। स्कूल से या बाहर से आने के बाद कभी-कभी टाकभौरे जी मेरे सामने पैर आगे बढ़ा देते। मेरा ध्यान न रहने पर हाथ से इशारा करके जूते उतारने के लिए कहते। मैं चुपचाप उनके पैरों के पास बैठकर, जूते उतारती, मोजे उतारती। यह बात मुझे अजीब लगती थी। पति होने के अधिकारो के तहत वे ऐसा करते थे।

मैंने यह बात बी.एड. की सहपाठी सहेलियों को बताई थी कि टाकभौरे जी मुझसे जूते उतरवाते हैं। धीरन कन्या शाला की शिक्षिका मिसेस त्रिवेदी मेरे साथ बी. एड. कर रही थी, उसने हँसकर कहा—"तेरे पति तुझे बहुत प्यार करते हैं, इसलिए तुझसे जूते उतरवाते हैं।" मगर बंगाली बोल्ड लड़की मिस दत्ता ने इस बात को झटककर कहा था—"कोई प्यार व्यार नहीं करते। फोकट की नौकरानी मिल जाती है इसलिए नाटक दिखाते हैं। मत किया कर रे यह काम। क्या अपना कोई मान-सम्मान नहीं होता?" उस बंगाली लड़की ने अपने सहपाठी मुस्लिम लड़के से प्रेम करके कोर्ट मैरिज की थी। उसकी तरह हौसला रखकर, पति का हुक्म टालने की बात मैं नहीं कर सकी।

अन्याय के सामने सिर झुकाना गलत है। गलत परम्पराओं को बदलना चाहिए। कई बार लोग गलत बातों को परम्परा मानकर चलाते रहते हैं, जब तक कि उन्हें सही बात न बतायी जाये। मैंने इस बात को उस समय समझा था मगर विरोध करने की हिम्मत मुझमें नहीं थी। सही बात बताने के लिए भी साहस चाहिए। मैं डरी-सहमी रहती थी, तब निडरता के साथ अत्याचार किये जाते। मेडिकल सर्वेण्ट क्वार्टर की ही बात है, एक दिन टाकभौरे जी स्कूल से शाम को आये तब मैं किचन में नीचे बैठकर जर्मन की छोटी थाली में रोटी सब्जी खा रही थी। पता नहीं किस बात पर माँ और बहन से इनकी झंझट शुरू हुई, सीधे मेरे पास आकर मेरी थाली को ठोकर मारी। थाली दूर गिरी। सब्जी रोटी नीचे बिखर गई। मैं चुपचाप देखती रह गई। 'किसी की थाली में, खाना खाते समय क्या इस तरह कोई लात मारता है?' यह मैंने अपने जीवन में पहली बार देखा था। मन वेदना से भर गया, गला रुँध गया, आँखें भीग गईं। फिर मैंने सोचा—खाना खाते समय किसी की थाली को लात मारने से पाप लगता है, टाकभौरे जी को इस पाप से बचाने के लिए मैंने थाली उठाकर उसमें नीचे गिरी सब्जी रोटी रखी और उसमें से एक कौर लेकर खा लिया। तब तक आँखों से आँसू बहने लगे थे लेकिन न किसी ने मेरे आँसुओं की

परवाह की, न ही मेरी भावना को समझा कि मेरे दिल पर कैसी चोट लगी है!

यह मेरे जीवन का अजीब दिन था। क्या पति के सामने पत्नी का कोई स्थान नहीं होता? ससुराल में बहू की स्थिति क्या इतनी नगण्य होती है? स्त्री की स्थिति इस तरह पद दलित रहती है? स्त्री इतना अपमान, इतनी पीड़ा क्यों सहती है? उसे ऐसा क्यों बनाया गया? दुख के साथ मेरे हृदय में भावनाओं का बवंडर उठा था।

समाज में पत्नी पर तरह-तरह के अत्याचार करना आम बात मानी जाती है। ये बातें समाज में इस तरह व्याप्त हैं कि लोग इन्हें बुरा भी नहीं मानते। इन्हें मानों पति का अधिकार माना जाता है। छोटी-छोटी बातों पर अपनी नाराजी बताना पति का गुण कहलाता, जैसे अपने इन्हीं गुणों से वह खुद्दार और दमदार पति माना जाता हो। ये बातें मेरे साथ भी हुईं। खाना परोसने में देरी होने पर या किसी बात से नाराज होने पर वे खाना नहीं खाते थे, तब उन्हें घंटों मनाना पड़ता था। कभी-कभी वे स्पष्ट शब्दों में कहते थे—"मेरे पैरों पर अपना सिर रखकर माफी माँग, तब मैं तेरी बात मानूँगा।"

पता नहीं वे मेरे साथ ऐसा क्यों करते थे। सिर्फ हाथों से पैर छूकर माफी माँगना पर्याप्त नहीं होता था। वे मेरा सिर अपने कदमों पर रखवाने के बाद मुझे माफ करते थे। यह बात मुझे अजीब लगती थी, मगर मैं इनकी इतनी परवाह करती ही क्यों थी? इनसे इतना डरती क्यों थी? इसका जबाब था भयंकर मारपीट से बचना, महीनों के मानसिक तनाव से छुटकारा पाना। इसके बदले मैं अपना सिर इनके कदमों में रख देती थी।

मेरी गलती भी क्या थी? छोटी-छोटी बातों को गलतियाँ बताकर हड़कम्प मचाना, जोर से चिल्लाकर अपना आतंक बताना, गुस्से से डाँटना, मारने के लिए हुमककर आना—प्रतिदिन की आम बात थी। लगातार भय का वातावरण बनाकर रखा जाता। हमेशा भयभीत रखकर, डरा-धमकाकर अपने शासन सत्ता को कायम रखना, यह पुरुष सत्ता की कूटनीति है। पुरुष सत्ता बनी रहे इसीलिए स्त्रियों को शुरू से कमजोर बनाकर रखा जाता है। समाज की परम्पराएँ स्त्री विरोधी हैं। इन्हें तोड़कर ही स्त्री स्वतंत्रता, समता और सम्मान पायेगी, तब वह अबला नहीं रहेगी, सबला बन जायेगी। इस भय से जीवन व्यवहार की बातों में पत्नी को नगण्य बताया जाता है, उनकी भावनाओं का ख़याल नहीं रखा जाता। यह उनका शोषण उत्पीड़न है।

मेरे लिए वह दिन बहुत ही आश्चर्य का था। मैं दिनभर घर का काम करती थी, उस दिन स्कूल जाते समय टाकभौरे जी अपना कुछ लिखा हुआ कागज ढूँढ़ रहे थे। मैंने उनसे पूछा और मैं भी ढूँढ़ने लगी। वे स्कूल चले गये। मैं दिनभर कागज ढूँढ़ती रही। अपना काम करते हुए दिनभर मेरे ध्यान में यह कागज रहा। मैं यह

चाहती थी किसी भी तरह वह कागज ढूँढ़ लूँ, जब वे शाम को घर आयेंगे, मैं उन्हें कागज दूँगी तब वे कितने खुश हो जायेंगे—इस बात की प्रेरणा से मैं सुबह 11 बजे से शाम 6 बजे तक एक-एक जगह पर बार-बार वह कागज खोजती रही। मगर वह नहीं मिला। शाम को टाकभौरे जी घर आये तब, मैंने निराशा के साथ कहा—"वह कागज तो नहीं मिला।"

उन्होंने हँसते हुए मुझे देखा और कहा—"वह तो तभी मिल गया था। मैं उसे लेकर स्कूल गया था।" मैं आश्चर्य चकित रह गई। पूरे दिन का शारीरिक और मानसिक श्रम पहाड़ जैसा लगा। मैंने कहा—"आपने बताया क्यों नहीं? मैं पूरा दिन उसे ढूँढ़ती रही।" उन्होंने हँसते हुए कहा—"तो क्या हुआ? तुम्हें काम ही क्या था, ढूँढ़ती रही तो अच्छा किया।" क्या दिनभर के घर के काम कोई काम नहीं थे? मैं चुप रह गई। इतना दिल लगाकर, भावनाओं के साथ मैंने जो किया, क्या सिर्फ बेमतलब काम के लिए था? वे अपने छोटे भानजों के साथ खेल में लग गये, माँ और बहन से इधर-उधर की बातें करते रहे। मैं अपनी भावनाओं को पहुँची चोट पर घंटों विचार करती रही। उस दिन का आशा-निराशा का दिन और उस दिन की हताश शाम मुझे हमेशा अपनी असहाय करुणा के साथ याद रहती है। मैं चुप रहती थी मगर हृदय में सागर मंथन होता रहता था, क्यों किया जाता है मेरे साथ ऐसा व्यवहार? बार-बार मेरे हृदय को इस तरह चोट क्यों पहुँचायी जाती है? ताकि मानसिक रूप से मुझे बोध-शून्य बना दिया जाये? मैं अच्छे व्यवहार की कभी आशा न करूँ।

टाकभौरे जी में बड़प्पन की भावना बहुत थी। बहुत लाड़-प्यार में पले इकलौते बेटे थे। वे घर में मेरे साथ तानाशाही भावना से व्यवहार करते हुए कहते थे—"मुझे बहुत गुस्सा आता है, गुस्से में मैं कुछ भी कर सकता हूँ।" मैं चुपचाप उनकी बातें सुनती थी। दूसरों के सामने मेरे साथ सम्मानपूर्ण व्यवहार करते मगर घर में माँ-बहन के सामने हमेशा डाँट-फटकार, व्यंग-कटाक्ष करते, आतंकपूर्ण वातावरण बनाकर रखते। ऐसा करके वे अधिक बड़प्पन महसूस करते थे।

घर में झगड़ा होता, मारने-पीटने की और मेरे रोने चिल्लाने की आवाज ऊँची सुनाई देती। पड़ोसियों को ये बातें सुनाई न दें, इसके लिए वे रेडियो की आवाज ऊँची कर देते थे। घर में झगड़ा, मारपीट चलते रहते। मुझे लगता, यहाँ मेरा कोई नहीं है, मैं गैर लोगों के साथ रहती हूँ। सब मतलबी और स्वार्थी हैं, गिरगिट की तरह रंग बदलते हैं। एक दिन ऐसी मारपीट शुरू होने पर ननद का बेटा दो साल का पप्पू रेडियो ऑन करने के लिए बटन घुमाने लगा। यह देखकर बहन, भाई और माँ हँसने लगे। उस दिन मुझे अपनी स्थिति और बेबसी पर बहुत रोना आया। दुख,

अपमान और कष्ट सहते हुए इस तरह कई वर्ष बीते थे।

बी.एड. की परीक्षा उत्तीर्ण करने पर, पुनः एक बार मेरी सास ने मोहल्ले में पेढ़े बाँटे थे। मेरी सासू माँ अच्छी थी, भोली थी। अपनी बेटी को बहुत प्यार करती थी। बेटे को भी चाहती थी। बहू के लिए प्यार बचता ही नहीं था। फिर भी मेरे बी. एड. होने से उन्हें खुशी थी, साथ ही उन्हें यह आशा थी, मैं उनकी बेटी के परिवार का खर्च अपनी कमाई से उठाती रहूँगी।

बी.एड. के बाद मैं घर में रहकर सुबह से रात तक काम करती रहती थी। सुबह का नाश्ता, दोपहर का खाना, रात का खाना, दिन में कई बार चाय, इसके साथ बर्तन माँजना, कपड़े धोना, झाड़ू पोछा लगाना, आँगन झाड़ना, लीपना, पोतना—दिनभर चलता रहना। ननद का हुकुम होता—"शीला पानी दे...चाय बनाओ...खाना परोसो—" मैं सब हुकुम बजाती। हर काम तन्मयता के साथ करती, मानो यही मेरा जीवन है। एक संवेदनशील स्त्री को कोल्हू में जोतने पर उसकी पीड़ा क्या होती है, मैं जानती हूँ।

अक्सर मेरी यह एकाग्रता भंग होने के अवसर आते। ननद मेरे साथ झगड़ा करती। बिना कारण मुझे जली-कटी बातें सुनाती। मैं दो-दो घंटा बरामदे में अकेली चुपचाप रोती रहती। दुख के कारण खाना नहीं खाती। ननद कमरे में अपने बच्चों के साथ खाती रहती, हँसती-गाती, रहती, आराम करती रहती। माँ अपनी बेटी को अच्छे से खिलाती, उसके बच्चों को सम्भालती। मुझे कोई नहीं पूछता था कि मैं क्यों रो रही हूँ? मुझे क्या दुख है? मैंने खाना क्यों नहीं खाया? "खा लेगी अपने आप...रोती है तो रोने दे..." ननद की यह भावना रहती। उसके सामने सास भी चुप रहती। मेरी भावना कोई नहीं समझता था। खुद चुप होकर मैं घर के काम करने लगती थी।

सभी सास-ननद बुरी नहीं होतीं, मगर मेरे साथ ऐसा हुआ है। मेरी ननद ने मुझे बहुत सताया, मेरे साथ मनमाना बुरा व्यवहार किया, हमेशा मेरे लिए बैर-भाव रखा। स्त्रियाँ हर जगह शोषित-पीड़ित हैं। यदि वे मिलकर रहें तो अपने साथ दूसरी महिलाओं को भी शोषणमुक्त कर सकती हैं, वे पुरुषसत्ता की पीड़ा और अन्याय-अत्याचारों से मुक्ति पा सकती हैं, मगर तब यह बात मैं अपनी सास, ननद को नहीं समझा सकती थी। मेरे प्रति ईर्ष्या-द्वेष से भरकर ननद बातें सुनाती थी—"दहेज में कुछ नहीं मिला, नीच खानदान की है...कुछ काम करना नहीं आता...बिलकुल भेताड़ है...कितनी अच्छी लड़कियों के रिश्ते थे, खेड़े की लेड़ी ले आये हैं, पागल है, मूर्ख है।" न जाने क्या-क्या बातें माँ के साथ वह मुझसे कहती। मैं चुपचाप सुनती। उन दिनों किसी बात का जवाब देने की मेरी हिम्मत नहीं थी।

छुट्टी के दिन या किसी दिन शाम को हम दोनों कभी महाराज बाग, कभी

अम्बाझरी तालाब, कभी सेमिनरी हिल, कभी तेलनखेड़ी गार्डन घूमने जाते। यह देखकर ननद अपनी नाराजी लड़-झगड़कर निकालती। उन्हीं दिनों टाकभौरे जी ने मुझे मारना पीटना शुरू कर दिया था। ननद अपने भाई को मेरे विरुद्ध भड़काकर झगड़ा करवाती। उसकी राजनीति, कूटनीति और कुटिलनीति को मैं समझ नहीं पाती थी। वह लगातार इस तरह मुझपर जुल्म करती रही।

जुल्म करने वाले से जुल्म सहने वाला ज्यादा गुनहगार होता है, यह बात मैंने बाद में समझी थी। यह मेरी कमजोरी थी या मेरे माता-पिता के दिये संस्कारों की कमजोरी? यह बात मैं तब समझ नहीं पाती थी। शोषण कैसा भी हो, उसका मुँहतोड़ जवाब देना चाहिए। यदि मैं उस समय अन्याय का विरोध करके उसे रोक देती तो आगे मुझे अधिक कष्ट नहीं उठाना पड़ता। मेरी कमजोरी ही मेरे शोषण का कारण बनी थी। दूसरों को दोष देने के बदले अपने दोष दूर किये जायें तो कभी भी, किसी का भी सामना कर सकते हैं।

मेरी नासमझी का एक उदाहरण यह भी है, एक बार टाकभौरे जी ने नया बंगाली कुर्ता पहना। उन दिनों तबियत खराब होने से वे बहुत कमजोर हो गये थे। चेहरा एकदम फीका और उदास था। फिर भी माँ और बहन उसके कुर्ते के साथ उनकी भव्यता और सुन्दरता की बड़ाई कर रही थीं। इस बात में मुझे भी शामिल करते हुए सासू माँ ने मुझसे कहा—"है न शीला, सुन्दर कितना अच्छा दिख रहा है? बहुत ही सुन्दर दिख रहा है?" मगर मैंने सीधे सपाट लहजे में कह दिया—"चेहरे पर तो बारह बज रहे हैं।" मेरी यह बात सुनकर सासू माँ चुप रह गई। ननद हँस दी। टाकभौरे जी को थोड़ा संकोच हुआ मगर देखते ही देखते सबके तेवर बदल गये, जैसे घर में तूफान आ गया। झगड़ा कैसे शुरू हुआ कुछ पता नहीं चला। मेरी क्या गलती हुई, यह भी मुझे समझ नहीं आया। माँ और बेटी कह रही थीं—"कॉलेज में पढ़ी लड़कियाँ बदमाश होती हैं। कॉलेज के लड़कों के चक्कर में रहती हैं। पति अच्छा नहीं लगता।" इतनी बड़ी बातें, इतनी झूठ बातें, इतने गलत आरोप क्यों मुझ पर लगाये गये? मैं कुछ समझ नहीं पाई। इसके साथ लात घूँसे के प्रहार भी हुए। मैं समझ नहीं पाई, बीमार को बीमार कहना गलत बात थी लेकिन किसी शरीफ लड़की को बदमाश, चरित्रहीन कहना क्या गलत नहीं था?

लगातार प्रताड़ित करने पर मैं चुपचाप अकेली रोती थी। मौसी सास सुगराबाई टाकभौरे मुझे अकेले में बहुत समझाती थी—"रोना नहीं, खाना पेट भरके खाना। यह लोग (सास, ननद) तुझको जो कुछ कहते हैं, सुन्दर को बताना। ऐसे रोने से काम नहीं चलता। तुझे कोई कुछ कहे तो तू भी उसे अच्छी तरह खूब बातें सुनाना।" मौसी सास की इन बातों को मैं सुनती थी मगर मुझे समझ ही नहीं आता था, किससे क्या

कहूँ? किसे क्या सुनाऊँ? किसी बात का कोई सिर पैर ही समझ नहीं आता था। ननद घंटा भर पहले से मुझसे झगड़ रही होती, मेरे बाप और भाइयों को कोस रही होती, वही भाई के आते ही अपने हाव-भाव बदल लेती। हँस-हँसकर मीठी-मीठी बातें करने लगती और बातों-बातों में मेरी तारीफ भी करने लगती, तब मेरी समझ में नहीं आता कि यह सब क्या है?

ननद अपने भाई और माँ को अच्छी तरह समझाती थी—"इसे अभी से दबाकर नहीं रखेंगे तो यह हमारी नहीं सुनेगी।" अधिकतर बहुओं को इसी तरह डरा-धमकाकर अपने शासन में रखा जाता है। उनका शोषण करते हैं, उनपर अन्याय-अत्याचार किये जाते हैं। यह मैं जानती थी। ननद की बातों को सुन-सुनकर और उन पर सोच-सोचकर पागल जैसा महसूस करती थी। शादी के तीन महीने के अन्दर ही मेरे साथ यह सब होने लगा था। दिन भर राह देखने के बाद शाम को पति के आने पर मुझे आशा रहती कि मेरे साथ हँसेंगे, बोलेंगे, मगर बात कुछ से कुछ और हो जाती, तब घंटों झगड़ा चलता रहता।

दस बॉय दस के एक कमरे के घर में सोफा, पलंग नहीं थे। बहन-भाई और माँ बातें करते रहते। मैं किचन में चूल्हे के पास बैठी रहती, तब मिट्टी के चूल्हे में लकड़ी जलाकर खाना बनाते थे। घंटों समय ऐसे ही निकल जाता। रात 10-11 बजे फर्श पर एक साथ सबके बिस्तर लगा दिये जाते। सुबह होते ही घर के काम शुरू हो जाते थे। मेरे साथ झगड़ा और मारपीट होती, यह देखकर ननद तसल्ली के साथ मेरे सामने ही खुश होकर कहती—"अच्छा हुआ, ऐसा ही होना चाहिए।" ननद के पति नानूसिंग ऐदवान को मेरे प्रति सहानुभूति रहती थी। सास, ननद मुझे डाँटतीं, बातें सुनातीं तब वे अपनी पत्नी को डाँटकर चुप कराते थे। ऐसे समय वे मुझे अपने भाई जैसे लगते थे।

ननद की सास कभी हमारे घर आती तब मेरी बहुत तारीफ करती थी और मुझसे कहती थी—"तुम कैसे अपनी ससुराल में रहती हो, मीरा हमारे घर में क्यों नहीं रहती? उससे कहो वह भी अपनी ससुराल जाये।" मैं इस सम्बन्ध में किसी को कुछ नहीं कह सकती थी। सासू माँ हमेशा कहती थी—"मैंने अपनी बेटी को दूध की बत्तीस धार से पाला है। मेरी बेटी को कभी अलग नहीं करना। भाई बहन की जोड़ी है, बहन को कभी दूर नहीं करना—जैसे वह अपने बेटे से यह कौल-करार कराती थी।

लड़ाई झगड़ों से त्रस्त होने से कभी मेरी तबियत खराब हो जाती तब सास और ननद यही कहतीं—"इसे इसके मायके भेज दे। अच्छी हो जायेगी तब खुद आ जायेगी।" मुझे लगता था यहाँ मेरी कोई जरूरत ही नहीं है, सिर्फ घर का काम करने

के लिए मैं यहाँ आई हूँ। मेरी ऐसी स्थिति क्यों थी? इसकी जिम्मेदार मैं स्वयं थी। एक तो मुझमें हिम्मत की कमी थी, दूसरे दुनियादारी को न समझ पाने की बात थी। माता-पिता के घर सुरक्षित घेरे में रही थी। नये लोग, नई स्थितियों का सामना कभी नहीं किया। अपनी समस्याएँ कभी खुद नहीं सुलझाईं। यह मेरे व्यक्तित्व की कमजोरी थी। माता-पिता अधिक चिन्ता करके अपने बच्चों को कमजोर बना देते हैं, यह बात मुझे तब समझ आई थी, अन्यथा मैं अपने अधिकार छीन कर ले सकती थी।

मेरे दादा ससुर उमराव टाकभौरे जी के चार बेटे हीरालाल, गुलाब, चुन्नीलाल और जोधालाल थे, दो बेटियाँ थीं श्यामाबाई और छोटीबाई। हीरालाल टाकभौरे की एक ही बेटी उषाबाई है। गुलाब टाकभौरे के दो बेटे हैं मनोहर और विजय, बेटियाँ अनसुइया, सरला, बिमला, उमा। चुन्नीलाल टाकभौरे के जीवित संतान एक बेटा और एक बेटी रहे—सुन्दरलाल और मीराबाई। जोधालाल टाकभौरे के चार बेटे भीमसेन, अर्जुन, शंकर और गणेश हैं, बेटियाँ—कमला, रमला और सुशीला हैं।

बड़े ससुर हीरालाल और गुलाब टाकभौरे जी का परिवार कामठी में रहता था। मेरे ससुर चुन्नीलाल टाकभौरे और उनके छोटे भाई जोधालाल टाकभौरे नागपुर में रहते थे। चाचा ससुर की पत्नी, मेरी सास की छोटी बहन सुगरा मौसी थी। चाचा ससुर और मौसी सास पड़ोस के क्वार्टर में ही रहते थे। उनके बेटे अर्जुन की शादी मेरी शादी से एक साल पहले हुई थी। मेरी शादी के दो माह बाद देवरानी सरोज की किसी बात से नाराज होकर मेरी सास ने उसे कह दिया—"नीच खानदान की है।"

गाली के रूप में सहज ही खानदान को नीच कहा जाता था। तब देवरानी मेरी सास से झगड़ा करने लगी—"ऐ खबरदार, नीच खानदान की किसको कह रही है? मैं नहीं सुनूँगी किसी की एक भी बात। अपनी बहू को अपने घर में सुनाओ। मेरे से कोई ऐसी बात नहीं करना, नहीं तो ठीक नहीं होगा।" उस दिन से सास ने उससे कुछ नहीं कहा। ननद ने भी कभी उससे कुछ नहीं कहा। सरोज नागपुर की तेज लड़की है। उसने शुरू से ही अपना दबदबा बनाकर रखा था। साल भर में ही वह सास-ननदों से झगड़कर अपने पति के साथ अलग रहने लगी थी। मेरे साथ जो होता रहा, वैसा सभी दलित महिलाओं के साथ नहीं होता है।

मेरा हाल अलग था, मेरी दुनिया अलग थी। मेरा मन अजीब-सा महसूस करता था—शादी क्या है? पति क्या है? सुख क्या है? अपनापन क्या है? सब निरर्थक लगते थे। टाकभौरे जी मुझे एक अजनबी की तरह लगते। मन में कभी यह भाव नहीं जागा कि पति यानी अपना कोई होता है। मित्र या साथी होना तो बहुत दूर की बात थी।

हमारे विवाह के बाद से ही पड़ोसन-पड़ोसी सासू माँ से कहने लगे थे—"घर छोटा है, बहू आई है, अब तो बेटी जवांई को उनके घर भेजो। बेटी को उसकी ससुराल भेजो।" सास कहती थी—"हमारे बेटा बहू को कुछ नहीं समझता, उनको कुछ नहीं लगता। तुमको क्यों बुरा लगता है? मेरी बेटी तुमको बुरी लगती है क्या?"

ऐसे ही कई महीने गुजर गये थे। एक दिन भैयालाल फातोड़े जी हमारे घर आये। उन्होंने एक कमरे के घर में सबको एक साथ देखा। तब अपनी बुआ (मेरी सास) को खूब फटकारा था—"तू पागल है? तुझे शर्म नहीं आती? बेटे की शादी क्यों की? बेटी को ही रखना था तो बहू क्यों लाई? बेटी को अभी ससुराल भेज।"

उन्होंने टाकभौरे जी को भी खूब डाँटा-फटकारा था, तब दो दिन के अन्दर मीराबाई को ससुराल भेजने की तैयारी शुरू हुई। मुझे तो इसमें किसी बात का फायदा-नुकसान समझ में नहीं आ रहा था। मीरा को ससुराल भेजते हुए टाकभौरे जी और उनकी माँ बहुत दुखी-उदास हो गये थे। मीरा भी नाराज थी, मानो मैंने उसका राजपाट छीन लिया हो, जैसे मैंने उनकी खुशी छीन ली है। दुखी होकर टाकभौरे जी बहन और उसके बच्चों को छोड़ने गये। टाकभौरे जी को अपनी बहन से इतना प्रेम क्यों था, यह बात मैं अब तक नहीं समझ पाई।

आठवें दिन मीरा ससुराल में बिना बताये, अपने बच्चों को लेकर, नागपुर की डिफेन्स कॉलोनी से चुपचाप बस में बैठकर, मेडिकल के टी.बी. वार्ड क्वार्टर हमारे घर आ गई। उसके इस तरह लौट आने पर माँ-बेटा दोनों ख़ुश हो गये। उन्होंने बार-बार यही कहा—"अच्छा हुआ आ गई, नहीं तो ससुराल में पता नहीं क्या होता?" ननद ने फिर कभी ससुराल जाने का नाम नहीं लिया। ननदोई आते, झगड़ा करते फिर वह भी पहले की तरह हमारे साथ रहने लगे। ये बातें नागपुर के हर घर में नहीं थीं। मेरे साथ ही हुई। मैंने लगातार ननद का सन्ताप भोगा। वे दिन कैसे बीते, याद करती हूँ तो बहुत दुख होता है।

एक बार रात में मैं बहुत गहरी नींद में सोई थी। बगल में सास, ननद सोई थी। बरामदे में दामाद और टाकभौरे जी सोते थे। रात में गहरी नींद से जागने पर मैंने किसी का स्पर्श महसूस किया। मैं एकदम डर गई और बहुत जोर से चीखी। डर के कारण चीखती रही। सब लोग जाग गये, लाइट ऑन किया फिर भी मैं डरकर चीखती रही। टाकभौरे जी ने समझाया—"कुछ नहीं है, मैं था।"

फिर भी मैं देर तक काँपती रही, डरती रही। पड़ोसियों को भी यह बात मालूम हुई। इसके बाद सास-ननद ने पता नहीं क्या सोचकर उस एक कमरे में थोड़ी व्यवस्था कर दी। कमरे में बीच में रस्सी बाँधी गई। रात में रस्सी पर चादर का पर्दा डाल दिया जाता। एक तरफ हम दोनों सोते दूसरे तरफ सास-ननद बच्चों के साथ

सोतीं। दामाद अकेले झिरींदार बरामदे में सोते। वे कभी झगड़ा करके अपने घर चले जाते फिर वापस आ जाते।

विवाह के पहले मैंने माँ से सुना था, नगर निगम और नगर परिषद में कर्मचारियों की उम्र की जाँच मेडिकल जाँच से होती है। 'उम्र मेडिकल जाँच से कैसे पता करते हैं? क्या देखकर पता करते हैं?' तब मैंने ऐसे ही पूछा था और जानकारी मिलने पर सहज ही निर्विकार रही थी। मगर शादी के बाद मुझे माँ की बात याद आती थी। जन्म तारीख के सर्टिफिकेट झूठे हो सकते हैं। डॉक्टर भी झूठे हो सकते हैं लेकिन क्या अपने दिल-दिमाग के एहसास भी झुठलाये जा सकते हैं?

शादी के एक साल बाद मैं बानापुरा गई थी। माँ, टाकभौरे जी और मैं ताँगे में बैठकर सिवनी जा रहे थे। रास्ते में सुमन्तरा कंजरनी ताँगे में बैठी। टाकभौरे जी सामने बैठे थे, पीछे बैठते ही उसने माँ से पूछा–"साथ में कौन दादा बैठा है?"

माँ ने झट से उसे चुप करते हुए कहा था–"अरे, चुप... चुप। ऐसे मत बोल, जवांई है, नागपुर वाले जवांई है।" तब वह माँ का मुँह और मेरा मुँह देखती रह गई थी। शायद उसने मेरा मुँह देखकर समझ लिया होगा–"न तो इसकी आँखें हैं, न कान हैं, न ही इसके मुँह में जुबान है।" वही सुमन्तरा मेरी 'दमदार' कहानी की किरदार सुमन है।

न जाने कौन सा धैर्य माँ ने मुझे बचपन से थमाया था। इन बातों से मन कभी अधीर नहीं हुआ। अपने जीवन से जुड़ी बातों को भी मैं तटस्थ निर्विकार भाव से सुनती थी और उसी रूप में अपना जीवन जीती थी, शांत प्रस्तर सा ठंडा निर्विकार जीवन!

घर में खर्च की तंगी रहती थी। ननद के दो बेटे थे, तीसरा बच्चा होने वाला था। माँ अपनी बेटी के लिए बेटे से अधिक खर्च करवाती। बहन घर में ही रहती थी। टाकभौरे जी चाहते थे, मैं कोई भी नौकरी करने लगूँ, ताकि घर खर्च में मदद मिले। मेरी नौकरी के लिए वे लगातार प्रयत्न कर रहे थे।

उन दिनों नागपुर में सीताबर्डी के 'मातृसेवा संघ' अस्पताल में लीनन कीपर की जगह बनी। यह मालूम होने पर टाकभौरे जी अपने मित्र सामाजिक कार्यकर्ता सोहनलाल ताम्बे को साथ लेकर, 'मातृसेवा संघ' की अध्यक्ष श्रीमती दानी मैडम के घर गये। मुझे भी साथ ले गये। वहाँ टाकभौरे जी दानी मैडम को अपनी आर्थिक परेशानी और मेरी नौकरी की जरूरत को बताते रहे, मुझे लीनन कीपर की वह नौकरी देने का आग्रह करते रहे। दानी मैडम बार-बार कह रही थीं–"आपकी मिसेस बी.ए., बी.एड. हैं, आप उनसे गन्दे कपड़े धोबी को देने के हिसाब की यह नौकरी क्यों करवाना चाहते हैं? उसे तो कहीं भी शिक्षिका की नौकरी मिल जायेगी।"

उनके लिए बहन के परिवार का दुगना खर्च उठाना जरूरी था, इसलिए 150/रु. प्रति माह की यह नौकरी मुझसे करवाना जरूरी लग रहा था। उन्होंने विशेष आग्रह के साथ दानी मैडम से उस नौकरी के लिए बार-बार कहा। मैं सोचती रही, यदि ननद अपनी ससुराल में रहती तो यह स्थिति नहीं रहती, मगर मैं यह बात नहीं कह सकती थी। सब तरह से मैंने समझ लिया था इन्हें अपनी बहन प्रिय है, मैं नहीं। मैं कुछ कहती तो इन्हें भयंकर गुस्सा आता। एकदम मारने पीटने लगना जैसे इनका जन्मसिद्ध अधिकार था। 'मातृसेवा संघ' सीताबर्डी के अस्पताल में लीनन कीपर की नौकरी करते समय मैं सुबह दस बजे बस से बर्डी आती और शाम 6 बजे वापस घर जाती। मैं दिनभर प्रसूति चिकित्सालय के प्रत्येक वार्ड में घूमकर जच्चा-बच्चा के गन्दे कपड़े और चादरों को इकट्ठा करके धुलाई के लिए देने का और धोबी से धुले हुए कपड़े लेने का हिसाब रखती थी।

कभी-कभी टाकभौरे जी मुझे वहाँ छोड़ने या लेने आते थे। तब वहाँ की नर्स और दूसरी कर्मचारी महिलाएँ मुझसे पूछती थीं–"ये जो आये थे, तुम्हारे पिताजी हैं" मैं जल्दी से कहती–"नहीं, मेरे पति हैं।" वे कहतीं–"क्या तुम्हारी शादी दुजवर के साथ हुई है?" दुजवर याने जिसका पहले विवाह हुआ हो। किसी कारण पत्नी साथ न रहने पर बरसों बाद दूसरा ब्याह किया हो। मैं कहती–"नहीं, उनकी पहली शादी मेरे साथ नहीं हुई है।"

वे मुझसे पूछतीं–"तुम्हारी माँ ने देखा नहीं? इतनी बड़ी उम्र के आदमी के साथ तुम्हारा विवाह कर दिया?" तब मैं चुप रह जाती, इसे माँ की गलती कैसे मानती? माँ ने सोच-समझकर ही मेरा विवाह इनके साथ किया होगा? हो सकता है कहीं दूसरी जगह विवाह होने पर मेरी स्थिति ज्यादा खराब होती तब मैं क्या करती?

एक बार बर्डी से घर लौटते समय, बस में मेरी बगल में बैठे एक बुजुर्ग व्यक्ति ने मुझसे पूछा–"तुम्हारा साथी क्या करता है?" साथी शब्द सुनकर मुझे हँसी आई थी। अधिकतर पति को पति ही कहते हैं। पति के लिए साथी शब्द मुझे अलग लगा था। मैंने बताया था–"मेरे पति प्रकाश हाईस्कूल में पढ़ाते हैं।" साथी शब्द पर हँसने के बाद मुझे बहुत देर तक खालीपन का एहसास होता रहा। पति का प्यार और ससुराल का सुख-संसार मेरे लिए सपना बनकर रह गये थे।

बी.एड. कॉलेज से घर लौटते समय शाम को आकाश में पक्षियों को अपने घोंसले की ओर जाते देखती थी तब मन व्यथा से भर जाता था। मुझे लगता था मेरा तो कहीं घोंसला ही नहीं है। 'मातृसेवा संघ' में नौकरी करते समय शाम को घर लौटती, तब भी ऐसा ही लगता था क्योंकि ससुराल का वह घर मुझे अपना नहीं लगता था।

रिक्शे में किसी दम्पति को बहुत नजदीक बैठे देखती, उन्हें कंधे या पीठ पर हाथ रखे देखती तो मन में हूक जैसी उठती थी। मेरे पति मेरे साथ इतने नजदीक क्यों नहीं रहते? वे मुझसे प्यार का ऐसा व्यवहार क्यों नहीं करते? इसका मुझे दुख लगता था। टाकभौरे जी मेरे साथ हमेशा दूरी रखते थे जैसे हम पति-पत्नी नहीं, अपरिचित दो लोग एक साथ रहने लगे हैं।

एक बार सासू माँ और ननद के साथ मैं 'मीठा नीम' दरगाह जा रही थी। टाकभौरे जी घर में थे। घर से थोड़ा दूर आने पर मैंने याद करके कहा—"घर की दूसरी चाबी नहीं ली? यदि वे (टाकभौरे जी) कहीं गये तो लौटने पर घर में ताला लगा मिलेगा।"

सासू माँ ने कहा—"जा, चाबी ले आ।" मैं जल्दी-जल्दी घर में आई। इन क्षणों में मैंने सोचा था—टाकभौरे जी घर में अकेले में मुझे देखकर प्यार करेंगे। भले ही क्षण दो क्षण का, मुझे उनका प्यार मिलेगा। मैं हँसती मुस्कराती घर में आई और चाबी की बात कही। टाकभौरे जी ने तुरन्त मेरे सामने चाबी फेंकी और घर से बाहर सड़क पर खड़े हो गये, जैसे कहीं उनपर मेरे साथ बदचलनी का इल्जाम न लग जाये। मैं चुपचाप चाबी उठाकर बाहर आ गई। उस समय मेरे दिल पर क्या गुजरी, यह मैं ही जानती हूँ।

पता नहीं, यह उनका स्वभाव था या जानबूझकर ऐसा करते थे। वे मेरे साथ हमेशा रूखा और तटस्थ व्यवहार करते थे, सिर्फ काम की बात और अपने काम करवाने की बात करते थे। शुरू से उन्होंने यह आदत बना ली थी। पत्नी ही पति के सब काम करती है, इस अधिकार के साथ वे मुझे काम बताकर जाते—"मेरे कपड़े धो देना।" मैं ऐसी हर आज्ञा का पालन करती थी। स्कूल से या बाहर से लौटने पर उन्हें तुरन्त पानी देती, चाय बनाकर देती, खाना परोसकर देती। किसी काम में थोड़ी सी देर होने पर वे नाराज हो जाते। गुस्से में कई बार उन्होंने खाने की थाली उठाकर फेंकी थी। डाँट-फटकार, मारपीट, हर प्रकार का दुर्व्यवहार होता था, मैं चुपचाप रो लेती थी।

1975 में 'मातृसेवा संघ' की लीनन कीपर की नौकरी का वेतन मुझे 150रु. मिलता था। पहले महीने में एक तारीख को 22 दिन के 110 रु. मिले थे। जीवन में पहली बार, नौकरी के पहले वेतन की मुझे बहुत खुशी हुई। हाथ में रुपये मिलने पर बहुत आनन्द हुआ था। यह भी लगा था—'ये लोग मुझे रुपये क्यों दे रहे हैं?' मेहनत परिश्रम मैं शुरू से करती रही थी मगर पहले कभी इस तरह पारिश्रमिक मुझे नहीं मिला। पहला वेतन मिलने पर मुझे अलग एहसास हुआ—'यह मेरी कमाई है, यह मेरा वेतन है।'

टाकभौरे जी शाम को 'मातृसेवा संघ' आये। मैंने खुशी-खुशी उन्हें रुपये दिखाये। उन्होंने मेरे हाथ से रुपये ले लिये और कहा—"घर चलो।" वे साइकिल लेकर पैदल मातृसेवा संघ से मोरभवन बस स्टॉप तक आये। मैं उनके पीछे-पीछे चल रही थी। मैंने सोचा था, हम साथ-साथ घर जायेंगे। मिठाई खरीदकर घर ले जाएँगे। मैं सबको बताऊँगी—"आज मेरी पहली तनखाह मिली है।"

मोरभवन बस स्टॉप के सामने टाकभौरे जी ने मेरे तरफ एक चवन्नी उछाली और कहा—"बस से घर जाओ। मैं बाद में आऊँगा।" इसके लिए मैं तैयार नहीं थी। चवन्नी नीचे गिरी। मैंने झुककर चार आने का सिक्का उठाया तब तक टाकभौरे जी साइकिल पर बैठकर आगे बढ़ गये थे। मैं उन्हें देखती रह गई।

उस समय बर्डी से मेडिकल बस स्टॉप का टिकिट तीस पैसे था। मैं बहुत देर तक अजीब-सा खालीपन महसूस करती रही। फिर अपने मन को समझाकर मेडिकल जाने वाली बस में बैठ गई। पहली तनखाह मिलते ही मन में अनेक सपने उमड़ रहे थे—'अच्छा घर लेंगे, अच्छे कपड़े खरीदेंगे, अच्छे गहने बनवायेंगे।' मेरा ध्यान बगल में बैठी भद्र महिला के हाथ के कंगन की तरफ गया। बहुत ही सुन्दर डिजाइन के सोने के कंगन थे। मैंने उससे पूछा—"कितने ग्राम के हैं?" उसने बताया—"चार तोले के हैं।"

मैं मन ही मन सोच-विचार में डूबी रही, तभी कंडक्टर टिकिट काटने आया। मैंने 'मेडिकल टी.बी. वार्ड' कहकर उसे चवन्नी दी। उसने कहा—"पाँच पैसे और दो—" मैं अपने पर्स में पाँच पैसे ढूँढ़ती रही। पैसे नहीं थे इसलिए नहीं मिल रहे थे। देखते-देखते कंडक्टर पच्चीस पैसे का टिकिट देकर चला गया, तब मुझे उस महिला के सामने बहुत संकोच हुआ। यहाँ तो मैं सोने के कंगन का हिसाब देख रही थी और मेरे पास पाँच पैसे भी नहीं थे।

हर महीने यही चलता रहा। पहली तारीख के बाद से ही मैं अगली पहली तारीख की राह देखती। मन में अनेक सपने सजते, सँवरते और उलझते रहते। मैं मन ही मन उनकी गुत्थी सुलझाती रहती। मुट्ठी भर रुपयों के साथ मन की सारी आशा-उम्मीदें जुड़ जातीं। मैं टाकभौरे जी को अपने मन की बातें बताती—"अपने घर में अच्छे बर्तन नहीं हैं, स्टील के गिलास, थालियाँ खरीदेंगे। यहाँ मोहल्ले में रहना अच्छा नहीं लगता है, दूसरी जगह अच्छा घर लेंगे।"

टाकभौरे जी हँसते-मुस्कराते हुए, हर बात पर हाँ कहते। मगर बात वहीं की वहीं रहती। रुपये घर में खर्च हो जाते तब मेरा मन उदास हो जाता, फिर कुछ भी कहने का मन नहीं होता था। घर का रवैया पुराने ढंग से ही चलता रहा। घर में अधिक खर्च होता था। रुपए नहीं रहने पर उधार लेकर खर्च चलाया जाता था। उन

दिनों एक खान हमारे घर हर महीने आता था। घर के लोग उसे 'काबुलीवाला' कहते थे, वह उधार दिये रुपयों की किस्त और ब्याज की रकम लेने आता था।

ननद के परिवार का पूरा खर्च उठाने के लिए मुझसे मातृसेवा संघ की नौकरी करवाई जा रही थी। नौकरी करने के बाद भी मेरे लिए खर्च के रुपये न होने की बात कही जाती, ऐसे प्रसंग कई बार आये थे। एक बार पड़ोसन के घर के सामने से निकलने पर वह मुझसे बोली–"कितनी गन्दी साड़ी पहनी है?" मैंने यह बात अपनी सासू माँ को बताई। सास ने कहा–"सुन्दर से बोलना। वह तेरे को साबुन सोड़ा लाकर देगा। मेरे पास रुपये पैसे नहीं हैं।"

उन दिनों मुझे यह हिदायत थी, मीरा की साड़ी को साबुन लगाकर अच्छा धोना, अपनी साड़ी को पानी से फीच कर निचोड़ना। मैं वैसा ही करती थी। सबके कपड़े साबुन से धोती और ईमानदारी के साथ घर में पहनने की अपनी साड़ी बिना साबुन के धो लेती। धीरे-धीरे साड़ी मटमैली दिखने लगी थी। सासू माँ की यह बात मुझे अजीब लगी कि साबुन सोडे के लिए सुन्दर से कहना। मेरे कहने पर क्या वे मुझे लाकर देते? मैं चुप रही। सब वैसा ही चलता रहा। कभी-कभी मैं नाराजी से भी ऐसा करती थी, ताकि सबको दिखे, कुछ गलत चल रहा है, मगर घर के लोग सब कुछ जानते समझते हुए भी मेरे लिए नहीं सोचते थे।

उन दिनों घर में खाने-पीने पर बहुत खर्च किया जाता था। रुपये उधार लेकर खर्च किये जाते, यह देखकर मेरा दिल जलता था, मुझे भी गुस्सा आने लगा, मैं भी खरी-खोटी सुना देती थी। एक ही बात इतनी तीखी कहती कि सब तिलमिलाकर रह जाते, फिर घंटों झगड़ा चलता। मुझे मार-पीटकर झगड़ा खत्म होता। अधिकतर इसी तरह दिन बीतते थे। दुख, अपमान और कष्ट घर में भी थे, बाहर भी थे।

मातृसेवा संघ की नौकरी करते समय वहाँ मिले अपमान, उपेक्षा, आत्मग्लानि और छल-प्रपंच के व्यवहार की कई बातें हैं, जो आज भी मेरे हृदय को दुखी कर देती हैं, मातृसेवा संघ की वार्डन कमल पाण्डे ब्राह्मण थी। मैं बी.ए., बी.एड. हूँ इस बात से वह मुझसे ईर्ष्या करती थी और मुझे बहुत परेशान करती थी। वह वार्ड की गन्दी चादरें अलमारियों में छिपा देती थी और मुझ पर आरोप लगाती कि चादरें चुराकर मैंने अस्पताल में काम करने वाले अपने रिश्तेदारों को दे दी हैं। वार्डन नर्सों से हमेशा ऐसा करवाती फिर चिल्ला-चिल्लाकर पूरे वार्ड के लोगों को सुनाकर कहती कि मैं चोर हूँ, मैंने चादरें चुरा ली हैं। वार्ड में चादरें कम हो गई हैं।

मैं अपनी सफाई देती, मगर मेरी बात कोई नहीं सुनता था। मुझ पर चोरी का इल्जाम लगाया जाता, सबके सामने मुझे चोर-गुनहगार ठहराया जाता। अपनी स्थिति पर मुझे रोना आता, मन उदास हो जाता। क्या करूँ? कुछ भी समझ नहीं आता।

मातृसेवा संघ में रोज-रोज डाँट फटकार के साथ मुझे बातें सुनाई जातीं।

मेरी शिकायत 'मातृसेवा संघ' संस्था की अध्यक्ष दानी मैडम तक पहुँची। मेरे ऊपर लगाये गये आरोप को सुनकर मैडम स्वयं अस्पताल में आई। मैडम आई हैं, यह सुनकर पूरे अस्पताल के स्टाफ में हड़कम्प मच गया था। वार्डन, नर्स सभी ने मैडम से मेरी शिकायत की। मैडम ने मुझे बुलाया। मैं चुपचाप खड़ी रही। मुझे देखकर मैडम समझ गई, मुझ पर लगाया गया चोरी का आरोप गलत है, मैंने चोरी नहीं की है।

मैडम को वार्डन और नर्स पर शक हुआ, इसमें उनकी बदमाशी और कुटिलता नजर आई। उन्होंने अस्पताल की सब अलमारियाँ खुलवाईं। अलमारियों के नीचे, हर जगह कोने-कोने में रखे सामान के पीछे चादरें ढुँढवाईं, सबके सामने अलग-अलग अलमारियों से 18 चादरें निकालीं। कई दिनों से छिपाकर रखी गंदी चादरों को निकलवाकर दानी मैडम ने वार्डन कमल पाण्डे को खूब डाँटा—"तुम्हें शर्म नहीं आती, एक सीधी, शरीफ लड़की पर झूठे आरोप लगाती हो?"

दानी मैडम की सहानुभूति और मेरे प्रति विश्वास को देखकर मुझे खुशी हुई। साथ ही दुख भी हुआ, मैं ऐसी जगह, ऐसे लोगों के बीच यह नौकरी क्यों करती हूँ? फिर भी नौकरी छोड़ने की मैं कल्पना भी नहीं कर सकती थी। एक तो घर खर्च के लिए रुपयों की जरूरत थी। साथ ही नौकरी छोड़ना यानी दिन भर घर में रहना, दिन भर घर के काम करना, साथ में जली-कटी बातें सुनना। उससे तो यहाँ की नौकरी में मुझे थोड़ी शांति मिल जाती थी।

एक दिन 'मातृसेवा संघ' में श्री. जकाते सर अपनी बेटी को देखने आये, बेटी को डिलीवरी हुई थी। मैं सब पेशेण्ट के गन्दे कपड़े इकट्ठे करते हुए उस रूम में जच्चा और बच्चा के कपड़े लेने आई तब जकाते सर ने मुझे देखकर आश्चर्य के साथ कहा—

"मैडम आप यहाँ?" मैंने सर को पहचाना। जकाते सर प्रकाश हाईस्कूल के उप-मुख्याध्यापक थे। बी.एड. के 'लेसन प्लान' लेने के समय मैंने प्रकाश हाईस्कूल में भी लेसन प्लान लेते हुए बच्चों को पढ़ाया था। तब जकाते सर ने मेरे लेसन का आब्जर्वेशन किया था। मुझे इस हालत में सर ने वहाँ देखा, मैं शर्म के मारे पानी-पानी हो गई। बाप रे बाप... मैं क्या हूँ? मैं कहाँ हूँ? इतनी शिक्षित होते हुए भी मेरी क्या हालत है? सर के सामने लगा, मैं जमीन में गड़ गई हूँ।

मैंने सर को देखा, नमस्ते की और जल्दी से रूम से निकलकर अस्पताल के बाहर आ गई। मातृसेवा संघ के सामने की बड़ी रोड का ट्रैफिक अपनी तेज रफ्तार से चल रहा था, मगर मेरी चेतना जैसे शून्य हो गई थी। देर तक बाहर खड़ी रहकर

मैं सब देखती रही, मैं बाहर नहीं अपने भीतर झाँक कर देख रही थी। मुझे महसूस हुआ, मेरे शरीर का खून जैसे पानी हो गया था। काफी देर तक मैं अपने आपको संयत नहीं कर पाई थी।

जैसे-तैसे शाम हुई। मैं बस से घर आई। रास्ते भर मैंने यही सोचा था—घर जाते ही टाकभौरे जी को यह बात बताऊँगी, मगर घर आकर मैंने घर का वही हाल देखा जिसकी वजह से मैं यह नौकरी करने के लिए मजबूर थी। घर के सब लोग अपने आप में खुश थे। खाना-पीना अच्छे से, आराम से चल रहा था। तब मेरी शर्म-हया, दुख-वेदना-संवेदना को कौन सुनता-समझता?

'मातृसेवा संघ' में प्राध्यापक दानी अपनी पत्नी को लेकर आये थे। उनकी दो बेटियाँ थीं। किसी कारणवश उनकी पत्नी एडमिट थी। प्रा. दानी और उनकी मिसेस के सामने मैं कई बार गई थी, उनसे बातें की थीं। वही प्रा. दानी सन् 1986 में पोरवाल कॉलेज में मिले। जब मैं प्रकाश हाईस्कूल की नौकरी के बाद सेठ केसरीमल पोरवाल कॉलेज में आई थी तब मेरे पिछले दलित, शोषित, पीड़ित जीवन की वेदना भी मेरे साथ आई थी। कॉलेज की प्राध्यापिका बनने की खुशी के साथ यह वेदना भी उस खुशी में जुड़ गई थी। पोरवाल कॉलेज के प्राध्यापक दानी मुझे बार-बार कहते थे—"मैडम, ऐसा लगता है मैंने आपको पहले कहीं देखा है?" प्रा. दानी ने मुझे पहचान लिया था। मैं सबके सामने कैसे कहती—"हाँ सर, आपने मुझे पहले मातृसेवा संघ में पेशेण्ट के गंदे कपड़े उठाते हुए देखा था।"

अपमान और वेदना दलित जीवन का सत्य है। जब तक प्रा. दानी कॉलेज में रहे, मेरे मन की पीड़ा मेरे साथ रही। आज भी मेरी वह वेदना मेरे हृदय में है और जीवनभर मेरे साथ रहेगी। क्या मुझे वह नौकरी करना जरूरी था? उच्च शिक्षा, सम्मान के बाद भी क्या वे दिन मेरे लिए दुखदायी नहीं थे? क्या मुझे नौकरी की इतनी जरूरत थी कि मैं अपनी पढ़ाई, अपने व्यक्तित्व, अपने मान सम्मान को ताक पर रखकर गन्दे कपड़े उठाने की नौकरी करती रहूँ? उस समय घर में मेरा जो हाल था, वह मैं किसे बताती?

ननद को तीसरा बेटा हुआ, तब उसका और उसके बच्चों का प्यार-दुलार बहुत बढ़ गया। इसके साथ मेरे दुख का नया प्रकरण शुरू हो गया। माँ और बेटी मुझे बार-बार कहने लगीं—"ये तो बांझ बंझोटी है। इसको बच्चे नहीं होंगे।" बार-बार यह सुनकर मेरा दिल तार-तार हो जाता और मन में हूक-सी उठती रहती। मन दुखी होने पर भी मैं घर के काम करती रहती थी। मातृसेवा संघ की नौकरी करते समय वहाँ पैदा हुए नन्हे-मुन्ने बच्चों को देखती तो मेरे मन में भी सपने सजने लगते—"मेरा भी प्यारा बच्चा होगा—" मैं तरह-तरह की कल्पनाओं में खो जाती। घर में जली कटी

बातें सुनकर रो लेती फिर अपनी कल्पना की दुनिया में सुख के सपने देखने लगती।

मैं कल्पनाओं में सुख खोजने का प्रयत्न करती थी। शादी के बाद तीन साल तक सन्तान न होने पर मुझे जली-कटी बातें सुनाई जातीं, सुनकर मन दुखी हो जाता था। यह भी मेरे जीवन का एक अलग अध्याय है। दूसरे लोग समझाते थे—"शादी को ज्यादा साल नहीं हुए हैं, किसी-किसी को देर से होते हैं, बच्चे होंगे।"

ननद मुझपर अपनी नाराजी बताते हुए कहती थी—"कोई किसी से यह नहीं पूछता कि तुम्हारे पास कितना धन है? यह पूछते हैं—कितने बच्चे हैं? बांझ-बंझोटों का धन किसी काम का नहीं होता।" उसका आशय मुझे समझ में आता था कि तुम्हारे बच्चे नहीं हैं, इसलिए तुम अपनी पूरी कमाई मेरे और मेरे बच्चों के लिए खर्च करते रहो। मुझे यह सुनकर गुस्सा आता। कभी मैं भी उसे गुस्से में बातें सुना देती थी।

एक दिन सासू माँ ने नाराजी के साथ कहा—"हथेली पर बाल उग जायेंगे, पर इसे बच्चे नहीं होंगे।" सासू माँ की वह बात सुनकर मुझे बहुत दुख हुआ। दुख के साथ मैंने भी फर्श पर हथेली की थाप मारकर कहा—"हाँ, ऐसा ही होना चाहिए, इससे तुम्हारा ही वंश डूब जायेगा। तुम ऐसा कहती हो तो ऐसा ही होना चाहिए।" उस दिन सासू माँ अपनी गलती महसूस करके चुप रह गई थी। बेटी के प्यार ने उसे इतना अंधा बना दिया था कि इकलौते बेटे के जीवन की खुशी के लिए भी वह नहीं सोच पाती थी, इकलौती बहू की खुशी, अरमान को भी देख-समझ नहीं पाती थी।

1974 से 77 तक यही बातें सुनते-सुनते मैं इतनी दुखी हो गई थी कि रास्ता चलते किसी के बच्चे को देखती तो देखती रह जाती। जानवरों के छोटे बच्चों को भी ममता के साथ देखती। उन दिनों मैं कहती थी—"भगवान, एक सन्तान दे दो, भले ही कानी चिड़िया दे दो..." ताजबाग वाले ताजुद्दीन बाबा की दरगाह जाकर मन्नतें माँगती थी—"बाबा, मुझे भी एक बच्चा दे दो, भले ही कानी चिड़िया दे दो।" मैंने दुख और वेदना के साथ कई बार यह भीख माँगी थी। कितना लम्बा समय ऐसे ही बीता था! सामाजिक परम्पराएँ और धार्मिक अंधविश्वास महिलाओं को अधिक कमजोर बना देते हैं। हालात ने मुझे भी कमजोर बना दिया था। अपमान और दुखों ने मुझे मजबूर कर दिया था।

मातृसेवा संघ में नौकरी करती थी तब बुधवार के दिन रेस्ट (ऑफ डे) रहता था। जुलाई महीने के पहले बुधवार के दिन टाकभौरे जी ग्यारह बजे स्कूल गये और एक बजे वापस आ गये। आते ही उन्होंने मुझसे कहा—"जल्दी तैयार हो जाओ, मेरे स्कूल

चलना है। बी.एड. के समय की 'लेसन प्लान' लेने के यूनीफार्म की सफेद साड़ी पहन लो। स्कूल के मैनेजर साहब ने बुलाया है।" उन्होंने माँ और बहन को भी यह बात बताई। मैं तैयार होकर इनके साथ साइकिल पर गांधीबाग फव्वारा चौक आई।

प्रकाश हाईस्कूल में शिक्षक का एक रिक्त स्थान बना था। टाकभौरे जी को यह पता नहीं था। मैनेजर साहब को पता चला कि टाकभौरे की मिसेस ने बी.ए. , बी.एड. किया है। उन्होंने टाकभौरे जी को बुलाकर कहा था—"मिसेस के लिए नौकरी नहीं चाहिए क्या? मिसेस को लेकर आओ।"

टाकभौरे जी मुझे लेकर आये। 'आदर्श ज्ञान प्रकाश शिक्षण संस्था' के मैनेजर प्रकाशे जी थे। प्रकाशे जी ससुराल के व्यक्ति हैं, यह सोचकर मैंने मैनेजर साहब के सामने अपने सिर पर साड़ी का पल्लू ले लिया था। फव्वारा चौक के 'प्रकाश कन्या शाला' के ऑफिस में प्रकाशे जी और कुछ अन्य लोग बैठे थे। मेरे बगल में टाकभौरे जी बैठे। प्रकाशे जी मुझसे प्रश्न पूछते, मेरे बोलने के पहले ही टाकभौरे जी जबाब देते। प्रकाशे जी ने उनसे कहा—"इनका इण्टरव्यू है, इन्हें बोलने दो।" तब मैंने यथा जानकारी प्रश्नों के उत्तर दिये। प्रकाशे जी ने टाकभौरे जी से कहा—"कल से इन्हें स्कूल में पढ़ाने के लिए आने दो—" टाकभौरे जी ने खुशी से "हाँ" कहा। इस तरह मैं जुलाई 1976 में मातृसेवा संघ की नौकरी छोड़कर प्रकाश हाईस्कूल में शिक्षिका की नौकरी करने लगी। यह पद एस.सी. कोटे के लिए था इसलिए मुझे यह नौकरी आसानी से मिल गई। दूसरे दिन से मैं टाकभौरे जी के साथ उनकी साइकिल पर डबल सीट बैठकर स्कूल जाने लगी थी।

यह मेरे जीवन के सुखद अध्याय की शुरुआत थी। स्कूल में आते ही स्कूल के शिक्षक वर्ग ने मुझे 'भाभी जी' कहा, तब मन में बहुत सम्मान और अपनेपन का भाव जागा था। प्रकाश हाईस्कूल की अरोरा मैडम ने 'भाभी जी' कहकर इतना प्यार-दुलार, अपनापन और सम्मान दिया कि मैं अपनी सगी ननद से मिला दुख भूल गई थी। वह खूब प्यार से मुझे अपने गले लगा लेती थी। मेरा पक्ष लेकर टाकभौरे जी को डाँटती। स्कूल के हेडमास्टर शंकरराव सुपारे भी मेरे साथ अच्छा व्यवहार करते थे। धीरे-धीरे मैं अध्यापन कार्य आत्मविश्वास के साथ करने लगी। तब अधिकांश समय टाकभौरे जी के साथ बीतने लगा। सुबह और शाम के समय घर का थोड़ा काम करती क्योंकि स्कूल की ड्यूटी करना, पेपर जाँचना, रिजल्ट बनाना जैसे काम बढ़ गये थे, मगर घर का वातावरण वैसा ही रहा।

एक बार प्रकाश हाईस्कूल की शिक्षिका बाबरा जोसेफ मैडम ने मुझे अपनेपन के साथ सहज ही कहा था—"मैडम, आपकी ननद साथ रहती है, कभी आपका मन होता होगा कि भजिए बनाकर खाएँ तो आप ऐसा नहीं कर पाती होंगी?" तब न

जाने क्यों मेरी आँखों से आँसू बहने लगे थे। मुझे भजिए नहीं खाना था, मगर जीवन जीने की स्वतंत्रता चाहती थी कि मैं अपने ढंग से जी सकूँ। घर में कम से कम कुछ तो अपनी जगह हो! इस पीड़ा ने मुझे व्याकुल कर दिया था।

प्रकाश हाईस्कूल में नौकरी लगने के बाद मैं राजनीति और समाज सेवा की बातों पर अधिक ध्यान देने लगी थी। 1975 में प्रधानमंत्री इंदिरा गांधी के समय आपातकाल लागू हुआ, यह 1976 में अध्यापिका की नौकरी मिलने के बाद मालूम हुआ था। हमारे स्कूल के सभी सीनियर शिक्षक लम्बी हड़ताल पर थे। कई लोग 'मीसा' के अंतर्गत जेल जाकर, रिहा होकर लौटे थे। जनसंघ वालों की शिक्षा संस्था होने के कारण हमारे स्टाफ के लोग कांग्रेस सरकार की कटु चर्चा करते थे। नये शिक्षक-शिक्षिकाओं को हड़ताल पर जाने की अनुमति नहीं थी। हम अध्यापन कार्य करते थे और सीनियर शिक्षकों की बातें सुनते थे। गूजर, पैठणकर, भट, राठौर, जकाते, देशपाण्डे, चिमूरकर, भाष्कर पाण्डे, शंकरराव सुपारे जी सभी की बातें मैं सुनती थी उस समय मुझे उनकी बातें पूरी तरह समझ नहीं आती थीं।

इंदिरा गांधी के त्यागपत्र की माँग और आपातकाल के आन्दोलन के प्रमुख नेता जयप्रकाश नारायण थे। मुझे समाचार-पत्रों एवं चर्चा से राजनीतिक गतिविधियों का पता चलता था। वह आन्दोलन 'आर.एस.एस.' और 'जनसंघ' संगठनों पर आश्रित था। इन संगठनों के पास प्रशिक्षित कार्यकर्ता और पूरे भारत में फैली शाखाएँ थीं। नागपुर के रेशमबाग क्षेत्र के आर.एस.एस. के संस्थापक हेडगेवार की स्मृति में बना मुख्य कार्यालय है। वहाँ के बड़े मैदान में आर.एस.एस. के अखिल भारतीय सम्मेलन और उनके पद संचालन के कार्यक्रम मैंने देखे थे। आन्दोलन का नेतृत्व पूरी तरह आर.एस.एस. और जनसंघ के हाथों में रहा। प्रकाश हाईस्कूल के शिक्षक गूजर, पैठणकर इस विषय में खुली चर्चा करते थे। 1976 के अंत तक आपातकाल से लोगों का मोहभंग हुआ था।

श्रीमती इंदिरा गांधी ने बीस सूत्रीय कल्याणकारी योजना शुरू की थी, तब इस पर बहुत चर्चा होती थी। संजय गांधी के चार सूत्री कार्यक्रम में शिक्षा, परिवार नियोजन, पर्यावरण की रक्षा और दहेज का विरोध था। उस समय हमारे स्कूल के शिक्षकों को आम जनता को दो बच्चों के बाद परिवार नियोजन हेतु नसबंदी के लिए प्रोत्साहित करने का काम सौंपा गया था। निश्चित कोटा पूरा करने के लिए शिक्षक और शिक्षिकाएँ गरीब, पिछड़े, बहुजन समाज की बस्तियों में जाकर उन्हें परिवार नियोजन का महत्त्व और लाभ समझाते थे। शिक्षक स्कूल में अपने-अपने अनुभव सुनाते थे। इस सम्बन्ध में सरकारी अस्पतालों में लोगों के साथ जबरदस्ती भी की जाती थी। प्रेस की खबरें सेंसर होकर छपती थीं। सही बातों का पता ही नहीं चलता

था। 1977 के चुनाव में इंदिरा गांधी हार गई थी। तब कांग्रेस समर्थक हमारे लोगों को दुख और अफसोस हुआ था। वे अपने भविष्य की चिंता करते थे।

सवर्ण-सम्पन्न अधिकतर लोग जनता पार्टी का समर्थन करते थे। जनता पार्टी की सरकार बनी थी, वह आम जनता को सन्तुष्ट नहीं कर सकी। राजनीति की उठा-पटक बड़े नेता और सम्पन्न वर्ग को प्रभावित करती थी। आम जनता अपना जीवन पुराने तरीके से सामान्य रूप में जीती रही। सामान्य छोटे नेता समाज के हित में छोटे-बड़े कार्यक्रम करते रहते थे। हमारे जाति समुदाय के नेता टाकभौरे जी, सोहनलाल ताम्बे, रामरतन जानोरकर, रतनसिंग आदिवान, गोवर्धन डगोरिया, मोहन टाकभौरे, चमन हाडोती, प्रकाश जेदिया, शिवप्रसाद नुनहारे—अनेक छोटे-बड़े नेता वाल्मीकि-सुदर्शन जाति के मोहल्लों में मीटिंग और भाषण-उद्बोधन के कार्यक्रम करते थे। मैं ऐसे सभी कार्यक्रमों में जाती थी। उन दिनों हमारे घर में 'दिनमान' पत्रिका आती थी। रेडियो पर समाचार सुनते थे। हिन्दी समाचार पत्र खरीदकर पढ़ते थे।

प्रकाश हाईस्कूल में हिन्दी मीडियम को पढ़ाने वाले शिक्षक आपस में हिन्दी में ही बातें करते थे। मराठी मीडियम को पढ़ाने वाले मराठी भाषी शिक्षक हिन्दी भाषी शिक्षकों से हिन्दी में बातें करते थे। उनकी हिन्दी-मराठी भाषा सुनते-सुनते मैं भी मराठी भाषा समझने लगी थी। हमारे मोहल्ला-पड़ोस के लोग और रिश्तेदार आपस में हिन्दी भाषा में ही बातें करते थे। नागपुर में हमारे जाति समुदाय के लोग हिन्दी भाषी हैं। इसलिए नागपुर के मराठी भाषी बहुल शहर में आने के बाद भी मुझे भाषा सम्बन्धी परेशानी नहीं हुई।

मेडिकल क्वार्टर के उस एक कमरे के घर में सबके साथ रहते हुए और सबकी बातें सुनते हुए टाकभौरे जी त्रस्त रहते थे। अनेक परेशानियाँ थीं। मोहल्ले में किसी के घर झगड़ा होता तो घर बैठे गंदी-गंदी गालियाँ सुनाई देतीं। ऐसे समय कोई अच्छा व्यक्ति टाकभौरे जी से मिलने आता तब उन्हें शर्म आती थी। आठ घरों की प्रत्येक चाल में दोनों तरफ बाजू में इकट्ठे सार्वजनिक शौचालय थे। एक तरफ पुरुषों के लिए, दूसरी तरफ महिलाओं के लिए। सुबह हाथ में पानी का डब्बा लेकर लाइन लगाना पड़ता था। टायलेट हमेशा गन्दे रहते, इन बातों से परेशानी होती थी। मेडिकल कर्मचारी के जिस घर में हम किराये से रहते थे, उसका किराया 35 रुपये प्रति माह था। प्रकाश हाईस्कूल में मेरी नौकरी लगने के बाद, टाकभौरे जी अधिक किराया देकर सुविधाजनक दूसरे घर में रहने की बात सोचने लगे थे।

नागपुर की अजनी रेलवे कॉलोनी में आर.बी. II टाइप का एक बड़ा क्वार्टर सोहनलाल ताम्बे जी के दामाद चन्दू जी के नाम पर था। वे अपने पिता के घर में

रहते थे। अक्टूबर 1977 में टाकभौरे जी ने उनसे वह क्वार्टर किराये पर ले लिया। यहाँ बड़ा हाल, बड़ा बेडरूम, बड़ी रसोई, पीछे आँगन, सामने बरामदा और आँगन था। तब इस घर का किराया 180 रुपया प्रति महीना था। यहाँ भी ननद, ननदोई और उनके बच्चे हमारे साथ ही रहे। उनका पूरा खर्च हमको ही उठाना पड़ता था। यहाँ भी वे हमसे लड़ाई-झगड़ा करते। आसपास अच्छे लोग रहते थे, दामाद रेलवे की चतुर्थ श्रेणी की नौकरी पर नीली वर्दी पहनकर जाते, यह देखकर टाकभौरे जी को शर्म आती थी। इसके बाद भी उनके नखरे रहते थे। 'मटन, मछली क्यों नहीं बनाया, यह सब्जी क्यों बनाई'—उनकी यही बातें रहती थीं। वे खर्च दिये बगैर शान से रहते थे। कभी गुस्से में मैं भी झगड़ा करती थी, उन्हें अपने घर जाने के लिए कहती थी। ननद मुझे बच्चा नहीं होने का ताना देते हुए कहती थी।—"बांझ-बंझोटों का धन कौन खायेगा?" तब मुझे गुस्सा आता था।

प्रकाश हाईस्कूल में नौकरी करते समय मेडिकल सर्वेण्ट क्वार्टर छोड़कर हम अजनी के घर में किराए से रहते थे, तब अधिकांश समय टाकभौरे जी के साथ बीतता था। एक दिन सुबह मुझे उल्टियाँ करते देखकर सास मुस्कराने लगी। मुझे उनके मुस्कराने पर बहुत गुस्सा आया कि मेरी तबियत खराब है और वे हँस रही हैं। बाद में मुझे मालूम हुआ, यह सासू माँ के लिए 'खुश खबर' का संकेत है।

बेटे के जन्म के नौ महीने पहले से ही सासू माँ मुझे चाहने लगी थी। मेरे खाने-पीने का खयाल रखने लगी थी। गर्भावस्था के समय मेरा स्वभाव बहुत जिद्दी और चिड़चिड़ा हो गया था। छोटी-छोटी बातों पर गुस्सा करती थी। झगड़ा होता, मेरे साथ मारपीट भी होती। गर्भावस्था में भी ऐसा कई बार हुआ। मैं नाराज हो जाती, खाना नहीं खाती। तब टाकभौरे जी मुझे समझाने के लिए भैयालाल फातोड़े जी को लेकर आते थे।

प्रसूति के पहले मुझे बहुत डर लगता था। ऐसे समय में मुझे नानी की बहुत याद आती थी। नानी की तबियत ठीक न होने के कारण वह मेरे पास नहीं आ सकी। उन दिनों अक्सर मुझे सपना दिखता था।—'मैं सपने में भयभीत हूँ और नानी मुझसे कह रही है'—'तू डरे क्यों है? मैं हूँ न तेरे संग।' तब मन में विश्वास हो जाता था, नानी का आशीर्वाद मेरे साथ है, सब कुछ ठीक होगा। प्रसूति के समय मेरे पूरे शरीर में सूजन थी। मुझे बहुत कठिन और खतरनाक स्थिति से गुजरना पड़ा था।

अजनी के घर में आने के एक साल के अन्दर ही 16 सितम्बर 1978 को बेटे शरद का जन्म हुआ। नागपुर के मेडिकल अस्पताल में मैं तीन दिन इमरजेंसी वार्ड में थी। पता नहीं होश था या नहीं। सब कहते थे बेटे के जन्म के समय यह मेरा नया जन्म हुआ है। नागपुर के प्रसिद्ध शासकीय मेडिकल अस्पताल के अच्छे

इलाज से मैंने नया जीवन पाया था। ऐसे समय सासू माँ और ननद का मुझे पूरा सहयोग मिला। माँ और पिताजी भी आये थे। वे मेरे लिए जड़ी-बूटी के बत्तीसे के लड्डू और देशी शुद्ध घी लाये थे।

तीन माह की मेटरनिटी लीव मिली थी। इसके बाद बेटे को सास-ननद के पास छोड़कर मैं स्कूल जाने लगी। कभी टाकभौरे जी के साथ साइकिल पर जाती, कभी बस से जाती। छोटे बच्चे को छोड़कर छह-सात घंटे अलग रहने से अलग प्रकार की तकलीफ होती थी। कष्ट सहते हुए भी मैं नौकरी करती रही। पहला बच्चा होने का अलग अनुभव था। बच्चे को छोड़कर स्कूल जाना अच्छा नहीं लगता था। तुरन्त घर लौटकर बच्चे को गोद में ले लेने का मन होता था। मैं बेटे की मालिश करती, उसे नहलाती, पाउडर, काजल लगाती थी। मैंने बेटे के लिए पहली बार स्वेटर बुना। अपने नन्हे बच्चे से मैं खूब बातें करती थी। 1979 में शंकर भैया की बारात में आमला गई थी तब बेटे ने बहुत परेशान किया था। नानी ने चम्मच से थाली का बाजा बजाकर उसे फॅरेक्स खिलाया, वहाँ के लोग हँसते हुए बोले थे–'आपका नाती बैण्ड बाजा बजाने पर खाना खाता है।'

शादी के बाद मैं मायके में अधिक नहीं रह पाई। गर्मी और दीपावली की छुट्टियाँ लगने पर चार-आठ दिन के लिए जाती थी। हम बहनें कभी साल भर नहीं मिल पाती थीं। सभी भाई अपने बीवी बच्चों के साथ अलग-अलग रहते थे। शंकर भैया होशंगाबाद में थे। मोहन और बड़े भैया पाथाखेड़ा में रहते थे। कमल बानापुरा में था। राखी के त्योहार पर मैं लिफाफे में राखी भेज देती थी, बस। तब न मेहँदी थी, न झूले, न कलीरे, न भुजरियाँ, न डोल, न ताजिए। जिन्दगी की गाड़ी खट्-खट् करती एक सुर में चल रही थी।

महाराष्ट्र का नागपुर तब मुझे नीरस लगता था। यहाँ भावना की जगह व्यवहार ही प्रमुख था। मुझे यह पत्थरों का और खट्टे संतरों का प्रदेश लगता था। ननद के व्यवहार ने और घर में हमेशा के लड़ाई-झगड़ों ने मुझे भी झगड़ालू बना दिया था। मैं तब बराबरी से अपने हक की बात करने लगी थी। रोज-रोज की परेशानी से बचने के लिए टाकभौरे यह चाहने लगे थे, बहन को साथ रखने की अपेक्षा किराये का अलग घर दिलाकर उन्हें अलग रखा जाये। फिर भी वे 1979 तक हमारे साथ ही रहे थे।

शिक्षिका की नौकरी लगने के बाद मेरा बढ़ता सम्मान और मेरी नाराजी देखकर ननद ठीक रहने लगी थी, फिर भी कभी-कभी झगड़ा होता ही था। तब मैंने हर महीने यही रवैया अपनाया था, वेतन मिलने के समय मैं अपने रुपये देने से साफ इनकार कर देती थी। 8-10 दिन तक झगड़े चलते रहते। अन्त में मारपीट के बाद

रुपये देना ही पड़ता था। कई बार टाकभौरे जी एक ही बार में बैंक की तीन-चार स्लिप पर मेरी साइन ले लेते थे, तब मैं हाथ मलती रह जाती। मुझे बहुत गुस्सा आता, तब टाकभौरे जी चुप हो जाते थे। मैं कई दिन तक अपने गुस्से में जलती, भुनती रहती।

हमें अजनी रेलवे क्वार्टर खाली करने के लिए कहा गया। टाकभौरे जी ने अपनी बहन और दामाद के लिए भी अलग किराये का मकान ढूँढ़ा। हम अपने लिए अच्छी बस्ती में अलग किराये का घर बहुत मुश्किल से पा सके। हमारे पास पहले की कोई जमा पूँजी नहीं थी। मैं और टाकभौरे जी अच्छी तनखाह पाते थे मगर लगातार दो परिवारों का खर्च उठाने के कारण कुछ भी नहीं बच पाता था, बल्कि रुपये ब्याज पर उधार लेकर खर्च उठाना पड़ता था। टाकभौरे जी बहन को, अलग रहने पर भी खर्च के लिए कई बरसों तक चुपके-चुपके रुपये देते रहे। ऐसी स्थिति में उस समय मकान या जमीन खरीदने की बात सोचना भी सम्भव नहीं था। खर्च का सही नियोजन और धनसंग्रह की वृत्ति न होने के कारण हमेशा कर्ज में रहने की मजबूती रहती। एक लोन खत्म होने के पहले ही दूसरे लोन की दरखास्त दे दी जाती, तब किराये के मकान में रहना मजबूरी थी।

किराये का मकान ढूँढ़ते समय और किराये के मकान में रहने के समय हमें जातिभेद के अनेक दंश सहने पड़े। जो लोग कभी अपने जाति समुदाय के मोहल्लों से बाहर नहीं रहे, उन्होंने अपने जीवन में अधिक सम्मान की कामना नहीं की, न ही कभी अपनी जाति के अपमान को महसूस किया। अधिकतर शिक्षित दलितों ने पढ़ाई, नौकरी और आवश्यक कार्यों से सवर्णों की बस्तियों में अपनी जाति छिपाकर रहने क़ी बातों को स्वीकार किया है। उसी तरह जातिदंश से बचने के लिए वे अपनी बस्तियों से दूर भी रहे हैं, फिर भी जातिभेद के दंश ने पीछा नहीं छोड़ा। यह पीड़ा मैंने अपने जीवन में भोगी है। पात्र बदलते हैं, वार्तालाप बदलते हैं मगर मानसिकता वही रहती है।

वर्णवादी-जातिवादी मानसिकता के लोग हमको कभी समानता की नजर से नहीं देख पाये। विषमतावादी समाजव्यवस्था में ऊँच-नीच की बातें ही मानो संस्कृति का आधार हैं। इस भावना को तोड़ने के बदले अधिकांश लोग इसे पोषित करते हैं। कई बार लोग दोहरा व्यवहार करते हुए जातिभेद भी मानते हैं और लोगों को दिखाने के लिए समतावादी, समरसतावादी भी बनने का प्रयास करते हैं। ऐसे कई लोगों की मनोभावना को मैंने अपने जीवन में बहुत करीब से देखा और समझा है।

मकान किराये पर लेने की भी बहुत लम्बी कहानी है। बहुत दिनों तक, कितने महीनों तक हम किराये के मकान की खोज में भटकते रहे। किराये का मकान

ढूँढ़ते समय हमें हर जगह अपनी जाति बताना पड़ा। हम अपनी जाति वाल्मीकि बताते थे। महाराष्ट्र प्रान्त में कुछ लोग 'वाल्मीकि' नाम से हमारी जाति के वर्ण और जातिभेद के स्तर को नहीं समझ पाते थे, तब वे हमें दो-चार दिन के बाद आने के लिए कहते। दो-चार दिन में वे 'वाल्मीकि रहस्य' को जान लेते, तब दोबारा उनके पास जाने पर उनका टका सा जवाब मिलता—"मकान किराये पर नहीं देना है।"

"आप हमारे मकान में कैसे रह सकते हैं?"

"वाल्मीकि कहकर आप हमें बेवकूफ बना रहे थे?" कई बार इस तरह की बातों से शर्मिन्दा होना पड़ा था। हम जलालखेड़ा क्षेत्र के गौलीपुरा में एक मकान देखने गये। मकान में गाय भैंस का तबेला था। वह मकान अहीर जाति का था। मकान के सामने और आसपास दल-दल जैसा गोबर और पानी का गारा था जिससे गोबर और मूत्र की सड़ी दुर्गन्ध आ रही थी। उस मकान में पीछे के दो खाली कमरे किराये पर देना था।

मकान मालिक ने हमसे जाति पूछी। हमने वाल्मीकि बताया। वह कुछ समझा नहीं। उसने कहा—"बाद में आओ।" दूसरे दिन प्रकाश हाईस्कूल की आठवीं कक्षा की एक लड़की ने मुझे बताया—"टीचर जी, कल आप जिस घर को देखने गये थे, वे कह रहे थे वाल्मीकि यानी भंगी होता है। वे आपको किराये से घर नहीं देंगे।" मैंने पूछा—"तुमको कैसे मालूम हुआ?" लड़की बोली—"मैं वहीं रहती हूँ।" तब मैं किसको क्या कहती? ऐसी स्थिति में हमें किराये का मकान कहीं भी नहीं मिल रहा था।

हमने बहुत मिन्नतें करके महेन्द्रे कामरेड का मकान किराये पर लिया था। इसके लिए भी बहुत पापड़ बेलना पड़ा। शेरसिंह नाहर दूर के रिश्ते का भतीजा है, उनके साथ टाकभौरेजी मकान मालिक से मिले। हमारी जाति का नाम सुनकर कामरेड की पत्नी ने मकान देने से साफ इनकार कर दिया। उनका बेटा और शेरसिंह नाहर के बीच मित्रता थी। दोनों एक ही पार्टी का काम करते थे मगर मकान देने की बात अलग थी। तब टाकभौरे जी ने हमारे स्कूल के संस्थापक और मैनेजर श्री. प्रकाशे जी से मिन्नतें कीं और उन्हें साथ लेकर कामरेड की पत्नी और बेटे से मिलने गये। प्रकाशे जी जैसे बड़े व्यक्ति के आग्रह पर कामरेड की पत्नी ने मुश्किल से मकान देना स्वीकार किया, सबसे पहले तो मकान का किराया ही दुगना बताया। यद्यपि महेन्द्रे कामरेड की पत्नी नाराज थी। महेन्द्रे जी नहीं थे, बेटे ने माँ को समझाया। फिर भी माँ ने हमारे लिए कई बन्धन और शर्तें रखी थीं—"तुम्हारे रिश्तेदार यहाँ नहीं आयेंगे। तुम यहाँ कोई कार्यक्रम आदि नहीं करोगे। तुमसे पड़ोसियों को कोई परेशानी नहीं होनी चाहिए।" ऐसी अनेक शर्तों को हमने सहज ही मान लिया था।

मिट्टी की दीवार और छोटे देशी कबेलू की छत का वह मकान बहुत पुराना था। दोनों तरफ घरों की कॉमन दीवारें थीं। घर में दिन में भी अँधेरा रहता था। छत और दीवारों से मिट्टी गिरती रहती। फिर भी हमने वह मकान अधिक किराये पर खुशी से ले लिया। जाति के कारण कहीं और दूसरा मकान मिलना मुश्किल था। लोग किसी की पहचान पाने के लिए सबसे पहले जाति पूछते हैं–'आप कौन हैं?' इसका मतलब है 'आप किस जाति के हैं?' मकान किराये पर लेने के लिए तो जाति का अपना अहम महत्त्व है। जाति के बिना समाज नहीं हो सकता, जाति के बिना इनसान नहीं हो सकता, जाति की जानकारी के बिना सामाजिक व्यवहार नहीं हो सकता। ऐसी स्थिति में कामरेड भाई का वह टूटा-फूटा मकान मिल सका, उसी में सन्तोष किया।

हम 1980-81 के बीच भालदारपुरा के पास बहुजन मराठा समाज की इस बस्ती में रहे। मिट्टी के उस अँधेरे घर में मैंने पहली बार अपनी गृहस्थी शुरू की। सासू माँ बीमार थी। ननद जब-तब आकर खूब खरी-खोटी सुनाकर जाती। अपना कहने को वहाँ आसपास कोई नहीं था। दिन इसी तरह बीतते रहे, एकाकी, अपने आप में सीमित। हम चुप-चुप ही रहते थे। पारिवारिक समस्या और आर्थिक कठिनाइयों के साथ-साथ हम जातिभेद के दंश भी सहन कर रहे थे। पड़ोसियों की उपेक्षा और तटस्थता से अपमान महसूस होता था, जाहिर तौर पर भी अपमान होता रहा।

एक दिन सुबह मैं अपना आँगन घर झाड़ने की झाड़ू से झाड़ रही थी। पड़ोस की महिला भी आँगन झाड़ने के लिए बाहर आई। पति के पानठेले के भरोसे गरीबी में उनका गुजारा होता था। उसे देखकर मैंने औपचारिकतावश पूछा–"हो गया काम?" कभी-कभी ऐसे ही एक दो बातें होती थीं। हम बात कर रहे थे, तभी वहाँ अपनी झोली लेकर एक भिखारी आया। उसने जोर से आवाज लगाई–"माँ, दया करो... धर्म के नाम पर दान करो... " पड़ोसन तुरन्त भिक्षा लेने अन्दर चली गई। मैं उस भिखारी को देख रही थी। तभी सामने के घर की महिला ने भिखारी को आवाज देकर बुलाया। वह भिक्षा पहले ही दे चुकी थी, अब कोई नेक सलाह दे रही थी। भिखारी सिर हिलाता हुआ वापस आया। पड़ोसन ने एक कटोरी आटा बहुत श्रद्धाभाव के साथ उसकी झोली में डाला।

मैं बरामदे में आ गई। बरामदे से मैंने देखा और सुना, पड़ोसन भिखारी से हमारे घर की ओर इशारा करके कह रही थी–"महाराज जी, इस घर की भिक्षा नहीं लेना। यहाँ जमादारन रहती है।" यह सुनते ही मेरे कानों में जैसे बम फटा। मेरा सिर झन्ना गया, जैसे किसी ने कनपटी पर झन्नाटेदार चोट मारी हो। उसे पता था,

मैं हाईस्कूल में शिक्षिका हूँ, फिर भी सवर्ण मानसिकता के कारण जाति से और ऊँच-नीच के जातिभेद से उसने मुझे बस यही समझा था। भिखारी ने झूमते हुए सिर हिलाकर कहा–"अच्छा हुआ माताजी, आपने बता दिया। मैं भला उनके घर का आटा कैसे ले सकता हूँ?"

सामने के घर की महिला ने भी भिखारी को बुलाकर यही कहा होगा। यह मेरा अपमान था मगर कहीं कोई चारा नहीं था। मैंने बरामदे से भिखारी को और पड़ोसन को देखा। पड़ोसन फटी हुई पुरानी साड़ी पहने थी। रूखा-सूखा चेहरा, सूखे-सूखे हाथ-पैर थे, जैसे कई दिनों से भरपेट न खाया हो। भिखारी पूरी तरह चकाचक दिख रहा था। सिर में भरपूर डाला गया तेल चेहरे पर भी चमक रहा था। काला रंग और गोल-मटोल शरीर था। वह सस्ता नकली रेशम का भगवा कुर्ता और पीली धोती पहना था। लाल रंग का रेशमी दुपट्टा गले में लिपटा था। माथे पर सफेद चन्दन की तीन लकीरें बनी थीं। पैरों में बाटा का जूता और मोजे थे। कुछ भिखारी माँगने के लिए स्वाँग बनाकर रखते थे। भिक्षा देने वाले उन्हें महाराज कहते। भिखारी मेरे घर की ओर देखते हुए आगे बढ़ गया। यदि वह मुझसे माँगता, तब भी मैं उस चिकने चुपड़े भिखारी को कुछ नहीं देती। मगर यहाँ तो वह न माँगकर मेरा अपमान करके गया था।

भिखारी चला गया। पड़ोसन महिला भी घर के अन्दर चली गई मगर मैं वहीं बरामदे में खड़ी इस बात पर सोचती रही। मन में उथल-पुथल होती रही। 'जाति ऐसी चीज है जो कभी जाती नहीं है। जातिव्यवस्था जनमानस में बहुत गहराई तक अपनी जड़ें जमाकर बैठी है। इनसान के जीवन में जैसे जाति ही सब कुछ है, बाकी और कुछ भी नहीं।' इस बात से मेरा मन दुखी हो गया था। भालदारपुरा के उस मोहल्ले में ऊँची जाति की कहलाने वाली एक भी महिला ग्रेजुएट नहीं थी। मैट्रिक भी नहीं होगी। वे घर का काम करने वाली बाई जैसी ही थीं। फिर भी उनमें उच्च जाति का अभिमान था। मराठा, कुनबी, कोष्टी, तेली, तमोली जैसी बहुजन जाति की होकर भी वे स्वयं को श्रेष्ठ मानती थीं। वे मुझे स्कूल में अध्यापन के लिए जाते देखती थीं, मगर इस बात का उनके लिए कोई महत्त्व नहीं था। याद रखने की बात सिर्फ जाति थी।

जातिभेद के दंश ने मुझे बहुत पीड़ित किया है। मेरे साथ ही ऐसी घटनाएँ क्यों घटीं? यह बात नहीं है, ऐसी घटनाएँ मेरे जैसे सभी के साथ लगातार घटती रही हैं। अपमान वे ही महसूस करते हैं जिन्हें सम्मान मिला हो या जिन्होंने सम्मान को समझा हो। सम्मान मिलने पर भी मैंने लगातार ऐसे जातिभेद और छुआछूत के अपमान को भोगा है। मानसिक संताप की वे घटनाएँ मेरे लिए अविस्मरणीय बन

गई हैं।

हमारे स्कूल के सहकर्मी शिक्षक गिरधारीलाल सोलंकी की मिसेस एक बार हमारे घर आईं। उन्होंने हमारे घर चाय, नाश्ता किया। हमसे मिलकर वे बहुत खुश हुईं। वह स्वयं को प्रगतिवादी मानती थीं, वे मुझसे अक्सर कहती थीं–"मैं जाति-पाँति नहीं मानती। जाति में क्या रखा है? सबको भगवान ने एक जैसा बनाया है।" उनकी ऐसी बातें सुनकर मुझे बहुत खुशी होती थी कि दुनिया में अच्छे लोग भी रहते हैं। दूसरी बार जब वह हमारे घर आई, तब टाकभौरे जी और मैं घर में नहीं थे। दरवाजा बन्द देखकर उन्होंने पड़ोसन से पूछा–"ये लोग कहाँ गये?" मिसेस सोलंकी का यह प्रश्न पड़ोसन को इस रूप में सुनाई दिया–"ये लोग कौन हैं?"

मिसेस सोलंकी ने पड़ोसनों की बातें हमें बताई थीं। वैसे भी किसी नये व्यक्ति को यह बताना पड़ोसन अपना धर्म समझती थीं कि हम कौन हैं, हमारी जाति क्या है, ताकि लोग हमसे दूर रहें। पड़ोसन और सामने के घरों की महिलाएँ घर में ही रहती थीं। हमारे लिए पूछने पर वे वही बताने लगीं जो उनके मानस में था। पड़ोसन ने तत्परता से बताया था–"है कोई झाड़ूवाली, यहाँ रहती है। हम तो उनसे कोई वास्ता नहीं रखते। न लेना, न देना। पड़ोस में है तो मुँह देखना ही पड़ता है। कामरेड का बेटा बड़ा माडर्न बनता है। उसी ने अपना घर किराये पर देकर इन्हें यहाँ बसा लिया है।"

मिसेस सोलंकी को कुछ न बोलते देखकर पड़ोसन बोली थी–"आप कौन हो? आप तो ऊँची जाति की लगती हो?" अपनी जाति ऊँची होने का अभिमान सबको होता है। मिसेस सोलंकी ने तब गर्व के साथ बताया था–"हम सोलंकी हैं, राजपूत ठाकुर हैं। हमारे सोलंकी गुरुजी और ये दोनों एक ही स्कूल में पढ़ाते हैं। मैं ऐसे ही मिलने आई थी।"

पड़ोसनों की कुछ बातें सोलंकी मैडम ने हमें बताई थीं। जो उन्होंने नहीं बताया, वह पड़ोस के बच्चों से अलग-अलग किस्तों में मालूम हो गया था। सामने वाली महिला भुनभुनाते हुए बड़बड़ाने लगी थी–"हम तो राह देख रहे हैं, ये कब यहाँ से जायें, तो पाप कटे। रात-दिन मुँह देखना पड़ता है।"

हम तभी आ गये थे। स्कूल की छुट्टी के बाद कुछ खरीदी करके लौटे थे। मेरे हाथों में छात्रों की परीक्षा के उत्तर पत्रिका के बंडल थे। मैंने और टाकभौरे जी ने खुशी जाहिर करते हुए मिसेस सोलंकी को नमस्ते कहा, मगर तब उन्होंने हमारी पड़ोसनों के सामने अपनी अधिक खुशी जाहिर नहीं की। मैं समझ गई थी, पड़ोसन ने अपने मन का जहर उगला होगा।

मैंने तभी महसूस किया था–'मैं शिक्षिका हूँ, बच्चों को पढ़ाती हूँ। उनकी

परीक्षा लेती हूँ। उनकी उत्तर पत्रिका जाँचकर उनके ज्ञान का परीक्षण करती हूँ। उनके पास या फेल होने का निर्णय देती हूँ। सभी जाति-धर्म के छात्र-छात्राओं के विषय-ज्ञान के साथ उनके बुद्धि-विवेक का भी मूल्यांकन करती हूँ। तब, क्या मैं अपने इन पड़ोसियों के और इस तरह के लोगों के बुद्धि विवेक, ज्ञान और अभिमान का मूल्यांकन नहीं करती? जरूर करती हूँ, ऐसे सब लोगों को मैं फेल करती हूँ? तब मैं बेचारी क्यों? बेचारे तो ये लोग हैं जो बुद्धि से दरिद्र हैं, समता-मानवता के ज्ञान के अभाव में, अविकसित मानसिकता के कारण पंगु हैं, जो समाज के नाम पर कलंक है।' मैंने तब सोचा था, बचपन से धर्म और संस्कार के नाम पर इन्होंने यही सीखा है, यही देखा है इसलिए वैसा ही सोचते हैं और वैसा ही करते हैं। दुनिया कहाँ से कहाँ जा रही है, इन्हें कुछ पता नहीं है। कुएँ के मेढक की तरह ये लोग अपनी छोटी-सी दुनिया में ऊँच-नीच की टर्र-टर्र करते रहते हैं।

उस दिन मिसेस सोलंकी हमारे घर बहुत कम समय रुकी थीं। बहुत आग्रह करने पर उन्होंने सिर्फ चाय पी। साथ ही बहुत अपनेपन के साथ मुझे समझाकर कहा था—"देखो, आप बुरा मत मानना। मैं छुआछूत नहीं मानती, मगर आप अपनी पड़ोसनों को और मोहल्ले में किसी को भी यह नहीं बताना कि मैं आपके घर खाती-पीती हूँ। ये लोग हमारी जाति के लोगों को यह बतायेंगे तो अच्छा नहीं लगेगा।"

उनकी बातें सुनकर मेरा मन विचलित हो गया था। कौन अपना है कौन पराया, समझ में आ गया था। क्यों लोग ढोंग करते हैं? क्यों लोग बड़प्पन ओढ़ते हैं? जब मन से भेदभाव गया ही नहीं, तो दिखावा क्यों करते हैं? यदि सच में प्रगतिशील बनने की बात करते हैं तो वैसी हिम्मत भी चाहिए—परिस्थितियों का सामना करने की, लोगों को जवाब देने की, डटकर खड़े रहने की, सामने वालों की मानसिकता बदलने की। बहुत हिम्मत चाहिए, प्रगतिशील बनने के लिए। हमारे सामने अलग बातें और हमारे पीछे कुछ और बातें? यह तो उनका बहरुपियापन है।

कैसा प्रभाव है बुरे लोगों का? उनके प्रभाव से अच्छे लोग भी बुरे बन जाते हैं। भेदभाव फैलाने वाली इन भावनाओं को कोई जड़ से खत्म क्यों नहीं कर सकता? क्या यह जातिभेद की भावना लोगों के दिलों से कभी खत्म ही नहीं होगी? क्या यही सामाजिक भेदभाव, जातिभेद का कलंक हमारे देश का गौरव और हमारे देश की संस्कृति बना रहेगा? हिन्दूधर्म की ये बातें मन को बहुत संतप्त करती हैं। अपने भारत देश को, अपनी भारतीय संस्कृति को निष्कलंक बनाने के लिए हृदय तड़पता है।

किसी देश और समाज की स्थिति का मूल्यमापन कहीं आर्थिक स्थिति से

होता हैं, कहीं राजनीतिक स्थिति से। कहीं नैतिक मूल्यों के आधार पर होता है, कहीं शिक्षा से। मगर हमारे देश में अभी तक व्यक्ति और समाज का मूल्यांकन जाति के आधार पर ही होता रहा है। यह देखकर बहुत दुख और अफसोस होता है। शिक्षित, समझदार लोग भी इन बातों को नहीं समझ पाते हैं, नासमझ लोगों की तो बात ही अलग है।

पड़ोसन तम्बोली जाति की थी। उसका चार साल का लड़का था। पति 11-12 बजे रात तक पान ठेला बन्द करके लौटता। अक्सर शाम को तमोलन के घर एक जवान लड़का आता था, तमोली के आने के पहले वह चला जाता था। हम और मोहल्ले के अन्य लोग भी उसे आते-जाते देखते थे। लोग यह बात जानते हैं, यह जानकर भी तमोलन निर्लज्जता के साथ हँसती रहती थी, जैसे यह कोई गलत बात ही नहीं है। चरित्रहीन होने के बाद भी उसे ऊँची जाति का गुमान था।

सामने वाली महिला कुनबी जाति की थी, वह बहुत धार्मिक थी। सुबह शाम नियमित रूप से पूजा करती, पोथी पढ़ती और भजन करती रहती थी। घर का काम बेटी करती रहती। बेटी मैट्रिक पास नहीं कर सकी, फिर भी उसे इस बात का दुख नहीं था। उसे दुख था हमारे वहाँ रहने का। इसके लिए वह रात-दिन कुढ़ती थी। उसके लिए जातिभेद ही सर्वोपरि था, बेटी का भविष्य नहीं। जातिभेद की बातें लोग पूरी तरह मानते थे, अपना लाभ-हानि भी नहीं देखते थे।

महेन्द्रे कामरेड के उस घर में हम मकान मालकिन की शर्तों के अनुसार ही रह सके थे। हमसे मिलने हमारे रिश्तेदार वहाँ अधिक नहीं आये। कभी ननद का परिवार आता था, कभी चचेरे ननद, देवर, जेठ कुछ देर के लिए आते थे, बस! कामरेड की पत्नी होकर भी वह धर्म-कर्म, जातिभेद अधिक मानती थी।

एक बार माँ और पिताजी आये थे। आते ही घर के अन्दर चले गये। तीन दिन वे अन्दर ही रहे, फिर चुपचाप वापस चले गये। कितना आतंक था मोहल्ले वालों का? बेचारे हर समय डरे-सहमे रहे। न जोर से बोले, न हँसे, सिर झुकाकर आये और सिर झुकाकर चले गये। उन्हें चिन्ता थी–'कहीं उनके बेटी दामाद किसी परेशानी में न पड़ जायें? यदि जाति के कारण उन्हें इस घर से निकाला गया तो वे कहाँ जाकर रहेंगे?' किराये का दूसरा घर मिल पाना आसान बात नहीं थी। अपने जाति समुदाय के मोहल्लों में रहना भी कठिन था। असुविधा, शोर-आवाज, ईर्ष्या-द्वेष और झगड़ों के कारण शांति से वहाँ रहना मुश्किल था। हमारे लोग कभी अनजाने में और कभी जानबूझकर तकलीफ बढ़ा देते थे। इन्हीं परेशानियों से बचने के लिए हमने गैरों के बीच में रहने का निर्णय लिया था।

मेरी सासू माँ की मृत्यु इसी घर में हुई थी, 65 वर्ष की उम्र थी। कुछ शारीरिक

तकलीफ थी, वे कई दिनों से बीमार थीं। घर में अन्दर ही अन्दर रहकर, बिना किसी से बोले, दिनभर अकेले चुप रहना दुखदायी था। हम स्कूल जाते थे तब से हमारे आने तक दरवाजा बन्द रहता था, हमारे आने के बाद फिर से बन्द हो जाता था। घर भी ऐसा था न हवा, न प्रकाश। दिन में भी अँधेरा रहता। दिनभर बिजली का बल्व ऑन रखते थे।

उन दिनों मीरा अपनी सास के घर नागपुर की डिफेन्स कॉलोनी गई थी। मेरी सास की मृत्यु हुई तब मैं घर में अकेली थी। टाकभौरे जी सुबह से किसी काम से बाहर गये थे। चिंटू बेटा उनके साथ था। सासू माँ को हिचकी लेते देखकर मैंने उन्हें पुकारा—"माँ, माँ... क्या हुआ माँ?" उन्होंने कोई जबाब नहीं दिया। मैं उनकी छाती पर हाथ फेरती रही, उनकी हथेलियाँ मलती रही। सासू माँ शांत लेटी है, यह देखकर मैं देर तक पलंग पर उनके सिरहाने बैठी रही। काफी देर हो गई, यह देखकर मैंने उन्हें पुकारा। उनका हाथ पकड़कर हिलाया। उनकी हथेली को अपनी हथेली से मलती रही।

मैंने देखा, धीरे-धीरे सासू माँ की उँगलियाँ मुड़कर कठोर हो गयीं और मेरी हथेली को जकड़ने लगीं, यह देखकर मैं डर गई। मैं डरकर चीखने लगी, चीखते हुए मैंने अपना हाथ छुड़ाया और नीचे बैठकर अकेली रोने लगी। मेरी चीख, मेरा रोना सुनकर भी पड़ोस का कोई नहीं आया।

टाकभौरे जी ने आकर देखा, माँ अब नहीं रही। उन्होंने अपने कुछ रिश्तेदारों को खबर दी। कुछ लोग घर के सामने इकट्ठे हुए। घर मालकिन ने यह देखा तो वह एक मिनिट के लिए घर के अन्दर आई, फिर बाहर आकर टाकभौरे जी से बोली—"यह सब तो ठीक है मगर आप इन्हें किसी रिश्तेदार के घर ले जाओ। वहाँ ले जाकर वह सब क्रिया कर्म करो। हमारे घर में यह सब नहीं होना चाहिए। आप लाश यहाँ से ले जाओ।"

1980 की 4 मई को 'लास्ट वर्किंग डे' के बाद हम दोनों पति-पत्नी को डेढ़ माह की, स्कूल की ग्रीष्मकालीन छुट्टियाँ मिली थीं। जैसे सासू माँ इस दिन की राह देख रही थीं कि 'कब मेरे बेटे-बहू को अवकाश मिले तो मैं इस घर से जाऊँ!' तबियत खराब होने के कारण वे सोई-सोई रहती थीं। मकान मालकिन की बात सुनकर टाकभौरे जी ने तुरन्त रिक्शा बुलाया। मृत सासू माँ को चादर में लपेटकर रिक्शे में रखा। मैं लाश के साथ रिक्शे में बैठी। चचेरी ननद कमलाबाई भी साथ बैठी। मोहल्ले की कोई महिला बाहर नहीं आई, न किसी ने मुझे सांत्वना दी। यह सब देखकर मेरा हृदय क्रन्दन कर उठा। 'क्या यही है भारतीय समाज? भारतीय सहिष्णुता? विश्व बंधुत्व की बात करने वाले अपने पड़ोसी से भी मानवता-भाईचारे

का सम्बन्ध नहीं रख सकते?' मैं जोर-जोर से रोने लगी, तब टाकभौरे जी ने कहा—"यहाँ मत रोओ।"

मैं रिक्शे में बैठी हथेलियों में मुँह छिपाये रोती रही। रिक्शा शाम टाकीज के पास से मेडिकल टी.बी. वार्ड के धोबीचाल के क्वार्टर आया। यहाँ सर्वेण्ट क्वार्टर में चाचा ससुर, मौसी सास अपने परिवार के साथ रहते थे। चाचा और मौसी मेडिकल अस्पताल में नौकरी करते थे। उनके चार बेटे और तीन बेटियों का भरा पूरा परिवार था।

मैयत उठाने के लिए हमारे सब रिश्तेदार यहाँ इकट्ठे हुए। मोहल्ले के सब लोग भी आ गये। घर परिवार के हम सब लोग धाड़ मारकर रोने लगे। जहाँ हम एक साल से रह रहे थे, उस मोहल्ले के लोग मुझसे एक शब्द नहीं बोले थे, इतनी बड़ी दुखद घटना होने के बाद भी संवेदना-सहानुभूति का भाव नहीं बता सके। किसी ने अपने बच्चों को भी वहाँ झाँकने नहीं दिया। ऐसा असामाजिक व्यवहार? ऐसा अमानवीय, हृदयहीन व्यवहार? क्या हम इनसान नहीं? वहाँ हम अपने दुख में जोर से रो भी नहीं सकते थे।

यहाँ हमने अपने लोगों को अपना दुख बताया। हमारे लोगों ने हमारा दुख समझा। हमारे दुख में वे भी सहभागी हुए, वे भी रोये। मैंने रो-रोकर सबको बताया—"मैं अकेली थी, मुझे कुछ जानकारी नहीं थी कि यह सब कैसे होता है। सासू माँ ने मेरा हाथ पकड़ लिया था, मैं डरकर चीखी थी। मेरी चीख सुनकर कोई नहीं आया। मैं रोती रही, मुझे रोती देखकर भी कोई नहीं आया।" चचेरी ननद कमलाबाई बोली—"हम तो कहते हैं, यहीं अपने वालों के बीच रहो। इधर-उधर परायों के बीच रहने क्यों जाते हो?" मैं उनसे क्या कहती? अपनो के बीच रहने में भी परेशानियाँ थीं। शिक्षित होकर, अच्छी नौकरी करते हुए हम अच्छे जीवन-यापन की कामना करने लगे थे मगर इसके लिए हमें सहयोग नहीं मिल सका।

वहाँ उपस्थित रिश्तेदार महिलाओं ने हिन्दू रीति-रिवाज से सासू माँ को नहलाया। सभी महिलाओं ने उन पर थोड़ा-थोड़ा पानी डाला मानो सब ने नहलाया। पुराने गीले कपड़े उतारकर नये कपड़े पहनाये गये। उन्हें महाराष्ट्रियन पद्धति की सोलह हाथ लम्बी साड़ी कछौटा लगाकर पहनाई गई। तुरन्त सिलवाकर ढीला लम्बा नया ब्लाउज उलटा पहनाया गया। सास विधवा थी, इसलिए उनका कोई शृंगार नहीं किया गया। पुरुषों ने बाँस की सीढ़ी (ठठरी) बना ली। उस पर तनस (लम्बी घास) बिछाकर नया सफेद झिरझिरा कपड़ा बाँधा गया। सासू माँ हमेशा के लिए बिदा हो रही हैं, फिर कभी नहीं दिखेंगी—यह सोचकर ही छाती फट रही थी। टाकभौरे जी घबराये हुए रो रहे थे। अर्थी पर शाल डाला गया। रिश्तेदारों और मोहल्ले के लोगों

ने फूलों के हार डाले। पूरी अर्थी फूलों के हार से ढँक गई। चार लोगों ने कंधों पर अर्थी उठाई। टाकभौरे जी रस्सी से बँधी छोटी मटकी में अग्नि लेकर अर्थी के आगे-आगे चले। श्मशान घाट में चिता को अग्नि दी गई।

इस दुखद घटना के साथ उपेक्षा, अपमान, तिरस्कार और बहिष्कार की हृदय विदारक वह घटना ऐसी थी कि हम जलती चिता के सामने खड़े होकर प्रण करते, कसम खाते और सबके सामने यह जाहिर करते–"हम ऐसे जातिवादी लोगों से बदला जरूर लेंगे।" बदला लेने की कसमें ऐसे ही अवसरों पर खाई जाती हैं। जब दिल पर बहुत गहरी चोट लगी हो, जब दुख का पहाड़ सिर पर टूटा हो, जब अन्याय-अत्याचारपूर्ण दुर्व्यवहार के असीम दुख से मन तिलमिलाया हो, तब हृदय की हूक दृढ़ निश्चय की कसम बन जाती है। तब आक्रोश की चिनगारियाँ फूटने लगती हैं, तब अन्यायी व्यवस्था को तोड़ने का निश्चय आग की तरह भड़क उठता है। मैंने भी यह निश्चय किया, 'हम उस मोहल्ले में उन जातिवादी लोगों के बीच नहीं रहेंगे।'

फिल्मों की बात या कहानी, उपन्यासों में चरमोत्कर्ष की बात अलग होती है। साधारणतः जीवन में सोच समझकर कदम उठाया जाता है। क्रान्ति कुरबानी के बिना नहीं आती। क्रांतिकारी बनने के लिए भावनाओं के उद्रेक के बहुत ऊँचे तापमान की जरूरत होती है। उतना तापमान जितना ज्वालामुखी के भीतर होता है जो धरती की छाती फाड़कर आग का दरिया बहा देता है। तभी आग्नेय क्रान्ति होती है। मुझमें आग की कमी नहीं थी, आक्रोश भी बहुत था। मगर हम दुखी थे। क्रांतिकारी विद्रोही मन को अकेलेपन के दुख ने कमजोर कर दिया।

5 मई 1980 को सासू माँ का दाह संस्कार हुआ। हम अपने दुख में रोते रहे। तेरहवें दिन पूजा और गुरु-पाठ कराया। हमारे लोग सिख धर्म का अनुकरण करते हुए गुरुपाठ और गुरु का प्रसाद करते हैं। वाल्मीकियों के गुरुद्वारे उत्तर भारत, मध्यप्रदेश और महाराष्ट्र में बहुत हैं। गुरु वाणी और अरदास के साथ हमने घर में गुरु प्रसाद किया था। भोजन परोस कर सासू माँ के नाम से भोग लगाकर समाज के लोगों को भोजन कराया।

तेरहवीं का कार्यक्रम करके हम अपने उसी घर में लौट आये मगर अब यहाँ मेरा मन नहीं लगता था। मुझे यहाँ के लोगों से नफरत हो गई थी। दुखी हृदय चीख-चीखकर कहता था–"कैसे हैं ये लोग? कैसा इनका धर्म है? कैसे इनके संस्कार है? कैसा ईमान है? जो हमें इनसान नहीं समझते, ऐसे इनसानों पर थू है... ऐसे समाज पर थू... थू... थू... है!"

मेरी नाराजी वाजिब थी मगर किसी को हमारी नाराजी की परवाह नहीं थी।

हमने निश्चय करके वह घर, वह मोहल्ला छोड़ दिया, फिर भी पीड़ा मन में कसकती रही। जातिभेद के दर्द के वे घाव अभी तक हरे-भरे हैं। हमने लगातार प्रयत्न करके नया मकान ढूँढ़ा था। शेरसिंह नाहर की मदद से मानेवाड़ा रोड के तुकड़ोजी चौक पर एक कमरा और किचन का छोटा मकान हम पा सके थे।

नये घर में आकर मैं उस पुराने घर को याद करती थी, तब मन वितृष्णा से भर जाता था। कैसा था वह घर? जमीन से कभी चींटों के झुण्ड निकलते, कभी चींटियाँ पूरे घर में फैल जातीं। पके हुए चावल, रोटियों में चींटियाँ भर जाती। मिट्टी की चौड़ी दीवारों में चूहों के बिल थे। दिन-रात घर में और छत पर चूहे दौड़ते रहते। छत के ऊपर चूहों के लिए बिल्लियाँ दौड़ती। ऐसा मकान, वह भी इतनी शर्तों पर, एहसान करके दिया गया था। ऐसे मकान का दुगना-किराया देकर हम वहाँ रहे थे, वह भी इतनी उपेक्षा और अपमान के साथ! उन्हें ऐसा स्वभाव-व्यवहार कहाँ से मिला? किसने सिखाये थे उन्हें ऐसे संस्कार? किसने बनाई समाज की ऐसी मनोवृत्ति? किसने बनाये थे ऐसे कायदे-कानून, नियम-रीति परम्पराएँ? कि इनसानों से इनसानियत का रिश्ता भी न रखा जाये? हम इनसानों की बस्ती में रहकर भी उनसे अलग रहने के लिए मजबूर किये गये।

हिन्दू धर्म में नर्क की कल्पना की जाती है, लोग स्वर्ग और नर्क की बात मानते हैं। इसका सम्बन्ध भाव, विचार और अनुभूतियों से है। उस पुराने घर के मोहल्ले में एक बनिया की किराने की दुकान से लोग सौदा लेते थे। मई 1980 के पहले की बात है, एक दिन उसकी दुकान नहीं खुली। पालतू बीमार कुत्ते की देखभाल करने के कारण दुकान नहीं खोली थी। दुकान के पीछे बनिया का घर था। कारण मालूम होने पर मोहल्ले के लोग कुत्ते का हालचाल पूछने-देखने बनिया के घर गये। मरणासन्न कुत्ते को देखकर हमें भी दुख हुआ था। लोगों ने बनिया से सहानुभूति जताते हुए कहा था—"एक दिन सबको स्वर्ग जाना है। दुनिया तो चार दिन का मेला है। जब तक रहो, हिल-मिलकर रहो, बाद में यहाँ से क्या ले जाना है।" तब किसी ने यह भी कहा था—"बदी भूलकर नेकी करते रहना चाहिए। आप सबके साथ नेकी करते हैं, आपके पुण्य से आपका कुत्ता स्वर्ग जायेगा।"

मुझे जब उनकी ये बातें याद आती थीं तो बहुत आश्चर्य होता था। जो लोग एक कुत्ते के लिए इतने संवेदनशील हो सकते हैं, वे अपने पड़ोसी इनसान के प्रति इतने संवेदनशून्य, हृदयहीन क्यों हो गये? सिर्फ जाति के कारण? क्या हम कुत्ते से भी गये गुजरे हैं? इनसान होकर भी जानवरों से तुच्छ, उपेक्षित हैं? किसने निर्धारित की ऐसी धारणा? ऐसे दुष्टों को सजा देना है, उनकी कुटिल-नीतियों का पर्दाफाश करके उनकी तथाकथित उच्चता-श्रेष्ठता को खत्म करना है।

जातिभेद-वर्णभेद की बातें कोई सामान्य बातें नहीं हैं। इसके पीछे बहुत बड़ा रहस्य है, बहुत बड़ा इतिहास है। यह भारत के मूलनिवासियों और यूरेशियों के बीच संघर्ष का परिणाम है। छल-कपट के साथ, साम-दाम-दंड-भेद के साथ यहाँ के मूलनिवासियों को पराजित करके उन्हें उपेक्षित, शोषित, पीड़ित बनाये रखने का इतिहास है।

मैं इतना जानती थी, हमारे देश के उच्च वर्ण के चालाक लोग जातिभेद मानते हुए इनसानों में भेदभाव करते हैं। जाति के नाम पर स्वयं को श्रेष्ठ कहने वाले जाति-व्यवस्था बनाये रखना चाहते हैं। वे समाज-व्यवस्था में ऊँच-नीच की विषमता बनाये रखने के लिए, अपने ढंग से कभी प्रत्यक्ष और कभी अप्रत्यक्ष रूप से, धर्म और परम्परा के नाम पर लोगों से इन बातों का पालन करवाते हैं। सामाजिक व्यवहार में मैं इन बातों को देखती थी—लोग ऐसी परम्पराओं से अपना लाभ निकालते थे।

प्रकाश हाईस्कूल के शिक्षक भास्कर पाण्डे ने ज्योतिष विद्या के साथ वास्तुशास्त्र का भी अध्ययन किया था। वे हमसे बहुत आत्मीयता-अपनेपन के साथ मिलते थे, हमें बहुत सम्मान देते थे। वे ब्राह्मण नहीं थे, ओ.बी.सी. तेली जाति के थे मगर अपनी ज्योतिष विद्या को चलाने के लिए उन्होंने अपना सरनेम पाण्डे रख लिया था। वे कभी अपने पाण्डे होने के विषय में खूब हँसते हुए अपनी बातें बताते थे—"इसमें मेरा कसूर नहीं है। यह यहाँ की पद्धति का कसूर है। यहाँ के लोग इतने जड़-बुद्धि हैं कि इन्हें किसी भी तरह नहीं समझाया जा सकता। बस पंडित कह दो, आँख मूँदकर उसे महान विद्वान मान लेंगे। भले ही वह अनपढ़, गँवार, नालायक, चरित्रहीन कुछ भी हो। लोग उसके पैर छूने जायेंगे। हमारे पास कितनी भी विद्वत्ता हो मगर वे हमको छोटा ही समझते हैं। तब क्या करना? मूर्खों को समझाने के लिए उन्हें और मूर्ख बनाना पड़ता है। पाण्डे नाम सुनकर लोग मेरे पैरों पर गिरते रहते हैं। मुझे तो हँसी आती है, बहुत मजा आता है।"

भाष्कर पाण्डे की बातों में सच्चाई थी। उनके माथे का तिलक, उनका बोलचाल, रहन-सहन देखकर सब उन्हें पाण्डे ही मानते हुए, उन्हें ब्राह्मण विद्वान मानते थे। उनकी ये बातें सुनकर मुझे लोगों की मानसिकता पर अफसोस होता था। साथ ही समाज की ऐसी रूढ़ि परम्पराओं पर गुस्सा आता था। यह हमारी समाजव्यवस्था और सामाजिक मानसिकता का सच था। मैं भी सोचती थी, ऐसे बुरे लोगों को उन्हीं की नीतियों से लताड़ना चाहिए।

समाज में सामान्यतः लोगों की यही धारणा रहती है, 'जाति भगवान ने बनाई है, भगवान के नियमों को मानना ही धर्म है।' धार्मिक, पौराणिक कथाएँ, प्रवचन उपदेश की बातें—सभी के माध्यम से ब्राह्मण वर्ण को श्रेष्ठ बताते हुए कहा जाता

है ब्राह्मण ब्रह्मा के मुख से पैदा हुए हैं। मैं कहती हूँ, वे ब्रह्मा के मुख से पैदा कैसे हुए? यह बात क्यों लोग नहीं सोचते? कभी इस पर तर्क क्यों नहीं करते? कभी शंका-कुशंका क्यों नहीं करते? बीसवीं सदी के वैज्ञानिक युग में भी इस बात की सच्चाई क्यों कबूल नहीं की गई? क्यों अभी भी ब्राह्मणों को श्रेष्ठ कहा जाता है?

इक्कीसवीं सदी में भी हमें वर्णभेद के आधार पर समाज में अतिशूद्र-अछूत मानकर अपमान और तिरस्कार का जीवन जीने के लिए मजबूर किया जाता है। उच्च वर्ण के चालाक लोगों ने लेखन, वाचन और भाषण-प्रवचन से इन बातों को समाज में हमेशा व्याप्त रखा है, तब सामान्य सवर्ण और बहुजन वर्णभेद, जातिभेद की मानसिकता से कैसे मुक्त हो सकेंगे? अछूत अपमान की पीड़ा से कैसे बच सकेंगे? इसके लिए संघर्ष, विरोध और विद्रोह चाहिए, तभी जातिवादी मानसिकता को तोड़कर समतावादी मानसिकता का निर्माण हो सकेगा। समाज की भेदभाव की नीति के विरुद्ध मेरे मन में आक्रोश भरने लगा था।

उन दिनों मैं अपने जाति-समुदाय के उत्थान के विषय में सोचने लगी थी। एक शिक्षिका होने के नाते अपने जाति समुदाय को प्रगति और परिवर्तन की बातें समझाने लगी। लेखन, भाषण और चर्चा-बातचीत के द्वारा अपने लोगों को समझाकर, पुरानी परिपाटी को बदलने के लिए मैं अपने ढंग से प्रयत्न करने लगी। चुप रहकर अपमान और संताप सहने के विरुद्ध, उन्हें समता-सम्मान के साथ जीने की बात कहने लगी।

इसके पहले मेरे जीवन में कुछ अलग था। मैं भाषण देने के नाम से बहुत डरती थी। टाकभौरे जी मुझे प्रोत्साहित करते थे, भाषण लिखकर भी देते थे। मैं भाषण याद करती, मुद्दे याद करती मगर भाषण के समय माइक के सामने जाते ही सब भूल जाती। सम्बोधन के बाद कुछ याद ही नहीं आता था कि क्या बोलना है। पहली बार मैंने लिखा हुआ भाषण देखकर पढ़ा था। घबराहट में एक पंक्ति को दो-दो बार पढ़ा, तब मुझे बहुत शर्म महसूस हुई थी। फिर भी मैं अपने जाति-समुदाय की एकमात्र महिला थी जो अपने लोगों की बीच जाकर, मंच से बोलती थी।

टाकभौरे जी 1965 के पहले से सामाजिक कार्यों से जुड़े थे। 1974 में उनके साथ मैं भी सामाजिक कार्यक्रमों में जाने लगी थी। भाषण उद्‌बोधन, विचार गोष्ठी चर्चा कार्यक्रम में सबके विचार सुनती थी। धीरे-धीरे मुझमें आत्मविश्वास आने लगा। वैचारिक पृष्ठभूमि बनने के बाद, मैं आत्मविश्वास के साथ स्वतः प्रेरणा से भाषण-उद्‌बोधन करने लगी, निडरता के साथ मंच से बोलने लगी, अपने विचार व्यक्त करने लगी। समाज के लोगों से मुझे प्रोत्साहन मिलता रहा। मैं अपने विचार बताऊँ, भाषण दूँ इसके लिए टाकभौरे जी, सोहनलाल तांबे जी, गोवर्धन डगोरिया जी

का आग्रह रहता था। मैं सामाजिक कार्यों में भाग लूँ, टाकभौरे जी को इसमें गर्व महसूस होता था।

मैं नागपुर के अपने जाति समुदाय में उच्च शिक्षित, शिक्षिका थी। सबकी यह अपेक्षा रहती थी, मैं सामाजिक जागृति के लिए अपना समय और सहयोग दूँ। सामाजिक कार्यक्रमों में अपने जाति समुदाय से मुझे बहुत मान-सम्मान मिला। उनके बीच मेरी एक पहचान बनती गई। कभी सामाजिक उद्बोधन के कार्यक्रमों में, मैं न जाऊँ तो लोग उम्र और रिश्ते के अनुसार पूछ-पूछ कर परेशान कर देते थे—"मैडम क्यों नहीं आई? बहू क्यों नहीं आई? काकी क्यों नहीं आई?" टाकभौरे जी कार्यक्रमों में मुझे साथ ले जाते थे।

1979 में नागपुर के भालदारपुरा क्षेत्र में सुदर्शन-वाल्मीकि जाति-उपजाति समुदाय का कार्यक्रम आयोजित किया गया था। इसमें वाल्मीकि समाज के नेता बूटासिंह को दिल्ली से नागपुर निमंत्रित किया गया था। कार्यक्रम में मैंने बूटासिंह जी और समाज के सभी छोटे-बड़े नेताओं के सामने अपने विचार रखे थे। बच्चों की शिक्षा का महत्त्व, समाज की एकता और जाति समुदाय से जुड़े पैतृक रोजगार से छुटकारे की बात जोरदार ढंग से कही थी। तब सुदर्शन-वाल्मीकि समाज के नेता और सभी लोग मेरे विचार और भावनाओं से प्रभावित हुए। बूटासिंह ने मेरी प्रशंसा करते हुए कहा था—"सुशीला बहन जैसी हमारी महिलाएँ सामने आएँगी तो हमारे समाज की प्रगति जरूर होगी।" उनके द्वारा बहन कहे जाने पर मुझे बहुत गौरव का अनुभव हुआ था। इसके बाद मैं बहुत आत्मविश्वास के साथ, अपनी जिम्मेदारी समझकर समाज-प्रबोधन के कार्यक्रमों में जाने लगी थी। अपनी सामर्थ्य और सीमा के अनुसार समाज का मार्गदर्शन करने लगी थी।

मुझे शुरू से नागपुर के अपने जाति-समुदाय का बहुत सम्मान और विश्वास मिला है। कई बार तो उनके श्रद्धा-सम्मान की मैं ऋणी होने का अनुभव करती रही हूँ और इसके बदले अपने समाज की जागृति-प्रगति में अपना सहयोग हमेशा देते रहने का दृढ़ निश्चय कर, अपना कर्तव्य पूरा करती रही। इसके साथ मैं घर और परिवार के प्रति अपनी जिम्मेदारी भी निभाती रही।

पिंकी बेटी का जन्म अक्टूबर 1980 में हुआ था। घर का काम और जिम्मेदारियाँ बढ़ गये थे। बच्चों को सँभालने के लिए कुछ महीने चचेरी ननद की बेटी कभी मीना, कभी माया हमारे साथ रही थीं। उनके न रहने पर गिरधारीलाल सोलंकी जी के घर उनकी मिसेस और बच्चों के भरोसे रोती हुई बेटी को छोड़कर मैं अपने स्कूल की नौकरी पर जाती थी। बेटी के साथ कुछ कपड़े और दूध की बोतल रख देती, बच्ची रोती रहती थी।

शरद बेटे का एडमिशन गांधीबाग के 'लिटिल फ्लॉवर' कान्वेंट स्कूल में कर दिया था। बेटे की उम्र कम थी। उसे 11 बजे कान्वेंट में छोड़ देते। बच्चा कभी रोता, कभी सोते रहता। तीन बजे हमारे स्कूल में ले आते थे। पिंकी को कभी सोलंकी जी के घर, कभी किसी रिश्तेदार के घर छोड़ते, शाम 5 बजे गुमसुम, उदास दोनों बच्चों को लेकर घर आते थे।

1981 में हमने मानेवाड़ा रोड के तुकड़ोजी चौक पर मकान खरीदा था। यह कम इनकम वालों के लिए बनाए गये एल.आई.जी. हाउसिंग बोर्ड के एक कमरा, एक किचन का ब्लॉक था। यह घर मेरा फंड निकालकर लगभग 15 हजार रुपये में खरीदा था। उस समय हमारे लिए 15 हजार रु. भी बहुत बड़ी रकम थी। पहली बार अपने खरीदे हुए घर में आकर मुझे बहुत खुशी हुई थी। 10x20 फुट के इस घर में 10x10 का एक कमरा था। वही हमारा ड्राइंग रूम था, वही बेडरूम, वही स्टडी रूम था। छोटा-सा किचन था, सामने 2 फुट चौड़ी गैलरी थी।

गैलरी में खड़े होने पर तुकड़ोजी चौक से दूर तक नजारा दिखता। स्कूटर, गाड़ियाँ सतत प्रवाह के रूप में सड़क पर दिखते। रात में सड़कों पर दूर तक स्ट्रीट लाइट की कतारें दिखतीं। सड़क के किनारे, हरे-भरे झाड़ों पर सुबह-शाम पक्षी चहचहाते। गैलरी से ही सूर्योदय और सूर्यास्त के समय का सौन्दर्य दिखाई देता। तब मैं देर तक बाहर खड़ी रहकर आसमान का सौन्दर्य देखती थी। पक्षियों का स्वर मन में उल्लास भर देता था। गरमी के दिनों में हम अपने ब्लाक की छत पर सोते, तब मैं सोने के पहले ढेर सारे तारों को देर तक देखती थी। ऐसा सुख पहले नहीं मिला, यहाँ आकर सुकून मिला था, फिर भी थोड़ी खुशी, थोड़े सुख के साथ समस्याएँ और अशांति साथ-साथ ही रहते थे।

शरद बेटा ढाई साल का था, पिंकी बेटी छह महीने की थी। सुबह हमें गुण्डी और बाल्टी से पानी भरकर नीचे से तीन मंजिल ऊपर लाना पड़ता था। सुबह बेटी नींद से उठ जाती तब घुटना चलती गैलरी में आकर रोती रहती। हम पति-पत्नी खाना पकाने, पीने और नहाने-धोने के लिए पानी भरते रहते। ऐसे समय चिंटू बेटा बड़ी चिन्ता के साथ कहता था—"मम्मी अपनी पिंकी को घर में ले आओ, नहीं तो कोई उसे उठाकर ले जायेगा।" बच्चे की ऐसी भोली बातों पर हँसने-मुस्कराने का भी समय नहीं रहता था।

इस घर में आने के बाद, नौकरी पर स्कूल जाने के समय मैं बेटी को पड़ोसन के घर छोड़ देती थी, साथ में उसके कपड़े और दूध की बोतल रख देती। पड़ोसन

कभी खुशी के साथ, कभी बेमन से बेटी को सँभालती। 12 से 5 बजे तक हम स्कूल में रहते। दिनभर मेरे मन में बेटी की चिन्ता बनी रहती थी। कभी स्कूल जाने के समय पड़ोसन के दरवाजे पर ताला दिखता मजबूरी में उस दिन मुझे छुट्टी लेना पड़ता। कभी दूर के रिश्तेदारों के घर मेरी प्यारी बच्ची पिंकी को छोड़कर हम स्कूल जाते। दिनभर मेरे कानों में बेटी का रोना सुनाई देता, तब बहुत मानसिक कष्ट होता था।

घर आने के बाद मैं खाना बनाती। बच्चों को सँभालती। साथ ही स्कूल का काम करती। हमारे यहाँ स्कूल की बहुत कापियाँ जाँचना पड़ता था। मैं 4-5 कक्षाओं की 4-4 यूनिट टेस्ट के पेपर, सेमिस्टर, फाइनल परीक्षा के बहुत पेपर जाँचती थी। ऐसे समय टाकभौरे जी घर के काम में सहयोग देते, यह बात मुझे महत्त्वपूर्ण लगती। मैं इसके बदले घंटों उनके भी पेपर जाँचती। कई बरसों तक यही चलता रहा। छात्रों के रिजल्ट बनाने के समय बहुत परेशानी होती। हम रात के दो-तीन बजे तक बैठकर पेपर जाँचने और रिजल्ट बनाने का काम करते थे। सुबह प्रतिदिन के काम रहते। चाय, नाश्ता, भोजन, स्नान तैयारी, हर काम के साथ बच्चों के काम भी रहते। उन्हें नहलाना-धुलाना, खिलाना, पिलाना तैयारी करके अपने साथ ले जाना—जिन्दगी का जैसे मशीनीकरण हो गया था।

इन्हीं दिनों जीवन की वह अविस्मरणीय घटना घटी थी। मैंने अपने जीवन में वह जुर्म किया, बेटी नहीं, बेटे के पाँच माह के भ्रूण की हत्या का जुर्म किया। भ्रूण हत्या का इतना बड़ा जुर्म बहुत छोटे कारणों से हुआ। इसका असर आज भी हृदय को कचोटता है। उस समय शरद 2 साल 10 महीने का था, पिंकी (देवयानी) 9 माह की थी। मेरा छोटा अनाम बेटा मेरे हृदय के पास हलचल करने लगा था। मैं उसका होना महसूस करती थी। उसके आने के सपने भी सँजोने लगी थी।

उन दिनों घर के काम में कोई मदद करने वाला नहीं था। शारीरिक कमजोरी के कारण काम जल्दी-जल्दी नहीं कर पाती थी। मेरी अपेक्षा रहती थी, टाकभौरे जी सभी काम में मेरा हाथ बँटाएँ। बच्चों को सँभालें, शरद को स्कूल यूनिफार्म पहनाकर तैयार कर दें। स्कूल देर से पहुँचने पर सुपरवाइजर और हेडमास्टर की बातें सुनना पड़ेगा, लाल स्याही से 'लेट' साइन करना पड़ेगा—सुबह से स्कूल पहुँचने तक यह चिन्ता भी लगी रहती थी। यह भी प्रतिदिन चिन्ता का विषय था—पड़ोसन बेटी को रखेगी या नहीं?

मुझे तब बहुत गुस्सा आता था जब मैं देखती थी टाकभौरे जी सुबह का अखबार खोलकर घंटों पढ़ते थे, सुबह मिलने आये व्यक्तियों से घंटों बातें करते थे। मैं घर के काम और बच्चों से परेशान हो जाती। पिंकी तो नहीं मगर चिंटू मेरे हाथों

बहुत मार खाता था। गुस्से के कारण मैं उसे मारती थी और रोने भी नहीं देती थी। हर समय, हर बात में डाँट-डपटकर रखने से बेटे का स्वभाव दब्बू और कुण्ठित सा बनता जा रहा था। मुझे इसके सिवा कोई चारा नजर नहीं आता था। मैं अपना गुस्सा और किस पर निकालती? उन दिनों मेरा स्वभाव चिड़चिड़ा हो गया था।

परेशान होकर मैंने एबार्शन का निर्णय ले लिया। टाकभौरे जी के साथ मेयो मेमोरियल अस्पताल गई। डॉक्टर ने जवाब दे दिया—"पाँच महीने पूरे हो चुके हैं। एबार्शन करने में खतरा है। हम यह नहीं कर सकते।" मैं लौट आई। मगर मेरा निर्णय अटल था। 1981 जून में टाकभौरे जी के साथ मेडिकल अस्पताल गई। वहाँ हमारी रिश्तेदार लीलाबाई चौहान 'आया' की नौकरी करती थी। बेटा-बेटी छोटे है, यह बताकर उसने बड़ी डॉक्टर मैडम से एबार्शन की तारीख ले ली। उस बच्चे से मुक्ति पाने के लिए मुझे बहुत कष्ट सहना पड़ा। करीब 10 दिन अस्पताल में एडमिट रही। एबार्शन के बाद नर्स ने लीलाबाई को डाँटते हुए चिल्लाकर कहा था—"मना करने के बाद भी नहीं मानी। लड़के का भ्रूण था, चार महीने की बात थी। बाद में अप्रेशन करवा देना था। तेरी बातों को सुनकर ही डॉक्टर मैडम ने यह बात मानी। हम तो पेशेण्ट को वैसे ही वापस कर देते।"

लीलाबाई पश्चात्ताप में डूब गई थी। मुझे भी पश्चात्ताप हुआ था। टाकभौरे जी मौन ही रहते थे। बिल्कुल तटस्थ और निर्विकार, जैसे उन्हें इस बात से न खुशी है न गम। उन्होंने कभी बताया ही नहीं कि उन्हें दुख हुआ या नहीं। यह देखकर मेरा गुस्सा और भड़कता था। मुझे लगता था इन्हें सजा देने के चक्कर में मैंने खुद को सजा दी है। जब भी मैं उस बात को याद करती, तो मन में अफसोस होता। सिर्फ चार महीने की ही बात थी, मगर वे दिन इतने असहनीय कैसे हुए? तब क्यों मैंने धीरज नहीं धरा?

मानसिक रूप से मुझे जो अपनापन और दुख-सुख में साथ निभाने का भावनात्मक सहयोग चाहिए था, वह नहीं मिल रहा था। मुझे लगता था मैं यह बोझ अकेली ही ढो रही हूँ और व्यर्थ ढो रही हूँ। तब प्रतिकार की भावना बलवती हो जाती। अपने बच्चे को अपने से अलग करने का दुख मेरे मन को बहुत दिनों तक सालता रहा था। मुझे वे दिन याद आते थे, जब मैं ईश्वर से मिन्नतें करके भीख माँगती थी—'भगवान, एक सन्तान दे दो...भले ही कानी चिड़िया दे दो!'

अपने दुख और अफसोस के उन दिनों में मैंने एक निर्णय और ले लिया था। नौकरी करना जरूरी था। रोज-रोज की परेशानी से बचने के लिए मैंने अपनी 9 महीने की बेटी पिंकी को उसकी नानी के पास छोड़ दिया। माँ, पिताजी और भाभी उसे सँभालते थे। मगर अपनी नन्ही बेटी को अपने से लगभग 300 कि.मी. दूर रखने

का दर्द मैं ही जानती हूँ। कभी दिन में और कभी रात में उसका सुन्दर-मासूम मुखड़ा याद आ जाता, तब मन में दुख की हिलोरें उठने लगती थीं। कभी लगता, मेरी बेटी कहीं रो तो नहीं रही है? बेटी भूखी तो नहीं है? यह सोचकर हृदय दुख से भर जाता था। तब लगता था—कैसे उड़कर क्षणभर में अपनी नन्ही बेटी के पास चली जाऊँ? कैसे अपनी बच्ची को तुरन्त कलेजे से लगा लूँ!

25 अक्टूबर 1982 को मोना (शिवरानी) बेटी का जन्म हुआ, तब जेठजी की बेटी उमा को अपने साथ रखकर मोना बेटी का लालन-पालन किया। वे दिन भी बहुत कष्ट के थे। उमा के न रहने पर मोना को भी मैं पड़ोसन के घर छोड़कर स्कूल की नौकरी करने जाती थी। तब भी वैसे ही परेशान होती थी। टाकभौरे जी का बड़ा अरमान था उनके और बेटे हों। शरद के बाद पिंकी आई तब उन्होंने बड़ी उदासी के साथ कहा था—"मैं एक हूँ मेरा बेटा भी एक है।" यह सुनकर उनका और बेटे होने का अरमान जानकर फेमिली प्लानिंग की बात नहीं सोची। एबार्शन के बाद मोना आई तब भी उन्होंने वही बात कही—"मैं एक हूँ, मेरा बेटा भी एक ही रह गया।" यह मेरे जीवन का अलग प्रकरण है। इसके कारण परिवार बढ़ता गया। जिम्मेदारियाँ बढ़ती गईं, खर्च बढ़ते गये। एक बेटा होने पर भी वे और बेटे होने का अरमान रखते थे। मैं उनकी इस आशा-आकांक्षा और दुख को समझकर चुप रह जाती थी। कैसे खुशी दूँ यह विचार रहता था। फलस्वरूप मैं भी यह सोचती थी—अगली बार बेटा ही होगा। इस आशा के साथ, कठिनाइयों के बीच नौकरी करते हुए मैं अपना जीवन सहज भाव से जीती रही।

पिंकी नाना-नानी के पास ही रहती थी। मोना 9 महीने की थी तब मैंने उसे भी नानी के पास छोड़ दिया था। बड़े भैया भिलाई की नौकरी छोड़कर सारणी पाथाखेड़ा कोल माइन्स के अस्पताल में बाबू की नौकरी करने लगे थे। वे क्वार्टर में रहते थे। मोहन भैया की नौकरी भी पाथाखेड़ा की कोल माइन्स में थी। 1982 में मोहन की शादी नागपुर की मंशा भाभी के साथ हुई थी, तब शादी के बाद मंशा भाभी मेरी दोनों बेटियों को अपने साथ पाथाखेड़ा ले गयी। वह दोनों का लालन-पालन बहुत ही प्यार के साथ कर रही थी, इसी बीच यह दुर्घटना हुई।

वे अपने खरीदे हुए कच्चे मकान में रहते थे। बारिश के दिनों में कई दिन लगातार बरसात होने पर पाथाखेड़ा में लोगों के कच्चे घर टूटकर गिरने की संभावना रहती थी। मोहन ड्यूटी पर गया था। भाभी घर में थी। लगातार बरसात हो रही थी। भाभी ने देखा उनके कच्चे घर की दिवारें फट रही हैं। वह डर गयी। बरसात में बाहर खड़े लोग उसे तुरन्त घर से बाहर निकलने के लिए कहते हुए चिल्ला-पुकार मचा रहे थे। मेरी दोनों बेटियों को छाती से लगाकर भाभी बाहर भागना चाहती थी, तभी

दरवाजे की चौखट टूटकर गिरी। भाभी बाहर नहीं निकल सकी। उसने पिंकी को दरवाजे के बाहर खड़े लोगों की तरफ फेंका। लोगों ने उसे सँभाल लिया। भाभी मोना को लेकर नहीं निकल सकी। पूरा घर उसकी पीठ पर गिरा। लेकिन मोना उसके पेट के पास सुरक्षित रही। पड़ोसियों ने बड़ी मुश्किल से उन्हें बाहर निकाला था। भाभी को बहुत चोट आयी थी। वह कई दिनों तक घबराई हुई रही और मेरी बेटियों की चिन्ता करती रही। भाभी ने अपनी जान की परवाह न करते हुए मेरी बेटियों को बचाया था। मैं उन दिनों को याद करती हूँ तो आँखों में आँसू भर आते हैं। कैसे दुख और कष्ट के दिन थे वे! मैं भाभी का एहसान नहीं भूल सकती। चार साल की होने पर पिंकी को और बाद में मोना को नागपुर लाकर कान्वेंट स्कूल में के.जी. I में डाल दिया था।

मंसा भाभी के पास रहते हुए मोना अपनी मामी को मम्मी कहती थी। नागपुर लाने के बाद उसने मुझे कई दिनों तक बहुत परेशान किया था। रोते हुए कहती थी–"मेरी मम्मी के पास ले चलो।" मैं कहती थी–"मैं तेरी मम्मी हूँ।" मोना कहती थी–"नहीं, मेरी असली वाली मम्मी के पास ले चलो।" यह सुनकर मुझे हँसी भी आती थी और रोना भी आता था। मेरी बेटी तब मुझे माँ नहीं मानती थी। मेरा मन दुखी होता था।

विवाह के तुरन्त बाद मैंने बी.एड. किया था। बी.एड. के बाद 'मातृसेवा संघ' में नौकरी की। इसके बाद प्रकाश हाईस्कूल की नौकरी कर रही थी। नौकरी करने के कारण अधिक छुट्टियाँ न होने से मैं अपने मायके बानापुरा अधिक नहीं जा पाती थी। साल में एक या दो बार चार-पाँच दिन के लिए टाकभौरे जी के साथ जाती थी। बच्चे छोटे थे, मायके में रहते समय भी पूरा ध्यान बच्चों की देखभाल में और टाकभौरेजी की खिदमत में रहता था। कोई काम समय पर और तुरन्त न करने पर वे नाराज होते थे। दो-चार दिन के लिए आये मेहमान मानकर मायके में सब हमारी खातिरदारी करते। जब मैं नागपुर लौटती थी तब बहुत दिनों तक माँ, पिताजी, नानी और भैया भाभी की आवाज कानों में सुनाई देती थी जैसे बहुत नजदीक से वे मुझे पुकार रहे हों। मैं चौंककर इधर-उधर देखती थी। शादी के बाद, राखी के त्योहार के समय मैं मायके नहीं जा पाती थी। मुझे अपने भाइयों की याद आती। बाजार से गुजरते समय रंगीन झिलमिलाती राखी से सजी दुकानें देखती तब अनायास ही राखियों के बीच मुझे अपने भाइयों की कलाई दिखती थी। उन दिनों माँ और भाइयों से मिलने के लिए दिल तड़पकर रह जाता था। बच्चों की जिम्मेदारी, नौकरी और घर के काम भी आवश्यक थे।

नानी नहीं रही, 1981 में जब यह दुखद खबर मिली, मैं नागपुर में थी। पता

नहीं क्यों नागपुर से इटारसी जाने वाली सभी रेल गाड़ियाँ उसी दिन लेट थीं, टाकभौरे जी ने बताया था। कई घंटे स्टेशन पर गाड़ी का इन्तजार करने के बाद स्टेशन से लौटना पड़ा था। सौ वर्ष के आसपास नानी की उम्र थी। जीवन के अन्तिम पाँच-छह महीने वह बीमार रही थी। आँतों में तकलीफ होने के कारण खाना-पीना बन्द हो गया था। अन्तिम समय मैं उसे नहीं देख पाई, इसका दुख हमेशा महसूस होता है।

ऐसे दुखों के साथ सुनी हुई और देखी हुई घटनाएँ भी मन को उद्वेलित करती रहीं। 31 अक्तूबर 1984 को इंदिरा गांधी की हत्या उन्हीं के अंगरक्षक ने कर दी, यह खबर रेडियो न्यूज में बार-बार सुनकर और समाचार-पत्रों में पढ़कर मेरा दिल दहल गया था। देश की महिला प्रधानमंत्री की ऐसी मौत! राजनीतिक गुटबाजी में लोग मानवीय संवेदना को भी भूल जाते हैं। प्रकाश हाईस्कूल का वातावरण आर.एस.एस. से प्रभावित था। कोई पक्ष में बोलता था, कोई विपक्ष में।

जब मानव बम द्वारा राजीव गांधी की हत्या होने की बात सुनी थी तब भी मुझे बहुत दुख और अफसोस हुआ था। इस घटना के पहले नागपुर के मानेवाडा क्षेत्र में राजीव गांधी आये थे। मैंने अपने घर की गॅलरी से, सामने की सड़क पर उन्हें जनता का अभिवादन करते पैदल चलते देखा था। मुस्लिम बच्चियों ने उनकी आरती उतारी थी। उनकी हत्या की खबर से मानवीय संवेदना के धरातल पर मैं दुखी हुई थी। तब सामाजिक-पारिवारिक व्यस्तताओं, जिम्मेदारियों और नौकरी के कष्ट, परिश्रम के साथ दुख, अपमान की जिंदगी जीते हुए मेरा मन थोड़ा तटस्थ हो गया था।

1986 तक मेरी आस्था कांग्रेस पार्टी से जुड़ी थी। 'दलित पैंथर' की जानकारी मुझे थी मगर तब मैं इसे बहुत ही विद्रोही और विध्वंसक समझती थी। आन्दोलन के प्रतीक चीता की डरावनी आँखें बड़े पोस्टरों में देखकर भय लगता था। इसी तरह दलित पैंथर से जुड़े गुस्सैल विद्रोही लोगों के भाषण और विचारधारा को सुनकर लगता था, ये ज्यादा ही खतरनाक हैं। दलित पैंथर के लोग भी हमारे जाति समुदाय को गांधीवादी और कांग्रेसवादी मानते हुए हमारे प्रति उपेक्षा का भाव रखते थे। समता सैनिक दल, रिपब्लिकन पार्टी और बहुजन समाज पार्टी के लोग हमें बाबासाहब डॉ. अम्बेडकर के समर्थक और अनुयायी न मानकर हिन्दूवादी संस्थाओं और पार्टियों के अन्धे भक्त मानते थे, साथ ही हमसे दुराव भाव रखते थे। उनके मन की उपेक्षा और घृणा को समझते हुए हमें भी उनके प्रति अपनापन नहीं लगता था, ऐसा लगता था उन दलितों का संघर्ष और मंजिल अलग है और हम गांधीवादी दलितों के संघर्ष की सीमा और मंजिल अलग है। हमारी जागृति सीमित थी।

एक बार टाकभौरे जी के साथ मैं नागपुर विश्वविद्यालय के प्रो. डॉ.

हरभजनसिंह हंसपाल के घर गई। चुनाव प्रचार के दिन थे, राजनीतिक दलों और उनकी राजनीतिक गुटबंदियों पर चर्चा चल रही थी, टाकभौरेजी ने जानबूझकर स्पष्ट रूप से मेरी ओर इशारा करके हंसपालजी से कहा—"यह तो कांग्रेसवादी है, यह उन्हीं को अपना वोट देगी।" तब हंसपाल ने मेरी हँसी उड़ाते हुए बहुत बातें सुनाईं—"अनपढ़, गधे कांग्रेस के पीछे चलते हैं। वे सब बेवकूफ हैं, जो कांग्रेस पार्टी को मानते हैं। पढ़े-लिखे लोग, जिनके पास दिमाग है, अकल है, वे कांग्रेस के पीछे नहीं भागते।" वे कांग्रेस पार्टी की विचारधारा और नीतियों की बुराई करने लगे।

मैंने उन्हें टोकते हुए कहा—"फिर कौनसी पार्टी अच्छी है? किसका साथ देना चाहिए?" वे प्रसन्न मुद्रा के साथ मुस्कराते हुए और गहरी नजरों से मुझे देखते हुए बोले—"यह भी कोई पूछने की बात है? 'भारतीय जनता पार्टी' ही सबसे अच्छी पार्टी है, उसी का साथ देना है।" मैंने टाकभौरेजी की ओर देखा, फिर हंसपाल से कहा—"भाजपा वाले सब हिन्दूवादी और जातिवादी हैं। वे हमें क्या दे सकते हैं? हमारा क्या भला कर सकते हैं?"

हमारे जाति समुदाय को यह विश्वास था, कांग्रेस ही उनका उद्धार करेगी। इस कारण वे न तो डॉ. अम्बेडकर से जुड़ सके और न ही अम्बेडकरवादी राजनीतिक पार्टी और संस्थाओं से। धीरे-धीरे मैं दलित पैंथर और समता सैनिक दल की विचारधारा, कार्यप्रणाली को समझने लगी। जानकारी और परिचय बढ़ने के साथ अम्बेडकरवादी संस्थाओं से जुड़ने लगी। अम्बेडकरवादियों के प्रति आस्था और अपनेपन का भाव जागा, उनकी मंजिल, अपनी मंजिल दिखाई देने लगी। अम्बेडकरवादी लोग भी हमें आन्दोलन से जोड़ने लगे। 1990 से मैं उनके कार्यक्रमों में जाने लगी और अपने भाषणों में यह माँग करने लगी—"अम्बेडकरवादी नेता मेरे संपूर्ण जाति समुदाय को अज्ञानता के अँधेरे से बाहर लाएँ, उन्हें जागृति और प्रगति की राह पर अपने साथ लेकर चलें, अपने पिछड़े दलित भाइयों को विशेष सहयोग देकर उन्हें परिवर्तनवादी अम्बेडकरवादी आदोलन से जोड़ें। डॉ. अम्बेडकर का सपना था, संपूर्ण दलितों में एकता, जागृति और भाईचारा लाना। आन्दोलन को सफलता इसी से मिलेगी।"

आर. पी. आई. के विशिष्ट नेता नागपुर के रामरतन जानोरकर हमारे ही जाति समुदाय के थे। समता सैनिक दल के प्रतिष्ठित संस्थापकों में ॲड. भगवानदास जी का भी नाम है, वे भी हमारी ही जाति के हैं। इनकी प्रेरणा और सहयोग से हमने सामाजिक जागृति के अनेक कार्यक्रमों में अपने समाज को अम्बेडकरवाद से जुड़ने की प्रेरणा दी।

मुझे राजनीतिक पार्टियों से जुड़ने के अवसर मिले, मगर समाज में यह

मानसिकता है कि स्त्रियों को राजनीति से दूर रहकर ही अपना कार्य करना चाहिए। मेरा उद्देश्य भी समाज जागृति और समाजसेवा रहा। रिपब्लिकन पार्टी ऑफ इंडिया के कार्यक्रमों में बहुसंख्य लोगों को नीली टोपी और नीले झंडे के साथ देखकर नीले रंग के प्रति और बाबासाहब के प्रति आस्था बढ़ती रही। राजनीतिक पार्टियों के कार्यक्रमों में जाने के अवसर अधिक नहीं मिले, सामाजिक जागृति और साहित्यिक कार्यक्रमों में जाने के अवसर मिलते रहे। इसके साथ अध्ययन और लेखन भी चलता रहा।

उच्च शिक्षा मेरी जिन्दगी का मकसद था। इसके लिए भी मुझे बहुत संघर्ष करना पड़ा। प्रकाश हाईस्कूल में नौकरी करते हुए, मैं हिन्दी साहित्य में एम.ए. करना चाहती थी। प्राइवेट छात्र के रूप में एम.ए. की परीक्षा देने की अनुमति प्राप्त करने के लिए मुझे बहुत कठिनाई का सामना करना पड़ा था। मैं प्रतिवर्ष प्रार्थना पत्र देकर स्कूल के मुख्याध्यापक शंकरराव सुपारे जी से 1980 से 1985 तक अनुमति माँगती रही। नौकरी करते हुए बिना अनुमति प्राइवेट परीक्षा में नहीं बैठ सकती थी, सुपारे जी हमेशा यही कहते थे–"आपको एम.ए. करने की क्या जरूरत है? यहाँ एम.ए. डिग्री की जरूरत नहीं है।" वे परीक्षा देने की अनुमति नहीं दे रहे थे। बार-बार मना करने पर भी मैं अनुमति माँगने के लिए आवेदन पत्र हेडमास्टर जी को देती थी। मुझे अनुमति नहीं मिलेगी, इस आशंका को देखते हुए टाकभौरे जी मुझे डाँटकर कहते थे–"छोड़ भी दो अपनी जिद, बिना एम.ए. के मर नहीं जाओगी। अच्छी-भली नौकरी है, अच्छी तनखाह है और क्या करना है?" मगर मेरा दृढ़ निश्चय था, मैंने यह बात ठान ली। टाकभौरे जी कभी मजाक से चिढ़ाने के लिए कहते थे–"न मानूँ रे, मैं तो न मानूँ रे...!"

मेरे स्वभाव को देखते हुए उन्होंने यह भी समझ लिया था यदि मुझे किसी बात के लिए मना किया जाये तब मैं वह काम जरूर करती हूँ। टाकभौरे जी मजाक से कहते थे–"यदि शीला से कोई असम्भव काम करवाना हो तो उसे उल्टा बोलना चाहिए। जैसे कोई बड़ा भारी पत्थर उठवाना है, तो यह नहीं कहना कि शीला इसे उठा ले। बल्कि यह कहना चाहिए–यह पत्थर नहीं उठना। क्या समझी, यह पत्थर तुम नहीं उठा सकतीं, इसे नहीं उठाना। तब वह उसे जरूर उठा लेगी।" एम.ए. करने की अनुमति पाना भी किसी भारी पत्थर उठाने से कम नहीं था। मैंने दृढ़ निश्चय के साथ एम. ए. करने का विचार मन में ठान लिया और टाकभौरे जी से साफ शब्दों में कह दिया–"मुझे एम.ए. करना है। नौकरी छूटती है तो छूटने दो, मैं एम.ए. करूँगी।" तब टाकभौरे जी ने मेरी नौकरी छूटने के भय से, हेडमास्टर से मिलकर मेरे एम. ए. की अनुमति प्राप्त की थी।

इस बात की सही जानकारी मुझे बाद में मालूम हुई। हेडमास्टर की बेटी प्रकाश हाईस्कूल में मराठी विभाग में शिक्षिका थी। वह अंग्रेजी में एम.ए. करना चाहती थी। उसे अनुमति देने के साथ मुझे भी अनुमति दे दी गई। इसके साथ यह बात भी उल्लेखनीय है कि तब उनकी बेटी एम.ए. नहीं कर सकी, मैं कर सकी।

घर परिवार सँभालते हुए, नौकरी करते हुए एम.ए. की परीक्षा की तैयारी करना कठिन काम था। कई अवरोधों का सामना करना पड़ा, फिर भी मैं अपने निश्चय पर अडिग रही और 1985-86 में हिन्दी साहित्य में प्रथम श्रेणी के अंक लेकर एम. ए. की डिग्री प्राप्त की। जिस दृढ़ निश्चय के साथ मैंने मैट्रिक के बाद बी.ए. किया था, उसी दृढ़ निश्चय, लगन, मेहनत और परिश्रम से मैंने एम.ए. भी किया था। पढ़ाई के क्षेत्र में रुक जाना जैसे मेरा मकसद ही नहीं था। शिक्षा प्राप्ति के क्षेत्र में मैं आगे बढ़ती रही।

जिस छोटे गाँव के सामाजिक-संकुचित वातावरण के बीच रहकर मैंने मैट्रिक किया था, वहाँ के लोगों के लिए बी.ए. कर लेना ही बहुत बड़ी बात मानी जाती थी। तब मुझे यह मालूम नहीं था कि बी.ए. के बाद भी और डिग्री ली जा सकती है। नागपुर आने के बाद कठिन संघर्ष से जूझते हुए मैं एम.ए. कर सकी। यह मेरी विशेष उपलब्धि थी। यहाँ मुझे मालूम था एम.ए. के बाद पीएच.डी. भी किया जाता है, फिर भला मैं कैसे पीछे रहती?

पीएच.डी. की उपाधि प्राप्त करने के लिए भी मुझे बहुत संघर्ष करना पड़ा। मैंने एम.ए. के बाद शोधकार्य हेतु रजिस्ट्रेशन करवा लिया था। मैं दलित साहित्य पर शोधकार्य करना चाहती थी मगर सवर्ण प्राध्यापक कहते थे—"ऐसे विषय पर काम करने से आपको हिन्दी का गाइड नहीं मिलेगा, विषय सामग्री नहीं मिलेगी। नारी सम्बन्धी विषय लेकर काम करो, जल्दी पूरा हो जायेगा।" 1986 में हिन्दी में दलित साहित्य पर अधिक काम नहीं हुआ था। लोगों ने यह भी कहा था—विभाग प्रमुख की मर्जी से विषय लेकर काम करने से शोधकार्य जल्दी पूर्ण होता है, अन्यथा बार-बार गलतियाँ निकालकर परेशान भी किया जाता है। 'अज्ञेय के कथा साहित्य में नारी' यह विषय शोधकार्य के लिए मुझे नागपुर विश्वविद्यालय के हिन्दी विभाग प्रमुख प्रो. रामेश्वर शर्मा ने दिया था। पीएच.डी. हेतु स्वीकृत शोधकार्य की मार्गदर्शक नागपुर के एल.ए.डी. कॉलेज की हिन्दी विभाग प्रमुख डॉ. योगेश्वरी शास्त्री थीं।

पीएच. डी. के शोधकार्य हेतु, टाकभौरेजी के साथ मैं बार-बार मैडम के घर मार्गदर्शन के लिए जाती थी, तब मैडम के पति डॉ. अजयमित्र शास्त्री से अनेक विषयों पर बातें होती थीं, जिससे मुझे अनेक बातों की जानकारी मिलती रही। एक बार डॉ. अजयमित्र शास्त्री ने मुझसे कहा था—"आप अपने साइन करते समय

टाकभौरे क्यों लिखती हैं? टाकभौरे आपके पति का सरनेम है। अपने साइन अपनी खुद की पहचान होती है।" उस समय मुझे पहली बार महसूस हुआ था, हर व्यक्ति का अपना स्वतंत्र अस्तित्व है, उसकी स्वतंत्र पहचान होनी चाहिए।

धनवटे नेशनल कॉलेज के प्राध्यापक गोकुलप्रसाद साहू, नागपुर विश्वविद्यालय के प्राध्यापक डॉ. रामेश्वर शर्मा जी और डॉ. हरभजन सिंह हंसपाल से भेंट करने पर हिन्दी भाषा, साहित्य और हिन्दी प्राध्यापकों के विषय में अनेक जानकारी मिलती रही, साथ ही सवर्ण प्राध्यापकों की दलित प्राध्यापकों के प्रति स्वार्थपूर्ण कूटनीति की जानकारी भी मिलती रही।

पीएच. डी. के शोधकार्य की सिनॉप्सिस के सम्बन्ध में जानकारी लेने के लिए टाकभौरे जी मुझे साथ लेकर अपने मित्र डॉ. सरजू प्रसाद मिश्र से मिलने गये। डॉ. सरजू प्रसाद तब नागपुर के मॉरिस कॉलेज में हिन्दी विभाग प्रमुख थे। वे सीताबर्डी के 'मुण्डा देवल' (मंदिर) की गली में अपने पुराने मकान में रहते थे। सरजू प्रसाद जी हम दोनों से बहुत आत्मीयता के साथ मिले। उन्होंने मुझे समझाते हुए कहा था–

"आप हर बात में जल्दी करती हो। हाइस्कूल में आपकी अच्छी नौकरी है। अभी पीएच.डी. की जल्दी क्या है? आराम से पीएच. डी. करना।" तब मेरी नौकरी प्रकाश हाईस्कूल में थी। मैं उच्च शिक्षा और विशेष अध्ययन के लिए पीएच.डी. करना चाहती थी। टाकभौरे जी को मिश्र जी की बात ठीक लगी थी। विरोध होने के बाद भी मैंने पीएच.डी. का रजिस्ट्रेशन करवा लिया था।

शोधकार्य के लिए बार-बार डॉ. शास्त्री मैडम, डॉ. हंसपाल, डॉ. रामेश्वर शर्मा से मिलना, लायब्रेरी से पुस्तकें लाना, पुस्तकें लौटाना जैसे काम के लिए मैं टाकभौरे जी को परेशान करती थी। बच्चे छोटे थे, प्रकाश हाईस्कूल में पढ़ाना, परीक्षा लेना और पेपर जाँचने का काम भी बहुत होता था। अपनी पढ़ाई करने के लिए कभी-कभी मैं घर में खाना नहीं बनाती थी। तब कभी होटल से समोसे लाकर काम चलाया जाता, कभी चाय-पराँठा खाकर समय निकाल लिया जाता था। एम.ए. करते समय इन परेशानियों को उठाया था, अब पीएच.डी. के शोधकार्य के लिए लम्बे समय तक इस तरह की परेशानियों को उठाना था। मिश्र जी की बात टाकभौरे जी के हित में थी, लेकिन मैं अपना हित देख रही थी। मना करने पर भी मैंने अपना शोधकार्य जारी रखा। कभी खुशी के साथ और कभी झगड़ने के बाद टाकभौरेजी मेरे काम में सहयोग देते थे।

1986 में नागपुर शहर से सत्रह किलोमीटर दूर कामठी के 'सेठ केसरीमल पोरवाल कॉलेज' में हिन्दी विषय के प्राध्यापक की जगह बनी। जुलाई में मैंने इण्टरव्यू दिया, तब डॉ. नागराजन जी प्राचार्य थे। मेरे साक्षात्कार से प्रसन्न होकर उन्होंने मुझे

सहर्ष हिन्दी प्राध्यापक के रूप में स्वीकृत किया था। जुलाई 1986 में प्रकाश हाईस्कूल की शिक्षिका की नौकरी छोड़कर, मैं नागपुर जिले के कामठी (तहसील) कस्बे में, सेठ केसरीमल पोरवाल कॉलेज में हिन्दी अध्यापन का कार्य करने लगी।

सेठ केसरीमल पोरवाल कॉलेज में नौकरी लगने के बाद मैं नागपुर से कामठी आना-जाना करती थी। नौकरी करने के साथ घर-परिवार को देखते हुए शोधकार्य करना कठिन था। मानेवाडा रोड तुकड़ोजी चौक से कामठी आने-जाने में ही चार घंटे लग जाते थे। शाम को लौटने पर थक जाती। खाना बनाना, बच्चों को सँभालना और पढ़ाई भी करना संघर्षपूर्ण था। मैं घर में शोधकार्य के लिए पढ़ाई करती, तब पड़ोसी टेप, रेडियो और टी.वी. ऊँची आवाज में रखते थे। मना करने पर थोड़ी देर बन्द रखते फिर जोर से शुरू कर देते। इससे मुझे बहुत परेशानी होती थी। शोधकार्य जल्दी पूरा करना है, यह भी मेरा दृढ़ निश्चय था। इसके लिए अनेक परेशानियों और कठिन परिस्थितियों का सामना करना पड़ा।

समय की बरबादी, थकावट और परेशानी कम करने के लिए मैंने कामठी में रहने का निर्णय लिया था। कई दिनों तक हम कामठी में किराये का घर ढूँढ़ते रहे। जातिभेद और छुआछूत के कारण कामठी में भी हमें किराये का घर मिलना मुश्किल था। कॉलेज की प्राध्यापिका होने के बाद भी मैं अछूत थी। बहुत मुश्किल से कामठी में पंजाबी व्यवसायी बुटानी ने अपना पुराना घर किराये पर दिया था। वहाँ हम लगभग दो साल रहे। कामठी में रहते हुए भी जातिभेद का अपमान और उपेक्षा सहने पड़े। कॉलेज के सवर्ण छात्र-छात्राओं के पालक कामठी में मिलने पर हमें सम्मान जरूर देते थे, मगर किसी ने अपने घर आमंत्रित नहीं किया। वे हमारी जाति जानते थे।

अनेक परेशानियाँ थीं, टाकभौरे जी को स्कूल के लिए कामठी से नागपुर सुबह आना पड़ता था। बच्चों की तबियत भी कामठी में ठीक नहीं रहती थी, तब हम वापस नागपुर तुकड़ोजी चौक के अपने घर में रहने आ गये थे। मेरे ऐसे कार्यों से टाकभौरे जी और बच्चों को परेशानी भी उठानी पड़ी। यदि टाकभौरे जी की नजर से देखा जाए तो मुझमें बहुत दुर्गुण थे। मैं अपने मन का काम करवाने की बात करती थी। मेरी बात सुनो, मेरा काम देखो, मेरी मदद करो—यही अपेक्षा करती थी। अपना काम पूरा करने के लिए मैं घर परिवार, बच्चे सबके प्रति गैरजिम्मेदार बन जाती थी। बच्चा बीमार है, डॉक्टर के पास ले जाना है, इस बात की चिन्ता छोड़कर मैं अपनी किताब और पढ़ाई की चिन्ता में लगी रहती। ऐसे समय हम दोनों के बीच झगड़े होते, तब न पढ़ाई होती, न घर परिवार की जिम्मेदारी का काम। मन बेचैन हो जाता, सब लोग दुश्मन नजर आते।

पड़ोस में रहने वाले भी परेशानी में डाल देते। हल्ला, आवाज, मेहमान—किसी न किसी कारण मेरी पढ़ाई-लिखाई में बाधा आती रहती थी। परेशान होकर मैंने कुछ महीनों के लिए महिला होस्टल में रहने का निर्णय ले लिया। घर में खाना बनाने और बच्चों को सँभालने के लिए भतीजी उमा टाकभौरे को बुला लिया था। घर परिवार के प्रति यह मेरी गैरजिम्मेदारी थी।

टाकभौरे जी की आदत थी, जब मैं किसी बात का निर्णय ले लूँ तब वे उस बात को चुपचाप मान लेते थे। वे समझ लेते थे कि मैं अपने निर्णय से पीछे नहीं हटूँगी। सीताबर्डी में 'मातृ सेवा संघ' से कुछ दूर 'कर्मचारी महिला वसतिगृह' होस्टल में नौकरी करने वाली महिलाएँ जरूरत या मजबूरी के कारण रहती हैं, छात्राएँ भी रहती हैं। मैंने पढ़ाई के लिए वहाँ रहने का निश्चय किया। टाकभौरे जी होस्टल में मेरे रहने की व्यवस्था करने मेरे साथ आए थे। तब वहाँ की वार्डन ने कहा था—"नागपुर में आपका घर है, आप क्यों होस्टल में रहना चाहती हो? आपका पति है, बच्चे हैं। होस्टल में आकर आपका मन यहाँ नहीं लगेगा।"

फिर भी मैं होस्टल में रही। पीएच.डी. का शोध कार्य जल्दी पूरा करने के लिए मैंने यह कदम उठाया था। मगर मेरी हालत इन दिनों बहुत अजीब थी। जब होस्टल में रहती थी तब पूरा ध्यान घर-परिवार की चिन्ता में रहता था। रात में नींद नहीं आती थी। पढ़ाई में मन नहीं लगता था। मैं हफ्ते में तीन-चार दिन घर में रहती तब पढ़ाई की चिन्ता से घर-परिवार में मन नहीं लगता था। ऐसी दुविधा की स्थिति में मैं कुछ भी नहीं कर पाती थी। महीने में 20 दिन घर में रहती, 10 दिन होस्टल में टाकभौरे जी रोज होस्टल में आकर घर की चिन्ता की एक-एक बात बताते थे—"आज चिंटू स्कूल नहीं गया, पिंकी की तबियत ठीक नहीं है, मोना ने बहुत परेशान किया, उमा अपने घर जाने के लिए कह रही है, अब मैं क्या करूँ? तुम्हीं बताओ?" तब मैं भी चिन्ता में पड़ जाती थी।

मेरे ये दिन बहुत परेशानी से भरे हुए थे। मैं अजीब-सी बेचैनी महसूस करती थी। होस्टल में रहो या न रहो, रहने-खाने का खर्च देना ही पड़ता था। मानसिक परेशानी से पढ़ाई-लिखाई का काम भी अधिक नहीं हो पाता था। तब मैंने वापस आकर अपने घर में ही रहने का निर्णय लिया। फिर वही परेशानी रहती थी, मन अशान्त रहता। मेरी बेचैनी के कारण टाकभौरे जी भी परेशान रहते। कभी मुझे डाँटते, कभी झगड़ा करते। मेरी समस्या का हल नहीं निकल पाता। हमने तब समझदारी से काम लिया। एल. आई. जी. हाउसिंग बोर्ड की हमारी बिल्डिंग के दूसरी मंजिल पर एक ब्लॉक बंद था। ब्लॉक मालिक अपने दूसरे घर में रहते थे। हमने उनसे बात करके तीन महीने के लिए उनका घर किराये पर ले लिया, तब मैं वहाँ अकेली बैठकर

अपनी पढ़ाई-लिखाई का काम ठीक से करने लगी थी। 1986 से 88 के बीच मैंने शोध प्रबंध के चार अध्याय लिख लिए थे, तीन अध्याय बाकी थे। इस बीच बच्चे के आने के संकेत मिले थे, तब लंबे समय तक लिखने-पढ़ने के कार्य में व्यवधान रहा था।

मीराबाई के चार बेटे हैं। कुटुंब में सबके घर अधिक बेटे और बड़े परिवार को देखकर टाकभौरे जी भी चाहते थे, उनके परिवार में और बेटे हों। बेटे की आशा में बच्चों की संख्या बढ़ाना समझदारी नहीं थी। उनके खर्च उठाना और जिम्मेदारी सँभालना कठिन था फिर भी मैं पति की अधिक बेटों की अभिलाषा के सामने चुप रह जाती थी।

अगस्त 1989 में बेटी मोहिनी का जन्म हुआ, तब मैंने किसी की नहीं सुनी। "अब और बच्चे नहीं चाहिए–" यह मेरा निर्णय था। मोहिनी के समय मैंने फेमिली प्लानिंग के अप्रेशन की अनुमति के लिए सही कर दी थी। उन्हीं दिनों मैंने पुत्रों के प्रति ललक की सामाजिक मानसिकता को गलत बताते हुए 'आस की पीड़ा' कविता लिखी थी–'परिन्दों की तरह पंख फड़फड़ाते हैं स्वप्न / एक बेटा और एक बेटा /हर बार आस अधूरी ही रहती है /जैसे अब रहते हैं / दिवा-स्वप्नों के अधभरे पेट।' यह अधिक बेटों की लालसा रखने वालों पर व्यंग्य है। बच्चों के साथ खर्च भी बढ़े, आर्थिक परेशानियाँ बढ़ी थीं।

मोहिनी के समय बड़ा अप्रेशन हुआ था। चाचा ससुर के बेटे गणेश देवरजी की पत्नी रीना 15 दिन मेडिकल अस्पताल में मेरे साथ रही। उसके विवाह को 10 साल हो गये थे, बच्चा नहीं हुआ था। गणेश देवरजी और रीना देवरानी को बहुत उम्मीद थी कि मैं अपनी बेटी उन्हें दत्तक रूप में दे दूँगी। बेटे की उम्मीद थी, बेटी हुई, मगर मैं अपनी बेटी किसी को दे दूँगी–इस बात की मैं कल्पना भी नहीं कर सकती थी। मैं सुनती और देखती थी, लोग अपने बच्चे अपनी खुशी से रिश्तेदारों को दत्तक दे देते हैं, मगर मैं ऐसा सोच भी नहीं सकती थी। देवरानी ने प्रत्यक्ष और अप्रत्यक्ष रूप में कई बार अपनी इच्छा जाहिर की थी–"दीदी को दो बेटियाँ हैं, बेटा भी हैं। दीदी यह बेटी हमको दे देगी।" यह सुनकर मैं चुप रह जाती थी।

15 दिन के बाद मैं बच्ची के साथ तुकड़ोजी चौक के अपने घर आई। देवरानी भी साथ आई। घर आने के बाद भी उन्होंने यही कहा–"तुम्हारी इस बेटी को हम पाल लेंगे। हमको दे दो।" गणेश टाकभौरे का स्वभाव बहुत अच्छा है, देवरानी भी अच्छी है। वे लोग बच्ची को अच्छे से पालेंगे, पढ़ायेंगे, बड़ी होने पर शादी भी कर देंगे। यह सब ठीक था मगर मैं अपनी बेटी क्यों दूँ? यही बात मेरे मन में थी। अन्त में मैंने साफ-साफ शब्दों में देवरानी के सामने कह दिया था–"चाहे जितनी बेटियाँ

रहें, मैं अपना बच्चा किसी को नहीं दे सकती। हम खुद उसे पालेंगे। मेरी बेटी मेरे पास ही रहेगी।" तब देवरानी उदास हो गई थी।

मोहिनी छह महीने की थी, मैं मेडिकल क्वार्टर देवर-देवरानी के घर गई। देवरानी ने शर्माते हुए खुशी के साथ 15 दिन का बच्चा मेरी गोद में दिया। मैं हैरत में पड़ गई। यह बच्चा तुम्हें कब हुआ? गणेश देवर जी बच्चे के दूध की बोतल हाथ में लिए मुस्करा रहे थे। मैं समझ नहीं पा रही थी, बच्चा किसका है? तब देवरानी ने बताया था, मेडिकल अस्पताल से 15 दिन का लड़का दत्तक लिया है। उनके निर्णय पर मैं बहुत खुश हुई थी। देवरानी कई बरसों तक बार-बार कहती रही थी–"दीदी ने अपनी बेटी हमें नहीं दी, दीदी को हम पर विश्वास नहीं था। क्या हम बेटी को अच्छे से नहीं रखते?" मैं उन्हें अपने दिल का हाल कैसे समझाती। अपने जीवन में जो दुख-दर्द मैंने पाया था, उसके बाद बेटी को दत्तक देना मेरे लिए सम्भव नहीं था।

जीवन में कष्ट और दुख के दिन ही अधिक रहे। हर दिन समस्याओं से जूझते हुए बीता। हर तरफ चिन्ता ही चिन्ता थी। मोहिनी बेटी के जन्म के बाद काम और जिम्मेदारियाँ बहुत बढ़ गये थे। बच्चों की देखभाल करने वाली भतीजी और उसके परिवार के नखरे, नाराजी को भी देखना-सँभालना पड़ता था। बेटी को नाना-नानी के पास छोड़ने के बाद मैं अपना शोधप्रबंध का कार्य कर सकी।

अध्यापन कार्य करते हुए कठिनाइयों के बीच मैं शोधकार्य कर रही थी। लगातार मेहनत के साथ अध्ययन और लेखन करते हुए 1990 में मैंने अपना शोध प्रबन्ध पूरा करके परीक्षा हेतु प्रस्तुत कर दिया। नवम्बर 91 में पीएच.डी. की डिग्री स्वीकृत एवं घोषित हुई। मध्यप्रदेश के बानापुरा जैसे एक छोटे गाँव की सामान्य अछूत लड़की ने नागपुर आकर अपनी लगन, निष्ठा, दृढ़ निश्चय के साथ उच्च शिक्षा प्राप्त की और डाक्टरेट की उपाधि पाकर कहलाने लगी–'डॉ. सुशीला टाकभौरे'। मेरी माँ ने जहाँ तक नहीं सोचा था, मैं वहाँ तक पहुँच सकी। यह मेरे लिए बहुत आनन्द एवं उपलब्धि की बात थी। आचार्य पदवी वितरण के समय दीक्षान्त समारोह में मेरी उपस्थिति का स्पष्ट फोटो अखबारों में छपा था। मुझे कई लोगों ने बधाई दी थी, तब मुझे भी महसूस हुआ था, मैंने एक मंजिल प्राप्त की है।

बच्चों का बचपन, उनका लालन पालन, पढ़ाई, ट्यूशन, सुरक्षा, सुविधा–यह सब देखते और सँभालते हुए कई वर्ष बीत गये। जीवन कई टुकड़ों, अनेक पहलुओं में बँटा हुआ साथ-साथ चलता रहा। बच्चे की तबियत खराब हो जाती तब नौकरी करते हुए उन्हें सँभालना बहुत मुश्किल होता था। बच्चों के सर्दी-जुकाम, बुखार, खसरा, खांसी चलते रहते थे। टाकभौरे जी बच्चों की बहुत चिन्ता करते थे। किसी

की तबियत खराब होती, तुरन्त अस्पताल ले जाते थे। बच्चों की पढ़ाई और स्कूल सम्बन्धी काम भी वे जिम्मेदारी के साथ करते थे। चचेरी ननद कमलाबाई की बेटी को और कभी भीमसेन जेठजी की बेटी उमा को अपने साथ रखकर हमने मुश्किल समय निकाला। छोटे बच्चों को दूर नाना-नानी के पास छोड़कर नौकरी करते रहना मुझे कई बार असहनीय लगता था, फिर भी नौकरी छोड़ने की बात सोचना भी सम्भव नहीं था। यदि मैं नौकरी नहीं करती तब शायद बिना कमाई किये नागपुर में मेरा रहना सम्भव नहीं हो पाता। अपने खर्च और बच्चों की परवरिश के खर्च के लिए नौकरी जरूरी थी, सभी बच्चों की महँगी पढ़ाई और विवाह का खर्च उठाना तभी सम्भव हो सका।

मंजिल एक नहीं अनेक थीं, हर मंजिल के रास्ते मैंने कठिनाइयों से जूझते हुए पार किये थे, कठिन श्रम के साथ मैं संघर्ष करती रही, तभी सफलता और खुशियाँ पा सकी, इसके साथ अनेक अलग अनुभव भी मिले, जिनकी अलग कहानी है। मुझे याद आते हैं वे दिन, मोहिनी के जन्म के पहले, जून 1989 में टाकभौरे जी की तबियत ज्यादा ही खराब चल रही थी। वैसे मैंने उन्हें जब से देखा था, तब से उनकी तबियत ऐसी ही थी—खाना हजम नहीं होना, उल्टियाँ होना, एसीडिटी रहना। माँ और बहन की विचारधारा के कारण मेडिकल जाँच की अपेक्षा, भूतबाधा की धारणा अधिक थी कि यह शारीरिक रोग नहीं, किसी के द्वारा जादू-टोना करने का परिणाम है।

चाचा ससुर के बड़े बेटे भीमसेन टाकभौरे दुर्गा और काली देवी के नाम से पूजा करते थे। दूसरा बेटा नारायण अघोरी बाबा की पूजा करते थे। टाकभौरे जी की तबियत ज्यादा खराब रहती है, यह देखकर भीमसेन ने पूजा की और देवी के नाम से जाप किया। लेकिन टाकभौरे जी की तबियत में कुछ सुधार नहीं हुआ। कुछ खाने या चाय, दूध, पानी पीने से उल्टियाँ होने लगती थीं। करीब एक माह से यही हाल था। नारायण ने अघोरी बाबा के नाम से जाप किया, लौंग से लौंग जोड़कर रहस्य का पता लगाया कि बीमारी का कारण बाहर के भूत-पिशाच हैं। उन्होंने बाहर की ओर खुलने वाले दरवाजों और खिड़कियों के कोने-कोने में एक इंच लम्बी लोहे की कीलें ठोक दीं और हमें विश्वास दिलाया कि मैंने दानव-दैत्य सभी को बाँध दिया है। वे अब तुम्हारे घर में नहीं आ सकेंगे, अब कोई तकलीफ नहीं होगी। फिर भी टाकभौरे जी की तबियत वैसी ही रही।

मैं जानती थी, यह सब अंधविश्वास है, मेडिकल जाँच और दवाओं से ही तबियत ठीक हो सकेगी, मगर मेरी बात नहीं मानी गई। पति की तबियत देखकर मैं चिन्तित होकर रोती थी। मोहिनी का जन्म दो माह बाद होना था। मेरा बच्चा

अपने पिता को देख पायेगा या नहीं...? यह सोचकर आँसुओं की धाराएँ बहती थीं। टाकभौरे जी कहते थे—"मैं नहीं रहूँगा तब मेरे बच्चे कैसे रहेंगे?" ऐसी बातें सुनकर मेरा कलेजा फटने लगता था।

नारायण ने कई बार पूजा करके, टोटका करके, उतारा उतारकर चौरस्ते पर रखवाया था, मगर इससे कोई फायदा नहीं हुआ। कोई कहता था किसी ने कुछ खिला दिया है, घालक गिराओ। कोई कहता था किसी ने शेर का बाल खिला दिया है। एक बाबा ने सौ नीबू दिये थे कि रोज एक नीबू खाना। चार-पाँच दिन में ही इनकी तबियत ज्यादा बिगड़ गई थी। किसी बाबा और देवी-देवता से कोई लाभ नहीं हुआ था। मैं उन्हें अस्पताल जाने के लिए कहती रही। मुझे यह बात समझ आती थी, जादू-टोना सब अन्धविश्वास है। बाबा, देव और पूजा से लाभ नहीं होता। मुझे इन बातों पर विश्वास नहीं था। मैं इन बातों से डरती भी नहीं थी। जब तबियत ज्यादा बिगड़ गई तब और कोई चारा न देखकर, टाकभौरे जी मेडिकल अस्पताल गये। वहाँ उनकी पूरी जाँच हुई। उन्हें अल्सर है, यह मालूम होने के बाद सही इलाज शुरू हुआ, जिससे उन्हें जल्दी आराम मिला।

टाकभौरे जी को अपनी बहन पर बहुत प्रेम और विश्वास था। इस बात का फायदा उठाकर बहन उन्हें तरह-तरह की बातों से और हरकतों से उलझाती रहती थी, भाई को यह विश्वास दिलाती रहती, सिर्फ मेरी सेवा करने से और मेरा अच्छे से ख़याल रखने से तुम अच्छे रहोगे। वह ऊँचे और अलग स्वर में देवी की सवारी की तरह झूमते हुए अक्सर कहती थी—"ऐ... तुम मुझे भूल गये? देखो, यदि अच्छे रहना है तो मीरा को नाराज नहीं करना। मैं मीरा के साथ हूँ। मैं दुर्गा हूँ, मैं काली हूँ, मैं भवानी हूँ, समझे, मीरा को भूलना नहीं ...।" ननद मुझे इस बात से डराया करती थी कि उसके शरीर में देवी रहती है। मैं उसकी इन बातों पर विश्वास नहीं करती थी। वह बिना कारण मुझपर नाराज होती, मुझे कोसती हुई बद्दुआ देती। मैं जानती थी, शिक्षा के अभाव में लोग दूसरी अच्छी बातें नहीं सोच पाते हैं। यह उसका दोष नहीं, परिस्थितियों का दोष था। मैं उसे अच्छा खाना बनाकर खिलाती, उसके पैर छूती, उससे फिर से आने का आग्रह करती थी। कई साल यही चलता रहा। उसके जाने के बाद मैं टाकभौरे जी से झगड़ा करती और कहती—"तुम्हारी बहन ने मुझे ऐसा क्यों कहा? वह मेरे साथ ऐसा बुरा व्यवहार क्यों करती हैं?"

1989 के चैत्र दशहरे में नवरात्र की नवमी के दिन टाकभौरे जी मीरा को घर लाये थे कि नवमी या दशहरे के दिन पूजा करते समय, उसके शरीर में देवी आयेगी और वह उनकी तबियत को अच्छा कर देगी। देवी शरीर में आने पर उसे पकड़कर सँभालने के लिए इन्होंने भीमसेन जेठ जी को भी बुला लिया। मैं चुपचाप देखते हुए

घर के काम करती रही, किचन में खाना बनाती रही। ये तीनों सामने के कमरे में बैठे इधर-उधर की चर्चा करते रहे। बच्चे शरद, देवयानी और शिवरानी बाहर खेल रहे थे। मुझे अन्दाज था, थोड़ी देर के बाद यहाँ देवी का नाटक होगा। गुस्सा भी आ रहा था। वे काफी देर तक राह देखते रहे कि बहन के शरीर में देवी की सवारी आयेगी। बहन भी चाहती थी, वह अपना कुछ करिश्मा दिखाये, मगर बात कुछ जमी नहीं। यहाँ का माहौल भी अलग था।

इसी तरह एक अन्य घटना हुई। चैत्र दशहरे के बाद की बात है, चाचा ससुर की दो बेटियाँ कमला और रमला हमारे घर आईं। चाय-नाश्ता, खाना हुआ। दोनों बहनें भाई के साथ बातें कर रही थीं। मैं उनसे दूर बैठी थी। अचानक रमलाबाई धीरे से चीखी जैसे उसके शरीर में देवी आ रही हो। उसे देखकर कमलाबाई भी झूमने लगी। टाकभौरे जी उन्हें देख रहे थे। मैं उन पर ध्यान नहीं दे रही थी। तभी रमलाबाई ने ऊँची आवाज में पुकार कर कहा—"ऐ... शीला, तू जानती है, हम कौन हैं? हमारी सेवा कर। तेरा भला होगा।" कमलाबाई मुझे समझाकर कहने लगी—"हमारे नाम का (दुर्गा, काली देवी के नाम का) दीपक रोज जलाना, पानी से भरे कलश के ऊपर नारियल रखकर पूजा की जगह रखना। हमारी सेवा करने से तेरा भला होगा।" मैं चुपचाप उन्हें देखती रही। उस समय मेरे मन में उनके प्रति न तो भक्ति थी, न ही भय था। मुझे लग रहा था, ये सब स्वांग, नाटक चल रहा है। मुझे चुप देखकर रमलाबाई गुस्से से बोली—"ऐ... क्या कह रहे हैं तेरे से? समझी नहीं? चल, माफी माँग।"

मैं उनकी हरकतों को देख रही थी, उनकी बातें भी सुन रही थी। मगर जब माफी माँगने के लिए बार-बार कहा गया तो मुझे गुस्सा आने लगा। मैंने सोचा—मैं क्यों माफी माँगूँ? मेरी क्या गलती है? दोनों बहनों ने गुस्से से कहा—"माफी माँग ...माफी माँग।" टाकभौरे जी भी माफी माँगने के लिए कहने लगे। सबकी सुनते-सुनते अचानक मुझे बहुत जोरदार गुस्सा आ गया। मैं दोनों बहनों के पास जाकर बैठ गई और दोनों के बीच फर्श पर जोर से हथेली की थाप मारकर गुस्से के साथ बोली—"मैं क्यों माफी माँगूँ? बताओ, मैंने क्या गलती की है? तुम सबने मुझे दिया ही क्या है? बताओ...?" अत्यधिक गुस्से के कारण मेरी आवाज भी चीख जैसी ऊँची हो गई थी। मेरी बातें, मेरी आवाज सुनकर और मेरा गुस्से का यह रूप देखकर दोनों बहनें सहम गईं। पलभर में वे दोनों सामान्य रूप में आकर सामान्य बातें करने लगीं। कमलाबाई कहने लगी—"हाँ, सच बात है, शीला भाभी अच्छी है। पति की सेवा करती है। अपने बच्चे, घर-द्वार को सँभालती है। नौकरी करती है, कमाती है, खर्च उठाती है। सबको देना-दिलाना भी करती है। सबसे अच्छा व्यवहार-बरताव

करती है।"

रमलाबाई भी सामान्य होकर मुझे प्रशंसा की नजरों से देख रही थी। मगर मुझे बहुत गुस्सा आ रहा था। मेरा सिर बहुत देर तक गुस्से से धधकता रहा। उनका नाटक और डराने के तरीके देखकर मेरा गुस्सा उबलने लगा था। धीरे-धीरे मैंने खुद को यह सोचकर शान्त किया–'जाने दो, इनको और आता ही क्या है? डरने वालों को सब डराते हैं। डराने वालों के सामने शेर बन जाओ, तो वे भी अपनी दुम दबा लेते हैं।' उस दिन मैंने बाहर की गैलरी में खड़ी होकर, ठंडी हवा में सुकून पाकर अपने गुस्से को शान्त किया था। रमला और कमला दोनों बहनें तभी जल्दी ही हमारे घर से चलीं गई थीं मगर मेरे तन-मन में आग लगा गई थीं।

ऐसी अनेक बातों से कई बार जूझना पड़ा। कर्तव्य, धर्म और अन्धविश्वास के नाम पर बहुत कुछ देखा, बहुत कुछ सहा। मेरे जीवन की कथा के अलग-अलग अनेक पहलू हैं। कोई एक बात लेकर आगे बढ़ती हूँ तब पीछे मुड़कर देखने पर मालूम होता है–"अरे, दूसरी बात अनकही रह गई, वह बात तो मैं बता ही नहीं पाई!"

अपनी बातें कहना और खुश होना–यह बात यहाँ नहीं है। मैं इसलिए अपनी बातें बताना चाहती हूँ कि इन्हें सब जानें और समझें कि जिन्दगी के ऐसे पहलू भी होते हैं। मेरे जैसे शिकंजे में जकड़ी जिन्दगी का दुख-दर्द आगे कभी किसी और को न मिले।

मैं सिर्फ दलित जीवन की कथा लिखना चाहती थी। यही मेरे जीवन की मुख्य कथा थी। जातिभेद के सामाजिक अपमान को सहते हुए, सवर्ण मानसिकता द्वारा दिये अभाव और अवरोधों के संताप से संघर्ष करते हुए मैं प्रगति के पथ पर आगे बढ़ रही थी, तभी यह घटना घटी। हैदराबाद में प्रो. धर्मपाल पीहल द्वारा उस्मानिया विश्वविद्यालय के हिन्दी विभाग में 27-28 मार्च 2008 को आयोजित–'हिन्दी दलित साहित्य और भारतीय समाज' के कार्यक्रम में मेरे सामने रमणिका जी ने अपने भाषण में कहा था–"सुशीला यहाँ तक पहुँची है, इसके पीछे उनके पति का सहयोग है। पति के सहयोग से ही वह इतना कर सकी है।" यह बात सुनकर मैं भौचक रह गई थी, मैडम यह क्या कह रही हैं? उन्हें सिर्फ इतना ही मालूम है? मेरे साथ जो बीता है और अभी भी बीत रहा है, वह तो उन्हें पता ही नहीं है। मैं किस तरह परिधि के भीतर संघर्ष करते हुए जीवन जी रही हूँ और उस परिधि से बाहर निकलकर उसे तोड़ने की कोशिश कर रही हूँ।

उनकी बातें सुनकर मेरा मन विरोध से भर गया था। मुझे अपने घर, परिवार और दाम्पत्य जीवन की वे सभी घटनाएँ बार-बार याद आई थीं, जिन्हें मैंने अपने

जीवन में जिया था, सहा था और सहने के बाद भुला दिया था। क्योंकि उन्हें यादों में सँजोकर आगे का जीवन जीना कठिन था, इसलिए मैं सहजता से उन्हें भूलने का भ्रम पाल चुकी थी। उन घटनाओं की यादें, मन-मस्तिष्क की भूली-बिसरी यादों के गलियारे में खो गई थीं, मगर वे सब कतार बाँधे मेरे सामने आकर, मेरे दिल-दिमाग को व्यथित करने लगीं। जातिभेद के शिकंजे के दर्द के दस्तावेज के साथ, वे यादें भी उमड़-घुमड़कर जुड़ने लगीं।

समाज में स्त्रियों के प्रति यह मानसिकता सहज रूप में व्याप्त है, पितृसत्ता प्रधान भारतीय समाज में स्त्रियों को बराबरी का दर्जा नहीं दिया जाता। उनकी प्रताड़ना और शोषण को पारिवारिक और व्यक्तिगत माना गया है। स्त्रियाँ अपने शोषण उत्पीड़न की बातें बताएँ इसे भी समाज में पुरुषों ने अच्छा नहीं माना। पुरुष चाहे जिस हाल में रहें, अपनी पत्नी के सामने स्वयं को शक्ति और अधिकार संपन्न सर्वेसर्वा मानते हैं। इस एकाधिकार के तहत ही वे पत्नी पर जुल्म करते हैं। यह मेरे जीवन का अलग प्रकरण है। आर्थिक शोषण और घरेलू हिंसा की मैं शिकार थी। जीवन की यह लम्बी कथा है।

बहन और उसके बच्चों को टाकभौरे जी हमेशा अपने साथ रखना चाहते थे। ननद मेरे साथ हमेशा लड़ाई-झगड़ा करती थी, इसलिए मैंने उसे साथ नहीं रहने दिया। टाकभौरे जी को इस बात का बहुत दुख और गुस्सा था। वे मुझसे जीवन भर इसका बदला निकालते रहे। मुझे बिना बताये वे उन्हें लगातार आर्थिक मदद करते रहे। उन्होंने यह नीति अपना ली थी—अपने वेतन का हिसाब कभी नहीं बताते थे, मेरा पूरा वेतन ले लेते थे। मुझे पता ही नहीं चलता था, कहाँ क्या खर्च हो रहा है। वे चाहते थे, मैं अपना पूरा वेतन हमेशा उन्हें देती रहूँ, कभी कोई हिसाब न माँगूँ। हमेशा उनके बड़प्पन को मानती रहूँ, कभी उनसे कोई सवाल-जवाब न करूँ। ऐसा न करने पर मैं हिंसा की शिकार बनती। छोटी सी बात होते ही छड़ी उठा लेते, वे छड़ी हमेशा सँभालकर, छिपाकर रखते थे।

मेरे साथ घर में मारपीट—गाली-गलौज सब कुछ हुआ। बाल पकड़कर खींचना, लातों से मारना, गर्दन पर मुक्के बनाकर मारना, पीठ पर घूँसे मारना—मैंने सब कुछ सहा। बेंत के निशान कई दिनों तक मेरे शरीर पर रहते थे। मार खाने के बाद मेरी हालत यह होती थी—घंटों सिर चकराता, जैसे मैं हवा में उड़ रही हूँ , जमीन से फिसल रही हूँ, बड़े-बड़े पत्थर मेरी तरफ लुढ़कते आ रहे हैं, जैसे भागता हुआ हाथी आकर अचानक मेरे सिर पर पैर रखकर मुझे कुचल रहा है। कई बार मुझे लगता, लगातार बाल खींचकर सिर पर मारने से कहीं मैं पागल तो नहीं हो गई? कभी लगता मैं होश में हूँ या बेहोश हूँ? घंटों रोती, सिसकती रहती थी, कोई देखता ही नहीं था कि मुझे

कहाँ चोट लगी, कहीं चोट घातक तो नहीं लगी? मुझे क्या हो रहा है या क्या होगा? किसी को चिन्ता नहीं थी।

ऐसे समय मेरे छोटे बच्चे डरकर मेरे पास नहीं आते थे। मुझे मार पीटकर वे बच्चों के साथ लाड़ प्यार करने लगते, मैं दर्द से तड़पती रहती। जब मानसिक स्थिति बहुत विचलित या असंतुलित लगती तब मैं किसी तरह उठकर चाय बनाती, गिलास भरकर गरम-गरम चाय पीती। उससे मेरे सिर और मानसिक स्थिति को आराम मिलता था। हल्दी गरम करके खुद अपनी चोटों पर लगाती थी। पैर-हाथ, पीठ-पूरे शरीर पर हरे नीले निशान बन जाते थे।

मैं उनका प्रतिरोध नहीं कर पाती थी। वे भयभीत करके कमजोर बनाने का हुनर जानते थे। भय के कारण मेरे हाथ-पैर काँपने लगते। गले में आवाज रुँधने लगती। शरीर में कोई ताकत ही नहीं रहती थी। मेरे साथ जो होता रहा, वह कोई नई बात नहीं है। मेरे जैसी बहुत महिलाओं के साथ इससे कम या ज्यादा ऐसा होता है। उनके वेतन पर पति अपना पूरा अधिकार समझता है। डाँट-फटकार, मारपीट होना भी आम बात रहती है। सामाजिक मानसिकता के रूप में व्याप्त इस पुरुष प्रवृत्ति को लोग सहज रूप से देखते हैं। उन दिनों मुझे भी इन बातों का उतना बुरा नहीं लगता था। अब लगता है मेरे साथ यह सब अन्याय था।

कई महीनों तक पता ही नहीं चलता था कि मुझे तनखाह भी मिलती है, मैं भी कमाती हूँ। घर के काम करना, नौकरी पर जाना, नौकरी से आकर घर के काम करना बस यही रहता था। न कभी कोई हिसाब मिला, न कभी कोई अपने हिस्से का लाभ। प्रकाश हाईस्कूल की दुबे मैडम और बेलनकर मैडम हमेशा समझाती थीं—"तुम अपनी चीजें खरीदने के लिए टाकभौरे जी पर निर्भर क्यों रहती हो? स्त्रियों को अपने काम खुद करना चाहिए। तुम अपना पूरा रुपया उन्हें क्यों देती हो? अपनी तनखाह खुद निकाला करो।" मगर तब मैं ऐसा करने की हिम्मत नहीं कर पाती थी। बैंक की पासबुक/चेकबुक और सब रुपये पैसे टाकभौरे जी के पास ही रहते थे।

यह मनुवादी मानसिकता पुरुषों में है। स्त्रियों पर शासन करना, उन्हें दासी समझना, उन्हें सम्पत्ति का अधिकारी नहीं बनने देना, उन्हें हमेशा अपने नियंत्रण में रखना, अपने दोष न देखकर स्त्रियों को ही दोष देना, स्त्रियों को अधिकारहीन बनाकर रखना—हिन्दूधर्म ग्रन्थों की ये बातें समाज में व्याप्त हैं। इसके अपवाद भी हैं, सभी पुरुष ऐसा नहीं करते हैं। अधिकतर दलित पुरुष पत्नी के साथ अच्छा व्यवहार करते हैं। श्रम करके आर्थिक सहयोग देने वाली पत्नी को घर में मान-सम्मान और प्राथमिकता दी जाती है। अधिकतर पुरुष अपनी पत्नी के साथ

प्रेमपूर्ण व्यवहार करते हुए, उनकी सुख-सुविधाओं का पूरा ख़याल रखते हैं, मगर मेरे साथ ऐसा होता रहा।

उन दिनों लगातार मानसिक तनाव का मुझपर असर हुआ था। एक बार रात में नींद में उठकर बाहर जाने के लिए दरवाजा खोलने लगी। टाकभौरे जी ने मुझे रोकते हुए पूछा कि मैं इतनी रात को बाहर कहाँ जा रही हूँ? मुझे कुछ समझ नहीं आया कि मैं दरवाजा क्यों खोल रही थी। इस बात से मैं बहुत डर गयी थी। टाकभौरे जी को भी चिन्ता हुई थी कि किसी दिन नींद में उठकर कहीं चली न जाऊँ।

हमारे बच्चों ने बचपन से हमारे बीच झगड़े होते देखे थे। ऐसे समय वे चीख मारकर रोने लगते थे। कभी अपना गुस्सा निकालने के लिए मैं बच्चों को पीटने लगती; बच्चे मुझसे डरकर पापा के पास चले जाते। तब उनकी नजर में मम्मी खराब बन जाती। धीरे-धीरे बच्चे बड़े होते गये, मम्मी पापा की बातों को और झगड़ों को समझने लगे। मम्मी को मारपीट से बचाने के लिए वे बीच में खड़े होने लगे। पापा से जवाब-तलब करने लगे और मम्मी को भी कुछ न बोलने की हिदायत देने लगे। बेटा और बेटियाँ ऐसे समय मेरे रक्षक बन जाते थे। मुझे खुद पर लज्जा आती थी, इतने छोटे बच्चों की मदद मिलने पर मैं मारपीट से बचती हूँ। आठ साल की मोना, दस साल की पिंकी, बारह साल का चिंटू साथ रहने पर मुझे निर्भयता और सुरक्षा का आभास होता था। यह सिलसिला लंबे समय तक चलता रहा।

पीएच.डी. प्राप्त, कॉलेज की प्राध्यापिका होने के बाद भी मैं इस तरह हिंसा, अन्याय, उत्पीड़न सहती रही। मेरे साथ लगातार यह सब होता रहा। मैं गुस्से में कभी अलग रहने का विचार करती थी। नौकरी के रहते मुझे किसी के सहारे की जरूरत नहीं थी। कई बार मैंने निर्णय लिया—'मैं उनके साथ नहीं रहूँगी।' मगर कुछ दिनों में मैं अपने मन को समझाकर निर्णय बदल लेती, क्योंकि बच्चों के लिए पिता की जरूरत होती है, यह मैं समझती थी। धीरे-धीरे मेरा मन बदल जाता—'जाने दो, आगे ऐसा नहीं होगा। परिवार टूटने से बच्चों के साथ अन्याय होगा। बच्चों को माँ के साथ पिता भी चाहिए।' यह सब सोचकर मैं गुस्सा छोड़ देती और सामान्य रूप में बातचीत करते हुए अपनी नौकरी, घर-परिवार की जिम्मेदारी को सँभालने लगती। नौकरी, पढ़ाई और सामाजिक कार्यों में व्यस्त रहते हुए मैं इन बातों को जल्दी भूल जाती थी।

हमारे आपस के झगड़े होते, चार-आठ दिन बातें नहीं होतीं, फिर आपस में सुलह हो जाती थी। जिन्दगी के अच्छे दिनों में हम साथ-साथ रिश्तेदारों के घर जाते थे, सामाजिक जागृति के कार्यक्रमों में जाते। लायब्रेरी जाकर पुस्तकें लाते-लौटाते। टाकभौरे जी गुरुजी की तरह मेरा मार्गदर्शन करते। मैं शिष्या की तरह उनकी बातों

को ध्यान से सुनती, उनके प्रति कृतज्ञ भी होती, उनके बड़प्पन के सामने चुप रहती। फिर किसी दिन मेरा असन्तोष भड़क उठता, उनकी खामियाँ नजर आतीं। मैं खुद को कोल्हू में जुती हुई पाती, अपने लाभांश-प्राप्तांश का हिसाब करने लगती। फिर मेरे बुरे दिन आ जाते। जिन्दगी की गाड़ी इसी तरह अपनी लीक पर हँसते-रोते बढ़ रही थी। लोगों को मेरे अच्छे दिन ही दिखते थे। मेरे कष्ट, मेरे दुखों को लोग न देख पाये, न समझ पाये, न ही मैंने कभी किसी को बताया था। सामाजिक गरिमा के लिए मैं चुप रहती थी।

कॉलेज में नौकरी लगने के बाद 1986 से 88 तक हम कामठी में ही रहे थे। 1988 के बाद बच्चों की पढ़ाई की दृष्टि से नागपुर आकर रहे। मैं नागपुर तुकड़ोजी चौक से बर्डी, बर्डी से कामठी जाती रही। घर से पच्चीस कि.मी. दूर जाने और आने में चार घंटे लग जाते। मेरी तनखाह लेने कामठी सेंट्रल कॉऑपरेटिव बैंक टाकभौरे ही जाते थे। कॉलेज में पढ़ाने वाली क्या बैंक जाकर अपनी तनखाह नहीं ले सकती? यह समझने की सामान्य बात थी, मगर वे इतना डरा-धमकाकर रखते थे कि मैं कभी यह सोच ही नहीं पाती थी।

मैं प्रतिदिन उनसे बस किराये के पैसे माँगती थी। "रुपये लेना भूल गई–" कहकर मैंने अपने कॉलेज की प्राध्यापिका वर्मा मैडम, प्रा. श्रीवास्तव मैडम और लायब्रेरियन उपासनी मैडम से कई बार 5-10 रु. लिये थे। रोज बसों के पीछे भागती, कभी बस स्टॉप पर घंटों खड़ी रहती, भरी बस में खड़ी रहती। कामठी बस स्टॉप से कॉलेज तक पैदल जाती, इसी तरह वापस आती। तब मैं अपने साथ टिफिन नहीं ले जाती थी। चलते-चलते थक जाती। भूख-प्यास लग जाती। मेरी यह हालत देखकर साथी मैडम मुझे अच्छा डोज पिलाती थीं–"तू पागल है? भैताड़ है? इतनी पढ़ी-लिखी महिला है, कॉलेज में पढ़ाती है, अपने आदमी से इतना डरती क्यों है। क्यों बताती है पूरे रुपये? अपने रुपये अपने पास रखना। अपन मेहनत करते हैं न? वो नहीं कमाते क्या। वो घर का खर्च उठायेंगे, तुम अपनी तनखाह अपने कपड़े-गहनों पर खर्च करना। अपनी तनखाह पर अपना हक है। पति का काम है पत्नी का खर्च उठाना।"

मुझे समझाते हुए प्राध्यापिकाएँ बतातीं–"मैं तो नहीं देती बाबा एक भी कौड़ी। मेरा पति मुझसे पूछता भी नहीं है। मेरी मर्जी होती है तब घर का कोई बड़ा सामान खरीद लेती हूँ। मेरा पति खुश हो जाता है। ऐसे में अपने रुपया दिखता है कि यह अपना सामान है, रुपये देने से कोई याद नहीं रखता, सब भूल जाते हैं और भुला देते हैं। बाद में कहेंगे–तूने कुछ नहीं दिया।" मैं अपने घर में हमेशा यही सुनती थी।

महीने की बीस तारीख आते-आते पूरे रुपये खर्च हो जाते। 1990 के दशक के समय में जब 200 रुपये की जरूरत रहती, वे ब्याज पर 1000 रुपये ले आते। बाद में ब्याज सहित कर्ज भरते थे। मैं यह समझ ही नहीं पाती थी इतना रुपया कैसे खर्च हो गया? किसको दे दिया? कहाँ चला गया? घर में बहुत खर्च नहीं होता था, न ही बच्चों पर। फिर भी हम हमेशा लोन निकालते रहते थे। लोन की कटौती होती रहती थी। यह सब देखकर मुझे गुस्सा आता था मगर मैं कुछ कह नहीं पाती थी। उन्होंने मुझे बिना बताए, अपने नाम पर लोन उठाकर चुपचाप बहन को दिया था, यह बात 1981 में मुझे एक साल के बाद मालूम हुई, तब बहुत दुख हुआ था और गुस्सा भी आया था।

1990 के बाद मुझमें साहस आ गया था। मैं अपनी चेकबुक और पासबुक अपने पास रखने लगी थी। तनखाह हो जाने के बाद किसी दिन सहकारी प्राध्यापिकाओं के साथ बैंक जाकर रुपये निकाल लेती। रुपये घर में लाकर टाकभौरे जी के हाथों में देती। उस समय कटौती के बाद हर माह मुझे 6-7 हजार रु. वेतन मिलता था। वे बड़े बेमन से रुपये लेकर बैग में या अलमारी में गुस्से से पटक देते। झगड़े भी होते थे, वे गुस्से में कहते थे—"तू मुझे समझती क्या है? तेरी हिम्मत कैसे हुई रुपये लाकर नहीं बताने की? तू अपने आप को समझती क्या है?" ऐसे अनेक प्रश्नों से मैं घबराती, माफी माँगती, अपना निर्दोष होना सिद्ध करती कि इस काम से या इस कारण से मैं घर में आते ही रुपयों की बात बताना भूल गई थी।

वे मुझे अक्सर कहते थे—"तू मेरे सामने कुछ भी नहीं है। तेरी औकात सिर्फ एक बर्तन माँजने वाली नौकरानी के बराबर है।" न जाने क्यों वे मेरी शिक्षा, डिग्री, नौकरी, सम्मान और मेरे वेतन को कभी अहमियत नहीं देते थे। जानबूझकर ऐसा करते थे, मेरे महत्त्व और सम्मान को नकारते थे। मैं अपने लिए उनके इस मूल्यांकन को स्वीकार करके कहती थी—"ठीक है, मैं कुछ भी नहीं हूँ। मेरी कोई हैसियत नहीं है। जितना तुम मुझे समझते हो, मैं उतनी ही हूँ। लेकिन मन दुखी हो जाता था, क्या मैं कुछ भी नहीं? यदि मैंने कभी अपने आप पर गर्व किया होता तो जरूर मैं इस बात का मुँहतोड़ जवाब देती। ऐसा कहने वाले का मुँह तोड़ देती। तर्क और तौल के साथ हिसाब करवाती कि मैं क्या हूँ? फिर कभी बातों के फरेब में नहीं आती, हर बात का बराबर हिसाब रखती। मैं यह सब कर ही नहीं सकी।

मन में आक्रोश रहता था, इसके प्रतिक्रिया स्वरूप मैं मन में दबे आक्रोश को व्यक्त करने वाली कविता, कहानी, नाटक, एकांकी और लेख लिखती रही। मेरा लेखन, मेरे क्रोध के समन का आधार बन गया। दिल की आग कविता बन गई। मैंने यह कविता लिखी थी—'मिल जाये अगर/पलाश के पत्ते ही कुछ/छिप जायेगी

दिल की आग / उन्हीं में फूल बनकर।' 'विद्रोहिणी' कविता में मेरे विद्रोही भाव व्यक्त हुए हैं।

दिल्ली के डॉ. वीरभारत तलवार नागपुर दीक्षाभूमि आये थे, तब हमारे घर आये थे। उन्होंने मुझसे कहा था—"आपकी कविताओं में जो क्रोध और विद्रोह है, आपको देखकर नहीं लगता कि ये आपकी कविताएँ हैं। आप तो बहुत सरल और विनम्र हो।" मैं सरल विनम्र हूँ, लेकिन दिल की चट्टान पर जब चोट लगती है तब चिनगारी नहीं ज्वाला की तरह गुस्सा फूटता है। मेरी रचनाओं में यह आग है। मेरे इस रूप को उकसाने का काम जो करता था, वही मेरे मन को भय, जिम्मेदारी, कर्तव्य के बन्धनों में बाँधकर पालतू निरीह, महत्त्वहीन, मूक प्राणी बना देता था।

यदि मेरे जीवन में इतने आक्रोश के क्षण नहीं आते तो शायद मैं अपनी ऐसी रचनाएँ नहीं लिख पाती। यह आक्रोश मेरे साथ हुई हिंसा का परिणाम था। मानसिक और शारीरिक पीड़ा पहुँचाकर मुझे इतना तड़पा दिया जाता कि मेरी भावनाओं का लावा फूट पड़ता था। गुस्से में यदि कभी कुछ कहती तो ऐसे समय मुझे यही सुनना पड़ता—"तेरा मुँह गन्दगी की गटर है। जब भी मुँह खोलती है, गटर की गन्दगी उगलती है।" उस समय लगता ही नहीं था कि यह मेरा पति है। पति क्या ऐसा दुश्मन होता है? गुस्सा क्या सिर्फ इन्हें आता है? मुझे नहीं आता? गुस्सा आने पर क्या मैं एक-दो बात भी नहीं बोल सकती?

मैं जो बोलती हूँ , वह गलत नहीं, यह जानते हुए भी मुझे बोलने क्यों नहीं दिया जाता? छोटी-छोटी बातों को मेरी गलती बताकर, मारपीट से भयभीत करके सच्चाई को कहने नहीं देते, क्या यह मेरे साथ अन्याय नहीं था? समझदार, समाज सुधारक पति, मुझे सच्चाई क्यों नहीं कहने देते? सच्चाई को क्यों कबूल नहीं करते? इसका उत्तर मुझे कभी नहीं मिला। मैं कितने बरसों तक इन स्थितियों का सामना करती रही, कितने बरसों तक मैंने मानसिक यातना-वेदना को सहा है। क्या मुझे एक बार भी इन बातों को बताने का हक नहीं? मुझे यह हक है। समाज में न जाने कितनी स्त्रियाँ जीवन भर पति का जुल्म सहती हैं। कई तो पति द्वारा जान से मार दी जाती हैं फिर भी वे मरते दम तक पति को दोष नहीं देतीं। स्त्रियों का यह संस्कार, यह आदर्श ही पुरुषों को निरंकुश बनाता है। पुरुष वर्ग स्त्रियों से हमेशा यहीं उम्मीद रखता है कि स्त्रियाँ उनकी कमजोरी और गलती न बताएँ।

1990 में नागपुर में प्रा. कुमुद पावडे से भेंट हुई थी तब वे नागपुर के मॉरिस कॉलेज में संस्कृत विषय की प्राध्यापिका थीं। उनके साथ मैं भी महिला मुक्ति और समाज जागृति के आन्दोलन से जुड़कर कार्य करने लगी। इसके पहले से मैं विशेष रूप से सफाई कामगार जाति समुदाय की जागृति के लिए टाकभौरे जी के साथ काम

कर रही थी। हम नागपुर में अपने जाति समुदाय की अलग-अलग बस्तियों में मीटिंग लेकर अपने लोगों को विकास योजनाएँ समझाते थे। नई पीढ़ी के बच्चों की शिक्षा के लिए उन्हें प्रेरित करते हुए मार्गदर्शन करते थे। हमने वर्धा, पुलगाँव यवतमाल जैसे महाराष्ट्र के शहरों के साथ इलाहाबाद, लखनऊ, कलकत्ता जैसे कई शहर जाकर, अपने लोगों से मिलकर उन्हें कार्यक्रमों के माध्यम से-भाषण-सम्भाषण द्वारा प्रगति और परिवर्तन की बातें समझाईं। इसके साथ दूसरे काम भी साथ-साथ चलते रहे। महिला जागृति संस्था की महिलाओं के साथ मैं भी महाराष्ट्र के छोटे-छोटे गाँवों और शहरों में आयोजित कार्यक्रमों में भाषण देने जाती थी, देश के बड़े-बड़े शहरों में भी जाती थी। कार्यक्रमों में पुरुषों के अत्याचारों और महिलाओं के शोषण को देख-सुनकर मुझे भी अपने शोषण का आभास होता था, इस बात पर दुख होता था, क्रोध आता था। मगर न जाने क्या बात थी, इसे समझकर भी मैं अपने प्रति घरेलू हिंसा के व्यवहार को पूरी तरह बदल नहीं सकी। इसका एक कारण मेरा स्वभाव था। मैं समय बीतते ही बातों को भूलकर सहज रूप से सोचने लगती थी। दूसरा कारण टाकभौरे जी का स्वभाव था, वे अवसर देखकर अपना व्यवहार बदल लेते थे।

मैं महिला जागृति के कार्यक्रमों में जाकर, महिलाओं को अपने अधिकार छीनकर लेने वाली साहसी और विद्रोही बनने के प्रेरणादायी भाषण देती थी। लेकिन स्वयं अपने घर में अपने शोषण का मुँहतोड़ जवाब नहीं दे पाती थी। प्रा. कुमुद पावड़े हमेशा मुझे कहती थी—"सुशीला महिला मुक्ति की बात करती है मगर खुद अपने पति का पागड़ा सिर पर लेकर (पति की सत्ता को मानते हुए) चलती है।

महिला जागृति के कार्यक्रमों में एक सत्र 'आप बीती' बातों और 'अनुभव कथन' पर होता है। महिलाएँ अपने घर में पति के दुर्व्यवहार को और अपने साहस, विरोध, विद्रोह को बताती थी। वहाँ मैं चुप रहती थी। तब मैं सोचती थी, अपने घर की बातों को बताने से टाकभौरे जी की 'इमेज' खराब होगी। लोग उन्हें बुरा समझेंगे। जब एक साथ रहना है तो सबके सामने यह सब क्यों बताना? अब मुझे लगता है, जब जीवन ही बीत चला है और मैं उन्हें अभी तक इसका जवाब नहीं दे सकी हूँ, तो यह सब बताने में क्या हर्ज है? मेरे साथ हुए अन्याय का कुछ तो प्रतिकार होना चाहिए। सच्चाई उन्हें भी मालूम होना चाहिए।

'दलित महिला आंदोलन' के द्वारा महाराष्ट्र में 1975 के बाद स्त्रियों की सामाजिक, पारिवारिक प्रमुख समस्याओं के निराकरण पर बहुत काम हुआ है। तब महिलाओं की घरेलू हिंसा और पारिवारिक, सामाजिक शोषण की समस्या को व्यक्तिगत न मानकर विश्वस्तर पर संपूर्ण स्त्री वर्ग की समस्या माना गया। 1994 में तिरुपति में 'अखिल भारतीय स्त्री संघटन' के सम्मेलन में दलित स्त्रियों ने बड़ी

संख्या में भाग लिया था और उन्होंने दलित स्त्रियों की समस्याओं पर प्रश्न उठाये थे।

1975 से 1994 के बीच महाराष्ट्र में 'महिला मुक्ति आंदोलन' से जुड़ी महिलाओं ने अधिक सक्रिय होकर, हर जाति–हर वर्ग की शिक्षित, समझदार महिलाओं को आंदोलन से जोड़ने का काम किया। इस तरह मैं भी उनकी संस्थाओं से जुड़कर महिला मुक्ति आंदोलन से जुड़ गई। मेरा परिचय मिलने पर संस्थाओं ने स्वयं मुझे आमंत्रित किया था। उन महिलाओं के साथ कार्यक्रमों में जाने के लिए मैंने दूर-दूर की यात्राएँ की।

10 दिसम्बर मानव अधिकार दिन और 8 मार्च अन्तरराष्ट्रीय महिला दिन के रूप में हर वर्ष मनाया जाता है। महाराष्ट्र में सावित्री बाई फुले को महिला जागृति का प्रेरणा स्त्रोत माना जाता है। दलित आन्दोलन और महिला जागृति आन्दोलन से जुड़ी संस्थाएँ देशभर में 'मानव अधिकार दिन', 'अन्तरराष्ट्रीय महिला दिन' और 'सावित्री बाई फुले जन्मदिन' पर अनेक कार्यक्रम आयोजित करके समाज के समता, सम्मान और स्वतंत्रता का संदेश देते हैं। मैं भी अनेक संस्थाओं के साथ ऐसे कार्यक्रमों के आयोजनों में भाग लेती रही और श्रम, साहस, आर्थिक सहयोग के साथ वैचारिक योगदान देती रही।

सितम्बर 1995 में बीजिंग (चीन) में 'विश्व महिला परिषद' में विश्व स्तर पर महिलाओं के शोषण की समस्या उजागर हुई थी। महाराष्ट्र में पूना की 'आलोचना' संस्था और मुंबई, गुजरात की अनेक स्त्रीवादी संस्थाओं ने स्त्री जागृति के कार्यक्रम आयोजित करके बीजिंग में हुए 'विश्व महिला परिषद' के महिला विमर्श की चर्चा की थी। तब मुझे यह जानकर आश्चर्य हुआ था कि सभी देशों में महिलाओं का शोषण होता है। डॉ. अम्बेडकर, महात्मा ज्योतिराव फुले और सावित्रीबाई फुले की प्रेरणा से स्त्री जागृति का आंदोलन बड़े पैमाने पर सभी प्रांतों में चलाया जा रहा था। बंगलोर की रूथ मनोरमा ने भारत के कई प्रांत के अनेक शहरों में 'महिला सम्मेलन' लेकर महिला आंदोलन चलाया है। प्रा. कुमुद पावड़े के साथ मैं अधिकतर कार्यक्रमों में जाती थी। मैं भी इन संस्थाओ से जुड़कर महिला जागृति के विचारों का प्रचार-प्रसार करने लगी थी, साथ ही अपनी शोषित, पीड़ित स्थिति को भी महसूस कर रही थी।

प्रा. कुमुद पावड़े ने महिला मुक्ति आंदोलन से जुड़ी नेता और कार्यकर्ता महिलाओं के सामने मुझे सुनाते हुए कई बार कहा था–"आज भी महिलाओं का शोषण होता है, आज भी बीस साल के अंतर के अनमेल विवाह होते हैं। सुशीला टाकभौरे इसका उदाहरण है।" यह सुनकर मुझे संकोच और दुःख होता था कि मेरे

साथ ऐसा हुआ। केवल इतना ही नहीं, टाकभौरे जी मुझे इतना डराकर रखते थे कि मैं सवाल-जवाब न करने लगूँ। सवाल करूँ भी तो जवाब देने की जरूरत न समझी जाये। वे यह सत्य जानते थे मगर बताना चाहते थे, ऐसा कुछ नहीं है। वे ऐसा जानबूझकर करते थे। उन्होंने कई बार कहा था—"तू नहीं जानती, तू कितनी बदसूरत है। वो तो मैं हूँ जो तुझे निभा रहा हूँ।" वे मुझे बदसूरत कहकर नगण्य बताते थे। इन बातों से मैं दुःखी हो जाती थी। इसके साथ उनकी लगातार बीमार तबियत, हर समय पेट दर्द, गैस ट्रबल, एसीडिटी देखकर मैं तंग आ गई थी। गुस्सा भी आता था।

शंकर भैया तुकडोजी चौक के हमारे घर आये थे तब मैंने मानो हारकर कहा था—"भैया, यह सब देखते-सुनते मैं थक गई हूँ, अब और नहीं सहा जाता।" शंकर भैया चुप रह गये थे। मैं उन बातों को याद करती हूँ तो बहुत दुख होता है, साथ ही आश्चर्य भी, मैं इतने साल तक इस तरह कैसे रही? मेरे ही साथ ऐसा क्यों हुआ। मैं अनपढ़, गँवार नहीं थी, मैं लावारिस-अनाथ भी नहीं थी। ऐसा भी नहीं कि धन, ऐश्वर्य भोगने के लालच में मैंने इनसे शादी की हो, फिर मेरे साथ ऐसा क्यों हुआ? इसका जवाब कौन देगा?

एक बार नेमावर गाँव के दूर के रिश्ते के भाई कैलास घांवरी नागपुर आये थे। वे साधु सन्तों से भी जुड़े थे और कांग्रेस पार्टी के साथ राजनीति से भी। नागपुर आने का उनका मकसद था, वे यहाँ के अनाथाश्रम की लड़की से विवाह करना चाहते थे, क्योंकि वे जानते थे ऐसा करने पर उन्हें सरकारी मदद मिलेगी और यश भी मिलेगा। उनके साथ मैं और टाकभौरे जी श्रद्धानंदपेठ के 'अनाथाश्रम' गये। वहाँ के व्यवस्थापक बहुत खुश हुए कि एक अनाथ लड़की का जीवन सँवर जायेगा। उन्होंने पूछा—"लड़का कहाँ है?" कैलास भैया ने कहा—"मैं ही लड़का हूँ।" व्यवस्थापक उन्हें देखता रह गया। उस समय भैया की उम्र 35 साल के आसपास थी। लंबे बाल, भगवा लंबा कुर्ता, लुंगी में वे 'लड़का' नहीं दिख रहे थे। व्यवस्थापक ने कहा—"हमारे यहाँ बड़ी लड़कियाँ 18-20 साल की ही हैं। इतनी कम उम्र की लड़की का विवाह आपके साथ नहीं कर सकते।" तब हम लौट आये थे।

मेरे मन में ये बातें बहुत दिनों तक उमड़ती-घुमड़ती रही थीं। अनाथाश्रम के व्यवस्थापक भी अनाथ लड़कियों के भविष्य की, उनके सुखद वैवाहिक जीवन की और उनकी सही जोड़ी बनाने की चिंता करते हैं। मेरे माता-पिता और भाई-भाभी ने क्या मेरे भावी जीवन की चिंता नहीं की होगी? क्या टाकभौरे जी ने यह बात नहीं समझी होगी? मैंने जो सपने विवाह के पहले देखे थे, वे तो कभी पूरे हुए ही नहीं! हमउम्र साथी का साथ मिला ही नहीं! अब तो उम्र बीत चली है, क्या वे दिन कभी

लौटकर आयेंगे? यह एक स्त्री का दुख नहीं है, न जाने कितनी स्त्रियाँ मेरी तरह जिंदगी का संताप भोगती हैं। न शिकवा, न शिकायत! जिंदगी का जहर चुपचाप पीते रहना, वे अपनी किस्मत मान लेती हैं। यह परंपरा टूटनी चाहिए। स्त्रियाँ स्वयं अपना दुख बतायेंगी, अपने कष्ट और अन्याय की बात स्वयं कहेंगी, तभी लोग इन बातों को समझेंगे। जो स्त्रियाँ कभी घर से बाहर नहीं निकल पातीं, उनको शोषण, उत्पीड़न के साथ शारीरिक और मानसिक पीड़ा सहने का सन्ताप होता है, लेकिन जो स्त्रियाँ घर से बाहर की दुनिया से जुड़कर भी, शोषण-उत्पीड़न सहते हुए शारीरिक और मानसिक पीड़ा सहती हैं, उनका सन्ताप कहीं ज्यादा होता है।

डॉ. विमल कीर्ति द्वारा दो बार 1993 और 1995 में नागपुर में आयोजित, फुले-अंबेडकर साहित्य लेखक सम्मेलन में अनेक दलित साहित्यकारों से भेंट हुई थी। ओमप्रकाश वाल्मीकि जी और दयानंद बटोही जी ने मुझे अनेक दलित साहित्यकारों और दलित पत्र-पत्रिकाओं की जानकारी दी थी, जिससे प्रेरणा मिलती रही। कुछ लोगों के पत्र आते थे। मैं भी प्रसन्नता के साथ उन्हें पत्र भेजती थी।

मैं पहले हर काम पति से पूछकर ही करती थी। इसे मेरी मानसिक कमजोरी माना जा सकता है। बचपन से ऐसे वातावरण में पली बढ़ी थी कि अपना निर्णय खुद लेने की क्षमता नहीं आ सकी थी। मेरी इस स्थिति से मुझे नुकसान भी बहुत हुआ और अपमान, उत्पीड़न भी सहना पड़ा। किसी को पत्र लिखना हो, तो जैसे पहले पति से अनुमति लेती थी कि इन्हें पत्र लिखना है, लिखूँ या नहीं लिखूँ। यदि वे चाहें तो बड़े जोर-शोर से उसके विरुद्ध नकारात्मक वातावरण बना देते थे, तब पत्र लिखने का विचार ही खत्म हो जाता था। यदि कभी वे चुप रहकर सहमति दे दें, तब मैं खूब सोच-विचार करके पत्र लिखती, फिर इन्हें दिखाती थी। वे एक-एक पंक्ति का पोस्टमार्टम करते। कभी मुझे इतना बेवकूफ साबित कर देते कि मैं शून्य बनकर रह जाती। कभी पत्र में लिखी सामान्य बातों का इतना बतंगड़ बना देते कि मैं उनकी बातों से नाराज हो जाती और पत्र के टुकड़े-टुकड़े कर देती। तब वे चुप हो जाते जैसे इसमें उनकी मौन सहमति हो। वे सामान्य भाव से हँसते-मुस्कराते अपने काम में लग जाते और मैं कई-कई दिनों तक इन बातों को याद करके जलती-भुनती, कुढ़ती, पछताती रहती। कई महीने बीत जाते मगर पत्र लिखना और भेजना रह जाता।

हो सकता है, इसमें मेरी ही गलती अधिक रही हो, मगर धीरे-धीरे मैं यह बात समझने लगी कि मेरे साथ जानबूझकर ऐसा किया जाता है। तब मैं पत्र लिखने के बाद ही इन्हें बताती, इनकी काट-छाँट की बातें सुनकर पत्र में थोड़ी काट-छाँट कर देती और पत्र लिखकर भेज देती। फिर मुझे यह समझ में आने लगा कि पत्रों में

हमेशा काट-छाँट की जरूरत नहीं रहती है, फिर भी जानबूझकर दबाव डालकर, मानसिक तनाव देकर यह मुझसे करवाया जाता है। ऐसा न करने पर घर का वातावरण, आपसी व्यवहार बिगड़ता। मुझे उनकी उपेक्षा, अवहेलना, नाराजी और क्रोध का शिकार बनना पड़ता। ताने मसलों के रूप में कई-कई दिनों तक जली-कटी बातें सुनना पड़ता। ऐसी स्थितियों से तंग आकर मैंने भी थोड़ी होशियारी से काम लेना शुरू किया। मैं पत्र लिखकर बिना इन्हें पढ़वाये चुपचाप पोस्ट करने लगी। परिस्थितियों के साथ मैं कई बातें सीख रही थी, आत्मविश्वास के साथ अपने निर्णय खुद लेने लगी थी।

पत्रोत्तर आने पर इन्हें आश्चर्य होता कि उन्हें पत्र कब भेजा था? मैं कभी गोलमाल उत्तर देती, कभी चुप रहती। तब किन्हीं दूसरी बातों के कारण मुझ पर नाराजी बताकर भड़ास जरूर निकाली जाती। धीरे-धीरे मैं मजबूत बनती गई। मेरे बदलते व्यवहार को देख, वे भी चुप रहने लगे थे। फिर भी कभी-कभी व्यंगपूर्ण कठोर बातें सुनना ही पड़ता था—"अब तो खुद को बहुत विद्वान समझने लगी है। अकल दो कौड़ी की नहीं है, अगर मुझे पूछती तो मैं बताता, पत्र कैसा लिखते हैं? और पत्र में क्या-क्या लिखना था।" यद्यपि यह सच है, टाकभौरे जी जितने जानकार और विद्वान हैं, कोई दूसरा दलित पुरुष उनके समान अध्ययनशील, विद्वान नहीं दिखा, मगर वे अपनी विद्वत्ता के सामने मुझे हमेशा नगण्य ही मानते रहे, इस बात का मुझे दुख होता था।

कभी मैं भी अक्ल की दुश्मन की तरह बात के पीछे लट्ठ लेकर दौड़ती और कह देती—"तुमसे पूछकर पत्र लिखती तो तुम लिखने ही नहीं देते। तुमको दिखाकर पत्र भेजती तो तुम भेजने ही नहीं देते। तुम यही चाहते हो, मैं हर काम तुम से पूछकर करूँ। तुम्हारी बैसाखी के बिना कभी एक कदम भी न रखूँ।" यह सुनते ही इनका अहं चोट खाकर आहत हो जाता। फिर मुझे पूरी तरह निर्बल, अबला साबित करने के लिए बलप्रयोग किया जाता। हड्डी-पसली तोड़ने के लिए लात-घूँसों का प्रयोग करके मुझे सिर से पैर तक दर्द ही दर्द में डुबा दिया जाता। फिर भी मैं खुश रहती कि मैंने सही बात कह दी है। वे अपना बदला कई दिनों तक निकालते। मैं कई दिनों तक शारीरिक और मानसिक पीड़ा सहती। मुझे लगता था कि सही बात कहने से वे उस बात को समझेंगे और अनजाने में हुई ऐसी बातें न करके भविष्य में मुझे अपना सहयोग देंगे। मगर उनका रवैया नहीं बदलता, ताड़ना-प्रताड़ना के हथकंडे बदलते रहते। सहते हुए, सुनते हुए, सोच-सोचकर मैं ऐसे रास्ते निकालने का प्रयत्न करती कि उनके अहं को धक्का भी न पहुँचे और मेरा काम भी होता रहे। यह सब सहज रूप से होना कठिन था।

धीरे-धीरे मुझे ही बदलना पड़ा। मेरा बदलना ही मेरे लिए लाभप्रद हो सका। मैं अपना लेखन और पत्र व्यवहार का काम अपनी मन-मर्जी से करने लगी। बिना इनसे पूछे, बिना इनकी राय लिए अधिक उत्तम ढंग से अपना काम करती। इसके साथ उनके गुस्से और लड़ाई-झगड़े का सामना भी करती रहती। लेखिका होने की मेरी यह यात्रा शुरू से ही बहुत कष्टपूर्ण रही है। शारीरिक कष्ट के साथ मानसिक संताप को सहते हुए मैं अपनी इस यात्रा में आगे बढ़ती रही। जो संघर्ष मुझे घर से बाहर, दूसरों के साथ करना पड़ा, वैसा ही संघर्ष घर में अपनों से भी करना पड़ा। लेखन के साथ प्रकाशन का कार्य भी मैं बहुत कठिनाइयों के बीच संघर्ष करके कर सकी थी। लगातार उपेक्षा, अवहेलना और झगड़ा-लड़ाई से मैं परेशान हो जाती थी।

एक बार मैंने कॉलेज में अंग्रेजी की प्रा. रेखा महाजन के सामने यह बात रखी—"हमेशा मुझे ऐसी स्थिति का सामना करना पड़ता है। बिना बोले मुझसे रहा नहीं जाता और बोलने के बाद की तकलीफ कई गुना और कई दिनों तक सहना पड़ता है।" मैड़म ने मुझे बहुत प्यार और अपनेपन से समझाकर बताया था—

"आपको नहीं मालूम? इसका बहुत बड़ा गुरुमंत्र है। जब आपके पति कुछ बोलते हैं तो आप चुप रहना, मगर मन ही मन उन्हें खूब गालियाँ देना। जो कुछ कहना हो तर्क-वितर्क, वाद-विवाद, प्रतिवाद सब मन ही मन करना। उन्हें कुछ न सुनना, मगर अपने मन में खूब बोलना, जी भरकर बोलना। देखना वे कैसे तुरन्त चुप होते हैं? उन्हें पता भी नहीं चलेगा कि आपने क्या कहा और आप अपने मन की बात भी कह लोगी। वे भी अकेले हवा में कहाँ तक, कब तक लड़ेंगे? खुद ही चुप हो जायेंगे। देखो मैडम, आज से ही मेरा नुस्खा आजमाना शुरू कर देना। आप भी खुश, मियाँ जी भी खुश, झगडा खत्म।" यह बताकर अपनी मुक्त-हँसी के साथ उन्होंने मेरा हौसला बढ़ाया था।

प्रा. रेखा की बातें सुनकर मुझे हँसी आई, साथ ही बुरा भी लगा—"कोई पत्नी अपने पति को गाली दे, क्या यह अच्छी बात है? भले ही मन में दो, गाली तो गाली है न?" लेकिन जब दूसरे ही दिन ऐसी स्थिति आई और मेरा मन गुस्से में आग बबूला होने लगा तब और कोई चारा न देखकर मैंने मैडम का नुस्खा अपनाया। उस समय गुस्से में मन ही मन गाली देना बुरा नहीं लगा। साथ ही अच्छा लगा कि जो जैसा है उससे वैसा ही व्यवहार करना चाहिए। बेकार की बातों से किसी का जीना हराम करना, क्या ऐसा करना अच्छी बात है? नाक में दम आ जाता था। हमेशा इनके बड़प्पन को झेलते रहो, इनके सामने भीगी बिल्ली बने रहो। किसी बात का सही जवाब देना भी मुश्किल कि जवाब देकर इनकी तौहीन कर दी। बाप रे बाप, क्या आतंक था।

फिर मैं अक्सर इसी नुस्खे को अपनाने लगी। ऐसे समय मुझे अभिधा, लक्षणा और व्यंजना शब्दशक्ति से पूर्ण अच्छी-अच्छी गालियाँ याद आतीं। मैं गुस्से से भरकर मन ही मन गालियों देती और गाली देकर मुस्करा लेती। झगड़े के बीच मुझे हँसते-मुस्कराते देख इनको बहुत हैरत होती कि यह ईंट का जवाब पत्थर से देने के बदले मुस्करा क्यों रही है। इसका गुस्सा कहाँ गया? इसके तेवर क्यों बदल गये? ये क्या सोचकर हँस रही है। कहीं मेरी किसी कमजोरी का मजाक तो नहीं उड़ा रही है? तब वे और विकराल रूप में झगड़ा बढ़ाते, गुस्सा करते, मारने के लिए लपकते। मैं शांत भाव से इनको समझाकर झगड़ा खत्म करने की कोशिश करती और मन ही मन बहुत कुछ कहती रहती।

बाद में जब भी ऐसी घटना होती मुझे रेखा मैडम की याद आती थी। उन्होंने मेरी कितनी बड़ी समस्या को इतने आसान तरीके से सुलझा दिया था। 15 वर्ष बीत गये थे, कभी प्रति दिन, कभी चार-आठ दिन में ऐसे प्रसंग आते ही रहते थे। मैडम नौकरी छोड़कर पूना चली गई मगर उनकी स्मृति जीवन में इस नुस्खे के साथ मीठी याद बनकर रह गई।

लेखन के क्षेत्र में पहले मुझे अजीब परिस्थितियों से गुजरना पड़ा। यद्यपि उन परिस्थितियों का कारण मैं स्वयं थी। मेरा स्वभाव और व्यवहार इसके जिम्मेदार थे। आत्मविश्वास की कमी के कारण मुझे इस तरह भी जूझना पड़ा। इसके साथ शारीरिक और मानसिक सन्ताप भी सहना पड़ा था। पहले जब मैं कोई कहानी लिखती थी तब पहले पाठक के रूप में पति से ही पढ़वाती थी। मुझे यह उम्मीद रहती थी, वे मेरे लेखन की अच्छाई-बुराई बताकर मेरा मार्गदर्शन करेंगे। मगर मेरे लेखन को देखने का इनका तरीका हमेशा अलग ही रहता था। कभी खूब गंभीर मुद्रा बनाकर कागज देखते, कुछ पढ़ते, फिर निर्विकार भाव से पटक देते। मैं पूछती ही रहती—"बताओ न ... बताओ न।" वे कुछ बताते ही नहीं। इनकी खुशामद करने के लिए मैं इन्हें अच्छा खाना बनाकर खिलाती, कपड़े धोती, घर के काम संबंधी इनकी हर बात को मिनटों में, सेकंड में पूरा कर देती। फिर भी वे अपना मुँह नहीं खोलते। मैं भी ऐसे समय में ऐसी पगला जाती थी कि जैसे वे जो कहेंगे उसी से सही मार्गदर्शन मिलेगा, यह मान बैठती।

मेरी इस भावना को समझकर वे बात को रबर की तरह खींचते रहते। बड़े मनीषी की तरह गंभीर मुद्रा बनाये रखते, मानो कितनी बड़ी बात है जो वे कहने की तैयारी कर रहे हैं। मैं भावनाओं में डूबी इनका मुँह देखती रहती और इधर-उधर की बातें करते हुए इनके निहोरे करती रहती। बहुत बाद में वे कहानी सम्बन्धी छोटी सी बात कहकर अपनी बात खत्म कर देते। तब मुझे लगता—"खोदा पहाड़ निकली

चुहिया! क्या सिर्फ इतनी-सी बात सुनने के लिए मैं इनको इतना मक्खन लगा रही थी?" बार-बार पूछने पर भी वे कहानी की कोई बात नहीं बताते। मैं निहोरे कर-कर के पूछती रहती। बाद में वे निर्णय रूप में कह देते—"बताने लायक कोई बात ही नहीं है।" मैं चुप रह जाती। क्या यही सुनने के लिए मैं यह सब करती हूँ, सोचकर खुद पर अफसोस होता। तब बहुत दिनों तक एक खालीपन लगता रहता, जैसे तेज लहरों के ज्वार के बाद भाटा की लहरें अपने उद्गम में लौट जाती हैं। मन में विरक्ति छा जाती। कई दिनों, महीनों तक कहानी को फिर से देखने-पढ़ने का मन नहीं होता, जैसे सब कुछ निरर्थक हो।

टाकभौरेजी ने बहुत साहित्य पढ़ा था। वे अच्छी जानकारी रखते थे। मौखिक आलोचना-समीक्षा भी करते थे। इस कारण मुझे उनसे बहुत अपेक्षा रहती थी। कभी अच्छी राय भी बताते थे मगर अधिकतर नाटकीय तरीके से टाल देते थे। इसके पीछे यही विचार रहता था—मैं लेखन-प्रकाशन के बदले सामान्य रूप से नौकरी करती हुई घर-परिवार सँभालती रहूँ, एक सामान्य स्त्री का जीवन जीती रहूँ।

लेख लिखने के बाद इनको दिखाकर तो जैसे मैं मुसीबत को मोल लेती थी। अक्सर मेरे लेख के हर वाक्य को नकारा साबित करते हुए, वे अपनी बात कहते। मेरे हर विचार के बदले दूसरे विचार रखकर मेरे पूरे लेखन को कचरा साबित कर देते। मैं किंकर्तव्यविमूढ़ देखती रह जाती—"क्या इसी कचरे को मैं इतने मनोभाव के साथ शृंखलाबद्ध विचारों के रूप में सँजो रही थी?" तब मन कड़वा हो जाता। वे विचार, वे भाव कई दिन, महीनों और वर्षों तक फाइल में बन्द पड़े रहते। जब भी उन्हें दोबारा देखती, वे कचरा ही नजर आते। मुझे अपना लिखने-पढ़ने का काम व्यर्थ नजर आता। मैं इस ओर से ध्यान हटाकर घर परिवार के काम मैं और नौकरी सम्बन्धी जिम्मेदारियों में लीन हो जाती।

मेरे साथ यही होता रहा, बड़ी हुनरबाजी से ऐसा किया जाता। देखने में यही लगता, कुछ नहीं कहा, कुछ नहीं किया मगर असर मेरे मन की सब परतों को निष्क्रिय बना देता। तरीका यह था, लोहे को खूब गरम करके हल्की चोट से ही मन के मुताबिक आकार दे दिया जाता। यह काम धीरे से किया जाता और मैं अपना सिर दीवारों से टकराती रहती। मन में यह हताशा रहती—"मैं कुछ नहीं कर सकती, मैं कितनी नाकाबिल हूँ? मैं क्यों कुछ नहीं कर पाती? मैं यह सब (लेखन) करती ही क्यों हूँ?" मन कई दिनों तक अशांत रहता। मुझे उदास-मन या विचलित हृदय देखकर टाकभौरे जी सहृयता के साथ कभी प्रा. गोकुलप्रसाद साहू, प्रा. हरभजनसिंह हंसपाल, प्रो. रामेश्वर शर्मा और डॉ. शास्त्री मैडम से भेंट करने ले जाते। तब मैं हजार-हजार मन से इनकी एहसानमंद हो जाती कि मैं इतनी नालायक हूँ, वे ही मुझे

पत्थर से प्रतिमा बना रहे हैं।

वैसे यह सच हैं, नागपुर आने के बाद टाकभौरे जी से मुझे लाभ भी बहुत मिला है। उनकी जानकारी, उनका अध्ययन, उनके संपर्क का लाभ जाने-अनजाने मुझे मिलता रहा। जो लाभ वे खुद के लिए नहीं ले सके, वह लाभ मुझे मिला। प्रकाश हाईस्कूल में नौकरी के साथ मेरी सफलता की यात्रा शुरू हुई, जिसका वे एहसान भी खूब जताते थे। मैं भी उनका एहसान मानते हुए अन्य बातों को भुला देती। मैं इनके एहसान का बदला कई दिन तक चुकाती। इनकी जी-हजूरी करती रहती। यद्यपि इसके साथ अपनी प्रगति का मार्ग भी बनाती रही, जिसका फायदा मुझे लगातार मिलता रहा। लेकिन यह किस कीमत पर मिला, इसकी लम्बी कथा है।

मैं एक सतर्क नौकरानी की तरह हर काम के लिए तुरन्त हाजिर रहती थी। तब वे भी तरह-तरह के तरीके अपनाकर मुझे अकबकाने की स्थिति में और डाँट-फटकार की बातें सुनने की स्थिति में पहुँचा देते थे। अक्सर ऐसा होता, वे देख लेते, मैं सामने नहीं हूँ तब बहुत धीरे से कहते—"पानी देना।" मुझे पता ही नहीं चलता, कब किसने क्या कहा। मैं आराम से अपना काम करती रहती। तभी वे गरजते-बरसते मेरे ऊपर आक्रमण कर देते—"जान-बूझकर नहीं सुना। सुनकर भी पानी नहीं दिया। पानी को तरसा दिया। प्यासा मार डाला?" मुझे बड़ी हैरत होती। मैं सोचती—10x20 फुट के घर में अपने हाथों से पानी लेने भला इन्हें कितनी दूर जाना पड़ता?

जब मैं उनके सामने होती, वे बड़े नाटकीय ढंग से कहते—"गुण्डी में पानी है?" मैं तुरन्त जाकर देखती और आकर बताती—"हाँ, है।" वे धीरे-धीरे मुस्कराते रहते। मुझे समझ ही नहीं आता, ऐसा क्यों पूछा। मैं नासमझी में दूसरे काम में लग जाती। तब वे गुस्से से एकदम सिर पर सवार जैसे नजदीक आकर कहते—"मूर्ख, बेवकूफ, तुझे इतनी समझ नहीं है, मैंने पानी के लिए क्यों पूछा? गुण्डी में पानी है, यह तो मुझे भी मालूम था, मगर तेरे दिमाग में गोबर है, भूसा है। इतना नहीं समझ सकी मैंने पानी के लिए क्यों पूछा?" मैं परेशान होकर कहती—"सीधे-सीधे क्यों नहीं कहा कि पानी दे दो।" मैं पानी लाकर देती, तब वे पानी का गिलास फेंक देते। घंटो गुस्सा करते, बातें सुनाते। मैं अपनी अकल पर घंटों तरस खाती और सोचती—'सचमुच मैं कितनी पागल हूँ, इतनी-सी बात क्यों नहीं समझी?' मैं अपना सिर धुनती रहती, वे अपना गुस्सा ताने रखते। बात कई दिनों तक खिंचती रहती। मानसिक पीड़ा से मेरा मन व्यथित होता रहता। जैसे तैसे बात खत्म होती।

कुछ दिनों के बाद वे फिर उसी स्टाइल में कहते—"आज पानी भरा था न?" मैं "हाँ" कहकर अपने ख्यालों में खोई रहती या अपने काम में लगी रहती। फिर

झगड़ा-मारपीट सब कुछ होता। कई दिनों तक वे हँसते-बोलते नहीं, बात नहीं करते, जली-कटी बातें सुनाते। मैं मूक-बधिर जैसी अपना माथा खुद फोड़ती रहती। बेबात की बात ऐसी बन जाती—'आ बैल मुझे मार।' सिर हिला-हिलाकर वे दूर से सींग मारते रहते, मैं अपने तन-मन पर उन चोटों को झेलती रहती। अक्सर ऐसे प्रसंग आते रहते।

ऐसा क्यों होता था मेरे पास? मेरा स्वभाव-व्यवहार देखकर ही ऐसा किया जाता था। मेरी कमजोरी और नासमझी को देखकर, इस तरह परेशान करके मजा लेना ही प्रमुख बात थी। झगड़े का बहाना ढूँढ़कर मुझे अपने आप में त्रस्त और व्यस्त कर देने की बात थी। कहने को वे छोटी-छोटी बातें थीं मगर मेरे लिए सिरदर्द बन जातीं। उन दिनों मेरे मन में भावनाएँ खूब रहती थीं, खूब अपेक्षाएँ रहती थीं। कोई मेरा ख़याल रखे, मेरी सुने, हँसे-बोले, मन बहलाये, मेरी हर बात माने, मैं जैसा चाहूँ वैसा हो। मगर ऐसा कुछ होता ही नहीं था। मन हमेशा रूखा-रूखा, सूखा-सूखा, भूखा-प्यासा रहता था। लगता था जिन्दगी मशीन की तरह खट्-खट् करती चल रही है। हर बात में पति-पत्नी के बीच खटपट होती रहती थी। कभी मेरी तरफ से, कभी उनकी तरफ से। मेरा तो किसी भी बात में एक शब्द भी बोलना गुनाह था। और यह गुनाह करके मैं पूरी सजा पाती थी। तब कई दिनों तक लगता था, मैं जिन्दा ही नहीं हूँ, चलती-फिरती लाश हूँ।

बहुत बाद में मैं इस बात को समझ पाई, मुझे लगातार ऐसी स्थिति में उलझाकर रखा जाता था ताकि मैं सहज न रहूँ। गुस्से में रहूँ या उदास रहूँ। पति से कुछ अपेक्षा न करूँ, न प्यार की न अपनेपन की, न जिम्मेदारी की। कभी कोई शिकायत न करूँ। अपनी दुनिया में खोई रहूँ। अपनी मानसिक यातना में उलझी रहूँ। अपनी जिम्मेदारी यंत्रवत निभाती रहूँ। मैं कई बरसों तक ऐसे मानसिक शोषण से त्रस्त रही थी।

ऊपर-ऊपर देखें तो जीवन में सब सहज और सामान्य लगता है, मगर अन्दर, जीवन के अनेक पृष्ठों पर मन को उद्वेलित करने वाली कितनी धधकती धाराएँ बहती रही हैं, चेतना को शून्य कर देने वाली कितनी बर्फीली धाराएँ बहती रही हैं! ये कभी हृदय से आह बनकर धुँधले बादल बनकर छाई हैं, कभी अश्रुधारा बनकर जीवन के पटल पर छाये दुख-दर्द के बादलों को धोती रही हैं। जब कभी वे बातें याद आती हैं, तो मन में हूक सी उठती है। मैंने जीवन का यह रूप भी जीया है। जब मैं पीछे मुड़कर देखती हूँ तब यादों के साये जीवन के झरोखे से, मुझे फिर से उन बीथियों में ले जाते हैं और मैं फिर से उन अनुभूतियों को जीकर व्यथित हो जाती हूँ। किस तरह जीवन में संघर्षों से जूझती रही, संग्राम की तरह लड़ती रही, हारती रही, जीतती

रही। जीतना ही उद्देश्य था। मैं कभी हताश नहीं हुई।

मेरी संघर्ष कथा में भावनाओं का अन्तरर्द्वंद्व बहुत है। जीवन में दिल और दिमाग दोनों का महत्त्व है। शरीर भले ही नगण्य हो फिर भी जीवन उसी से रहता है। तन और मन की बातें जीवन से अलग नहीं होतीं, भावनाएँ जुड़ी रहती हैं। इनसान की जिन्दगी में प्यार का अपना अहम स्थान है। यदि कोई अपनी जिन्दगी की बातें बताना चाहे तब विशेष जिज्ञासा होती है उसके व्यक्तिगत जीवन के प्रति। मेरे जीवन में भी ये बातें रहीं। यह बात अलग है, समय पर मैं इन्हें समझ नहीं सकी। जब समझी तब तक बहुत देर हो चुकी थी। तब मैं क्या करती? कल्पना में प्यार के सपने बुनती रही, जिसे हम चाहे जिधर मोड़ सकते हैं, चाहे जैसा रूप दे सकते हैं और सुख पा सकते हैं। मैंने जीवन के इस अभाव को बरसों तक इसी रूप में पाया है।

सिवनी की रम्मा दीदी से भोपाल के उस लड़के के विषय में मालूम हुआ था, जिसने मुझसे विवाह करने के लिए, अपने रईस नवाब जैसे पिता को हम गरीबों के दरवाजे भेजा था। तब हमारे घर ठीक ढंग की एक कुर्सी भी नहीं थी। मैंने उन्हें छालिया (सुपारी) की छोटी थैली हाथ में लिए, आँगन की छोटी पाल पर बैठे हुए देखा था, मगर मैं उनके सामने नहीं गई। उस लड़के के अनुराग भाव की बात रम्मा ने बाद में बताई थी। मैंने उस लड़के को नहीं देखा था। मेरी शादी के बाद मैंने सुना था उसकी भी शादी हो गई है और बच्चे भी हैं, तब मन में प्रेम के अभाव की अनुभूति हुई थी।

कहीं यथार्थ के लिए कल्पना थी, कहीं कल्पना के पीछे यथार्थ था। डॉ. योगेश्वरी शास्त्री ने जब पहली बार 'सारंग तेरी याद में' कहानी पढ़ी थी, तब मुझे फोन करके पूछा था—"इतनी सुंदर कहानी कैसे लिखी? यह कल्पना तुमने कैसे की?" 'त्रिशूल' कहानी का स्वप्न मन की इच्छाओं का कारण है। 'भूख' कहानी में भी मेरी भावनाओं का चित्रण है। 'कैसे कहूँ' कहानी में मेरी सामाजिक मानसिक स्थिति भारतीय मूल्यों से स्थिर होकर भी विचलित हो उठी थी। 'अनुभूति के घेरे' कहानी संग्रह की भूमिका में, मैंने अपनी कहानियों के अंकुरण के पहले की मानसिक स्थिति की, क्रिया और परिणाम को बताया है। अंकुरण से अभिव्यक्ति तक कहानियों की अनुभूतियों ने मुझे बहुत उद्वेलित किया है।

विवाह के बाद मुझे मालूम हुआ था, मैं कक्षा आठवीं में पढ़ती थी, उस समय कोई मुझसे विवाह करना चाहता था, तब मेरे मन में उस व्यक्ति के लिए भी अपनापन लगा था, मगर प्रेम की लालसा के साथ सामाजिक बन्धनों और मूल्यों का भी गठबन्धन था। यथार्थ जीवन के तपते रेगिस्तान में मैंने काल्पनिक ओसिस-मरुद्यान

बना लिए थे। जीवन की तपन असहनीय होते ही मैं चुपचाप इन मरुद्यानों में चली जाती थी। टाकभौरे जी के सामने, अपने छोटे-छोटे बच्चों के सामने, मैं फिर से छोटी युवा लड़की बन जाती। मेरी जिन्दगी नये सिरे से शुरू होती।

कल्पना के अतिरेक में डूबकर मैं यह भी देखती थी, मेरे बेटे हमेशा मेरे आज्ञाकरी रहते हैं। उनकी सुंदर बहुएँ मेरी मन-मर्जी की रहतीं। उनसे मुझे हमेशा सुख ही सुख मिलता। उनके बच्चे मेरा प्यार दुलार पाते। ऐसी कल्पना के दिनों में मेरा स्वयं का बेटा 8-10 साल का भी नहीं हुआ था, इस तरह मन में सुख-सन्तोष का भाव रहता था।

जब मैं कोई प्रेम कहानी पढ़ती थी या प्रेम कहानी की फिल्म देखती थी तब मेरा मन कल्पना के इन खिलौनों को छोड़कर यथार्थ जीवन के अभाव से तड़पकर रोता था। कई दिनों तक, जैसे रेगिस्तान में खड़ी मैं दूर-दूर तक अपने सागर का किनारा खोजती रहती थी, गर्म रेत में पड़ी मछली की तरह तड़पने लगती थी, तब मन दुखी रहता था। क्यों मेरा मन इतना भटकता रहा? अपने जीवन के इस अभाव की पूर्ति मैं कल्पना में खोजती थी। कल्पना में प्रेमी पति का प्यार और दुलार पाती थी। कभी हमारा झगड़ा भी होता था मगर हर बार वे ही मुझे मनाते थे। यदि टाकभौरे जी ने कभी मुझे प्यार, दुलार दिया होता, कभी मुझे मनाया होता तो क्यों मैं जीवन में काल्पनिक प्यार और मनुहार की बातें सोचती? क्यों इन बातों के लिए तरसती हुई कल्पना में भटकती? अन्त में मैंने वह मानसिक स्थिति प्राप्त कर ली थी, जो 'सूरज के आसपास' कहानी की नायिका में चित्रित है।

मैं बी.ए. प्रथम वर्ष में थी, तब क्लासफेलो लखराज सिंह का मुझे देखने का ढंग और उसकी वह नजर जैसे आँखों में चित्रित हो गये थे। मैं उन दिनों उससे बहुत डरती थी। उसके सामने ठहरती ही नहीं थी, लड़कियों के पीछे छिपी रहती थी। बाद में शायद मेरा ख़याल रखते हुए वह भी मेरे सामने नहीं आता था। विवाह के बाद जब मेरा यथार्थ जीवन प्रौढ़ता की सीढ़ियाँ चढ़ने लगा था, एक वर्ष कॉलेज में फर्स्ट ईअर में दक्षिण भारतीय लड़का अंजय्या कृष्णा आया था। वह मुझे ठहरी हुई नजर से अजीब हाव-भाव के साथ देखता था। उसकी नजरों में मुझे लखराज सिंह की नजरें दिखाई देती थीं। इतने बरसों के बाद ऐसा होने से मन अजीब सी बेचैनी महसूस करता था। अंजय्या कृष्णा की उस नजर को देखकर उन्हीं दिनों मैंने कहानी लिखी थी, जो 'हंस' पत्रिका में 'वह नजर' शीर्षक से छपी थी, तब कुछ लोगों ने कहानी की प्रशंसा की थी, कुछ लोगों ने कहानी की समस्या को न समझकर, इसे भारतीय मूल्यों के विरुद्ध बताया था। भारतीय मूल्यों के कारण मेरा जीवन संतप्त रहा, इसे किसी ने बुरा नहीं कहा, लोगों ने इस कहानी को गलत कैसे समझा? चरित्र, मूल्य

आदर्श, मर्यादा, बन्धन के सामाजिक मानदण्ड अपनी सीमाओं में जकड़ी नारी को इतना कुंठित कर देते हैं कि वह अपने से अलग, कभी कुछ देख ही नहीं। पाती है। क्या आदर्श के नाम पर यह भी न्याय-अन्याय के बीच अन्यायपूर्ण असंतुलन नहीं है?

कॉलेज में पढ़ते समय में हिन्दी पढ़ाने वाले सर का पढ़ाना और कविता सुनाने का ढंग अच्छा लगता था। ब्राह्मण सर हमसे जातिभेद-छुआछूत मानते हैं, यह समझकर यथार्थ बोध के साथ मैं अपनी कठोर धरती पर आ गई थी। इस बात के दबे आक्रोश के कण मन के कोने में रह गये थे, जो अम्बेडकरवादी विचारधारा से पल्लवित होकर खुले आक्रोश के रूप में 'आतंक के साये में' कहानी में चित्रित हुए हैं।

'सम्भव-असम्भव' कहानी का पात्र राजीव मनाली से बीस वर्ष छोटा था। यह भी एक अजीब कल्पना है। मैं जिस जीवन को जी रही थी क्या उससे विपरीत स्थिति नहीं हो सकती? हो सकती थी, मगर मैंने तो यह कभी चाहा ही नहीं। जिन्दगी की भागदौड़ में जो महत्त्वपूर्ण था, अपनी मंजिल की ओर बढ़ती रही। विज्ञापन में हेमामालिनी जिस तर्ज में कहती थी—"चल मेरी लूना।" उसी तर्ज में मैं स्वयं से कहती थी—"चल मेरी शीला।"—और मैं जिन्दगी के सफर में इस मुकाम तक आ पहुँची।

मैं भी जानती हूँ मुझे क्या करना है और क्या नहीं करना है। मेरा जीवन, मेरी खुशी, मेरी सन्तुष्टि से अधिक महत्त्वपूर्ण मुझे अपने बच्चों का वर्तमान और भविष्य लगता है। अपनी गरिमा, आत्मसम्मान और अपनी नजर में खुद का मूल्यांकन मुझे हमेशा याद रहते हैं। अपने संचित सम्मान को क्यों कलंकित किया जाये? बरसों की तपस्या को न्यौछावर क्यों किया जाये? तपस्या इसलिए कहा कि जीवन तपन भरा ही बीता है। बचपन से मिले संस्कारों ने मुझे इस तरह बाँधे रखा। तन-मन की आग में सुप्त ज्वालामुखी-सा जीवन, स्वयं अपनी आग में जलता रहा। उम्र क्या ऐसे ही अनजाने में बीत गई? एक-एक दिन बीता था बरसों के इंतजार में। मौसम आते रहे, जाते रहे। क्या बसन्त, क्या वर्षा और क्या उष्णता—मुझे तो सब आग में जलाते और झुलसाते ही नज़र आये। फिर समय ही कहाँ मिलता था अपने लिए कुछ सोचने का, चाहने का, माँगने का, बिन माँगे कुछ पा लेने का?

'सम्भव-असम्भव' की मनाली की दशा मुझसे अलग नहीं है, तब क्या मनाली कहीं जा सकी? वह मेरे संस्कारों से ही सृजित पात्र है। मुझसे अलग भला कैसे जाती? वह न जी सकी, न मर सकी। अपने आदर्शों का बोझ ढोती रही, अपनी जिम्मेदारियाँ निभाती रही। क्या यही होता है जीवन? सन्तुष्टि-सुख की अनुभूति तन

से नहीं मन से होती है, अन्यथा किसी की एक झलक पर, लोग पूरा जीवन न्यौछावर करने की बात कैसे सोच लेते भला? यह बात मेरे जीवन में नहीं रही। इसलिए इस प्रकरण को यहीं विराम देना ठीक है। टाकभौरे जी का साथ सुरक्षा के घेरे की तरह हमेशा साथ रहा है।

बच्चे दाम्पत्य जीवन के निमित्त रहे। वे हमें जोड़े रखने की कड़ी बन गये। बच्चे नहीं होते, तब भी हम साथ रहते। बिना कड़ी के जुड़े, अपनी-अपनी धुरी पर घूमते हुए, सौर मण्डल के अदृश्य जैसे बन्धन में बँधे। तब भी वे सूर्य की तरह तपते रहते, मैं धरती की तरह सहती रहती। इस बन्धन से छूटकर जाती भी भला कहाँ? अपने निर्धारित स्थान को छोड़कर फिर से कोई अन्य निर्धारित स्थान पा लेना सबके लिए सम्भव नहीं होता। इसके लिए हौसला चाहिए, सबसे टकराने का। टक्कर का जवाब देने का और अपने लिए फिर से कोई नया स्थान बना लेने का साहस चाहिए।

मुझे इस बात का कोई अफसोस नहीं है, बल्कि खुशी है। मैंने अपने आपको अन्य बातों में नहीं उलझाया या एक लाभ के लिए अनेक लाभों को नहीं खोया। टाकभौरे जी के साथ रहकर मैंने बहुत कुछ पाया भी है। मैं उनके साथ उनकी साइकिल पर और बाद में स्कूटर पर जितना घूमी हूँ, उतना नागपुर की हमारे जाति-समुदाय की कोई अन्य महिला अपने पति के साथ नहीं घूमी होगी। हमारा घूमना निरर्थक नहीं था। कभी रिश्तेदारी में, कभी सभा सोसाइटी में, सामाजिक कार्यक्रमों में, साहित्यिक कार्यक्रमों में, कभी लायब्रेरी, कभी विद्वान परिचितों के घर। इन सबका लाभ मुझे लगातार मिलता रहा। मेरी मानसिक और वैचारिक भूख ही ज्यादा रही। जैसे शादी के पहले पढ़ाई की बात से मैं खुश थी, वैसे ही शादी के बाद सामाजिक मान-सम्मान, पठन-पाठन, लेखन-प्रकाशन और भाषण-सम्भाषण से मैं खुश रही।

एक बार मंशा भाभी ने कहा था—"जीवन में सभी रस सबको नहीं मिलते। कभी कोई एक रस नहीं मिला तो उसके बिना भी जीवन चलाना पड़ता है।" भाभी की गूढ़ तत्त्व की यह बात मैंने सहज ही समझ ली थी। बस, दुख मुझे सिर्फ इस बात का था, टाकभौरे जी मेरे साथ सामान्य रूप में क्यों नहीं रहते? वे इतना अहंभाव, इतना बड़प्पन क्यों रखते हैं? मुझे इतना नगण्य क्यों मानते हैं? मैं कोई सवाल-जवाब न करूँ, जिम्मेदारी के साथ घर परिवार और नौकरी सम्बन्धी सभी काम करती रहूँ, तब वे खुश रहते थे।

टाकभौरे जी से मिले सहयोग को नकारा नहीं जा सकता। मेरी उपलब्धियों में उनका योगदान है, चाहे जिस रूप में मिला, मगर मिला। विरोध भाव रहने पर भी वे मुझे अपने अध्ययन, अनुभव के आधार पर पढ़ाई, लेखन, प्रकाशन सम्बन्धी

अनेक बातों की जानकारी देते थे, जिसका लाभ मिलता रहा। उनके साथ मैं अनेक लोगों से मिलती रही। जो काम मैं अकेले नहीं कर सकती थी, वे काम उनके साथ रहकर करती रही। लेखन-प्रकाशन और सामाजिक उद्‌बोधन के मेरे कार्य लगातार होते रहे। उनके सहयोग को देखकर मैं अपना दुःख, श्रम और विरोध-आक्रोश भूल जाती थी।

यदि मैं नागपुर नहीं आयी होती तो किसी अन्य प्रान्त के किसी अन्य शहर या गाँव में गयी होती, तब कुछ और होती। अतः मैं यह कबूल करती हूँ, मेरे जीवन-व्यक्तित्व निर्माण में टाकभौरे जी का, नागपुर शहर का और महाराष्ट्र प्रांत का बड़ा योगदान है।

फिर भी अपने शोषित-पीड़ित जीवन को मैं कभी नहीं भूल सकती। कैसे भूल पाऊँगी वे दिन! पीड़ाओं में रोया मन, अनबूझा-सा यौवन, सपनों का रूठा वह सावन, जो फिर कभी लौटा ही नहीं। चूर-चूर भावों के कण, बिखरे रेगिस्तान से... न कोई सलिला बही, न मनमौजों की मौज लिए आई कोई बहार ही.... कैसे भूलूँ मैं, बीते वे दिन! नागपुर के मेरे जीवन की कथा भी क्या कम व्यथापूर्ण है? कितनी कथाएँ लिख चुकी हूँ और न जाने कितनी बाकी हैं। कटु अनुभव, कड़वी अनुभूतियाँ, कलम की स्याही से उन्हें ही उकेरती रही हूँ और आगे भी उकेरती रहूँगी। 'जो पाया है वही दूँगी/लौटाऊँगी वह सब/जो मिलता रहा मुझे।' मेरी कविता का यह भाव ही मेरे लेखन का आधार है।

नागपुर आने के बाद धीरे-धीरे मेरा आत्मविश्वास बढ़ता गया। अब इतना आत्मविश्वास है कि बड़े से बड़े काम करने की हिम्मत रहती है। आत्मविश्वास ने मुझे सबलता दी है। इस भावना के साथ मैं अकेली यात्राएँ करने लगी। मेरी पहली यात्रा की शुरुआत बस से हुई। नागपुर शहर में और नागपुर से कामठी आते-जाते समय घर से अकेले जाने पर मुझे अनेक अनुभवों से गुजरना पड़ा। कभी कामुक दृष्टि से देखने वालों से और कभी बस की शीट पर साथ बैठे अनजान व्यक्ति के कामुक स्पर्श से परेशान होकर सबके सामने उन्हें खरी-खोटी सुनाई थी। मध्यप्रदेश, उत्तरप्रदेश की अपेक्षा महाराष्ट्र में महिलाओं का अकेले घूमना, अकेले रहना और जरूरत पड़ने पर गलत आचरण करने वाले पुरुषों को धिक्कारकर-फटकारकर आगे बढ़ जाना या उन्हें सबक सिखा देना आम बात है। इसी हिम्मत के साथ मैं भी यात्राएँ करने लगी। नागपुर से दिल्ली, मुंबई, कलकत्ता, लखनऊ, शिमला, चेन्नई, पाण्डिचेरी जैसे अनेक दूर-दूर के शहरों की यात्रा मैंने अकेले की। केवल देश ही नहीं बल्कि श्रीलंका, ग्रेट

ब्रिटेन, और दुबई जैसे विदेशों की यात्राएँ भी की हैं। यह मेरे आत्मविश्वास से ही सम्भव हो सका।

मुझे कई लोगों ने कहा है—"आप अकेली यात्राएँ करती हैं, टाकभौरे जी आपको अकेले कैसे जाने देते हैं?" यह सुनकर अब मुझे आश्चर्य होता है। अकेले जाने में कैसा डर? मुझमें आत्मविश्वास आ गया है। टाकभौरे जी मुझे अकेले जाने से क्यों रोकेंगे? टाकभौरे जी को मुझ पर विश्वास है, तभी उन्होंने इस सम्बन्ध में कभी कुछ पूछा नहीं, कुछ कहा नहीं। नारी स्वतंत्रता की बात का दम भरते हुए मैं अब यह भी कहती हूँ—"कहीं जाने के लिए मुझे टाकभौरे जी की 'परमिशन' लेने की जरूरत नहीं है। मेरी मर्जी है, यदि मुझे कहीं जाना है तो वे मुझे रोक नहीं सकते।" यह बात टाकभौरे जी भी जानते हैं। मुझे किसी बात के लिए मना करना या कहीं जाने से रोकना अब कठिन है। वे चुप रहकर या थोड़ी, बहुत नाराजी बताते हुए सहमत हो जाते हैं। यद्यपि कई बार वे मेरे लिए अधिक चिन्ता बताते हुए मुझे रोकने का प्रयत्न भी करते हैं, जिससे कई बार मुझे रुकना भी पड़ा है।

महाराष्ट्र में रहते हुए मुझे नारी सबलता का आधार मिला। यहाँ की शिक्षित जाग्रत अम्बेडकरवादी महिलाओं का साथ मिलने से प्रेरणा और जागृति मिली। फलस्वरूप मैं महिला जागृति और समाज सुधार के कार्यों से जुड़ सकी। बैंगलोर की रूथ मनोरमा, एन. पी. दिवाकर, दिल्ली के पी. एल. मिमरोठ आदि के सहयोग से पूरे देश में दलित मानवाधिकार राष्ट्रीय अभियान चलाया जा रहा था। हम भी उनके साथ जुड़े। 'नावो' संस्था की अध्यक्ष रूथ मनोरमा के सहयोग से दिल्ली में 11 अगस्त 1995 में 'नेशनल फेडरेशन ऑफ इंडिया' की स्थापना हुई। इसी तरह महाराष्ट्र में दलित स्त्री संगठना बनीं रजनी तिलक, विमल थोरात और कुमुद पावड़े ने अलग-अलग प्रान्तों में अनेक कार्यक्रम लिए। 22 मार्च 1999 को अम्बेडकर भवन, नई दिल्ली में राष्ट्रीय स्तर पर 'आम सभा' ली गई। अनेक प्रान्तों के वक्ताओं के साथ हमने महिलाओं की समस्याओं और प्रश्नों को उठाकर महिला आन्दोलन में अपना वैचारिक सहयोग दिया।

नागपुर में ललित साहित्य लिखने वाले अनेक हिन्दी साहित्यकारों से मुलाकात हुई। दलित साहित्य लिखने वाले मराठी भाषी अनेक साहित्यकारों से और अम्बेडकरवादी आंदोलन से जुड़े नेता, कार्यकर्ताओं से भेंट हुई। उनकी प्रेरणा और सहयोग से अनेक कार्यक्रमों में जाने के अवसर मिलते रहे, जिससे मैं आगे बढ़ती गई। मैं कृतघ्न नहीं हूँ। जिनका प्यार अपनापन मिला, सहयोग, असहयोग, नफरत—जो भी मिला, मैं उनकी कृतज्ञ हूँ। जिन्होंने रोकना चाहा, उन सबकी भी मैं कृतज्ञ हूँ, तब दुगने बल और वेग से आगे बढ़ी हूँ।

बच्चों की पढ़ाई के खर्च के साथ उनके भविष्य की जिम्मेदारी को भी मैं निभाती रही। शरद ने नागपुर के रामदेव बाबा इंजीनियरिंग कॉलेज में बी.ई. के लिए एडमिशन लिया। पिंकी ने नागपुर के एल.ए.डी. कॉलेज से 12 वीं किया, दत्ता मेघे पॉलिटेक्निक का डिप्लोमा लिया फिर नागपुर के प्रियदर्शनी इंजीनियरिंग कॉलेज से 2007 में बी.ई.किया। इसके बाद अमरावती गवर्नमेंट इंजीनियरिंग कॉलेज से एम. टेक.किया। इस बीच मैंने पिंकी की पढ़ाई का सबसे अधिक खर्च का बोझ उठाया था।

मोना ने गुरुनानक हाईस्कूल खामला से 12 वीं करने के बाद अम्बाझरी साइंस कॉलेज से बी.एससी. किया। नागपुर के 'लोकमान्य तिलक पत्रकार महाविद्यालय' से बॅचलर ऑफ मॉस कम्युनिकेशन (बी.एम.सी.) किया। इसके बाद गणित विषय लेकर नागपुर विश्वविद्यालय से एम.एससी. की परीक्षा दी। इस बीच 2005 में उसकी शादी की बात हरियाणा राज्य के, पानीपत शहर के एक अच्छे परिवार में पक्की हो गई थी।

गोपाल नगर में आने के बाद मोहिनी का एडमिशन 'हिन्दू ज्ञानपीठ कॉन्वेंट धरमपेठ' स्कूल में पहिली कक्षा में किया था। जुपिटर जूनियर कॉलेज से 12 वीं मैट्रिक के बाद, के.डी.के. इंजीनियरिंग कॉलेज की शाखा 'राजेश्वरी महाविद्यालय' से वह बी.ई. कर रही है। बेटा इलेक्ट्रिक कॉन्ट्रेक्टर का काम करने लगा। बच्चों की प्रगति-उन्नति के साथ मैंने अपनी जाति के दुख-दर्द को नहीं भुलाया। अपने समुदाय के दुख और अपमान को मैं अपने दुख, अपमान के रूप में देखती रही। घर-परिवार के साथ समाज के प्रति भी जिम्मेदारी निभा रही हूँ। इसके साथ घर-परिवार के खटट्रे-मीठे अनुभव मिलते रहे।

2007 की बात है, उस घटना को मैं अपने जीवन में कभी भूल नहीं पाती, वह दिन मेरे दुख और सन्ताप का बहुत ही दुखदायी दिन था। भीमसेन जेठ जी के दामाद कामठी में छिपे रूप में शराब की भट्ठी का धंधा करते थे। एक दिन उन्होंने हमारे घर आकर कहा, "शरद भैया के पास समय हो तो मेरे काम में मदद के लिए उन्हें कामठी भेजो। मैं उन्हें पाँच हजार रुपये महीना दूँगा।" यह सुनकर मुझे गुस्सा आया। मैंने साफ शब्दों में उनसे कह दिया–"शरद शराब के धन्धे का काम नहीं करेगा।" उस दिन मैंने टाकभौरे जी से बहुत झगड़ा किया–"दामाद की हिम्मत कैसे हुई हमारे बेटे से शराब का धन्धा करने की बात कहने की? मैं कामठी में प्राध्यापिका हूँ और मेरा बेटा शराब की दुकान पर बैठेगा, ऐसा सोच भी कैसे सकते हैं?"

जाति समुदाय में यह बात कोई बहुत अनहोनी नहीं थी, लेकिन मैं इसे अपने दृष्टिकोण से देख रही थी इसलिए मुझे यह गलत लगी। टाकभौरे जी ने पता नहीं

कैसे शरद को कामठी जाकर, शराब की दुकान का हिसाब देखने के काम के लिए राजी कर लिया था। बेटे ने बताया—"मम्मी मैं पापा के साथ कामठी जा रहा हूँ।" यह सुनकर मैं अवाक् रह गयी। टाकभौरे जी कह रहे थे—"हमें जरूरत है रुपयों की। पाँच हजार रुपये बहुत होते हैं। उसे सिर्फ हिसाब देखना है। वह न भट्ठी पर जायेगा, न दुकान पर। रुपये आते हैं तो क्या बुरा है?" मैं उन्हें देखती रह गई, हैरत से कहा—"शराब की बोतल देखे बिना हिसाब कैसे करेगा? बोतल का हिसाब कहाँ देखेगा? पुलिस का छापा पड़ने पर जेल कौन जायेगा? क्या इसीलिए मैंने बेटे को जन्म दिया है?"

उन्होंने कहा—"बेटा मेरा भी है। मैं कह रहा हूँ वह जायेगा।" वे शरद को साथ लेकर स्कूटर निकालने लगे। उस दिन का मेरा दुख शब्दों में व्यक्त नहीं हो सकता। किसी तरह उन्हें रोकना या विरोध करना जैसे सम्भव नहीं रहा, तब लम्बे विलाप के साथ मेरा रुदन फूट पड़ा था। मैं इस तरह पहली बार रोयी थी। वह दिन मेरे जीवन का अत्यधिक दुख का दिन था। इतनी घनीभूत वेदना कि स्वतः प्रवाह के साथ छाती फाड़कर स्वयं बह निकली। मेरे अरमान, मेरे सपने क्या यही थे? बच्चा होने के पहले, और शादी से भी पहले मन में यह अरमान पनपने लगे थे, 'हमारे प्यार भरे सुन्दर संसार में हमारे बच्चे होंगे, वे चरित्रवान, देशभक्त, ईमानदार, समाजसुधारक जैसे महान होंगे।' उस दिन मेरे सारे अरमान, सारे सपने चकनाचूर हो गये थे। मैं टाकभौरे जी को अपनी ताकत से नहीं रोक सकती थी। मेरा करुण रुदन सुनकर बेटा पास आकर बैठ गया। मैं रोती रही, मेरा रुदन सुनकर बेटियों के हृदय थरथरा उठे। वे रोते हुए पापा से कह रही थीं—"मम्मी इतना रो रही है, आपको कुछ नहीं लगता? आपका बेटा शराब का धन्धा करेगा, आपको बुरा नहीं लगता? कम से कम मम्मी के मान-सम्मान को तो देखो।"

मैं बहुत देर तक किलप-किलप कर रोती रही थी। उस दिन मुझे अपने जीवन के सारे दुख याद आये। कितनी पीड़ा, कितनी वेदना, कितने कष्ट सहती रही थी मैं, क्या यह दिन देखने के लिए? मैं रो रही थी, बेटियाँ मुझे समझाती रहीं। बेटा विश्वास दिलाता रहा, ऐसा कभी नहीं करुँगा, मगर मेरे लिए किसी बात का कोई अर्थ ही नहीं रहा था। मैं उस दिन को कभी भूल नहीं पाती हूँ। उस दिन के बाद लम्बे समय तक मेरे लिए वेदना का अर्थ और अनुभूति जैसे खत्म हो गये थे, जैसे चेतना शून्य हो गई थी। दुख की बड़ी बात होने पर भी कुछ नहीं लगता था। मैंने इस बात को कई महीनों तक महसूस किया। उस दिन जैसे मेरे हृदय में दरारें पड़ गई थीं। उस दिन की बात याद आने पर कानों में मेरा उस दिन का रुदन गूँजने लगता है। तब आँखों में आँसू उमड़ने लगते हैं। शुरू से मेरा यही अरमान था, मेरे

बच्चे उच्च शिक्षा प्राप्त करें, ऊँचे पदों पर सम्मानपूर्ण नौकरी करें। मैं हमेशा उनके सुखद-उज्ज्वल भविष्य के सपने देखती थी।

कॉलेज की प्राध्यापक सहेली ने कार खरीदी तब उन्होंने खुशी के साथ मुझे कहा था—"मैडम आप भी कार खरीद लीजिए। कार खरीदना अब कोई बड़ी बात नहीं है।" मैं कार नहीं खरीद सकती थी। घर खर्च, बच्चों की पढ़ाई का खर्च और उनके शादी की जिम्मेदारी का खर्च उठाते-उठाते कभी इतनी बचत नहीं कर पाई कि कार खरीदकर, कार का खर्च उठाकर शान से चलूँ, मगर मैंने कभी इसका अफसोस भी नहीं किया। बचपन से दुख और अभाव में पली मैं, अपने बच्चों का अच्छा भविष्य बनाना ज्यादा महत्त्वपूर्ण मानती थी। मैंने कहा था—"मैडम मेरे चार बच्चे हैं। मुझे कार की जरूरत नहीं है।" मैडम ने मेरी आर्थिक समस्या को समझते हुए संवेदना से कहा था—"वो तो है।" मुझे कार नहीं ले पाने का दुख नहीं था, मगर इस बात का दुख था कि लगातार बड़ी रकम वेतन के रूप में मिलने के बाद भी, सही नियोजन न होने के कारण आर्थिक स्थिति कभी सुधर ही नहीं सकी।

नागपुर में एक बार हीरा खरीदी पर कन्सेशन मिलने का बहुत प्रचार था। हीरा खरीदने वालों की भीड़ चल रही थी। प्राध्यापिकाओं ने हीरे की अंगूठी और कान के टाप्स खरीदे थे। वे मुझसे कहती थीं—"मैडम, आजकल हीरा खरीदना कोई बड़ी बात नहीं है। आप भी हीरे के गहने खरीद सकती हो। हर माह तीस हजार रुपये वेतन लेने वाले हम लोग कभी भी हीरे के गहने खरीद सकते हैं।" मैंने अनायास ही कहा था—"मैडम, मेरे बच्चे ही मेरे हीरे हैं। उनकी खुशी, उनका खर्च, उनका भविष्य मेरे लिए जरूरी है। हीरा लेकर मैं क्या करूँगी?"

यह मेरे विचारों की महानता नहीं है, न ही मैं यह कहती हूँ कि बच्चे होना ही सब कुछ होता है। मगर यह सच था, शुरू से मैंने घर-परिवार के अपने काम और कर्तव्यों पर ही ध्यान दिया। उन्हें पूरा करते रहने में ही लीन रही। जो मिल सका उसी में खुश रही, जो नहीं मिल सका, उसके अभाव का दुख भूलकर अपने लेखन, प्रकाशन उद्‌बोधन के काम में डूबी रहकर काम करती रही। मेरे लिए अपनी प्रकाशित किताबों का अधिक महत्त्व है, उनके सामने हीरों का महत्त्व नहीं है। मेरी पुस्तकें मुझे सन्तान की तरह प्रिय हैं, वे अधिक महत्त्वपूर्ण हैं।

लेखन-प्रकाशन की बात से याद आता है, एक बार खर्च में परेशानी को देखते हुए टाकभौरे जी ने इस बात का हिसाब लगाया था कि मेरी प्रकाशित पुस्तकों पर मैंने अब तक कितने हजार रुपये खर्च किये हैं। उस समय उन्होंने दस पुस्तकों पर किया खर्च 70-80 हजार रुपये आँका और बच्चों को बताया था—"यदि यह खर्च पुस्तकों पर नहीं किया जाता तो तुम लोगों के लिए बचता, या तुम लोगों पर खर्च

होता।"

मैंने सीधे-सपाट लहजे में कहा था—"यदि मैं नौकरी ही नहीं करती तब आप क्या करते? तब बच्चों पर कितना खर्च करते और कितना बचा लेते? पुस्तक प्रकाशन पर मैंने अपने वेतन के रुपये खर्च किये हैं, अपनी खुशी के लिए खर्च किये हैं। इसके साथ मैं घर और परिवार के लिए कितना खर्च करती रही, उसका हिसाब करके देखिए। मैं अपने कर्तव्य और जिम्मेदारी हमेशा निभाती रही हूँ।"

जातिभेद का अन्याय और नारी शोषण सदियों से हो रहे हैं, दोनों ही दर्द साथ-साथ मिलते रहे। फ्लैट में रहने के समय की बातें भी दर्द की तरह सालती हैं। असल में यह शिकंजा आजकल का या उस कालखण्ड का नहीं था। यह तो सदियों पुराना है जो हमारी सामाजिक व्यवस्था को पूरी तरह जकड़े हुए है। उस शिकंजे की जकड़न में रहते हुए शूद्र-अछूतों का जीवन कष्ट और अपमान से पीड़ित रहा है। साथ ही समाज में नारी की स्थिति हमेशा निर्बल असहाय रही। समाज में परंपरा के रूप में स्त्रियाँ न तो सम्पत्ति की अधिकारी हो सकती थीं और न ही घर की मुखिया। चाहे वे शिक्षित हों, स्वावलम्बी हों, सम्पन्न हों, उन्हें सभी सुविधाएँ प्राप्त हों, फिर भी घर का मालिक पुरुष ही होता है। पुरुष अपनी सत्ता को कभी ताकत से, कभी समझदारी से और कभी छल-कपट से हमेशा अपने अधिकार में रखते हैं।

यह बात मेरे साथ भी थी। बहुत ही सहज रूप में मैं इस स्थिति में जी रही थी। भविष्य में मेरी हालत अधिक खराब हो सकती थी, बिल्कुल निर्बल अबला की तरह। मगर मैंने समय पर अपनी स्थिति को समझा और अपने अधिकार, अपनी सत्ता को खुद अपने हाथों में लिया। इसके लिए मुझे एक लम्बा सफर तय करना पड़ा था। मैं अपने रुपयों के खर्च का हिसाब भी देखने लगी थी, अपना रुपया अपने हिसाब से खर्च करने लगी थी। अपने मान-अपमान की बात को भी आँकने लगी थी। महिला मुक्ति आंदोलन से जुड़ने के बाद ही मैं अपनी स्थिति, अपने अधिकार और ताकत को समझ सकी थी।

मोहिनी के जन्म के दो माह बाद अक्टूबर 1989 में हमने शकरदरा चौक के पास 'वैष्णव अपार्टमेंट' का फ्लैट बुक किया था। फ्लैट के लिए मैंने एक लाख रुपये का कर्ज लेकर रुपयों का इंतजाम किया। सत्तर हजार मेरे पी.एफ. से और लगभग बीस हजार रुपये परिचितों, संबंधियों से उधार लेकर इकट्ठे किये थे, जिन्हें मुझे ही लौटाना था। इस तरह कुल एक लाख नब्बे हजार का फ्लैट था। फ्लैट की खरीदी में प्रथम नाम टाकभौरे जी का था, दूसरे नम्बर पर मेरा नाम। रजिस्ट्री होने के पहले टाकभौरे जी जाने-अनजाने अक्सर कहते थे—"मैं अपना यह फ्लैट चिंटू (बेटा) के नाम पर कर दूँगा। तू उसके दरवाजे पर, उसकी मेहरबानी की भीख माँगती हुई बैठी

रहना, रिरियाती हुई देखती रहना।"

यह सुनकर मुझे बहुत बुरा लगता था। अपना रुपया लगाकर भी क्या घर पर मेरा कोई अधिकार नहीं? यह बात बार-बार सोचने पर मेरे ध्यान में आया, फ्लैट मेरे ही नाम से खरीदा जायेगा, चाहे जो हो। जब मैं अपने पी.एफ. का और लोन का रुपया दे रही हूँ, तब इस फ्लैट की मालकिन मैं क्यूँ न बनूं? मैं भी अपने निश्चय पर अड़ गई–"फ्लैट सिर्फ मेरे नाम से खरीदेंगे, तभी मैं अपना रुपया दूँगी। नहीं तो एक पैसा नहीं दूँगी। चाहे फ्लैट खरीदो, चाहे मत खरीदो।"

वे मुझे समझाते हुए कहते–"मेरे रहते फ्लैट तुम्हारे नाम पर खरीदा जायेगा यह मेरे लिए बड़ी शर्म की बात है। पति ही घर का मुखिया होता है। आदमी ही प्रापर्टी का मालिक होता है। मेरे रहते ऐसा नहीं हो सकता कि फ्लैट तेरे नाम पर खरीदा जाये। जमीन-जायदाद के काम से बार-बार ऑफिस में जाना पड़ता है। यह तुम नहीं कर पाओगी। फ्लैट मेरे ही नाम पर खरीदने दो।"

लेकिन मैंने तब पूरी तरह दृढ़ निश्चय कर लिया था–"आपकी मर्जी है, फ्लैट खुद के नाम पर खरीदो, मैं अपना रुपया नहीं दूँगी।" तब 1990 में फ्लैट मेरे नाम से खरीदा गया था। मुझे स्वयं पर अभिमान हुआ था, मैं इतने बड़े, इतने सुन्दर फ्लैट की मालकिन हूँ। फ्लैट में डबल बेडरूम, किचन, हाल, आगे पीछे दोनों तरफ बड़ी गैलरी थी। गैलरी, बाथरूम, टायलेट, किचन में अलग नल थे। माँ पिताजी जब इस घर में आये थे, माँ अपने लोगों को खुशी के साथ बताती थी–"देखो तो, शीला के घर में पाँच-पाँच नल हैं।" डेढ़ साल की मोहिनी को इधर से उधर ठुमकते हुए भागती दौड़ती देखकर माँ ने कहा था–"तुम्हारी बेटी के लिए इतना बड़ा और अच्छा घर मिला है।"

टाकभौरे जी कहते थे–"अपना क्या है? सब कुछ मिसेस का ही है, हम तो महिलावादी हैं। प्रापर्टी की मालकिन महिला को ही बनाना चाहिए। लोग सिर्फ भाषणों में कहते हैं, मैंने यह बात करके दिखाई है। अपना घर मैंने पत्नी के नाम से खरीदा है।" कुछ लोगों ने कहा था–"जिसके नाम का लोन होता है, प्रापर्टी का मालिक वही रहता है। क्योंकि यदि वह लोन की किस्त देना बन्द कर दे तब प्रापर्टी का मालिक कोई दूसरा कैसे बन सकता है?" मैं इन बातों को सुनकर चुप रहती थी।

फिर भी यह टाकभौरे जी की समझदारी थी कि वे मेरी बात मान लेते थे। मैंने समाज में ऐसे बहुत पुरुष देखे हैं जो पत्नी की बात कभी नहीं मानते। स्त्रियाँ मरने के बाद ही शोषण और अत्याचारों से मुक्ति पाती थीं। महाराष्ट्र प्रांत में आकर यहाँ के 'दलित महिला आंदोलन' से जुड़कर मैं इतना कर सकी, यह मेरे लिए बड़ी उपलब्धि थी। मुझमें आत्मविश्वास आ गया था, फिर भी छुटपुट बातें चलती रहती थीं।

नवम्बर 1990 की वह बात बताने में कोई हर्ज नहीं है। मैं अब इन बातों को व्यक्तिगत नहीं, समाज में व्याप्त पुरुष मानसिकता के रूप में देखती हूँ। मैं इसका दोष टाकभौरे जी को नहीं, बल्कि इस समाज व्यवस्था को देती हूँ जहाँ स्त्रियों को हमेशा नगण्य माना जाता है। पुरुष अपनी पत्नी को पीट सकता है, वह इस बात को शर्म की नहीं, अपने गौरव की बात मानता है। वह इसे पति होने के अपने तानाशाही अधिकार के रूप में मानता हैं। इसमें परिवार, समाज के दुष्ट लोगों का मौन समर्थन भी रहता है।

सुबह 9-10 बजे किचन में चाय बनाते हुए मैं रुपये खर्च की बात पर बड़बड़ा रही थी और टाकभौरे जी से जवाब-तलब कर रही थी। टाकभौरे जी हाल में सोफे पर बैठे, चुपचाप सुन रहे थे। अपनी बक-बक करते हुए मैं इनके लिए चाय लेकर, सामने रखे टी टेबल के पास आई। तभी इन्होंने अपने पैरों के पास रखी बाटा की एक चप्पल उठाकर टी टेबल पर रखी और गुस्से के साथ कहा—"अब बोल, क्या बोलना है?"

मैंने समाज में स्त्रियों पर बहुत अत्याचार होते देखे हैं। अपने भाइयों को भी पत्नी के साथ कई बार दुर्व्यवहार करते देखा है। विवाह के बाद मेरे साथ भी ऐसा व्यवहार होने लगा था, मगर उस दिन की अनुभूति सबसे अलग थी। उस दिन मैं चाय के साथ चप्पल देखकर अवाक् रह गई कि मैं इनके लिए टी टेबल पर चाय रख रही हूँ और वे मेरे लिए चप्पल रख रहे हैं। चप्पल दिखाते हुए, वे फिर ऊँची आवाज में बोले—"हाँ, अब बोल, तुझे क्या कहना है?" मैंने आराम से चाय का कप टी टेबल पर रखा और चप्पल उठाकर उलट-पुलट कर देखी। न जाने कितना क्रोध, कितना आवेग मेरे भीतर भर गया। मुझे कुछ भी होश नहीं रहा, चप्पल मेरे हाथ में थी और मैं चीखते हुए कह रही थी—"तुम मुझे चप्पल से मारोगे? चप्पल से मारोगे...?" मुझे कुछ होश नहीं था। बस मेरे चीखने और बोलने की आवाज मेरे कानों में सुनाई दे रही थी।

पता नहीं टाकभौरे जी कैसे चुप रहे। वे मुझे शांत करने की कोशिश कर रहे थे। मुझे समझाते हुए कह रहे थे—"अच्छा ठीक है, बस चुप हो जाओ। रुक जाओ, शान्त हो जाओ।" मगर मैं चीखते हुए एक ही बात दोहरा रही थी। यह मेरे आत्म सम्मान को चोट पहुँचाने का परिणाम था। तिलमिलाकर मेरी आत्मशक्ति जाग गई थी, जिसका सामना टाकभौरे जी नहीं कर सके। मेरे क्रोध और आवेग को देखकर वे चुप रह गये थे और भविष्य के किसी दुष्परिणाम के डर से इस प्रसंग को खत्म करना चाहते थे। उस दिन का क्रोध, आवेग मुझे हमेशा याद रहता है। इस घटना के बाद टाकभौरे जी का सहज-सामान्य भाव से बातें करने लगना बहुत अजीब लगा

था। जब वे इतने सहज सामान्य हैं, तो हमेशा एक जैसे क्यों नही रहते? मैं कई दिनों तक अपने क्रोध की आग में ज्वालामुखी-सी धधकती रही थी। दलित स्त्रियाँ लड़कर अपने अधिकार लेती हैं जबकि सवर्ण स्त्रियाँ चुप रहकर सहन करती हैं। यदि स्त्रियों में जागृति हो तो वे अन्याय का मुँह तोड़ जवाब दे सकती हैं और अपने अधिकार छीनकर ले सकती हैं।

इस घटना के 5-6 वर्ष बाद, कॉलेज की एक सवर्ण प्राध्यापिका ने मुझे अपनेपन के साथ बताया था–"मैडम, पति को अपनी ताकत बताने के लिए, एक बार उन्हें झटका देना ही चाहिए, तभी वे सुधरते हैं। वे यदि अपने ऊपर हाथ उठायें, तो भले ही हम उन्हें न मारें, मगर उनका हाथ पकड़कर एक बार झटका देना चाहिए, तभी उन्हें हमारी ताकत का डर होता है। फिर वे हाथ उठाने की हिम्मत नहीं करते। मैंने एक बार ऐसा ही किया था। सभी पति एक जैसे होते हैं, पत्नी को कचरा समझते हैं। अपन भी इतने पढ़े हैं, नौकरी करते हैं, कमाते हैं, घर का खर्च उठाते हैं, फिर क्यों सहना यह सब? उन्हें झटका देना ही चाहिए।"

मैंने 'टी टेबल पर चप्पल' की उस घटना का जिक्र कभी किसी से नहीं किया था। बच्चों को भी यह बात नहीं मालूम थी। मैडम की बात सुनकर मुझे वह घटना, वह क्रोध-आवेग याद आये थे। मैडम की बातों से यह भी मालूम हुआ, सवर्ण पुरुष भी अपनी पत्नी के साथ मारपीट और गाली-गलौज करते हैं। मनुस्मृति धर्मग्रन्थ में स्त्रियों और शूद्रों को हमेशा नियंत्रण और शासन में रखने का नियम बताया गया है। दलित पुरुष ब्राह्मणशाही की दासता से मुक्ति के लिए आन्दोलन कर रहे हैं, समता, स्वतंत्रता और सम्मान का अधिकार पाने के लिए संघर्ष कर रहे हैं। मगर दलित स्त्रियाँ अपने अधिकारों के लिए दोहरा संघर्ष करती हैं–मनुवादी पुरुष सत्ता से और मनुवादी जाति व्यवस्था से। मनुवादी मानसिकता वाले सवर्ण लोगों से मिली पीड़ा की तरह, यह पीड़ा भी मुझे असहनीय लगी थी। पत्नी के साथ मारपीट करना आम बात मानी जाती है, मगर यह भी सच है, सभी दलित पुरुष ऐसे स्वभाव के नहीं होते हैं।

फ्लैट में हम 1990 से 96 तक रहे थे। 1996 में बेटा शरद ने 12 वीं की परीक्षा दी, उन्हीं दिनों फरवरी में टाकभौरे जी को हाईस्कूल शिक्षक की नौकरी से सेवानिवृत्ति मिली थी। उस समय मोहिनी फ्लैट के नजदीक के 'संजूबा कान्वेंट स्कूल' में के. जी. II में पढ़ रही थी। यह समय मेरे जीवन में बहुत ही चिन्ता और समस्याओं से उलझा हुआ था। सहारा इस बात का था कि मेरी नौकरी थी और मेरी सर्विस के बहुत साल बाकी थे। तब मैंने अपनी हिम्मत से धीरज के साथ अपनी जिम्मेदारी को सँभाला था।

बेटियों की शादी के लिए मैंने सन् 2000 से वेतन से कटौती करके रुपये जमा करना शुरू कर दिया था, जिससे मैं स्वयं अकेले के बलबूते पर बेटियों के विवाह जैसे बड़े काम सरलता से कर सकी। बेटियों की शादी अच्छे घर में कर सकी, इस बात का भी मुझे संतोष है। टाकभौरे जी साथ रहते थे, मगर वे हर बात में मुझे ही आगे रखते थे। खर्च करने की और निर्णय लेने की जिम्मेदारी मुझे ही उठानी पड़ती थी। टाकभौरे जी कहते थे—"यदि आगे कुछ गलत हुआ तो उसका परिणाम तुमको ही भुगतना पड़ेगा।" मैं आत्मविश्वास के साथ सभी निर्णय अपनी जिम्मेदारी पर लेकर खर्च भी उठाती रही।

पानीपत निवासी श्रीमान रमेशचन्द्र पुहाल जी 'सफाई मजदूर कांग्रेस' संस्था के पदाधिकारी थे। वे संस्था के आयोजित कार्यक्रम में नागपुर आये थे, तब उनसे हमारी भेंट हुई। उद्योगी-व्यवसायी धनाढ्य पुहाल जी पारसी जैसे दिख रहे थे। कार्यक्रम में हमने उनका भाषण सुना, उन्होंने हमारा भाषण सुना। नजदीक बैठने पर पारिवारिक बातें हुई, तब उनका मन हमारे परिवार में बेटे की रिश्तेदारी करने का बन गया। उन्होंने बहुत आग्रह के साथ हमें पानीपत बुलाया और अपने छोटे बेटे प्रभात के लिए हमारी बेटी शिवरानी का हाथ माँगा।

इस बात का निर्णय करना मुझ पर निर्भर था। मैं सशंकित थी, बेटी को इतनी दूर कैसे दूँ? धनवान लोग हैं, हमारी बेटी को निभायेंगे या नहीं। रीति-रिवाज, पर्दा प्रथा, खर्च, हर बात का डर और चिन्ता थी। रमेशचन्द्र पुहाल जी और उनके बेटे रमणचन्द्र पुहाल ने हमें बहुत विश्वास दिलाया था। रमेशचन्द्रजी ने सामाजिक कार्यकर्ता और नेता का आदर्श रखते हुए बिना खर्च की, बिना दहेज की शादी करने की बात कही। उनकी पत्नी श्रीमती सुमित्ररानी पुहाल जी का सीधा-सरल, ममतापूर्ण स्वभाव देखकर विश्वास जागा, तब बेटी के सुखद भविष्य के लिए सही निर्णय लेकर बहुत खुशी हुई थी।

12 नवम्बर 2005 को मोना बेटी की शादी धूमधाम से हुई। इंजीनियर प्रभात पुहाल को दामाद के रूप में पाकर मैं धन्य हो गई। इतना सुन्दर समझदार, इज्जतदार धनाढ्य दामाद देखकर लोग ईर्ष्या कर रहे थे। पुहाल जी ने अपना वचन निभाया। शादी में सप्रेम भेंट के रूप में मिले सामान को भी उन्होंने नहीं लिया। मैंने बेटी के गहने, कपड़े के अलावा कुछ नहीं खरीदा। नागपुर निवासियों के लिए यह बहुत ही आश्चर्य की बात थी। हमारी जाति में बिना उपहार, बिना दहेज के सामान की यह पहली शादी थी। रिश्तेदार और जाति समुदाय के लोग मेरे कार्य-व्यवहार की प्रशंसा कर रहे थे। बेटी की ससुराल से बहुत गहने और कपड़े आये थे जिसे लोगों ने पहली बार आश्चर्य के साथ देखा था। पूरे खर्च का इंतजाम मैंने अपनी हिकमत, हिम्मत

से किया और बेटी की शादी करके एक बड़ी जिम्मेदारी को पूरा किया। हमारे घर की शादी का अच्छा इन्तजाम और व्यवस्थित रूप से किया गया कार्यक्रम देखकर, कॉलेज के लोगों ने मेरी प्रशंसा की थी।

बड़ी बेटी देवयानी की शादी की बात तब बैंगलोर में चल रही थी। वहाँ की बात का निर्णय न होने के कारण मँझली बेटी शिवरानी की शादी पहले कर दी। यह कदम भी मैंने हिम्मत के साथ अपने निर्णय से उठाया था। बड़ी से पहले छोटी की शादी होने की बात से लोग तरह-तरह की बातें करते हैं। मैंने इस बात की परवाह न करके उचित निर्णय लिया था। बैंगलोर की बात पक्की नहीं हो सकी, तब हम देवयानी के लिए योग्य वर ढूँढ़ने के लिए कई जगह गये। बेटी की इच्छा थी वह इंजीनियर है इसलिए उसका रिश्ता इंजीनियर लड़के के साथ ही पक्का किया जाये। सर्वगुण सम्पन्न बेटी के रिश्ते के लिए बहुत बातचीत आई मगर योग्य वर न होने पर मैंने स्वीकार नहीं किया। अपनी जाति के शिक्षित लड़कों और उनके परिवार के लोगों के नखरे देखकर मेरा मन कड़वा हो गया था, तब मैंने अपनी बेटी के अन्तर्जातीय विवाह का फैसला किया।

महाराष्ट्र के अमरावती निवासी रमेश गजभिए जी के परिवार की तरफ से उनके बेटे पंकज गजभिए का हमारी बेटी के साथ शादी का रिश्ता आया। पहले इस अन्तर्जातीय विवाह की बात पर मेरा मन सशंकित था। चिन्ता थी, पता नहीं हमारी बेटी को निभाएँगे या नहीं? उनके घर में हमारी बेटी का अपमान न हो? बेटी के हित में अनेक प्रश्न मन में उठते थे। रमेश गजभिए जी की बेटी मिसेस प्रीतम यादव और मिसेस वैशाली वाणे ने बार-बार फोन करके हमें विश्वास दिलाया था, उन्हें हमारी बेटी पसंद है और वे अपने भाई का रिश्ता हमारे घर में ही करेंगे। इसका निर्णय भी मुझपर निर्भर था। मैंने साहस और विश्वास के साथ बेटी का अन्तर्जातीय विवाह करने का निर्णय लिया।

जब यह बातचीत हुई थी, मैंने अपनी माँ को सब बातें बताकर उनकी राय माँगी थी—"बाई, बताओ मैं क्या करूँ?" माँ ने कहा था—"आजकल सब चलता है। पढ़े-लिखे समझदार लोग जात-पात नहीं देखे हैं, पढ़ाई-लिखाई और मान-सम्मान देखे हैं। तुम बेटी की शादी निश्चिन्त होकर करो।" माँ की बातों ने मेरा साहस बढ़ाया था। विवाह की बातचीत के समय मैंने वर पक्ष के लोगों को साफ शब्दों में बता दिया था—"मैं सामाजिक कार्यकर्ता हूँ, दहेज का विरोध करती हूँ। अपनी बेटी की शादी में मैं कोई दहेज नहीं दूँगी।" तब दामाद और उनके परिवार के लोगों ने मेरी बात को सहर्ष स्वीकार किया था। डॉ. भीमराव अम्बेडकर को मानने वाले शिक्षित, प्रगतिशील कुटुम्ब-परिवार से हमारी रिश्तेदारी हुई थी। अमरावती के खेतीबाड़ी वाले

सम्पन्न परिवार के इकलौते बेटे, नागपुर के के.डी.के. इंजीनियरिंग कॉलेज के लेक्चरर आयु. पंकज के साथ देवयानी की शादी की बात पक्की हो गई। 9 मार्च, 2008 के दिन, हमने धूमधाम के साथ बिना दहेज के, बेटी का विवाह बौद्ध पद्धति से किया।

मेरे भाई इस शादी से खुश नहीं थे, नाराज भी नहीं थे। पिंकी की शादी में मेरा एक भी भाई नहीं आया, मगर मैंने परवाह नहीं की। अपनी माँ की राय और आशीर्वाद लेकर बेटी का विवाह बौद्ध पद्धति से किया। नागपुर के वाल्मीकि जाति समाज में अपनी ओर से बेटी का विवाह बौद्ध पद्धति से करना यह प्रथम घटना थी। हमारे जाति समुदाय में नागपुर में यह एक क्रांतिकारी घटना थी। लोगों को आश्चर्य था कि हमारी बेटी का अन्तर्जातीय विवाह हो रहा है, बौद्ध पद्धति से हो रहा है। कई लोग उत्सुक होकर सिर्फ देखने के लिए उपस्थित थे।

इस विवाह में रिश्तेदार और नागपुर के स्थानीय लोग लगभग एक हजार की संख्या में उपस्थित थे। सबने हमारी सूझबूझ, हिम्मत और नये कदम की प्रशंसा की थी। इंजीनियर, लेक्चरर, सुन्दर समझदार दामाद पाना हमारे गौरव की बात थी। गजभिए दामाद के कुटुंम्ब-परिवार के सभी लोग उपस्थित थे और बहुत खुश थे। किसी को किसी से कोई शिकायत नहीं थी। बेटी की सासू माँ श्रीमती शशिकला गजभिए ने मुझे कई बार यह बात कही—"आपको दामाद कैसा लगा, नहीं मालूम लेकिन हमें जैसी बहू चाहिए थी, वैसी ही अच्छी बहू मिली है। हम सब बहुत खुश हैं।" दामाद के नाना-नानी, सभी मामा, मामी, काका, बाबा खुश थे। मुझे इन सब बातों से बहुत सुख, संतोष और सम्मान मिला था। हमारे पहल करने के बाद नागपुर के अन्य परिवारों ने भी अपने बच्चों का अन्तर्जातीय विवाह किया।

समाज के सभी लोग एक जैसे नहीं रहते। अधिकतर लोग धर्मभीरु, पुराणपंथी और परम्परावादी हैं। नागपुर की हमारी जाति की एक परिचित महिला ने एक बार मुझे पूछा था—"तुमको अपनी जाति में अच्छा जवांई नहीं मिला, अब क्या बहू भी दूसरी जाति की लाओगे?" तब मैंने उसे आश्चर्य के साथ देखा था और तीखे अंदाज में कहा था—"पढ़े-लिखे समझदार लोग ऐसी बातें नहीं करते।" तब वह महिला चुप रह गई थी। मेरा आशय था, आज के युग में जात-पाँत देखना और मानना मूर्खता हैं। अन्तर्जातिय विवाह करने से ही जातियाँ टूटेंगी, जातिभेद मिटेगा। समाज परिवर्तन की प्रगतिशील विचारधारा को लोग धीरे-धीरे समझेंगे। कुछ लोग समझ भी रहे हैं मगर कूपमंडूक लोग केकड़ों की तरह एक-दूसरे की टाँग पकड़कर पीछे खींचने की कोशिश करते हैं।

हमारे जाति-समुदाय में दहेज रूप में हुण्डा नहीं दिया जाता, मगर नागपुर में

यह रीति बन गई है—बेटा अनपढ़ हो, बेरोजगार हो, चतुर्थ श्रेणी की नौकरी करता हो फिर भी उसकी ससुराल से लाखों रुपयों का सामान सप्रेम भेंट के रूप में दिया जाता है। पलंग, बिस्तर, सोफा सेट, अलमारी, डायनिंग टेबल, ड्रेसिंग टेबल, हीरो होंडा गाड़ी, फ्रीज, वाशिंग मशीन, सिलाई मशीन, मिक्सर, ज्यूसर, गैस सिगड़ी, सेलेण्डर, ढेर सारे बर्तन—सब कुछ दिया जाता है। मैंने देखा है, कई बार लड़के वालों के छोटे मकान में इतना सामान रखने की जगह नहीं होती, तब वे दूसरों के घर यहाँ वहाँ सामान पटकते रहते हैं। कभी सामान बेचकर रुपये खर्च कर दिये जाते। फिर भी लड़की वाले अपनी आन-बान-शान बताने के लिए लाख रुपयों का कर्ज करके यह सब सामान जरूर देते हैं।

हमारी एक भतीजी, जेठजी की बड़ी बेटी ने अपनी बेटी की शादी में कहा था—"यदि लूना नहीं दे पाती तो शादी ही नहीं करती, बेटी की बारात लौटा देती। मुझे लूना दहेज में देना ही था।" ऐसा सामान देने में समाज के लोग अपना बड़प्पन मानते हैं। मेरी चचेरी ननद की बेटी बब्बी ने जब अपनी बेटी की शादी की थी, तब एक लाख से ज्यादा रुपयों का सामान मंडप में सजाकर रखा था। वे इस बात पर गर्व कर रहे थे कि वे ही हैं, जो इतना दे रहे हैं। मुझे उनके गर्व में नासमझी दिख रही थी। इसका कर्ज और ब्याज उन्होंने कई बरसों तक भरा। मैं ऐसे लोगों को दहेज के विरोध का महत्त्व समझाती रहती हूँ। नागपुर के लोगों ने बिना दहेज की हमारे घर की दो-दो शादियाँ देखीं, तब उन्हें भी समझ आया था—"क्या जरूरत है बेटी की शादी में इतना खर्च करने की? हम ही बेटी को बोझ बनाते हैं और झूठी शान दिखाने के लिए कर्ज लेकर खर्च करते हैं।" मैंने नागपुर में अपने घर से इस गलत परंपरा को तोड़ा है। हमारे रिश्तेदार भी ऐसे समझदार मिले, जिनसे हमें इस बात के लिए पूरा सहयोग मिला।

बेटियों के विवाह के बाद हमारे कॉलेज की प्रा. धीरा मुखर्जी ने मुझसे यह बात कई बार कही थी—"मैडम, आपने अपने जीवन में जो मेहनत और संघर्ष किया है, उसी का लाभ आपकी बेटियों को मिला है। आपका लेखन, आपके भाषण और आपके सामाजिक कार्यों से आपको अच्छी रिश्तेदारी मिली है।" तब मुझे भी इसमें अपनी मेहनत और संघर्ष की सफलता नजर आई थी। छोटी बेटी मोहिनी पढ़ रही है। बेटे का काम चल रहा है। पारिवारिक जिम्मेदारियों के साथ सामाजिक कार्य भी चल रहे हैं। मैंने यह समझ लिया है—ज्यादा झुकने से ही लोग अधिक झुकाते हैं, डरने पर ही लोग डराते हैं। निर्भीकता और आत्मविश्वास के साथ ही काम हो सकते हैं।

मैं नारी हूँ, इसकी अपने आप में एक व्यथा-कथा है, इसके साथ श्रम, संघर्ष, कष्ट और गरीबी की व्यथापूर्ण कथा है। अछूत होना, अस्पृश्य होना स्वयं में बहुत यातनापूर्ण है। सामाजिक जातिगत भेदभाव के साथ अपमान और तिरस्कार-बहिष्कार से भरा जीवन जीना, निर्बल-असहाय रूप में चुपचाप अपमान के जहर को पीना—भुक्तभोगी ही इस यातना को समझ सकता है। घृणा, उपेक्षा-जुगुप्सा के भाव कितनी वेदना दे सकते हैं, यह मैं जानती हूँ। विशेषकर तब और अधिक कष्ट होता है, जब सम्मान के दिखावे के साथ अप्रत्यक्ष रूप से पीड़ित किया जाये। उच्च शिक्षा पाने के बाद भी, उच्च पद पर नौकरी करने के बाद भी, अच्छे व्यवहार, रहन-सहन के बाद भी हमें घृणा, उपेक्षा और जुगुप्सा का शिकार होना पड़ा है। तन-मन कितने पीड़ित होते रहे। सवर्ण कहे जाने वाले कुटिल-कपटी दुष्ट प्रवृत्ति के उन लोगों के व्यवहार ने अनेक दंश मेरे हृदय पर अंकित किये हैं।

1976 से 86 के बीच मैंने प्रकाश हाईस्कूल में अध्यापन कार्य किया था। हमारी संस्था के व्यवस्थापक श्री. प्रकाशे हम दोनों पति-पत्नी से हमेशा खुश रहते थे। इसका कारण हमारा व्यवहार संस्था के सब लोगों के प्रति विनम्र था। अवज्ञा-उल्लंघन जैसे कार्य हमने नहीं किये थे, इसलिए वे हम पर कभी नाराज नहीं हुए। जब कभी हमारे स्कूल का या पूरी संस्था 'आदर्श ज्ञान प्रकाश शिक्षण संस्था' का कोई बड़ा कार्यक्रम होता, नागपुर शहर के और दूर गाँव-शहर के अतिथि वक्ता बुलाये जाते। तब हमारी संस्था के व्यवस्थापक बाहर से आये प्रत्येक व्यक्ति से हमारा परिचय कराते, साथ ही यह भी बताते थे—"ये दोनों सफाई कर्मचारी जाति के हैं। इस जाति के होने के बाद भी हमने इन्हें अपनी संस्था में नौकरी दी है।"

उस समय मैं विनम्रतावश अपने व्यवस्थापक महोदय के प्रति कृतज्ञ हो जाती थी, लेकिन जब इस तरह हमारे परिचय के साथ बार-बार जाति का उल्लेख किया जाता तब मेरे मन में प्रश्न उठने लगे थे—"हम दोनों को अजूबे या कौतुक की वस्तु के रूप में प्रस्तुत करने और हमारी जाति का बार-बार उल्लेख करने के पीछे व्यवस्थापक जी का क्या मकसद है? क्यों वे हमें दूसरों के सामने नीचा दिखाना चाहते हैं? क्या इस तरह वे अपनी श्रेष्ठता-महानता दिखाना चाहते हैं? क्या हमारी योग्यता, हमारा ज्ञान, हमारी डिग्रियाँ—इन सबका कोई महत्त्व नहीं? जैसे सभी शिक्षक अपनी योग्यता के बल पर शिक्षक बने, वैसे ही हमें भी शिक्षक की नौकरी मिली है। इसमें व्यवस्थापक जी की विशेष कृपा का क्या तात्पर्य है?" हर बार ऐसी घटना के बाद मन में उथल-पुथल मच जाती थी। यदि हमारे लिए आरक्षण के रूप में एस.सी. कोटे में पद निश्चित न किये जाते तो शायद हमें ऐसी नौकरी पाने के अवसर कभी नहीं मिल पाते। मुझे व्यवस्थापक जी की ऐसी बातों पर क्रोध आने लगा था।

प्रकाश हाईस्कूल, आर. एस. एस. वालों का है। नागपुर के रेशमबाग के बड़े मैदान में आयोजित आर. एस. एस. के कार्यक्रमों में हम भी जाते थे। वहाँ की बातें सुनकर और कार्यपद्धति देखकर समझ आता था कि आर. एस. एस. के लोग कोई भी काम कितने नियोजित ढंग से करते हैं। कारण, कार्य और परिणाम हर बात पर उनकी नजर रहती है। उनका व्यवहार हमारे साथ हमेशा मधुर रहा। इसके पीछे भी उनकी कूटनीति रहती थी। साम-दाम-दंड-भेद के साथ वे अपनी नीतियों में सफल होते हैं। पोरवाल कॉलेज में आने के बाद प्राचार्य नागराजन जी ने हँसते हुए मुझसे पूछा था—"आर. एस. एस. वाले और जनसंघी लोग काली टोपी क्यों पहनते हैं?" तब मुझे इसका कारण-प्रयोजन नहीं मालूम था। बाद में मुझे मालुम हुआ, उनकी अपनी निश्चित नीतियाँ और विचारधारा है, उसी तरह उनकी पोशाक है जो उनकी पहचान है।

मैं कामठी के सेठ केसरीमल पोरवाल कॉलेज में हिन्दी की प्राध्यापिका के पद पर आई, तब वहाँ प्राध्यापिका मिसेस मुखर्जी पहले से हिन्दी पढ़ाती थीं। करीब दो साल बाद उन्होंने हँसते हुए मुझसे कहा—"मैडम, मैं तो यकीन ही नहीं कर पाई।" वे बार-बार इसी बात को दोहराती रहीं। मैंने पूछा—"आप किस बात का यकीन नहीं कर पाईं?" तब उन्होंने मेरे हाथ को अपने हाथ में लेकर, हँसते हुए रहस्य बताने के ढंग से कहा—"मुझे प्राचार्य नागराजन सर ने बताया। मैं तो यकीन ही नहीं कर पाई कि आप एस. सी. हो।"

मैंने सरल और सहज भाव से कहा था—"हाँ, मैं एस. सी. हूँ। हिन्दी की पोस्ट एस. सी. (अनुसूचित जाति) कोटे की थी। उसी पर मेरा अपाइंमेंट हुआ है। आपको पता नहीं था क्या?" मैडम ने बहुत अपनेपन से कहा था—"मगर आप तो एस. सी. लगती ही नहीं हो। आपका रहन-सहन, पहनावा, आपकी भाषा, व्यवहार, बोलचाल कितना सौम्य और सुसंस्कृत है। मैं तो आपको एस. सी. मान ही नहीं सकती।" मैडम ने आश्चर्य भरे तरीके से स्टाफ रूम में उपस्थित प्राध्यापक-प्राध्यापिकाओं को भी इस विषय में बताया। मैं सोचती रही, क्या, एस. सी. इस तरह नहीं रह सकते? हमारे लिए लोग अपने दिल दिमाग में हमेशा गन्दी छबि बनाकर क्यों रखते हैं? हमारी जाति के लोगों को बुरा क्यों समझते हैं? इसका स्पष्ट कारण है, हमारे लिए पहले से ही पूर्वाग्रह और दुराभाव रखा जाता है। यह बात भी स्मरणीय है, यदि यह पोस्ट एस. सी. कोटे की नहीं होती तो शायद मैं सवर्णों के बीच नहीं आ पाती। जिन्होंने हमें आरक्षण का लाभ दिया, हमें समानता और सम्मान का अधिकार दिलाया—बाबासाहब डॉ. अम्बेडकर जी को ही मैं अपने सम्मान का श्रेय देती हूँ। उनके संघर्षों के फलस्वरूप ही हम यहाँ तक आ सके, अन्यथा सवर्णों के बीच रहकर,

सम्मान की नौकरी कर पाना, क्या हम जैसे लोगों के लिए कभी सम्भव हो पाता?

मन जब अनुभवों पर चिन्तन करता है तो अनेक भूली बिसरी बातों के चित्र संदर्भों के साथ स्पष्ट होने लगते हैं। जिन बातों का कारण पहले कभी ध्यान में न आया हो, वे भी स्वयं चीख-चीखकर अपना बयान देने लगते हैं। 1986 की बात है, तुकड़ोजी चौक के हमारे ब्लॉक की दीवार से लगकर पड़ोसी गढ़वाली केसरसिंह बिष्ट का ब्लॉक था, दोनों घर के दरवाजे नजदीक थे। उन्हें हमारी जाति मालूम थी, वे हमसे छुआछूत नहीं मानते थे। एक दिन उनके घर एक महिला आई। उसने पड़ोसन से पूछा—"तुम्हारे पड़ोस में कौन रहते हैं?" पड़ोसन ने अपने घर में सबके सामने सहज ही कहा—"झाड़ूवाली रहती है।"

मैं अपने दरवाजे के सामने गैलरी में खड़ी थी, पड़ोसन का यह उत्तर सुनकर मैं दंग रह गई। मेरा प्राध्यापिका होना उसकी नजर में कुछ नहीं था। उसने मुझे मेरी जाति के काम से ही जाना था। वैसे उनका व्यवहार अन्य लोगों की अपेक्षा ठीक था, वे हमारे घर खाते-पीते थे, हमें भी अपने घर खिलाते-पिलाते थे, मगर उसके उत्तर ने मुझे आश्चर्य में डाल दिया था। बचपन से पाया नजरिया ही उसकी नजरों में था। उसका हमारे प्रति अपनेपन और सम्मान का व्यवहार रहने पर भी हमारी जाति के प्रति भावना वही थी, जाति के प्रति उसका दृष्टिकोण वही था जो दूसरों का था। मैं तब समझ नहीं पाई थी, पड़ोसन को क्या जवाब दूँ। हमारी आर्थिक स्थिति उनसे अच्छी थी। हम शिक्षक-प्राध्यापक की सम्मानित नौकरी करते थे, मगर जाति? हिंदू धर्म की इस जातिव्यवस्था को कोई भूलता ही नहीं है। इस घटना से दुखी होकर मैंने 'यातना के स्वर' कविता लिखी थी—"पीएच.डी. प्राप्त/कॉलेज की प्राध्यापिका/जाति के नाम पर कहलाती है/सिर्फ झाड़ूवाली!"

मेरी वेदना को क्या वह पड़ोसन समझ सकती थी? समझाने पर भी नहीं समझ पाती। इसका एक ही उपाय है—लड़ाई-झगड़ा, डाँट-फटकार, तीखी-तकरार की बातों द्वारा मुँहतोड़ जवाब। मुझे उस दिन पड़ोसन पर बहुत गुस्सा आया था। जीवन में ऐसे क्षण कई बार आये, जातिभेद के अपमान की बातों को बहुत नजदीक से, अपने कानों से सुना। चट्टान पर चोट की तरह चिनगारियाँ भी निकलीं, झगड़ा भी किया, मगर क्रोध किस पर किया जाये? पत्ता-पत्ता और डाल-डाल पर प्रहार करने के बदले, भेदभाव की संस्कृति की जड़ों को, जातिवादी समाजव्यवस्था के आधार को तोड़कर ही अपमान से मुक्ति मिल सकती है।

इसके चार दिन बाद ही एक दूसरी घटना घटी। मैं कभी-कभी बच्चों के पहनने के एक-दो कपड़े गैलरी की दीवार पर सूखने के लिए डाल देती थी। चिंटू बेटे की स्कूल की शर्ट हवा से उड़कर नीचे के घर के आँगन में गिरी। नीचे रहने वाली

जोर-जोर से बक-बक करने लगी–"समझता नहीं है क्या? बच्चों के कपड़े ऐसे डाल देते हैं? कॉलेज में पढ़ाती है, इतना भी नहीं समझती, अकल है कि नहीं? पता नहीं बच्चों को क्या पढ़ाती है?" शर्ट उठा लेने के बाद भी वह बहुत देर तक बड़बड़ करती रही। पड़ोस के लोग उसकी बातें सुन रहे थे।

हमारी पड़ोसन की बेटी सुषमा मेरे पास आकर बोली–"आण्टी, देखो वह कैसी बातें सुना रही है, आप उससे कुछ क्यों नहीं कह रहे हो? आप भी उसे बातें क्यों नहीं सुनाते?" मेरे मन में तब कौनसा आत्मसन्तोष था, मैं नहीं जानती थी, मगर मैंने जो बात कही, वह सटीक थी। मैंने सुषमा से कहा था–"कम से कम वह इतना तो जानती है कि मैं कॉलेज में पढ़ाती हूँ , फिर उससे क्या झगड़ा करना? यह तो उसकी समझदारी है, जो वह ये बातें कह रही है।" दसवीं कक्षा में पढ़ने वाली सुषमा कुछ न समझते हुए मेरा मुँह देखती रह गई थी।

एक घटना यह भी घटी, शरद आठवीं में था, जुलाई महीने की बात है। एक दिन शरद ने स्कूल से आकर मुझसे पूछा–"मम्मी अपनी जाति क्या है?" मैंने कहा–"क्यों पूछ रहे हो?" बेटे ने बताया–"आज क्लास में टीचर ने मुझसे पूछा था। मैंने कहा मुझे नहीं मालूम, तब टीचर हँस रही थी।" यह सुनकर हम भी हँसे थे। शरद की जाति बाल्मीकि लिखाई थी। नयी टीचर ने इसका गूढ़ अर्थ पूछा था। ईसाई मिशनरी द्वारा संचालित 'सन्त अन्थोनी कान्वेंट स्कूल' में भी बच्चे की जाति पूछी गई और जाति के नाम पर हँसे भी। बेटे की आहत भावनाओं को देखकर मुझे बहुत दुख हुआ था। समाज के लोग क्या जात-पाँत के बिना जी नहीं सकते? लोग जातिभेद को क्यों भूल नहीं जाते?

इस घर में रहते हुए हमें आवश्यक सुविधाएँ उपलब्ध थीं। घर से बच्चों का स्कूल नजदीक होने के कारण सुविधा थी। सब्जी बाजार, किराने की दुकान, आटा चक्की, डॉक्टर का दवाखाना सभी नजदीक थे। बस स्टॉप घर के सामने ही था। चौक होने के कारण दिनभर और देर रात तक चहल-पहल रहती थी। रिश्तेदार भी आते-जाते रहते थे। सब सुविधाएँ रहने के बाद भी एक बड़ी असुविधा थी, एक कमरे का घर था, बच्चे बड़े हो रहे थे। हम यह चाहते थे, कर्ज लेकर किसी तरह बड़ा मकान खरीद लें। यह बात हमारे लिए सरल नहीं हो सकी। इसके लिए भी हमें धोखा-फरेब के कटु अनुभवों का सामना करना पड़ा।

1988 की यह घटना जीवन में अविस्मरणीय है, जिसे मैं कभी नहीं भूल सकती। तुकड़ोजी चौक के एक कमरा, किचन के छोटे घर में रहते हुए सोचा था, कोई अच्छा प्लॉट लेकर अपना बड़ा घर बनायेंगे। नागपुर में वर्धा रोड के साईं मंदिर क्षेत्र में बड़े और सुन्दर मकानों की हरी-भरी पॉश कालोनी में एक प्लॉट खाली था।

प्लॉट की कीमत तब एक लाख बीस हजार रुपये थी। तीन हजार स्क्वेअर फुट प्लॉट की कीमत एरिया के हिसाब से अधिक नहीं थी, मगर तब हमारे पास प्लॉट खरीदने के लिए इतने रुपये नहीं थे। हमने किसी के साथ मिलकर आधा-आधा प्लॉट खरीदने की योजना बनाई। टाकभौरे जी ने प्रकाश हाईस्कूल के सहकर्मी शिक्षक अशोक शर्मा को साथ में प्लॉट खरीदने के लिए कहा। शर्मा कुछ सोचकर बोले थे—"पत्नी से पूछकर आपको बताता हूँ।" टाकभौरे जी शर्मा से बार-बार आग्रह करते रहे। शर्मा इस बात से इनकार भी नहीं करते थे। बस यही कहते—"अभी हम विचार करे रहे हैं, फिर मैं आपको बताता हूँ।"

टाकभौरे जी को शर्मा की बातों पर विश्वास था इसलिए उन्होंने किसी दूसरे व्यक्ति को साथ में प्लॉट खरीदने के लिए नहीं कहा। वे चाहते तो किसी दूसरे व्यक्ति को तैयार कर सकते थे मगर वे शर्मा की बातों के चक्कर में फँसकर रह गये। इस तरह धीरे-धीरे एक माह बीत गया। जब यह पता चला कि वह प्लॉट बिक चुका है, तब हम बहुत पछताए थे। 1995-96 में उस प्लॉट की कीमत दस लाख रुपये से अधिक थी। हम सिर्फ अफसोस करते रहे कि यदि शर्मा देर न करते तो हम मिलकर वह प्लॉट अवश्य खरीद लेते। आठ वर्षों बाद 1996 में टाकभौरे जी ने अफसोस की यह बात सहकारी शिक्षक गिरधारीलाल सोलंकी को बताई—"शर्मा जी ने देर कर दी, नहीं तो इतना बढ़िया प्लॉट हम दोनों तभी खरीद लेते और अब उस पर दोनों मिलकर अपने मकान बनाते।"

सोलंकी राजपूत ठाकुर एस. टी. थे। उन्होंने बहुत ही अपनापन जताते हुए धीरे से बताया था—"भैया, बताना मत, कहाँ के चक्कर में थे। क्या शर्मा तुम्हारे साथ प्लॉट खरीदकर, मकान बनाकर तुम्हारे पड़ोस में रहता? यह तो उसने पहले दिन ही सोच लिया था, तुम्हारे साथ प्लॉट नहीं खरीदेगा, भले ही जिन्दगी भर किराये के मकान में रहेगा। अच्छा मकान मिले तब भी तुम्हारे पड़ोस में नहीं लेगा। उसने तो यह बात कुछ लोगों को तभी बता दी थी। आप भी बड़े भोले हो जो उसके झाँसे में आ गये और महीना भर उसकी राह देखते रहे।"

संमय जा चुका था मगर एक दाग दिल पर छोड़ गया था। जब भी मैं 'साईं मंदिर' क्षेत्र से गुजरती हूँ, वहाँ बने मकानों को देखकर लगता है, हम भी ऐसा अपना घर बना लेते, यदि हमें धोखे में न रखा गया होता! जातिभेद की यह टीस सभी पुराने घावों को गहरा कर देती है। उसके नासूर से खून रिसने लगता है, मन में वेदना उफनती है, तर्क अपने ही जाल में उलझते हैं। सदियों के प्रश्न सामने खड़े हो जाते हैं—'हम कर्म से बड़े हैं, व्यवहार में अच्छे हैं, सम्पर्क क्षेत्र में कहीं पीछे नहीं हैं, फिर भी जाति का जो ग्रहण है वह हमारे साथ ही साथ रहता है।' यदि खुले आम यह

बताया जाता कि तुम और हम बराबर नहीं हैं, हम अपनी नीतियों, मान्यताओं से तुम्हें कभी अपने बराबर नहीं होने देंगे, तो मन वहम में न रहता, मगर यहाँ तो धोखे के सुनहरे जाल में बड़े प्यार से भरमाया जाता है।

जो लोग कभी शूद्र-अछूतों को छूने की कल्पना नहीं कर सकते थे, आज हमारे साथ बैठकर खाने लगे हैं। हाथों में हाथ रखकर बातें करने लगे हैं, यह बताने के लिए कि वे जातिभेद नहीं मानते। मगर इसके पीछे का सच क्या है? इसे मैं कैसे भूल सकती हूँ। जातिभेद के जाल को आज भी मैं अपने ऊपर पूरी तरह लिपटा हुआ पाती हूँ। छल और दुरावे के व्यवहार को आज भी मैं अपने तन-मन पर झेल रही हूँ। तर्क और बुद्धि से अब मैं बहुत दूर की बात सोचने लगी हूँ–'हम कुछ भी बन जायें, कुछ भी पा लें, फिर भी जातिव्यवस्था का संरक्षक हिन्दू धर्म हमारे साथ हमेशा भेदभाव करेगा। हिन्दू धर्म को मानने वाले वर्णवादी, जातिवादी सवर्ण हमारे साथ अन्याय करते रहेंगे और हम धोखे की मुट्ठी में पड़कर सदियों की अन्याय की चक्की में दुख, पीड़ा, वेदना और बेचैनी के साथ पिसते रहेंगे। जब तक हमारा वहम नहीं टूटेगा, हम अन्याय को सहते रहेंगे! इस तरह भ्रमपूर्ण लोक व्यवहार में अपने लिए मान-सम्मान ढूँढ़ते रहेंगे! अपने अस्तित्व की पहचान खोजते हुए भटकते रहेंगे!!'

मैं मानती हूँ, यह सत्य है, सभी सवर्ण बुरे नहीं होते। मगर उच्च कहे जाने वालों के बीच अधिकतर प्रवृत्ति एक जैसी रहती है। कई लोग खुले आम अपनी दुष्टता बताते हैं, कई अप्रत्यक्ष रूप में अपनी उच्चता को मनवाते हैं। बहुत कम लोग होते हैं, जो अपने हृदय की विशालता और मानवता का परिचय देकर सद्भावना का व्यवहार करते हैं। ऐसे लोगों का सहयोग मैंने देखा है, छिपे रूप में विरोध करने वालों को भी देखा है। विरोध के अनेक रूप हैं, जैसे–मोहजाल, शब्दजाल, भ्रमजाल, स्वप्नजाल आदि में उलझाना, मीठी-मीठी बातों में अपनापन बताकर अपने अनुसार चलाना। ऐसे ही कुछ सवर्ण सहकर्मियों ने मुझे कई बार कहा है–"मैडम, आप जाति से जो भी हैं, मगर हम आपको ब्राह्मण मानते हैं। आप अम्बेडरवादी लोगों के साथ मिलकर विरोध-आक्रोश की बातें क्यों करती हैं? आप ललित साहित्य लिखिए, हमारे साथ रहिए। हम आपको बहुत सम्मान दिलायेंगे। ये दलित साहित्य को छोड़िए, बड़े केनवास पर आइए।"

मगर मैं जानती हूँ, ये बातें सच्ची सद्भावना की बातें नहीं है। मैं ऐसी बातें सुनकर सहज भाव से कहती हूँ–"जी सर, आपकी बातें ठीक हैं मगर मैं जो कर रही हूँ वह भी गलत नहीं है। मुझे मान-सम्मान नहीं चाहिए। मैं अपने समाज के लिए काम करना चाहती हूँ, उन्हें सम्मान दिलाना चाहती हूँ।"

मैं, मैं नहीं, अपने जाति समाज की एक इकाई हूँ। हम चाहे जितना पढ़ लें,

चाहे जितने बड़े पद पर पहुँच जाएँ, चाहे जितने बड़े शहर में रहने चले जाएँ, फिर भी हमारी जाति वही है। हमारी जाति का अभिशाप पीछा नहीं छोड़ता। वह हमेशा अपने नुकीले, विषैले दंश चुभाता है। टिस-टिस दर्द तो होता ही है, आँसू भी झरते हैं, खून के आँसू, छिपे हुए दर्द के आँसू! मन में कसक होती है, टीस उठती है। ऊपर से शान्त महासागर के अन्तर्द्वन्द्व की तरह, हृदय सागर की अन्तर्धाराएँ जीवन प्रवाह के साथ अपनी दिशा में अलग से बहती हैं, लगातार बह रही हैं और तब तक बहती रहेंगी जब तक ऊँच-नीच, भेदभाव की जातिवादी-विषमतावादी यह समाज व्यवस्था बदल नहीं जाती। कब आयेगा सच्ची समता का वह दिन!

'6 दिसम्बर बाबासाहब डॉ. अम्बेडकर महापरिनिर्वाण दिन' कार्यक्रम कॉलेज में आयोजित था, मुख्य वक्ता के रूप में नागपुर के प्रसिद्ध अम्बेडकरवादी भाऊ लोखंडे जी को आमंत्रित किया था। उन्होंने अपने भाषण में जातिवादी सवर्णों को बहुत खरी खरी बातें कहीं, जिसे सुनकर स्टाफ के सवर्ण वर्ग के कुछ लोग बहुत नाराज हुए थे। कुछ प्राध्यापकों ने खुलेआम अम्बेडकरवादियों को बुरा कहते हुए अपमानजनक बातें कही थीं। सवर्णों के साथ नौकरी करते हुए, स्टाफ के अम्बेडकरवादी प्राध्यापक अधिकतर चुप ही रहते हैं। सवर्णों के पास सत्ता है, मीडिया है, ताकत है। 6 दिसम्बर 1992 में हिंदुओं द्वारा बाबरी मस्जिद के ढाँचे को गिरा देना ऐतिहासिक घटना है, मगर वे जातिव्यवस्था के सामाजिक ढाँचे को बनाए रखना चाहते हैं, जो विश्व के सामने हमारे देश के लिए कलंक की बात है। जाति के आधार पर समाज में भेदभाव करना मानवतावादी दृष्टि से गुनाह है। इस बात को समझकर भी वे इसे बनाए रखना चाहते हैं, ताकि वे उच्च और श्रेष्ठ कहलाते रहें।

न जाने कितनी घटनाओं का सामना किया है मैंने, जो पल-पल मुझे जातिभेद के अपमान से पीड़ित करती रही। जब भी मैं उन्हें याद करती हूँ, मन वेदना से भर जाता है। हमारे कॉलेज के नजदीक गायकवाड़बाई की चाय नाश्ते की छोटी सी दुकान थी। एक बार हम पाँच प्राध्यापिकाएँ दुकान में बेंच पर बैठीं, गरम नाश्ते की राह देखते हुए, तल्लीनता से बातें कर रही थीं। प्राध्यापिका देशपांडे ने अपना टिफिन खोला। "थोड़ा लो न, टेस्ट करो न..." कहते हुए वह स्वयं भी खा रही थी, और हम सबको अपने साथ खिला रही थी। मैंने भी उसके टिफिन से दो कौर सब्जी रोटी खाई। तभी हमारे कॉलेज की सफाई कर्मचारी मैनाबाई वहाँ चाय पीने आई। मिसेस देशपांडे की बेंच पर खाली जगह देख वह थोड़ा हटकर बेंच पर बैठ गई। मैनाबाई ने बैठने के साथ ही "नमस्ते मैडम" कहा। एक जाति समुदाय होने के कारण उसके मन में मेरे प्रति अपनापन का भाव था।

इस बीच ब्राह्मण मैडम असहज दिखी, जैसे वे कुछ कहना चाहती है मगर कह

नहीं पा रही है। इस ऊहापोह के भाव के साथ उनकी आँखों में गुस्सा और चेहरे पर तनाव था। मन में उभरे हुए कटुभाव ने उसे कठोर बना दिया था। इसका कारण मुझे समझ में आ रहा था। तभी अपने आप पर काबू न रख पाने की स्थिति में मैडम गुस्से में जोर से बोल पड़ी—"क्या, मैनाबाई, इतनी जगह छोड़कर तुम्हें यहीं बैठना था क्या?"

मैडम की बात सुनकर हम सभी चुप हो गये। मैनाबाई भी सकपका गई। यद्यपि वह मैडम से दूर थी फिर भी बेंच तो एक ही थी। खाते समय मैनाबाई को इतने नजदीक देखकर वह अपने पर काबू नहीं रख सकी थी। छुआछूत के मामले में सौम्यता का भाव दिखाने वाले ब्राह्मण वर्ग का बनावटी व्यवहार और मिठास के पीछे छिपी कड़वाहट का अनुभव मुझे हुआ। मैनाबाई ने अपनी साड़ी सिमेटते हुए विनम्रता के साथ विस्मय से कहा था—"क्या हुआ मैडम? मैं यहाँ बैठ गई तो क्या हुआ?" फिर कुछ सोचकर मैनाबाई दूसरी बेंच पर बैठ गई। तब मैंने महसूस किया था—मैनाबाई और मुझमें क्या फर्क है? यही कि वह कॉलेज में झाड़ू लगाती है और मैं अच्छे कपड़े पहनकर अध्यापन का कार्य करती हूँ। मैं प्राध्यापिका हूँ जबकि मैनाबाई एक सफाई कर्मचारी होने के कारण उनके नजदीक भी बैठ नहीं सकती। कुछ भी हो, फिर भी हमारी जाति तो एक है।

मुझे बहुत अपमान महसूस हुआ था। आत्मग्लानि मेरे ऊपर परत-दर-परत चढ़ती रही। मेरी भाव-भंगिमा को देखकर साथ की प्राध्यापिकाओं ने बात सँभाली। बहुजन-कुनबी जाति की मैडम बोली—"मैनाबाई यहाँ बैठ गई तो क्या हुआ? वह भी इनसान है। जैसे हम चाय पीने आये हैं, वैसे वह भी चाय पीने आई है।" वे सभी अपने उदार विचारों को पूरे हाव-भाव के साथ व्यक्त कर रही थी, मगर तब मेरे मन पर उनकी किसी भी बात का कोई असर नहीं हो रहा था। मैं बस वह सोच रही थी, मैनाबाई और मैं एक हैं और यही सच है। उस दिन मुझे जातिभेद मानने वालों पर बहुत क्रोध आया था। मैं सेमीनार, सम्मेलनों, विचार गोष्ठी आदि कार्यक्रमों में जातिवादियों को खरी-खोटी सुनाती रही हूँ। 'मैनाबाई जैसे लोग कब तक जातिभेद का खुला अपमान सहेंगे? कब तक मैं यह पीड़ा सहती रहूँगी?' मेरी भावना मुखर होने को तड़प उठी थी। मैंने उन प्राध्यापिकाओं के साथ इस बात पर बहस की, वर्णवादी-जातिवादी लोग खुद को बड़ा कैसे कह सकते हैं?

मैं अपनी जाति के अपमान को भूल ही नहीं पाती हूँ। जाने-अनजाने जो घटनाएँ घटतीं, या प्रसंगवश जो बातें होतीं, वे मेरे जाति-बोध को कुरेदती रहतीं। सम्मान होने पर भी मुझे सम्मान का बोध नहीं हो पाता। हमेशा अपमान की अनुभूति का एहसास मेरे आसपास ठहरा मिलता। कभी लगता मुझे उच्च शिक्षित और

प्राध्यापिका का जो सम्मान दिया जाता है वह नकली है, बनावटी है। लोग औपचारिकतावश मजबूरी में मुझे यह सम्मान देते हैं। यदि उनका वश चलता तो वे कभी मेरी सूरत भी नहीं देखते। यह तो डॉ. आंबेडकर की देन है, जो उन्होंने हमें इनसान होने का, समता सम्मान पाने का समान अधिकार दिया है।

मैनाबाई अपमान का बोझ ढो रही थी, जब तक मैनाबाई को सम्मान नहीं मिलेगा, मैं भी मैनाबाई की तरह खुले अपमान का बोझ ढोते रहूँगी। जब तक मेरे जाति समुदाय को अपमान मिलता रहेगा, मुझे सम्मान कैसे मिल सकता है? सम्मान मिलने पर भी मेरा मन उसे स्वीकार नहीं करता। सही सम्मान तभी मिलेगा जब मेरा पूरा समाज सम्मान योग्य माना जायेगा। अपमान के घेरों को तोड़ने का हौसला मेरे मन में है। विचारों को हथियार बनाकर सवर्ण समाज की वर्णवादी, जातिवादी जड़ मानसिकता को मैं तोड़ना चाहती हूँ। अपनी इस भावना को मैंने कविता रूप में लिखा है–'पंख मेरे फड़फड़ाते हैं/तोड़ने/प्रत्येक पिंजर/शृंखलाएँ/तिनकों सरीखी/मैं तोड़ देना चाहती हूँ।' दलित आन्दोलन के साथ दलित साहित्य समाज परिवर्तन का हथियार है। इसके माध्यम से मैं जातिवादी-विषमतावादियों को ललकारती हूँ।

मेरे साथ हुई जातिभेद की यह घटना भी पीड़ादायक है। कभी छुट्टी के दिन या खाली समय में प्राध्यापिकाएँ एक-दूसरे के घर जाने का और दावत-पार्टी का प्रोग्राम बनाती थी। एक दिन मैंने तय किया, मैं भी एक बार सबको अपने घर बुलाकर खाना खिलाऊँ? फरवरी 1994 की बात है। मैंने प्राध्यापिकाओं को बताया–"आप सबको मेरे घर खाना खाने के लिए आना है।" मैं जो दिन तय करती, उसी दिन कुछ मैडम आने से मना कर देती थीं। मैं चाहती थी, सभी मेरे घर आयें। मैंने सबसे मिलकर दिन, तारीख, समय तय करके घर आने के अनुरोध के साथ भोजन का निमंत्रण दिया। तब हमारे स्टाफ में तेरह प्राध्यापिका थीं। उसी हिसाब से भोजन तैयार करके डायनिंग टेबल पर सजाकर रख गया था। तब हम शकरदरा चौक के पास, वैष्णव अपार्टमेंट के फ्लैट में रहते थे।

मेहमान आये सिर्फ तीन। उनमें से एक का व्रत था। भोजन के समय महाराष्ट्रियन ब्राह्मण मैडम ने कहा–"आपको पता होगा, आज चतुर्थी है।" मैं आश्चर्य से देखती रह गयी। चतुर्थी है, यह तो मैंने नहीं देखा था लेकिन जो कामठी से नागपुर तक साथ आई, इन डेढ़-दो घंटों में हमारी सभी प्रकार की बातें होती रहीं मगर इस बीच उन्होंने एक बार भी अपने व्रत या चतुर्थी के विषय में नहीं बताया था। केवल नाममात्र के लिए मेरे घर आना, पूरे समय चुप्पी साधे रहना और भोजन के समय कहना–"मेरी तो चतुर्थी है।"

तब मुझे लगा था, यह मेरे घर के भोजन का बहिष्कार है। सवर्णों ने हमसे

निश्चित दूरी रखते हुए अपने पंख पहले ही समेट लिये थे। अपने तथाकथित उदार, विशाल मानवतावादी दृष्टिकोण से और व्यवहार कुशलता, सहजता और अपनेपन के साथ अपनी-अपनी समस्याएँ बता दी थीं।

मेरा मन कड़वाहट से भर गया था। दूसरों के दिखावे की परतों के पीछे उनके मन की सिलवटें नजर आ रही थीं। उस दिन मैंने समझ लिया था, अपने घर बुलाकर वे अपनी महानता का भाव व्यक्त करती थीं। मगर हृदय में समानता का भाव नहीं था। अपने इस ऊपरी भाव को वे समरसता का भाव बताकर महानता को ओढ़ रही थीं। हम क्यों इस तरह बेवकूफ बन जाते हैं? मुझे अफसोस हुआ था। बहुत व्यथा होती है, अपनी यह स्थिति देख-समझकर। सामाजिक, धार्मिक, आर्थिक शिकंजे में जकड़े हुए हम अपने दर्द से संज्ञाशून्य हो गये हैं। मान और अपमान में भेद नहीं समझ पाते। अपमान का विरोध और अपनी स्थिति के विरुद्ध आक्रोश ही अस्मिता की पुकार है। जातिवादी लोगों के विरुद्ध खुले विद्रोह का आंदोलन जरूरी है। इन स्थितियों को बदलने के लिए हिम्मत, विरोध, विद्रोह के साथ संगठन भी चाहिए तभी समाज परिवर्तन सम्भव हो सकेगा। उस समय विरोध के साथ मैंने भी ऐसे जातिवादी लोगों के घर जाने से इनकार किया था।

वैष्णव अपार्टमेंट में रहते समय भी हमने जातिभेद को सहा। वहाँ केवल हम दलित थे, शेष सभी ब्राह्मण, बनिया और बहुजन जाति के लोग थे। अपार्टमेंट के सभी लोगों को हमारी जाति मालूम थी। वहाँ सभी शिक्षित थे। अधिकांश फ्लैट मालिक डॉक्टर और इंजीनियर थे। वे जाहिर तौर पर छुआछूत भेदभाव नहीं करते थे, मगर वहाँ की अधिकांश महिलाओं का रहन-सहन और व्यवहार दिखावटी था। किसी भी पर्व त्योहार पर वे मुझे भी अपने घर बुलाती थीं, तब अपना धन वैभव दिखाती, अपने कुटुंब परिवार के लोगों के ऊँचे ओहदों और वैभव का गुणगान करती थीं। उनसे मेरा मन नहीं मिल पाता था, हमेशा दूरी महसूस होती थी। कभी हम भी उन्हें बुलाते थे, मगर मन में संकोच रहता था। हमारे पास दिखाने और बताने के लिए ऐसा कुछ नहीं था। फिर भी औपचारिकतावश सभ्यता के लिहाज से हम एक दूसरे से मिलते और बातें करते थे।

उन दिनों 'सफाई कर्मचारी आयोग' के उपाध्यक्ष सलप्पा जी थे। एक बार वे नागपुर आये। मैं और टाकभौरे जी 'रवि भवन' अतिथिगृह में उनसे मिलने गये। वाल्मीकि, सुदर्शन जाति उपजाति के नेता और प्रमुख व्यक्ति बड़ी संख्या में उनसे मिलने आये थे। वे सभी सलप्पा जी से जाति की समस्याओं—नौकरी सम्बन्धी समस्याओं पर विचार-विमर्श कर रहे थे। हमने भी अपने ढंग से सलप्पा जी से समाज की मुक्ति-योजना और पुनर्वसन की योजनाओं पर बातें की थीं। दूसरे दिन समाचार

पत्रों में समाचार छपा, 'सफाई कर्मचारी समाज की सुशीला टाकभौरे ने सफाई कर्मचारी आयोग के उपाध्यक्ष सलप्पा जी से भेंट की।' इसके साथ कुछ बातों का विवरण भी दिया गया था। अखबार में यह समाचार मेरे नाम के साथ छपा, समाज के बहुत लोग मिलने आये थे मगर मेरा नाम समाज के प्रतिनिधि के रूप में छापा गया, यह मेरे लिए गर्व की बात थी। लेकिन अपार्टमेंट में जहाँ हम रहते थे, वहाँ इस समाचार को अखबार में पढ़कर अलग ही प्रतिक्रिया हुई, महिलाएँ उस दिन मुझे अजीब नजरों से देख रही थीं।

हमारे फ्लैट के नीचे वाले फ्लैट की स्कूल और कॉलेज में पढ़ने वाली दो लड़कियों ने अखबार लाकर, मुझे न्यूज दिखाते हुए कहा—"देखिए आण्टी, आपके बारे में क्या छपा है? आण्टी देखिए, आपके विषय में कुछ गलत छपा है।" तब मैंने बहुजन जाति की, लंगड़े सरनेम की उन दोनों बहनों से कहा था—"न्यूज गलत नहीं है। जो छपा है सही छपा है।" मैं तब उन्हें सफाई कर्मचारी आयोग के विषय में और अपने विषय में अधिक जानकारी देना चाहती थी, मगर जिस बात की जानकारी मिलते ही उपेक्षा, घृणा और तिरस्कार का भाव जाग्रत हो जाये, उनके विषय में उन्हें कुछ जानने की रुची नहीं थी।

उस छपी न्यूज को पढ़ने के बाद अपार्टमेंट की महिलाओं का मेरे प्रति व्यवहार बदल गया था। वे इसके पहले मुझे कॉलेज में पढ़ाने वाली एस.सी. लेक्चरर के रूप में जानती थीं। न्यूज के बाद उन्होंने मुझे सफाई कर्मचारी जाति की महिला समझा। मेरी शिक्षा, मेरा पद इस जाति से जुड़े होने के कारण निम्न स्तर के हो गये थे। उनकी ऐसी भावनाओं को देख-समझकर मैंने भी उन सबके घर जाना छोड़ दिया। वहाँ रहते हुए केवल अपने तक सीमित रहना भी अपमानजनक लगता था। मन कुंठित रहने लगा, उस वातावरण में दम घुटने जैसा लगने लगा। वहाँ हिन्दू त्योहारों पर रुपये इकट्ठे करके जश्न मनाया जाता था। शरद पूर्णिमा, गणेश उत्सव, नवरात्र, दशहरा, होली, दीपावली जैसे त्योहारों पर पूजा, प्रसाद और भोजन का आयोजन किया जाता। यह सब धर्माडम्बर, दिखावा और फिजूल खर्च लगता था। इसके साथ उस अपार्टमेंट की असुविधाएँ ज्यादा असहनीय लगने लगीं। वहाँ के कुएँ का पानी खारा था। ग्राउण्ड प्लस सेकंड फ्लोर पर जाने के लिए सीधी, ऊँची सीढ़ियाँ थीं। पीने और खाना पकाने के लिए पानी नीचे के नल से भरते थे। प्रतिदिन की इन तकलीफों से अधिक पीड़ादायक वहाँ की सवर्ण-बहुजन महिलाओं की उपेक्षा-अवहेलना की प्रताड़ना थी। इनसे परेशान होकर मैंने फ्लैट बेचने का निर्णय लिया और दूसरा घर ढूँढ़ना शुरू कर दिया।

मार्च 1996 में फ्लैट बेचने का सौदा हुआ, तब नया मकान ढूँढ़ने का भी

लम्बा प्रकरण चला था। गोपाल नगर के घर के भी कड़वे अनुभवों के अलग किस्से हैं। हम जहाँ भी गये, हमने किसी से अपनी जाति नहीं छिपाई। अपनी जाति बताने में हमने कभी अपमान महसूस नहीं किया, क्योंकि किसी जाति में पैदा होना-नहीं होना हमारे हाथ में नहीं था। उस जाति में रहकर भी हमारी योग्यता किसी बाभन-बनिया से कम नहीं थी। फिर भी हमारी जाति के विषय में सुनकर लोग हमें हेय दृष्टि से देखने लगते थे, तब यह मुझे उन लोगों का छोटापन दिखाई देता था।

गोपाल नगर में तीसरा बस स्टॉप के पास नारायणराव बोबड़े ने अपना दो मंजिल मकान हमें आधा बेचा। मकान का सौदा होने के बाद हम दोबारा गोपाल नगर गये, तब घर के सामने रहने वाले नवबौद्ध संभरकर ने हमें नया ग्राहक समझकर जोर से कहा–"अरे भाई इस मकान का सौदा हो चुका है। किसी मेहतर ने यह मकान खरीद लिया है।" यह सुनकर मुझे बहुत अजीब लगा था। सबके सामने अपनी जाति का नाम सुनकर संकोच भी हुआ। उनका ऐसा कहना मुझे बुरा लगा। आस-पड़ोस के बहुत लोग अपने घरों के सामने सड़क पर खड़े थे। तभी टाकभौरे जी ने ऊँची आवाज में सबके सामने कहा–"हाँ, इस मकान को मेहतर ने खरीदा है। वे मेहतर हम ही हैं। हमने ही यह मकान खरीदा है।" टाकभौरे जी का उत्तर सुनकर संभरकर पहले तो सकपका गये, फिर उन्होंने ऊँची आवाज में कहा–"अरे भाई तुम मेहतर हो, मैं भी मेहतर हूँ। मैं महाराष्ट्र का पहले का मेहतर हूँ। मेरे बाप-दादे मेहतर का ही काम करते थे। आपने यह मकान खरीदा है, यह मेरे लिए बड़ी खुशी की बात है।"

उस दिन हमने नारायणराव बोबड़े के घर में जाकर उनसे मकान की रजिस्ट्री सम्बन्धी बातचीत की थी और हफ्ते भर में मकान की रजिस्ट्री करवा ली थी। यह मकान हमने पौने तीन लाख रुपयों में खरीदा था। फ्लैट तीन लाख रुपयों में बिका था। एक लाख रुपये फ्लैट के लोन के दिये गये। शेष दो लाख रुपयों और नया लोन लेकर जोड़े रुपयों से गोपाल नगर का मकान खरीदा। तब मैंने यह मकान भी मेरे ही नाम पर खरीदे जाने की शर्त रखी थी। अक्टूबर 1996 में हम गोपाल नगर के घर में रहने आ गये। सभी खर्च मिलाकर साढ़े तीन लाख रुपयों के इस मकान की हालत बहुत खराब थी। हमने कीमत से अधिक रुपये खर्च करके मकान को पहले से काफी सुन्दर और भव्य बना दिया। इस मोहल्ले में ब्राह्मण, बनिया, बहुजन जाति के लोग रहते हैं। कुछ नवबौद्ध महार जाति के घर भी हैं। इस मोहल्ले की यह खास बात थी, 1996 में यहाँ के लोगों ने हमसे जातिभेद का व्यवहार नहीं किया। बोबड़े जी का परिवार गजानन महाराज को मानता है, उनके परिवार में सर्व-जाति समभाव है। महानुभाव पंथ को मानने वालों ने हमसे अच्छा व्यवहार

किया। यहाँ के मोरणे, कुलकर्णी ब्राह्मण परिवार ने भी जातिभेद नहीं माना, लेकिन यह बात खान-पान तक ही सीमित थी।

'गजानन महाराज प्रकट उत्सव' के दिन महाराष्ट्र में बहुत लोग यह धार्मिक उत्सव मनाते हैं। बोबड़े जी के बेटे, बहू गजानन महाराज का भजन कीर्तन और भोजन का कार्यक्रम हर साल करते हैं। एक बार ऐसे अवसर पर भोजन की पंगत चल रही थी। मैं और मेरी बेटी खाना खा रहे थे। मेरे बगल में अशोक बोबड़े की बेटी आरती बैठी थी उसके बगल में उनकी कोई रिश्तेदार बैठी खाना खा रही थी। रिश्तेदार महिला ने बड़ी प्रसन्नता और उत्साह के साथ मुझसे कहा—"हम जात-पाँत नहीं मानते। किसी से भेदभाव नहीं मानते। सबके साथ बैठकर खा सकते हैं, बेटी व्यवहार भी कर सकते है। कोई हमको अच्छा लड़का बताएगा, तो हम बिना जात-पाँत देखे अपनी बेटी की शादी उससे कर सकते हैं, बस चार जाति छोड़कर। सिर्फ चार जाति में हम बेटी व्यवहार नहीं कर सकते।"

उसके इतना कहते ही आरती ने तुरन्त उसे आगे बोलने से रोक दिया। प्रत्यक्ष और अप्रत्यक्ष संकेत करके उसे बता दिया कि वह आगे की बात यहाँ मेरे सामने न बोले। तब मैं समझ गई थी, वह जिन चार जातियों के विषय में कहना चाहती थी, वे मेहतर, मांग, महार और चमार हैं। वे इन जातियों को निम्न जाति मानते हैं। सन्तों की प्रेरणा से जातिभेद की छुआछूत करना कम हुआ मगर इसे सामाजिक रिश्ते के रूप में नहीं जोड़ा। जातिभेद दिल से कभी नहीं गया। उस दिन से उन सबकी सद्भावना मुझे दया सहानुभूति जैसी लगने लगी थी। उस दिन बातों की कलई खुलकर सामने आ गई थी। उनके व्यवहार में वह बात नहीं थी जो मन में अपनेपन का विश्वास जगा पाती।

हमने अपने घर को ऊँचा और भव्य रूप दे दिया है, फिर भी यहाँ के लोग जानते हैं, इस घर में रहने वाले हम कौन हैं? अर्थात किस जाति के हैं? वे हमारे प्रति सम्मान और भाईचारे का भाव रखते हैं, मगर स्वयं को हमसे श्रेष्ठ मानते हैं। अपने आपको ऊँचा बताने का भाव यदा-कदा व्यक्त करते रहते हैं। कभी कुछ लोग सहज रूप में ही कहते हैं—"तुम लोग इतने अच्छे हो, अच्छे से रहते हो, मगर तुम्हारी जाति के लोग समझाने पर भी नहीं सुधरते हैं।" तब हमें याद आता है, हम किस जाति के हैं? जो लोग समझाने पर भी नहीं सुधरते, हम उसी जाति के लोग हैं। इसे अपनी प्रशंसा समझें या अपमान? समझने में दुविधा नहीं होती, स्पष्ट अपमान महसूस होता है। वे हमें हमारी जाति का भान कराते रहते हैं। कभी इन बातों से दुख होता है, कभी गुस्सा आता है। जातिभेद के रोग से पीड़ित, बीमार मानसिकता वाले ये लोग कभी स्वस्थ दिमाग से सोच नहीं पाते हैं। इन्हें पता नहीं है, ये लोग

अपने देश की समाज व्यवस्था का कलंक अपने माथे पर लेकर चल रहे हैं। इनके मन से जाति कभी जाती ही नहीं है, जातिभेद की भावना कभी मिटती ही नहीं है। भले ही चौकीदारी करेंगे, मजदूरी करेंगे, मगर जाति के नाम पर स्वयं को शिक्षक, प्राध्यापक से उच्च और सम्मानित मानते हैं। उनकी ऐसी भावना का कारण जातिभेद है। लगातार जातिभेद की प्रताड़ना से हमारे लोगों में भी हीनता की भावना रहती है।

1997 में वाल्मीकि जाति के राजेश ताम्बे नागपुर शहर के महापौर निर्वाचित हुए थे, तब समाज के लोगों ने अनेक कार्यक्रमों में उनका और मेरा सम्मान किया था। मेरा सम्मान इसलिए कि मैं उच्च शिक्षित हूँ, कॉलेज की प्राध्यापिका हूँ और सामाजिक प्रगति-परिवर्तन की उद्‌बोधक हूँ। मैं देखती थी, समाज के लोग मेरी अपेक्षा राजेश ताम्बे को अधिक महत्त्व देते हुए उसका अधिक सम्मान करते थे। राजेश ताम्बे सिर्फ एक वर्ष के लिए महापौर थे। लोगों को उनसे बहुत अपेक्षाएँ थीं कि वे अपने जाति समुदाय का उद्धार अपने कार्यकाल में अवश्य करेंगे।

महापौर बनने के साथ ही राजेश ताम्बे ने नागपुर महानगर पालिका के सफाई कर्मचारियों की मीटिंग लेकर सबको समझाना शुरू किया—"मेरे कार्यकाल में किसी की शिकायत नहीं आना चाहिए। यदि तुम मुझे सम्मान देते हो तो अपनी ड्यूटी बराबर करते रहो।" उन्होंने बेगार के समय अधिक काम लेकर अपने ही लोगों को परेशान किया। यह काम वे अधिकारियों से प्रशंसा पाने के लिए करते रहे। यह सवर्णों की मानसिकता के दबाव का परिणाम था, कुछ अपनी जाति सम्बन्धी हीन ग्रन्थि का भी असर था। अधिकारी लोग अपनी जाति का हित हमेशा याद रखते हैं। वे चाहते तो समाज को अधिक लाभ पहुँचाने के लिए बहुत कुछ कर सकते थे। वे भी शायद जातिभेद से पीड़ित रहे होंगे।

जाति के नाम पर अपमान का जहर मिलता रहा। 2002 की बात है। नागपुर जिले में कामठी से आगे कन्हान गाँव के खण्डेलवाल हाईस्कूल में वार्षिक उत्सव के कार्यक्रम चल रहे थे। इस कार्यक्रम में स्कूल के छात्रा-छात्राओं को उद्‌बोधन करने के लिए मुझे सेठ केसरीमल पोरवाल कॉलेज से आमंत्रित किया गया था। वहाँ के शिक्षक मालवीय जी एक अन्य शिक्षक के साथ मुझे लेने के लिए कार लेकर आये थे। खण्डेलवाल स्कूल के सामने पहुँचने पर, मार्ग के दोनों ओर कतार में खड़ी छात्राओं ने मेरे ऊपर फूल बरसाये। मुझे बहुत सम्मान के साथ स्कूल के सभी शिक्षकों से मिलवाया गया। वहाँ इतना सम्मान पाकर मुझे बहुत खुशी हुई थी।

उस समय मुझे प्रकाश हाईस्कूल में अध्यापन काल का समय याद आया था, तब लगा कि कॉलेज की अपेक्षा स्कूल में छात्र-छात्राओं के सर्वांगीण विकास की दृष्टि से शिक्षक अधिक मेहनत करके शिक्षा देते हैं। बच्चों के खेलकूद, शारीरिक शिक्षा,

गीत-संगीत, समय स्फूर्त भाषण, नाटक, नृत्य, चुटकुले बताकर हँसाने की कला, सामूहिक गीत—सभी प्रकार की कलाओं की शिक्षा दी जाती है। वहाँ मुझे छात्र-छात्राओं के गीत, लघु एकांकी जैसे सांस्कृतिक कार्यक्रमों को देखने-सुनने का अवसर मिला। सब कुछ बहुत अच्छा लग रहा था। समारोह सत्र के कार्यक्रम में मैंने स्कूल के बच्चों का भली भाँति मार्गदर्शन किया, तब मुझे बहुत सम्मान और गौरव का अनुभव हो रहा था।

कार्यक्रम के बाद स्कूल के मुख्याध्यापक के ऑफिस में मुझे सम्मान के साथ बैठाया गया। कुछ शिक्षक-शिक्षिकाएँ भी थे। चाय के साथ बढ़िया नाश्ता आया। सभी लोग प्रसन्नता के साथ बातें कर रहे थे। तभी चपरासी ने आकर हेड मास्टर जी से कुछ कहा। सर भुनभुनाते हुए बोले—"अब क्या कर सकते हैं? आज भी वह नहीं आया तब क्या करें?" मैंने कारण जानने के लिए मालवीय जी से पूछा—"क्या हुआ?" वे नाराजी के साथ स्कूल के सफाई कर्मचारी की शिकायत बताते हुए कहने लगे—"अब क्या कहें मैडम, इन लोगों के बहुत भाव बढ़ गये हैं। सीधे मुँह बात नहीं करते हैं। जब कोई काम अटका हो, तभी अपना रंग दिखाते हैं। स्कूल की सीवर लाइन चोक हो गई है। तीन-चार दिन से वह काम पर नहीं आ रहा है। खबर भेजने पर भी नहीं आया। अब बताइए, हम सबको कितनी परेशानी हो रही है, मगर उसको कोई चिन्ता नहीं। ये लोग भी बहुत गर्राने लगे हैं।"

मालवीय की बातें सुनकर मैं मन ही मन सकुचा गई। मेरी जगह कोई अन्य जाति का होता तो मालवीय जी की बात में हाँ में हाँ मिलाकर सफाई कर्मचारी की बुराई करता। मगर मुझे तो ये बातें सुनना भी अच्छा नहीं लग रहा था। मैंने गुस्से से कहा था—"उस कर्मचारी की अपनी कोई समस्या होगी या उसकी कोई माँग होगी। अपनी नाराजी बताने के लिए वह ऐसा कर रहा होगा।" तब अन्य सवर्ण शिक्षक भी कर्मचारी को बुरा कहने लगे। उनका बोलना स्वाभाविक था। जब तक इस जाति का सामाजिक स्तर नहीं सुधरेगा, तब तक उनके प्रति लोगों की मानसिकता नहीं बदलेगी, यह मैं देख रही थी।

उनकी बातें सुनकर मेरा गर्व, उल्हास और अभिमान धूल धूसरित हो गये। धीरे-धीरे मन में उदासी आ गयी। कितने सहज भाव से वे अपनी बातें कह रहे थे। वे वही कह रहे थे जो उनकी मानसिकता में था। समाज की जो भावना इस समुदाय के प्रति है, वह मुझे मेरे लिए भी प्रतीत होने लगी। तब मान-सम्मान के उस वातावरण में मेरा दम घुटने लगा था। मैं अपने जाति समुदाय की स्थिति, उनकी पीड़ा-वेदना को अपने हृदय में महसूस करती रही। ऐसी विरोधाभास स्थिति का सामना मुझे कई बार करना पड़ा। सम्मान की घुटन और अपमान की चुभन एक

साथ हृदय को पीड़ित करते रहे। ऐसी घटनाएँ होती रहती हैं, जिनसे जातिभेद के साथ घृणा, अपमान की बातें खुले रूप में उजागर की जाती हैं। ऐसी बातों ने मुझे बहुत व्यथित किया है। इस व्यथा के निराकरण का उपाय यही है, जाति से जुड़े रोजगार के सम्बन्ध को तोड़ा जाए। हमारे जाति समुदाय के लोग ही क्यों करें यह काम? रोजगार की यह परम्परा टूटना चाहिए।

एक बार गाँव और शहरों में फैले मस्तिष्क ज्वर के रोगियों की खबर समाचार पत्रों में लगातार छप रही थी। जुलाई-अगस्त 2003 में सब तरफ मस्तिष्क ज्वर का भय फैला था। फिर बाद में यह छपा, किसी खोजकर्ता विद्वान ने यह पता लगाया है कि मस्तिष्क ज्वर का कारण सूअर है। लोगों में चर्चा होने लगी, सूअर गंदी नाली और कचरे के ढेर पर घूमते रहते हैं। उन्हें जो मच्छर काटता है यदि वही मच्छर किसी इनसान को काट ले तो उसे मस्तिष्क ज्वर का रोग हो जाता है। इस जानलेवा बीमारी का आतंक सब ओर फैला था। खबर छपते ही सुअरों को पकड़कर जंगल में छोड़ने की बात छपी।

एक सहकर्मी ब्राह्मण प्राध्यापक पूरे स्टाफ के सामने विशेषकर मेरी ओर देखते हुए अपने कपटपूर्ण विचारो को सुन्दर ढंग से बताने लगा—"डुक्कर को जंगल में नहीं छोड़ना चाहिए। वे तो स्वयं अपने आप में एक बड़ी कारपोरेशन है। वह कचरा भी खाता है, मलमूत्र भी खाता है। इस तरह वह भी सफाई का काम करता है। वह उन लोगों के काम भी आता है, जो उसे पालते हैं। इसलिए उसे गाँव में ही रहने देना चाहिए।"

ब्राह्मण प्राध्यापक सामाजिक कार्यकर्ता है, भाषण देता है। उसकी बात सभी ध्यान से सुन रहे थे। मैंने सिर्फ इतना कहा—"सर, पहले यह पक्का पता लगाना चाहिए कि मस्तिष्क ज्वर सूअर से ही होता है या किसी और कारण से" मेरी यह बात सुनते ही वे शीघ्रता से कहने लगे—"देखो देखो, मैडम भी कह रही है मस्तिष्क ज्वर सूअर से नहीं होता। वह कितना उपयोगी है। उसे पकड़कर जंगल में नहीं छोड़ना चाहिए।"

लोगों के मन में हमारे प्रति कितनी घृणा, कितनी जुगुप्सा का भाव है, यह सब सोचकर मन दुखी हो गया। मेरे मन की स्थिति कोई नहीं समझ सका। सूअर पालने वाले कैसे उन्हें बचा रहे थे—क्या हमारे उन लोगों का जीने का आधार यही रह गया है? क्या इसका कोई विकल्प नहीं है? मन में यह भी आक्रोश था, समाज के अन्य वर्ग के लोग इन लोगो के लिए क्यों नहीं सोचते? इनके प्रगति, विकास और जीवन की स्थिति परिवर्तन के लिए सहयोग क्यों नहीं देते?

महाराष्ट्र के महार जाति के लोगों ने डॉ. अम्बेडकर के कहने पर मरे जानवरों

को उठाना, चमड़ा उतारना जैसे गलिच्छ काम छोड़ दिये और अपने आपको सम्मान के योग्य बनाया। मेरे जाति समुदाय के लोग सम्मान पाने के लिए गंदगी उठाने का काम क्यों नहीं छोड़ देते। सच यही है, जब तक वे स्वयं अपनी प्रगति का मार्ग नहीं समझेंगे तब तक अँधेरे में भटकते रहेंगे। इनको समझाने के लिए बताना होगा, डॉ. अम्बेडकर के बताये मार्ग शिक्षा, संघर्ष और संघटन के द्वारा ही समता-सम्मान, जीवन-उत्थान पाना सम्भव हो सकेगा।

महाराष्ट्र प्रांत के कामठी के अपने महाविद्यालय से जुड़े लोगों द्वारा दिये गये जातिभेद के दंश मैंने कई बार सहे हैं। लोग शिक्षित हों या अनपढ़, इससे अधिक यह महत्त्वपूर्ण है कि वे कितने ब्राह्मणवादी हैं। मनुवादी-ब्राह्मणवादी होना ही वर्णभेद और जातिभेद की जड़ है। शिक्षित प्राध्यापक-प्राध्यापिकाओं का ब्राह्मणवादी व्यवहार मैंने अपने प्रति खुले रूप में देखा है। नागपुर से कामठी पोरवाल कॉलेज जाने के लिए कुछ प्राध्यापक ग्रुप बनाकर किसी एक की कार में साथ जाते थे, वे मिलकर पेट्रोल का खर्च उठाते थे। एक ग्रुप के साथ मैं भी जाने लगी। एक दिन मुझे बताया गया, कल कार से नहीं जाना है, कुछ प्रॉब्लम है। मैं बस से कॉलेज गई, कार कॉलेज के प्रांगण में खड़ी थी। मुझे बहुत आश्चर्य हुआ। बाद में मालूम हुआ, इस ग्रुप के सबसे ज्यादा ब्राह्मणवादी नेता प्राध्यापक ने सबको समझाकर यह तय कर लिया था, टाकभौरे मैडम को अपने साथ कार में नहीं बैठाना है।

जाति और वर्ण के आधार पर यह मेरा बहिष्कार था। कार दूसरे प्राध्यापक की थी, जो समतावादी थे मगर ब्राह्मणवादी नेता का निर्णय उन्हें भी मानना पड़ा। तब मैंने भी उनके साथ कार में जाने का बहिष्कार कर दिया था। ऐसे लोग खुले रूप में जातिवादी भावना बताने में शर्म-संकोच नहीं करते, मानो यह उनका अधिकार है। फिर भी वे स्वयं को मानवतावादी-समरसतावादी कहते हैं, तब आश्चर्य होता है, गुस्सा आता है।

अम्बेडकरवादी विचारधारा के समानान्तर ब्राह्मणवादी नेता समरसतावादी विचारधारा का प्रचार करते हैं। समरसता की बात की जाती है मगर यह केवल ऊपरी दिखावे की बात है। हृदय में वर्णभेद-जातिभेद रहता है। हमारे कई लोग इससे गुमराह भी हुए हैं। यह अम्बेडकरवादियों को गुमराह करने का जाल है। हमारे लोगों की स्थिति इस समस्या की चिंता से अलग है। वे अपने ही जाल में स्वयं उलझे हैं। अपनी जाति के इस दुख और अपमान को मैंने अनेक रूप में पाया और सहा है।

एक बार समरसतावादी, ब्राह्मणवादी उसी नेता प्राध्यापक ने स्टाफ रूम में सबके समक्ष जो बात कही थी, वह पूरे देश के लिए कलंक की बात है, हिन्दू धर्म और हिन्दू संस्कृति को उन पर शर्म आना चाहिए। उन्होंने सबके सामने मुझे सुनाते

हुए कहा था—"मैडम, पहले की व्यवस्था ही ठीक थी। आजकल यह जो फ्लश सिस्टम है इसमें बहुत बड़ी मात्रा में पानी बरबाद होता है। पानी की कमी इसी कारण से हो रही है। मैं तो कहता हूँ फिर से वही पद्धति शुरू करना चाहिए, यानी कि ड्राय लैट्रिन का सिस्टम, उठाओ और दूर फेंक दो। वही ठीक रहेगा, फिर से वही पद्धति आनी चाहिए।"

यह सुनकर मेरे तन-बदन में आग लग गई थी। एक प्राध्यापक होकर, शिक्षित और समझदार होकर भी यह आदमी क्या कह रहा है? फिर से सिर पर मैला ढोने की पद्धति पूर्ण रूप से लागू होनी चाहिए, तब इस काम को कौन करेगा? वे ही वाल्मीकि समाज के लोग, जो अपने आपको ब्राह्मण ऋषि वाल्मीकि के नाम से जोड़कर अपनी जाति पर अभिमान करते हैं, जो भंगी कहे जाने पर अपमान महसूस करने लगे हैं, जो शुतुरमुर्ग की तरह भविष्य के खतरे से बेखबर हैं!

अपने इन लोगों पर तो गुस्सा आया ही, उस प्राध्यापक पर बहुत गुस्सा आया। मैं अवाक् रहकर उसे देखती रह गई थी—"तब इस काम को कौन करेगा? क्या आपके जाति-वर्ण के लोग यह काम करेंगे? यदि वर्णव्यवस्था द्वारा निश्चित कार्यों को पलट दिया जाये—शूद्र शिक्षा देने का काम करें और ब्राह्मण सफाई का काम करें तो कैसा रहेगा? वर्णव्यवस्था बनाए रखिए, काम बदलकर, करके देखिए। इस पीड़ा को, जाति व्यवस्था के इस अभिशाप को स्वयं भी भोगकर देखिए।" मेरा दर्द ज्वालामुखी सा फूट पड़ा था। मेरे अपमान और संताप को कोई दूसरा नहीं समझ सकता। यदि हमारे लोग अपना पुश्तैनी अपमानजनक रोजगार छोड़ दें तो सवर्णों को स्वयं अपनी गंदगी साफ करना पड़ेगा, यह स्थिति आना चाहिए। न्याय पाने का समान अधिकार हमें भी है। अपने अपमान का जवाब देने का अधिकार हमें भी है।

मेरा गुस्सा गलत नहीं है। ऐसे जातिवादी लोग हर जगह हैं। उन्हें जवाब देना ही चाहिए। छल-कपट के साथ अपनी उच्चता को बनाये रखने की बातें करना, उनकी कितनी नीचता है? दिखावा यह है कि वे पानी की समस्या की बात कर रहे हैं, राष्ट्रीय समस्या से मुक्ति की बात कर रहे हैं। ऐसे लोग कभी नहीं बदल सकते। उनकी मानसिकता, उनके विचार बदलने के लिए पूरी समाज-व्यवस्था को बदलना है। इसके लिए बाबासाहब डॉ. अम्बेडकर के मार्ग पर चलना ही सर्वोत्तम है। कब समझेंगे इस बात को हमारे लोग!

समाज कल्याण योजना के अन्तर्गत बेरोजगार युवक-युवतियों को कम ब्याज पर ऋण देने की योजनाएँ सरकार ने बनायी हैं, जिससे वे कई प्रकार के रोजगार शुरू कर

सकते हैं। नागपुर में 'महात्मा फुले मागासवर्ग विकास महामंडल' संस्था द्वारा यह काम हो रहा है। मैंने देखा है, नागपुर के हमारे रिश्तेदारों ने रिश्वत देकर, रोजगार के नाम पर बड़ा लोन उठाया और उन रुपयों को अपने बच्चों के छठी, जन्मदिन, बारसा, सगाई, शादी या मृतकों के श्राद्ध भोजन जैसे कार्यक्रम में खर्च किया, फिर कई बरसों तक ब्याज सहित कर्ज के रुपये भरते रहे। अपनी शान दिखाना ही जैसे उनकी प्रगति है। पूरे देश में नियोजित समाज कल्याण की सरकारी योजनाओं का लाभ हमारी जाति के साधारण लोगों को नहीं मिल पाता है। समाज के नेता अपने भाई, भतीजों को ही लाभ पहुँचाते रहते हैं। ऐसी मनोवृत्ति के कारण हमारे लोग अधिक पिछड़े रह गये। हमारे शिक्षित नवयुवक बेरोजगार घूमते हैं, अंत में हताशा के कारण पूर्वजों के रोजगार से जुड़ जाते हैं। यह देखकर दुख भी होता है और गुस्सा भी आता है।

नागपुर में 'महल' क्षेत्र में महानगर पालिका के सफाई कर्मचारियों की संस्था 'महर्षि सुदर्शन वाल्मीकि कर्मचारी सहकारी संस्था मर्यादित' है। यह संस्था प्रति वर्ष 31 जुलाई को सफाई कर्मचारी शहीद दिवस मनाती है। संस्था अधिक अंक लेकर दसवीं, बारहवीं कक्षा उत्तीर्ण बच्चों के लिए पुरस्कार योजना भी चलाती है। इस दिन आयोजित कार्यक्रम में राजनेताओं को बुलाया जाता है। समाज के नेता और कार्यकर्ता भी भाषण देते हुए अपने विचार रखते हैं। मुझे भी इस कार्यक्रम में उद्‌बोधन के लिए बुलाया जाता था। मैं उन बच्चों को और अपने समाज के लोगों को प्रगति-परिवर्तन की बातें बताती रही, शिक्षा का महत्त्व समझाकर अपने जाति समुदाय की स्थिति को बदलने का संदेश देती रही हूँ।

इस कार्यक्रम में मंत्री और राजनेता हमारे लोगों को आश्वासन देते हुए कहते है–"आप लोग अपना सफाई का काम ठीक से करते रहो, हम आपकी सुविधाओं का पूरा ध्यान रखेंगे।" हमारे लोग इन बातों से कृतज्ञ होकर तालियाँ बजाते हैं, यह देखकर दुख और अफसोस होता था। सवर्ण नेता मंच से कहते–"तुम लोग शराब पीते हो, गंदे रहते हो इसलिए लोग तुम्हें बुरा कहते हैं।" मुझे गुस्सा आता है, शराब क्या वे नहीं पीते? गंदे रहने के लिए हमारे लोगों को उन्हीं लोगों ने मजबूर किया है, फिर भी दोष हमें देते हैं। हमारे जाति समुदाय के लोग इन बातों पर भी तालियाँ बजाते और भाषण देने वालों को फूलों से लाद देते हैं। हमारे लोग अपने अपमान की बातों को भी नहीं समझते, यह बड़े ही अफसोस की बात लगती है। उनकी नामसझी को देखकर ही, सवर्ण नेता और राजनेता उन्हें अधिक मूर्ख बनाते रहते हैं। भाषण देने वाले तब इस तरह का कोई शेर जरूर कहते हैं–

तीर से नहीं, नहीं तलवार से
मैं तो मर गया हूँ, तुम्हारे प्यार से।

कोई खंजर से मारता है, कोई कटार से
मैं तो यूँ ही मर गया हूँ फूलों के हार से

यह सुनकर लोग तालियाँ बजाते हुए नारे लगाते हैं—"नेता जी आगे बढ़ो, हम तुम्हारे साथ हैं... जब तक सूरज चाँद रहेगा, तब तक आपका नाम रहेगा।" मैं अपने समुदाय को सही बातें बताने और सही दिशा समझाने का प्रयत्न बरसों से कर रही हूँ। नासमझी और बुराइयों के लिए अपने समाज को मंच से फटकारती रही हूँ। दुख और अफसोस के साथ स्वार्थी नेताओं और सवर्ण वक्ताओं की भी भर्त्सना करती रही हूँ कि हमारे समाज को वे क्या दिशा दे रहे हैं? मुझे इस बात का दुख है—लोग मेरी बातें सुनते जरूर हैं मगर उन पर अमल नहीं करते। मंत्री और सवर्ण राजनेताओं का उद्देश्य अपने लाभ की रोटी सेंकना ही रहा है। फिर धीरे-धीरे वह समय आया, ऐसे कार्यक्रमों में मुझे बुलाया जाना नापसंद किया गया। जिन्हें कोई दिशा ज्ञान नहीं, ऐसे लोगों को समाज का प्रवक्ता बनाया जाने लगा।

महाराष्ट्र सरकार द्वारा भंगी मुक्ति और भंगी पुनर्वसन के लिए करोड़ों रुपयों की योजना रखी गई, मगर लोग इसका लाभ नहीं ले सके। सरकारी योजनाओं की जानकारी दिये जाने पर भी नौकरशाही की कूटनीति के कारण लाभ नहीं ले सके। वे सिर्फ झाड़ू टोकरे की लड़ाई लड़ते रहे। वारसाना हक में अपनी नौकरी अपने बच्चों को देने की मांग करते रहे। इन बातों से मन दुखी है, यह मेरे लिए अपमान की बातें हैं।

झाड़ू की बात से वह बात याद आती है—अखबारों में लगातार तीन-चार दिन तक एक खबर क्रमशः छपती रही, साथ में प्रतीक रूप में झाड़ू का चित्र भी रहता था जिसको देखते ही समझ में आये कि यह झाड़ू से सम्बन्धित लोगों की बात है। सरकार ने 'वारसाना हक' का नियम बनाया था, दिसम्बर 1975 के बाद सेवानिवृत्त हुए दादा-दादी, नाना-नानी अथवा माता-पिता की नौकरी उनके बेटा-बेटी, नाती-पोतों को देने की सरकार ने अनुकम्पा योजना बनाई थी। उच्च पद रिक्त न होने पर शिक्षित, उच्च शिक्षित पाल्यों को भी सफाई कार्य की नौकरी दे दी जाती और बाद में प्रमोशन दिये जाने का आश्वासन दिया जाता था जो कई बरसों तक पूरा नहीं होता। इस सम्बन्ध में अखबारों में यह खबर छप रही थी—"लोग बड़ी रिश्वत देकर नौकरी ले रहे हैं। इसमें नौकरी देने वाले सवर्ण अधिकारी भी रिश्वत खाकर लिखा-पढ़ी में गड़बड़ कर रहे हैं।"

झाड़ू का चिह्न बताया जाना हमारे लोगों के लिए कोई आपत्तिजनक या दुखदायक नहीं था। कालेज में इस समाचार पर चर्चा होने पर मुझे दुख हुआ, गुस्सा भी आया। अपनी मेहनत और प्रतिभा से सम्मान की नौकरी पाने के बाद भी मिले ऐसे अपमान का मेरा दुख कौन समझ पायेगा! शिक्षितों-उच्च शिक्षितों द्वारा रिश्वत देकर सफाई की नौकरी पाने की कोशिश करना भी दुखदाई था। कुछ हालात थे, कुछ मानसिकता। हमारे लोगों की अपनी अलग दुनिया है। उन्हें उसी में खुश रहने की आदत है। इस स्थिति को बदलने के लिए समाज की मानसिकता बदलना है। आत्मसम्मान के अभाव में कुंठित मानसिकता के साथ अपमानपूर्ण जीवन ठीक नहीं है।

अपने लोग भी कभी ऐसे काम और व्यवहार करते हैं कि समझ नहीं आता, इन्हें अपना कहें या दुश्मन? गुस्सा भी आता और अफसोस भी होता है कि वे प्रगति के विरुद्ध अधोगति के जाल में फँसे हैं। गोपाल नगर में हमारे जाति समुदाय के सुदर्शन डुमार जाति का व्यक्ति कचरागाड़ी के साथ प्रत्येक घर के सामने रुककर गाड़ी का टीन ठोंकता था। घर के लोग पोलिथिन बैग या डब्बे-बाल्टी में इकट्ठा किया कचरा गाड़ी में डाल देते थे। गाड़ी वाला हमारी जाति के विषय में जानता था। हम क्या नौकरी करते हैं, यह भी जानता था। मैं हमेशा देखती थी, हमारे घर के सामने आते ही वह कचरा गाड़ी तेजी से आगे बढ़ा देता। पुकारने पर भी नहीं रुकता। हमारे कचरा डालने के समय भुनभुनाते हुए कहता—"इतना कचरा रखते हैं, ऐसा कचरा रखते हैं?" मुझे संकोच होता था कि अपना ही भाई घर-घर का कचरा इकट्ठा कर रहा है। हम यह भी सोचते थे, उसकी मदद कैसे करें?

लेकिन मैं यह भी देखती थी, वह हमारे पड़ोसी महाराष्ट्रियन ब्राह्मण मोरणे के घर के सामने कचरागाड़ी रोक देता है और जोर से पुकार कर कहता है—"बाबूजी कचरा डाल दो।" साथ ही उनके घर के सामने देर तक गाड़ी का टीन बजाते हुए खड़ा रहता। गाड़ी की इतनी आवाज और पुकार को सुनकर वे हँसते मुस्कराते हुए मृदुल आवाज में कहते—"हाँ भाई, आ रहा हूँ...आ रहा हूँ..." तब हमारा सुदर्शन भाई बड़े श्रद्धाभाव से ब्राह्मण के घर का कचरा अपनी गाड़ी में सहेज लेता। यह सब देखकर मुझे समझ नहीं आता था, हमारे घर के कचरे से उसे इतनी पीड़ा और बेचैनी क्यों होती है? जबकि ब्राह्मण के घर का कचरा उसे पूजनीय और वन्दनीय लगता है। शायद इसके पीछे सदियों पुरानी बनाई गई मानसिकता काम करती है—'ब्राह्मण पूजनीय होता है, उसका सब कुछ पूजनीय होता है, मलमूत्र भी पूजनीय, कचरा भी पूजनीय! शूद्रों, अन्त्यजों का काम और कर्तव्य है, उनकी सेवा का कार्य श्रद्धाभाव से करते रहें।' अभी भी ऐसी भावना, अभी भी ऐसी मानसिकता? यह देखकर दुख

होता था। अपने ऐसे लोगों को समझाना कठिन नहीं है। ब्राह्मणवाद के प्रति श्रद्धा और निष्ठा के शिंकजे से मुक्त होकर ही, वे अपने अपमान को समझकर सम्मान पाने की बात सोच सकेंगे।

अपने प्रति उपेक्षा और अपमान की भावना से तंग आकर ही, शिक्षित, ऊँचे पदों पर नौकरी करने वाले हमारे कुछ लोग समाज और मोहल्लों से दूर रहने लगे हैं। वे अपने रिश्तेदारों से भी दूर रहते हैं। ऐसे लोग सवर्ण समाज से मान-सम्मान पाने के लिए अपनी जाति छिपाकर भी रहते हैं। हमारे कई सरनेम राजपूतों के गोत्र उपनाम जैसे हैं—चौहान वाल्मीकि भी हैं, राजपूत ठाकुर भी हैं। इसी तरह चांवरिया, या घांवरी सरनेम के लोग आसानी से स्वयं को मारवाड़ी बता देते हैं। टांक, हाड़ोती, परमार, राठौर, सोलंकी, सिसोदिया, पवार जैसे सरनेम या गोत्र सवर्णों में भी होते हैं, हमारी जाति में भी हैं।

मैंने देखा है, जाति छिपाकर रहने वालों को परेशानियाँ भी बहुत होती हैं। हमेशा सही बात सामने आने का डर बना रहता है। रिश्तेदार दूर हो जाते हैं, आपस में बुराई आ जाती है। तब अपने समाज से दूर रहने वाले लोग अकेले पड़ जाते हैं। उनके बेटे-बेटियों के शादी-ब्याह नहीं हो पाते हैं। थोड़े सम्मान के लिए, वह भी दिखावटी, बनावटी सम्मान के लिए इतनी कुर्बानी क्यों दी जाती है? लोग इतनी कुर्बानी देते हैं, अपनी जाति के अपमान से बचने के लिए। कितनी पीड़ा देता है जाति का अपमान!

कभी-कभी अपने ही लोग हमारे सम्मान और प्रतिष्ठा को जानबूझकर धूमिल करते हैं। जानबूझकर हमारे नाम का सम्मान पाने के लिए वे हमारा अपमान करवाते हैं। कामठी के पोरवाल कालेज में मैं प्राध्यापिका हूँ, कामठी के बच्चों को पढ़ाती हूँ। कामठी में हमारे कुछ रिश्तेदार कामठी नगर परिषद में चतुर्थ श्रेणी की नौकरी करते हैं। वे रिश्तेदार अपना काम करते हुए, कामठी निवासी सवर्णों को यह अक्सर बताते हैं—"पोरवाल कॉलेज में जो टाकभौरे मैडम है, वह हमारी रिश्तेदार है, हम भी टाकभौरे हैं।"

इस तरह बताने पर सुनने वाले यह देखते हैं, इनके हाथ में झाड़ू है, इनकी जाति यह है, फिर कॉलेज की प्राध्यापिका कौन हुई? अक्सर कॉलेज के लड़के-लड़कियाँ मुझे बताते हैं—"मैडम, हमारे घर और मोहल्ले में जो सफाई करने वाले आते हैं, वे कह रहे थे, आप उनकी रिश्तेदार हो। मैडम आप उनकी रिश्तेदार हो क्या?" तब मैं समझ नहीं पाती हूँ , बच्चों को क्या जवाब दूँ। जब मैं उन्हें 'हाँ' कहती हूँ तब वे मुझे ऊपर से नीचे तक बारीकी के साथ हिकारत की नजर से देखते हैं, मानो कहीं मेरे साथ जुड़ी हुई झाड़ू ढूँढ़ रहे हों। उनकी नजर में मेरे प्रति अवहेलना के भाव आ

जाते हैं, मैं इस जहर को मौन रूप से पी लेती हूँ।

अपने लोगों से भी मुझे बहुत कड़वे अनुभव मिले हैं। कहीं जानबूझकर अपमान किया गया, कहीं नासमझी में। नागपुर में, एक विवाह समारोह में भाभी की मौसेरी बहन मिली। वह नागपुर में बैद्यनाथ चौक के बस स्टैण्ड पर सफाई कर्मचारी की नौकरी करती थी। उसने मिलते ही मुझसे पूछा—"तुम कितनी पढ़ी हो? कहाँ पढ़ाती हो? तुम्हारी तनखा कितनी है?" मैंने संक्षेप में बताया था, "मैं एम. ए., बी. एड. हूँ, कॉलेज में पढ़ाती हूँ।" तब मेरा वेतन लोन कटौती के कारण कम मिलता था। मैंने जानबूझकर कम आंकड़ा बताया ताकि उसे हीनता का आभास न हो। वह खूब बन ठनकर आई थी। उसके चेहरे से रुआब टपक रहा था। उसने व्यंग्य से मुँह बिचकाकर उपेक्षा के साथ मुझे देखा। पान की पीक बगल में थूकी और गर्वीले अन्दाज में कहा, "ऊँह, इतनी तो हमारी भी तनखा है। फिर हमारी तुम्हारी नौकरी में अन्तर ही क्या रहा? दोनों नौकरी बराबर हैं। तुम हमारे बराबर हो।" यह सुनकर मैं हैरत में पड़ गई थी। सफाई कर्मचारी, अंगूठा लगाकर अपना वेतन लेने वाली और मैं एम. ए., बी. एड. प्राध्यापिका। क्या हम दोनों की नौकरियाँ एक बराबर हैं? हमारा दर्जा, नौकरी का सम्मान-अपमान बराबर है?

मैं ऐसे लोगों को इसका अन्तर समझाती हूँ, शिक्षा और सम्मान का महत्त्व बताती हूँ। समाज की जड़ मानसिकता को बदला जा सकता है। इसके लिए कठोर प्रहार की जरूरत है। एक-दो को अलग-अलग समझाने के बदले प्रशिक्षण शिविर की जरूरत है, हजारों कार्यकर्ता, नेता तैयार करने की जरूरत है, जो पूर्णकालिक काम करते हुए, समाज की विचारधारा बदलने का कार्य करें। तभी इस अभियान में कामयाबी हासिल हो सकेगी। अपने लोगों को समझाना कठिन नहीं है?

अधिकतर हमारी महिलाओं के सोच विचार की दिशा एक जैसी है। वे पुरानी रीति परम्पराओं का विरोध नहीं करतीं। कोई बात समझाने पर उन्होंने कई बार मुझे ही डाँट दिया है—"रहने दो तुम्हारे भाषण और तुम्हारी शिक्षा। तुम क्या हमारे घरों में मदद करने वाली हो? हम अपने घर में खुश हैं, तुम अपने काम में खुश रहो।" उन्हें अपने छुटभैया नेताओं से जो सराहना और प्रोत्साहन मिलता है, वे उसी को 'परम श्रेय' मानकर खुश हैं। सुख-साधन जुटा लेना ही उनके लिए प्रगति की सीमा है। हिन्दू धर्म के कर्मकाण्ड, पूजा-व्रत करने में वे गौरव मानती हैं। ऐसी स्थिति में उन्हें अपना इतिहास बताकर, सच्चाई समझाना कठिन नहीं है।

ऐसे अवसर भी बहुत बार आये हैं, नागपुर के गोपाल नगर में दूर के रिश्ते की एक लड़की एम. कॉम. कर रही थी। मैंने उससे पूछा—"एम. कॉम. के बाद क्या करोगी? कौनसी नौकरी करोगी?" वह बड़े गर्व के साथ बोली थी—"नहीं आण्टी,

लड़कियों और औरतों को घर में ही रहना चाहिए। घर की जिम्मेदारी रहती है।" मैंने उसे अपनेपन के साथ पढ़ाई का महत्त्व और नौकरी के फायदे बताए। वह उपेक्षा से बोली–"आण्टी, रुपया पैसा और सम्मान ही सब कुछ नहीं होता। घर की इज्जत घर में ही रहना चाहिए।"

एम. कॉम. लड़की के ऐसे विचार, विवेक और बुद्धि को देखकर मुझे आश्चर्य हुआ। मैंने उसे डाँटते हुए कहा था–"तुम कौनसे जमाने की बात कर रही हो? आज के युग में, इतनी शिक्षा लेकर भी तुम नारी सबलता और स्वतंत्रता को नहीं समझ सकीं, तब कब समझोगी?" समाज की सोच पर कैसे संस्कारों का असर है? तब प्रगति-परिवर्तन की बातें करने वालों को ही बातें सुनना पड़ता है। मैंने ऐसे अपमान कई बार सहे हैं। अब वह लड़की शादीशुदा है, एक बच्ची की माँ है। पति बेरोजगार है। उसने मेरी शिक्षा का संदेश जरूर समझा होगा। यह समझना ही होगा, इसी से प्रगति सम्भव है। जब तक स्त्रियाँ आत्मनिर्भर नहीं बनेंगी, तब तक वे प्रगति के पथ पर कैसे आगे बढ़ सकेंगी? इस बात को समय रहते समझना होगा।

महाराष्ट्र में, वर्धा जिले के पुलगाँव में ज्योति लांजेवार मॅडम के साथ हमने डी.एस.पी. संस्था की ओर से विशेष रूप से वाल्मीकि महिलाओं के लिए कार्यक्रम आयोजित किया था। मैंने अन्य महिला कार्यकर्ताओं के साथ उनके मोहल्लों में जाकर कार्यक्रम की जानकारी देकर, उन्हें कार्यक्रम स्थल तक पहुँचाया। कार्यक्रम में अधिकांश महिलाएँ घूँघट डालकर बैठी थीं। अपने समाज की महिलाओं की ऐसी स्थिति पर मुझे बहुत दुख और अपमान महसूस हुआ। तिलमिलाकर अपने भाषण में, मैंने अपने लोगों को तीखे अन्दाज में उनकी स्थिति बताई। घूँघट के विषय में कहते ही एक साथ सभी महिलाओं ने अपने घूँघट हटा दिए थे। मेरी बातों, मेरी आवाज और मेरे चेहरे के भाव देखकर उनपर तुरन्त प्रभाव पड़ा था। यह देखकर संयोजक और कार्यकर्ता सभी महिलाएँ आश्चर्यचकित रह गई थीं। कार्यक्रम की मुख्य अतिथि वक्ता, नागपुर आकाशवाणी की अधिकारी केसर मेश्राम मॅडम ने प्रशंसा करते हुए कहा था–"जिस तरह आज उन्होंने घूँघट हटा लिया, उसी तरह विचार परिवर्तन की सभी बातें वे अपना सकती हैं।" हमारे जाति समुदाय के कुछ लोगों ने अच्छे मकान बना लिए हैं। सुख-सुविधा की वस्तुएँ भी जुटा ली हैं। कुछ लोग शिक्षा पाकर ऊँचे पदों पर भी पहुँच गये हैं। मगर वे प्रगति-परिवर्तन के विचार आन्दोलन से नहीं जुड़ सके। हमारे समाज की प्रगति तभी संभव हो सकती है, जब वे इन बातों को समझने लगेंगे।

अपने जाति समुदाय के शिक्षित समझदारों के स्वभाव व्यवहार को देखते हुए, उनकी नासमझी बताते हुए ज्यादा दुख होता है। अक्टूबर 2002 में दिल्ली के

वाल्मीकि जाति के नेता धर्मपाल बोहत ने विशेष आग्रह के साथ दिल्ली में 'वाल्मीकि जयन्ती' कार्यक्रम में मुझे अतिथि वक्ता के रूप में आमंत्रित किया था। मैं वहाँ कार्यक्रम का स्वरूप देखकर आश्चर्यचकित रह गयी। वाल्मीकि जयन्ती का यह कार्यक्रम दिल्ली के 'काली मंदिर' क्षेत्र के, वाल्मीकि मंदिर में भव्य रूप में आयोजित था। मुख्य अतिथि के रूप में शीला दीक्षित मैडम को बुलाया गया था। सफेद खद्दरधारी कई राजनेता और समाज के कार्यकर्ता कार्यक्रम में उपस्थित थे। वाल्मीकि जी का तुमुल जयघोष किया जा रहा था। सबसे पहले जुलूस निकाला गया। सजे हुए विशाल दो हाथी सामने चल रहे थे। उनके पीछे सजे हुए चुस्त-दुरुस्त चार घोड़े ठुमकते हुए चल रहे थे। बैण्डबाजों की टंकार साथ-साथ चल रही थी। वाल्मीकि जाति के नेता और गण्यमान्य व्यक्ति बग्गियों, सुम्मो कार और जीप गाड़ियों में बैठे जुलूस के साथ थे। उनके पीछे जनसामान्य वाल्मीकि लोग पैदल चल रहे थे। जुलूस समाप्ति के बाद सजे हुए दोनों हाथी वाल्मीकि मंदिर के द्वार पर झूमते हुए खड़े रहे। वे मंदिर में आने वाले गण्यमान्य लोगों का अभिवादन अपनी सूँड उठाकर करते रहे। यह देखकर लोग अभिमान से गद्गद हो रहे थे। मैं यह सब देखकर चकित थी।

कार्यक्रम में मंच पर एक-एक नेता का सम्मान कई-कई लोग कर रहे थे। फूलों के बड़े-बड़े हारों के ढेर उनके सामने लग रहे थे। नेता और राजनेताओं का सम्मान करने में अधिक समय दिया गया। भाषण का समय कम मिला, विचार-विमर्श नहीं हुआ, यह सब देखकर मन विचलितं था। कार्यक्रम में समाज के नेताओं ने शीला दीक्षित जी के सामने अपने समाज की स्थिति रखी और सुविधाओं की माँग की। उन्होंने यह भी माँग की—'वाल्मीकि मंदिर के पास के मार्ग को महर्षि वाल्मीकि मार्ग' नाम दिया जाये, मंदिर के पास के बगीचे को 'वाल्मीकि पार्क' नाम दिया जाये।

मैं यह समझ नहीं पायी थी, 'वाल्मीकि मार्ग' और 'वाल्मीकि पार्क' 'वाल्मीकि जाति की समस्याओं और अपमान का निराकरण कैसे करेंगे? कार्यक्रम के बाद मैंने देखा, हाथी तब भी दरवाजे पर झूमते हुए झूल रहे थे। इतनी भव्यता और शालीनता के बाद भी मैं इस कार्यक्रम से खुश नहीं थी। समाज का जो चित्र मेरे मन में अंकित है, उसके हिसाब से, मेरी आँखों का भ्रम नहीं, मेरी जाति की सच्चाई थी, मेरी आँखे सच्चाई के रूप में सूअर देख रही थी। सूअर झूम रहे हैं, सूअर लोगों का अभिवादन कर रहे है। सूअर की थुथनी ऊपर उठती जा रही है। मैंने अपने मन की यह बात किसी को तब नहीं बताई थी। अब इस बात को बताने में संकोच नहीं है, ताकि हमारे लोग अपनी सही स्थिति को समझें। हमारे लोग इस बात को नहीं समझते। सवर्ण नेताओं के सामने भव्य कार्यक्रम में हाथी झुलाने से क्या इस समाज का भला हो सकता है? भूमण्डलीकरण, औद्योगीकरण और निजीकरण की नीतियों के युग में

हमारे जाति समुदाय की स्थिति बहुत दयनीय है। ऐसी स्थिति में यदि हमारे लोग वाल्मीकि जयन्ती पर हाथी झुलाने की शान रखते हैं तो यह शर्म और चिन्ता की बात है।

पैंतीस साल से मैं अपने समाज के शुभचिन्तकों और नेताओं को देख रही हूँ। उनकी कार्यप्रणाली को समझ रही हूँ। मुझे उनके काम और सोच विचार में समाज की प्रगति की आशा नजर नहीं आती। सच यह है कि उन्हें प्रगति और परिवर्तन की सही दिशा की जानकारी ही नहीं है। हमारे लोग गांधीजी को मानते हैं। डॉ. भीमराव अम्बेडकर को और उनकी विचारधारा को जाने-समझे बगैर वे प्रगति और समाज परिवर्तन की बात नहीं समझ सकेंगे, इसके बिना स्थिति-परिवर्तन की कल्पना भी निरर्थक है। उत्तर भारत और महाराष्ट्र में वाल्मीकि जाति के लोग साल में एक बार अक्टूबर माह की पूर्णिमा को महर्षि वाल्मीकि-जयन्ती मनाते हैं। इसी प्रकार नागपुर में सुदर्शन जाति के लोग नवम्बर माह की पूर्णिमा को सुदर्शन महाराज की जयन्ती मनाते हैं। वाल्मीकि, सुदर्शन डुमार एक ही जाति की उपजातियाँ हैं, मगर वे अलग-अलग रहते हैं। इसी तरह हेला और मखियार भी उपजातियाँ हैं। कुछ लोग जो शिक्षित हो गये, अच्छे पदों पर मान-सम्मान के साथ नौकरी कर रहे हैं, वे समाज के ऐसे जयन्ती कार्यक्रमों में कम ही जाते हैं।

मैं शुरू से अपने जाति-समुदाय से जुड़कर काम करती रही हूँ। मंच से लोगों को अपनी बात कहती हूँ—'आरक्षण का लाभ हमारी जाति-उपजातियों को बहुत कम या लगभग नहीं मिल पाया। शिक्षा, एकता और संघर्ष की कमी के कारण हम पिछड़े हैं।' ये बातें मैं उनसे हमेशा कहती हूँ। पिछले कई वर्ष मुझे सुदर्शन और वाल्मीकि जयन्ती कार्यक्रमों में बुलाया जाता रहा। मैंने अपने लोगों से हमेशा यही कहा—"धर्म की घंटी बजाना छोड़िए, समाज जागृति और क्रांति की बात समझिए। प्रगति और परिवर्तन की बात अपनाइए। महर्षि वाल्मीकि ब्राह्मण थे, वे न तो हमारे पूर्वज हैं और न ही हमारे जाति गुरु हैं। डॉ. अम्बेडकर ही हमारे नेता, शुभचिन्तक और मार्गदर्शक हैं, उनकी शिक्षा और विचारधारा को अपनाइए।" मेरी इन बातों को सुन-सुनकर मेरे अपने लोगों ने मुझे वाल्मीकि जयन्ती पर बुलाना बन्द कर दिया। उन्होंने मेरी बातें नहीं समझीं, न ही समझना चाहते हैं। मैं देखती हूँ, सुदर्शन, वाल्मीकि जयन्ती मनाने में हजारों रुपये खर्च किये जाते हैं। भंडारा-भोजन के नाम पर बहुत खर्च होता है। यह समाज जागृति की दिशा नहीं है। डॉ. अम्बेडकर की विचारधारा अपनाकर महाराष्ट्र की महार जाति और उत्तर भारत की चमार जाति के लोग उन्नत, प्रगतिशील जीवन जी रहे हैं, यह देखकर और समझकर भी हमारे लोग अपनी स्थिति को नहीं समझ रहे हैं।

31 अगस्त 2005 को हरियाणा राज्य के गोहाना गाँव में सवर्णों ने वाल्मीकि बस्ती में आग लगाई थी। अन्याय अत्याचार की इस दुखदायी घटना की चर्चा पूरे देश में हुई। धरना, प्रदर्शन, धिक्कार कार्यक्रम, विचार गोष्ठी आदि द्वारा जातिवादी मनुवादी सवर्णों का विरोध किया गया था। हमने भी नागपुर में रैली निकाली और जातिवादियों के विरुद्ध नारे लगाये थे। सीता बर्दी के रानी झांसी चौक पर मैंने भाषण में जातिवादी अत्याचारियों को धिक्कारा था। यह सामाजिक न्याय के लिए हमारा विरोध-विद्रोह और रोष-आक्रोश था। गोहाना अग्निकाण्ड जैसी घटनाएँ देश में होती रहती हैं। इसकी प्रताड़ना हमारी जाति के लोग सहते हैं। सवर्णों द्वारा उन्हें भयभीत करके पीछे रहने के लिए मजबूर किया जाता है, फिर भी जातिवादी लोग अपने अन्याय को नहीं मानते। यह उनकी क्रूरता है। यह मानवता के खिलाफ व्यवहार है। इस बात को सभी लोगों को समझना चाहिए।

वाल्मीकि जयन्ती के समय हर साल खुशी के साथ एक अभियान जैसा शुरू हो जाता है। लोग महर्षि वाल्मीकि की भक्ति में मदहोश होकर अधिक से अधिक संख्या में स्वयं को वाल्मीकि कहने लगते हैं जैसे भंगी जाति की पीड़ा से उन्हें मुक्ति मिल गई हो और वाल्मीकि जाति में उनका नया जन्म हुआ हो। वाल्मीकि जयन्ती के पहले और बाद के कुछ दिनों तक अभिवादन करने की बात बदल जाती है। पहले 'राम राम', 'नमस्ते' कहकर आपस में अभिवादन करने वालों में कुछ लोग इन दिनों अपने धार्मिक उन्माद में डूबकर जोश के साथ अभिवादन में 'जय वाल्मीकि' कहते हैं और हाथ ऊपर उठाकर वाल्मीकि का जयघोष करने लगते हैं–"जय हो..... जय हो।" उनमें कुछ लोग और ज्यादा आगे बढ़कर जोश के साथ कहते हैं–"जय श्रीराम।" सुनने वाले भी गद्‌गद और बोलने वाले भी गद्‌गद हो जाते हैं।

हमारी जाति के लोग पहले पूर्ण रूप से कांग्रेस से जुड़े थे। कांग्रेस से जुड़े न रहने पर भी उसी पार्टी से जुड़े माने जाते थे। महात्मा गांधी जी की कांग्रेस पार्टी से अलग वे कैसे हो सकते थे? लेकिन आजकल अधिकतर लोग 'भाजपा' और 'शिवसेना' पार्टी से जुड़कर अपनी प्रगति, परिवर्तन और जागरूकता को महसूस कर रहे हैं। ऐसे लोग ही 'जय वाल्मीकि' और 'जय श्रीराम' का जयघोष अधिक ऊँची आवाज में करते हैं। 'जय वाल्मीकि' और 'जय श्रीराम' बोलने मात्र से इस जाति का स्तर ऊँचा नहीं हो सकता, छुआछूत का भाव नहीं मिट सकता। 'भारतीय जनता पार्टी' और 'शिवसेना' से जुड़कर क्या इस जाति समुदाय का उद्धार हो सकता है? विचार करने की बात है। काँग्रेस ने भी इनका क्या उद्धार किया है? मगर हमारे लोग इन बातों पर विचार ही नहीं करते। हिन्दू धर्म में रहकर छुआछूत की पीड़ा भोगने वाले हमारे लोग जय वाल्मीकि और जय श्रीराम कहकर अपनी पीड़ा से मुक्ति नहीं

पा सकते। समाज परिवर्तन आंदोलन से जुड़ेंगे तभी वे समता-सम्मान, प्रगति-उन्नति पा सकेंगे।

जहाँ हमारे लोग खुद को वाल्मीकि कहकर वाल्मीकि पर गर्व करते हैं, वहीं अन्य दलित हम लोगों से ऊँचे दलित होने का गर्व करते हैं। 2005 की बात है, मुम्बई के खेल मैदान में बामसेफ के चार दिवसीय सम्मेलन कार्यक्रम में मैं गई थी, वहाँ राजस्थान से कुसुम मेघवाल भी आई थी। आपस में बातें करते हुए मैंने कुसुम मेघवाल से कहा–"मुम्बई में हमारी जाति के कई लोगों के सरनेम मेघवाल हैं। मेघवाल सरनेम वाल्मीकि में रहता है।" यह सुनकर मेघवाल मैडम ने कहा–"नहीं, मेघवाल सरनेम हमारी कास्ट में रहता है। हम वाल्मीकि नहीं हैं। वाल्मीकि मेघवाल अलग होते होंगे, हम अलग मेघवाल हैं।" उन्हें सरनेम के आधार पर स्वयं के लिए वाल्मीकि सुनना भी पसंद नहीं था।

बाबासाहब डॉ. भीमराव अम्बेडकर ने सम्पूर्ण दलितों को एकता के सूत्र में बाँधकर एक होने का संदेश दिया था, मगर जब आपस में स्वार्थ टकराते हैं, तब अपने लाभ के लिए लोग महान लोगों की अच्छी बातों को छोड़कर, सिर्फ अपने लाभ को देखने लगते हैं। ये बातें अलगाव लाती हैं। ऐसे अलगाव से मुक्ति चाहिए। एकता और संगठन से ही हम अपने अधिकर पा सकेंगे। शिक्षा, संघर्ष और संगठन ही सामाजिक समता पाने का आधार है। नई पीढ़ी शिक्षित और सक्षम बनेगी, तभी दलित आन्दोलन सफल होगा; तभी मेरा समाज प्रगति-परिवर्तन की राह पर चलकर सम्मान पा सकेगा।

ऐसे प्रसंग भी घटित हुए हैं, जिनका होना आश्चर्यजनक भी है और दुखदायक भी। यह लड़ाई छोटी नहीं है। डॉ. विमलकीर्ति के साथ हम बिहार गये थे, तब दलित साहित्यकार अजय 'यतीश' के साथ कुछ लोगों के घर भी गये थे। उनके घर में दीवार पर रिश्तेदारों, सामाजिक कार्यकर्ताओं की बड़ी तस्वीरें लगी थीं। तस्वीरों के नीचे उनके नाम के साथ हरिजन लिखा था। मैंने यतीश जी से कहा था–"नाम के साथ हरिजन क्यों लिखा? हरिजन नहीं लिखना चाहिए।" यतीश जी ने बताया था–"पहले हरिजन ही कहलाते थे। अभी भी वे इसी नाम से जाने जाते हैं।" ऐसा लगा जैसे नाम के साथ लगे हरिजन शब्द को हटा देने से उनके नाम की पहचान ही खो जायेगी। यह कठिन स्थिति समझना और समझाना दोनों जरूरी है।

महाराष्ट्र में हरिजन शब्द का बहिष्कार किया गया है, मगर मध्यप्रदेश, उत्तरप्रदेश, राजस्थान, बिहार जैसे पिछड़े प्रदेशों में अभी भी हमारी जाति समुदाय के डोम-डुमार, मखियार, धानुक, मेघवाल, माला, हेला, हलालखोर, रूखी, भंगी, वाल्मीकि जाति के लोगों को हरिजन कहते हैं। यह सुनकर बुरा लगता है। एक दिन मैं

महाविद्यालय के ऑफिस में थी। एक छात्रा अपना सर्टिफिकेट जोशी बाबू को दिखा रही थी। मैंने टेबल पर रखा उसका सर्टिफिकेट उठाकर देखा, उसमें जाति के कॉलम में हरिजन लिखा था। मैंने उस लड़की से कहा—"हरिजन कोई जाति का नाम नहीं है।"

वह लड़की बिहार प्रान्त के किसी छोटे गाँव से आई थी। उसने कहा—"हमारे गाँव में हमारी जाति के लोग अपने लिए हरिजन ही लिखते हैं।" 'हरिजन' नाम अभी भी चल रहा है। यह तब तक चलेगा जब तक इसे मिटाया नहीं जायेगा। इसी तरह दलित कहलाना भी खुशी की बात नहीं है। दबे, कुचले, टूटे, बिखरे रूप में अपनी परिभाषा और पहचान बताना दुखदायी है। प्रगतिशील पहचान बनने के बाद पुरानी पहचान से मुक्ति पाना होगा। इसके प्रयत्न महाराष्ट्र में अम्बेडकरवादियों ने शुरू कर दिये हैं।

गाँधीजी द्वारा लिखित 'वर्णव्यवस्था' पुस्तक से प्रमाण सहित स्पष्ट है कि हिन्दू धर्म की वर्णवादी, जातिवादी समाज व्यवस्था का मूल वर्णव्यवस्था है, जिसे गाँधीजी उत्तम मानते थे। जातिव्यवस्था बनी रहे, वे यह चाहते थे। उनके आदेशों पर हमारे लोग आँख, कान, नाक और मुँह बंद करके चलते हैं। मैंने देखा है, अधिकांश गाँव और शहरों में नगर निगम, नगर परिषद, नगर पालिका और महानगर पालिका के कार्यालय के प्रांगण में गाँधीजी की मूर्ति अभी भी स्थापित है। सफाईकर्मी जाति समुदाय के लोग गाँधीजी को प्रणाम करके, अपने झाड़ू-टोकरे के काम में खुशी-खुशी लग जाते हैं। कामठी के नगर परिषद प्रांगण में भी महात्मा गाँधी की मूर्ति है। सफाई कर्मचारी आपस में कहते हैं—"गाँधीजी की मेहरबानी से ही हम सुख-सुविधा और इज्जत की जिन्दगी पा सके हैं।"

उन्हें यह पता नहीं हैं, उनके लिए सुख-सुविधाएँ जुटाने के लिए बाबासाहब डॉ. अम्बेडकर ने कितना संघर्ष किया है? और जिसे वे इज्जत की जिंदगी कह रहे हैं, क्या वह इज्जत की जिंदगी है? जब तक गाँधीजी हमारे लोगों के आदर्श पुरुष रहेंगे तब तक हमारे समाज में तर्क बुद्धि विवेक का ज्ञान नहीं आयेगा, प्रगति परिवर्तन की बात हमारे लोग नहीं समझ सकेंगे, विरोध और विद्रोह को कैसे जान सकेंगे? यह सोचकर मेरा हृदय छटपटाता है। मुझे उस दिन का इन्तजार है, हमारे लोग जोतिराव फुले और डॉ. भीमराव आम्बेडकर को जानेंगे, उनकी विचारधारा को समझेंगे, तभी वे अपनी सही स्थिति जान पायेंगे।

पीड़ा के अनेक रूप हैं, कुछ सामाजिक हैं, कुछ व्यक्तिगत। कुछ बाहरी हैं, कुछ घरेलू हैं। जीवन के हर क्षेत्र में व्यथा ही अधिक मिलती रही। जीवन में ऐसी अनेक घटनाएँ घटी हैं, जिनसे मुझे अपनी जाति के अपमान का बोध तीव्रता के साथ

हुआ। जो बातें कही गईं, वे शूल की तरह मेरे हृदय में चुभती रहीं। घटनाएँ घटती रहती हैं, लेकिन जब हम स्वयं को उनसे जोड़कर देखते हैं, तब दुख का अनुभव होता है—मुझे ऐसी पीड़ा, अपमान, तिरस्कार और बहिष्कार का भाव मिलता रहा।

एक बार कॉलेज से घर जाने के समय प्रा. लक्ष्मन खापेकर की ओमनी गाड़ी में, सुपरवायजर सर के साथ मैं भी थी। 22 अप्रैल 2006 की बात है, '14 अप्रैल, डॉ. अम्बेडकर जयन्ती' कार्यक्रम में हुए भाषण के, सामाजिक समानता के मानवतावादी विचारों का प्रभाव सुपरवायजर सर को प्रभावित कर रहा था। सर ने स्वयं को सामाजिक समानता का पक्षधर बताते हुए, बहुत आत्मीयता से कहा—"मैडम, ये जात-पाँत नहीं होना चाहिए। अब पहले जैसी बात कहाँ रही है? अब सब कुछ बदल गया है। पूरी समाज व्यवस्था बदल गई है। जात-पाँत की बातें नागपुर में क्या, पूरे महाराष्ट्र में नहीं हैं। हाँ, उत्तर भारत, बिहार, राजस्थान में अभी भी हैं। आप देखना, धीरे-धीरे लोग जात-पाँत को भूल जायेंगे। आगे चलकर अलग-अलग जाति जैसी कोई बात ही नहीं रहेगी।"

सर की बातें ध्यान से सुनते हुए मैं चुप रही। ओमनी गाड़ी एल. आई. सी. चौक से रिजर्व बैंक चौक होकर आगे बढ़ी थी। रिजर्व बैंक के सामने, चौक के पास ऊँचे आसन पर स्थित बाबासाहब डॉ. भीमराव अम्बेडकर की आदमकद मूर्ति को देखते ही मुझे वे मीटिंग, जलसे, जुलूस, धरना, प्रदर्शन, मोरचे, आन्दोलन के कार्यक्रम याद आये थे। बाबासाहब को मानने वाले, अपने अधिकारों की लड़ाई लड़ने वाले सबसे पहले बाबासाहब को फूलों के हार पहनाते हैं, उनके कार्यों और उनकी कुर्बानी को याद करते हैं, फिर उनके नाम के नारे लगाकर कार्यक्रम शुरू करते हैं। तब चारों तरफ जयघोष का नारा गूँजता है—"बाबासाहब जिन्दाबाद, डॉ. अम्बेडकर जिन्दाबाद, बाबासाहब विजयी हो।" उस समय मेरे कानों में ये आवाजें गूँजने लगी थीं।

इसके बाद सर ने जो बातें कहीं, वे मेरे लिए अपमान की बातें थीं। वे अपनेपन के साथ बताने लगे—"मैडम अभी-अभी की बात है। बस कोई 30-35 साल पहले की बात है, पहले वही सिस्टम था, खुद हमारे घर ड्राय लेट्रिन थे। वे लोग सफाई का काम करने के लिए टोकरा लेकर आते थे और वह सब टोकरे में उठाकर वे सिर पर रखकर ले जाते थे। हमारे जोशीवाड़ी में, सभी गाँव और शहरों में मलमूत्र सफाई की यही पद्धति थी। हम लोग महीने भर का, पूरे कुटुम्ब परिवार के मलमूत्र सफाई का सिर्फ एक या दो रुपया इतना ही मेहनताना देते थे, साथ में कुछ फटे पुराने कपड़े, कुछ खराब अनाज, बचा-खुचा जूठा खाना वगैरह भी उन्हें देते थे।"

उनकी बातों को सुनकर मैं आक्रोश के साथ उन्हें देखती रही। सर मेरा अपमान कर रहे थे। वे मुझे यह एहसास दिलाना चाहते थे, मैं कौन हूँ , मेरी जाति

क्या है। वे मुझे निम्न दर्जे का एहसास कराना चाहते हैं—यह सोचकर मन कुंठित-पीड़ित हो गया था। सुपरवायजर सर इस विषय में कितनी सहजता से बता रहे थे। वे क्या समझेंगे हमारी पीड़ा, हमारा दर्द! गाड़ी जीरो मॉईल, गोवारी शहीद स्मारक, टी प्वाइंट होते हुए आगे बढ़ती रही।

जातिभेद को मानने वाले, अपने उच्चवर्ण की श्रेष्ठता को बनाए रखने के लिए आज भी सामाजिक विषमता को जरूरी मानते हैं। वे आज भी यही चाहते हैं कि जातिभेद, ऊँच-नीच बने रहें। उनके ऊपरी व्यवहार की सौजन्यता सामाजिक जड़ मानसिकता का आईना नहीं हो सकती। उस आईने में छिपा उनका चेहरा बहुत विद्रूप है, बीभत्स है। उसे छिपाने के लिए वे सौजन्यता का ताना-बाना बुनकर ओढ़ते हैं। इंसीलिए सुपरवायजर सर बार-बार कह रहे थे—"मैडम अब जात-पाँत को कोई नहीं मानता है।" मैंने सर को देखा था, उनके चेहरे पर मुस्कान थी। मुझे उस मुस्कान के पीछे उनके मन के भाव स्पष्ट नजर आ रहे थे। सर स्वयं जातिवादी हैं, सामाजिक समानता के विरोधी हैं, ब्राह्मणवादी हैं। उनसे बार-बार एक ही बात सुनकर मुझे गुस्सा आया। मैंने सोचा था, उन्हें सच्चाई बताने के लिए जवाब देना ही पड़ेगा।

मुझे वह दिन याद है जब इन्हीं सुपरवायजर सर को मैंने कॉलेज में टीचिंग-नॉन टीचिंग पूरे स्टाफ के सामने खूब बातें सुनाई थीं। सर हमेशा मुझ पर दोष लगाते थे—मैं लेट आती हूँ, मैं क्लास नहीं लेती हूँ। मेरी शिकायत वे प्राचार्य जी से भी किया करते थे। मैं प्रयत्नपूर्वक समय पर आकर अपनी क्लास लेती थी, फिर भी मेरे प्रति सर का व्यवहार उपेक्षापूर्ण और भेदभावपूर्ण था। उस दिन मैं समय पर स्टाफ रूम में थी। घंटी बजने पर 11.00 बजे मैं क्लास में गई, कक्षा में 40 स्टूडेंट थे। पीरियड लेने के बाद मैं नीचे सर के ऑफिस के तरफ आई। सर ने मुझे बुलाकर कहा—"मैडम, आज भी आप लेट आई हैं। आपका पहला पीरियड नहीं हुआ। आपकी कक्षा के बच्चे यहाँ बताने आये थे कि आपका क्लास नहीं हुआ।"

मैंने हैरत के साथ कहा—"सर, आप ऊपर आये नहीं। आपने रूम नम्बर 7 में आकर देखा नहीं कि मैं वहाँ क्लास ले रही हूँ। बिना देखे आप कैसे कह रहे हैं, मैंने क्लास नहीं ली? मेरी क्लास में 40 स्टूडेंट थे। मैंने समय पर क्लास में जाकर अपना पीरियड लिया है।" सर अपनी बात रखने के लिए गुस्से के साथ कहने लगे—"आप रोज लेट आती हो। आपके क्लास नहीं होते हैं। मैं रोज देखता हूँ।"

फिर तो मुझे बहुत गुस्सा आ गया। मैं भूल गई कि वे अधिकारी हैं और मैं ऑफिस में उनके सामने खड़ी हूँ। उस समय ऑफिस में प्रा. बड़गैय्या, प्रा. ओगले और दो-तीन प्राध्यापक सुपरवायजर सर से बातें करते हुए बैठे थे। बगल के ऑफिस में बाबू अपने टेबल पर फाइलों का काम कर रहे थे। एक चपरासी ऑफिस के

दरवाजे के पास बैठा था, दो चपरासी इधर-उधर आते-जाते अपना काम कर रहे थे। मैंने किसी की परवाह नहीं की और गुस्से के साथ जोर से बोली–"सर, आप हमेशा मुझे ऐसा कहते हो, प्राचार्य जी से मेरी झूठी शिकायत करते हो। दूसरे प्राध्यापक लेट आयें, क्लास न लें तब आप उन्हें कुछ नहीं कहते, मेरे साथ ही ऐसा व्यवहार क्यों करते हो?"

सर ने गुस्से के साथ कहा–"आप किससे बात कर रही हो? ठीक से बात करो।" वे टेलीफोन करने के लिए नम्बर डायल करने लगे। मैं समझ गई, सर प्राचार्य जी को फोन लगा रहे हैं। यह देखकर मुझे और गुस्सा आया। सही बात सामने आना ही चाहिए। मैं और जोर से बोली–"आप मेरे साथ भेदभाव करते हो, मेरे साथ जातिभेद मानते हो, इसलिए मुझे जानबूझकर परेशान करते हो।"

मेरी ऊँची आवाज सुनकर टीचिंग-नॉन टीचिंग स्टाफ सर के केबिन में आ गया था। कुछ लोग बाहर खड़े सुन रहे थे और अन्दर ऑफिस में झाँककर जैसे तमाशा देख रहे थे। प्राचार्य जी का ऑफिस दूसरी बिल्डिंग में है। सुपरवायजर सर प्राचार्य जी को फोन लगाने की नाकाम कोशिश किये जा रहे थे। मैंने जब बोलना शुरू किया तो आवेश बढ़ता गया, मगर होश-हवास दुरुस्त थे। मैंने सोचा, जब इतना बोल ही दिया है तो बाकी बातें भी बोल देना चाहिए, जो होगा देखा जायेगा। मैंने उस दिन अपने मन का पूरा गुबार निकाला। ऑफिस में बाबू, चपरासी, प्राध्यापक वर्ग सभी की भीड़ लग गई थी। जो बाहर थे वे भी पूछ रहे थे–"क्या हुआ? क्या हुआ?"

पहले कभी ऐसा नहीं हुआ था। ऑफिस में कोई इस तरह बात करने की हिम्मत नहीं कर सका था। मैंने पूरी हिम्मत के साथ सुपरवायजर से कहा था–"सर, ये आपका कॉलेज नहीं है। आप यहाँ के मालिक नहीं हो। आप भी यहाँ नौकरी करते हो। आप से ऊपर, आप से बड़े और लोग भी हैं। मैं उनके पास जाकर आपकी शिकायत करूँगी कि आप मेरे साथ भेदभाव और जातिभेद करते हो। मैं प्राचार्य जी से कहूँगी, मैं मैनेजमेंट से कहूँगी, आप मेरे साथ अन्याय करते हो, मुझे जानबूझकर परेशान करते हो।" सर ने टेलीफोन लगाना बन्द कर दिया। वे खिसियाते हुए बोले–"मैडम, ऐसी बात नहीं है। आप गलत समझ रही हैं...ऐसा कुछ नहीं है।"

"ऐसा ही है, यही सच है, इसलिए आप मेरे साथ ऐसा व्यवहार करते हैं। आप मुझसे जातिभेद मानते हैं। मैं भी आपकी शिकायत करूँगी।" मैंने अपनी बात यहीं खत्म की और ऊपर स्टाफ रूम में आ गई थी। मुझे हँसी भी आई, मैंने इतनी बातें एक साथ कैसे कह दीं? वह गुस्से का आवेग था जो बहुत दिनों से इकट्ठा हो रहा था। मौका मिलते ही स्वतः प्रवाह के रूप में बह निकला था। स्टाफ रूम में ब्राह्मण

प्राध्यापिकाएँ मुझे कहने लगीं—"आपने सर से ऐसा नहीं कहना था। वे अपने सुपरवायजर हैं। वे अपने से बड़े हैं।" उनके हाव भाव में ब्राह्मण सर के लिए जातीय अपनापन, श्रद्धा और शुभचिन्ता थी। मेरे प्रति उपेक्षा थी कि मैं कितनी संस्कारहीन, उजड्ड और नालायक हूँ। सर के साथ इस तरह की बातें करके मैंने बड़ी गलती की है। वे अपनी नाराजी दिखाते हुए यह भी कहने लगीं—"सर से इस तरह बातें करना आपको शोभा देता है क्या?"

स्टाफ रूम में कुछ लोग चुप थे, कुछ लोग खुसुर-पुसुर कर रहे थे। कुछ मन ही मन मजा ले रहे थे। मैंने तीखे अन्दाज में उन प्राध्यापिकाओं से कहा था—"आपको क्यों इतनी चिन्ता हो रही है? सर और मेरे बीच की बात है। सर मुझे देखेंगे, मैं उनको देखूँगी। आपको क्या करना है?" उन्हें असली चिन्ता यह थी, बड़ों (सवर्णों) के बड़प्पन की रक्षा होती रहनी चाहिए। मुझे पता था, यदि मैंने किसी एस. सी., एस. टी., ओ. बी. सी. प्राध्यापक या पदाधिकारी से ऊँचे स्वर में कुछ कहा होता तब इन्हें कोई चिन्ता नहीं होती, तब इन्हें कोई फर्क नहीं पड़ता। फर्क इसलिए पड़ा, मैंने उनकी झूठी उच्चता के बड़प्पन को फटकारा था। मैंने दृढ़ शब्दों में उनसे कहा—"मैंने कुछ गलत नहीं कहा, कुछ गलत नहीं किया। जो भी कहा, ठीक कहा है। मुझे किसी का कोई डर नहीं है। जो होगा, मैं देखूँगी।" मैंने साहस के साथ यह कदम उठाया था। अन्याय का विरोध करना मुझे जरूरी लगा था।

उस समय प्राचार्य पद पर डॉ. एम. एन. घोषाल जी नये आये थे। मुझे उन पर विश्वास था, वे न्याय का पक्ष लेंगे। मुझे किसी बात का भय नहीं था। सच कहो तो बहुत बरसों के बाद भयमुक्त होकर मैंने अपने मन का गुबार निकाला था। सुपरवायजर ने प्राचार्य जी से मेरी शिकायत की होगी, प्राचार्य जी तक यह बात जरूर पहुँची होगी, मगर उन्होंने न मुझे बुलाया, न कुछ पूछा, न कुछ कहा।

तब से सुपरवायजर सर मेरे साथ अच्छा व्यवहार करने लगे थे। हमेशा सम्मान के साथ बातें करते थे, मेरे घर-परिवार की कुशलक्षेम पूछते रहते थे। तब यह देखकर स्टाफ के प्रा. जॉन, प्रा. नागदिवे और कुछ लोग जो मेरे शुभचिन्तक थे, उन्होंने मुझे सावधान करते हुए कहा था—"मैडम, इनके अपनेपन के ऊपरी दिखावे के धोखे में नहीं आना, इनसे सावधान रहना। ये कभी भी वार कर सकते हैं।" ऐसे लोगों के दिखावटी अपनेपन के व्यवहार और मुस्कान के पीछे जब उनका असली चेहरा नजर आता है, तब मन कड़वाहट से भर जाता है। ऐसे अनुभव अनेक बार मिले हैं। ऊपरी सज्जनता, सौजन्यता और धार्मिक भाव दिखाने के बाद भी लोग हमसे जातिभेद मानते हैं, हमारा अपमान करते हैं, हमसे कपटपूर्ण व्यवहार करते हैं। कितनी बार ऐसी घटनाएँ घटीं, जिन्हें देखकर, सुनकर मन छटपटा कर रह जाता है। छोटी-छोटी

बातें भी पूरे वजूद को झकझोर देती हैं। तब लगता है भेदभाव, जातिभेद के इस महासागर को कैसे पाटा जाए।

गोवारी शहीद स्मारक के सामने से गुजरते हुए मुझे वे दृश्य याद आये थे। 23 नवंबर 1994 को नागपुर उपराजधानी में विधानसभा के शीतकालीन सत्र में 'क्रांतिकारी गोवारी आदिवासी अपने अधिकारों की मांग के लिए जुलूस निकाल कर आन्दोलन कर रहे थे, सुबह से भूखे प्यासे अपने अधिकारों के लिए संघर्ष कर रहे थे। सामने बच्चे और महिलाएँ थीं। पुलिस के रुकने का आदेश वे नहीं समझ पाये, नारे लगाते हुए आगे बढ़ते गए। इसे उनकी धृष्टता समझा गया। पुलिस की अन्धाधुन्ध गोलियों से भगदड़ मच गई थी। गरीब आदिवासी महिलाओं के बदन पर पूरे कपड़े भी नहीं थे। उन्हें न खुद का होश था न अपने कपड़ों का, न अपने सामान का। सड़क पर औरतों-बच्चों की लाशें बिछ गईं, खून के फव्वारे बह निकले। गोवारी हत्याकाण्ड को देखकर नागपुर वासियों के दिल दहल गये थे। खून से लाल हुई जमीन देखकर हम काँप उठे थे। गोवारी हत्याकाण्ड के विरोध में कई दिनों, कई महीनों तक विरोध, प्रदर्शन, धरना, भूख हड़ताल के रूप में आन्दोलन चलता रहा। तब सबको यह भी पता चला था न्याय के लिए संघर्ष करना कितना कठिन है।

हमारे जाति समुदाय के लोग अपने पैतृक रोजगार से मुक्ति पाने और सम्मान का जीवन जीने के लिए ऐसा संघर्ष नहीं करते। वे विद्रोह का बिगुल बजाकर अपनी जान जोखिम में नहीं डालते। मगर इससे सामाजिक परिवर्तन नहीं हो सकता। अभी भी हमारी बस्तियाँ अलग बसाई जाती हैं। इक्का-दुक्का हमारे लोग अपनी बस्ती से अलग, हिन्दू महाजनों की बस्ती में या उनके घरों के पास रहने जाते हैं, तब उन्हें अपमान, ग्लानि और अनेक संकटों का सामना करना पड़ता है। इसलिए हमारे लोग ऐसा साहस कम ही कर पाते हैं। नागपुर में गोकुलपेठ, पाँच पावली, शांतिनगर, भूतिया दरवाजा, मेडिकल, बारा सिगनल—आदि क्षेत्रों की हमारी बस्तियों में दीनता-हीनता, अशिक्षा और बेरोजगारी का साम्राज्य है। लोग चाहकर भी इससे बाहर नहीं निकल पाते हैं।

मैं जानती हूँ, यह भी बड़ी मनोवैज्ञानिक बात है, जिनका स्वाभिमान जाग उठा है, वे फिर अपमान की जिन्दगी जीने के लिए तैयार नहीं होते। यहाँ तो बात अभी शुरू ही नहीं हुई है। हमारे लोगों की जागृति ईश्वर भक्ति और पूजा, आडम्बर तक ही सीमित है। मैं याद करती हूँ अपनी कौम के उन लोगों को, जो अपने ऊपर किये जा रहे अन्याय को नहीं समझते, वे न्याय और अधिकार की बातों को कब समझेंगे? अपनी कौम के लिए, अपनी आने वाली पीढ़ियों को अधिकार दिलाने के लिए क्या वे इस तरह शहीद हो सकेंगे? मेरा हृदय अन्दर ही अन्दर आलोड़ित हो गया था।

हमारे लोग सम्मान से बेखबर रहकर, अपमान भरे जीवन की यातना सहते हैं।

घटनाएँ इस तरह घटती रहीं कि स्वयं ही सामाजिक विषमता का और जाति के आधार पर मानव मूल्यों का मूल्यांकन बताती रहीं। जातिवादी हमारे सामने ही मुखर और मौन समर्थन की बातें करते हैं, जिससे यह परंपरा जारी है। लोग जाति के नाम पर दूसरों से ऊँचे होने का गौरव करते हैं। दलित, बहुजन भी इस मानसिकता से बच नहीं पाए हैं। इसका उद्देश्य यही है कि लोग अपनी जाति पर गर्व करते हुए जातिव्यवस्था को बनाए रखें। डॉ. अम्बेडकर के प्रयत्नों से देश के लिखित संविधान में किसी भी प्रकार के भेदभाव को न मानते हुए सबको समता, सम्मान और स्वतंत्रता का अधिकार दिया गया है। फिर भी हिन्दू समाज में जाति के आधार पर भेदभाव किया जाता है। अभी भी जाति से जुड़े रोजगार करते रहने के लिए हमारे लोगों को भयभीत किया जाता है—कहीं छल से, कहीं बल से मजबूर करके उन्हें प्रोत्साहित किया जाता है। अभी भी उन्हें षड्यंत्र के साथ शिक्षा से वंचित करके, दूसरे व्यवसाय अपनाने पर बाधाएँ डाली जाती हैं। हताश होकर लोग पैतृक रोजगार करने लगते हैं।

6 दिसम्बर 2007 को कॉलेज में बाबासाहब डॉ. अम्बेडकर महापरिनिर्वाण दिन का कार्यक्रम था। कॉलेज का सफाई कर्मचारी हेमचन्द समुन्द्रे चार-पाँच दिन से छुट्टी पर था। सभागृह के सामने कचरा-घास, पत्ते बिखरे थे। मैंने कार्यक्रम की संयोजिका प्रा. रागिनी चहान्दे से कहा—कार्यक्रम में बाहर के अतिथि आयेंगे। यहाँ गन्दा दिख रहा है, किसी से साफ करवाना चाहिए। हम दोनों ने लायब्रेरियन समर्थ से कहा, किसी से कचरा साफ करवा दें। समर्थ मुस्कराते हुए मगर चिन्ता से सब तरफ देख रहे थे। शायद वे तौल रहे थे, यह काम कौन कर सकता है या कौन नहीं करेगा। मुझे यह बात सहज लग रही थी। मैं सोच रही थी, यह काम किसी से भी करवा सकते हैं। कॉलेज का काम है जैसे अपने घर का काम होता है, क्या हम अपने आँगन या घर के सामने नहीं झाड़ सकते? दरवाजे के सामने का कचरा नहीं हटा सकते? वैसे 'समाज सेवा' के लिए एन. एस. एस. के छात्र ऐसी मुहिम चलाते ही रहते हैं।

समर्थ ने बड़ी देर की खोज के बाद साइकिल स्टैण्ड के पिछड़े बहुजन जाति के चौकीदार को बुलाकर बड़े प्यार से कहा—"भाई, जरा झाड़ू लेकर यह कचरा यहाँ से हटा दो।" चौकीदार एकदम बिदक कर बोला—"यह काम मेरा नहीं है, मैं नहीं कर सकता।" समर्थ ने उसे लालच देते हुए कहा—"भाई, चाय पानी के पैसे ले लेना। कार्यक्रम शुरू होने वाला है, थोड़ा-सा काम कर दो।" वह एकदम हाथ पैर झटकते हुए और चलते हुए बोला—"आप 100 रुपये देंगे, तो भी मैं यह काम नहीं करूँगा।

यह स्वीपर का काम है, मैं नहीं कर सकता।"

समर्थ मुस्कुराकर रह गये, रागिनी मैडम चुप रही। मैं अवाक् सोचती रही—क्या यह काम इतना छोटा और बुरा है? इतना घृणित? इस काम को करने वाले इतनी घृणा के पात्र हैं? मुझे बुरा लगा, बहुत दुख हुआ। मेरे सामने इस तरह की बातें हुईं। दूसरी जाति के लोग सहजता से यह काम करने के लिए तैयार नहीं होते हैं। उनका अपना स्वाभिमान है। हमारे अपने लोगों में स्वाभिमान जाग्रत होना चाहिए, अपनी जाति से जुड़े पेशे को लोगों ने छोड़ना चाहिए। अपमान भरी जिंदगी के बदले, सम्मानपूर्ण जिंदगी के लिए उनके मन में ललक पैदा होना चाहिए। जातिगत रोजगार से जुड़ा उनका यह अपमान सिर्फ उनका नहीं है, शिक्षित और ऊँचे पदों पर कार्यरत सम्मानित लोगों का भी अपमान है। हमें ऐसे अपमान से मुक्ति चाहिए! ऐसी बातों का अन्त होना चाहिए।

इस प्रसंग के उस पात्र के डॉयलॉग मेरे मन मस्तिष्क में टंकित हो गये थे। मैं अपने आप पर हँसी थी और वर्णवादी, जातिवादी समाज व्यवस्था पर भी। इस बात पर मैं कई दिनों तक सोचती रही थी—कब मिलेगी वर्णभेद-जातिभेद से मुक्ति! बरसों पहले दलित आन्दोलन शुरू हुआ है, मगर इसका लाभ हमें नहीं मिल सका। सच यह है कि इसका लाभ हमारे लोग नहीं ले सके। वे धर्म, ईमान और कर्तव्य को महत्त्व देते हैं। उन्हें जो काम सौंपा गया, वे पीढ़ी-दर-पीढ़ी उसे ही धर्म और कर्तव्य समझकर कर रहे हैं। यह आस्था, विश्वास और चिन्तन हिन्दू धर्म प्रचारकों ने ही उनके मन में भरा है। इन्हीं बातों को मानकर वे चल रहे हैं, इसलिए पिछड़े हैं।

हमारे गिने-चुने कुछ लोगों ने डॉ. भीमराव अम्बेडकर के जीवन-संघर्ष, कार्यों और विचारधारा को समझना शुरू किया है। वे 14 अप्रैल के दिन 'अम्बेडकर जयंती' का कार्यक्रम भी आयोजित करते हैं, मगर अभी तक उन्होंने आपस में अभिवादन के रूप में 'जयभीम' कहना शुरू नहीं किया है। कार्यक्रमों में भाषण देना अलग बात होती है, अपने घर की और जाति समुदाय की पुरानी परम्पराओं को बदलना अलग बात होती है। ऐसे लोगों का, अधिकतर दो प्रकार का जीवन हो जाता है। कार्यकर्ता के रूप में घर से बाहर अलग और घर परिवार में जाति समुदाय के व्यक्ति के रूप में अलग। वे लोग दोनों प्रकार के जीवन को साथ-साथ जीते हैं और ईमानदारी के साथ उन्हें निभाते चलते हैं। ऐसे लोगों को और उनकी कार्यपद्धति को देखकर मुझे गुस्सा आता है। वे मात्र प्रशंसा पाने के लिए अम्बेडकरवादी और प्रगतिवादी बनते हैं, मगर हृदय से वे पुराणपंथी और हिन्दूवादी ही रहते हैं। हमारी जाति में वैचारिक रूप में इतना परिवर्तन नहीं हुआ है। मैं पूजा-आडम्बर, अंधविश्वास और धार्मिक ढकोसलों का विरोध करती हूँ।

समय बीतता जा रहा है, उद्योगीकरण, निजीकरण के साथ हम भूमण्डलीकरण की संस्कृति से जुड़ रहे हैं, फिर भी जाति से जुड़े रोजगार की बातें, अपमानपूर्ण जात-पाँत, भेदभाव की बातें अभी भी होती हैं, जिन्हें सुनकर दुख और चिन्ता हिलोरें लेने लगते हैं, ये बातें खत्म होनी चाहिए। दलित साहित्य के माध्यम से ऊँच, नीच भेदभाव का विरोध करके सामाजिक समानता लाने का प्रयत्न जारी है। विरोध आक्रोश और विद्रोह का बिगुल बजाने वाला दलित साहित्य मनुवादी जड़ मानसिकता को तोड़कर विचार परिवर्तन के आंदोलन का काम कर रहा है। बचपन में नानी मुझे सामाजिक भेदभाव और जाति प्रताड़ना की कहानियाँ सुनाती थी। नानी की कहानियों ने मेरी लेखन-प्रतिभा को प्रेरित किया है। अब नानी नहीं है। मैं जब कविता, कहानी, नाटक लिखती हूँ , तो लगता है एक जीवन की व्यथा को फिर से जी रही हूँ। मैं नानी की व्यथा-कथा की परम्परा को तोड़ने के लिए साहित्य सृजन कर रही हूँ।

लेखन के प्रति मेरी रुचि बचपन से थी। छठवीं-सातवीं कक्षा में पढ़ते समय ही मैंने अनेक छोटी-छोटी कविताएँ लिखी थीं। इस बात का महत्त्व न जानने के कारण मैं उन्हें सँभाल कर नहीं रख सकी। मेरा लेखन कार्य साथ-साथ चलता रहा। 1968 में कक्षा आठवीं में पढ़ते समय मैंने एक कहानी लिखी थी 'व्रत और व्रती' जो 'टूटता वहम' कहानी संकलन में संकलित है। छोटे भाई मोहन ने जन्माष्टमी का व्रत रखा था। भूख के कारण उसकी व्याकुलता को देखकर मेरे मन में यह कहानी अंकुरित हुई थी। स्कूल की कॉपी में लिखी होने से यह सुरक्षित रही।

1970 में 'नई दुनिया' हिन्दी अखबार में विज्ञापन छपा था—'शूद्र वर्ण की वधू चाहिए।' भोपाल के एक सामाजिक सवर्ण नेता अछूत लड़की से विवाह करना चाहते थे। उनकी सिर्फ यह शर्त थी—'लड़की कम से कम मैट्रिक पढ़ी हो।' उन दिनों हमारे गाँव में इस बात की बहुत चर्चा थी। गाँव के सवर्ण ब्राह्मण-बनिया माँ से कहते थे—"तुम अपनी बेटी का फोटो और नाम, पता भेज दो। तुम्हारी बेटी के भाग्य खुल जायेंगे।" इन बातों को सुनकर मेरे मन में अनेक प्रश्न उठे थे। तब मुझे छुआछूत, भेदभाव की अनेक घटनाएँ याद आई थीं। इसके साथ अपना स्वाभिमान भी समझ में आया था। किसी की दया पर सम्मान पाना मेरे स्वाभिमान को मंजूर नहीं था। भावना और विचारों का मंथन निष्कर्ष रूप में 'सिलिया' कहानी में रूपान्तरित हुआ था।

1971 से 1974 के बीच सागर विश्वविद्यालय से सम्बद्ध 'कुसुम महाविद्यालय' (सिवनी मालवा) में पढ़ते समय मैंने अनेक कविताएँ लिखी थीं जो बाद में 'स्वाति

बूँद और खारे मोती' काव्यसंग्रह में संकलित की हैं। इस संग्रह की अधिकांश कविताएँ 1971 में लिखी थीं तब मैं बी.ए. प्रथम वर्ष में पढ़ रही थी। शादी के बाद नागपुर में डॉ. हरभजनसिंह हंसपाल से मुलाकात होने के बाद अनेक साहित्यिक कार्यक्रमों में जाने के अवसर मिलते रहे। काव्य गोष्ठी, कथा-कथन, गीत-ग़ज़ल आदि कार्यक्रमों में मैं और टाकभौरे जी जाते थे। वे मुझे नागपुर में होने वाले साहित्यिक कार्यक्रमों की जानकारी देते। कभी अपनी इच्छा से मुझे उत्साह के साथ ले जाते, कभी मेरे आग्रह से जाते थे। कभी किसी अच्छे कार्यक्रम में न जाने पर मैं नाराज होकर टाकभौरे जी से झगड़ा करती थी। मैं पति के साथ के बिना अकेली कहीं नहीं जा पाती थी। उनके साथ बार-बार लायब्रेरी जाकर, पुस्तकें लाकर मैंने हिन्दी साहित्य की बहुत पुस्तकें पढ़ीं। पहले जयशंकर प्रसाद की भाषा, सुमित्रानंदन पंत का प्रकृति चित्रण, महादेवी वर्मा की प्रेमभावना और निराला जी का उनकी रचनाओं में निरालापन अच्छा लगता था। मगर दलित साहित्य पढ़ने और लिखने के बाद वे सब बातें निरर्थक लगने लगी थीं।

नागपुर के साहित्यिक कार्यक्रमों में अनेक सवर्ण कवि, लेखकों, समीक्षकों से भेंट होती रही मगर उनसे अधिक प्रोत्साहन नहीं मिला। अम्बेडकरवादी हिन्दी और मराठी दलित साहित्यकारों से चर्चा, मुलाकात होने पर, उनसे प्रेरणा और उत्साह मिला, जिससे लेखन के प्रति मेरी रुचि बढ़ती रही। 1974 से 1985 के बीच मैंने अनेक कविताएँ, कहानियाँ और नाटक, एकांकी लिखे थे। मैं इन्हें हिन्दी साहित्य की पत्र-पत्रिकाओं में अधिक नहीं भेज पाई। सुविधाओं की कमी, जानकारी का अभाव और सम्पादकों के सहयोग के अभाव में हताशा ही रही। फिर भी मेरा लेखन कार्य सतत रूप से चलता रहा। यदि मुझे लेखन के लिए अधिक समय मिल पाता और समय-समय पर रचनाओं, रचना कृतियों का प्रकाशन होता रहता, तो मैं प्रेरणा और उत्साह के साथ लेखन के क्षेत्र में बहुत पहले एक मंजिल जरूर पा लेती।

घर-परिवार, अध्ययन-अध्यापन, साहित्य लेखन के साथ-साथ सामाजिक कार्य भी चलते रहे। डॉ. विमलकीर्ति जी से भेंट हुई थी तब वे 'अम्बेडकर विचारधारा नागपुर विद्यापीठ' में प्राध्यापक थे। वे अम्बेडकर आन्दोलन के नेता-कार्यकर्ता हैं, उनके साथ विचार-विमर्श के प्रभाव से मैंने 'अम्बेडकर विचारधारा' को समझा और अपनाया था। उन्होंने नागपुर में 'अखिल भारतीय फुले-अम्बेडकरवादी साहित्यकार सम्मेलन' आयोजित किये थे, जिसमें उत्तर भारत और महाराष्ट्र के अनेक दलित साहित्यकार, दलित समाज के नेता, मार्गदर्शक विचारक आये थे। उनसे मिलकर, उनके विचार जानकर मुझे बहुत प्रेरणा मिली। मैं समाज परिवर्तन के क्षेत्र में अम्बेडकरवादी विचारधारा से जुड़ गई, उसी आधार पर लेखन और सामाजिक जागृति

के कार्य करने लगी। इसके साथ महाराष्ट्र के अनेक दलित साहित्यकारों, अम्बेडकर आन्दोलन के कार्यकर्ताओं-नेताओं से मुलाकात होती रही, विचार-विमर्श होता रहा। दलित आन्दोलन और दलित साहित्य लेखन से जुड़कर मेरी पहचान बनती रही।

'यह तुम भी जानो' काव्यसंग्रह की कविताएँ 1993 के समय लिखी थीं। इन्हीं दिनों कई लेख भी लिखे थे। कार्यक्रमों में आलेख वाचन के लिए तैयार किये गये लेखों को 'परिवर्तन जरूरी है' लेखसंग्रह के रूप में प्रकाशित किया। हृदय में नारी-मुक्ति के लिए संघर्ष की भावनाएँ भावोद्रेक के साथ कभी कोमल, कभी आक्रोशमय क्षणों में कविता के रूप में ढलती रहीं, जो संग्रहित होकर 'तुमने उसे कब पहचाना' काव्यसंग्रह बनीं। 1986 से 90 के बीच नारी की स्थिति पर शोध करते हुए जो तथ्य मैंने पाये थे, उन्हें 1996 में विचारात्मक-विवरणात्मक पुस्तक रूप दिया। कविता, कहानी, लेख, एकांकी, नाटक सभी विधाओं में लेखन कार्य करते हुए मैंने अपनी पुस्तकों को प्रकाशित किया।

'स्वाति बूँद और खारे मोती' काव्यसंग्रह को मैं 1986 में छपवाना चाहती थी। इसी तरह 1985 तक लिखी कहानियों को 'अनुभूति के घेरे' कहानी संग्रह रूप में 1986 में छपवाना चाहती थी मगर मेरे सामने हर बार अवरोध आते रहे। कभी प्रकाशन सम्बन्धी असुविधाएँ रहीं। पुस्तक प्रकाशन पर रुपये खर्च करना, घर परिवार सम्बन्धी मेरी गैर-जिम्मेदारी बताकर भी मुझे रोका गया था। कभी बातों में बहलाकर, कभी दूसरे विषयों में उलझाकर भी पुस्तकें प्रकाशित नहीं करने दी गयीं, न ही किसी प्रकाशक से पुस्तकें छपवाने का प्रयत्न हो सका।

नागपुर में हिन्दी प्रकाशक नहीं मिल सके। मैं अपने वेतन के रुपयों से अपनी पुस्तकें छपवाना चाहती थी, मगर हर बार मुझसे यही उम्मीद की जाती रही कि मैं अपना पूरा वेतन घर-परिवार के लिए खर्च करती रहूँ। इस बात पर घर में मेरे साथ बहुत झगड़े होते रहे। मेरे प्रकाशन कार्य को प्रयासपूर्वक रोका गया। इस तरह सात वर्ष निकल गये मगर मैं अपनी पुस्तकें नहीं छपवा सकी। यदि मुझे सहयोग और प्रोत्साहन मिलता और विरोध नहीं किया जाता तो मेरी दो पुस्तकें 1986 में ही छप चुकी होतीं।

यद्यपि उस समय मेरे मन में कोई महत्वाकांक्षा नहीं थी कि ऐसा करने से मुझे यश और नाम-प्रसिद्धि मिलेगी। सहज ही मेरी आकांक्षा थी कि मेरी पुस्तकें छपें, समाज के लोगों तक मेरे विचार पहुँचें। 1993 में अपनी पुस्तकें छपवाने के लिए मैंने दृढ़ निश्चय कर लिया—'चाहे जो हो, मैं अपनी पुस्तकें खुद छपवाऊँगी।' इसके लिए मैंने अपना वेतन घर खर्च के लिए देने से इनकार कर दिया था। अपनी इस बात को कार्य रूप और परिणाम रूप देने के लिए मुझे बहुत संघर्ष करना पड़ा। अन्त

में मुझे लिखकर देना पड़ा, टाकभौरे जी ने मुझसे कागज पर यह लिखवाया था—'मेरे लेखन प्रकाशन के कारण घर खर्च में जरा भी कमी नहीं की जायेगी। घर में सबके, सभी प्रकार के खर्च उठाने के बाद यदि मेरे पास कुछ रुपये बचते हैं, तो मैं उससे अपनी किताब छपवा सकती हूँ।' यह मैंने लिखकर दिया था, तब मेरा प्रथम काव्यसंग्रह 1993 में छप सका था।

64 पृष्ठों के काव्यसंग्रह 'स्वाति बूँद और खारे मोती' की एक हजार प्रतियाँ छपवाने में तब सिर्फ 3500 रुपये खर्च आया था, जिसका अपराध-बोध मुझे कई महीनों तक कराया जाता रहा। 1994 में दूसरा काव्यसंग्रह 'यह तुम भी जानो' की सिर्फ 350 प्रतियाँ ही छपवाई गयीं ताकि अधिक खर्च न हो। सस्ते कागज पर, प्रिंटिंग की पुरानी सस्ती पद्धति से, अक्षर जोड़कर कम खर्च में पुस्तक छपवाई थी। तब उसका खर्च 1200 रुपये से कम आया था। अधिक खर्च न हो, इस दृष्टि से 1997 में दोनों कहानी संग्रह की कम प्रतियाँ, लगभग 350 ही छपवाई गयीं। इन पुस्तकों के साथ 1997 में नारी की स्थिति पर शोधपूर्ण पुस्तकें 'हिन्दी साहित्य के इतिहास में नारी' और 'भारतीय नारी : समाज और साहित्य के ऐतिहासिक संदर्भों में' खर्च बचाने की दृष्टि से कम संख्या में छप सकीं।

1997 के बाद 2005 तक, इन सात बरसों में मैं अपनी कोई किताब नहीं छपवा सकी। बच्चों की पढ़ाई, घर खर्च और अन्य सभी खर्चों को उठाते हुए, मैं पुस्तक प्रकाशन नहीं कर पाई। 'हमारे हिस्से का सूरज' कविता संग्रह की कविताएँ 1993 से 2000 के बीच लिखी हैं, लेकिन मैं इस संग्रह को 2005 के पहले नहीं छपवा सकी। 'संघर्ष' कहानी संग्रह की अधिकांश कहानियाँ 2000 ई. के आसपास लिखी थीं। 'रंग और व्यंग' नाटक संग्रह के नाटक भी 1986 से 2000 के बीच लिखे नाटक हैं, जिन्हें मैंने पुस्तक रूप में 2006 में प्रकाशित करवाया। 'नंगा सत्य' नाटक 2007 में लिखा।

1997 तक लिखे लेख 'परिवर्तन जरूरी है' लेख संग्रह रूप में छपा, उस समय के कुछ लेख और उसके बाद के अनेक लेख दलित विमर्श, नारी-विमर्श और 'दलित साहित्य विमर्श' के रूप में लिखे थे। उन्हें पुस्तक रूप में तभी छपवाना चाहती थी मगर अर्थाभाव, समय का अभाव, सुविधाओं का अभाव और सहयोग के अभाव के कारण नहीं छपवा सकी। लेखन, प्रकाशन के क्षेत्र में मेरे पिछड़ने के इन कारणों से दुख होता है।

1976 से 1986 तक मैंने हाईस्कूल की शिक्षिका का वेतन पाया था। 1986 से कॉलेज की प्राध्यापिका का वेतन पा रही थी जो 1990 में पाँचवें वेतन आयोग के कारण ज्यादा हो गया था। फिर भी मैं अपनी पुस्तक छपवाने के लिए अपने वेतन

के कुछ रुपये भी खर्च नहीं कर पाती थी। इस बात से मुझे बहुत असन्तोष होता था। घर गृहस्थी और परिवार का खर्च उठाते हुए, सबके लिए खर्च करने के बाद, अपनी जिद और दृढ़ निश्चय से मैं अपनी पुस्तकें छपवा सकी। यह मेरे जीवन की अलग संघर्ष कथा है।

जब मन किसी बात से हर्षित होता है तो न जाने कितनी ऊँची उड़ानें भरने का दम उसमें आ जाता है। वही मन जब किसी बात से उद्वेलित होकर उदास होता है, तब आशा-निराशा में डूबते हुए कितनी गहराई के अँधेरों में भटकता है! मन की यह स्थिति मैंने बार-बार भोगी है, फिर भी अपने निश्चय और विश्वास के साथ मैंने भटकाव की स्थिति के विरुद्ध सही दिशा को खोजा। मेरी लेखनी रास्ते बनाने में मेरी मदद करती रही। बचपन से विकसित साहित्य लेखन की रुचि को, कभी पीड़ा और वेदना ने निखारा, कभी सहयोग और प्रेरणा ने इसे सँवारा है। समय के साथ, जीवन के दुख-सुख में मेरी लेखनी ने मेरा साथ निभाया है।

मेरा लेखन यदि रोका जाता तो आज क्या मैं सामान्य रूप में रह पाती? लेखन ने मुझे बहुत सहारा दिया है, जिससे मैं प्रत्यक्ष और परोक्ष रूप में, अपनी अभिव्यक्ति के साथ, जीवन संघर्ष में सन्तुलित रह सकी हूँ। मुझे लेखन से केवल समय बिताने का नहीं बल्कि समय का पूरा उपयोग करने का और सही दिशा में आगे बढ़ने का रास्ता मिला है। घर और बाहर शिकंजों के बीच चाहे जितनी परेशानियाँ हों, चाहे जितनी झंझटें हों—मैं निश्चिन्त होकर, मुक्त भाव से लेखन में जुट जाती हूँ। इस तरह परेशानियाँ अपने प्रभाव से मुझे परास्त नहीं कर पातीं, बल्कि अपने लेखन से मैं उन परेशानियों के निराकरण का मार्ग बना लेती हूँ।

मेरे लेखन का उद्देश्य केवल यश पाना नहीं है। मैं अब अपने आपको सम्मान और अपमान से ऊपर पाती हूँ। मुझे यह स्थान मेरे लेखन ने दिया है। जीवन में लगातार अपमान सहने के बाद, सम्मान मिलने पर भी छिपे या खुले रूप में बार-बार अपमानित होते रहने के बाद अब मुझे लगता है—जो मेरा सम्मान है, वह मेरे जाति समुदाय का है और जो मेरे जाति समुदाय का अपमान है, वह मेरा ही अपमान है। मैं अपने लिए नहीं, सबके लिए लिखती हूँ। फुले-अम्बेडकर विचारधारा को समझकर और समाज परिवर्तन के आन्दोलन से जुड़कर मेरा लेखन उद्देश्यनिष्ठ बन गया है। 'हमारे हिस्से का सूरज' कविता संग्रह, 'संघर्ष' कहानी संग्रह, 'नंगा सत्य' नाटक, 'रंग और व्यंग' नाटक संग्रह इसके प्रमाण हैं। इन पुस्तकों में दलित, पीड़ित, शोषित समाज की स्थिति का चित्रांकन है, साथ ही संघर्ष और मुक्ति के लिए संदेश है। जो काम मैं कविता और कहानियों के माध्यम से कर रही थी, वही 'नाट्य लेखन' के द्वारा भी कर रही हूँ। इन नाटकों को मंचित करवाने के मेरे प्रयास और प्रतिक्रिया

जारी है। मंचित होकर ये नाटक, समाज को अपना संदेश देने में अधिक सफल होंगे।

मेरा लेखन मेरी जरूरत है, मेरे समाज की जरूरत है। अपने सामाजिक, आर्थिक जीवन के, कई तरह के शिकंजों के दर्द के बीच, लेखन ने मुझे ऊर्जा दी है, पहचान दी है, मेरे जीवन का लक्ष्य निर्धारित किया है। अब यह मेरी खुशी बन गया है, समाज-ऋण चुकाने का जरिया बन गया है। जब भी मेरी कोई पुस्तक प्रकाशित होती है, मुझे वह अपनी सन्तान की तरह प्रिय लगती है। मेरी कृतियाँ घर परिवार तक या मनोरंजन तक सीमित नहीं हैं। वे पूरे समाज के लिए हैं, न्याय के लिए, मानवता के कल्याण के लिए हैं। 1993 में अपनी पुसतकें प्रकाशित करने की बात यदि मैंने नहीं ठानी होती तो शायद अभी तक मेरी पुस्तकें प्रकाशित नहीं हो पातीं।

पारिवारिक जिम्मेदारियाँ और आर्थिक परेशानियाँ लगातार साथ-साथ चलने वाली समस्याएँ हैं, जिन्हें सँभालते और निभाते हुए लेखन तो किया जा सकता है मगर प्रकाशन नहीं। अब भले ही मन-मर्जी से खर्च करने की स्थिति है मगर अर्थाभाव के कारण मेरी कुछ पुस्तकें नहीं छप पाईं जो दलित साहित्य विमर्श की महत्त्वपूर्ण किताबें हैं। नौकरी के कारण हमेशा समय का अभाव रहा, सुविधाओं का अभाव रहा। घर-गृहस्थी के प्रतिदिन के काम और आन्दोलन से जुड़े कार्यक्रमों सम्बन्धी लगातार यात्राओं के कारण भी मैं एक साथ अधिक समय अपने लेखन को नहीं दे पाई। अनेक अधूरी रचना-कृतियाँ बरसों से फाइलों में ही पड़ी रह गईं। कभी इस बात का बहुत दुख होता है।

मेरा साहित्य सृजन मेरा जीवन है। मेरा लेखन मेरा जीवन—मेरे साथ भी और मेरे बाद भी। हाँ, यह बात अच्छी लगती है। हम रहें या न रहें, हमारे बाद भी हमारी बात रहनी चाहिए। मेरे साहित्य पर अनेक विश्वविद्यालयों में शोध कार्य किया जा रहा है। महाराष्ट्र, कर्नाटक, आन्ध्रप्रदेश, मध्यप्रदेश, हरियाणा, उत्तरप्रदेश, तमिलनाडु, राजस्थान आदि प्रान्तों के कई विश्वविद्यालयो में मेरे कविता, कहानी और नाटक साहित्य पर शोधकार्य किये जा रहे हैं। यह मुझे सुखद लगता है। दलित साहित्य दलित आन्दोलन का माध्यम है, दलित चेतना का साहित्य है। अब यह सबसे अधिक विचार-विमर्श, अध्ययन, चिन्तन, विश्लेषण और तुलनात्मक अध्ययन का विषय बन गया है। इस तरह मेरे लेखन पर भी चर्चा हो रही है, मुझे इसका गर्व है।

मेरे लेखन का आधार जातिगत अपमान की कचोट और पीड़ा-उत्पीड़न की वेदना है। मेरा लेखन दलित विमर्श के साथ नारी शोषण की स्थिति को बताने और

उससे मुक्ति पाने का आह्वान है। जब तक अन्याय को अन्याय नहीं समझा, तब तक मैंने उसे जीवन का भाग मानकर सहज रूप से सहन करते हुए जीया था। मगर अब मैं इस अन्याय को और अन्याय के कारणों को समझ रही हूँ। अपने जीवन की उन बातों को बता रही हूँ, जिन्हें मैंने जातिभेद के अपमान के साथ जीया है और नारी होने के कारण हिंसा-शोषण के रूप में सहा है। लोग इन्हें जानें-समझें और समाज से इन्हें मिटाने का प्रयत्न करें, यही मेरे लेखन का उद्देश्य है।

दलित साहित्य के सेमिनार, सम्मेलन और विचार गोष्ठी कार्यक्रमों में दिल्ली, उज्जैन, पटना, हजारीबाग जैसे अनेक शहर गई थी। दिल्ली, उत्तर भारत और बिहार के अनेक दलित साहित्यकारों से मेरी भेंट हुई, बाद में उनसे लम्बे समय तक विचार-विमर्श और पत्र-व्यवहार चलता रहा।

डॉ. विमलकीर्ति के साथ पहली बार मैं और टाकभौरे जी उज्जैन गये थे। 1997 में, 'मध्यप्रदेश दलित साहित्य अकादमी' के अध्यक्ष अवन्तिका प्रसाद मर्मट जी ने उज्जैन में संस्था की ओर से 'दलित साहित्य सम्मेलन' आयोजित किया था। इस कार्यक्रम में मध्यप्रदेश और उत्तर भारत के अनेक दलित साहित्यकारों, समीक्षकों, विचारकों और नेता-कार्यकर्ताओं से भेंट हुई। इस तरह मेरे परिचय का क्षेत्र बढ़ता गया। उज्जैन में मैंने 'दलित साहित्य के संदर्भ में वर्णव्यवस्था की प्रासंगिकता' विषय पर आलेख वाचन किया था। वहाँ अनेक रीडर, प्रोफेसर, सवर्ण वक्ताओं ने अपने आलेख और भाषण में वर्णव्यवस्था के समर्थन की बातें कही थीं, तब मुझे उन मनुवादियों की कुटिलता और बेशर्मी पर आश्चर्य हुआ था और क्रोध भी आया था।

उज्जैन में हम 'कालिदास अकादमी' में ठहरे थे। वहाँ लगभग बीस साल का नवयुवक सफाई करने आता था। उसे मालूम हुआ कि हम वाल्मीकि हैं, तब वह हमसे बहुत अनुरोध करता रहा कि हम उसकी वाल्मीकि बस्ती के वाल्मीकि मंदिर को देखने जायें, मगर हम नहीं गये। हमने उस लड़के को सच्चाई समझाकर बताई थी कि वाल्मीकि मन्दिर बनवाकर और वाल्मीकि कहलाकर भला नहीं हो सकता। प्रगति की दौड़ में हमारा जाति समुदाय पीछे है। मुझे सबसे ज्यादा इस बात का दुख होता है कि हमारे लोग हिन्दू धर्मप्रचारकों के झांसे में आकर स्वयं भी साधु महात्मा का रूप लेकर वाल्मीकि आश्रमों और मठों में बैठ गये हैं। वे साधु महात्मा बनकर अपने लोगों को अधिक गुमराह कर रहे हैं। हिन्दू धर्म प्रचारकों के सहयोग से, कई जगह हमारी बस्तियों में वाल्मीकि मंदिर, आश्रम और अखाड़े बड़ी संख्या में देशभर में बनाये गये हैं। हमारे लोगों ने अपने मठ और गुरुद्वारे भी बना लिए हैं।

सामाजिक जागृति और क्रांति की उनकी परिभाषा अलग है। राजनीतिक पार्टियाँ बदलना और अपने घर में हवन-यज्ञ कर लेने को वे लोग सामाजिक प्रगति

मानते हैं। यह मार्गदर्शन और सहयोग उन्हें हिन्दू धर्म से जोड़े रखने के लिए ही दिया गया है ताकि वाल्मीकि कौम में हिन्दू धर्म के प्रति आस्था बनी रहे और वे अम्बेडकरवाद के विषय में न सोच सकें। जब तक हमारे समुदाय के लोग इस बात को नहीं समझेंगे तब तक प्रगति, परिवर्तन से नहीं जुड़ पायेंगे। मैं सिर्फ प्राध्यापिका नहीं हूँ। मैं अपने दलित पिछड़े समाज की सक्रिय कार्यकर्ता हूँ। मेरे मन में अपने लोगों के लिए अपार वेदना है, संवेदनाएँ हैं। मुझे उस दिन का इन्तजार है, जब मेरी जाति के माथे से निम्न अछूत होने का कलंक पूर्ण रूप से मिट जायेगा। समाज का कदम-कदम पर अपमान होता है, मैं स्वयं उस अपमान का सामना करती हूँ। जब तक मेरे समाज को सम्मान नहीं मिलता, तब तक मुझे सम्मान नहीं मिल सकता है।

पटना में बुद्धशरण हंस ने दलित साहित्य सम्मेलन आयोजित किया था। डॉ. विमलकीर्ति जी के साथ मैं और टाकभौरे जी गये थे। वहाँ उदयपुर से आए भगीरथ मेघवाल जी से पहली बार भेंट हुई। उन्होंने कार्यक्रम में मंच से बहुत आग्रह करके मुझे मंच पर बोलने के लिए बुलाया था। उनका आग्रह और अपनापन देखकर मुझे वे बड़े भाई जैसे लगे। पटना में रमणिका जी से भेंट हुई। उन्होंने मुझे—"तुम तो मेरी बेटी जैसी हो"—कहकर खूब प्यार के साथ अपने गले लगा लिया था। उन्होंने मेरी कविताएँ और 'सिलिया' कहानी अपनी पत्रिका 'युद्धरत आम आदमी' के विशेषांकों में छापी थीं, जिससे मुझे बहुत प्रेरणा मिली, उत्साह मिला।

'अखिल भारतीय दलित साहित्य अकादमी दिल्ली', के राष्ट्रीय अध्यक्ष सोहनपाल सुमनाक्षर जी दिल्ली के ताल कटोरा स्टेडियम में हर वर्ष राष्ट्रीय सम्मेलन आयोजित करते थे। 1993 में, यहाँ का भव्य कार्यक्रम और दलित साहित्यकारों के विशाल जनसमूह को देखकर मैं बहुत प्रभावित हुई थी। मेरा कविता संग्रह 'स्वाति बूँद और खारे मोती' छप चुका था। मैंने अनेक साहित्यकारों को अपना काव्य संग्रह सप्रेम भेंट स्वरूप दिया था।

दूसरी बार 1998 में तालकटोरा में आयोजित 'अ.भा. दलित साहित्य सम्मेलन' में गई, तब तक मेरे दो काव्य संग्रह और दो कहानी संग्रह छप चुके थे। अनेक दलित साहित्यकारों को मैंने अपनी पुस्तकें भेंट कीं। दलित लेखिका होने के नाते मुझे दलित साहित्यकारों के बीच बहुत सम्मान, अपनापन और प्रोत्साहन मिला था। रजनी तिलक, डॉ. विमल थोरात, डॉ. एन. सिंह, के. एल. नैयर, जयप्रकाश कर्दम, डॉ. कुसुम 'वियोगी', शेखर जी आदि अनेक लोगों से भेंट-मुलाकात, विचार-विमर्श हुआ। पहचान और अपनापन बढ़ते गये, परिचय, सम्पर्क का दायरा बढ़ता गया।

'अखिल भारतीय वाल्मीकि नवयुवक संघ' संस्था के अधिवेशन में मैं और टाकभौरे जी लखनऊ गये थे, वहाँ अनेक प्रान्तों से आये अपने समाज के अनेक लोगों से भेंट हुई थी। हजारीबाग में रमणिका गुप्ता जी ने दलित साहित्य सम्मेलन आयोजित किया था। वहाँ भी अनेक दलित और आदिवासी साहित्यकारों से भेंट हुई। महाराष्ट्र की महिला जागृति संस्था की कार्यकर्ता महिलाओं के साथ अनेक महिला सम्मेलनों में गयी, जिससे मेरे परिचय का क्षेत्र बढ़ता गया।

पहले मैं अकेली यात्रा पर नहीं जाती थी। जहाँ भी जाना हो, टाकभौरे जी के साथ ही जाती थी। टाकभौरे जी और मैं—दोनों घर से बाहर रहने पर घर में बच्चे अकेले रहते थे, तब किसी जिम्मेदार व्यक्ति को घर में बुलाकर रखते थे। कई बार कोई भी नहीं आता था। दोनों एक साथ जाने से यात्रा खर्च दुगना होता था। टाकभौरे जी के साथ रहने पर मुझे उनके कार्य और व्यवहार के अनुसार ही चलना पड़ता, जिससे किसी से मिलना, बातचीत या विचार-विमर्श नहीं हो पाता था। टाकभौरे जी यह भी कहते थे—"मैं तुम्हारा बैग उठाने के लिए साथ नहीं आया हूँ।"

उनके नाराज होने या किसी बात पर गुस्सा करने से, लम्बी यात्राएँ असहनीय लगने लगती थीं। निराशा और उदासी से मन बोझिल हो जाता था, तब मुझे लगता था—'क्या मैं इतनी कमजोर हूँ, जो अकेली यात्रा नहीं कर सकती?' महिला संगठन की कार्यकर्ता महिलाएँ अकेली यात्राएँ करती थीं, तब मैंने अपना हौसला बढ़ाया और अकेले ही यात्रा करना शुरू किया था। दिल्ली पहली बार अकेली गई, तब मैंने आत्मविश्वास का अनुभव किया। इसी तरह अहमदाबाद, मुम्बई भी अकेली गई। धीरे-धीरे मन से डर निकल गया। दलित साहित्य सम्मेलन, महिला जागृति कार्यक्रम, हिन्दी साहित्य कार्यक्रम, वाल्मीकि समाज जागृति कार्यक्रम आदि आयोजनों में अनेक बार मैंने अनेक शहरों की अकेले यात्राएँ कीं। इससे मेरी जानकारी और आत्मविश्वास भी बढ़ता गया। मैंने यह समझ लिया था, यात्रा में सावधान और निर्भीक रहने की जरूरत रहती है। पास में खर्च के लिए रुपये हों, सामान का बोझ अधिक न हो, तो यात्रा बड़े आराम से, आनन्द के साथ हो सकती है।

नागपुर के कस्तूरचंद पार्क के मैदान में आयोजित 'पुस्तक मेला' में 'साहित्य और साहित्यकार' कार्यक्रम में एक बार हिन्दी की प्रस्थापित लेखिका कृष्णा सोबती जी आई थीं। प्रश्नोत्तर के समय मैंने उनसे पूछा था—"एक महिला होने के नाते लेखन-प्रकाशन में और यात्राएँ करने में क्या कभी अड़चनें नहीं आती हैं?" उन्होंने विश्वास के साथ कहा था—"बिल्कुल नहीं बल्कि महिला होने पर लेखन, प्रकाशन और यात्राएँ जैसे काम बहुत अच्छे से किये जा सकते हैं।" उस समय मुझे कृष्णा सोबती की बातें अतिशयोक्तिपूर्ण लगी थीं, लेकिन जब मैं स्वयं हिम्मत के साथ ये

काम करने लगी, तब कृष्णा सोबती का प्रेरणादायी उत्तर याद आता रहा।

शिमला की पहली बार यात्रा मुझे बहुत अद्‌भुत लगी थी। शिमला की पहली यात्रा में प्रकृति सौन्दर्य के अपूर्व भंडार से परिचय हुआ। तब मैं उन पहाड़ों और घाटियों का सौन्दर्य आश्चर्य से देखती रह गई थी। ट्रेन और बस की खिड़की से मैंने पहाड़ों का सौन्दर्य खड़े रहकर देखा था। उस समय मुझे बहुत खुशी हुई थी। डॉ. चमनलाल ने शिमला में 'उच्च अध्ययन संस्थान' के सहयोग से 'दलित साहित्य और नीग्रो साहित्य' पर सेमिनार आयोजित किया था। वहाँ सभी भाषाओं के अनेक दलित साहित्यकारों से भेंट हुई। जयन्त परमार, शरणकुमार लिम्बाले से मिलकर, वेदना-संवेदना के अनेक आयामों से मुलाकात हुई। यहाँ मैंने 'दलित स्त्री लेखन' विषय पर आलेख वाचन किया था। अध्ययन की कमी, स्वतंत्रता-मुक्तता के भावों की कमी और अनेक बन्धनों में ग्रस्त जीवन व्यवहार के बाद भी मैंने सहज अनुभवों के आधार पर अपनी बातें कही थीं। साहित्यकारों, समीक्षकों, पत्रकारों, आयोजकों से मुझे प्रशंसा और सम्मान मिला, जो मेरे लेखन-प्रकाशन के लिए प्रेरणा स्तम्भ सिद्ध हुए। दक्षिण भारतीय भाषाओं में लिखे दलित साहित्य और नीग्रो साहित्य के कटु सत्य को सुनकर, शोषण अत्याचार की अनेक नई बातों की जानकारी मिलने पर, मैं स्तब्ध रह गयी थी।

शिमला से लौटते समय मैं रमणिका जी के साथ कालका से चण्डीगढ़ गई थी। पंजाबी के प्रसिद्ध लेखक, विद्रोही क्रांतिकारी कवि लालसिंग 'दिल' हमारे साथ थे। हमने चण्डीगढ़ का रॉक गार्डन देखा। लालसिंग 'दिल' अपने गाँव चले गए। रमणिका जी चण्डीगढ़ में रुक गयीं। रात दस बजे कालका से दिल्ली के लिए मेरी ट्रेन थी। लौटते समय रात आठ बजे चण्डीगढ़ से अकेली टैक्सी में कालका आने के लिए चली थी, तब अनजान अकेले ड्राइवर के साथ, इतनी रात को यात्रा करने पर डर भी लगा था। मैं पूरे रास्ते भर चुप रही, शायद यह बात ड्राइवर भी समझ रहा था।

अकेले रात के सफर में चिन्ता और भय के क्षण अभी भी याद आते हैं। तब मैं अपने बच्चों की चिन्ता करने लगी थी। ऐसे समय दुर्घटनाओं का होना स्वाभाविक होता है, फिर भी मैंने यह हिम्मत की थी।

2002 में महिला जागृति संस्था से जुड़ी महिलाओं के साथ, मैं पहली बार महाड़ गई थी। डॉ. प्रमिला सम्पत ने कार्यक्रम में मुझे अतिथि वक्ता के रूप में आमंत्रित किया था। वहाँ के चवदार तालाब को देखकर मैं भावुक हो गई थी। बाबासाहब की प्रतिमा के साथ तालाब के पानी को देखा, तब बाबासाहब का आन्दोलन आँखों के सामने साकार हो गया। 25 दिसम्बर 1927 को डॉ. अम्बेडकर

ने महाड़ में मनुस्मृति दहन किया था। उन्होंने महाड़ में महिला परिषद भी ली थी। वहाँ 25 दिसम्बर को हमने 'मनुस्मृति दहन' करके बाबासाहब की जयजयकार की, बड़ी संख्या में उपस्थित महिलाओं को शिक्षा, संगठन और संघर्ष के लिए प्रेरित करने वाले भाषण दिये थे। महाड़ से रत्नागिरि जाकर, हम गोवा गये थे। गोवा का सौन्दर्य और समुद्र तटों का विस्तार देखकर हृदय आनन्दित हो गया था। महिलाओं के साथ वहाँ दो दिन रहकर मैंने पूरा गोवा देखा।

जनवरी 2003 में हैदराबाद शहर में 'एशियाई सामाजिक मंच' के आयोजन में हैदराबाद मैं भी गई थी। वहाँ अलग-अलग देशों से आये लोग अलग-अलग बने सभागृहों में सामाजिक समस्याओं पर विश्व स्तर पर विचार रखते हुए चर्चा-विमर्श कर रहे थे। अशोक भारती और रजनी तिलक की एन.जी.ओ. संस्था 'कदम' के साथ मैं भी वहाँ थी। ऐसी अनेक भारतीय संस्थाओं ने वहाँ भाग लिया था। वहाँ विशेष रूप से विश्व बाजार नीति, निजीकरण, वैश्वीकरण, उदारीकरण, मानव, अधिकार, महिला उत्पीड़न, दलित-शोषण-उत्पीड़न—जैसे मुद्दों पर विचार विमर्श हुआ। इसी तरह 2004 में जनवरी 16 से 21 के बीच मुम्बई में आयोजित 'विश्व सामाजिक मंच' कार्यक्रम में नेशनल कान्फ्रेन्स ऑफ दलित आर्गनाइजेशन (नेकडोर) एन.जी.ओ. के साथ मैं भी मुम्बई गई थी। 'विश्व सामाजिक मंच' का उद्घोष था—'एक दूसरी दुनिया मुमकिन है, चलो इसे बनाएँ।' यहाँ भी अनेक देशों की संस्थाओं ने भाग लेकर दुनिया के सामने प्रगति परिवर्तन की बातें कहीं। यहाँ भी शोषण, उत्पीड़न, अन्याय, अत्याचार और एल.पी.जी के विरुद्ध बातें हुईं। इसके विरोध में अनेक प्रस्ताव भी रखे गये। ऐसे विश्व मेलों में अलग-अलग देश की संस्थाओं ने अलग-अलग ढंग से जुलूस निकालकर, प्रदर्शन किया था, भाषण-चर्चा द्वारा अपनी बातें कहीं और लोगों को समझाई थीं। विश्व स्तर पर ऐसी बातें सुनकर मैं आश्चर्य चकित रह गई थी। डॉ. व्हीं कृष्णा द्वारा नियोजित शराब बन्दी आन्दोलन, चिपको आन्दोलन और महिला उत्पीड़न की चर्चा में उपस्थित रहकर मैं भी सहभागी रही थी। यहाँ एक लाख से अधिक लोग आये थे। अफ्रीका देश की अधिक संस्थाओं ने यहाँ भाग लिया था। नीग्रो साहित्य और दलित साहित्य की पीड़ाओं की कथा एक जैसी है। विश्व सामाजिक मंच से सामाजिक न्याय की माँग की जा रही थी। यहाँ देशभर के दलित साहित्यकार और आन्दोलनकारियों ने भी उपस्थिति दर्ज कराकर, भाग लेकर सहयोग दिया था। यह देखकर मुझे बहुत प्रेरणा और प्रोत्साहन मिला। अनेक बार यात्राएँ करके मैं ऐसे कार्यक्रमों से जुड़ती रही।

मेरे जीवन में यात्राओं का अपना अलग ही स्थान है। यात्रा के समय मेरी कल्पना शक्ति भी जैसे दौड़ने लगती है, तब अनेक विचार, भाव, दृष्टान्त सहज ही

साकार होने लगते हैं। मेरी अनेक रचनाएँ यात्रा के दौरान ही जन्मी हैं। भय, चिन्ता रहने पर भी, मेरी लेखनी स्वतः प्रवाह के रूप में चलने लगती है।

लेखन-प्रकाशन का खर्च और घर परिवार के खर्च की जिम्मेदारी मैंने साथ-साथ निबाही। बच्चों की पढ़ाई पर मैंने बहुत खर्च किया। मगर उन्होंने मुझे उतना सम्मान नहीं दिलाया, जितना मेरी पुस्तकों के प्रकाशन से मिला। 'संघर्ष' कहानी संग्रह को सराहना मिली। 'हमारे हिस्से का सूरज' कविता संग्रह को भी सराहना मिली। नारी विमर्श और दलित विमर्श से जुड़े नाटक संग्रह, 'रंग और व्यंग', 'नंगा सत्य' नाटक की विशेष चर्चा से सम्मान और प्रसिद्धि मिली। इन पुस्तकों पर अनेक शोध छात्रों ने शोधकार्य भी किए हैं, जो मेरे लिए सम्मान और प्रतिष्ठा की बात है।

अवन्तिका प्रसाद मर्मट जी के 'मध्यप्रदेश दलित साहित्य अकादमी' की ओर से उज्जैन में आयोजित 'दलित साहित्य सम्मेलन' कार्यक्रम में, मेरे काव्य संग्रह 'यह तुम भी जानो' पर शिक्षा और संस्कृति मंत्री महोदया के हाथों, दस हजार रुपयों का पुरस्कार दिया था। 'मध्यप्रदेश दलित साहित्य अकादमी' की ओर से भोपाल के रवींद्र भवन में 1998 में आयोजित दलित साहित्य सम्मेलन में तत्कालीन मुख्यमंत्री दिग्विजय सिंह के हाथों 'विशिष्ट सेवा सम्मान' दिया गया था। यह सम्मान विशेष रूप से नारी की स्थिति के विश्लेषण पर आधारित 'भारतीय नारी : समाज और साहित्य के ऐतिहासिक संदर्भों में' शोध ग्रन्थ पर दिया गया था। इसी पुस्तक पर 1998 में हिमाचल प्रदेश के गौरा गाँव में आचार्या आशा शैली द्वारा आयोजित कार्यक्रम में, हिमाचल प्रदेश की साहित्यिक संस्था 'समन्वय हिमाचल' की ओर से 'रानी रत्नकुमारी सम्मान', वहाँ के तत्कालीन कैबिनेट मिनिस्टर के हाथों दिया था। साथ ही नगद पुरस्कार 5000 रुपये भी दिये।

उत्तरप्रदेश के फर्रुखाबाद शहर में 1998 में रामकृष्ण राजपूत जी ने 'उत्तर प्रदेश दलित साहित्य अकादमी' की ओर से साहित्य सम्मेलन कार्यक्रम किया था। मेरे लेखन और सामाजिक कार्यों को देखते हुए, वहाँ मुझे 'विशिष्ट सेवा सम्मान' और 'पद्मश्री गुलाब बाई सम्मान' दिया था। मैं फर्रुखाबाद गई थी, तब मैंने वहाँ महादेवी वर्मा के पैतृक गाँव में, उनका स्टेच्यू और उसके साथ लिखी उनकी कविता को देखा था। महादेवी वर्मा को हिन्दी की विशिष्ट कवयित्री माना जाता है। उस दिन मुझे अपनी कविताएँ भी विशिष्ट लगी थीं।

नागपुर की 'मैंगनम' संस्था विशिष्ट प्रतिभाओं को खोजकर सम्मानित करती है। 2000 में मुझे उनका पत्र मिला कि वे नागपुर के साइंटिफिक हाल में आयोजित 'सम्मान कार्यक्रम' में मुझे 'ज्ञान ज्योति सम्मान' से सम्मानित करेंगे, तब मुझे बहुत

खुशी हुई थी। अपने शहर में अपने लोगों के बीच यह सम्मान पाकर बहुत अच्छा लगा था। वैसे मेरे साथ अधिकतर यह बात रही है, दूर-दूर के लोग मुझे जानते हैं और मेरा सम्मान करते हैं लेकिन नागपुर के लोग मेरे विषय में अधिक नहीं जानते, या जानकर भी वे इसे कबूल नहीं करते।

जनवरी 2009 में रमणिका फाउण्डेशन की ओर से रांची में आयोजित 'सम्मान समारोह' में मुझे 'सावित्रीबाई फुले' सम्मान के साथ ग्यारह हजार नगद राशि दी गयी। यह सम्मान मुझे दलित साहित्य में महिला विमर्श के साहित्य लेखन के लिए दिया गया। 2009 में 'समात साहित्य समिति हैदराबाद' के अध्यक्ष प्रो. धर्मपाल पीहल ने संस्था के वार्षिक कार्यक्रम में नगद राशि 5000 रुपये के नगद पुरस्कार के साथ सम्मानित किया था। दलित लेखिका के साथ महिलावादी लेखिका के रूप में मेरी पहचान बरसों के श्रम और संघर्ष के फलस्वरूप बन सकी है।

ऐसा अक्सर होता था, मैं 'महिला जागृति सम्मेलन' कार्यक्रम में पंजाब प्रान्त के बटाला शहर गई थी वहाँ डॉ. विमल थोरात पहली बार मिलीं। वे प्रसन्नता के साथ बोली थीं–"आप ही सुशीला टाकभौरे हो? मैंने आपके बारे में बहुत सुना है, पढ़ा भी है।" यह सुनकर मुझे अच्छा लगा था। हैदराबाद के केन्द्रीय विश्वविद्यालय में हिन्दी विभाग प्रमुख डॉ. शशि मुदिराज ने 'दलित विमर्श और आदिवासी विमर्श' पर सेमिनार आयोजित किया था। मैं भी आमंत्रित थी। वहाँ राजस्थान के हरिराम मीणा, मुम्बई विश्वविद्यालय के रीडर, हिन्दी विभाग प्रमुख डॉ. विष्णु सरवदे से पहली बार मुलाकात हुई। 'डॉ. व्ही. कृष्णा' हैदराबाद में पहली बार मिले थे। उन्होंने हँसते हुए कहा था–"हाँ, हाँ, सुशीला टाकभौरे जी, हम आपको जानते हैं, आपके दलित साहित्य को भी जानते है। आपकी कविताएँ और कहानी विश्वविद्यालयों के दलित साहित्य पाठ्यक्रमों में पढ़ाई जा रही हैं। आपका साहित्य अच्छा है।" तब मुझे गर्व और आनन्द का अनुभव हुआ था।

2007 में शिमला में आयोजित 'दलित साहित्य सेमिनार' में रजत रानी मीनू ने कहा था–"अरे सुशीला जी, हम तो आपको दिल्ली के कॉलेज में हिन्दी दलित साहित्य पाठ्यक्रम में पढ़ाते हैं।" तब मुझे अपार आनन्द हुआ था–'जैसे मेरा परिश्रम सफल हुआ, जैसे मैं सामान्य से विशिष्ट हो गई हूँ।' शिमला के उस कार्यक्रम में आयोजक डॉ. श्योराज सिंह बेचैन ने मुझे उद्घाटन सत्र के अध्यक्ष का कार्यभार सौंपा था, यह मेरा बड़ा सम्मान था। मैंने बार-बार यह भी कहा था–"बेचैन जी, कार्यक्रम में आये इतने रीडर, प्रोफेसर और दलित साहित्यकार विद्वानों के बीच मुझे अध्यक्ष पद मत दीजिए।" वे बोले थे–'मैडम, आप काबिल हैं, यह पद आपको ही सँभालना है।" आत्मविश्वास के साथ मैंने इस पद की गरिमा के अनुसार सारगर्भित अध्यक्षीय

भाषण दिया, जिसे सुनकर सभी लोग प्रभावित हुए थे।

इस कार्यक्रम में लखनऊ के प्रोफेसर कालीचरण 'स्नेही' जी, कालीकट विश्वविद्यालय के डॉ. अच्युतन जी, मौलाना आजाद नेशनल उर्दू यूनिवर्सिटी, हैदराबाद के प्रोफेसर डॉ. टी. कट्टीमनी जी से पहली बार मुलाकात हुई। डॉ. कालीचरण मुझसे मिलकर खुश हुए, उन्होंने मेरी कहानी 'छौआ माँ' की तारीफ की और बताया था—मैंने यह 'कहानी' लखनऊ विश्वविद्यालय के एम. ए. के 'दलित पाठ्यक्रम' में सम्मिलित की है। पात्र का इतना सजीव चित्रण आपने कैसे किया? ऐसी दाई तो हमारे यहाँ होती है। तब मुझे भी 'छौआ माँ' के चित्रण की सार्थकता और सजीवता नजर आई थी।

'सिलिया' कहानी पर बहुत चर्चा होती रही है। दिल्ली में अजय नावरिया जी ने इस सम्बन्ध में एक अलग बात कही—"सुशीला जी, आपकी सिलिया कहानी अच्छी है, लेकिन एक कहानी से कैसे काम चलेगा? जैसे चन्द्रधर शर्मा 'गुलेरी' की एक ही कहानी 'उसने कहा था' प्रसिद्ध हुई थी, कहीं ऐसा तो नहीं है?" तब मैंने अपना सद्यःप्रकाशित कहानी संग्रह 'संघर्ष' उन्हें दिया था। इस संग्रह की कहानियाँ लोगों को अलग-अलग दृष्टिकोण से अलग-अलग पसंद आई हैं। कुछ लोगों को इस संग्रह की 'दमदार' कहानी अच्छी नहीं लगी, कुछ लोगों को यही कहानी सबसे अधिक पसंद आई।

'संघर्ष' कहानी संग्रह की समीक्षा बहुत लोगों ने लिखी और पत्रिकाओं में छपवाई है। मगर अधिकतर समीक्षाओं में 'सम्भव असम्भव' कहानी की चर्चा नहीं है। मैं समीक्षाओं में इस कहानी की विशेषताओं को जानना चाहती थी, मगर समीक्षक इसकी विशेषताओं को पकड़ नहीं पाये अथवा कहानी समझ नहीं पाये। रचनाओं को समझे बिना लिखी समीक्षा सन्तोष नहीं देती। ऐसे समय मुझे बेचैनी होती है कि लोग या पाठक मेरी भावना और कहानी का आधार समझ क्यों नहीं पाये? मेरी नजर में यह कहानी सबसे अच्छी है। हमारे कॉलेज के ज्ञानेश्वर वांढरे बाबू ने इस कहानी को पढ़कर मुझे कहा था—"मैडम, अब आप बड़ी लेखिका बन गई हो।" उन्होंने 'सूरज के आसपास' कहानी पढ़ी, तब कहा था—"यह कहानी ऊपर और ऊपर जाती है मगर 'सम्भव असम्भव' कहानी दिल के आर पार जाती है।" यह सुनकर मुझे सन्तोष हुआ था।

लेखन प्रकाशन के साथ सामाजिक कार्यकर्ता की जिम्मेदारी भी निभाती रही। इस रूप में भी मेरी पहचान बनी है। 2004 से मैं बामसेफ संस्था से जुड़ी, मेरे विचार और सामाजिक कार्यों को जानकर मुझे संस्था ने आमंत्रित किया। इस संस्था से जुड़कर मुझे बहुत बड़ा मंच मिला। संस्था के राष्ट्रीय अध्यक्ष माननीय वामन मेश्राम

जी के मार्गदर्शन में अहमदाबाद, मुम्बई, आगरा, दिल्ली, हैदराबाद, दुर्ग, धर्मशाला, कलिंगपोंग-ऐसे अनेक प्रान्तों के अनेक शहरों में भव्य विशाल सम्मेलन और शिबिर कार्यक्रम हुए, जहाँ श्रोताओं की संख्या कहीं दस हजार, कहीं बीस-पच्चीस हजार भी रही है। वहाँ मंच से मैंने समाज व्यवस्था में परिवर्तन के लिए शिक्षा, संघर्ष, एकता, संगठन की बातों को बार-बार कहा। लगभग सभी प्रान्तों के, शहरों के हमारे जाति समुदाय के लोग इस संस्था से जुड़े हैं, लेकिन उनकी संख्या अभी कम है। समाज जागृति और प्रगति परिवर्तन की विचारधारा से अपने समाज को जोड़ने का प्रयत्न सतत-रूप से चल रहा है।

'महिला मुक्ति आन्दोलन' की संस्थाओं से जुड़कर पिछड़े वर्ग की, दलित और आदिवासी महिलाओं के लिए भी काम किया। 'अखिल भारतीय प्रगतिशील वाल्मीकि लेखक संघ' के अध्यक्ष, शामली, उत्तर प्रदेश निवासी बाबूराम पाहिवाल जी के अनुरोध पर इस संस्था से जुड़ी और अपने समुदाय की जागृति हेतु अनेक यात्राएँ करके जनसंपर्क और दलित जागृति का काम किया।

समाज-जागृति के कार्यों में मैंने बहुत समय दिया है। अपने रुपये खर्च करके मैंने समाजसेवा की। मेरी पुस्तकों के प्रकाशन का उद्देश्य भी समाज परिवर्तन करने हेतु समाजसेवा ही है। समाज के लोगों का कभी समर्थन मिला, तो कभी उनके विरोध का सामना भी करना पड़ा। कई बार, कई जगह अपमानित भी होना पड़ा। हमारे जाति समुदाय के परम्परावादी लोग हमें अम्बेडकरवादी और बौद्ध धर्म के समर्थक मानते हुए, इसे हमारी बुराई मानते हैं। इस बात को वे हमारे दूर-दूर के रिश्तेदारों, परिचितों और समाज के लोगों तक हमारी बुराई और सामाजिक अवहेलना के रूप में पहुँचाते हैं। जिससे वे हमारे प्रति उपेक्षा और अपमान का भाव रखते हैं। तब स्थिति यह होती है, न वे हमारी बात समझ पाते हैं और न ही हमारा उद्देश्य। इस गलतफहमी को मिटाना भी कठिन नहीं है। मैंने इसे अपना अपमान नहीं माना, मैं अपने लोगों की नासमझी समझती हूँ और उम्मीद करती हूँ , हमारे लोग बाबासाहब डॉ. अम्बेडकर की विचारधारा को जरूर समझेंगे।

हिन्दी साहित्य संस्थाओं से जुड़कर, अनेक साहित्य सम्मेलनों में जाने के अवसर मुझे मिले हैं। इलाहाबाद की 'हिन्दी साहित्य परिषद' के प्रमुख श्रीधर शास्त्री ने 2000 ई. में देहरादून में 'हिन्दी साहित्य सम्मेलन' लिया था। वहाँ विभिन्न प्रान्तों से हिन्दी भाषा और हिन्दी साहित्य से जुड़े लगभग 200 लोग आये थे। बिहार प्रान्त के, किसनगंज के कॉलेज में प्राचार्य पद पर कार्यरत डॉ. उमेश सिन्हा भी आये थे। उस समय कार्यक्रम में मैंने 'हिन्दी भाषा और साहित्य की दशा और दिशा' पर आलेख पढ़ा था। अंग्रेजी भाषा को महत्त्व देने वाले लोगों द्वारा, हिन्दी भाषियों की

उपेक्षा करने के व्यवहार के, सटीक अनुभवों से पूर्ण मेरे आलेख को, शास्त्रीजी ने तुरन्त मुझसे ले लिया था। मैंने आलेख में 'हिन्दी प्रचारक संस्थाओं' के समक्ष कई प्रश्न उठाए थे।

कार्यक्रम में दूसरे दिन, 'समापन सत्र' में विशेष उद्‌बोधन और आशीर्वचन के लिए बद्रीधामपीठ के शंकराचार्य आमंत्रित थे। मुझे शंकराचार्य एक सामान्य व्यक्ति जैसे लगे थे, मगर उनका पहनावा, बनाव श्रृंगार विशेष था। कार्यक्रम के आयोजक और संचालक उनके सम्मान और वन्दना के लिए बार-बार उनके चरणों में झुक रहे थे। मैं तटस्थ भाव से उन्हें और उनके भक्तों का निरीक्षण कर रही थी। कार्यक्रम खत्म होने पर सभागृह में उपस्थित हिन्दी साहित्य के रीडर, प्रोफेसर विद्वानों की भीड़ शंकराचार्य की चरण-वन्दना करने के लिए मंच की ओर उमड़ पड़ी।

डॉ. उमेश सिन्हा जी ने मुझसे कहा–"आइए, हम आपको शंकराचार्य जी के दर्शन नजदीक से करवायेंगे। आप भी उनसे आशीर्वाद ले लीजिएगा।" सिन्हा जी मुझे बुलाते हुए भीड़ में आगे बढ़ गये। मगर मैं अपनी जगह पर ही खड़ी थी। मुझे न तो नजदीक जाकर उनके दर्शन करना था, न ही उनकी चरण-वन्दना करना था, न ही उनका आशीर्वाद लेना था। मैं सभागृह में खड़ी रहकर, हिन्दी साहित्य के विद्वानों का, शंकराचार्य तक पहुँचने की चेष्टा में, होने वाली धक्का-मुक्की के बीच उनका अतिशय भक्तिभाव देख रही थी। मुझे हँसी आ रही थी, तब मेरे मन में यह विचार आया था–'मैं मंच पर जाकर शंकराचार्य से यह कहूँ , क्या आप मेरा छुआ प्रसाद खा सकते हैं?' मुझे पता था, हिन्दूधर्म में आस्था रखने वाले लोग वर्णाश्रम धर्म और जातिवादी धर्म को याद रखते हुए, यह कभी स्वीकार नहीं करेंगे। यह तो सिर्फ सिद्धार्थ कर सके थे। गौतम बुद्ध होकर उन्होंने अछूत सुजाता के हाथ की खीर खाई थी। क्या ऐसा कभी, कोई शंकराचार्य कर सकेंगे?

'शंकराचार्य' पदवी की मान मर्यादा और उसके प्रति श्रद्धा, आस्था को सुरक्षित बनाकर रखा जाता है। लोग उनके दोष-दुर्गुणों को भी कबूल करते हुए उन पर श्रद्धा, आस्था रखते हैं। हिन्दू धर्म रक्षा का ध्वजा-दण्ड केवल शंकराचार्य के हाथ में नहीं, बल्कि हिन्दू धर्मावलम्बी सभी लोगों के हाथों में होता है। वे ही अपने कार्यो और प्रयत्नों से शंकराचार्य के पद, मान और धर्मध्वजा की रक्षा करते हैं।

2004 में 19-20 फरवरी को चेन्नई में, स्टेला कॉलेज की हिन्दी विभाग प्रमुख एवं रीडर डॉ. मंजु धवन ने, इलाहाबाद की 'हिन्दी साहित्य परिषद' और चेन्नई की तेलुगु साहित्य संस्था 'तमिलनाडु बहुभाषी लेखिका संघ' के सम्मिलित कार्यक्रम का आयोजन किया। मुझे भी कार्यक्रम में बुलाया गया था। नायडू नगर की राधालाल जी धर्मशाला में हम ठहरे थे, वहीं नीचे हाल में कार्यक्रम का आयोजन था। अखिल

भारतीय स्तर पर हिन्दी भाषा के और दक्षिण की सभी भाषाओं के प्राध्यापक, प्रोफेसर, रीडर, साहित्यकार और समीक्षक कार्यक्रम में बड़ी संख्या में आये थे। बहुत ही भव्य रूप में कार्यक्रम की व्यवस्था की गई थी। कार्यक्रम के उद्घाटन सत्र में 'कांची कामकोटी पीठ' के शंकराचार्य स्वामी जयेन्द्र सरस्वती का स्वागत, चरण-वन्दना और आशीर्वचन का नियोजन था।

डॉ. धवन उपस्थित सभी लोगों को बहुत ही गर्व के साथ बता रही थीं—"कितनी मुश्किलों के बाद शंकराचार्यजी की अनुमति मिल सकी है। उनकी दी गई तारीख और समय अनुसार ही कार्यक्रम की तारीख तय की गई है। शंकराचार्य जी की तबियत ठीक न होने के कारण, तीन बार कार्यक्रम की तारीख बदली गई। शंकराचार्य जी आयेंगे, तभी साहित्य सम्मेलन का कार्यक्रम होगा, यह हमारी मनोकामना थी। हमें बहुत खुशी है कि हम आप सभी को शंकराचार्य जी के दर्शन करवा रहे हैं। उनका आशीर्वाद पाकर आपका भी यहाँ आना सफल हो जायेगा।"

साढ़े नौ बजे से तैयार होकर हम सब सभागृह में बैठे थे। चेन्नई आकाशवाणी के प्रसिद्ध भजन गायक एक युवक और एक युवती उनकी प्रशंसा, भक्ति और विनती में लगातार गायन कर रहे थे। ग्यारह बज गये, गायक, गायिका गाते-गाते थक गये मगर शंकराचार्य नहीं पहुँचे। कारण मालूम हुआ, डॉ. धवन ने बताया, कुछ दिनों से उनको लूज मोशन, डिसेन्ट्री यानी दस्त लगे हुए हैं। आज तबियत कुछ ज्यादा ही खराब है। हम उनकी प्रतीक्षा करेंगे। उनके आने के बाद ही कार्यक्रम शुरू होगा।

बारह बजे के बाद अचानक खलबली मच गई, शंकराचार्य पहुँच रहे हैं। दरवाजे के बाहर और भीतर सुरक्षा बल तैनात हो गया। ऊँचे स्वर में माइक पर उनके सम्मान में कीर्तन-वन्दना शुरू कर दी गई। मैं सभागृह में सबसे पीछे बैठी थी। मैंने देखा सिर से ऊँचा धर्मदण्ड हाथ में लिए शंकराचार्य ने सभागृह में प्रवेश किया। उनके साथ उनके पाँच शिष्य थे। वे तुरन्त मंच पर आकर अपने निश्चित स्थान पर आसीन हो गये। शंकराचार्य की कुरसी पर मृगचर्म बिछाया गया था। मंच पर बड़े-बड़े थालों में मेवे, मिठाई, फल और वस्त्र रखे थे। 108 नीबू का एक बड़ा हार बनाकर मंच पर रखा था। तुलसी के हरे पत्तों की घनी और लम्बी माला बनाई गई थी। उनके शिष्यों ने सभी वस्तुएँ उठाकर शंकराचार्य के सामने रखीं, उन्होंने स्पर्श करके उन्हें स्वीकार किया। पूजा-अर्चना के बाद सभी फल, मिठाई सभागृह में उपस्थित साहित्यकारों, विद्वानों को प्रसाद रूप में बाँटा गया। शंकराचार्य द्वारा स्पर्श किए हुए छोटे शाल जैसे ऊनी वस्त्र आमंत्रितों को दिये जा रहे थे। डॉ. धवन सूची के एक-एक अतिथि का नाम पुकार रही थीं। अतिथि विद्वान शंकराचार्य के शिष्य

से शाल लेकर सिर झुकाकर नमन कर रहे थे।

मेरा नाम भी पुकारा गया, मगर मैं वहाँ नहीं गई। मुझे यह सब ढकोसला लग रहा था। शंकराचार्य के सामने जाकर सिर झुकाना तो बिलकुल मंजूर नहीं था। जब सूची के सभी सदस्यों के नाम पुकारे जा चुके, तब अन्त में डॉ. मंजु धवन ने अलग से कहा था—"अरे भाई, नागपुर से आये लोग कहाँ हैं? उनसे कहो, वे यहाँ आकर शंकराचार्य का आशीर्वाद लेकर शाल ग्रहण करें।" अपना नाम सुनकर भी मैं वहाँ नहीं गई। मैं साहित्यिक कार्यक्रम के लिए चेन्नई आई थी, किसी धार्मिक अनुष्ठान के लिए नहीं। यहाँ साहित्य को धर्म से जोड़कर साहित्य और साहित्यकारों को संकीर्ण बनाया जा रहा था।

कार्यक्रम के अगले सत्र में 'साहित्य और संस्कृति' विषय पर आलेख वाचन था। सभी वक्ता हिन्दू धर्म और हिन्दू संस्कृति की बात कह रहे थे। मैंने अपना आलेख वाचन करते हुए तीखे अन्दाज में यह बात कही थी—"हम किस संस्कृति की बात कर रहे हैं? यदि हम सिर्फ हिन्दू संस्कृति की बात कर रहे हैं, तब ये बातें ठीक हैं। यदि भारतीय संस्कृति की बात कर रहे हैं, तब हमें सम्पूर्ण भारतीय संस्कृति की बात कहना चाहिए। इस देश में हिन्दू के साथ मुस्लिम, सिख, ईसाई, बौद्ध सभी रहते हैं। सम्पन्न वर्ग के लोगों के अलावा खेतिहर मजदूर, किसान भी रहते हैं। तब हमें उस संस्कृति की बात करना चाहिए जो सबको एकता, समानता, सम्मान और भाईचारे के साथ लेकर चलती है, वही भारतीय संस्कृति है।"

मेरे इस वक्तव्य पर सभागृह में उपस्थित लोगों ने तालियाँ बजाई थीं। तब मंच पर उपस्थित हिन्दूधर्म के पुरोधा वक्ताओं ने आपस में कहा था—"यहाँ किसको बुला लिया है? यह तो हमारी बात काट रही है। यह हमारे सांस्कृतिक विचारों के कार्यक्रम को अलग ही दिशा दे रही है।" मुझे यह सुनकर अच्छा लगा था कि मैं उनकी धर्म परम्परा की दिशा के विपरीत, अपनी बात कहकर अपने जैसे लोगों का समर्थन पा सकी हूँ। सत्र समाप्त होने पर बहुत लोग मुझे मिले, उन्होंने मेरा पता माँगा और अपना पता मुझे दिया था। तेलुगु, कन्नड़, उड़िया साहित्य से जुड़े अनेक प्राध्यापक और साहित्यकार महिलाओं और पुरुषों ने वहाँ मुझसे मिलकर खुशी व्यक्त की थी। वहाँ मैंने यह भी कहा था—"शंकराचार्य के दर्शन, नमन और वन्दना से साहित्य सम्मेलनों की शुरुआत करना मुझे अनुचित लगा है। जो साहित्य और साहित्यकार हिन्दू धर्म से और मठाधीश शंकराचार्यों से प्रभावित रहेगा, वह समाज के सम्पूर्ण वर्ग को कैसे देख पायेगा? उनका साहित्य और विचार, समाज के दलित-पिछड़े वर्ग के उत्थान के लिए उनकी स्थिति परिवर्तन के लिए क्या कर सकेंगे? निश्चय ही कुछ भी नहीं।"

कार्यक्रम की संयोजिका डॉ. धवन ने यह महसूस किया था कि मैं परम्परावादी या हिन्दूवादी नहीं हूँ। वैसे सभी जानते हैं, महाराष्ट्र की भूमि और दीक्षाभूमि का शहर नागपुर बाबासाहब डॉ. अम्बेडकर की कर्मभूमि है। नागपुर से आई मैं, डॉ. अम्बेडकर की विचारधारा से प्रभावित विचार रखती हूँ, तो क्या आश्चर्य? वैसे, यह भी सब जानते हैं, दलित, अछूत, शोषित, पीड़ित, दबे-कुचले पिछड़े जागरूक लोग डॉ. अम्बेडकर की विचारधारा को मानते हैं। चेन्नई के कार्यक्रम में लोगों ने तब मुझे यही समझा। सवर्णों ने मेरी उपेक्षा की थी, बाकी लोगों ने मुझे बहुत सम्मान दिया था।

चेन्नई कार्यक्रम में ईश्वर करुण जी मिले थे। पहले दिन सफेद लुंगी, कुर्ता पहने और चन्दन का तिलक लगाए वे पुराणपंथी दक्षिण भारतीय ब्राह्मण दिख रहे थे। उन्होंने मुझसे बातें कीं मगर मैंने ध्यान नहीं दिया। दूसरे दिन करुण जी फुलपेंट शर्ट पहने हुए अलग दिख रहे थे। मैंने उनसे कहा था—"करुण जी, आज आप ढंग के आदमी दिख रहे हो। कल तो आप सिर्फ ईश्वरवादी दिख रहे थे।" तब वे हँसे थे, उन्होंने बताया, वे ब्राह्मण नहीं हैं। बिहार से यहाँ ट्रान्सफर होकर नौकरी के कारण आये हैं। यहाँ के उच्च वर्ण लोगों के बीच मान-सम्मान के लिए, उनके जैसा रूप बनाकर रहना पड़ता है।

चेन्नई से नागपुर लौटने के कुछ महीने बाद ही कोच्चि के शंकराचार्य का अपराध प्रकरण उजागर होना शुरू हो गया था। टी.वी. में, समाचार पत्रों और साप्ताहिक, मासिक पत्रिकाओं में, लगातार अनेक बातें उजागर हो रही थीं। मुझे चेन्नई के साहित्य सम्मेलन कार्यक्रम में शंकराचार्य की पूजा-अर्चना और लोगों का उनको साष्टांग दण्डवत नमन करना बहुत गलत लगा था। प्रोफेशनल कैमरामेन द्वारा ली गई कार्यक्रम की फोटो मैंने खरीदी थी। उन फोटो को देखकर अभी भी मेरे सामने पूजा-अर्चना के कार्यक्रम की भव्यता झलकती है। उसके बाद, पूरे विश्व के समक्ष भारत के कोच्चिपीठ के उस शंकराचार्य के काले कारनामों की भर्त्सना एक साथ सुनकर, समझकर आश्चर्य होता है। लोग क्यों हिन्दूधर्म को इतना महान बताते हैं? क्यों दलित, पिछड़ों पर किये जा रहे सदियों के शोषण, अन्याय रूपी अपराधों को स्वीकार नहीं करते? जबकि यह बात विश्व के सामने उजागर हो चुकी है। यह देखकर आक्रोश भड़कता है।

समाज जागृति और साहित्य सम्मेलन से जुड़ी अनेक यात्राएँ होती रहीं। मेरे जीवन में वह समय भी आया, जब मैंने देश ही नहीं, बल्कि विदेशों की यात्राएँ भी कीं।

यह समय मेरे जीवन में बहुत ही खुशी और गौरव का था। 2004 में मुंबई की संस्था 'समकालीन साहित्य सम्मेलन' की ओर से 'श्रीलंका' देश में 'हिंदी साहित्य सम्मेलन' आयोजित किया गया था। इस कार्यक्रम में सम्मलित होने के लिए मुझे आमंत्रण पत्र मिला, तब मुझे अत्यधिक प्रसन्नता हुई थी। मैं विदेश यात्रा करूँगी, जीवन में पहली बार हवाई जहाज में यात्रा करूँगी—इस बात से मैं बहुत रोमांचित थी। विदेश यात्रा के संयोजक और कार्यक्रम के नियोजक वैभव कार्तिकेय से, इस विषय पर फोन पर रात में बात हुई, तब मैं रातभर सपनों की दुनिया में सैर करती रही। उन दिनों मैं इतनी खुश थी कि वैभव को पत्रोत्तर से, कार्यक्रम में सम्मिलित होने की सहमति देना भी भूल गई। प्राध्यापिका वर्मा मॅडम के याद दिलाने पर मैंने सहमति लिखकर भेजी थी। अखिल भारतीय स्तर पर 57 लोग श्रीलंका गये थे। श्रीलंका जाने के लिए, नागपुर से चेन्नई जाते समय, ट्रेन में भोपाल के लोग मिल गये। उन्होंने मुझे नाम से ही पहचान लिया था। श्रीलंका की मेरी विदेश यात्रा से टाकभौरे जी भी प्रभावित थे। उन्होंने इसकी 'न्यूज' बनाकर सभी समाचार-पत्रों में छपवा दी। लोग न्यूज पढ़कर, फोटो देखकर पहचान लेते थे कि वह मैं ही हूँ। तब मुझे संकोच भी होता था और गर्व भी होता था। श्रीलंका जाने के समय टाकभौरे जी ने एक कागज पर कुछ बातें लिखी थीं, जो मेरी प्रगति, संघर्ष और मेरे स्वभाव की प्रशंसा करते हुए, एक सर्टिफिकेट के रूप में थीं। मैंने उन्हें पढ़कर चुपचाप रख दिया। टाकभौरे जी ने अपनी लिखी इन बातों के विषय में कुछ नहीं कहा। तब मैंने समझा था, वे मेरे श्रम-संघर्ष और प्रगति उन्नति को स्वीकार करते हैं। पहली बार हवाई जहाज की यात्रा रात में हुई, कुछ पता नहीं चला। डेढ़ घंटे में हम चेन्नई से श्रीलंका पहुँच गये। एक अलग देश में जाने की अनुभूति अलग ही थी। सब लोग साथ थे, इसलिए कोई परेशानी नहीं हुई। हम आठ दिन श्रीलंका में रहे। फाइव स्टार होटल में ठहरना, बढ़िया खाना, लक्झरी बस में दिनभर घूमना होता था। श्रीलंका में भ्रमण करते हुए हिन्द महासागर के कई तट देखे। 'जाफना' क्षेत्र छोड़कर, हमने पूरे श्रीलंका की यात्रा की थी। भ्रमण के साथ साहित्य सम्मेलन, काव्य सम्मेलन और विचार गोष्ठी के कार्यक्रम लगातार चलते रहे।

श्रीलंका की राजधानी कोलम्बो में प्रथम दिन शाम पाँच बजे 'साहित्य सम्मेलन' का उद्घाटन सत्र था। कार्यक्रम की अध्यक्षता रत्नाकर पाण्डे जी कर रहे थे। 'भारतीय विदेश सेवा' की निदेशिका एवं 'भारतीय सांस्कृतिक केंद्र श्रीलंका' की अध्यक्ष डॉ. नगमा मलिक अतिथि के रूप में मंच पर उपस्थित थीं। श्रीलंका के कोलंबो विश्वविद्यालय की प्रोफेसर, हिंदी विभाग अध्यक्ष एवं सांस्कृतिक केंद्र प्रभारी डॉ. इन्दिरा दशानायके ने स्वागत भाषण में जानकारी दी थी कि श्रीलंका में तीन

विश्वविद्यालयों, चालीस विद्यालयों और दो सांस्कृतिक केन्द्रों में हिन्दी सिखाई जाती है। श्रीलंका में रहने वाले भारतीयों ने भी कार्यक्रम में भाग लिया था। वहाँ के छः वर्षीय बालक सिद्धार्थ दयाल ने रामधारी सिंह 'दिनकर' की कविता हिन्दी में सुनाई थी, जिसका मूलभाव बादल और पंछी के उदाहरण से विश्व एकता की भावना थी। कॉलेज की एक छात्रा सावित्री पुरावरण ने सूरदास के पद दक्षिण भारतीय शैली में गाकर सुनाये, तब विदेश की भूमि में यह सब सुनकर और देखकर मन में बहुत प्रसन्नता हुई थी। सभी अतिथि वक्ताओं के भाषण और अध्यक्षीय भाषण का आधार, उद्देश्य अनेकता में एकता और विश्व बन्धुत्व का भाव था।

अगले सत्र का विषय था, 'हिन्दी साहित्य की दशा और दिशा' इस सत्र में मैंने अपना आलेख वाचन किया। मैंने संक्षेप में हिन्दी साहित्य की दिशा और दशा का विवरण देते हुए वर्तमान में दलित साहित्य का परिचय, दलित साहित्यकारों का परिचय, दलित साहित्य का उद्देश्य और मूलतत्त्वों का उल्लेख किया। मेरा उद्देश्य हिन्दी दलित साहित्य को अंतरराष्ट्रीय स्तर पर परिचित कराना था।

मेरा आलेख सुनकर अध्यक्ष पांडे जी बहुत क्रोधित दिखाई देने लगे थे। अंत में अपने अध्यक्षीय भाषण में, उन्होंने मेरे आलेख का उल्लेख करते हुए, अत्यधिक गुस्से के साथ कहा था—"ये साले दलित साहित्य वाले लोग अपनी-अपनी दुकान लगाकर बैठ गये हैं। इन्होंने हमारे तुलसीदास को और हमारे भगवान राम को बदनाम कर दिया है। ये सब अपने-अपने स्वार्थ में लगे हुए हैं।" इसके साथ उन्होंने दलित साहित्य को भी बुरा कहा। साहित्य सम्मेलन में अध्यक्ष पद से, अध्यक्षीय भाषण में, इस तरह इस बात का कहा जाना मुझे बहुत अजीब लगा। वे अध्यक्ष होने की अपनी गरिमा भी भूल गये थे। एक वरिष्ठ सम्मानित व्यक्ति के मुँह से गालीवाचक शब्द और अपमानजनक वाक्य सुनकर मुझे बहुत बुरा लगा। उस पूरे ग्रुप में मैं ही एक एस.सी. थी, जिसने अम्बेडकरवादी विचारधारा के आधार पर दलित साहित्य का परिचय दिया और उसे स्थापित हिन्दी साहित्य के समानान्तर साहित्य बताया था।

वहाँ अनेक लोगों ने मुझसे कहा था—"मैडम, आपने तो नई बातें बताई हैं। हम दलित साहित्य के विषय में कुछ भी नहीं जानते हैं। क्या इस तरह का, इतना साहित्य लिखा जा रहा है?" बाद में 'कविता सम्मेलन' सत्र में मुकेश वर्माजी ने अध्यक्ष पद से, दलित साहित्य के समर्थन में अपने विचार रखे थे और मेरा समर्थन करते हुए दलित साहित्यकार के रूप में मेरी हिम्मत, विरोध, विद्रोह की भावना की प्रशंसा की थी। तब मुझे लगा था, श्रीलंका की भूमि में 'समकालीन हिन्दी साहित्य सम्मेलन' के इस कार्यक्रम में मेरा आना सफल हुआ है। मेरी विदेश यात्रा का उद्देश्य मात्र मनोरंजन और भ्रमण का आनंद नहीं था। मैं अम्बेडकरवादी विचारधारा और

दलित साहित्य की जानकारी विदेश की भूमि में पहुँचाना चाहती थी। मैं इसमें सफल हुई। श्रीलंका से लौटने पर, नागपुर आने के पहले, चेन्नई के 'महिला महाविद्यालय' में छात्राओं के लिए साहित्यिक कार्यक्रम रखा गया था। वहाँ मैंने नारी सम्मान और सबलता के विचार रखते हुए अपनी कविताएँ सुनाई थीं। महाविद्यालय की हिन्दी की प्रोफेसर विद्या शर्मा ने कार्यक्रम के फोटो और कॉलेज की स्मरणिका पुस्तिका भिजवाई, तब लगा था, ये भी मेरी सफलता के इतिहास के दस्तावेज हैं।

2006 में 'समकालीन साहित्य सम्मेलन' की ओर से आयोजित कार्यक्रम में इंग्लैंड यात्रा का अवसर मिला। उस समय मैंने माँ को फोन पर बताया था—"बाई, मैं लंदन जा रही हूँ।" माँ ने कहा था—"कहाँ का लंदन?" मैंने कहा था—"इंग्लैंड, जहाँ से अंग्रेज आये थे।" तब माँ ने घबराकर कहा था—"अरी बेटा, सात समन्दर पार जा रही है, अपना ख्याल रखियो। भूल-भटक मत जइयो।" माँ ने मुझे बहुत आशीर्वाद दिये थे। इस यात्रा में कुछ कठिनाइयों का सामना भी करना पड़ा। मुंबई के सान्ताक्रूज हवाई अड्डे पर बैग चेकिंग के समय घंटी बजना और लंदन के 'ही-थ्रो' हवाई अड्डे पर बैग का न मिलना—मेरे यात्रा जीवन की यादगार घटनाएँ हैं। बैग दूसरे दिन लन्दन की होटल में मेरे रूम में लाकर दिया गया था।

इंग्लैण्ड यात्रा में पचास से अधिक लोग थे। हम छह दिन तक वहाँ रहे और घूमे। वहाँ बसे भारतीय उद्योगपति, व्यवसायी और साहित्यकारों, साहित्यप्रेमियों ने हमारा स्वागत-सत्कार किया। वे हमारे लिए भारतीय भोजन का इन्तजाम भी करते थे। अधिकतर सवर्ण हिन्दू साहित्यकारों के आग्रह पर, वहाँ के हिन्दू देवी-देवताओं के मंदिरों के दर्शन और आरती के साथ साहित्य चर्चा का कार्यक्रम रहता था। तब साथ आये कुछ मुस्लिम और क्रिश्चियन साहित्यकारों के साथ, मैंने भी इस बात का विरोध किया था कि हम यहाँ किसी धार्मिक यात्रा पर नहीं आये हैं, 'हिन्दी साहित्य सम्मेलन' के कार्यक्रम के लिए आये हैं। तब इस बात का ध्यान रखा गया था कि इस साहित्यिक यात्रा में किसी की भावना को ठेस न लगे।

लंदन शहर के 'नेहरू सभागृह' में, हिन्दी साहित्य सम्मेलन का उद्घाटन सत्र आयोजित किया गया। वहाँ कवि सम्मेलन सत्र में मैंने अपनी कविता 'दुनिया बहुत बड़ी है' सुनाई। नारी चेतना की इस कविता पर सबने बहुत तालियाँ बजायी थीं। नाटिंघम और बर्मिंघम में भी 'हिन्दी साहित्य के काव्य और कथा साहित्य की दिशा' पर आलेख वाचन किया था। मैंने दलित साहित्य और नीग्रो साहित्य की चर्चा तीखे ढंग से अपने आलेख में की थी, जिसे सुनकर कार्यक्रम के अध्यक्ष पांडे जी ने कहा था—"हम विदेश की भूमि पर हैं। यहाँ हम ऐसी कोई बात न करें, जिससे कोई आब्जेक्शन वाली बात हो।" बहुत लोगों ने मेरे आलेख की और मेरी हिम्मत की दाद

दी थी। कुछ लोगों ने इस विषय पर मुझसे बात भी की।

'श्रीलंका' की विदेश यात्रा से लौटने के बाद, पोरवाल महाविद्यालय में '7 अक्तूबर सेठ केसरीमल पोरवाल पुण्यतिथि' कार्यक्रम में, सबके समक्ष संस्था प्रमुख सेठ नेमकुमार पोरवाल जी के हाथों मेरा सम्मान किया गया था। इस सम्मान से भाव विभोर होकर मैं अपनी संस्था के प्रति बहुत कृतज्ञ हुई। इंग्लैंड से लौटने के बाद भी, पोरवाल महाविद्यालय में मेरा सम्मान किया गया। वर्ष भर में कोई विशेष कार्य करने वालों का सम्मान हमारे महाविद्यालय में हर वर्ष किया जाता है, तब प्राचार्य डॉ. एम.एन. घोषाल जी ने सम्मान देते हुए मेरी प्रशंसा की थी।

'दुबई यात्रा' के समय सहर्ष अनुमति और छुट्टियाँ देने के साथ प्राचार्य डॉ. घोषाल जी ने, पोरवाल शिक्षा समिति 'एस.पी.एम.' के व्यवस्थापक मंडल से, विशेष अनुरोध करके मुझे सहयोग राशि के रूप में दस हजार रुपयों का अनुदान दिलवाया था। सामाजिक सम्मेलनों और साहित्य सम्मेलनों में जाने हेतु प्राचार्य जी ने हमेशा सहर्ष अनुमति दी और मेरे लेखन, साहित्यसेवा और समाजसेवा की गतिविधियों की प्रशंसा की है। उनके पहले डॉ. भांदककर प्राचार्य थे, उन्होंने भी मेरे इन कार्यों में सहयोग और प्रोत्साहन दिया था।

2008 में दुबई में आयोजित 'हिन्दी साहित्य सम्मेलन' कार्यक्रम में 'साहित्य की दिशा और दशा' के अंतर्गत 'हिन्दी कथा साहित्य के तीन दशक' विषय पर आलेख वाचन किया था। दुबई, मारिशस के प्रवासी भारतीय साहित्यिक लोगों और अपने साथ आये साहित्यकारों के सामने मैंने दलित साहित्य और अम्बेडकरवादी विचारधारा की जानकारी दी। अनेक लोगों के लिए दलित साहित्य की जानकारी नई थी। मुझे दुबई जाना और वहाँ दलित साहित्य पर बोलना सार्थक लगा था। दुबई में पांडे जी की नाराजी कम हो गई थी, शायद वे दलित साहित्य को समझने और स्वीकार करने लगे थे।

दुबई से लौटने के बाद भी कॉलेज में मेरा सम्मान किया गया था। यह भी उल्लेखनीय है, अन्य किसी भी संस्था ने मेरा सम्मान नहीं किया, इस बात से मुझे अपमान महसूस हुआ था। विदेश यात्राओं से भले ही मुझे बहुत खुशी मिली, लेकिन मेरी सामाजिक स्थिति में कोई परिवर्तन नहीं हुआ। विदेश यात्राओं के बाद भी मैं जाति के नाम पर वही रही—अन्त्यज अछूत। विषमतावादी, वर्णव्यवस्था और जातिव्यवस्था से ग्रस्त मनुवादी सामाजिक व्यवस्था वाले हमारे देश के गाँव और शहरों में, अभी भी छुआछूत है, नागपुर शहर में भी है। जातिवादी लोग मुँह पर कहते हैं, कभी सज्जनतावश जाहिर नहीं करते, मगर लोगों के मन में जातिभेद रहता है। जब मुझ जैसे उच्च शिक्षित और सम्मान की नौकरी करने वालों के प्रति जातिभेद रहता

है, तब उन अनपढ़, गरीब, सफाई काम के रोजगार से जुड़े लोगों के प्रति कैसा भाव रहता होगा? जब शहरों में छुआछूत, जातिभेद का यह हाल है, तब गाँवों में कितना रहता होगा? इसकी कल्पना की जा सकती है।

2006 में यू.के. मात्रा से लौटने के बाद भारत आते ही महाराष्ट्र के भंडारा जिले के 'खैरलांजी' गाँव में घटी दलित नरसंहार की हृदय विदारक घटना ने बहुत उद्वेलित कर दिया था। भौतमांगे दलित परिवार की 12वीं कक्षा की छात्रा होनहार बेटी और बेटे के साथ उनकी माँ को भी ईर्ष्या, द्वेष और जातिभेद के अपमान के साथ नृशंस रूप से मौत के घाट उतर दिया गया था। इस घटना से पूरे देश में खलबली मची थी। दलित संस्थाओं ने इस घटना का डटकर विरोध किया था। 'विद्रोही मराठी साहित्य सम्मेलन' संख्या से जुड़ी आशु सक्सेना ने इस घटना के विरोध में मीटिंग, धरना, भूख हड़ताल जैसे कार्यों में अगुआई की। महाराष्ट्र की कई दलित महिलाएँ ऐसे विरोधी कार्यों के कारण जेल भी गई थीं। अम्बेडकरवादी जागरूक दलित महिलाओं ने दिल्ली जाकर विरोध की आवाज उठाई और गुनहगारों को सजा दिलवाई। दलित महिला संगठनों के साथ मैं भी इस घटना के विरोध में यथाशक्ति प्रयत्न करती रही। ताकि ऐसी घटनाएँ फिर से न घटें दलितों का उत्पीड़न न हो।

दलित उत्पीड़न की अनेक घटनाएँ घटती हैं, खुल्लमखुल्ला जातिभेद की कर्णकटु बातें कही जाती हैं। मेरी कहानी 'सिलिया', 'बदला', 'संघर्ष', 'छऊआ', 'माँ' इसके प्रमाण हैं। आप कहेंगे, मैं अपनी कहानियों के विषय में बता रही हूँ। ऐसी बात नहीं है। ये कहानियाँ, ये पात्र, ये घटनाएँ सच हैं। मेरी कहानियों में अधिकतर दलित, शोषित, पीड़ित पात्रों का दुख-दर्द है। सहेली प्राध्यापक मैडम को, जब मैं अपनी कहानी पढ़ने के लिए देती हूँ , तो वह उनमें अभावग्रस्त दलित पीड़ितों के दर्द की बात पढ़कर परेशान हो जाती है। एक बार वह बहुत विनम्रता के साथ बोली थी—"मैडम प्लीज, मुझे यह सब पढ़ने के लिए मत कहिए। मुझे यह सब पढ़कर अच्छा नहीं लगता है। क्या हम ऐसा साहित्य पढ़ने के लिए हैं? दुनिया भर का दुख-दर्द हम क्यों पढ़ें, जिससे मन दुखी हो जाये?" उनका कहने का मतलब यह था, साहित्य ऐसा पढ़ना चाहिए, जिससे खुशी मिले, आनंद मिले, मनोरंजन हो और सुख सौंदर्य का बोध हो। वह अक्सर कहती थी—"यह सब पढ़कर क्या मिलता है? आप भी ऐसा सब क्यों लिखती हो? मुझे ऐसे किसी लेखक का साहित्य अच्छा नहीं लगता, जो भिखारी, यतीम, भूखे-नंगे, दुखी दरिद्र पात्रों के विषय में लिखते हैं। आप तो उनसे भी आगे क्या-क्या लिखती रहती हो।"

इस बात का दूसरा पहलू भी है—'हम शोषित पीड़ितों का साहित्य पढ़कर

उनके दुख-दर्द समझें। उनके प्रति संवेदना के साथ अपनापन रखें। उन्हें अपना समझकर उनके कष्ट दूर करने में उनकी मदद करें। उन्हें परिवर्तन का मार्ग बतायें, उन्हें प्रगति से जोड़ें।' मेरे लेखन का उद्देश्य यही है। कितनी सूझबूझ और समझदारी के साथ कही गई बात है–'भागो नहीं दुनिया बदलो।' साहित्यकार का ऐसा ही संदेश समाज के लिए होना चाहिए। समाज की समस्या से भागने वाले लोग, किसी का भला नहीं कर सकते। लोग मानवता की बड़ी-बड़ी बात तो करते हैं, मगर उस पर अमल नहीं करते। तब मानवता पर लगे इस कलंक को कैसे धोया जा सकेगा?

कुछ सहकर्मी प्राध्यापिका कहती हैं–"मैडम आप अच्छा साहित्य लिखती हो। अपनी कहानियों में क्या आप अपनी आपबीती लिखती हो?" मैं कहती हूँ–"किसी दूसरे की कहानी लिख देना भी आसान बात नहीं है। उस प्रक्रिया में कितने संकटों से गुजरना पड़ता है। आपबीती बताना भी क्या इतना आसान है? आपबीती बताने में अपनी पीड़ा, वेदना, प्रताड़ना को फिर से भोगने का दर्द सहना पड़ता है। मेरी वेदना को मैं ही जानती हूँ और जानते हैं मेरे जैसे हमारे लोग।"

मैं पहले ब्राह्मणवादी लोगों के मुखौटों के पीछे की बात को नहीं समझ पाती थी। अब उनके दोहरे व्यवहार को समझने लगी हूँ, दुनियादारी की बातें समझने लगी हूँ। बाबासाहब डॉ. भीमराम अम्बेडकर की कर्मभूमि महाराष्ट्र में आने के बाद, बाबासाहब के जीवन और संघर्षों को जानने के बाद, उनके विचारों को समझने के बाद, अपने जीवन की पीड़ा के इतिहास को–अपने पूर्वजों के दुख-दर्द को समझ रही हूँ।

लोग कहते हैं–'आज मैं सुखी हूँ, सम्मानित हूँ। दीन-हीन नानी की कथा पढ़कर लोग मेरे विषय में क्या सोचेंगे? लोगों के मन में मेरे प्रति घृणा, तिरस्कार, उपेक्षा का भाव आ सकता है।'–ऐसा कहने वालों को मैंने जवाब दिया है–"मेरे प्रति घृणा का भाव आ सकता है इसका क्या मतलब है? क्या घृणा का भाव अभी नहीं है? अपने जीवन की जिन बातों को मैं बता रही हूँ, क्या वे मेरे तिरस्कार, उपेक्षा और अपमान की बातें नहीं हैं। तब मुझमें और मेरी नानी में क्या फर्क है? वह अशिक्षित सफाई कर्मचारी की पीड़ा भोगती थी, मैं शिक्षित होकर भी, उच्च पद पर आसीन होकर भी उसी पीड़ा को भोग रही हूँ। वह अपनी पीड़ा को सहज मानती थी, मैं अपनी पीड़ा से छटपटाती हूँ, तड़पती हूँ, खुद से अनेक प्रश्न करती हूँ और इस समाज व्यवस्था के कर्णधारों से पूछना चाहती हूँ–"ऐसा क्यों है? ऐसा कब तक रहेगा? हमारी और कितनी पीढ़ियाँ इस सन्ताप को भोगती रहेंगी? कब मिलेगा इस संताप से छुटकारा...!"

मैं जिनसे पूछना चाहती हूँ, वे मौन हैं, मेरे प्रश्नों के उत्तर नहीं देते। 'अनुत्तरित

प्रश्न' शीर्षक कविता में मैंने अपने प्रश्नों के समाधान कुछ इस तरह खोजे हैं—'अगर बन जाऊँ मैं / सनातन परंपरा को तोड़ने हेतु / तुम्हारे लिए अभिशाप / गहरे कुएँ तक पहुँचा दूँ / तुम्हारे चिंतन के आधार ग्रंथ / टूटेगा मौन व्रत तुम्हारा / भविष्य की अँधेरी गुफा में / तब मेरे प्रश्नों के उत्तर / तुम अवश्य दोगे।'

यह कविता मैंने 1994 में लिखी थी। 'तुमने उसे कब पहचाना' काव्य संग्रह में 1995 में प्रकाशित हुई। शोषक-अत्याचारियों से पूछे गये इन प्रश्नों का निराकरण यही है, जिस धर्म ने और जिन धर्मग्रंथों ने हमारे शोषण का आदेश दिया है, उन्हें छोड़कर समतावादी धर्म की ओर बढ़ना चाहिए। हमारे उत्थान का मार्ग, हमारा धर्म बाबासाहेब डॉ. अम्बेडकर खोज चुके हैं। हमें उसी मार्ग पर आगे बढ़ना है। मगर दुख की बात यह है, मेरे जाति समुदाय तक बाबासाहब का संदेश नहीं पहुँचा। इसी कारण हमारे लोग अँधेरे में भटक रहे हैं, इसी कारण अभी भी मैं इस पीड़ा को भोग रही हूँ।

अब समस्याओं का समाधान होना चाहिए। प्रश्नों का कालखण्ड समाप्त हो जाना चाहिए। अब प्रश्न नहीं उत्तर चाहिए, सटीक-निर्भीक उत्तर। समस्या सदियों पुरानी है। सदियों से हम संताप भोग रहे हैं। अब दुख-संताप की बात नहीं, विरोध-विद्रोह के साथ क्रांति की बात होना चाहिए। समाजक्रांति के लिए शिक्षा, संगठन और संघर्ष की बात होनी चाहिए—हम टूटेंगे नहीं, उनको झुकायेंगे, समाज से वर्ण-जाति की बात खत्म होगी, समाज को यह नया संदेश है। अम्बेडकरवादियों में यह जागृति आ गयी है, हमारी जाति के लोगों में भी यह जागृति आनी चाहिए।

14-15 फरवरी 2004 की बात है, महाराष्ट्र के शहर मनमाड़ में 'विद्रोही मराठी साहित्य सम्मेलन का छठवें अधिवेशन' का भव्य कार्यक्रम था, वहाँ उद्घाटक के रूप में मुझे आमंत्रित किया गया था। वहाँ बैण्ड बाजे के साथ भव्य रैली में हजारों लोग थे। बाबासाहब के क्रांतिकारी आंदोलन के ऐतिहासिक स्थान मनमाड़ में, स्टेशन के पास रेलवे प्रांगण में उपस्थित बाबासाहब के पुतले को माल्यार्पण करके कार्यक्रम शुरू किया गया। वहाँ की चित्रा प्रदर्शनी और अम्बेडकरवादी दलित साहित्य की पुस्तकों को देखकर मैं बहुत प्रभावित हुई। मैंने कार्यक्रम के संयोजक प्रा. प्रतिमा परदेशी, किशोर ढमाले और किशोर जाधव को धन्यवाद दिया। कार्यक्रम में मराठी के प्रसिद्ध दलित साहित्यकार बाबुराव बागूल और आत्माराम राठोड़ मंच पर उपस्थित थे। तारा रेड्डी मॅडम सम्मेलन की अध्यक्ष थीं। मार्क्सवादी और अम्बेडकरवादी बड़े-बड़े नेताओं से बात करने का अवसर मिला, विचारों का आदान-प्रदान हुआ। सम्मेलन उद्घाटक का सम्मान पाकर मुझे बहुत गौरव का अनुभव हुआ था।

कार्यक्रम के बाद सभी अम्बेडकरवादी नेता, कार्यकर्ता अपनी सफलताओं पर

झूमे, नाचे, गाए थे। सबने जोर-जोर से नारे लगाए थे। यह हमारे श्रम और संघर्ष का प्रतिफल था। मैं भी खुशी का जश्न मना रही थी। वहाँ वाल्मीकि समुदाय के कुछ लोग मुझसे मिलने आए, वे कार्यक्रम में नहीं आए, इसका कारण–कुछ उनकी नासमझी थी, कुछ आयोजकों की बेरुखी। तब मेरी खुशी थोड़ा ठहर गई थी। हमारे सभी लोगों को ऐसे कार्यक्रमों से जुड़ना चाहिए, तभी हम सही मायने में प्रगति और परिवर्तन की खुशी मना सकेंगे, तभी समाज जागृति आंदोलन की सफलता पूर्ण हो सकेगी।

महाराष्ट्र प्रांत के, विदर्भ क्षेत्र के गोंदिया शहर में 14 अप्रैल 2006 को 'भारतरत्न परमपूज्य अम्बेडकर सार्वजनिक जयन्ती उत्सव समिति' का बहुत बड़ा भव्य कार्यक्रम था। उत्सव समिति के वर्तमान अध्यक्ष और नगर परिषद सदस्यों की ओर से भविष्य में पुनः चुने जाने की आशा से यह कार्यक्रम बहुत जोर-शोर के साथ विशाल रूप में आयोजित किया जाता है। उस वर्ष भी उनका प्रयत्न सफलता की पराकाष्ठा बता रहा था। उस वर्ष की पत्रिका में 20-25 हजार की संख्या में लोगों के आने की सम्भावना बताई गई थी क्योंकि उस वर्ष 'धम्मदीक्षा स्वर्ण महोत्सव' के रूप में कार्यक्रम आयोजित था। आसपास के छोटे बड़े गाँव शहरों से लोग सुम्मो-ट्रेक्स, लॉरी, ट्रॉली और ट्रक भर-भर कर आये थे। विशाल जनसमूह कार्यक्रम स्थल पर उपस्थित था। इस कार्यक्रम की जो खास बात है, मेरे हृदय पर आज भी उसकी अमिट छाप बनी हुई है।

सुबह 8 बजे से प्रभात फेरियाँ निकाली गईं। जीप गाड़ियों और सुम्मो-ट्रेक्स गाड़ियों में बाबासाहब डॉ. अम्बेडकर के आदमकद बड़े-बड़े पोस्टरों को लगाकर कार रैली निकाली गई। हजारों की संख्या में लोग नाचते-गाते, नारे लगाते हुए पूरे गोंदिया शहर की सड़कों और गलियों में पैदल प्रभात-फेरी लगा रहे थे, साथ में बैण्ड बाजा बज रहा था। बैण्ड बाजा एक नहीं, चार थे। गोन्दिया शहर के पूर्व, पश्चिम, उत्तर, दक्षिण चार भागों में अलग-अलग रैली घूम रही थी। अन्त में ठीक बारह बजे सबको एक स्थान पर इकट्ठे होना था। न्यायालय के सामने स्थापित डॉ. बाबासाहब अम्बेडकर की प्रतिमा के पास आकर, बाबासाहब की सम्मान वन्दना करना था। बाबासाहब को माल्यार्पण करके ही मुख्य कार्यक्रम शुरू किया जाना था।

कार्यक्रम के लिए दूर-दूर से वक्ताओं को आमंत्रित किया गया था। मैं भी इस कार्यक्रम में वक्ता के रूप में आमंत्रित थी। सभी वक्ताओं के साथ मैंने भी ऊँची सीढ़ियाँ चढ़कर 8-10 फुट ऊँचे आसन पर स्थित बाबासाहब की मूर्ति को फूल मालाएँ पहनाई थीं। विशाल जनसमूह के गगनचुम्बी जयजयकार के बीच मेरा सम्मान भी खूब बढ़ा, तब मैंने बहुत गौरव का अनुभव किया था। इसके पहले मैं

भी रैली के साथ, सुम्मो गाड़ी में बैठकर गोंदिया शहर की सड़कों और गलियों में घूमी थी।

हमारी रैली जिन रास्तों से जा रही थी, वह शहर का पुराना भाग था। मैं सुम्मो गाड़ी में बैठी शहर के पुराने बिना प्लास्टर के मकानों को गौर से देख रही थी। अधिकांश मकान पतली ईंट और मिट्टी की जुड़ाई से बने थे। रैली मकानों के पीछे वाली गलियों से भी गुजरी। मैंने लगभग सभी मकानों में एक जैसी बात देखी, सड़क के तरफ की दीवार में एक तरफ, जमीन से लगकर लगभग डेढ़ फुट चौड़े दो फुट ऊँचे और दो ढाई फुट अन्दर की तरफ खाली बाक्स बने हुए थे। किसी-किसी मकान में इन्हें मिट्टी और ईंट के टुकड़ों से भर दिया गया था, कहीं उन्हें जुड़ाई करके बन्द कर दिया था। फिर भी उनकी बनावट साफ दिखाई देती थी। मैं उन खड्डों को देख रही थी जो उन घरों के कच्चे पाखाने थे। उस दिन मुझे नानी की बहुत याद आई, दिनभर नानी का ही ख़याल आता रहा। मेरी प्यारी नानी, जीवन भर ऐसे ही गन्दगी समेटती रही, पूरे गाँव का मल-मूत्र सिर पर ढोती रही!

अभी भी सरकार का यह दावा झूठा है कि 'सिर पर मैला उठाने की प्रथा पूरे देश में बन्द हो गई है, अब कोई भी यह काम नहीं करता, घर में कच्चे पाखाने होने पर कड़ी सजा देने का कानून बनाया गया है, कानून के अनुसार उन्हें कड़ी सजा मिलेगी'—सरकार का यह दावा झूठा है। 'सफाई कर्मचारी आयोग' के निरीक्षण और 'सफाई कर्मचारी आन्दोलन' जैसी एन. जी. ओ. संस्थाओं के खोजपूर्ण कार्यों से सरकार का दावा झूठा साबित हो गया है। छोटे गाँव के घरों के पिछवाड़े अभी भी ऐसी खुड्डियाँ रहती हैं। जब ये रहती हैं, तब इन्हें साफ करने वाले लोग भी रहते हैं। ये लोग गाँव में नहीं, गाँव के बाहर रहते हैं। वे अभी भी सिर पर मैला उठाने का काम करते हैं।

अभी भी गुजरात-राजस्थान जैसे प्रदेशों के छोटे गाँव और शहरों में यह प्रथा जारी है। लोग कभी लालच देकर और कभी भय के द्वारा उनसे यह अमानवीय कार्य करवाते हैं। भोपाल, इन्दौर, लखनऊ और दिल्ली जैसे बड़े शहरों के पुराने भागों में अभी भी सीवर लाइन नहीं है। वहाँ फ्लश लैट्रिन न होकर ड्राय लैट्रिन हैं। मलमूत्र गन्दे पानी की नाली के साथ बहता रहता है? ऐसी गन्दगी डब्बों या टोकरों में उठाकर दूर फेंकना, मानव द्वारा मानव का मलमूत्र उठाना—कितना घृणित है, बीभत्स है, पीड़ादायक है यह काम! उतना ही पीड़ादायक है इस समाज का अपमान! इस पीड़ा से मुक्ति चाहिए।

उफ! मैं कहाँ थी? गोन्दिया में, रैली के साथ। रैली में खूब जोर-जोर से बैण्ड बज रहे थे। मुँह के पास माइक रखकर लोग जोर-जोर से नारे लगा रहे थे—"जब

तक सूरज चाँद रहेगा... बाबा आपका नाम रहेगा। जो हमसे टकरायेगा... मिट्टी में मिल जायेगा..." बाबासाहब विजयी हो... डॉ. अम्बेडकर विजयी हो..."

सवर्ण बस्तियों के लोग नारे सुनते हुए, चुपचाप रैली देख रहे थे। वे रैली की ताकत और भव्यता को समझ रहे थे। चारों तरफ की रैलियाँ जब भीम चौक में इकट्ठी हुईं, तब बैण्ड बाजों का शोर बहुत बढ़ गया। आवाज आकाश चूमने लगी, सूरज डगमगाने लगा, इतनी आवाज कि कान बन्द हो गये। सब पर जैसे नशा छा गया था। सबकी खुशी पराकाष्ठा पर थी। बैण्डवाले जोश के साथ जोर-जोर से बाजे बजा रहे थे। वे भी बाबासाहब वाले थे, फिर ऐसे समय में पीछे कैसे रहते? मन की खुशी हाथों में जोश भर रही थी, जैसे वे बाबासाहब अम्बेडकर का ऋण चुका रहे हों।

मैं देख रही थी—नाचने वाले नाच रहे थे, झूम-झूम कर धरती को छूकर हवा में छलाँग लगा रहे थे। उन्हें देखकर संस्था के कार्यकर्ताओं और नेताओं की खुशी दामन में नहीं समा रही थी। वे खुशी के साथ नाचने वालों पर नीला रंग उड़ा रहे थे, एक दूसरे को नीला टीका लगा रहे थे और 'जयभीम' कहते हुए धरती-आकाश को नीला कर रहे थे। सबके कपड़ों पर रंग नीला, उनकी हँसी नीली, खुशी नीली-जैसे सब कुछ नीले रंग में रंगकर पूरा वातावरण भीममय हो गया था। मैं इस नीले रंग की भव्यता और विस्तार को देखकर दंग थी। मैं भी बहुत खुश थी, सबकी खुशी में साथ दे रही थी मगर मेरा मन कहीं और था। मन में गहरा अवसाद था। मेरे मन में नानी आकर बैठ गई थी, तब मुझे भी शंका हुई थी—कहीं सिलिया वही काम तो नहीं करती, जो उसकी नानी करती थी? शंका इसलिए, क्योंकि मेरे जाति समुदाय तक भीम का संदेश पहुँचा नहीं है। पहुँचा भी है तो हमारे लोगों ने उसे समझा नहीं है। सिलिया जैसी कितनी ही लड़कियाँ, कितनी ही महिलाएँ और न जाने कितने पुरुष जो पढ़-लिखकर भी, नौकरी न मिलने की हताशा में अपनी जाति से जुड़े पैतृक रोजगार का काम सहज ही करने लगते हैं। इसका कारण है, उनके हृदय में भीम नहीं गांधी है।

गोंदिया का कार्यक्रम बहुत अच्छा हुआ था। मेरा भाषण भी अच्छा हुआ। मगर जिनके सामने मैंने प्रगति और परिवर्तन की बात कही, वे जाग्रत लोग थे, बाबासाहब डॉ. अम्बेडकर की विचारधारा से जुड़े लोग, बाबासाहब को मानने वाले लोग, बाबासाहब के कहने पर अपना पुश्तैनी धंधा—रोजगार छोड़कर, सम्मानित नौकरी, व्यवसाय अपनाने वाले लोग, शिक्षा और प्रगति के क्षेत्र में आगे बढ़े लोग। यह बात हमेशा मेरे मन में रहती है, जो पहले से जाग्रत हैं, उनसे जागृति और परिवर्तन की बात मैं कहती हूँ जबकि जो जाग्रत नहीं हैं उनके सामने मैंने यह सब कहना चाहिए। मगर होता वही है—जहाँ मैं जाती हूँ वहाँ मेरे लोग नहीं आते हैं और जहाँ

मेरे लोग रहते हैं वहाँ वे मुझे नहीं बुलाते। बुलाते भी हैं, तो मेरी बातों पर ध्यान नहीं देते और खुले रूप में मेरा विरोध करते हैं। हमारी जाति-समुदाय के नेता, आपस में तय करके अपने लोगों को यह समझाते हैं—"मैडम की बातें अलग हैं। हम उनके जैसे नहीं बन सकते। हम अपने जाति-धर्म को ही मानेंगे, एक म्यान में दो तलवारें नहीं रह सकतीं। हमें किसी के बहकावे में नहीं आना है, अपना रोजगार छोड़कर हमें भूखों नहीं मरना है।" ऐसी बातों को सुनकर दुख होता है, मैं उम्मीद के साथ राह देखती हूँ—दरवाजे भले ही बन्द हों, रोशनदान से आयेगी आशा की किरण...!

शारीरिक पीड़ा से मानसिक पीड़ा ज्यादा दुखदायी होती है। मैं मानसिक पीड़ा को भोग रही हूँ। मेरी पीड़ा शिक्षित अछूत की है—जो सम्मान का सपना देखते हैं, सपनों में जीते हैं, अपने आसपास के दोहरे व्यवहार के भ्रमजाल में उलझकर सही बात समझ नहीं पाते हैं, मगर जब यथार्थ का सामना करते हैं, तो खण्ड-खण्ड होकर टूट जाते हैं।

हमारे कुछ लोग इस तरह टूटने से बचने के लिए भ्रम का सहारा लेकर खुद को भुलाए रखते हैं। अपनी जात-बिरादारी से अलग, दूर रहकर, बड़प्पन का अनुभव करने लगते हैं, लेकिन जब उनका यह भ्रम टूटता है, तब कल्पना के ऊँचे आसमान से यथार्थ की कठोर धरती पर टूटकर बिखर जाते हैं। कारण वही है—वे शुतुरमुर्ग की तरह आँखें बंद करके, अपमान के, तूफान के खतरे को भुलाना चाहते हैं। वे अपनी सही स्थिति, अपना स्थान और असलियत को जानना ही नहीं चाहते। हमारे सन्ताप का समाधान यह नहीं है। बाबासाहब के संदेश को अपने लोगों तक पहुँचाना है तभी समाज में जागृति आयेगी, तभी सम्मान का सपना पूरा हो सकेगा। मैं यह कार्य अपने लेखन-भाषण, विचार-विमर्श और प्रचार-प्रसार से कर रही हूँ। यही मेरे जीवन का उद्देश्य है।

मैंने जब 'सिलिया' कहानी लिखी थी, तभी से सिलिया ज्यों की त्यों मेरे जेहन में मौजूद है। बेचारी सिलिया, भोली-भाली सिलिया, 1960 के दशक में जन्मी, भारत देश के, मध्यप्रदेश के जातिभेद के बीच पली-बढ़ी सिलिया! 'सिलिया' कहानी लिखते समय लगा था, मैंने अपनी जाति का सच और अपने देश की समाज व्यवस्था का यथार्थ लिख दिया है। अब इतनी बातें याद आ रही हैं कि उन्हें लिखते रहना, यानी एक लम्बे इतिहास को बताना है। सिलिया चाहे जितनी उन्नति कर ले, उसके प्रति जातिभेद की भावना क्या कभी खत्म हो सकेगी? जातिभेद से मिली पीड़ा कभी पीछा नहीं छोड़ती, न ही नित्य नई पीड़ा मिलने का क्रम कभी कम हो सका है। आज इक्कीसवीं शताब्दी में मेरा यह हाल है तब मेरी नानी का क्या हाल रहा होगा? नानी की स्थिति बहुत खराब थी, बिल्कुल मेरी कहानी की छऊआ माँ जैसी। असल में

छऊआ माँ ही मेरी नानी है। जब मेरी व्यथा-कथा इतनी घनी वेदना से पूर्ण है, तब नानी की कथा हृदय को कितना विदीर्ण करती होगी? अभी भी हमारे जाति समुदाय की स्थिति नहीं बदल सकी है।

मेरे सहकर्मी कुछ लोगों ने कहा है–"मैं अपने जीवन की ये बातें बताकर कौनसी महानता का काम कर रही हूँ? मैं क्यों अपनी सत्यकथा के ताने-बाने उधेड़ने लगी? क्यों फिर से, क्यों इतने विस्तार के साथ अपने पूर्वजों के दुख-दर्द की कथा सबको बताने लगी? इन्हें बताने के बाद सबके सामने शर्म-संकोच का सामना भी करना पड़ेगा।" मैं कहती हूँ–"शर्म संकोच उन्हें होगा, जो दिखावटी सम्मान के पीछे भागते हैं। मैं सत्य को सही रूप में बताना चाहती हूँ। अभी तक हमारी जाति के वीभत्स सत्य को आदर्श रूप में बताया जाता रहा है। हमारे कष्ट, पीड़ा, दुख, दर्द पर पर्दा डालकर रखा गया है। मैं वह पर्दाफाश करना चाहती हूँ, लोगों को सही बात बताना चाहती हूँ।"

सच मानिए, मैंने सिलिया के माध्यम से अपनी ही बात कही है। होश सँभालने के बाद, गाँव में सन् 1960 के बाद जब सिलिया का यह हाल था, तब 1960 के पहले सिलिया की माँ का, उसके भी बहुत पहले सिलिया की दादी और नानी का, उससे भी पहले सिलिया की माँ की नानी यानी नानी की माँ का क्या हाल रहा होगा?

मैं स्कूल की गर्मी और दीपावली की छुट्टियाँ मिलने पर मायके जाती थी। हर साल कॉलेज की छुट्टियों में अभी भी जाती हूँ। लेकिन पहले की बात कुछ अलग थी। मेरा मायका मध्यप्रदेश की भूमि, नर्मदा का अंचल है। होशंगाबाद में नर्मदा नदी को मैं बचपन से देखती आई हूँ। गाँव के लोग भले ही मुझे न देखें, भले ही मुझे न पहचानें, नर्मदा का अंचल मुझे पहचानता है।।

नर्मदा के अंचल की बेटी मैं महाराष्ट्र के नागपुर शहर से रेल गाड़ी से मध्यप्रदेश के सतपुड़ा पहाड़ की सुरंगों को पार करके बानापुरा, जिला होशंगाबाद अपने मायके जाती हूँ। आम के पेड़, जामुन के पेड़, पलाश के पेड़ जैसे घूम-घूमकर मेरे पास आना चाहते हैं। दूर-दूर तक फैले गेहूँ के खेत-खलिहानों को मैं अपलक नजरों से देखती हूँ। पक्षियों की चहचहाहट और तरह-तरह की उनकी बोली सुनकर मेरे मन में उल्लास भर जाता है। नर्मदा का चौड़ा पाट, जैसे मेरे प्रति ममता से हिलोरें लेने लगता है। तब नर्मदा घाट के मंदिर की घंटियाँ भी मधुर लगती थीं। मन में अपनापन लगता था– यह मेरा गाँव है, मेरा देश है। हम भारत देश के नागरिक हैं। हमें भी अपने देश पर नाज होना चाहिए। मगर हमारे गाँव के सवर्ण, हमारे देश के सवर्ण अपने देश की मनुवादी समाज व्यवस्था के कारण हमें अपना नहीं समझते,

इस बात का दुख होता है, गुस्सा आता है, आक्रोश भड़कता है। जातिवादी लोगों को और इस समाज व्यवस्था को विद्रोह और क्रांति ही बदल सकते हैं। समाज में समता हो, भाईचारा हो—यह बात सवर्णों ने भी समझना चाहिए कि वे हमें समता सम्मान से क्यों वंचित रखना चाहते हैं? स्वयं को ऊँचा साबित करने के लिए हमें निम्न-दलित क्यों बनाये रखना चाहते हैं? दलित उत्पीड़ितों की माँग और अधिकारों को उचित मानकर इसके लिए सबको प्रयत्न करना चाहिए।

पहले मैं मायके जाते समय नानी से मिलने की इच्छा से भाव-विभोर हो जाती थी। मैं अक्सर सोचती थी—नानी से मिलूँ, नानी के मुँह से उसके अनुभव सुनूँ, उसके गाँव की कहानी सुनूँ। नानी के गाँव की कहानी, अपने भारत देश के आदर्श गाँव की कहानी, गाँव में व्याप्त जात-पाँत, छुआछूत, भेदभाव की कहानी सुनूँ। आदर्श कथाओं में गाँव की कहानी कितनी सुन्दर बताई जाती है। प्रेम, भाईचारा, मानवता से पूर्ण आदर्श कथाएँ। क्या ये सच्ची कहानियाँ होती हैं? नहीं, वे मात्र कल्पित कथाएँ हैं। अथवा दीन-दलितों की व्यथा-कथा के अंश को छोड़कर ही वे कहानियाँ सुन्दर बन पाती हैं। गाँव में छुआछूत-भेदभाव का विचार ज्यादा रहता है, तब हम जैसे अछूतों से कैसा प्रेम? कैसा भाईचारा? कैसी मानवता? अभी भी वहाँ जातिभेद और छुआछूत है।

ऐसे निर्दय, कठोर, संकीर्ण, संकुचित वातावरण में रहकर मैं कैसे पढ़ सकी? कैसे आगे बढ़ सकी? सचमुच यकीन नहीं होता है। कभी-कभी मुझे भी शक होता है। विश्वास इसलिए है कि मैं उस वातावरण में रहकर पढ़ सकी, इसके लिए मेरे माता-पिता और नानी ने कितने कष्ट सहे थे। मैं जानती हूँ, रात-दिन हमारी सुरक्षा और उन्नति के लिए प्रार्थना करते हुए मैंने उन्हें देखा था। भगवान से ज्यादा सवर्ण इनसानों के हाथ जोड़ते और पैर पड़ते हुए उन्हें देखा था। कभी आर्थिक मदद के लिए, कभी सद्भाव-सहयोग के लिए और कभी उनकी कृपा दृष्टि पाने के लिए, ताकि कोई हमें नुकसान न पहुँचाए, कष्ट न दे, कम उम्र में कोई हमें तहस-नहस न कर दे। उन्होंने अपनी सूझबूझ, तर्कबुद्धि, विवेक से लोगों का हमारे प्रति सद्भावपूर्ण बनाये रखा। दुष्ट नजरों से हमें बचाए रखने के लिए हमारे आसपास हमेशा सुरक्षा का घेरा बनाये रखा। तब कहीं नानी और माँ की सिलिया शिक्षा पाकर अपना यह जीवन-व्यक्तित्व पा सकी। इसके लिए बहुत कष्ट सहे थे हम सबने।

राजस्थान के जयपुर निवासी जयप्रकाश वाल्मीकि ने मेरी 'सिलिया' कहानी की समीक्षा करते हुए लिखा है—"जब शहरों में ही सफाई कामगार समुदाय के लोग अपने लड़कों की शिक्षा पर ध्यान नहीं देते, तो ग्रामीण परिवेश में सिलिया का पढ़-लिखकर समाज-सेविका, कवयित्री बन जाना धरातल पर दृष्टिगोचर नहीं होता।

अगर वह पढ़-लिख भी जाये तो उसका हश्र श्री सूरजपाल चौहान की कहानी 'बदबू' की पात्र सन्तोष जैसा हो जाता है।" उन्होंने सिलिया के जीवन सृजन और चरित्र निर्माण को अतिशयोक्तिपूर्ण मानते हुए उसे लेखिका के (अर्थात मेरे) दिवास्वप्न का चित्रण माना है।

सच है, उस समय मध्यप्रदेश के एक गाँव में सिलिया का पढ़ते जाना, बी. ए. करना आश्चर्य की बात है। इसके बाद नागपुर जैसे शहर में बी. एड. करके शिक्षिका बनना, एम.ए., पीएच.डी. की डिग्री लेकर कॉलेज की प्राध्यापिका बनना, नौकरी करते हुए दलित-पिछड़े समाज की जागृति के लिए सेवा कार्य करना—इन सबके साथ साहित्य सृजन और पुस्तक प्रकाशन का कार्य भी करना सचमुच अतिशयोक्तिपूर्ण लगता है।

यह सब अतिशयोक्तिपूर्ण है, मगर सत्य है क्योंकि मैं हूँ। नानी प्यार से मुझे सिलिया कहती थी, मैं ही सिलिया हूँ। मैंने ही उन अनुभवों को जिया है। मैंने ही वे जातिभेद के दंश सहे हैं। सिलिया मेरा दिवास्वप्न नहीं, मेरी माँ का सपना है जो मेरे भविष्य का सपना बना। माँ ने मुझे 'बदबू' कहानी की सन्तोष का भविष्य होने से बचाया है। माँ ने अपनी सिलिया को डॉ. सुशीला बनने के लिए सक्षम बनाया। मैं अपनी माँ के सपनों का साकार हूँ। मेरे व्यक्तित्व सृजन, जीवन निर्माण और मेरे विश्वास निर्माण का आधार मेरी माँ है। मेरी हिम्मत का आधार मेरे पिता हैं। नानी ममता दुलार की शीतल छाया बनकर हमें सहेजती रही। उनके आशीर्वाद से मैं यहाँ तक पहुँची हूँ। मैं अपने माता-पिता और नानी को कभी भूल नहीं सकती।

माँ और नानी सवर्णों को हमेशा हिन्दू महाजन कहती थीं। तब मैं भी यह समझती थी, हिन्दू यानी सवर्ण जाति के लोग। मैं सोचती थी, जब वे हिन्दू हैं तो हम हिन्दू नहीं हैं। तब हम शूद्र उनके रीति-रिवाज क्यों मानते हैं? वास्तव में हमारे रीति-रिवाज और परम्पराएँ उनसे बिलकुल अलग हैं। हमारी पूजा, हमारे देवी-देवता सब अलग हैं। फिर भी हम बातों की सच्चाई को नहीं समझ पाए, अपने पूर्वजों के इतिहास को नहीं जान पाए। अब मैं समझ सकती हूँ, वे हिन्दू हैं हम हिन्दू नहीं हैं। हम यहाँ के मूलनिवासी हैं। उनके धर्म और कर्म का अनुकरण करने की हमें आवश्यकता नहीं है। हमारी अपनी संस्कृति है। हम चोर, लुटेरे नहीं, यहाँ के राजाओं-शासकों की सन्तान हैं। हमारा अपना गौरवपूर्ण इतिहास है, जिसे पुनः प्राप्त करना हमारा उद्देश्य है।

आज की बातें बहुत आगे की बातें हैं। उस समय का मेरा जीवन मेरा भूतकाल था। भूतकाल में यदि तड़प है तो वह वर्तमान को झकझोरती है और भविष्य को सदैव जाग्रत-विकासशील रखती है। उस समय की पीड़ा की अनुभूतियाँ कण-कण,

क्षण-क्षण हृदय में संचित हो रही थीं। तब पता नहीं था, दिशा-निर्देशन मिलने पर इनके गहरे दंश की पीड़ा, नकार, धिक्कार और विरोध आक्रोश के रूप में व्यक्त होने लगेंगी।

माँ अक्सर मुझसे कहती है—"अपने लोगों की वे सब बातें बताना शर्म की बात है। वे कोई बताने लायक अच्छी बातें नहीं हैं। तुम ऐसी बातों को अपनी किताबों में क्यों लिखती हो? पढ़-लिखकर पागल हो गई है? जात-पाँत, छुआछूत और गाली-अपमान की बातें बताकर तुम अपना कौनसा सम्मान बढ़ाती हो? शर्म नहीं आती है तुम्हें?" अपने भूतकाल पर मुझे शर्म जरूर आती है मगर इस तरह नहीं कि मैं उसे छिपाऊँ। क्रोध के साथ मैं उसे सबको दिखाना चाहती हूँ ताकि हिन्दू समाज व्यवस्था का कलंक सबको मालूम हो। अन्यायी वर्ग को दंड मिले और शोषकों को सजा। धर्म के नाम पर हमारा शोषण और अपमान करने वालों का भंडाफोड़ होना चाहिए।

हमारे देश में आज भी अदालतों में हिन्दू धर्मग्रन्थ 'भगवत् गीता' पर हाथ रखकर न्याय के लिए सच कहने की कसम खाई जाती है। क्या यह धर्मग्रन्थ गीता समाज के सभी वर्ग के साथ एक जैसा न्याय करती है? क्या इसमें सबके लिए एक जैसा न्याय है? 'कर्म करो, फल की आशा मत करो'—का संदेश देने वाली, वर्णवादी-विषमतावादी समाज व्यवस्था की समर्थक गीता से उच्च वर्ण को फल ही फल मिला है। हमें सिर्फ अपने काम करते रहने का संदेश है। गीता में वर्णभेद, जातिभेद को धर्म के रूप में खुले-आम स्वीकार किया गया है, तब यह कैसा धर्मग्रन्थ है? पहले पूजा-उपवास के दिन मैं गीता के अध्याय पढ़ती थी। तब गीता का तत्त्वज्ञान नहीं समझ पाई थी, अब समझ पाई हूँ। यह मनुवादियों द्वारा रचे गये षड्यंत्र का नियोजित ज्ञान है। यह समाज परिवर्तन की क्रांति के विरुद्ध प्रतिक्रांति का ग्रन्थ है। मैं क्यों गीता पढ़ती रही? पढ़कर भी क्यों नहीं समझ पाई? यह अब समझ पाई हूँ, तब हमारे पास अपनी आँखें ही नहीं थीं, न तर्क, न विचार। तब सिर्फ अन्धविश्वास था, मात्र अन्धानुकरण। जीवन के कितने वर्ष ऐसे ही व्यर्थ चले गये, आज बड़ा अफसोस होता है, गुस्सा आता है।

हम जिसे जीवन में ज्यादा गहराई से देखें, जीवन में वही व्याप्त नजर आता है, मगर यह भी सच है नाममात्र की मिठास को चाहे जितना विस्तार दिया जाये वह जीवनव्यापी नजर नहीं आती। तब जीवन के खट्टे और कड़वे प्रसंग ही मन को उद्वेलित करते रहते हैं। खुशियों की बातें सरल होती हैं, मगर वेदना प्रताड़ना की बातें मानसिक संघर्ष रूप में ज्यादा कठिन और कष्टदायी हैं। दलितों में भी दलित अपनी जाति का भान और अपमान मैंने हर जगह पाया। उच्च शिक्षित और ऊँचे

पदों पर कार्यरत अछूतों के साथ, सवर्ण समाज के लोग समता सम्मान का ऊपरी व्यवहार करते हैं, लेकिन हृदय से भेदभाव की बात शायद ही कोई भूल पाता है। किसी न किसी रूप में उनकी बातों और व्यवहार से यह बात प्रकट हो ही जाती है, तब मन को बहुत ठेस लगती है।

'टूटता वहम' कहानी संग्रह की भूमिका और झरोखे, मेरा समाज, मंदिर का लाभ, टूटता वहम आदि रचनाओं में मेरे अपने अनुभव-अनुभूति के प्रसंग हैं। वे रचनाएँ बहुत पहले की हैं। अब मैं उनके आर-पार, उनसे आगे की बातों और भावनाओं को समझ रही हूँ। वह घृणा, उपेक्षा, अपमान के साथ दी गई दया और सहानुभूति थी—समानता, सम्मान का दिया गया अधिकार नहीं। 'टूटता वहम' के संस्मरण को पढ़ने के बाद कुछ सवर्ण पाठकों की पत्र-प्रतिक्रिया मुझे मिली थी। 1997 में उनका लिखित कथन था—"अब तो सब कुछ बदल रहा है। सवर्ण शूद्रों के आपसी सम्बन्ध बदल रहे हैं। जो सवर्ण पहले शूद्रों को छूने की कल्पना भी नहीं कर सकते थे, वे अब शिक्षित सहकर्मी शूद्रों के हाथों में हाथ रखकर बातें करने लगे हैं, साथ उठने-बैठने और खाने-पीने लगे हैं। यही क्या कम है? यदि कोई सवर्ण किसी शूद्र के घर जाकर खाना नहीं खाता है तो इसमें इतना बुरा नहीं मानना चाहिए या उसे दलित बहिष्कार या जातिवाद भावना के रूप में नहीं लेना चाहिए। निम्न जाति की हीन भावना से दलित स्वयं मुक्त होना चाहिए। मनुस्मृति और गीता कर्म को प्रधानता देती है। जाति अपने आप में कुछ नहीं होती।"

इससे यह स्पष्ट है, सवर्ण समाज के कुछ लोग आज भी दलितों को अपने समानान्तर न मानकर वर्णभेद-जातिभेद को किसी न किसी रूप में बनाये रखना चाहते हैं। 'मनुस्मृति' और 'गीता' जैसे ग्रन्थों का उल्लेख इसका साक्षी है। 'हम कर्म करें, फल की आशा न करें, फलप्राप्ति के लिए अगले जन्म तक प्रतीक्षा करें। इस भावना से पूर्ण उपदेशों और प्रवचनों ने हिन्दू धर्म को एक निश्चित परिभाषा और सीमा रेखाओं की परिधि देकर हमें निश्चित दूरी पर रखा है जो आज भी जनमानस में उपस्थित है।

जो दर्द अपने शरीर का होता है, उसके लिए हम दया सहानुभूति नहीं रखते बल्कि तुरन्त उपचार की बात सोचते हैं। यह बात मैंने डॉ. भीमराव अम्बेडकर की विचारधारा को समझकर ही समझी है। महाराष्ट्र की भूमि पर और पूरे देश में डॉ. अम्बेडकर के जातिभेद विरोधी क्रांतिकारी विचारों ने, हिन्दू धर्म की रूढ़िवादी परिभाषा और उसकी सीमा रेखा को तोड़ा है। उनका यह आन्दोलन पूरे देश में चला। मगर समग्र दृष्टि से देखा जाये तो पूरे देश में महात्मा गांधी की सूझबूझ, कार्यपद्धति, राजनीति और कूटनीति ने हमारे लोगों को अपने शिकंजे से मुक्त नहीं होने दिया।

इसलिए आज भी मेरी जाति दलितों में दलित है। हम किस पर गर्व करें? जैसे हमारे लोग गर्व करते हैं महर्षि वाल्मीकि पर। मगर वे जानते ही नहीं, कितने छल, प्रपंच के साथ उन्हें वाल्मीकि नाम दिया गया है। जैसे हमारे लोग 'हरिजन' नाम में सम्मान देखते-समझते रहे, वे वाल्मीकि नाम मिलने के बाद भी मिले अपमान को कैसे समझ पायेंगे? मैं अपने लोगों से हमेशा कहती हूँ–"1920 के आसपास के कालखण्ड में अमीचन्द शर्मा जैसे हिन्दू धर्म प्रचारक ने 'वाल्मीकि प्रकाश' पुस्तक लिखकर हमारे लोगों में यह प्रचार किया था कि हम हिन्दू हैं। वाल्मीकि हमारे गुरु हैं। इस तरह हमारी जाति का नामकरण 'वाल्मीकि' किया गया था। हिन्दू धर्म व्यवस्था और जातिवादी समाज व्यवस्था के समर्थक वर्णवादी गांधीजी ने हमें 'हरिजन' नाम देकर हिन्दू बने रहने के लिए विवश किया था जिसके कारण हमारी जाति के लोग अभी तक डॉ. अम्बेडकर को नहीं समझ सके।"

मैं इस बात को अति आवश्यक मानती हूँ कि दलित होने की पीड़ा से मुक्ति और हरिजन कहे जाने के अपमान से मुक्ति की बात से भी पहले 'वाल्मीकि, कहे जाने से मुक्ति की बात होना चाहिए, तभी हरिजन और दलित के दर्द से मुक्ति की बात समझी जा सकेगी। वाल्मीकि होने का हिन्दूवाद हमें अम्बेडकरवाद से जुड़ने नहीं देगा।

डॉ. अम्बेडकर की प्रेरणा और प्रयासों से दलित-पिछड़े वर्ग के लोग शिक्षित होने लगे, शिक्षा क्षेत्र में ऊँचे पदों पर आसीन होने लगे। सदियों से शिक्षा से वंचित रखे गये दलित अब शिक्षित होकर शिक्षा देने का काम करने लगे हैं। जीवन के हर क्षेत्र में, देश में और विदेशों में वे अपनी बात स्वयं कहने लगे हैं। वे अपने वर्ग का प्रतिनिधित्व करने लगे हैं। यह हमारे लिए बहुत अभिमान की बात है। उच्च शिक्षा के क्षेत्र में दलित प्राध्यापक वर्ग शोधकार्य करवा रहे हैं, अब वे सवर्ण छात्रों के मार्गदर्शक भी बन रहे हैं। यह देखकर मुझे बहुत खुशी होती है। यह सम्भव हो सका, दलित शोषण की बातें उजागर हो सकीं, इसका श्रेय बाबासाहब डॉ. अम्बेडकर को है।

मनमाड़ के कार्यक्रम में मराठी दलित साहित्य के प्रसिद्ध साहित्यकार बाबूराव बागुल के साथ मंच पर बैठने का अवसर मिला, तब उन्होंने मुझे बहुत अपनेपन के साथ कहा था–"तुम अपना काम अच्छा कर रही हो, इसी तरह करती रहो। तुम्हारे काम का मूल्यांकन समाज करेगा।" इस कार्यक्रम में बाबूराव बागुल से बहुत बातें हुई थीं। उनकी रचना अनुभूतियों से मुझे बहुत अपनापन लगता है। उनका साथ अधिक नहीं मिल सका। उनका न होना दलित साहित्य और दलित आन्दोलन को बड़ी क्षति है।

मैं अक्सर अम्बेडकर मंच से यह बात कहती हूँ–"अम्बेडकरवादी समाज में

मुझे प्रकाश ही प्रकाश नजर आता है, मगर अपने समाज में प्रकाश की किरण दिखाई नहीं देती। 'अप्प दीप भव' बाबासाहब का संदेश यहाँ भी पहुँचना चाहिए।" हमारे लोग ऐसे कार्यक्रमों में दो-चार ही कभी जाते हैं। मनमाड़ के कार्यक्रम में मुझसे मिलने आये लोगों को मैंने समझाया था, उन्हें अम्बेडकरवादी विचारधारा और आन्दोलन से जुड़ने का महत्त्व बताया था। लोग मेरी बातों से सहमत भी हुए हैं।

मनमाड़ में 'छठवें विद्रोही साहित्य सम्मेलन' के कार्यक्रम में आत्माराम राठौर जी से भेंट हुई थी। वे मुझे अपने बड़े भाई जैसे लगे थे। मैंने उन्हें बताया था—"मेरी माँ का सरनेम भी राठौर है। आप मेरे भाई हैं।" बाद में उन्होंने बताया था, वे बंजारा जाति के हैं। वे मुझे बहुत अपने लगे थे। मैं उनके आन्दोलनकारी नेतृत्व, दबंग आवाज और स्नेह-अपनेपन से बहुत प्रभावित थी। उनका साथ अधिक नहीं मिल सका, यह अम्बेडकरवादी आंदोलनकारियों के लिए दुखद रहा। दीनाभाना जी का नाम बामसेफ संस्था के संस्थापक व्यक्तियों में विशेष आदरणीय है। वामन मेराम जी के नेतृत्व में बामसेफ से जुड़ने के बाद दीनाभाना जी का स्नेह और मार्गदर्शन मुझे बहुत मिला। वाल्मीकि जाति के होकर भी उन्होंने अपने जाति समुदाय की उन्नति और स्थिति परिवर्तन को समझकर 'बामसेफ' और 'मूलनिवासी संघ' से जुड़ने की राह चुनी थी। उनकी अकाल मृत्यु ने मुझे बहुत आहत किया है।

दिल्ली के एडवोकेट भगवानदास जी के प्रति मेरे मन में बहुत 'श्रद्धा और सम्मान' है। चूहड़ा वाल्मीकि होने के बाद भी वे अम्बेडकर मिशन से जुड़े। भारतीय बौद्ध महासभा और समता सैनिक दल से जुड़े। उनके ये कार्य हमारे लिए प्रेरणादायक हैं। 'मैं भंगी हूँ' लिखकर उन्होंने 1960 के पहले इस जाति समुदाय की व्यथा-कथा विस्तार के साथ समाज तक पहुँचाई है।

दलित साहित्यकार मलखान सिंह से भेंट होने के बाद वे मुझे बहुत अपने लगे। उनका दलित कविता संग्रह—'सुनो ब्राह्मण' में उनकी अनेक कविताएँ हैं जो भंगी जाति की पीड़ा, कष्ट और अभावग्रस्त जीवन की यातना को प्रकट करती हैं। दलित साहित्यकारों के लेखन की एक विशेषता यह भी रही है, चाहे कहानियाँ हों, कविता हों या आत्मकथाएँ—सबने अपने जातिगत पेशे का खुलकर चित्रण किया है। वही जाति की पीड़ा का कारण रहा है। इसकी गहरी अनुभूतियों को व्यक्त किये बगैर कैसे रहा जा सकता है? अथवा उसका चित्रण किये बगैर दलित जीवन की यातना को प्रामाणिक रूप नहीं दिया जा सकता। दलित साहित्य लेखन की यह भी विशेषता है, हमने अपने अनुभव, अनुभूतियों का चित्रण किया है। अनुभवों की सच्चाई ही दलित साहित्य लेखन की कसौटी है।

मलखान सिंह के साथ समदुखी होने का अपनापन है। मैला ढोने के भुक्त

भोगी जीवन की व्यथा उनकी कविताओं में है। मैंने मलखान सिंह से प्रत्यक्ष रूप में ही पूछा था–"भाई साहब, कुछ लोग कहते हैं, आप जाटव हैं?" तब मलखान सिंह ने हँसते हुए कहा था–"बहन जी, आपको क्या बताऊँ? मैं भंगी भी नहीं हूँ, जाटव भी नहीं हूँ। मैं कुछ अलग ही हूँ।" मलखान सिंह से अपनेपन का भाव नहीं टूट सकता। अपनी पीड़ा को बताने वाले और हमारी पीड़ा को समझने वाले हमसे अलग नहीं हो सकते। हमारे बीच जाति भेद जैसी बातें नहीं होना चाहिए। हम इसका विरोध करते हैं। इस दायरे को तोड़ना और जातिगत रोजगार छोड़ना हमारा उद्देश्य है। इसी से समाज व्यवस्था में परिवर्तन होगा। हम मानव हैं, मानव के रूप में हमारी पहचान हो, यह दलित आन्दोलन का लक्ष्य है।

अनेक दलित साहित्यकारों और सामाजिक कार्यकर्ताओं से अपनापन जुड़ा, उनसे सहयोग और प्रोत्साहन मिला। यह यात्रा चल रही है। अनेक लोग मिले हैं, आगे भी मिलते रहेंगे। मैं उन सबकी शुक्रगुजार हूँ, जिनसे मुझे सम्मान और आत्मविश्वास मिला, ऐसे आत्मीयजनों का मेरा बड़ा परिवार है।

मैं अपने माता-पिता और नानी की ऋणी हूँ। उस घर और परिवार की ऋणी हूँ, जहाँ मेरा बचपन खेला। कभी कष्ट और अभावों के बीच रोया, मचला, कभी माँ और नानी के ममता दुलार से मुस्काया। निर्भीक पिता के व्यक्तित्व ने हम सभी बहन-भाइयों को निर्भीकता का गुण दिया है। जिद और दृढ़ निश्चय पिता की देन है। शिक्षा प्राप्ति और व्यक्तित्व निर्माण में उनका योगदान है। 8 अक्टूबर 1993 को पिताजी नहीं रहे! मैं नागपुर में थी, उनके मृत्यु संस्कार में नहीं जा सकी थी। बानापुरा अपने घर जाने पर अभी भी मेरा मन पिताजी को ढूँढ़ता है। उनकी बड़ी तस्वीर देखकर लगता है, वे अभी मुस्कराते हुए बातें करेंगे!

मेरे जीवन और व्यक्तित्व की निर्मात्री माँ आयु के नवें दशक से जीवन के शतक की ओर बढ़ रही है। घर में उनका एकाधिकार और परिवार का नेतृत्व अब नहीं रहा। उन्हें बहुओं और बेटों की बातें सुनना पड़ता है। बुढ़ापे का शरीर कमजोर है, मगर जीवन के प्रति आस्था है। वे अपने सभी बच्चों के परिवार की कुशलता और मंगलकार्य पूरे होते देखना चाहती हैं। नानी भी दीर्घजीवी रही थी।

शंकर भैया नहीं रहे। सेवानिवृत्ति के बाद वे परिवार का साथ अधिक नहीं निभा सके। केशर भाभी और उनके बेटे-बेटी परिवार की जिम्मेदारी निभा रहे हैं। कल्लू भैया और गीता भाभी, मोहन और मंशा भाभी, कमल और लीला भाभी अपने परिवार के साथ खुशहाल हैं। सबके बच्चे पढ़ रहे हैं। मीराबाई नानूसिंह ऐदवान, देवयानी पंकज गजभिए और शिवरानी प्रभात पुहाल अपने-अपने घरों में खुश हैं। मोहिनी बेटी बी. ई. कर रही है। शरद के विवाह की तैयारी चल रही है।

सुन्दरलाल टाकभौरे जी स्वस्थ और आनन्दपूर्वक हैं। उनका अध्ययन-मनन, चलता रहता है। वे बामसेफ और अन्य संस्थाओं से जुड़कर सामाजिक जागृति के काम करते हैं। सामाजिक भेंट-मुलाकातें चलती रहती हैं। अब पहले जैसे झगड़े नहीं होते, कभी-कभी नोक-झोक होती है। मैं चाहती हूँ, वे स्वस्थ रहें, साथ रहें यही कामना है। दुर्व्यवहार याद आने पर मन दुखी होता है मगर उनका सहयोग भी याद रहता है। महिलाएँ केवल अपने घर परिवार तक सीमित न रहें, जीवन के हर क्षेत्र में आगे बढ़ें। कर्तव्यों के साथ अपने अधिकार प्राप्त करें और सम्मानपूर्ण जीवन व्यक्तित्व पाएँ—नारी स्वतंत्रता और सबलता का यही संदेश है। वर्तमान पीढ़ी और आने वाली पीढ़ियाँ इस बात को समझेंगी, तभी उनके विकास के मार्ग अधिक विस्तृत होंगे। स्त्री-पुरुष समाज रथ के दो पहिये हैं, दोनों को समान सुविधा और अवसर मिलना चाहिए।

मैं सिर्फ साहित्यकार नहीं हूँ, सिर्फ प्राध्यापिका नहीं हूँ, इसके पहले मैं सामाजिक कार्यकर्ता हूँ। तथागत बुद्ध की करुणा, समता, मैत्रीभाव से प्रेरणा लेकर, समाज जागृति के लिए कटिबद्ध महात्मा ज्योतिराव फुले और सावित्रीबाई फुले से प्रेरणा लेकर, मैं उनके विचारों की संवाहक बनी हूँ। क्रान्तिसूर्य डॉ. अम्बेडकर के समाज जागृति और व्यवस्था परिवर्तन के आंदोलन से जुड़कर, 'मूलनिवासी संघ' से जुड़कर समाज जागृति और महिला जागृति का काम अपनी जिम्मेदारी समझकर कर रही हूँ। यदि समाज के सभी लोग अपने कर्तव्य, अपनी जिम्मेदारी समझकर निभायेंगे तब शोषण, अन्याय, अत्याचारों के विरुद्ध हमारा आन्दोलन अवश्य सफल होगा। महाराष्ट्र में आने के बाद, डॉ. अम्बेडकर की विचारधारा को समझकर, मैं ब्राह्मणवादी-मनुवादी विचारधारा का विरोध करती हूँ, पूँजीवादी-सामन्तवादी विचारधारा का विरोध करती हूँ, हिंसा, दहशतवाद, जातिवाद का विरोध करती हूँ, सम्पूर्ण दलित पीड़ित समुदाय की जागृति के लिए वैचारिक आन्दोलन से जुड़ी हूँ। दलित, पिछड़ी, आदिवासी, मुस्लिम महिलाओं की मुक्ति-जागृति के लिए कार्यक्रमों में अपना वैचारिक सहयोग दे रही हूँ।

'ब्लेक लिटरेचर' में नीग्रो गुलाम पुरुषों और महिलाओं की व्यथा-कथा पढ़कर मन बहुत दुखी होता है। मानव सृष्टि में व्याप्त दुख, शोषण, अन्याय, अत्याचार, विषमता, पराधीनता का अन्त होना चाहिए। शोषक अत्याचारी वर्ग को सजा मिलनी चाहिए। पुरुषप्रधान समाजव्यवस्था के विरुद्ध स्त्री-पुरुष समानता का निर्माण हो। धर्मान्धता के विरुद्ध मानवतावादी विचार हो। 'जीयो और जीने दो' की भावना हो। शोषित, पीड़ितों के उत्थान के साथ समतावादी नई समाज व्यवस्था हो—नया समाज हो—इसके लिए कृति और विचारों से सभी लोग को प्रयत्नशील होना चाहिए।

समाज को सही दिशा मिले, समाज में व्याप्त ईश्वरवाद, भाग्यवाद की धर्मान्धता हटे, हमारे लोग संविधान में दिये अपने अधिकारों को समझें, शिक्षा और संघर्ष के साथ उन्हें प्राप्त करने के लिए सक्षम बनें, महिलाएँ शोषण और अन्याय से मुक्ति पाएँ, अपने अधिकारों के साथ सबल बनें, समाज में गौरव के साथ समता और सम्मान पाएँ—यह समाज के प्रत्येक जाग्रत इनसान का कर्तव्य और उद्देश्य होना चाहिए। लोग धर्म के सही रूप को समझें, प्रगति की दिशा समझें, तथागत गौतम बुद्ध की शिक्षा और उनके समतावादी धर्म को जानें, डॉ. भीमराव अम्बेडकर की विचारधारा को अपनाएँ—यही दलित आन्दोलन का उद्देश्य है, यही मेरे श्रम और संघर्ष की सार्थकता है।

मेरा लेखन और सामाजिक कार्य लगातार चल रहे हैं। मैं इतना कर सकी, इस बात का मुझे गर्व है। मैं इतना कैसे कर सकी इस बात का आश्चर्य है। मैं इससे अधिक क्यों नहीं कर सकी? इस बात का दुख है। अवसर और सुविधाओं के अभाव के साथ, विरोध और अवरोधों के बीच मैं यहाँ तक पहुँच सकी, यह मेरी उपलब्धि है। अनेक प्रान्तों में, अनेक गाँव और शहरों में एम. फिल. और पीएच. डी. के लिए शोधार्थी दलित साहित्य पर शोधकार्य कर रहे हैं। अनेक दलित साहित्यकारों के साथ मेरे साहित्य पर, मेरे जीवन व्यक्तित्व और कृतित्व पर भी शोधकार्य हो रहे हैं। मेरे मूल्यांकन के साथ भारतीय समाज व्यवस्था का मूल्यांकन भी हो रहा है, जहाँ रहकर मैंने यह जीवन पाया है और अपने अनुभव-अनुभूतियों को इस तरह बताया है। दर्द का निदान होना चाहिए, तभी 'शिकंजे का दर्द' आत्मकथा-लेखन सार्थक हो सकेगा।

मैं स्वयं तक सीमित नहीं, मैं मात्र अपने जाति समुदाय तक सीमित नहीं हूँ। सम्पूर्ण विश्व मेरा है। सम्पूर्ण पृथ्वी पर निवास करने वाला मानव समाज मेरा कुटुम्ब है। मेरा हितचिन्तन सबके लिए है। मैं सबके लिए न्याय की माँग करती हूँ। मानवता मेरा धर्म है, मानवाधिकार मेरी माँग है। दलित, शोषित, पीड़ित सम्पूर्ण मानव समुदाय के लिए मैं समता, सम्मान, स्वतंत्रता, मैत्रीभाव की कामना करती हूँ। यही मेरा लक्ष्य है, यही मेरी मंजिल है। प्रयत्नों की सफलता के लिए, श्रम और संघर्ष के साथ, मैं कर्तव्यपथ पर आगे बढ़ रही हूँ। इसी तरह आगे बढ़ती रहूँ, यही अभिलाषा है। अम्बेडकरवाद दुख और वेदना में हार नहीं मानता, बल्कि संघर्ष करके अपेक्षित उद्देश्यों की ओर बढ़ने का संदेश देता है। मैंने भी यही सीखा है, हिम्मत से ही इनसान आगे बढ़ सकता है। इच्छाशक्ति बलवान हो, उचित-अनुचित का ज्ञान हो, सतत प्रयत्न करते रहने की लगन हो—तब मंजिल स्वयं अपने पास आने लगती है।

□□□